权 威 机 构 · 品 牌 图 书 · 每 年 新 版

盘点年度资讯　预测时代前程

民营经济蓝皮书

**BLUE BOOK** OF
NON-STATE-OWNED ECONOMY

# 中国民营经济发展报告
## *No.4 (2006~2007)*

THE DEVELOPMENT
REPORT OF
NON-STATE-OWNED ECONOMY
IN CHINA

中华全国工商业联合会
主编 / 黄孟复
主审 / 胡德平　全哲洙

社会科学文献出版社
SOCIAL SCIENCES ACADEMIC PRESS (CHINA)

图书在版编目（CIP）数据

中国民营经济发展报告 No.4（2006~2007）／黄孟复主编.
—北京：社会科学文献出版社，2007.9
（民营经济蓝皮书）
ISBN 978 - 7 - 80230 - 811 - 4

Ⅰ.中…　Ⅱ.黄…　Ⅲ.私营经济 - 经济发展 - 研究报
告 - 中国 - 2006~2007　Ⅳ. F121.23

中国版本图书馆 CIP 数据核字（2007）第 145630 号

# 法 律 声 明

# 各报告负责人及撰稿人

## 主 报 告

2006～2007 中国民营经济发展报告

    负 责 人　陈永杰（主笔）　于丁柱　黄文夫

    课题组成员　张金喜　刘　檀　岳公正　鲁咪咪

            尚小琴　林蔚然　郭　蕾　宋学超

## 专 题 报 告

中国民营工业企业及投资发展报告

    课题组成员　李晓超　王文波　刘国宁　刘爱华　李小维

中国个体私营经济发展报告

    课题组成员　潘海民　张久荣

中国民营企业对外经济贸易发展报告

    课题组成员　陈桂林　邓　娜　林卫龙

中国民营经济融资报告

    课题组成员　纪　敏　王新华

中国民营经济劳动和社会保障发展报告

    课题组成员　牟达泉　岳公正

中国民营经济税收报告

　　课题组成员　张培森　付广军

牢固树立科学发展观　扎实推进"非公经济36条"贯彻落实工作

　　作者单位　国家发改委中小企业司

努力开创非公有制经济参与国防科技工业建设的新局面

　　作者单位　国防科工委政策法规司政策处

中国民营企业并购报告

　　作者单位　全国工商联并购公会

2005年度全国工商联上规模民营企业调研报告

　　负　责　人　欧阳晓明

　　课题组成员　罗　力　孙卜雷　沙　霖　梁　爽　解学成
　　　　　　　　崔　红

中国民营经济发展问题讨论综述

　　课题组成员　杨万东　杜海强　敖　咏

## 地 方 报 告

　　课题负责人　（姓氏拼音为序）

| 陈　建 | 陈新生 | 单成繁 | 黄卫江 | 靳生奎 |
| 孔火团 | 郎宝山 | 李忠厚 | 刘德君 | 刘　宏 |
| 刘兴东 | 罗朝启 | 马士诚 | 马苏平 | 马兆成 |
| 毛付球 | 农人明 | 司应武 | 王慧林 | 王守仁 |
| 王卫东 | 王志华 | 谢双庆 | 薛海军 | 严文斌 |
| 杨　旭 | 翟庆昌 | 张小华 | 赵红梅 | 赵庆禄 |
| 周国仁 | | | | |

# 出版说明

　　由全国工商联精心编辑、社会科学文献出版社出版的《中国民营经济发展报告 No. 4（2006～2007）》现已与读者见面了。本书分为总报告、专题报告和地方报告三个部分。《总报告》从宏观上全面地反映了 2006 年中国民营经济发展的总体态势，分析了民营经济发展中存在的问题，预测了 2007 年民营经济发展的新趋势，阐述了民营经济在构建社会主义和谐社会中的重要作用和应承担的责任，并提出了进一步促进民营经济发展的政策建议。《专题报告》特邀了政府有关部门、专家学者，在 2006 年出版的《中国民营经济发展报告》的基础上，在对民营工业、投资、融资、对外贸易、劳动和社会保障等领域的民营经济发展状况继续作深度研究的同时，又新增了关于民营经济税收、并购、民营企业进入国防工业领域、"非公经济 36 条"贯彻落实情况概述和民营经济发展问题讨论综述等内容，并收录了《2005 年度全国工商联上规模民营企业调研报告》。《地方报告》汇集了由各省、自治区、直辖市工商联撰写的反映各地方民营经济发展现状和特点的研究报告。本书以丰富的资料、翔实的数据全方位、多角度地反映和体现了中国民营经济发展的新情况和新特点，有关部门及专家的参与和支持使本书的研究成果更具权威性。本书既可作为学术界研究民营经济的资料书，也可为工商企业界人士进行经营决策和政府制定政策提供参考。希望通过本书的出版，进一步提高民营经济研究水平，也使民营经济得到整个社会和国内外学者的更多关注。

编　者

2007 年 8 月

## 目 录
### CONTENTS

# 地 方 报 告

# 前 言 *

各位来宾，各位企业家，朋友们：

大家下午好！

近几年，全国工商联每年均要召开一次民营经济发展形势分析会，目的是通过与有关专家学者共同分析中国民营经济发展的宏观经济形势及自身特点，宣传民营经济的重大作用，提出推进民营经济快速健康发展的意见与建议。2007 年是第四次召开这样的会议，但在北京召开是第一次。下面，我就 2006 年民营经济发展情况做一个简要分析，供大家参考。

2006 年，是国家"十一五"发展规划纲要实施取得良好开局的一年，在科学发展观指导和宏观调控政策引导下，国民经济取得了快速稳定健康的发展，GDP 达到近 21 万亿元，增长率达到 10.7%。2006 年，是党和国家非公有制经济发展方针政策、特别是"非公经济 36 条"进一步落实的一年，非公有制经济的法律、政策和市场环境不断改善，非公有制经济取得了更大发展，为国民经济发展提供了强大动力来源。

## 一　2006 年中国民营经济发展总体情况

### （一）民营经济继续高速发展

#### 1. 私营企业大幅度增加

到 2006 年底，登记注册的全国私营企业达到 494.7 万户，比 2005 年增长

* 本文是全国政协副主席、全国工商联主席黄孟复于 2007 年 1 月 31 日全国工商联举办的"2006 年中国民营经济发展形势分析会"上的演讲。本文所引用的数据，来源于国家统计局等部门的月度快报数。

15%；注册资金总额为 7.5 万亿元，增长 22%；从业人员为 6395.5 万人，增长 9.81%；投资者为 1224.9 万人，增长 10.36%。

**2. 民营经济投资大幅度增长**

到 2006 年底，城镇中的非国有及国有控股经济即全部民营经济固定投资总额达到 4.83 万亿元，比 2005 年增长 37.7%，高于全国 13.2 个百分点，占城镇固定资产投资总额的比重首次超过 50%，达到 51.6%。

**3. 私营工业经济高速发展**

到 2006 年 11 月，规模以上私营工业增加值为 1.5 万亿元，同比增长 25%，高于全国 8.2 个百分点。

**4. 私营企业进出口总额高速增长**

2006 年，全国私营企业进出口总额为 2436 亿美元，同比增长 46.5%，高于全国增长率约 23 个百分点；占全国进出口的比重为 13.8%，同比提高 2.1 个百分点。其中出口增长 52.1%，高于全国 24 个百分点。

## （二）民营经济效益和贡献进一步增长

**1. 私营工业利润快速增长**

到 2006 年 11 月，规模以上私营工业利润总额为 2521 亿元，同比增长 47.2%，高于全国 16.5 个百分点。

**2. 私营经济税收快速增长**

2006 年私营企业税收总额 3495.2 亿元，比 2005 年增长 28.6%，高于全国 6.7 个百分点；占全国税收总额的比重为 9.28%，比 2005 年提高了 0.48 个百分点。

**3. 对社会公益事业贡献不断增大**

以中国光彩事业为例，到 2006 年 6 月，光彩事业投资累计到位资金 1247 亿元，比 2005 年 6 月增长 178 亿元；安置就业 479.8 万人，增加 179 万人；帮助脱贫 769.8 万人，增加 221.5 万人；捐赠财物 170.2 亿元，增加近 40 亿元。

## （三）民营企业素质不断提高

**1. 私营企业组织形式及治理结构不断优化**

据全国第七次私营企业抽样调查，到 2006 年底，独资企业比例为 21%，比两年前降低了 1.5 个百分点；合伙企业比例为 7.4%，降低了 0.3 个百分点；有限责任公司比例为 65.6%，提高了 2.7 个百分点。抽样调查还显示，私营企业中设立股东大会的占 58.1%，比两年前提高 1.4 个百分点；建有党组织的占 34.8%，提高 4 个百分点；建立工会的占 53.3%，提高 2.8 个百分点；设立了职代会的占 35.9%，提高了约 5 个百分点。

**2. 企业经济实力增大**

2006 年私营企业户均注册资金为 151 万元，比 2005 年提高了 8 万元。到 2006 年 9 月，全国规模私营工业企业的平均资产规模为 2620 万元/户，比 2005 年提高 200 万元/户。2005 年达到 2 亿元销售收入规模以上的民营企业达到 2688 家，比 2004 年增长 26.85%；其中前 20 位企业营业收入总额为 5025 亿元，比 2004 年增长 37%，平均规模为 251 亿元；名列前三位的联想集团达 1082 亿元，沙钢集团为 405 亿元，苏宁电器集团为 397 亿元。

**3. 企业自主创新能力增强**

我国民营科技企业目前已有约 15 万家，在 53 个国家级高新技术开发区中，70% 以上为民营科技企业，其科技成果占高新区的 70% 以上。我国专利申请中，私营企业申请量占 41%，高于其他经济成分；全国有 7 个省的私营企业专利申请比例超过 50%，有 6 个省的私营企业发明专利申请超了 50%。

**4. 民营上市公司明显增加**

2006 年是民营上市公司增加最多的一年。全年私营控股上市公司增加了 28 家，占全国新增上市公司数量的 39.4%，发行股份 10 亿多股，募集资金 84.6 亿元。

**5. 企业"走出去"步伐加快**

民营企业已经成为我国对外直接投资的生力军。2005 年对外直接投资的母体民营企业为 2573 家，占我国对外投资企业总数的 64%。民营企业"走出去"的产业分布主要是境外分销贸易及其他服务业和加工贸易生产，分别占 48.6% 和 38.7%。

## （四）民营经济政策环境不断改善

### 1. 国家宏观经济政策环境总体有利

2007 年国家出台了一系列推动经济社会发展的重要政策，如"十一五"发展规划、自主创新战略和新农村建设战略及系列配套政策等，这为民营经济保持快速发展势头创造了良好的宏观经济政策环境条件。

**2. 中央继续强调鼓励发展非公有制经济的方针政策**

从年初的人大、政协会议到年底的中央经济工作会议，中央都在强调要认真落实鼓励、支持和引导非公有制经济发展的政策措施，进一步为民营经济创造公平竞争的政策、市场和法制环境。

**3. 政府部门支持民营经济发展的措施取得新进展**

有关部门推出了鼓励非公资本进入铁路、民航、邮政、军工和石油石化等部门的措施，金融部门也出台政策以改善中小企业的融资及信用担保条件，税务部门对个体工商户及小企业的税收政策也有改进，国家发展委推出了促进民营经济发展的中小企业成长工程。

**4. 地方政府更加强调推进民营经济发展对当地经济的重要意义**

全国多数省区市均制定了"非公经济36条"的实施政策，一些地方的政策措施比较超前。

## （五）民营经济发展的主要问题

**1. 部门落实"非公经济36条"的措施推进不平衡**

——行业准入总体上进展比较缓慢。主要在邮政、通信、广电、电力和金融等领域，民营经济的进入遇到大量的"玻璃门"现象，即看得见、进不去。比较突出的是以资本实力、技术水平和从业资历等各种理由抬高民营企业的准入门槛。

——金融、税收政策总体改进不大。银行仍在信贷上对中小企业有种种不合理的条件限制；设立专为中小企业服务的区域性中小银行的呼吁，仍不为金融管理部门认可。内外资企业统一税制改革仍处在研究制定之中，民营企业税负成本明显高于其他企业。

—— 一些配套实施政策在执行中遭遇阻力。一些部门受传统观念影响与习惯制约，在实际管理上对民营企业仍抱不太信任的态度，以致在具体工作上或有意或无意、或直接或间接地限制民营企业。

——某些垄断企业在实际上更加排挤民营企业。部分垄断企业出于维护自身利益需要，通过长期维持垄断高价、影响政府部门抬高行业准入门槛等手段，排挤民营企业进入。

**2. 市场环境面临许多问题**

据世界银行国际金融公司的《2006～2007 全球商业环境报告》统计，2006 年中国的综合商业环境排名居第 93 位，虽然比 2005 年提升了 15 位，但在 175 个经济体中仍属中等偏下水平。其中开办企业居第 128 位，获得信贷第 101 位，投资者保护第 83 位，缴纳税款第 168 位。这些评价结果说明我国企业特别是民营企业的市场环境仍须加大力度进行改善。

**3. 社会某些舆论存在负面影响**

——对收入分配不公等方面的讨论存在某些偏颇舆论。贫富差距不断扩大和收入分配不公问题，部分社会舆论简单地将其主要归因于是私营经济发展，这使不少人对民营企业仍持异样眼光。

——关于"原罪"问题的再次争论给部分民营企业带来某种心理影响。面对民营企业在早期创业过程中存在的某些违规行为，一些人将此视为"原罪"，要求进行谴责和追究。这种舆论在一定程度上还影响了某些政策的制定和执行，影响了某些司法行为，也影响了民营企业家的心理。

**4. 民营企业自身素质提高尚有不小差距**

——劳动纠纷不断增加。民营企业的劳动工资、社会保障和安全卫生等劳动纠纷案件发生的比例和频率虽然并一定高于其他企业，但案件发生的总量和增长率近年来呈快速上升趋势。

——社会诚信意识仍有不足。商标假冒、产品伪劣、财务失实、偷漏税款等问题仍在部分民营企业中存在，特别是中小民营企业。

——资源环境问题有所加重。受技术、管理水平因素和某些人为因素影响，大部分民营企业的经营比较粗放，由此带来资源浪费加大、环境污染加重等问题。

——违法犯罪案件时有发生。近来，社会上不时披露一些发生在民营企业身上的违法犯罪案件，引起了群众公愤，造成了一些负面影响。

## 二　民营企业是构建社会主义和谐社会的重要力量

构建社会主义和谐社会是一项重大战略任务与长期历史任务。改革开放以来，民营经济迅速发展，不仅成为国民经济发展的重要力量，也在构建和谐社会中发挥着很重要的作用。比较重要的有以下几方面。

### （一） 推动经济发展

社会要和谐，首先要发展。经济发展是社会和谐的最重要基础。目前，民营经济已经占 GDP 的 65% 左右，占经济增量的 70% ~ 80%，成为经济发展的最大动力来源。

### （二） 维护社会稳定

就业是民生之本，劳动者普遍就业是社会稳定的最重要基础。民营经济现已成为解决中国社会就业问题的绝对主体。民营经济在就业上的贡献，为社会稳定提供了重要保障。

### （三） 促进社会公平

公平是社会和谐的重要前提。民营经济的发展过程，既是国家在政策、法律和制度上逐步给予民营经济以公平待遇的过程，也是民营经济不断争取政策、法律和制度公平待遇的过程。这一公平的形成过程，有力地推动了整个社会的更大公平。

### （四） 提高生产效率

效率，特别是生产效率，是社会和谐的重要条件。改革开放以来，由于国家实行了推进民营经济发展的政策，民营资本产生了、壮大了，民营资本效率显现了、展示了。正是民营资本的出现和民营资本的效率，有力地推动了全社会资本和全社会生产要素效率的提高。

### （五） 带来创造活力

自由地创业、创造和创新，是社会充满活力的最重要标志。几千万家个体工商户的产生，几百万家私营企业的崛起，还有上千万自由职业者的出现，是改革开放以来中国人追求创业自由的重要体现。几千万个人和家庭的创业，为个人创造了价值，为社会创造了财富，为国家创造了实力。民营经济还是技术创新的重要力量，为构建创新型国家作出了重大贡献。民营科技企业已超过 15 万家，全国 53 个国家级高新区中的民营科技企业占 70% 以上；全国企业专利中由私营企业申请的占 41%，高于其他经济成分。

## （六） 增大民众财富

家庭财产普遍增加是社会和谐的重要标志。改革开放以来，我国居民家庭财产普遍大幅度增加，其中的一个主要原因是民营经济的快速发展。到 2006 年，全国有 2576 万家个体工商户，户均资金近 2.53 万元；这些个体户涉及家庭人口达 7500 多万人，其中多数人基本过上了小康生活。全国有 494.7 万家私营企业，户均注册资金 151 万元；私营企业投资者人数近 1300 万人，涉及家庭人口近 4000 万人，私营企业中的高层管理人员比投资者人数更多，涉及的家庭人口更多。这些家庭多数是比较富裕的家庭。民营经济使这么多人的家庭财产得以日益增加，过上富裕和比较富裕的生活，为社会和谐提供了重要保证。

## （七） 参与新农村建设

实施新农村建设战略，是扭转我国城乡和工农差别扩大趋势、推进全社会和谐的重大战略举措。而民营企业是新农村建设的一支重要力量。数百家国家级、数千家省级和数万家县市级农业产业化龙头企业，绝大多数都是私营企业，它们已经成为推进农业产业化的主力军。几十万家乡镇企业都是民营企业，他们是发展农村第二、第三产业的主力军。可以说，中国新农村建设的主体力量是农民，主导力量是政府，而一个最主要的社会参与力量就是民营企业。

## （八） 平衡地区发展

改变落后地区经济状况，促进地区平衡发展，是全社会和谐的很重要方面。改革开放以来的历史表明，民营经济发展是改变地区经济相对落后的一个主要因素。20 世纪 80 年代中期以来的江浙等地，90 年代中期以来的福建等地，都是主要靠大力发展民营经济才得以迅速赶上并超过全国增长水平的。目前，中西部地区都已认识到，要加快改变经济落后，发展民营经济是一条主要出路。

### （九）贡献公益事业

民营企业已经成为发展社会公益慈善事业的重要力量。如参与中国光彩事业活动的有近 2 万家民营企业，近 5 年来各项光彩公益事业捐赠总额超过 150 亿元，年均 30 亿元。在浙江省，近年来各级慈善组织所接受的捐赠有近 80% 来自于民营企业。最新私营企业抽样调查显示，约有 84% 的业主有过捐赠行为。

## 三　2007 年民营经济发展趋势

### （一）经济形势背景

2007 年中国的宏观经济仍将保持快速稳定健康发展态势，这为民营经济的进一步发展创造了良好的宏观环境条件。中央提出 2007 年中国的 GDP 增长率为 8% 左右，实际可能达到 10% 左右。

### （二）法律政策背景

一是《中华人民共和国物权法》制定实施。这是中国第一部专门保护各类财产，包括私营企业和个人财产的最基本法律，它是维护市场经济基本秩序，推动市场经济长期稳定发展的一项根本性法律。

二是《中华人民共和国企业所得税法》出台。这是实现市场公平竞争的最主要的法律之一。统一各类企业税收制度，将明显降低民营企业的税负，明显提高民营企业的投资效率和经营利润率。

三是金融体制改革加快。中央出台实施《关于全面深化金融改革，促进金融业持续健康安全发展》的文件，将进一步改善民营经济的信贷条件，特别是直接融资条件。这为民营企业在资本市场上真正大显身手创造了基本条件。

四是"非公经济 36 条"政策的进一步落实。2007 年将是"非公经济 36 条"进一步落实的一年。中央明确提出：要加快清理限制非公有制经济发展的规定，各地区各部门要对政策措施落实情况进行认真检查，没有落实的要抓紧落实，进一步为各种所有制企业创造公平竞争的政策环境、市场环境和法制环境，促进非公有制经济健康发展。中央的要求，将更大地推动各部门、各地区制定与落实相关配套措施。

### （三）发展趋势判断

一是民营经济继续保持高于全国经济增长速度快速发展，但增长率相对下降。2007年及今后几年，中国的民营经济仍将快速发展，增长率仍将高于全国经济平均增长，对国民经济的贡献率进一步提升，占GDP的比重将进一步提高，估计大约提高1个百分点左右。由于民营经济经过约20年的超速发展，总体规模和基数已经很大，今后几年，民营经济虽然在总量上会大幅度增加，但增长率将相对下降。

二是民营经济效率与效益进一步提高，但企业间差异扩大。内外资企业实行统一所得税的政策即将实施，信贷政策的相对放宽，资本市场的明显扩大，行业准入条件的进一步宽松等，这一切将推动民营企业降低投资与经营成本，提高投资效率和经营效益。但各类民营企业参差不齐，企业间的效率与效益水平差异会进一步扩大。

三是民营经济增长方式不断转变，但仍面临种种困难与矛盾。由于民营经济在国民经济中的比重进一步扩大，进入的行业领域更广，大中型民营企业更多，国家关于转变经济增长方式的政策措施对民营经济的影响将比过去更大更深。但是，由于绝大多数民营企业是中小企业，所以以数量扩张、粗放经营、劳动密集、资源消耗等为特征的生产发展，仍是民营企业的主要增长方式。

四是民营企业"走出去"将明显加快，但总体水平仍有待提高。近几年，民营企业"走出去"的主要方式是在国外投资建设产品营销基地和生产加工基地，且总体上处于中低档次，总体水平仍需提高。今后将有更多的民营企业在国外建立营销基地，扩大加工基地，同时，一些企业还将建立研发基地、资源基地、融资基地和人才基地，部分基地将建立在发达国家。

五是新的社会阶层队伍不断壮大、素质不断提高，但人员差别日益明显。作为我国新的社会阶层的主体，非公有制经济人士的队伍将不断扩大。一方面，一批批成功人士不断涌现，一批批优秀中国特色社会主义建设者不断产生，已经形成一支具有较高素养、较大贡献、较大影响的代表人士队伍。另一方面，大部分人士在文化、技术、管理等方面的素质仍需进一步提高。

## 四 采取积极政策，推动民营经济又好又快发展

### （一） 全面落实国务院"非公经济36条"

一是加快清理限制非公有制经济发展的规定。凡不符合宪法及其相关法律中有关促进非公有制经济发展规定的法律法规，凡是不符合国务院"非公经济36条"的政策、部门规章和地方性法规政策，都要进行清理和修改。

二是认真检查政策措施落实情况。各地区各部门，未制定"非公经济36条"配套实施政策的，都要及时制定；已经制定了的，要进行检查，推动切实执行。

三是切实解决行业准入问题。垄断行业、重要领域准入政策的制定与实施，要按照民主化、公开化、科学化、程序化的要求，充分听取和尊重社会各方面特别是民营企业的意见，避免国家政策出现局部性的利益化。

### （二） 着力改进税收金融政策

及时改进税收政策，统一内外资企业税制，但真正实施可能要到2008年。在新的企业所得税法实施之前，2007年就应对民营企业的某些不太公平的政策按照新税法进行适当调整。金融改革与创新要充分考虑为民营企业、中小企业提供必要服务的问题。各类银行要在金融产品和服务上进行创新，为中小企业提供必要的信贷服务。要鼓励和引导社会资金投资发展金融业，设立多种形式的中小金融企业和建立社区银行。在发展科技金融方面，可建立中国的科技银行。建议在北京、上海、深圳等部分有条件城市的高新区进行科技银行试点。

### （三） 大力推进行政执法与司法的严肃与公正

当前，在一些领域和地区，既存在执法不严问题，也存在执法不公问题。前者表现在部分地区为了吸引投资、加快发展，放任民营企业的某些违规违法行为。后者表现在有的领域，面对同样违规行为，若发生在国有和三资企业身上，可能不算问题，但若发生在私营企业身上，则往往视为经济犯罪被诉诸法律。必须加快完善行政执法和司法体制机制的步伐，加强社会和谐的行政执法

与司法保障，提高行政执法与司法的严肃性和公正性，为各类企业提供公平的执法环境。

## （四）不断改善民营经济发展的社会舆论环境

要通过舆论宣传与引导，在群众中逐步树立起三个新观念。一是树立广大非公有制经济人士作为新社会阶层和中国特色社会主义建设者，也是共产党的执政基础的新政治观；二是树立民营资本、私人财产，也是国家与社会的财富的新财富观；三是树立客观公正地看待民营企业早期发展中的某些与当时规则相冲突的新历史观。只有在群众意识和社会舆论中真正树立起三个新观念，才能根本解决在部分群众中仍然存在的某些旧观念旧意识，也才能根本解决在部分非公有制经济人士中仍然存在的某些担心与疑虑。

## （五）民营企业要为构建和谐社会承担更大责任

民营经济要进一步发展，必须积极响应党的号召，积极承担责任，为构建和谐社会作出更大贡献。一是推动发展的责任。民营企业要不断地增加投资、扩大生产，增加岗位、扩大就业，增加利润、增大税收，实现又好又快发展。二是推进公平的责任。民营企业既要为自身的发展争取更加公平的法律、政策和市场环境，也要公平地对待社会其他群体，努力维护职工的公平权利与合法利益。三是促进自由创造的责任。民营企业既要积极争取消除对创业、创新和发展的不合法限制，又要努力推动改变那些表面合法、实不合理的限制。四是发展和谐劳动关系的责任。充分尊重和切实维护员工的一切合法权利与权益，是民营企业的责任与义务，也是民营企业获得员工认同、支持和积极劳动的条件，更是企业和谐劳动关系产生的基础。五是与自然和谐相处的责任。民营企业应积极主动投身于建设资源节约型、环境友好型社会，发展循环经济，推广清洁生产，节约能源资源，坚决淘汰落后生产技术工艺。六是遵守法律法规的责任。民营企业作为企业公民，要切实遵守劳动法、合同法、工资法、环保法、税法、生产安全法、社会保障法、资源法、反不正当竞争法和反商业贿赂法等一切与企业经营活动有关的法律法规，自觉维护市场经济秩序。七是遵守道德诚信的责任。要在企业家中倡导爱国、敬业、诚信、友善等道德规范，反对拜金主义、享乐主义、极端个人主义，养成健康文明的生活方式，真正建立商务诚信、社会诚信、个人诚信。八是参与公益慈善事业的责任。民营企业家要增强公益意识，积极主动参与新农村建设，参与扶贫事业、社区公益事业、社会慈善事业。

构建和谐企业，进而推动构建和谐社会、和谐国家、和谐世界，是民营企业的社会与历史责任。中国的民营企业家们要为此而不断努力，作出自己应有的贡献！

谢谢大家！

黄孟复

主 报 告

General Report

# 民营经济是构建和谐社会的重要力量

## ——2006~2007 年中国民营经济发展报告

2006 年是国家"十一五"发展规划纲要实施取得良好开局的一年，在科学发展观指导和宏观调控政策引导下，国民经济取得了快速稳定健康的发展，GDP 突破 20 万亿元，达到 20.94 万亿元，增长率达到 10.7%。2006 年，是党和国家非公有制经济发展方针政策，特别是《国务院关于鼓励支持和引导个体私营等非公有制经济发展的若干意见》（以下简称"非公经济 36 条"）进一步落实的一年，非公有制经济的法律、政策和市场环境不断改善，非公有制经济取得了更大的发展，为整个国民经济发展提供了强大的动力来源。本报告主要是回顾与分析 2006 年中国民营经济①发展总体状况、政策法律环境、面临主要问题，阐述民营经济在构建和谐社会中的重要作用，同时展望 2007 年民营经济发展前景与趋势，并提出相关政策建议。

## 一　2006 年中国民营经济发展总体情况分析

2006 年是中国民营经济继续快速发展的一年，在宏观经济环境良好、国家关于促进非公有制经济发展的法律政策进一步的推动下，民营经济发展各方面指标均继续明显高于全国平均水平，在国民经济中的地位与作用进一步提高。

---

① 本报告所述民营经济包含三个层次，具体界定如下：一是广义民营经济，指除国有和国有控股企业以外的多种所有制经济的统称；二是内资民营经济，指广义民营经济减去港澳台和外商投资企业，包括集体企业和个体私营及其他混合经济；三是狭义民营经济，单指个体私营经济。本报告以分析狭义民营经济即个体私营经济为主。

## （一）民营经济快速发展基本情况

### 1. 个体私营企业大幅度增加

据国家工商总局的统计，到2006年底，登记注册的全国私营企业达到498.1万户，比2005年增加68.1万户，增长15.8%，占全国企业总数的57.4%。注册资金总额为7.6万亿元，增加1.47万亿元，增长24.0%。从业人员为6586.3万人，增加762.2万人，增长13.1%。投资者1271.7万人，增加161.7万人，增长14.6%；雇工人数5314万人，增加600万人，增长12.74%。登记注册的个体工商户为2595.6万户，比2005年增加131.6万户，增长5.3%；注册资金总额为6469亿元，增加660亿元，增长11.4%；从业人员5159.7万人，增加259.2万人，增长5.3%（见表1、表2）。

**表1 2000～2006年我国私营企业发展情况**

| 年　份 | 注册企业（万户） | 增长率（%） | 注册资金总额（亿元） | 增长率（%） | 户均注册资金（万元） | 增长率（%） | 从业人员（万人） | 增长率（%） |
|---|---|---|---|---|---|---|---|---|
| 2000 | 176 | — | 13308 | — | 75.5 | — | 2406.5 | — |
| 2005 | 430 | 17.8 | 61331 | 27.9 | 142.6 | 8.6 | 5824.1 | 16.1 |
| 5年年均增长（%） | — | 19.6 | — | 35.7 | — | 13.6 | — | 19.3 |
| 2006 | 498.1 | 15.8 | 76029 | 24.0 | 152.6 | 7.0 | 6586.3 | 13.1 |

资料来源：国家工商总局。

**表2 2000～2006年我国个体工商户发展情况**

| 年　份 | 注册企业（万户） | 增长率（%） | 注册资金总额（亿元） | 增长率（%） | 户均注册资金（万元） | 增长率（%） | 从业人员（万人） | 增长率（%） |
|---|---|---|---|---|---|---|---|---|
| 2000 | 2571 | — | 3315 | — | 1.3 | — | 5070.0 | — |
| 2005 | 2464 | 5.6 | 5809 | 14.9 | 2.4 | 11.6 | 4900.5 | 6.8 |
| 5年年均增长（%） | — | -0.8 | — | 11.9 | — | 13.2 | — | -0.7 |
| 2006 | 2595.6 | 5.3 | 6469 | 11.4 | 2.5 | 4.2 | 5159.7 | 5.3 |

资料来源：国家工商总局。

除少数地区外，全国各地个体、私营企业增长均呈快速之势。2006年各地私营企业数量的平均增长率为15.8%，其中超过20%的地区有西藏（29.8%）、河北（24.2%）、安徽（23.1%）、山西（22.9%）、广东（22.8%）和新疆

（22.6%）五省区，低于10%的是上海（6.9%）、陕西（6.3%）、重庆（6.2%）和青海（2.8%）。全国私营企业数量超过30万户的有江苏、广东、上海、浙江、山东和北京，低于5万户的地区为贵州、甘肃、海南、宁夏、青海和西藏（见表3和图1、图2）。

表3　2000～2006年全国各省私营企业数量情况表

单位：户，%

| 地区 \ 年份 | 2000 | 2005 | 2005年增速 | 5年平均增速 | 2006 | 2006年增速 |
|---|---|---|---|---|---|---|
| 全　国 | 1761769 | 4300916 | 17.8 | 19.5 | 4980774 | 15.8 |
| 北　京 | 102787 | 260371 | 15.9 | 20.4 | 304742 | 17.0 |
| 天　津 | 34047 | 77320 | 11.0 | 17.8 | 85920 | 11.1 |
| 河　北 | 89073 | 126801 | 17.6 | 7.3 | 157514 | 24.2 |
| 山　西 | 25400 | 71296 | 27.7 | 22.9 | 87658 | 22.9 |
| 内蒙古 | 26793 | 48317 | 13.2 | 12.5 | 54381 | 12.6 |
| 辽　宁 | 74160 | 165217 | 20.7 | 17.4 | 189394 | 14.6 |
| 吉　林 | 26953 | 60007 | 18.0 | 17.4 | 70241 | 17.1 |
| 黑龙江 | 41510 | 68200 | 17.9 | 10.4 | 77910 | 14.2 |
| 上　海 | 138189 | 473949 | 23.1 | 28.0 | 506626 | 6.9 |
| 江　苏 | 174113 | 507378 | 21.4 | 23.9 | 598779 | 18.0 |
| 浙　江 | 178771 | 359039 | 7.8 | 15.0 | 406382 | 13.2 |
| 安　徽 | 46934 | 105998 | 19.1 | 17.7 | 130476 | 23.1 |
| 福　建 | 48547 | 127421 | 15.6 | 21.3 | 145403 | 14.1 |
| 江　西 | 25983 | 71129 | 16.9 | 22.3 | 84709 | 19.1 |
| 山　东 | 141229 | 315410 | 14.2 | 17.4 | 363057 | 15.1 |
| 河　南 | 48451 | 133535 | 24.1 | 22.5 | 155908 | 16.8 |
| 湖　北 | 52727 | 129029 | 13.4 | 19.6 | 150288 | 16.5 |
| 湖　南 | 24796 | 84553 | 22.5 | 27.8 | 100459 | 18.8 |
| 广　东 | 184218 | 449194 | 15.2 | 19.5 | 551390 | 22.8 |
| 广　西 | 20662 | 51925 | 20.1 | 20.2 | 60790 | 17.1 |
| 海　南 | 20393 | 32275 | 27.5 | 9.6 | 37687 | 16.8 |
| 重　庆 | 30663 | 75684 | 11.3 | 19.8 | 80381 | 6.2 |
| 四　川 | 54561 | 178705 | 31.7 | 26.8 | 208952 | 16.9 |
| 贵　州 | 19979 | 41484 | 14.9 | 15.7 | 48783 | 17.6 |
| 云　南 | 20079 | 66008 | 26.9 | 26.9 | 76803 | 16.4 |
| 西　藏 | 677 | 2631 | 18.6 | 31.2 | 3414 | 29.8 |
| 陕　西 | 61401 | 98444 | 13.6 | 9.9 | 104691 | 6.3 |
| 甘　肃 | 17097 | 38169 | 17.4 | 17.4 | 42062 | 10.2 |
| 青　海 | 5458 | 10947 | 10.7 | 14.9 | 11254 | 2.8 |
| 宁　夏 | 7129 | 18778 | 8.0 | 21.4 | 21310 | 13.5 |
| 新　疆 | 18989 | 51702 | 20.0 | 22.2 | 63410 | 22.6 |

资料来源：国家工商总局。

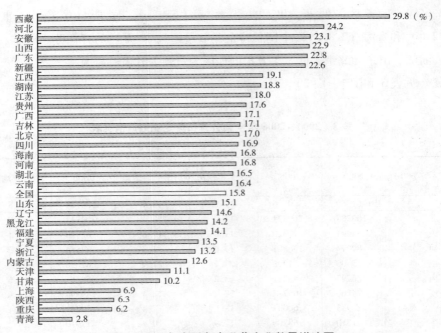

**图1 2006年全国各省私营企业数量增速图**

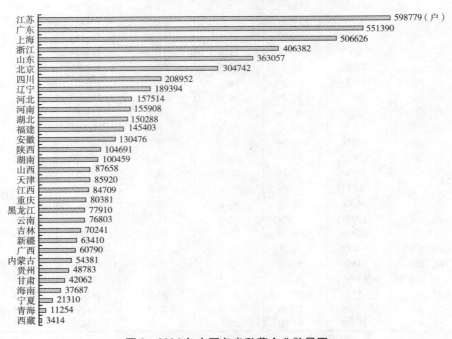

**图2 2006年全国各省私营企业数量图**

与各地私营企业数量增长同步，各地私营企业的注册资金总额快速增长。2006年各地私营企业注册资金平均增速为24.0%。其中超过30%的地区有河北（46.0%）、宁夏（38.4%）、内蒙古（36.5%）、西藏（34.3%）、浙江（34.3%）、江苏（34.2%）、云南（33.6%）、安徽（32.8%）和山西（30.0%），低于10%的地区只有陕西（2.4%）。私营企业注册资金数额前五位的地区是江苏（9707.1亿元）、广东（8428.5亿元）、上海（8139.7亿元）、浙江（6936.7亿元）和山东（5260.5亿元），后五位的地区是贵州（618.6亿元）、甘肃（617.6亿元）、宁夏（317.5亿元）、青海（204.7亿元）和西藏（95.8亿元）（见表4和图3、图4）。

表4　2000～2006年全国各省私营企业注册资金情况表

单位：万元，%

| 地区＼年份 | 2000 | 2005 | 2005年增速 | 5年平均增速 | 2006 | 2006年增速 |
|---|---|---|---|---|---|---|
| 全　国 | 133076867 | 613311253 | 27.9 | 35.7 | 760285276 | 24.0 |
| 北　京 | 10362744 | 32385354 | 14.0 | 25.6 | 36985707 | 14.2 |
| 天　津 | 3296372 | 15604044 | 28.4 | 36.5 | 18620548 | 19.3 |
| 河　北 | 3915742 | 14416133 | 24.3 | 29.8 | 21051153 | 46.0 |
| 山　西 | 2075289 | 10662886 | 23.3 | 38.7 | 13858514 | 30.0 |
| 内蒙古 | 1733916 | 7547486 | 27.2 | 34.2 | 10305746 | 36.5 |
| 辽　宁 | 4968025 | 24478679 | 31.9 | 37.6 | 28175315 | 15.1 |
| 吉　林 | 1509058 | 7885128 | 15.3 | 39.2 | 9305148 | 18.0 |
| 黑龙江 | 2332060 | 9234268 | 26.1 | 31.7 | 10196332 | 10.4 |
| 上　海 | 11927047 | 72092815 | 26.9 | 43.3 | 81396898 | 12.9 |
| 江　苏 | 9486313 | 72338714 | 35.2 | 50.1 | 97070738 | 34.2 |
| 浙　江 | 12260302 | 51669100 | 32.2 | 33.3 | 69366853 | 34.3 |
| 安　徽 | 2345783 | 11449968 | 31.2 | 37.3 | 15210734 | 32.8 |
| 福　建 | 5942003 | 25797028 | 39.9 | 34.1 | 31623879 | 22.6 |
| 江　西 | 1582370 | 10258381 | 36.2 | 45.3 | 12958239 | 26.3 |
| 山　东 | 6779858 | 41316104 | 29.3 | 43.5 | 52605193 | 27.3 |
| 河　南 | 4057330 | 16989080 | 64.2 | 33.2 | 20858033 | 22.8 |
| 湖　北 | 4434408 | 20049012 | 22.4 | 35.2 | 23626870 | 17.8 |
| 湖　南 | 2001716 | 14370773 | 34.0 | 48.3 | 17891393 | 24.5 |
| 广　东 | 18761216 | 66714638 | 19.3 | 28.9 | 84284870 | 26.3 |
| 广　西 | 1440625 | 6907805 | 33.7 | 36.8 | 8850870 | 28.1 |
| 海　南 | 3418783 | 7781048 | 20.8 | 17.9 | 9154105 | 17.6 |
| 重　庆 | 3139665 | 11143513 | 26.5 | 28.8 | 13210997 | 18.6 |

续表4

| 年份\地区 | 2000 | 2005 | 2005 年增速 | 5 年平均增速 | 2006 | 2006 年增速 |
|---|---|---|---|---|---|---|
| 四　川 | 3877251 | 20617117 | 50. 3 | 39. 7 | 22749611 | 10. 3 |
| 贵　州 | 1671357 | 5138526 | 22. 8 | 25. 2 | 6185599 | 20. 4 |
| 云　南 | 1716782 | 11095583 | 33. 5 | 45. 2 | 14820460 | 33. 6 |
| 西　藏 | 111196 | 712808 | 39. 4 | 45. 0 | 957566 | 34. 3 |
| 陕　西 | 4225693 | 7781951 | − 20. 4 | 13. 0 | 7964879 | 2. 4 |
| 甘　肃 | 1164270 | 4781253 | 31. 3 | 32. 6 | 6175672 | 29. 2 |
| 青　海 | 453468 | 1844336 | 22. 0 | 32. 4 | 2046765 | 11. 0 |
| 宁　夏 | 542962 | 2293856 | 17. 2 | 33. 4 | 3174809 | 38. 4 |
| 新　疆 | 1543265 | 7953868 | 23. 7 | 38. 8 | 9601780 | 20. 7 |

资料来源：国家工商总局。

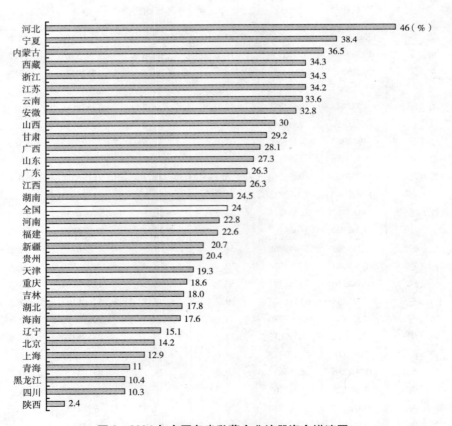

**图3　2006 年全国各省私营企业注册资金增速图**

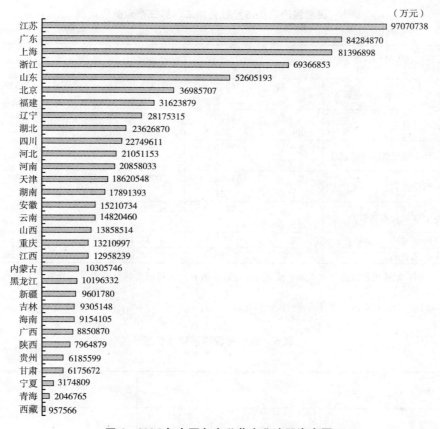

（万元）

图 4　2006 年全国各省私营企业注册资金图

### 2. 民营企业就业人数继续扩大

2006 年，扣除国有及国有控股单位就业人数后的广义民营经济就业人数达 37409 万人，占第二、第三产业就业人数比重为 85.3%，其中城镇内资民营企业就业人数达 21880 万人，增长 5.7%，占城镇就业人数的比重为 77.3%。城乡个体私营经济就业人数为 11746 万人，增长 14.9%（见表 5、表 6）。

根据国家工商总局的统计，2006 年全国私营企业从业人员总数为 6586.3 万人，增长 13.1%。其中增速超过 20% 的地区为安徽（38.9%）、山西（27.6%）、青海（26.1%）、河南（25.7%）、广东（24.0%）、宁夏（21.3%）、福建（21.0%），增速低于 5% 的地区为重庆（3.6%）、贵州（3.6%）、河北（3.0%）、上海（1.5%）、陕西（1.4%）、云南（0.8%）。私营企业从业人数前

表5　民营经济就业占全社会第二、第三产业就业比重

单位：万人，%

| 项　　目 \ 年　份 | | 2000 | 2005 | 5 年年均增长率 | 2006 |
|---|---|---|---|---|---|
| 全社会第二、第三产业就业 | 人　数 | 36043 | 41855 | 2.9 | 43839 |
| | 增长率 | 2.3 | 3.9 | | 5.6 |
| 国有单位就业 | 人　数 | 8102 | 6488 | -4.3 | 6430 |
| | 增长率 | -5.5 | -3.3 | | -0.9 |
| 民营经济第二、第三产业就业 | 人　数 | 27940 | 35367 | 4.5 | 37409 |
| | 增长率 | 4.8 | 5.1 | | 5.77 |
| 城镇内资民营经济就业 | 人　数 | 15049 | 20700 | 6.6 | 21880 |
| | 增长率 | 21.0 | 4.7 | | 5.7 |
| 城乡个体私营经济就业 | 人　数 | 7477 | 10220 | 6.4 | 11746 |
| | 增长率 | — | 6.4 | | 14.9 |
| 民营经济占第二、第三产业就业比重 | | 77.5 | 84.1 | | |
| 个体私营经济占第二、第三产业就业比重 | | 20.7 | 24.6 | | 26.8 |

　　说明：城镇民营经济就业人数＝城镇就业总数－国有及其控股单位从业人数－外资及港澳台企业从业人数。

　　资料来源：根据国家统计局资料进行的测算。

表6　城镇民营经济就业情况

单位：万人，%

| 项　　目 \ 年　份 | | 2000 | 2005 | 5 年年均增长率 | 2006 |
|---|---|---|---|---|---|
| 城镇就业总数 | 绝对数 | 23151 | 27331 | 3.4 | 28310 |
| | 增长率 | 10.2 | 3.1 | | 3.58 |
| 国有单位就业人数 | 绝对数 | 8102 | 6488 | -4.3 | 6430 |
| | 增长率 | -5.5 | -1.6 | | -0.9 |
| 城镇内资民营经济就业 | 绝对数 | 15049 | 20700 | 6.6 | 21880 |
| | 增长率 | 21.0 | 4.7 | | 5.7 |
| 城镇个体私营就业 | 绝对数 | 3404 | 6326 | 13.2 | 6967 |
| | 增长率 | -1.8 | 14.7 | | 10.2 |
| 民营经济占城镇就业人数比重 | | 65.0 | 75.8 | | 77.3 |
| 个体私营占城镇就业人数比重 | | 14.7 | 22.0 | | 24.6 |

　　资料来源：根据国家统计局提供的资料进行的测算。

五位的地区是江苏（917.9 万人）、广东（652.6 万人）、浙江（601.3 万人）、山东（507.6 万人）和上海（472.9 万人），后五位的地区是贵州（52.5 万人）、海南（39.7 万人）、青海（35.2 万人）、宁夏（28.4 万人）和西藏（5.9 万人）（见表 7 和图 5、图 6）。

表7 2000～2006年全国各省私营企业从业人员情况表

单位：人，%

| 年份<br>地区 | 2000 | 2005 | 2005年增速 | 5年平均增速 | 2006 | 2006年增速 |
|---|---|---|---|---|---|---|
| 全 国 | 24064955 | 58240656 | 16.1 | 19.3 | 65862963 | 13.1 |
| 北 京 | — | 2945165 | 8.0 | — | 3286468 | 11.6 |
| 天 津 | 379551 | 887081 | 15.7 | 18.5 | 969675 | 9.3 |
| 河 北 | 2014943 | 2417100 | 7.9 | 3.7 | 2489874 | 3.0 |
| 山 西 | 386433 | 822913 | −13.7 | 16.3 | 1050173 | 27.6 |
| 内蒙古 | 414173 | 682137 | 11.4 | 10.5 | 736420 | 8.0 |
| 辽 宁 | 1248946 | 2521363 | 11.7 | 15.1 | 2777862 | 10.2 |
| 吉 林 | 285483 | 879919 | −11.3 | 25.2 | 771360 | −12.3 |
| 黑龙江 | 536665 | 952034 | 13.3 | 12.1 | 1028021 | 8.0 |
| 上 海 | 1509218 | 4658145 | 15.1 | 25.3 | 4729150 | 1.5 |
| 江 苏 | 2343429 | 7971607 | 41.8 | 27.7 | 9179197 | 15.1 |
| 浙 江 | 3004728 | 5348221 | 3.4 | 12.2 | 6012507 | 12.4 |
| 安 徽 | 651992 | 1656948 | 17.2 | 20.5 | 2301402 | 38.9 |
| 福 建 | 679542 | 1346968 | 21.0 | 14.7 | 1629624 | 21.0 |
| 江 西 | 471810 | 1342365 | 17.6 | 23.3 | 1606206 | 19.7 |
| 山 东 | 2140586 | 4441338 | 13.8 | 15.7 | 5076042 | 14.3 |
| 河 南 | 569730 | 1385905 | 16.0 | 19.5 | 1742619 | 25.7 |
| 湖 北 | 796050 | 1226040 | 11.1 | 9.0 | 1434935 | 17.0 |
| 湖 南 | 461960 | 2004275 | 15.2 | 34.1 | 2136363 | 6.6 |
| 广 东 | 2175354 | 5261279 | 21.1 | 19.3 | 6525586 | 24.0 |
| 广 西 | 305732 | 835563 | 25.9 | 22.3 | 947778 | 13.4 |
| 海 南 | 186259 | 360918 | 24.4 | 14.1 | 397103 | 10.0 |
| 重 庆 | 486395 | 1054403 | 6.0 | 16.7 | 1091962 | 3.6 |
| 四 川 | 814732 | 2379789 | 26.3 | 23.9 | 2767195 | 16.3 |
| 贵 州 | 256143 | 506512 | 37.7 | 14.6 | 524812 | 3.6 |
| 云 南 | 347304 | 1092394 | 42.3 | 25.8 | 1101145 | 0.8 |
| 西 藏 | 7949 | 49831 | 14.9 | 44.4 | 59101 | 18.6 |
| 陕 西 | 833998 | 1545472 | 1.6 | 13.1 | 1567480 | 1.4 |
| 甘 肃 | 223803 | 481427 | 13.5 | 16.6 | 535124 | 11.2 |
| 青 海 | 111564 | 278852 | 13.7 | 20.1 | 351693 | 26.1 |
| 宁 夏 | 105969 | 233752 | 9.6 | 17.1 | 283636 | 21.3 |
| 新 疆 | 223729 | 670940 | 17.2 | 24.6 | 752450 | 12.1 |

资料来源：国家工商总局。

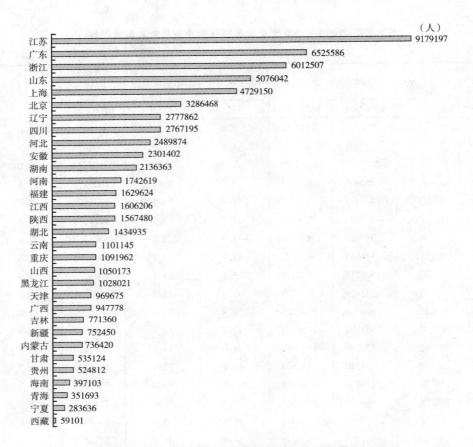

**图 5　2006 年全国各省私营企业从业人员数量图**

### 3. 民营经济投资大幅度增长

据国家统计局统计，2006 年全国固定资产投资总额为 109870 亿元，其中国有经济 32041.4 亿元，占 29.2%，外资企业投资 9890.8 亿元，占 9%，民营企业投资 67938 亿元，占 61.8%，提高了 4.7 个百分点。其中，城镇中的除国有及国有控股经济之外的经济即全部民营经济的固定投资总额达到 61431 万亿元，同比增长 25.7%，高于全国增长率 8 个多百分点，占全国城镇固定资产投资总额的比重由 2005 年的 60.5% 提高到 65.7%（见表 8、表 9）。

### 4. 私营工业经济快速发展

第一是私营工业企业数量快速增长。据国家统计局统计，2006 年规模以上私营工业企业为 138690 户，同比增长 12.0%，比 2005 年增加 14870 户，高于全

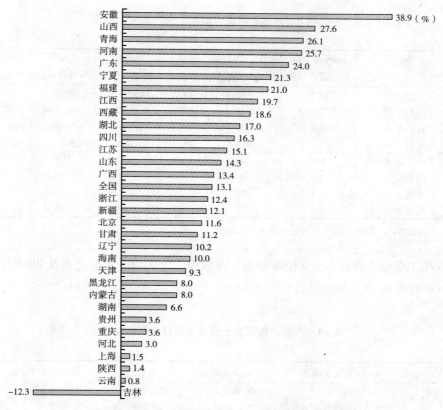

安徽 38.9（%）
山西 27.6
青海 26.1
河南 25.7
广东 24.0
宁夏 21.3
福建 21.0
江西 19.7
西藏 18.6
湖北 17.0
四川 16.3
江苏 15.1
山东 14.3
广西 13.4
全国 13.1
浙江 12.4
新疆 12.1
北京 11.6
甘肃 11.2
辽宁 10.2
海南 10.0
天津 9.3
黑龙江 8.0
内蒙古 8.0
湖南 6.6
贵州 3.6
重庆 3.6
河北 3.0
上海 1.5
陕西 1.4
云南 0.8
-12.3 吉林

**图6 2006年全国各地私营企业从业人员数量增速图**

**表8 分经济类型全社会固定资产投资**

单位：亿元，%

| 项目 \ 年份 | 2000 | 2005 | 2006 |
|---|---|---|---|
| 全国投资总额 | 32918 | 88773.6 | 109869.8 |
| 国有经济 | 16504 | 29667 | 32041 |
| 外资企业 | 2606 | 8424 | 9891 |
| 内资民营企业 | 13807 | 50682 | 67938 |
| 占全国比重 | 100.0 | 100.0 | 100 |
| 国有经济 | 50.1 | 33.4 | 29.2 |
| 外资企业 | 7.9 | 9.5 | 9.0 |
| 内资民营企业 | 41.9 | 57.1 | 61.8 |

资料来源：国家统计局。

**表9  分经济类型城镇固定资产投资**

单位：亿元，%

| 项目＼年份 | 2005年城镇固定资产投资 | 2006年城镇固定资产投资 | 2006年增长率 | 2005年房地产投资 | 2006年房地产投资 | 2006年增长率 |
|---|---|---|---|---|---|---|
| 全国 | 75095.1 | 93472.4 | 24.5 | 15909.2 | 19382.5 | 21.8 |
| 国有经济 | 27214.2 | 32041.4 | 17.7 | 932.7 | 1084.4 | 16.3 |
| 外资企业 | 8424.4 | 9890.8 | 17.4 | 1945.8 | 2490 | 28.0 |
| 私营企业 | 9772.9 | 13864.5 | 41.9 | 4742.6 | 5864.0 | 23.6 |
| 占全国比重 | 100.0 | 100 | | 100 | 100 | |
| 国有经济 | 39.5 | 34.3 | | 5.9 | 5.6 | |
| 外资企业 | 11.2 | 10.6 | | 12.2 | 12.8 | |
| 私营企业 | 13.0 | 14.8 | | 29.8 | 30.3 | |

资料来源：国家统计局《中国统计摘要——2007》。

国规模工业企业增长率 4.9 个百分点，占规模以上工业企业的比重从 2005 年的 45.5% 提高到 47.7%（见表 10、表 11）。

**表10  各经济类型工业企业主要经济指标增速**

单位：%

| 项目 | 工业增加值 | | 主营业务收入 | | 资产总计 | | 利润总额 | |
|---|---|---|---|---|---|---|---|---|
| | 2006年比2005年增长 | "十五"平均 | 2006年比2005年增长 | "十五"平均 | 2006年比2005年增长 | "十五"平均 | 2006年比2005年增长 | "十五"平均 |
| 规模以上工业 | 10.5 | 23.2 | 24.1 | 24.2 | 16.8 | 14.2 | 26.9 | 27.5 |
| 国有及国有控股 | 4.5 | 14.6 | 17.9 | 15.2 | 13.9 | 7.0 | 23.8 | 22.0 |
| 外商及港澳台 | 9.9 | 27.4 | 24.2 | 28.4 | 18.4 | 20.1 | 24.7 | 26.4 |
| 内资民营经济 | 17.6 | 34.7 | 30.2 | 34.2 | 20.6 | 30.7 | 34.0 | 42.6 |
| 私营 | 20.9 | 57.7 | 35.4 | 57.1 | 25.0 | 50.9 | 39.0 | 62.1 |

资料来源：根据国家统计局的数据整理。

第二是私营工业企业资产规模继续扩大。2006 年规模以上私营工业企业资产规模达到 37910 亿元，比 2005 年增长 25.0%，比规模以上工业企业资产总值增速快 8.2 个百分点，比国有及国有控股企业快 11.1 个百分点，比外商及港澳台投资企业快 6.6 个百分点。私营工业企业占规模以上工业企业资产总值的比重由 2005 年的 12.4% 提高到 13.3%，提高了 0.9 个百分点，而国有及国有控股企业比重比 2005 年下降 1.1 个百分点，外商及港澳台投资企业仅提高 0.3 个百分点（见表 12）。

#### 表 11　规模以上各类工业企业数量及比重变化情况

单位：户，%

| 项目 ＼ 年份 | | 2000 | 2005 | 5 年年均 | 2006 |
|---|---|---|---|---|---|
| 全国工业企业 | 绝对数 | 162885 | 271835 | 10.8 | 291036 |
| | 增长率 | — | -1.7 | | 7.1 |
| 国有及国有控股 | 绝对数 | 53489 | 27477 | -12.5 | 26101 |
| | 增长率 | — | -22.8 | | -5.0 |
| 外商及港澳台 | 绝对数 | 28445 | 56387 | 14.7 | 59599 |
| | 增长率 | — | -1.36 | | 5.7 |
| 内资民营工业 | 绝对数 | 80951 | 187971 | 18.3 | 205336 |
| | 增长率 | — | 2.3 | | 9.2 |
| 私营工业 | 绝对数 | 22128 | 123820 | 41.1 | 138690 |
| | 增长率 | — | 3.7 | | 12.0 |
| 占全国比重 | | 100.0 | 100.0 | | 100 |
| 　国有及国有控股 | | 32.8 | 10.1 | | 9.0 |
| 　外商及港澳台 | | 17.5 | 20.7 | | 20.5 |
| 　内资民营工业 | | 49.7 | 69.2 | | 70.5 |
| 　私营工业 | | 13.6 | 45.5 | | 47.7 |

资料来源：国家统计局。

#### 表 12　规模以上各类工业企业资产及比重变化情况

单位：亿元，%

| 项目 ＼ 年份 | | 2000 | 2005 | 5 年年均 | 2006 |
|---|---|---|---|---|---|
| 全国工业企业 | 绝对数 | 126211.2 | 244784.25 | 14.2 | 285941.1 |
| | 增长率 | — | 13.7 | | 16.8 |
| 国有及国有控股 | 绝对数 | 84014.9 | 117629.61 | 7.0 | 133993.0 |
| | 增长率 | — | 7.2 | | 13.9 |
| 外商及港澳台 | 绝对数 | 25714.1 | 64308.47 | 20.1 | 76151.3 |
| | 增长率 | — | 15.7 | | 18.4 |
| 内资民营工业 | 绝对数 | 16482.2 | 62846.17 | 30.7 | 75796.7 |
| | 增长率 | — | 25.6 | | 20.6 |
| 私营工业 | 绝对数 | 3873.8 | 30325.12 | 50.9 | 37910.0 |
| | 增长率 | — | 27.8 | | 25.0 |
| 占全国比重 | | 100.0 | 100.0 | | 100.0 |
| 　国有及国有控股 | | 66.6 | 48.0 | | 46.9 |
| 　外商及港澳台 | | 20.4 | 26.3 | | 26.6 |
| 　内资民营工业 | | 13.0 | 25.7 | | 26.5 |
| 　私营工业 | | 3.1 | 12.4 | | 13.3 |

资料来源：国家统计局。

第三是私营工业企业销售收入快速增长。2006 年规模以上私营工业企业实现主营业务收入 62023.7 亿元，比 2005 年增长 35.4%。私营工业企业主营业务收入是各种经济类型中增长最快的，比规模以上工业企业快 11.3 个百分点，比国有及国有控股企业快 17.5 个百分点，比外商及港澳台投资企业快 11.2 个百分点。其占规模以上工业企业主营业务收入的比重由 2005 年的 18.4% 上升到 20.1%（见表 13）。

表 13　规模以上各类工业企业销售收入及比重变化情况

单位：亿元，%

| 项目＼年份 | | 2000 | 2005 | 5 年年均 | 2006 |
|---|---|---|---|---|---|
| 全国工业企业 | 绝对数 | 84151.8 | 248544.0 | 24.2 | 308424.2 |
| | 增长率 | — | 25.0 | | 24.1 |
| 国有及国有控股 | 绝对数 | 42203.1 | 85574.18 | 15.2 | 100902.0 |
| | 增长率 | — | 19.8 | | 17.9 |
| 外商及港澳台 | 绝对数 | 22545.7 | 78564.46 | 28.4 | 97608.4 |
| | 增长率 | — | 20.7 | | 24.2 |
| 内资民营工业 | 绝对数 | 19402.9 | 84405.36 | 34.2 | 109913.8 |
| | 增长率 | — | 35.3 | | 30.2 |
| 私营工业 | 绝对数 | 4791.5 | 45801.43 | 57.1 | 62023.7 |
| | 增长率 | — | 36.8 | | 35.4 |
| 占全国比重 | | 100.0 | 100.0 | | 100 |
| 国有及国有控股 | | 50.1 | 34.4 | | 32.7 |
| 外商及港澳台 | | 26.8 | 31.6 | | 31.6 |
| 民营工业 | | 23.1 | 34.0 | | 35.7 |
| 私营工业 | | 5.7 | 18.4 | | 20.1 |

资料来源：国家统计局。

第四是私营工业增加值增速加快。2006 年规模以上私营工业企业完成增加值 15547 亿元，比 2005 年增长 20.9%。增速比规模以上工业企业快 10.4 个百分点，比国有及国有控股企业快 16.4 个百分点，比外商及港澳台投资企业快 11 个百分点。其占规模以上工业增加值的比重由 2005 年的 17.8% 上升到 19.5%（见表 14）。

表 14　规模以上各类工业企业增加值及比重变化情况

单位：亿元，%

| 项目 \ 年份 | | 2000 | 2005 | 5 年年均 | 2006 |
|---|---|---|---|---|---|
| 全国工业企业 | 绝对数 | 25394.8 | 72186.99 | 23.2 | 79752 |
| | 增长率 | — | 31.7 | | 16.6 |
| 国有及国有控股 | 绝对数 | 13777.7 | 27176.67 | 14.6 | 28396 |
| | 增长率 | — | 17.1 | | 12.6 |
| 外商及港澳台 | 绝对数 | 6090.4 | 20468.28 | 27.4 | 22502 |
| | 增长率 | — | 34.3 | — | 16.9 |
| 内资民营工业 | 绝对数 | 5526.8 | 24542.04 | 34.7 | 28854 |
| | 增长率 | — | 50.1 | | — |
| 私营工业 | 绝对数 | 1318.5 | 12855.55 | 57.7 | 15547 |
| | 增长率 | — | 55.1 | | 24.4 |
| 工业增加值比重 | | 100.0 | 100.0 | | 100.0 |
| 国有及国有控股 | | 54.2 | 37.6 | | 35.6 |
| 外商及港澳台 | | 24.0 | 28.4 | | 28.2 |
| 内资民营工业 | | 21.8 | 34 | | 36.2 |
| 私营工业 | | 5.2 | 17.8 | | 19.5 |

说明：2006 年工业增加值为统计公报数，且增长速度按可比价格计算。
资料来源：国家统计局。

　　第五是私营工业企业利润快速增长。2006 年规模以上私营工业利润总额为 2947.8 亿元，同比增长 39.0%，高于全国规模以上工业 12.1 个百分点；占全国规模以上工业利润的比重为 15.7%，同比提高了 1.4 个百分点（见表 15）。

**5. 私营企业进出口总额高速增长**

　　据海关总署统计，到 2006 年底，全国私营企业进出口总额为 2435.8 亿美元，同比增长 46.5%，高于全国增长率约 23 个百分点；占全国进出口的比重为 13.8%，比 2005 年提高 2.1 个百分点。其中出口总额为 1707.4 亿美元，同比增长 52.1%，高于全国增长率 24 个百分点；占全国出口比重为 17.6%，同比提高 2.9 个百分点。私营企业进出口继续大幅度增长，重要原因是新增的私营外贸企业大幅度增长。2006 年新增开展外贸业务联系的私营企业 3.8 万家，总数达到了 9.5 万家，比 2005 年增长了一半以上（见表 16、表 17、表 18）。

### 表15 规模以上各类工业企业利润及比重变化情况

单位：亿元，%

| 项目\年份 | | 2000 | 2005 | 5年年均 | 2006 |
|---|---|---|---|---|---|
| 全国工业企业 | 绝对数 | 4393.5 | 14802.54 | 27.5 | 18783.6 |
| | 增长率 | | 24.1 | | 26.9 |
| 国有及国有控股 | 绝对数 | 2408.3 | 6519.75 | 22.0 | 8071.8 |
| | 增长率 | | 19.6 | | 23.8 |
| 外商及港澳台 | 绝对数 | 1282.5 | 4140.81 | 26.4 | 5162.2 |
| | 增长率 | | 6.8 | | 24.7 |
| 内资民营工业 | 绝对数 | 702.7 | 4141.98 | 42.6 | 5549.6 |
| | 增长率 | | 59.3 | | 34.0 |
| 私营工业 | 绝对数 | 189.7 | 2120.65 | 62.1 | 2947.8 |
| | 增长率 | | 48.3 | | 39.0 |
| 工业增加值比重 | | 100.0 | 100.0 | | 100 |
| 国有及国有控股 | | 54.8 | 44.0 | | 43.0 |
| 外商及港澳台 | | 29.2 | 28.0 | | 27.5 |
| 民营工业企业 | | 16.0 | 28.0 | | 29.5 |
| 私营工业 | | 4.3 | 14.3 | | 15.7 |

资料来源：国家统计局。

### 表16 2001~2006年各类企业出口走势比较

单位：亿美元，%

| 年份 | 国有企业 | | | 外资企业 | | | 民营企业 | | |
|---|---|---|---|---|---|---|---|---|---|
| | 金额 | 增长 | 比重 | 金额 | 增长 | 比重 | 金额 | 增长 | 比重 |
| 2001 | 1132.3 | -2.8 | 42.5 | 1332.4 | 11.6 | 50.1 | 196.9 | 47.8 | 7.4 |
| 2002 | 1228.6 | 8.5 | 37.7 | 1699.4 | 27.6 | 52.2 | 327.7 | 66.5 | 10.1 |
| 2003 | 1380.3 | 12.4 | 31.5 | 2403.4 | 41.4 | 54.8 | 600.0 | 83.1 | 13.7 |
| 2004 | 1535.9 | 11.4 | 25.9 | 3386.1 | 40.9 | 57.1 | 1011.7 | 68.6 | 17.0 |
| 2005 | 1688.1 | 9.9 | 22.2 | 4442.1 | 31.2 | 58.3 | 1489.8 | 47.3 | 19.5 |
| 2006 | 1913.4 | 13.4 | 19.7 | 5638.3 | 26.9 | 58.2 | 2139.3 | 43.6 | 22.1 |

### 表17 2001~2006年私营企业和集体企业出口比较

单位：亿美元，%

| 年份 | 集体企业 | | | 私营企业 | | |
|---|---|---|---|---|---|---|
| | 金额 | 增长 | 占比 | 金额 | 增长 | 占比 |
| 2001 | 142.2 | 34.6 | 72.81 | 53.1 | 122.7 | 27.19 |
| 2002 | 188.6 | 32.6 | 57.78 | 137.8 | 159.5 | 42.22 |
| 2003 | 251.3 | 33.3 | 41.97 | 347.5 | 152.2 | 58.03 |
| 2004 | 317.9 | 26.5 | 31.46 | 692.5 | 99.3 | 68.54 |
| 2005 | 365.1 | 14.9 | 24.55 | 1122.3 | 62.1 | 75.45 |
| 2006 | 410.9 | 12.5 | 19.40 | 1707.4 | 52.1 | 80.60 |

资料来源：商务部。

表 18　2006 年中国各类企业进出口情况

单位：亿美元，%

| 项　目 | 出　口 | | 进　口 | |
|---|---|---|---|---|
| | 金　额 | 增长率 | 金　额 | 增长率 |
| 全　国 | 9690.80 | 27.2 | 7916.14 | 20.0 |
| 国有企业 | 1913.45 | 13.4 | 2252.40 | 14.2 |
| 外商投资企业 | 5638.28 | 26.9 | 4726.16 | 22.0 |
| 内资民营企业 | 2139.01 | 43.6 | 937.58 | 24.3 |
| 私营企业 | 1707.40 | 52.1 | 728.40 | 34.9 |

资料来源：商务部。

## （二）民营经济整体素质提高情况

### 1. 个体私营企业税收快速增长

据国家税务总局统计，2006 年私营企业税收总额 3495.2 亿元，比 2005 年增长 28.6%，高于全国 6.7 个百分点；占全国企业税收总额的比重为 9.3%，比 2005 年提高了 0.5 个百分点。个体户税收总额为 1194.7 亿元（见表 19、表 20）。

表 19　各种经济成分税收总额及增长率

单位：亿元，%

| 指标　　年份 | 2000 | 2005 | 5 年年均 | 2006 |
|---|---|---|---|---|
| 全　国 | 12665.8 | 30865.8 | | 37636.3 |
| 增长率 | — | 20.0 | 19.5 | 21.9 |
| 国有企业 | 5399.9 | 7487.9 | | 8061.7 |
| 增长率 | — | 9.3 | 6.8 | 7.7 |
| 民营企业 | 7265.9 | 23377.9 | | 29574.6 |
| 增长率 | — | 27.5 | 26.3 | 26.5 |
| 内资民营 | 5049.1 | 17029.4 | | 21624.2 |
| 增长率 | | 31.2 | 27.5 | 27.0 |
| 私营企业 | 419.7 | 2715.9 | | 3495.2 |
| 增长率 | — | 36.1 | 45.3 | 28.6 |
| 个　体 | 762.7 | 1385.7 | | 1194.7 * |
| 增长率 | | 14.3 | 12.7 | — |
| 外资企业 | 2216.7 | 6348.5 | | 7950.4 |
| 增长率 | | 18.5 | 23.4 | 25.2 |

说明：* 2006 年个体经营税中不含利息所得税，统计口径与前期不同，因此无法与前期数据进行比较。
资料来源：国家税务总局和笔者的计算。

### 表20 不同经济成分的税收占全部税收的比重

单位：%

| 指标 \ 年份 | 2000 | 2001 | 2002 | 2003 | 2004 | 2005 | 2006 |
|---|---|---|---|---|---|---|---|
| 国有企业 | 42.6 | 35.4 | 31.5 | 28.8 | 26.6 | 24.3 | 21.4 |
| 民营经济 | 57.4 | 62.9 | 66.3 | 68.9 | 71.3 | 75.7 | 78.6 |
| 内资民营 | 39.9 | 43.9 | 45.8 | 48.0 | 50.5 | 55.2 | 57.5 |
| 私营企业 | 3.3 | 4.4 | 5.6 | 6.8 | 7.8 | 8.8 | 9.3 |
| 个　体 | 6.0 | 6.1 | 5.9 | 5.1 | 4.7 | 4.5 | 3.2* |

说明：* 2006年个体经营税中不含利息所得税，统计口径与前期不同，因此比重下降明显。
资料来源：国家税务总局和笔者的计算。

### 2. 对社会公益事业贡献日益增大

仅以中国光彩事业为例，据统计，到2006年6月，由民营企业参加的光彩事业累计投资项目达15429个，比2005年同期增加1885个；累计到位资金1247亿元，比2005年同期增长178亿元；累计安置就业人员479.8万人，比2005年同期增加179万人；累计帮助脱贫769.8万人，比2005年同期增加221.5万人；累计捐赠财物金额为170.2亿元，比2005年同期增加近40亿元（见表21）。

### 表21 2000~2006年光彩事业成果统计

| 指标 \ 年份 | 2000 | 2001 | 2002 | 2003 | 2004 | 2005 | 2006 |
|---|---|---|---|---|---|---|---|
| 累计投资项目(个) | 3160 | 5744 | 7377 | 9765 | 11849 | 13544 | 15429 |
| 累计到位资金(亿元) | 141.2 | 229.2 | 314.6 | 523.7 | 813.4 | 1069 | 1247 |
| 累计参与企业(家) | 3207 | 8846 | 10994 | 14407 | 16504 | 18723 | 19982 |
| 累计就业(万人) | 90.7 | 104.9 | 134.5 | 210.2 | 276.9 | 300.8 | 479.8 |
| 累计脱贫(万人) | 231.9 | 259.1 | 350.7 | 459.5 | 538.4 | 548.3 | 769.8 |
| 累计捐赠金额(亿元) | 25.1 | 44.1 | 47.6 | 85.0 | 96.9 | 130.8 | 170.2 |

资料来源：中国光彩事业促进会。各年数据为当年6月底数。

### 3. 企业经济实力增大

企业经济实力增大。据国家工商总局统计，2006年私营企业户均注册资金为152.6万元，比2005年增加10万元。据国家统计局统计，2006年全国规模以上私营工业企业平均资产总值规模为2733.43万元/户，比2005年提高284.3万元；平均主营业务收入为 4472.06 万元/户，比 2005 年提高 773.03 万元/户；平均工业增加值 1120.99 万元/户，比 2005 年提高 82.74 万元/户；平均利润额 212.56 万元/户，比 2005 年提高 41.29 万元/户（见表 22）。

表 22　规模以上私营工业企业主要指标

| 年　　份 | 企业单位数（户） | 工业总产值（亿元） | 工业增加值（亿元） | 资产总计（亿元） | 所有者权益合计（亿元） | 主营业务收入（亿元） | 利润总额（亿元） | 全部从业人员平均人数（万人） |
|---|---|---|---|---|---|---|---|---|
| 2000 | 22128 | 5220.36 | 1318.48 | 3873.83 | 1664.99 | 4791.50 | 189.68 | 346.42 |
| 　占全国比重(%) | 13.6 | 6.1 | 5.2 | 3.1 | 3.4 | 5.7 | 4.3 | 6.2 |
| 　户均(万元) | | 2359.16 | 595.84 | 1750.65 | | 2165.36 | 85.72 | 157 |
| 2005 | 123820 | 47778.2 | 12855.55 | 30325.12 | 12286.22 | 45801.43 | 2120.65 | 1692.06 |
| 　占全国比重(%) | 45.5 | 19.0 | 17.8 | 12.4 | 11.9 | 18.4 | 14.3 | 24.5 |
| 　户均(万元) | | 3858.68 | 1038.25 | 2449.13 | | 3699.03 | 171.27 | 137 |
| 2000～2005 年均增长率(%) | 41.1 | 55.7 | 57.7 | 50.9 | 49.1 | 57.1. | 62.1 | 37.3 |
| 2006 | 138690 | | 15547 | 37910 | | 62023.7 | 2947.8 | 1860.6 |
| 　增长率(%) | 12.0 | | 20.9 | 25.0 | | 35.4 | 39.0 | 9.96 |
| 　占全国比重(%) | 47.7 | | 19.5 | 13.3 | | 20.1 | 15.7 | 25.82 |
| 　户均(万元) | | | 1120.99 | 2733.43 | | 4472.06 | 212.56 | 134 |

资料来源：国家统计局。

从 2006 年全国工商联上规模民营企业调研数据来看，2005 年上规模民营企业 500 家（上规模民营企业中销售收入前 500 名）的企业规模保持了较快增长。与中国企业 500 强相比较，2005 年民营企业 500 家的入门门槛为 13.36 亿元，而中国企业 500 强的入门门槛为 60.70 亿元，两者相差 4.5 倍，比 2004 年的 4.7 倍有所缩小。在营业收入总额上，民营企业 500 家为 20807 亿元，中国企业 500 强为 141405 亿元，前者是后者的 14.7%，比 2004 年的 13.2% 提高了 1.5 个百分点；从户均指标来看，民营企业 500 家户均营收总额占中国企业 500 强户均营收总额的百分比由 2002 年的 10.1% 提高到了 2005 年的 14.7%，两者的差距在逐年缩小；2005 年中国企业 500 强最低营业收入为 60.70 亿元，在民营企业 500 家中有 82 家达到此标准，而 2004 年民营企业 500 家中仅有 75 家达到中国企业 500 强的最低营收标准（45.72 亿元），从中也可以看出民营大中型企业在逐渐成长（见表 23）。

表 23　2000～2005 年民营企业 500 家与中国企业 500 强规模对比

单位：亿元，%

| 年　份 | 民企 500 家营业收入总额 | 增长率 | 中国企业 500 家营业收入总额 | 增长率 | 民企 500 规模/中企 500 规模 |
|---|---|---|---|---|---|
| 2000 | 3264 | — | 53954 | — | 6.0 |
| 2001 | 4947 | 51.6 | 61055 | 13.2 | 8.1 |
| 2002 | 7052 | 42.6 | 69619 | 14.0 | 10.1 |
| 2003 | 10767 | 52.7 | 89935 | 29.2 | 11.9 |
| 2004 | 15382 | 42.9 | 117460 | 30.6 | 13.2 |
| 2005 | 20807 | 35.3 | 141405 | 20.4 | 14.7 |

资料来源：全国工商联上规模民营企业调查报告及中国企业发展报告。

**4. 私营企业组织形式及治理结构不断优化**

据国家工商总局统计，到 2006 年底，全国私营股份有限公司 1421 户，比 2005 年增加 464 户，增长 48.48%；从业人员 18.6 万人，增加 2.3 万人，增长 14%；注册资本 738.8 亿元，增加 228.6 亿元，增长 44.82%。私营有限责任公司 386.3 万户，比 2005 年增加 56 万户，增长 16.95%。私营股份有限责任公司和有限公司占私营企业总户数的 77.6%，比 2005 年增加 0.8 个百分点；从业人员 5360.1 万人，增加 679 万人，增长 14.5%，占私营企业从业人员的 81.4%，比 2005 年增加 1 个百分点；注册资本 70603.3 亿元，增加 13827.7 亿元，增长 24.35%，占私营企业注册资本总额的 92.9%，比 2005 年增加 0.3 个百分点。私人独资企业 98.5 万户，比 2005 年增加 11.6 万户，增长 13.3%，占总户数的 19.8%；从业人员 1019.3 万人，增长 9.5%；注册资本 4002.8 亿元，增长 17.17%。合伙企业实有 13.1 万户，增加 3630 户，增长 2.84%，占总户数的 2.6%，比 2005 年减少 0.4 个百分点；从业人员 188.3 万人，下降 3.8%；注册资本 683.6 亿元，增长 8.68%（见表 24）。

据全国工商联与统战部、国家工商总局等部门于 2006 年联合进行的全国第七次私营企业抽样调查数据，到 2006 年底，私营企业中的独资企业比例为 21%，比两年前降低了 1.5 个百分点；合伙企业比例为 7.1%，降低了 0.3 个百分点；有限责任公司比例为 65.6%，提高了 2.7 个百分点。抽样调查还显示，私营企业中设立股东大会的占 58.1%，比两年前提高 1.4 个百分点；建有党组织的占 34.8%，提高 4 个百分点；建立了工会组织的占 53.3%，提高 2.8 个百分点；设立了职工代表大会的占 35.9%，提高了约 5 个百分点（见表 25、表 26、表 27）。

表24 2006年全国私营企业登记基本情况

| 项　目 | | 2005 年 | 比重（%） | 2006 年 | 比重（%） | 增长率（%） |
|---|---|---|---|---|---|---|
| 合计 | 户数（户） | 4300916 | 100 | 4980774 | 100 | 15.81 |
| | 投资者（人） | 11099344 | 100 | 12716513 | 100 | 14.57 |
| | 雇工（人） | 47141312 | 100 | 53146450 | 100 | 12.74 |
| | 注册资本金（万元） | 613311253 | 100 | 760285276 | 100 | 23.96 |
| 独资企业 | 户数（户） | 868809 | 20.2 | 984515 | 19.8 | 13.32 |
| | 投资者（人） | 868809 | 7.8 | 984515 | 7.7 | 13.32 |
| | 雇工（人） | 8440184 | 17.9 | 9208291 | 17.3 | 9.10 |
| | 注册资本金（万元） | 34160851 | 5.6 | 40027717 | 5.3 | 17.17 |
| 合伙企业 | 户数（户） | 127804 | 3 | 131434 | 2.6 | 2.84 |
| | 投资者（人） | 486668 | 4.4 | 447867 | 3.5 | −7.97 |
| | 雇工（人） | 1470820 | 3.1 | 1435175 | 2.7 | −2.42 |
| | 注册资本金（万元） | 6290685 | 1 | 6836469 | 0.9 | 8.68 |
| 有限责任公司 | 户数（户） | 3303346 | 76.8 | 3863404 | 77.6 | 16.95 |
| | 投资者（人） | 9723454 | 87.6 | 11254428 | 88.5 | 15.75 |
| | 雇工（人） | 37087292 | 78.7 | 42346372 | 79.7 | 14.18 |
| | 注册资本金（万元） | 567756284 | 92.6 | 706033321 | 92.9 | 24.35 |
| 股份有限公司 | 户数（户） | 957 | 0 | 1421 | 0 | 48.48 |
| | 投资者（人） | 20413 | 0.2 | 29703 | 0.2 | 45.51 |
| | 雇工（人） | 143016 | 0.3 | 156612 | 0.3 | 9.51 |
| | 注册资本金（万元） | 5101433 | 0.8 | 7387768 | 1 | 44.82 |

资料来源：国家工商总局。

表25 私营企业组织形式比例变化

单位：%

| 年　份 | 独资企业 | 合伙企业 | 有限责任公司 | 其　他 | 合　计 |
|---|---|---|---|---|---|
| 1993 年调查 | 63.8 | 16.0 | 16.5 | 3.7 | 100 |
| 1995 年调查 | 55.8 | 15.7 | 28.5 | 0.9 | 100 |
| 2002 年调查 | 28.7 | 5.7 | 65.6 | 0.0 | 100 |
| 2004 年调查 | 22.5 | 7.4 | 62.9 | 7.2 | 100 |
| 2006 年调查 | 21.0 | 7.1 | 65.6 | 6.3 | 100 |

资料来源：全国工商联等部门2006年联合进行全国第七次私营企业抽样调查，数据为调查前一年底数。

表26　私营企业内部主要组织架构

单位：%

| 年　　份 | 股东大会 | 董事会 | 监事会 | 党组织 | 工会 | 职代会 |
|---|---|---|---|---|---|---|
| 1993 年调查 | — | 26.0 | — | 4.0 | 8.0 | 11.8 |
| 1995 年调查 | — | 15.8 | — | 6.5 | 5.9 | 6.2 |
| 2000 年调查 | 27.8 | 44.5 | 23.5 | 17.4 | 34.4 | 26.3 |
| 2002 年调查 | 33.9 | 47.5 | 26.6 | 27.4 | 49.7 | 27.4 |
| 2004 年调查 | 56.7 | 74.3 | 35.1 | 30.7 | 50.5 | 31.0 |
| 2006 年调查 | 58.1 | 63.5 | 36.5 | 34.8 | 53.3 | 35.9 |

资料来源：全国工商联等部门 2006 年联合进行全国第七次私营企业抽样调查，数据为调查前一年底数。

表27　私营企业主大专以上文化程度比例和入党情况

单位：%

| 年　　份 | 已入党企业主比例 | 大专以上企业主比例 | 年　　份 | 已入党企业主比例 | 大专以上企业主比例 |
|---|---|---|---|---|---|
| 1993 年调查 | 12.9 | 17.2 | 2002 年调查 | 26.2 | 38.4 |
| 1997 年调查 | 19.0 | 20.4 | 2004 年调查 | 33.9 | 51.8 |
| 2000 年调查 | 19.9 | 38.4 | 2006 年调查 | 32.2 | 49.3 |

资料来源：全国工商联等部门 2006 年联合进行全国第七次私营企业抽样调查，数据为调查前一年底数。

### 5. 私营企业内部的劳资关系进一步改善

从全国工商联与统战部、国家工商总局等部门进行的全国第七次私营企业抽样调查数据上看，目前，私营企业主已经更加注重协调劳资关系，注意改善劳动条件和加强企业文化建设，尊重员工，同时也能根据企业效益适时增加员工的收入，劳资关系总体得到进一步改善。

第一是企业员工劳动合同签订率有所提高。在所调查的 3420 户企业中，劳动合同平均签订率为 72.8%，比 2003 年全国第六次私营企业抽样调查 64% 的劳动合同平均签订率提高了 8.8 个百分点。

第二是私营企业工会组建率有所上升。在有效的 3240 户企业中，组建了工会的企业为 1726 户，占 53.3%，比 2003 年 48.8% 的私营企业的工会组建率提高了 4.5 个百分点。

第三是企业员工工资提升幅度较大，与国有单位职工平均工资水平的差距正在缩小。调查数据显示，企业的工资、奖金支付总额为 201.7 万元，员工的年均工资为 13480 元，比 2003 年人均 8033 元的私营企业员工工资增长了 67.8%。此外，2003 年全国国有单位职工平均工资是抽样调查的私营企业员工平均工资的 1.8 倍，到 2005 年，这一差距缩小为不到 1.2 倍，抽样调查的私营企业员工工资奖金水平与全国职工平均工资水平的差距正在缩小。

第四是劳保福利支出显著增长，劳动条件正在改善。有 2242 家企业支付劳保费用，占全部企业的 58.4%，户均支出 14.5 万元，员工人均 1235.3 元，这比 2003 年时的人均 439 元增加了 1.8 倍多；有 2050 家企业投资改善劳动条件，占全部企业的 53.4%，户均支出 37.3 万元，为员工人均支出 10877.8 元。

第五是员工的社会保险水平提高。主要是建立员工保险的企业比率有所上升，从本次调查结果看，建立医疗保险的企业占 36.9%，比 2003 年上升 3.5 个百分点；建立养老保险的企业占 43.9%，比 2003 年上升 5.2 个百分点；建立失业保险的企业占 22.2%，比 2003 年上升 5.6 个百分点；建立工伤保险的企业占 24.4%。2005 年，医疗保险覆盖率为 26.3%，人均医保支出 2434.5 元；养老保险覆盖率为 29.2%，人均养老保费支出 2921.4 元；失业保险覆盖率为 18.2%，人均失业保费支出 1136.7 元；工伤保险覆盖率为 10.7%，人均保费支出 837.8 元。就前三种保险来看，与 2003 年的调查结果相比，覆盖率和人均保费支出都大幅上升（见表 28、表 29）。

**表 28　2006 年抽样调查私营企业劳资关系主要数据**

| 指　　标 | 2003 年 | 2005 年 | 增长率（%） |
|---|---|---|---|
| 劳动合同签订(户) | 64 | 72.8 | 8.8 |
| 工会组建(户) | 48.8 | 53.3 | 4.5 |
| 员工年均工资(元) | 8033 | 13480 | 67.8 |
| 人均劳保费用支出(元) | 439 | 1235.3 | 181.4 |

资料来源：全国工商联等部门联合进行全国第六次、第七次私营企业抽样调查。

### 6. 企业自主创新能力增强

据有关机构统计，我国民营科技企业目前已有约 15 万家，在 53 个国家级高新技术开发区企业中，民营科技企业占 70% 以上，取得的科技成果占高新区的

表 29　2006 年抽样调查私营企业社会保险情况

单位：％，元

| 指　标 | 2003 年 | 2005 年 | 增　长 |
|---|---|---|---|
| 养老保险 | | | |
| 　企业投保率 | 38.7 | 43.9 | 5.2 |
| 　职工覆盖率 | 22.7 | 29.2 | 6.5 |
| 　人均保费支出 | 1273 | 2921.4 | 129.5 |
| 医疗保险 | | | |
| 　企业投保率 | 33.4 | 36.9 | 3.5 |
| 　职工覆盖率 | 14.5 | 26.3 | 11.8 |
| 　人均保费支出 | 858 | 2434.5 | 183.7 |
| 失业保险 | | | |
| 　企业投保率 | 16.6 | 22.2 | 5.6 |
| 　职工覆盖率 | 6 | 18.2 | 12.2 |
| 　人均保费支出 | 382 | 1136.7 | 197.6 |
| 工伤保险 | | | |
| 　企业投保率 | | 24.4 | |
| 　职工覆盖率 | | 10.7 | |
| 　人均保费支出 | | 837.8 | |

资料来源：全国工商联等部门联合进行全国第六次、第七次私营企业抽样调查。

70% 以上。据科技部资料，改革开放以来，我国技术创新的 70%、国内发明专利的 65% 和新产品的 80% 均来自中小企业，而中小企业的 95% 以上为非公有制企业。最典型的是深圳市，该市已经形成了以企业为主体的技术创新体系，其标志是"五个"90%，即 90% 以上的研发机构在企业，90% 以上的研发人员在企业，90% 以上的研发经费来自企业，90% 以上的专利由企业申请，企业中 90% 以上是民营企业。据国家知识产权局 2006 年对全国 43383 家企业及其申请的 310554 件专利的大型调查，其中私人企业专利申请占 41%，明显高于国有企业（23%）、集体企业（13.9%）、外商及港澳台企业（11.9%）。全国有 7 个省市私营企业申请专利量占比超过 50%，其中重庆和浙江达 73.1% 和 71.1%；19 个地区私营企业专利申请占比高于其他类型企业；有 6 个省市的私营企业发明专利申请量超过 50%，贵州、西藏、海南超过 70%，浙江为 59.7%；有 13 个省市区私营企业发明专利申请占比高于其他类型企业。

**7. 民营上市公司明显增加**

2006 年是民营上市公司增加最多的一年。全年私营控股上市公司增加了 28

家，占全国新增上市公司数量的 39.4%，发行股份 10 亿多股，实际募集资金 79.4 亿元，占全部新募集资金的 6%。截至 2006 年底，在上海证券交易所和深圳证券交易所挂牌的民营上市公司数为 378 家（其中沪市为 196 家，深市为 181 家），占上市公司总数的 27.8%，其中最终控制人为单个自然人的有 325 家。在这 378 家公司中，有 53 家的最终控制人为多个自然人联合控制的公司（见表 30、图 7）。

表 30  2006 年民营上市公司情况表

| 项  目 | 数  量<br>（家） | 发行数量<br>（万股） | 募集资金合计<br>（亿元） | 发行费用<br>（万元） | 实际募集资金<br>（亿元） |
|---|---|---|---|---|---|
| 全部企业 | 71 | 3948281 | 1642.564 | 358410.9 | 1305.855 |
| 民营企业* | 28 | 100400 | 84.6565 | 52101.99 | 79.4464 |
| 所占比重（%） | 39.44 | 2.54 | 5.15 | 14.54 | 6.08 |

说明：* 此处的民营企业按实际控制人划分。

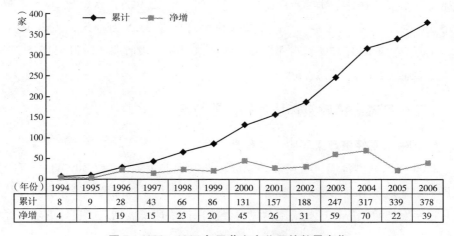

| （年份） | 1994 | 1995 | 1996 | 1997 | 1998 | 1999 | 2000 | 2001 | 2002 | 2003 | 2004 | 2005 | 2006 |
|---|---|---|---|---|---|---|---|---|---|---|---|---|---|
| 累计 | 8 | 9 | 28 | 43 | 66 | 86 | 131 | 157 | 188 | 247 | 317 | 339 | 378 |
| 净增 | 4 | 1 | 19 | 15 | 23 | 20 | 45 | 26 | 31 | 59 | 70 | 22 | 39 |

图 7  1993~2006 年民营上市公司的数量变化

### 8. 民营企业"走出去"步伐加快

据商务部的统计，民营企业已经成为我国对外直接投资的生力军。按企业数计算，2005 年，我国对外直接投资的母体民营企业 2573 家，比 2002 年增加了 1573 家，年均增长 17.8%；占对外直接投资国内主体的比重从 2002 年的 50% 提高到 64%，其中有限责任公司以 32% 的比重首次超过国有企业 29% 的比重。从地域看，七成以上的私营企业投资主体来自浙江和福建两省。从行业看，以加工制造业为主。据调查分析，68%的企业选择制造业，6%的企业选择第一产业，5.4%的企业选择批发和零售业。2005年，我国在境外建立生产加工基地的投资近30亿美元，其中一半以上是以民营企业为主的轻工、机械、纺织服装、建材、电子等劳动密集型行业。民营企业海外投资形式主要包括：建立营销网络，建立加工制造基地，开展资源合作开发和农业综合开发，建立境外研发中心等。投资方式也多种多样，既有独资经营、参股经营，也有合作开发、跨国并购。在投资地域分布上，我国民营企业已经在全球五大洲100多个国家和地区进行了经营和投资，其中在亚洲国家和地区的投资占将近一半。

### 9. 民营企业市场行为自律性进一步增强

据国家工商总局的市场监管工作情况反映，2006年，全国共查处私营企业违反登记管理法规15.7万户次，比2005年减少9304户次，下降5.6%。其中不按规定办理年检10.8万户次，减少2万户次，下降15.6%，占违法总户次的68.8%。全国共查处个体工商户违反登记管理法规55.9万户次，比2005年减少10.5万户次，下降15.9%。其中不按规定办理验照33.8万户次，比2005年减少5.3万户，下降13.7%，占违法总户次的60.5%。没收非法所得5115.5万元，减少1160.2万元，下降18.5%。

## （三） 民营经济政策环境不断改善情况

### 1. 国家宏观经济政策环境总体有利

2006年国家出台了一系列推动经济社会发展的重要政策，如"十一五"发展规划、建设创新型国家系列配套政策、建设新农村系列配套政策和宏观经济调控与稳定发展政策等，这些措施为民营经济保持快速发展创造了良好的宏观经济政策环境。

### 2. 中央继续强调鼓励发展非公有制经济的方针政策

从2006年3月的政府工作报告，到12月的中央经济工作会议报告，中央都在强调要认真落实鼓励、支持和引导非公有制经济发展的政策措施，进一步为民营经济创造公平竞争的政策、市场和法制环境，促进非公有制经济健康发展。中央的态度坚定了民营企业的信心，给民营经济发展注入了更大动力。

### 3. 有关政府部门支持民营经济发展的政策措施取得新进展

在中央强调鼓励发展非公有制经济方针政策的推动下，铁路、民航、邮政等部门推出了鼓励非公有制资本进入相关行业领域的措施，有关部门还改进了民营资本进入军工、石油石化领域的政策，金融部门也出台政策以改善民营企业，特别是一般中小企业的融资及信用担保条件，税务部门对个体工商户及小企业的税收政策得到改进，国家发改委推出了促进民营经济发展的中小企业成长工程。

**4. 相关法律法规规章文件的清理取得重大进展**

截止到 2006 年底，中央有关部门和地方政府审核规章和文件 130 多万件，共清理出 5000 多件与"非公经济 36 条"精神不一致的规章和文件。根据清理情况，对主要内容与"非公经济 36 条"精神不一致的，按法定权限和程序明令废止；个别条款与"非公经济 36 条"精神不一致的，按权限和程序予以修改。

**5. 地方政府更加强调推进民营经济发展对当地经济的重要意义**

2006 年又有部分省市出台了落实"非公经济 36 条"的政策措施，有的地区还专门出台促进中小企业发展的地方法规。目前，全国多数省区市均制定了国务院"非公经济 36 条"的实施政策，不少地方还在自己的权限范围内提出更积极，甚至超前的政策措施。

## （四）民营经济发展存在的主要问题

**1. 部门落实"非公经济 36 条"的措施推进不平衡**

——行业准入总体上进展比较缓慢。主要是在一些垄断部门和行业，公用事业和基础设施领域，如邮政、通信、广电、电力和金融等，民营经济的进入遇到大量的"玻璃门"现象，即看得见、进不去，一进就碰壁。比较突出的是以资本实力、技术水平和从业资历等各种理由抬高行业准入门槛，提出比过去更为苛刻的条件，使得民营企业实际上进不去，甚至使一些原已进入某一领域的民营企业也因条件与门槛的提高而被迫退出。

——金融、税收政策总体改进不大。金融方面进展不大的主要表现，一是国有商业银行和主要股份制银行仍在信贷上对中小企业有种种不合理的条件限制，使得相当大一部分在经济效益、社会信誉和管理制度方面已经达到提供银行信贷条件要求的民营企业、中小企业仍与银行信贷无缘。二是社会普遍呼吁了多年的允许设立以民营资本为主的专为中小企业服务的区域性中小银行的建议，一直不为主要金融管理部门认可。税收方面进展不大主要表现在，内外资企业统一税制改革的具体政策仍在制定之中，新的统一税制将在 2008 年才实施。特别是民营企业员工的计税工资标准既与外资、也与国有企业不平等，民营企业要为此承担明显高于外资和国有企业的工资税务成本。

——一些配套措施在执行中遭遇阻力。尽管不少部门相继出台了落实"非公经济36条"实施政策意见，但一些部门受传统的观念影响与习惯制约，在实际管理上对民营企业仍抱不太信任的态度，以致在具体工作上或有意或无意、或直接或间接地限制民营企业。

——某些垄断企业在实际上更加排挤民营企业。面对民营企业部分地、逐步地进入某些垄断行业和领域，一些垄断企业出于维护自身超常利益与抵御市场竞争的需要，往往采取某些直接、间接手段与办法，如以维护所谓"国家利益"为由长期维持垄断行业产品与服务的高价，通过对有关政府部门施加特殊影响以提高行业准入门槛等，排挤甚至阻止民营企业进入。比如，国资委明确提出国有经济要在7大行业领域处于绝对控制地位，这在客观上推动了有关部门在许多方面有可能比过去更加限制民营经济的进入。

**2. 市场环境面临诸多问题**

据世界银行国际金融公司的《2006～2007全球商业环境报告》统计，2006年中国的综合商业环境评价排名由2005年的108位提升到第93位，提升了15位，但在175个经济体中仍属中等偏下水平。其中注册资产排名第21位，执行合同排名第63位，企业破产排名第75位，用工制度排名第78位，投资者保护排名第83位，获得信贷排名第101位，开办企业排名第128位，申请许可排名第153位，缴纳税款排名第168位。这些评价结果比较能够较真实地反映民营经济的情况，说明我国的市场环境，特别是民营企业的市场环境仍需加大力度进行改善（见表31）。

**3. 社会的某些舆论有失公允**

——在对收入分配不公等方面的讨论存在某些偏颇舆论。面对贫富差距的不断扩大和收入分配上存在的严重不公这一复杂的社会现象，部分社会舆论简单地将其主要归因于是私营经济发展，归因于私营企业财富的迅速积累和积聚。这导致不少人对民营企业及企业家仍持某种异样眼光。

——关于"原罪"问题的再次争论给部分民营企业带来某种心理影响。民营企业在早期创业和发展过程中存在的某些违规行为，本应采取客观、历史和科学的态度来看待和评价。但受某种情绪的影响，一些人将此视为民营企业有"原

表 31　中国商业环境指标一览表（2006～2007）

| 中国 | | 商业环境排名 | 93（108*） |
|---|---|---|---|
| 东亚及太平洋地区 | | 人均国民收入（美元） | 1740 |
| 中低收入国家 | | 人口（百万） | 1304.5 |
| 开办企业（排名） | 128 | 投资者保护（排名） | 83 |
| 步骤（数目） | 13 | 披露指数（0～10） | 10 |
| 时间（天） | 35 | 董事责任指数（0～10） | 1 |
| 成本（以占人均收入的%计） | 9.3 | 股东诉讼指数（0～10） | 4 |
| 最低资本（以占人均收入的%计） | 213.1 | 投资者保护指数（0～10） | 5.0 |
| 申请许可（排名） | 153 | 缴纳税款（排名） | 168 |
| 步骤（数目） | 29 | 纳税（次/每年） | 44 |
| 时间（天） | 367 | 时间（小时/每年） | 872 |
| 成本（以占人均收入的%计） | 84.0 | 应税总额（%毛利润） | 77.1 |
| 用工制度（排名） | 78 | 跨境贸易（排名） | 38 |
| 雇用难度指数（0～100） | 11 | 出口文件（数目） | 6 |
| 工时刚性指数（0～100） | 20 | 出口时间（天） | 18 |
| 解雇难度指数（0～100） | 40 | 出口成本（美元/集装箱） | 335 |
| 雇用制度刚性指数（0～100） | 24 | 进口文件（数目） | 12 |
| 雇用成本（工资的%） | 44 | 进口时间（天） | 22 |
| 解雇成本（周数工资） | 91 | 进口成本（美元/集装箱） | 375 |
| 注册财产（排名） | 21 | 执行合同（排名） | 63 |
| 步骤（数目） | 3 | 步骤（数目） | 31 |
| 时间（天） | 32 | 时间（天） | 292 |
| 成本（财产价值的%） | 3.1 | 成本（债务价值的%） | 26.8 |
| 获得信贷（排名） | 101 | 企业破产（排名） | 75 |
| 信贷人权利指数（0～10） | 2 | 时间（年） | 2.4 |
| 信用信息指数（0～6） | 4 | 成本（财产价值的%） | 22 |
| 公共注册机构覆盖范围（%成年人） | 10.2 | 回收率（美分/每一美元） | 31.5 |
| 私营调查机构覆盖范围（%成年人） | 0.0 | | |

　　说明：＊括号内的数字是 2005～2006 年的排名。
　　资料来源：世界银行国际金融公司的《2006～2007 全球商业环境报告》。

罪"并进行谴责、批判甚至要求进行追究。这种情绪在一定程度上影响了某些政策的制定和执行，甚至还影响了某些司法行为。这对民营企业家造成了一定心理压力。

**4. 民营企业自身素质提高尚有不小差距**

　　——劳动纠纷不断增加。当前，民营企业的劳动工资、社会保障和安全卫生等劳动纠纷案件发生的比例和频率虽然并不一定高于其他企业，但案件发生的总量和增长率近年来呈快速上升趋势。这既与民营企业数量和从业人员快速增长、企业员工维权法律意识不断增强有关，也与部分企业不遵守甚至无视劳动法律法规有关，同时也与政府某些部门的监管不到位有关。

——社会诚信意识仍有不足。商标假冒、产品伪劣、财务失实、偷漏税款等问题仍在不少民营企业中存在，在一些地区和领域还比较严重。这些现象往往比较多地发生在一些中小型民营企业身上。

——资源环境问题有所加重。受技术、管理水平因素和某些人为因素影响，大部分民营企业的经营比较粗放，由此带来资源浪费加大、环境污染加重等问题，这在加工行业的民营企业中比较突出。

——违法犯罪案件时有发生。近来，社会不时披露一些发生在民营企业中的违法犯罪案件，比较多的是发生在民营上市公司之中，以及在房地产领域、银行信贷领域和商品交易及物流领域等。特别是发生在与政府打交道过程中的权钱交易和商业贿赂，引起了群众公愤，造成了一些负面影响。

## 二　民营经济是构建社会主义和谐社会的重要力量

2006 年中共十六届六中全会作出了《关于构建社会主义和谐社会若干重大问题的决定》。构建社会主义和谐社会是一项重大战略任务与长期历史任务，它需要 13 亿人民共同努力，需要社会各个阶层与群体共同发挥作用，其中包括广大民营企业和民营企业家的大力参与和积极作用。改革开放以来，民营经济迅速发展，不仅成为国民经济发展的重要力量，也是构建和谐社会的重要力量。当前，社会上有部分人或有意或无意、或直接或间接地将社会中存在的一些影响和谐的矛盾与问题，同个体私营经济的迅速发展联系起来。

关于这一问题，应当采取客观、全面、公正的态度。首先必须看到，社会不和谐因素不仅阻碍了整个经济社会的正常发展，也阻碍了民营经济的正常发展，民营经济也是社会不和谐因素的受害者。如政策待遇不平等、市场竞争不公平、法制不健全、执法不公正、市场秩序不规范、社会治安不稳定、官僚作风和官员腐败等，这些不和谐因素，已经成为民营经济正常和健康发展的重大障碍。同时，也要指出，当前的某些不和谐因素，有的就存在于民营经济之中。如在部分民营企业中存在的工资待遇低、劳动条件差，产品假冒伪劣、环境生态破坏，商业欺诈、商业贿赂等，严重影响了经济社会秩序。

更应当指出的是，从整体上看，民营经济是构建社会主义和谐社会的重要力量，要真正推进社会和谐，必须进一步鼓励和支持民营经济发展。民营经济在构建和谐社会中的重要作用表现在方方面面，其中比较重要的有如下几个方面。

### 1. 推动经济发展

社会要和谐，首先要发展。经济发展是社会和谐的最重要基础。20世纪90年代中期以来，民营经济已经成为国民经济的重要组成部分，成为我国经济增长的最大动力来源。目前，除国有及国有控股经济以外的广义民营经济已经占GDP的65%左右，其中个体私营经济已经占40%左右；中国经济发展中的增量部分，70%~80%来源于民营经济。

### 2. 维护社会稳定

就业是民生之本，劳动者普遍就业是社会稳定的最重要基础。20世纪90年代中期以来，民营经济逐步成为解决中国社会就业问题的绝对主体。我国劳动力年年增加，就业人口年年增长。但随着国有经济战略结构调整和国有企业深化改革，国有企业就业人数年年下降，全部国有单位就业人数总体上也是年年下降。从总体上看，民营经济不仅解决了中国新增就业的全部，而且还吸纳了因国有企业改制而分离分流出来的员工。正是民营经济在解决就业问题上的巨大贡献，为中国社会稳定提供了重要保障。

### 3. 促进社会公平

公平是社会和谐的重要前提。公平的含义是公正与平等，不是平均与均等。真正的公平是全要素公平，即对各类生产要素的公平，其中包括对个人、对资本这一重要生产要素的公平。改革开放以来以百姓创业、民众投资、企业家经营为主要特征的民营经济的发展过程，既是国家在政策、法律和制度上逐步给予民营经济以公平待遇的过程，也是民营经济不断争取政策、法律和制度公平待遇的过程。因此，发展民营经济促进了社会公平。而且，这一公平的形成过程，对推动形成整个社会的更大公平产生了重大影响。

### 4. 提高生产效率

效率，特别是生产效率，是社会和谐的重要条件。真正的效率是全要素效率，是各类生产要素的总效率，其中包括个人资本、企业家经营这一重要生产要素的效率。改革开放以来，由于我国逐步实行了推进民营经济发展的方针政策和法律法规，民营资本的现象产生了、壮大了，民营资本的效率显现了、展示了，而且在许多方面明显地高于其他资本的效率。正是民营资本的出现和民营资本的效率，有力地推动了全社会资本和全社会生产要素效率的提高，这是中国经济得以迅速发展、彻底告别短缺经济和贫困落后的一个基本原因。

### 5. 带来创造活力

自由地创业、创造和创新，是社会充满活力的最重要标志，也是社会和谐的一个主要标志。几千万家个体工商户的产生，几百万家私营企业的崛起，还有上千万自由职业者的出现，是改革开放以来中国人追求创业自由的一个重要体现，也是国家政策不断推进创业自由的一个主要结果。这几百万、几千万个人和家庭，通过创业，为个人创造了价值，为社会创造了财富，为国家创造了实力。不仅如此，民营经济还是技术创新的重要力量，为构建创新型国家作出了重大贡献。我国大多数的新技术、新发明、新专利、新产品来自民营企业和中小企业。正是民营经济的创业、创造和创新，大大提高了中国社会的整体活力，推动了中国社会和谐。

### 6. 增大民众财富

家庭财产普遍增加是社会和谐的重要标志。改革开放以来，我国居民家庭财产普遍大幅度增加，其中的一个主要原因是民营经济的快速发展。到 2006 年底，全国有 2595 万家个体工商户，户均资金约 2.5 万元，而实际资产可能远大于此；这些个体户涉及家庭人口达 7500 多万人，其中多数人基本上过上了小康生活。全国有 498 万家私营企业，户均注册资金 152 万元，实际资产也可能大于此；私营企业投资者人数近 1271 万人，涉及家庭人口近 4000 万人，私营企业中的高层管理人员比投资者人数更多，涉及的家庭人口更多。这些投资者和高管人员的家庭多数是比较富裕的家庭，真正的富豪是极少数。有"恒产"就有"恒心"，有"恒心"就生活安心，生活安心就社会和谐。民营经济使这么多的人家庭财产得以日益增加与积累，可以安居乐业，过上富裕和比较富裕的生活，这为社会和谐提供了重要保证。

### 7. 参与新农村建设

实施新农村建设战略，是扭转我国城乡和工农差别扩大趋势、进而推进全社会和谐的重大战略举措。民营企业在发展农村经济中起着十分重要的作用，是新农村建设的一支重要力量。第一，数百家国家级、数千家省级和数万家县市级农业产业化龙头企业，大多数是私营企业，它们已经成为推进农业产业化的主力军。第二，100多万家乡镇企业都是民营企业，其中多数本身原来就是或已经改制为私营企业，他们是发展农村第二、第三产业的主力军。第三，各行各业的私营企业或直接或间接地都在不同程度上参与农村建设，支持农业发展，帮助农民富裕。第四，改变传统的家庭农户型的生产经营方式，推进农业生产组织形式的改革，发展新兴的农业企业，一个重要方向就是采取以农民独资或合股经营为主的私营企业。因此，可以说，中国新农村建设的主体力量是农民，主导力量是政府，而一个最主要的社会参与力量就是民营企业。可以这样说，如果没有广大民营企业的积极和广泛参与，如果不改革传统的农业生产组织与经营方式，如果不逐步、普遍地建立各种类型的现代农业生产企业和新式农业合作组织，社会主义新农村建设的目标就难以实现。

### 8. 平衡地区发展

改变落后地区经济状况，促进地区相对平衡发展，是全社会和谐很重要的方面。改革开放以来的历史表明，民营经济发展是改变地区经济相对落后的一个主要因素。20世纪80年代中期以来的江、浙等地，90年代中期以来的福建等地，都是主要靠大力发展民营经济才得以迅速赶上并超过全国增长水平的。近年来，西藏民营企业的数量、就业人数和资金等的增长速度远高于全国平均速度，有力地推动了西藏经济的整体发展。据最新统计，2006年西藏非公有制经济的税收达到近10亿元，增长了41%，已占西藏全区总税收的58%。目前，中西部地区都已认识到，要加快改变经济落后面貌，大力发展民营经济是一条主要出路。

### 9. 贡献公益事业

20世纪90年代以来，愈来愈多的民营企业家不断地投身于社会公益慈善事业。现在，民营企业已经成为发展社会公益慈善事业的重要力量。例如，参与中国光彩事业活动的有近2万家民营企业，近5年的各项光彩公益事业捐赠总额超过150亿元，年均30亿元。又如，在浙江，近年来各级慈善组织所接受的捐赠有近80%来自于民营企业，在2007年发布的三个中国慈善榜中，入选最多的是浙江商人。在上海，仅市慈善基金会名下设立的专门用于教育项目的基金就有约四成来自民营企业。再如，全国工商联与统战部等最近的抽样调查也显示，约有84%的私营业主曾有过捐赠行为。

# 三  2007 年民营经济发展趋势

## （一）宏观经济形势背景

2007 年中国的宏观经济将保持快速稳定健康发展态势，这为民营经济的进一步发展创造了良好的宏观环境条件。国家宏观经济政策将保持连续与稳定，继续实行稳健的财政政策与货币政策；将进一步完善，针对当前的突出矛盾与问题进行宏观调控；将更加注重落实，不断增强政府的政策与行政执行力，提高政策的权威性、严肃性和有效性。在这样的政策背景下，中央提出 2007 年中国的 GDP 增长率为 8% 左右，实际将超过 10%，与 2006 年基本持平。在经济仍会快速发展的同时，中央强调要将经济工作的重点和主要精力放在"四个着力"上，即着力调整经济结构和转变增长方式，着力加强资源节约和环境保护，着力推进改革开放和自主创新，着力促进社会发展和解决民生问题。这"四个着力"，将进一步提高中国经济增长的质量。

## （二）重大法律政策背景

2007 年，国家将出台一系列新的法律政策及配套措施，这将进一步改善民营经济发展的法律、政策和市场环境。比较重大的法律政策和配套措施主要有以下几方面。

### 1.《中华人民共和国物权法》制定实施

《中华人民共和国物权法》是中国第一部专门保护各类财产，包括私营企业和个人财产的最基本法律，它是维护市场经济基本秩序、推动市场经济长期稳定发展的一项根本性法律。它的出台为民营经济的"恒产"，从而为企业家经营的"恒心"奠定了最重要的法律基础。

### 2.《中华人民共和国企业所得税法》出台

《中华人民共和国企业所得税法》是实现市场公平竞争的最主要的法律之一。统一各类企业税收制度，是内资企业，特别是民营企业多年来所一直强烈呼吁的。新的企业所得税法的出台，实现了民营企业的多年愿望。各类企业税收制度的统一，将在总体上明显降低民营企业的税负，进而明显降低民营企业的投资成本、经营成本，明显提高民营企业的投资效率和经营利润率，为民营企业的更好更快发展提供重要的政策推动力。新税法虽然要在 2008 年才正式实施，但它对民营企业增加投资信心、扩大生产经营将产生重要推动。

### 3. 金融体制改革加快

中央出台实施《关于深化金融改革，促进金融业全面健康安全发展的若干意见》的文件，将进一步改善民营经济的信贷条件，特别是直接融资条件。深化国有银行改革，加快农村金融改革和发展，推动保险业改革与发展，推进金融对外开放，这一系列改革措施，将明显推进中国银行金融系统的信贷政策与经营业务更加市场化，民营企业的信贷环境条件将因此而逐步地改善。股权分置改革基本完成，中国资本市场的内在制度条件发生了重大变化；同时，国家切实推进多层次资本市场体系建设，直接融资规模和比重将明显增加，这一切，标志着真正的资本市场将加快形成。这为民营企业在资本市场上大显身手创造了基本条件。

### 4. "非公经济 36 条"政策进一步落实

2007 年将是"非公经济 36 条"进一步落实的一年。中央明确提出：要加快清理限制非公有制经济发展的规定，各地区各部门要对政策措施落实情况进行认真检查，没有落实的要抓紧落实，进一步为各种所有制企业创造公平竞争的政策环境、市场环境和法制环境，促进非公有制经济健康发展。中央的要求，将更大地推动各部门各地区制定与落实相关配套措施。国家发展和改革委员会主任明确表示，在 2007 年底要基本出齐国务院"非公经济 36 条"相关配套政策措施文件。可以预见，各个部门和领域的政策将会进一步放开。在垄断行业和基础实施领域，有关部门将不断出台鼓励支持民营经济进入的新措施，金融领域将允许更多的民营资本进入，以企业形式进入的领域与范围也将有所扩大。鉴于民营企业在地方经济发展中的主力军作用，地方政府将在落实"非公经济 36 条"及配套措施上采取更多积极行动，从而推动地方民营经济的更大发展。

## （三）发展趋势判断

### 1. 民营经济继续保持高于全国经济增长速度快速发展，但增长率相对下降

由于国家的宏观经济环境的有利和民营经济政策环境的进一步改善，2007年及今后几年，中国的民营经济仍将快速发展，增长率仍将高于全国经济平均增

长，对国民经济的贡献率进一步提升，占 GDP 的比重将进一步提高，预计提高1个百分点左右。由于民营经济经过约 20 年的超速发展，民营经济的总体规模和基数已经很大，今后几年，民营经济在企业数量、注册资金、就业人数、投资总额、销售收入等方面，虽然在总量上仍会继续大幅度增加，但增长率将相对下降。

### 2. 民营经济效率与效益进一步提高，但企业间差异扩大

内外资企业实行统一所得税的政策即将实施，部分地方在某些相关方面的税收政策可能提前推出；信贷政策的相对放宽，资本市场的明显扩大，行业准入条件的进一步宽松等，这一切将推动民营企业降低投资与经营成本，提高投资效率和经营效益。但各类民营企业数量庞大，素质参差不齐，由于其所在和所属的行业领域不同、地区政策不同，特别是规模经济和管理水平的不同，企业间的效率与效益水平差异会进一步扩大。这种差异的扩大将是一个长期现象。

### 3. 民营经济增长方式不断转变，但仍面临种种困难与矛盾

由于民营经济在国民经济中的比重进一步扩大，进入的行业领域更广，大中型民营企业更多，国家关于转变经济增长方式的政策措施对民营经济的影响比过去更大更深，同时，不少民营企业也已清醒地认识到经营与增长方式对实现又好又快发展、真正做大做强的决定性意义。在这一政策影响和内在要求推动下，相当一部分民营企业正在逐步改变过去外延式粗放型增长方式，实现内涵式集约型增长。但是，由于绝大多数民营企业是中小企业，在人才、技术、资源、产品、管理等方面条件普遍较差，以数量扩张、粗放经营、劳动密集、资源消耗等为主要特征的生产发展，仍是民营企业的主要增长方式。民营企业要真正改变这种方式还有一系列困难与矛盾需要解决。只有我国的多数民营企业都真正实现了增长方式的转变，我国经济增长方式的整体真正转变才可能实现。

### 4. 民营企业"走出去"将明显加快，但总体水平尚待提高

随着我国加入 WTO 过渡期的结束，我国对外开放的大门彻底打开，这将大大地推动大量有条件的民营企业实现"走出去"的愿望。近几年，民营企业"走出去"的主要方式是在国外投资建设产品营销基地和生产加工基地，且总体上处于中低档次，总体水平仍需提高。今后将有更多的民营企业在国外建立营销基地，扩大加工基地，同时，一些企业还将建立研发基地、资源基地、融资基地和人才基地，部分基地将建立在发达国家。这反映了未来民营企业"走出去"

的质量与水平提高的趋势与特征。

**5. 新的社会阶层队伍不断壮大、素质不断提高，但人员差别日益明显**

作为我国新的社会阶层的主体，非公有制经济人士的队伍将不断扩大。一方面，一批批成功人士不断涌现，一批批优秀中国特色社会主义建设者不断产生，已经形成一支具有较高政治素养、较大社会贡献、较强参政议政能力、较大社会影响的代表人士队伍。另一方面，相当大部分人士在文化、技术、管理等方面的素质仍待提高，一些人的思想道德意识仍待增强，极少数人还有违法乱纪行为。提高非公有制经济人士队伍整体素质，将是中国未来面临的重大社会问题。

## 四 采取更积极政策措施，推动民营经济又好又快发展

### （一）全面落实国务院"非公经济 36 条"

全面推进国务院"非公经济 36 条"的实施，必须切实遵循中央要求，着力做好以下几方面工作。

一是加快清理限制非公有制经济发展的规定。凡不符合宪法及其相关法律（包括出台的《中华人民共和国物权法》、《中华人民共和国企业所得税法》等）中有关促进非公有制经济发展规定的法律法规，凡是不符合国务院"非公经济36 条"的政策及部门规章和地方性法规政策，都要进行认真清理和及时修改。

二是认真检查政策措施落实情况。各地区各部门要将此作为提高执行力的重要方面，凡未制定"非公经济 36 条"配套实施政策的，都要及时制定，正在制定的，要加快步伐，尽早完成；凡已经制定了的，要对实际落实情况进行检查，推动措施的切实执行。

三是切实解决行业准入问题。垄断行业、重要领域准入政策的制定与实施，要有利于真正实现加快行业发展、维护行业公平、保障行业秩序等三方面目标。为此，要按照民主化、公开化、科学化、程序化的要求，充分听取和尊重社会各方面特别是民营企业的意见与建议，避免国家政策出现局部性的利益化倾向。当前，以行政垄断为基础的，集行政垄断、自然垄断和经济垄断等"三大垄断"为一身的行业垄断，在整个国民经济的收入分配格局中已经带来并还在继续更大

程度地带来利益差别的扩大，这是当前行业工资差别过大、收入分配不公、分配关系不和谐的一大原因和一个主要表现，国家应当下大决心、采取大政策来加以解决。

特别是关于关系国计民生的重要行业与关键领域国有经济的控制程度问题，这是一个重大的经济政策与国家战略问题，宜由国务院按照一定民主与科学的决策程序来做出决定与安排，其他任何部门机构均无权决定。有关管理部门可以提出国有经济在国家经济中的地位与作用发挥的意见与建议，包括提出国有经济在哪些行业领域应当居于绝对控制、相对控制、适当参与和不参与的意见与建议，但不宜自己直接宣布国有经济必须控制什么或不控制什么。同样，其他部门、机构或社会各个方面也可就国有经济的作用范围、控制领域发表意见与建议，以供国家决策参考。

## （二）着力改进税收金融政策

要及时改进税收政策。统一内外资企业税制真正实施可能要到 2008 年才开始。由于民营企业的部分税目的税率不仅与外资，而且与国有企业的差距甚大，因此，可以在新的企业所得税法正式全面实施之前，在 2007 年就对民营企业的某些税收政策按照新税法进行适当调整，如企业员工工资全额进入成本，或至少按国有企业的工资成本标准执行。部分地区准备或已经按照新税法对一些国有企业进行税收政策提前调整，这一做法应当同样适用于民营企业。

金融改革与创新要充分考虑为民营企业、中小企业提供必要服务的问题。在金融创新上，各类银行要把中小企业作为重要服务对象，在金融产品和服务、金融工具和技术、金融监管方式和方法上进行创新，为广大中小企业提供必要的金融信贷服务。在银行改革上，国有银行在加强与境外战略投资者深度合作的同时，也要积极开展与民营资本的合作，允许其作为战略投资者参股国有银行。在发展多种所有制金融企业方面，要鼓励和引导社会资金投资发展金融业，设立多种形式的中小金融企业和建立社区银行，这类金融机构以民营资本为主。在发展科技金融方面，可建立中国的科技银行。科技银行设立在高新区内，是一种区域性银行；银行实行股份制，资本来源以区内科技企业为主；银行存贷款主要对象为区内的科研机构和科技企业；信贷业务范围是为与科技创新有关的业务提供服务。建议在北京、上海、深圳等部分有条件城市的高新区进行科技银行试点。

### （三）大力推进行政执法与司法的严肃与公正

维护行政执法与司法的严肃，必须有法必依、违法必究、执法必严，这是提高行政与司法执行力的必然要求。与此同时，坚持公民在法律面前人人平等，坚持司法为民、司法公正，这是真正发挥司法维护公平正义职能作用的必然要求。当前，在一些领域和地区，既存在执法不严问题，也存在执法不公问题。前者表现在部分地区为了吸引投资、加快发展，放任民营企业的某些违规违法行为。后者表现在有的领域，面对同样违规行为，若发生在国有和三资企业身上，可能不算问题或不算大问题，但若发生在私营企业身上，则往往视为经济犯罪被诉诸法律，导致企业倒闭破产，甚至使企业主倾家荡产。必须加快完善行政执法和司法体制机制的步伐，加强社会和谐的行政执法与司法保障，进一步提高行政执法与司法的严肃性和公正性，为各类企业提供公平的执法环境。

### （四）不断改善民营经济发展的社会舆论环境

当前，改善民营经济发展的社会舆论环境，一个重要的做法和途径是，通过一定的舆论宣传与引导，在广大群众中逐步树立起对民营经济的新的政治观、新的财富观和新的历史观等三个新的观念。

其一，树立广大非公有制经济人士作为新社会阶层和中国特色社会主义建设者，也是共产党的执政基础的新政治观。在强调"三个代表"、"以人为本"和"和谐社会"的今天，共产党的执政基础不仅包括国有经济、公有制经济，而且包括民营经济、非公有制经济；不仅包括一般工人、农民、军人和机关干部，也包括新社会阶层，包括非公有制经济人士。目前我国私营企业已经超过500万家，实际从业人员超过1亿人；投资者已经超过1300万人，私营企业中的高层管理人员至少有2000万人；另外还有至少1000万人是各行业中的自由职业者；这些人群构成了新的社会阶层，其总数不下5000万人。目前私营企业中的党员人数已经超过500万人。因此，在中国的所有制经济结构、人群结构已经发生巨大变化的今天，单独地说国有经济是共产党的执政基础，而且加以特别强调，是一种片面的不合时宜的提法，容易带来舆论误导、产生群众误解、引起思想混乱。

其二，树立民营资本、私人财产也是国家与社会的财富的新财富观。一个国家的财富，包括国家所有（国家拥有所有权）的财富，社会公共（社会团体拥有所有权）的财富，个人和家庭的（私人拥有所有权）的财富。随着社会主义市场经济体制的进一步确立，社会公共的财富，特别是个人和家庭的财富将大幅度增长，占整个国家的财富的比重将大幅度提高。树立新财富观，就是抛弃过去那种只将国家和公有制社会团体拥有所有权的财富视为国家与社会财富的旧观念，树立凡是合法的财产与财富，都是国家的财富、社会的财富，都要予以同样承认与尊重、同样依法进行公平保护财富的观念。特别是合法的个人与家庭财富，不仅包括个人和家庭的消费类财产，更包括私人的投资、金融和生产类财产，都是国家的财富、社会的财富，同样要予以承认和尊重，同样要依法进行公平的保护。

其三，树立客观公正地看待民营企业早期发展中的某些与当时规则相冲突行为的新历史观。在改革开放前期的20世纪80～90年代，中国的社会主义市场经济体制尚未建立，经济发展与体制改革的大量行为都是在遵循邓小平同志的"摸着石头过河"的指导思想下进行的。特别是民营经济的出现和发展，不只是"摸着石头过河"，还要敢于突破与创新。这必然要冲破当时的许多规章制度和习惯做法，包括政策法规。如果不这样做，民营经济就根本发展不起来。同样，如果不这样做，外资企业进入、国有企业改革都无法进行。中国的改革开放过程，就是不断冲破旧规旧约、建立新规新约的过程，就是不断消除传统计划经济的旧制度旧机制、建立社会主义市场经济的新制度新机制的过程。在这个过程中，民营经济的兴起和发展，面对的旧制度旧规章的约束与压力更大，所需要和采取的突破行为也更多。民营企业的这种突破行为，总体上看，多数都是冲破旧制度、旧机制的行为，是对建立新制度、新机制有明显促进作用的行为，是推进改革的行为，它不但无罪，反而有功。其中只有少数企业、少数人的行为才是真正违法的行为和真正有罪的行为。面对这少数的真正违法行为，国家有关执法部门依法予以追究，是完全应当的，也是完全正常的。但是，绝不能将少数人在过去的真正违法、真正有罪的行为，上升为判断民营企业在历史上普遍存在"原罪"，并以此来全盘否定民营企业过去冲破旧规旧约的改革行为，进而否认民营经济在中国近30年经济社会发展根本的巨大的变化中的重大历史贡献。因此，要树立新的历史观，以历史唯物主义的态度来对待改革开放早期民营企业的冲突旧政策旧体制的行为。实际上，包括国有、集体、外资等其他经济成分，在改革开放早期也都存在类似的冲破旧规旧约的行为，但并没有人将其视为"原罪"。我们要用同样的态度来认识和看待民营企业。

只有在群众意识和社会舆论中真正树立起对待民营经济的三个新观念，才能根本解决在部分群众中仍然存在的对民营经济和民营企业家的某些旧观念旧意识，也才能根本消除在部分非公有制经济人士中仍然存在的某些担心与疑虑，推动他们更加自由、主动和积极地投身于经济发展与构建和谐社会之中。

## （五）民营企业要为构建和谐社会承担更大责任

民营经济要进一步发展，应当积极响应党和国家的号召，顺应时代趋势，积极承担社会责任，为构建和谐社会作出更大贡献。

第一，推动发展的责任。社会要和谐，首先要发展。发展，首先是企业的发展。民营企业已经成为经济发展增量的主要来源。不断发展自己，不断壮大自己，既是自身需要，也是社会责任。不断地增加投资，增加利润，增加就业，增加税收，就是对社会和谐的最大贡献。

第二，争取公平的责任。公平正义是社会和谐的重要基础和主要内容。民营企业既要为自身的发展争取更加公平的法律、政策和市场环境，也要公平地对待社会其他群体，特别是工人群体，努力维护他人的公平权利与利益。人人为我，我为人人。只有当既争取自己公平、又维护他人公平成为普遍时，全社会的公平才能实现，自身的公平才能得到最终的保证。

第三，促进自由创造的责任。创业和发展的自由，是社会充满活力的条件和标志。民营经济的迅速发展，得益于国家逐步给予了投资、创业和发展的自由。民营企业的创业和发展的自由，又影响和推动了整个社会各类人群的创业和发展走向自由。当前，民营企业的投资、创业和发展，仍存在诸多的限制，这些限制，许多是既不合理也不合法的，也有的是虽明显不合理但表面上并非不合法。民营企业既要争取消除对创业和发展自由的不合法限制，又要进一步争取取消表面合法但实际很不合理的限制。这个不合理，是不合宪法和基本法律之理，不合国家基本方针和政策精神之理，不合人民心中之理，不合普世公认价值之理。

第四，发展和谐劳动关系的责任。和谐劳动关系是企业，特别民营企业长期发展的基本保证，是整个社会和谐的一项基本内容。充分尊重和切实维护员工的劳动合同权、合理工资报酬权、休息休假权、健康卫生权、生命安全权、人格尊严权、参与工会权，是民营企业的责任与义务，也是民营企业获得员工拥护、支持和积极劳动的条件，更是企业和谐劳动关系产生的基础，是企业更好更快发展的条件。民营企业家一定要看到这一点，尊重和维护员工的权利，也就是在尊重和维护自身的权利。

第五，与自然和谐相处的责任。资源滥用、环境污染、生态破坏，已经成为和谐发展、可持续发展的重大障碍。造成今天这样与自然不和谐相处的局面，企业要承担相当大的责任，其中包括民营企业，特别是一些中小企业要承担相当责任。我们只有一个地球，企业家不可能到地球外去生产和生活；我们只有这片国土，绝大多数企业家不可能到国外去生产与生活。不与自然和谐相处，最终的报应是自己，不报应在当下，就报应在将来。民营企业应当积极主动投身于建设资源节约型、环境友好型社会，发展循环经济，推广清洁生产，节约能源资源，坚决淘汰落后生产技术工艺，逐步真正地实现绿色生产、绿色消费，为国家、为社会、为人民、也为自己创造绿色 GDP。

第六，遵守法律与规范的责任。法制和法治是社会和谐的根本保证。民营企业既是无法可依、有法不依、执法不严、违法不究的受害者，同时，一些民营企业也是某些方面法律实施的破坏者。公民要遵守法律，企业公民要遵守与企业有关的法律。民营企业作为企业公民，一定要遵守劳动法、合同法、生产安全法、卫生健康法、工资法、社会保障法、环保法、资源开采利用法、会计法、各类税法、反不正当竞争法等一切与企业经营活动有关的法律法规，自觉维护市场经济规范与秩序。这既是民营企业的责任，也是民营企业长期健康发展的条件。

第七，遵守道德与诚信的责任。道德和诚信是社会和谐的核心与根本。树立以"八荣八耻"为重要内容的新荣辱观，也是对民营企业和企业家的要求。要在企业家中倡导爱国、敬业、诚信、友善等道德规范，宣传社会公德、职业道德、家庭美德，提倡勤俭节约，反对拜金主义、享乐主义、极端个人主义，养成健康文明的生活方式，真正建立商务诚信、社会诚信、个人诚信。这样做既有利于社会平衡和社会和谐，又有利于企业家个人和企业发展。

第八，参与公益慈善事业的责任。在民营企业家中推行的光彩事业，倡导"致富思源、富而思进、扶危济困、共同富裕、义利兼顾、德行并重、发展企业、回馈社会"三十二个字的光彩精神。作为改革开放的最大受益者之一的民营企业家，作为拥有较多财富的新兴社会阶层，一定要增强公益与慈善意识，积极承担社会公益慈善责任，积极主动参与新农村建设，参与光彩事业，参与社区公益事业，参与社会慈善事业。这是中国企业家走向成熟的一个重要标志。老子说："既以为人已越有，既以予人已越多"。佛教说，舍得、舍得，有舍才有得。先贤圣德的明言哲理，企业家们应当认真体会。

构建和谐企业，进而推动构建和谐社会、和谐国家、和谐世界，是中国民营企业的社会与历史责任。中国的民营企业家要为此而不断努力，作出自己应有的贡献！

课题组负责人：陈永杰（主笔）　于丁柱　黄文夫

课题组成员：张金喜　刘　檀　岳公正　鲁咪咪

尚小琴　林蔚然　郭　蕾　宋学超

专题报告
Special Report

# 中国民营工业企业及投资发展报告*

2006 年，伴随着中国经济增长速度连续 4 年在 10% 或 10% 以上，伴随着党和政府对民营经济鼓励、支持和引导力度的进一步加大，民营经济在经历"十五"时期的快速扩张以后，进入稳定发展阶段，民营工业和民营投资仍然保持快速增长，但与"十五"时期相比，民营经济在继续扩大规模的同时，正在由单纯量的扩张向质与量并重、注重改善质量的发展模式转变。

## 一 民营工业与投资发展的变化与特点

### （一）发展势头仍然很好

从工业领域看，表现为民营企业数量增加，规模扩大，实力增强。

---

* ①本研究课题中的民营经济数据，原则上采用总量减去国有及国有控股，再减去外商及港澳台的方法获得。但在具体处理时，由于资料取得及统计制度的原因，采用了不同的加工方法。其中，工业部分，规模以上民营工业增加值 = 规模以上工业增加值 − 国有及国有控股企业增加值 − 外商及港澳台企业增加值。投资部分，民营投资总量 = 全社会固定资产投资 − 国有投资 − 外资及港澳台企业投资。分行业、分地区民营投资及资金来源概念与总概念一致，但口径为 500 万元以上城镇固定资产投资（不包括房地产投资）。②工业数据和投资数据 2006 年均为快报口径。凡属快报数据，均应以将于 2007 年 9 月份正式出版的 2007 年统计年鉴为准。③为便于进行结构分析，本研究课题所有价值量指标的增长速度均按现价计算。

### 1. 民营企业数量稳步增加

2006 年，规模以上民营工业企业共 20.5 万家，比 2005 年增长 13%，比"十五"期间平均增速回落 4.6 个百分点，但比规模以上工业企业增速快 3.6 个百分点。其中私营工业企业共 13.9 万家，比 2005 年增长 17.4%。民营工业企业占规模以上工业企业的比重小幅提高，从 2005 年的 68.3% 提高到 70.6%，私营工业企业比重从 44.4% 提高到 47.7%（见图 1）。

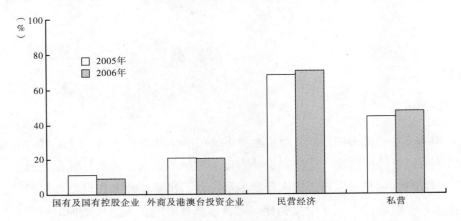

**图1　各经济类型工业企业数量占规模以上工业比重变化图**

### 2. 民营工业资产规模继续扩大

2006 年，规模以上民营工业企业资产规模达到 75797 亿元，比 2005 年增长 28.0%，比"十五"期间平均增速回落 1.2 个百分点，但比规模以上工业企业资产总值增速快 9.3 个百分点，比国有及国有控股企业快 15.4 个百分点，比外商及港澳台投资企业快 6.3 个百分点。从比重上看，民营工业占规模以上工业企业资产总值的比重继续提高，从 2005 年的 24.6% 提高到 26.5%，提高了 1.9 个百分点，而国有及国有控股企业比重比 2005 年下降 2.5 个百分点，外商及港澳台投资企业仅提高 0.6 个百分点。私营经济资产规模增长快于民营经济，其资产总值比 2005 年增长 32.6%，比民营经济快 4.6 个百分点，占规模以上工业企业资产总值的比重由上年的 11.9% 提高到 13.3%（见图 2、表 1）。

### 3. 民营经济总量增速加快

2006 年，民营工业企业完成增加值 28854 亿元，比 2005 年增长 34.9%，增速比"十五"期间平均增速加快 3.8 个百分点，比 2005 年加快 4.1 个百分点。

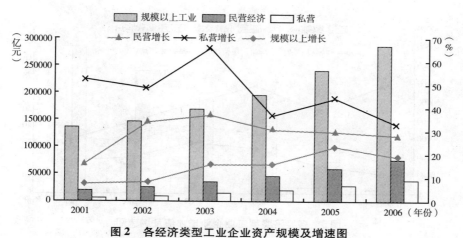

图2　各经济类型工业企业资产规模及增速图

表1　各经济类型工业企业主要经济指标增速

单位：%

| | 工业增加值 | | 主营业务收入 | | 资产总计 | | 利润总额 | |
|---|---|---|---|---|---|---|---|---|
| | 2006年比2005年增　长 | "十五"平均 | 2006年比2005年增　长 | "十五"平均 | 2006年比2005年增　长 | "十五"平均 | 2006年比2005年增　长 | "十五"平均 |
| 规模以上工业 | 20.1 | 21.2 | 26.1 | 23.8 | 18.8 | 13.8 | 30.8 | 26.7 |
| 国有及国有控股企业 | 8.9 | 13.6 | 17.4 | 15.3 | 12.6 | 7.2 | 25.2 | 21.8 |
| 外商及港澳台投资企业 | 18.6 | 25.5 | 26.7 | 27.9 | 21.7 | 19.5 | 30.1 | 25.3 |
| 民营经济 | 34.9 | 31.1 | 34.7 | 33.3 | 28.0 | 29.2 | 40.6 | 41.2 |
| 私　营 | 31.7 | 55.0 | 40.6 | 55.9 | 32.6 | 49.1 | 49.3 | 59.8 |

横向比较，比规模以上工业企业快14.8个百分点，比国有及国有控股企业快26个百分点，比外商及港澳台投资企业快16.3个百分点。从比重看，民营工业增加值已占到规模以上工业增加值的36.2%，已超过国有及国有控股企业（占35.6%）和外商及港澳台投资企业（占28.2%）的比重，成为份额最大的一部分。私营比重提高，私营经济工业增加值15547亿元，比2005年增长31.7%，其占规模以上工业增加值的比重由2005年的17.8%上升到19.5%（见图3、表1）。

**4. 民营企业销售收入保持较快增长**

2006年，民营工业企业实现主营业务收入308424亿元，比2005年增长

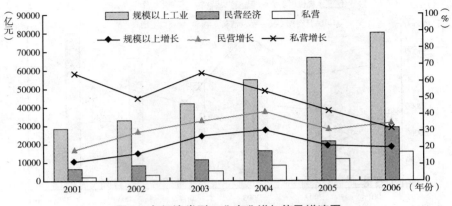

图 3　各经济类型工业企业增加值及增速图

34.7%，增速比"十五"期间年均增速加快 1.4 个百分点，但比 2005 年增速减慢 4.8 个百分点。横向比较，民营工业企业主营业务收入仍是各种经济类型中增长最快的，比规模以上工业企业快 8.6 个百分点，比国有及国有控股企业快 17.3 个百分点，比外商及港澳台投资企业快 8 个百分点。从比重看，民营工业企业主营业务收入已占到规模以上工业的 35.6%，超过国有及国有控股企业（占 32.7%）和外商及港澳台投资企业（占 31.6%）的比重。私营工业企业实现主营业务收入 62024 亿元，比 2005 年增长 40.6%，其占规模以上工业企业主营业务收入的比重由 2005 年的 18% 上升到 20.1%（见图 4、表 1）。

此外，2006 年，规模以下工业继续保持稳步快速发展（由于规模以下工业中，民营企业是主体，规模以下工业的表现实际上反映了规模以下民营工业的发展情况）。从经济总量看，规模以下工业在全部工业中已经成为不可忽视的重要组成部分，某些指标的重要性还有上升趋势。从就业看，规模以下工业继续成为转移农村劳动力的重要渠道和县域经济发展的中坚力量。规模以下工业的发展，不仅给 2006 年国民经济发展带来了生机和活力，对经济的持续稳定发展也起到了重要的推动作用。

从投资领域看，主要表现在民营投资保持快速增长，超过全社会投资的增长速度，占比继续上升。

2006 年，民营投资总量达到 67938 亿元，比 2005 年增长 34%，增幅比 2005 年加快 2.3 个百分点，高于全社会投资增速 10.2 个百分点，高于国有

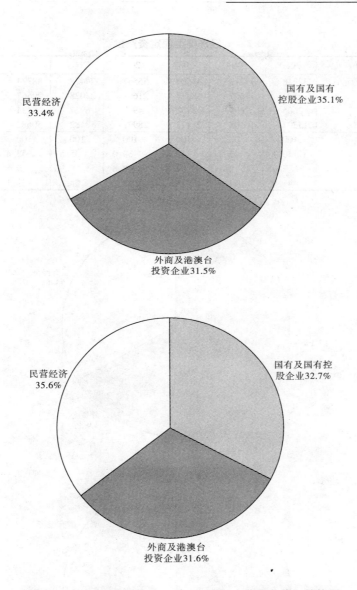

**图 4　2005～2006 年规模以上工业企业主营业务收入结构图**

投资增速 26 个百分点，高于外资投资增速 16.6 个百分点。2006 年，民营投资占全社会投资的比重由 2005 年的 57.1% 提高到 61.8%，提高 4.7 个百分点。而国有经济和外资企业投资比重分别下降 4.2 和 0.5 个百分点（见表 2、图 5）。

**表2　分经济类型固定资产投资**

| 年　份 | 2000 | 2001 | 2002 | 2003 | 2004 | 2005 | 2006 |
|---|---|---|---|---|---|---|---|
| 投资总额(亿元) | 32918 | 37213 | 43500 | 55567 | 70477 | 88774 | 109870 |
| 国有经济 | 16504 | 17607 | 18877 | 21661 | 25028 | 29667 | 32041 |
| 外资企业 | 2606 | 2999 | 3451 | 4909 | 6967 | 8424 | 9891 |
| 民营企业 | 13807 | 16608 | 21172 | 28997 | 38482 | 50682 | 67938 |
| 构成(%) | 100 | 100 | 100 | 100 | 100 | 100 | 100 |
| 国有经济 | 50.1 | 47.3 | 43.4 | 39.0 | 35.5 | 33.4 | 29.2 |
| 外资企业 | 7.9 | 8.1 | 7.9 | 8.8 | 9.9 | 9.5 | 9.0 |
| 民营企业 | 41.9 | 44.6 | 48.7 | 52.2 | 54.6 | 57.1 | 61.8 |

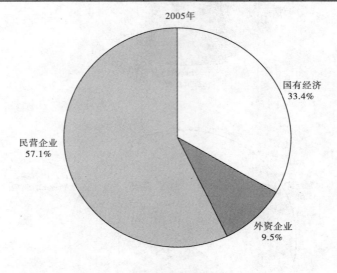

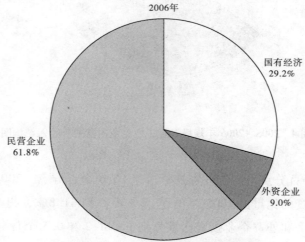

**图5　2005~2006 固定资产投资结构图**

## （二）行业结构继续改善

### 1. 民营经济参与各有关工业行业的广度和深度继续扩大（见图6、表3）

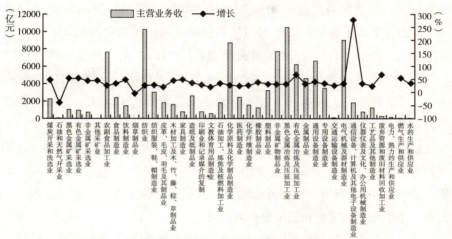

图6　2006年民营工业分行业主营业务收入及增长

表3　民营工业主营业务收入占本行业规模以上收入比重位居前20位的行业

单位：%

| 排　序 | 行　业　名　称 | 2006年比重 | 2005年比重 |
|---|---|---|---|
| 1 | 其他采矿业 | 94.8 | 90.9 |
| 2 | 黑色金属矿采选业 | 80.8 | 73.1 |
| 3 | 非金属矿采选业 | 75.5 | 67.1 |
| 4 | 木材加工及木、竹、藤、棕、草制品业 | 69.9 | 64.8 |
| 5 | 非金属矿物制品业 | 69.1 | 67.2 |
| 6 | 纺织业 | 68.9 | 66.9 |
| 7 | 废弃资源和废旧材料回收加工业 | 65.5 | 61.2 |
| 8 | 农副食品加工业 | 60.9 | 59.5 |
| 9 | 有色金属矿采选业 | 57.7 | 59.3 |
| 10 | 金属制品业 | 56.7 | 55.7 |
| 11 | 造纸及纸制品业 | 53.6 | 47.8 |
| 12 | 食品制造业 | 52.9 | 49.9 |
| 13 | 塑料制品业 | 52.9 | 50.3 |
| 14 | 工艺品及其他制造业 | 52.5 | 52.4 |
| 15 | 纺织服装、鞋、帽制造业 | 52.2 | 50.7 |
| 16 | 电气机械及器材制造业 | 52.1 | 51.8 |
| 17 | 医药制造业 | 52.0 | 49.5 |
| 18 | 化学纤维制造业 | 50.3 | 49.5 |
| 19 | 通用设备制造业 | 50.3 | 47.3 |
| 20 | 印刷业和记录媒介的复制 | 49.7 | 46.8 |

一是接近一半的行业民营经济发展速度超过规模以上工业。2006 年，在 39 个工业大类行业中，有 16 个行业的民营经济主营业务收入增速超过规模以上工业的平均水平。其中，通信设备、计算机及其他电子设备制造业增长 2.8 倍，废弃资源和废旧材料回收加工业增长 69.4%，有色金属冶炼及压延加工业增长 67.0%，燃气生产和供应业增长 55.7%，有色金属矿采选业增长 53.3%，黑色金属矿采选业增长 51.8%，家具制造业增长 48.2%，煤炭开采和洗选业增长 47.2%，饮料制造业增长 46%，木材加工及木、竹、藤、棕、草制品业增长 44.5%，其他采矿业增长 44.4%，非金属矿采选业增长 42.6%，通用设备制造业增长 40.5%。

二是民营经济占本行业主营业务收入比重超过 50% 的行业继续增多。2006 年，在 39 个大类行业中，民营工业中主营业务收入占全行业比重超过 50% 的行业达到 19 个，比 2005 年多了 5 个，分别是造纸及纸制品业、食品制造业、医药制造业、化学纤维制造业和通用设备制造业。

三是民营工业企业在初级产品和食品、纺织、家具等传统行业的优势进一步巩固。2006 年，民营工业实现纺织业主营业务收入 10216 亿元，比重为 68.9%，与 2005 年相比上升 2 个百分点；非金属矿物制品业主营业务收入 7677 亿元，比重为 69.1%，上升 1.9 个百分点；农副食品加工业主营业务收入 7593 亿元，比重为 60.9%，上升 1.4 个百分点；纺织服装、鞋、帽制造业主营业务收入 3027 亿元，比重为 52.2%，上升 1.5 个百分点；食品制造业主营业务收入 2418 亿元，比重为 52.9%，上升 3 个百分点；木材加工及木、竹、藤、棕、草制品业主营业务收入 1617 亿元，比重为 69.9%，上升 5.1 个百分点；黑色金属矿采选业主营业务收入 1072 亿元，主营业务收入占全行业比重达到 80.8%，上升 7.7 个百分点；非金属矿采选业主营业务收入 722 亿元，比重达到 75.5%，上升 8.4 个百分点。

四是民营经济越来越多地涉足重工业特别是资金需求大、技术要求较高的现代制造业。2006 年，黑色金属冶炼及压延加工业中民营工业实现主营业务收入 10493 亿元，占全行业的比重为 40.8%，比 2005 年上升 3.5 个百分点；通用设备制造业主营业务收入 6609 亿元，比重为 50.3%，上升 3 个百分点；化学纤维制造业主营业务收入 1563 亿元，比重为 50.3%，上升 0.8 个百分点；医药制造业主营业务收入 2465 亿元，比重为 52%，上升 2.5 个百分点；电气机械及器材制造业主营业务收入 9001 亿元，比重为 52.1%，上升 0.3 个百分点。

**2. 民营投资涉足的行业和领域继续拓展**

一是民营资本在传统优势领域投资力度加大。在城镇 500 万元以上投资项目中，民营投资比重超过 40% 的行业有制造业、建筑业、批发和零售业、住宿和餐饮业、房地产业、租赁和商务服务业、居民服务和其他服务业 7 个行业。其中，6 个行业民营投资占比规模超过 1/2。在 7 个行业中，制造业投资占比 56.1%，比 2005 年提高 9.3 个百分点；建筑业占比 47.5%，提高 6.7 个百分点；批发和零售业投资占比 78.0%，提高 4.1 个百分点；住宿和餐饮业投资占比 71.4%，提高 4 个百分点；房地产业投资占比 57.9%，提高 7 个百分点；租赁和商务服务业投资占比 52.5%，提高 2.8 个百分点；居民服务和其他服务业投资占比 68.9%，提高 18.6 个百分点（见表 4）。

表 4　2004～2006 年分行业民营投资占全部投资的比重

单位：%

| 年　　份 | 2004 | 2005 | 2006 | 比重比 2005 年提高百分点 |
|---|---|---|---|---|
| 全国总计 | 18.7 | 27.5 | 33.0 | 5.6 |
| 农、林、牧、渔业 | 28.3 | 33.0 | 37.4 | 4.4 |
| 采矿业 | 13.9 | 23.2 | 27.2 | 4.0 |
| 制造业 | 32.4 | 46.8 | 56.1 | 9.3 |
| 电力、热力的生产和供应业 | 10.7 | 14.5 | 14.3 | -0.1 |
| 建筑业 | 27.5 | 40.8 | 47.5 | 6.7 |
| 交通运输、仓储和邮政业 | 4.5 | 6.2 | 6.8 | 0.6 |
| 批发和零售业 | 60.8 | 73.9 | 78.0 | 4.1 |
| 住宿和餐饮业 | 53.6 | 67.5 | 71.4 | 4.0 |
| 金融业 | 14.4 | 27.5 | 30.9 | 3.4 |
| 房地产业 | 38.0 | 50.8 | 57.9 | 7.0 |
| 租赁和商务服务业 | 42.4 | 49.7 | 52.5 | 2.8 |
| 科学研究、技术服务和地质勘察业 | 10.3 | 12.8 | 17.2 | 4.4 |
| 水利、环境和公共设施管理业 | 6.1 | 7.8 | 9.9 | 2.0 |
| 居民服务和其他服务业 | 49.9 | 50.3 | 68.9 | 18.6 |
| 教　育 | 9.8 | 13.2 | 14.3 | 1.1 |
| 卫生、社会保障和社会福利业 | 9.2 | 13.4 | 15.1 | 1.7 |
| 文化、体育和娱乐业 | 13.7 | 20.4 | 24.2 | 3.8 |
| 公共管理和社会组织 | 11.8 | 15.2 | 18.1 | 2.8 |

二是民营制造业投资在民营投资中已占据"半壁江山"，形成"中国制造"的重要力量。中国投资增长主要依靠第二产业，第二产业又主要是制造业，制造业对于中国经济的发展具有举足轻重的地位，而民营经济一向对制造业的投资贡献很大。2006年，民营投资在500万元以上制造业的投资总额达到14490亿元，同比增长56.0%，增幅虽然回落，但高于全部投资增幅25.9个百分点，高于国有投资增幅54.5个百分点，高于外资投资增幅41.7个百分点。民营投资在500万元以上制造业的投资比重由2005年的46.8%上升到56.1%，开始占据制造业投资的"半壁江山"。民营投资在制造业投资的大幅增长，形成了大量的制造业生产能力，成为拉动经济增长的重要力量。

三是7个行业成为民营投资的热点，其中房地产业、居民服务和其他服务业、建筑业民营投资超速增长。2006年，在500万元以上投资项目中，民营投资在农林牧渔业、采矿业、制造业、建筑业、房地产业、水利环境和公共设施管理业、居民服务和其他服务业7个行业的投资增长超过50%。其中，民营房地产业投资1144亿元，同比增长93.9%，增幅高于全部房地产投资增幅23.6个百分点，高于国有投资增幅46.6个百分点，高于外资投资增幅78.3个百分点；居民服务和其他服务业投资115亿元，同比增长87.2%，增幅高于全部投资增幅50.5个百分点，国有投资是负增长，但低于外资投资增幅89.5个百分点；建筑业投资451亿元，同比增长76.9%，增幅高于全部投资增幅25.1个百分点，高于国有投资增幅44个百分点，低于外资投资增幅34.9个百分点；制造业投资14490亿元，同比增长56%，增幅高于全部投资增幅25.9个百分点，高于国有投资增幅54.5个百分点，高于外资投资增幅41.7个百分点；水利环境和公共设施管理业投资724亿元，同比增长54.7%，增幅高于全部投资增幅31.9个百分点，高于国有投资增幅34.2个百分点，外资投资是负增长；农林牧渔业投资378亿元，同比增长52.4%，增幅高于全部投资增幅18.0个百分点，高于国有投资增幅25.7个百分点，外资投资增幅是负增长；采矿业投资1119亿元，同比增长52.1%，增幅高于全部投资增幅22.6个百分点，高于国有投资增幅30.2个百分点，低于外资投资增幅24.9个百分点（见表5、图7、图8）。

## （三）民营经济向中西部倾斜的速度加快

### 1. 中西部民营工业企业发展明显提速

2006年，中部地区民营工业企业数达到38455家，比2005年增长17%，增

表5　2006年民营投资分行业投资增长情况

单位：亿元，%

| 年　　份 | 2006 | 2006年比2005年增长 | 高于全部增幅 | 高于国有增幅 | 高于外资增幅 |
|---|---|---|---|---|---|
| 全国总计 | 23826 | 50.9 | 25.5 | 34.9 | 36.4 |
| 农、林、牧、渔业 | 378 | 52.4 | 18.0 | 25.7 | — |
| 采矿业 | 1119 | 52.1 | 22.6 | 30.2 | −24.9 |
| 制造业 | 14490 | 56.0 | 25.9 | 54.5 | 41.7 |
| 电力、热力的生产和供应业 | 1167 | 11.7 | −1.0 | −3.0 | |
| 建筑业 | 451 | 76.9 | 25.1 | 44.0 | −34.9 |
| 交通运输、仓储和邮政业 | 754 | 39.2 | 13.2 | 14.3 | 5.6 |
| 批发和零售业 | 1395 | 31.6 | 6.8 | — | −13.3 |
| 住宿和餐饮业 | 630 | 47.2 | 8.2 | 15.6 | 37.9 |
| 金融业 | 34 | 28.8 | 14.1 | 23.6 | −105.0 |
| 房地产业 | 1144 | 93.9 | 23.6 | 46.6 | 78.3 |
| 租赁和商务服务业 | 343 | 45.4 | 7.7 | 10.1 | |
| 科学研究、技术服务和地质勘察业 | 77 | 47.4 | 37.7 | 45.5 | −19.9 |
| 水利、环境和公共设施管理业 | 724 | 54.7 | 31.9 | 34.2 | |
| 居民服务和其他服务业 | 115 | 87.2 | 50.5 | — | −89.5 |
| 教育 | 285 | 17.8 | 8.9 | 10.1 | |
| 卫生、社会保障和社会福利业 | 97 | 36.0 | 15.7 | 17.6 | 35.2 |
| 文化、体育和娱乐业 | 199 | 47.9 | 23.4 | 29.7 | 25.4 |
| 公共管理和社会组织 | 454 | 31.2 | 20.6 | 24.1 | — |

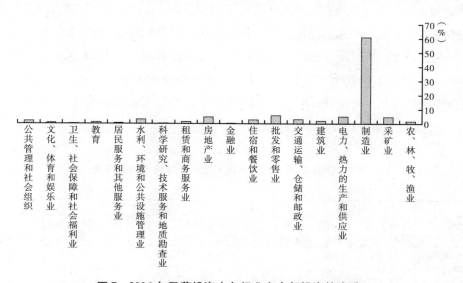

图7　2006年民营投资中各行业占全部投资的比重

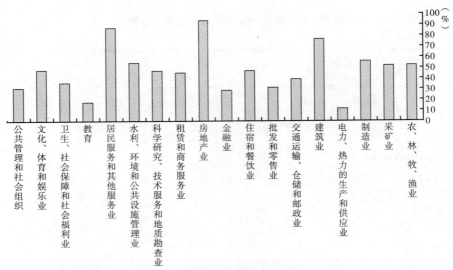

图8　2006年民营投资分行业投资增速对比

速比"十五"期间年均增速加快4.2个百分点；西部地区民营工业企业数达到23008家，增长17.8%，加快2.3个百分点；东部地区民营工业企业数为143873家，增长11.2%，减慢8.1个百分点。从主营业务收入看，中部地区民营工业实现主营业务收入19309亿元，比2005年增长40.7%，增速比"十五"期间年均增速加快7.4个百分点；西部地区实现主营业务收入11267亿元，增长43.1%，加快7.7个百分点；东部地区实现主营业务收入79338亿元，增长32.2%，减慢0.9个百分点。从利润总额看，中部地区民营工业实现利润1223亿元，比2005年增长57.8%，增速比"十五"期间年均增速加快6.8个百分点；西部地区实现利润648亿元，增长66.4%，加快18个百分点；东部地区实现利润3679亿元，增长32.2%，减慢6.2个百分点（见表6）。

表6　2006年东中西地区民营工业主要经济指标增速

单位：%

| | 企业单位数 | | 资产总计 | | 主营业务收入 | | 利润总额 | |
|---|---|---|---|---|---|---|---|---|
| | 2006年比2005年 | "十五"平均 | 2006年比2005年 | "十五"平均 | 2006年比2005年 | "十五"平均 | 2006年比2005年 | "十五"平均 |
| 东部地区 | 11.2 | 19.3 | 26.7 | 29.0 | 32.2 | 33.0 | 32.1 | 38.3 |
| 中部地区 | 17.0 | 12.8 | 32.9 | 28.6 | 40.7 | 33.3 | 57.8 | 51.0 |
| 西部地区 | 17.8 | 15.6 | 28.2 | 30.8 | 43.1 | 35.4 | 66.4 | 48.4 |

**2. 在东部地区民营投资继续快速增长的同时，中西部地区民营投资发展速度加快（见图9）**

一是东部地区民营投资继续快速增长。2006年，在500万元以上投资中，民营投资达到23826亿元，比2005年增长50.9%，其中，东部地区民营投资达到12385亿元，同比增长45.1%，尽管增幅低于全部民营投资和中西部地区，但横向比较，高于东部地区全部投资增幅23.1个百分点，高于国有及国有控股投资32.4个百分点，高于外商及港澳台投资32.7个百分点。分省市看，上海、广东、河北和福建

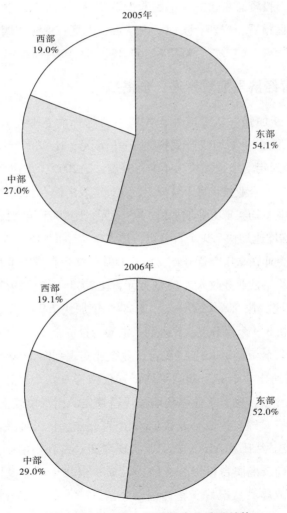

图9　2005~2006年民营投资分地区结构

四省市民营投资增长较快，分别增长 408.4%、74.2%、67.2% 和 53.4%。

二是中西部地区投资增幅明显加快。2006 年，在 500 万元以上的投资项目中，中部地区民营投资达到 4257 亿元，同比增长 62.1%，增幅高于全部民营投资增幅 11.2 个百分点，高于东部地区增幅 17 个百分点，中部地区投资总量占到全部民营投资总量的 29.0%，比 2005 年提高 2 个百分点。分省市看，安徽、河南和吉林三省增长较快，分别增长 73.9%、68.5% 和 110.1%；西部地区民营投资达到 4541 亿元，同比增长 51.7%，增幅高于全部民营投资增幅 0.8 个百分点，高于东部地区增幅 6.6 个百分点，投资总量占到全部民营投资总量的 19.1%，比 2005 年提高 0.1 个百分点。分省区市看，广西、陕西、内蒙古、宁夏、青海和四川六省区增长较快，分别增长 85.5%、64.0%、60.7%、60.2%、53.1% 和 52.3%。

## （四）民营经济发展质量进一步提高

企业实力不断加强。从工业看，各项主要指标的企业平均水平上升较快。2006 年，民营工业企业平均资产规模为 3691 万元，比 2005 年增长 13.3%，增速比"十五"期间年均增速加快 3.4 个百分点，比 2005 年加快 9.9 个百分点。横向比较，比规模以上企业快 4.7 个百分点，比外商及港澳台投资企业快 0.7 个百分点。民营工业企业平均实现工业增加值 1405 万元，比 2005 年增长 19.4%，增速比"十五"期间年均增速加快 7.9 个百分点，比 2005 年加快 15.1 个百分点。横向比较，比规模以上企业快 9.6 个百分点，比外商及港澳台投资企业快 9.7 个百分点。民营工业企业平均主营业务收入为 5353 万元，比 2005 年增长 19.2%，增速比"十五"期间年均增速加快 5.8 个百分点，比 2005 年加快 7.9 个百分点。横向比较，比规模以上企业快 3.9 个百分点，比外商及港澳台投资企业快 1.9 个百分点。

企业经营状况较好。2006 年，民营工业企业实现利润 5550 亿元，比 2005 年增长 40.6%，增速比"十五"期间平均增速仅减慢 0.6 个百分点，继续保持了较快增长。横向比较，民营工业赢利增长遥遥领先，比规模以上工业企业快 9.8 个百分点，比国有及国有控股企业快 15.4 个百分点，比外商及港澳台投资企业快 10.5 个百分点。从比重看，民营工业实现利润已占到规模以上工业增加值的 29.5%，超过外商及港澳台投资企业的 27.5%，仅次于国有及国有控股企业位居第二。私营企业赢利状况好于整体民营经济。2006 年，私营企业实现利润总额 2948 亿元，比 2005 年增长 49.3%，高于民营企业整体 8.7 个百分点。私营企业实现利润占规模以上工业企业实现利润总额的比重由上年的 13.8% 上升到 15.7%，提高 1.9 个百分点（见图 10）。

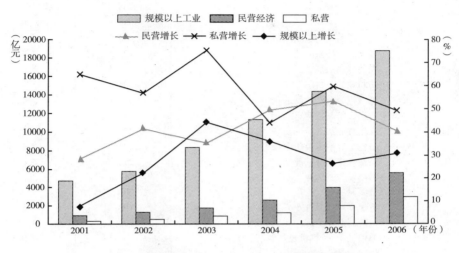

图 10　各经济类型工业企业实现利润及增速图

化学原料及化学制品制造业、非金属矿物制品业、黑色金属冶炼及压延加工业、纺织业和电气机械及器材制造业实现利润位居前五位，其利润合计占规模以上民营工业企业实现利润的 37.3%（见表 7）。

## （五）民营经济发展的外向型特征更加明显

从工业领域看，民营工业企业出口增长提速。2006 年，民营工业企业实现出口交货值 11314 亿元，比 2005 年增长 34.4%，比 2002～2005 年平均增速加快 4.6 个百分点，比 2005 年加快 15.3 个百分点。横向比较，比规模以上工业快 10.0 个百分点，比国有及国有控股企业快 21.5 个百分点，比外商及港澳台投资企业快 10.6 个百分点。从比重看，民营工业实现出口交货值占规模以上工业的比重由 2005 年的 17.6% 上升到 19%，而国有及国有控股企业和外商及港澳台投资企业的比重均是下降的，分别比 2005 年下降 1.1 和 0.3 个百分点。私营经济出口稳步增长。2006 年，私营企业出口交货值 6805 亿元，比 2005 年增长 28.2%，比 2005 年增速加快 11.1 个百分点。私营企业出口交货值占规模以上企业的比重由 2005 年的 11.1% 上升到 11.4%，微升 0.3 个百分点。

### 表7 2006年民营工业各行业实现利润总额及比重

单位：亿元，%

| 序　号 | | 利润总额 | 比　重 |
|---|---|---|---|
| | 总　计 | 5549.6 | 100.0 |
| 1 | 化学原料及化学制品制造业 | 438.5 | 7.9 |
| 2 | 非金属矿物制品业 | 425.1 | 7.7 |
| 3 | 黑色金属冶炼及压延加工业 | 417.5 | 7.5 |
| 4 | 纺织业 | 396.3 | 7.1 |
| 5 | 电气机械及器材制造业 | 393.4 | 7.1 |
| 6 | 通用设备制造业 | 348.4 | 6.3 |
| 7 | 农副食品加工业 | 336.8 | 6.1 |
| 8 | 有色金属冶炼及压延加工业 | 281.5 | 5.1 |
| 9 | 煤炭开采和洗选业 | 278.0 | 5.0 |
| 10 | 专用设备制造业 | 217.4 | 3.9 |
| 11 | 金属制品业 | 204.2 | 3.7 |
| 12 | 有色金属矿采选业 | 193.6 | 3.5 |
| 13 | 医药制造业 | 172.7 | 3.1 |
| 14 | 通信设备、计算机及其他电子设备制造业 | 161.5 | 2.9 |
| 15 | 塑料制品业 | 149.4 | 2.7 |
| 16 | 纺织服装、鞋、帽制造业 | 141.4 | 2.5 |
| 17 | 造纸及纸制品业 | 135.7 | 2.4 |
| 18 | 食品制造业 | 134.7 | 2.4 |
| 19 | 黑色金属矿采选业 | 128.1 | 2.3 |
| 20 | 石油加工、炼焦及核燃料加工业 | 99.3 | 1.8 |
| 21 | 皮革、毛皮、羽毛（绒）及其制品业 | 93.9 | 1.7 |
| 22 | 饮料制造业 | 89.9 | 1.6 |
| 23 | 木材加工及木、竹、藤、棕、草制品业 | 86.7 | 1.6 |
| 24 | 橡胶制品业 | 70.3 | 1.3 |
| 25 | 工艺品及其他制造业 | 58.1 | 1.0 |
| 26 | 非金属矿采选业 | 55.9 | 1.0 |
| 27 | 仪器仪表及文化、办公用机械制造业 | 51.0 | 0.9 |
| 28 | 印刷业和记录媒介的复制 | 39.1 | 0.7 |
| 29 | 化学纤维制造业 | 35.7 | 0.6 |
| 30 | 家具制造业 | 33.3 | 0.6 |
| 31 | 文教体育用品制造业 | 23.7 | 0.4 |
| 32 | 石油和天然气开采业 | 9.7 | 0.2 |
| 33 | 水的生产和供应业 | 9.6 | 0.2 |
| 34 | 废弃资源和废旧材料回收加工业 | 9.0 | 0.2 |
| 35 | 燃气生产和供应业 | 8.6 | 0.2 |
| 36 | 烟草制品业 | 0.6 | 0.0 |
| 37 | 其他采矿业 | 0.2 | 0.0 |
| 38 | 电力、热力的生产和供应业 | -72.3 | |
| 39 | 交通运输设备制造业 | -106.9 | |

从投资领域看，表现在民营投资成为对外直接投资的生力军。2006年我国实施"走出去"战略步伐加快，各项业务发展势头良好。中央和地方大型企业继续发挥主导作用，民营企业逐步成为"走出去"的生力军。根据商务部和国家统计局《对外直接投资（非金融部分）统计公报》的数据，民营企业在我国对外直接投资主体中发挥了重要作用，已经占据了一席之地，发展趋势较好。特别是民营经济占据优势的一些产业，如电气机械制造、纺织服装鞋帽、通用设备等行业"走出去"已经初具规模。

### （六）民营经济吸纳就业的作用更加显著

2006年，民营工业企业从业人员达到3317万人，比2005年增长10.4%，比规模以上工业企业高4.2个百分点，但比"十五"期间年均增速减慢1.5个百分点。从比重上看，民营工业企业吸纳的就业人数已经达到规模以上工业的46%，比2005年上升1.7个百分点，几乎占了总量的一半。从增量看，在当年新增的421万从业人员中，有313万人被民营工业所吸纳，占总增量的74%。私营工业企业从业人员1861万人，比2005年增长15.4%，其占规模以上工业企业从业人员总量的比重由23.8%上升到25.8%，上升2个百分点（见图11）。

总的看，2006年民营经济发展呈现出以下几个变化。

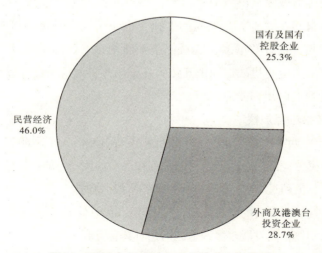

图11 2006年规模以上工业从业人员结构

**1. 产业结构升级步伐加快**

从劳动密集型逐步转向重化工业、以科技创新和信息化为主要标志的新型工业等。在 39 个大类行业中，位居民营工业企业主营业务收入前十位的行业中，重化工业主营业务收入占到民营工业企业主营业务收入的 44.7%，超过 2005 年的 44.4%，其中黑色金属冶炼及压延加工业超越纺织业，位居各行业之首。通信设备、计算机及其他电子设备制造业从 2005 年的第 31 位上升到第 17 位，主营收入占全部民营工业企业的比重由 0.6% 上升到 1.7%。

**2. 发展战略由单纯量的扩张转向做大做强**

不少企业开始摒弃多元化投资，更加注重专业化发展，做强主业。从数量上看，2006 年民营企业扩张速度放缓，不仅低于 2005 年增速，也低于"十五"期间年均增速，但数量增速回落的同时，单个企业的资产规模和实现的工业增加值及主营业务收入增速却都有较大提高。民营经济对经济增长的贡献进一步提高。2006 年，民营经济对规模以上工业增加值增长的贡献率达到 56%，比 2005 年的 43.3% 提高了 12.7 个百分点；对规模以上工业增速的拉动从 2005 年的 9.2 个百分点提高到 11.2 个百分点。

**3. 应对市场尤其是国外市场的能力增强**

2006 年，民营经济在继续发挥灵活机动等自身优势，不断扩大国内市场份额的同时，开始把越来越多的注意力投向国外市场，对国内国外两种资源、两个市场的利用更加有效。从出口交货值看，2006 年民营经济实现 34.4% 的快速增长，不仅快于自身在"十五"期间的增速，也快于同期其他经济类型企业的增长。在国际贸易摩擦日益增多、贸易壁垒不断增多、国际贸易环境趋紧的背景下，民营经济敢于应对挑战，积极开拓国外市场并且取得了良好成绩，确实显示出让人不能小视的胆识和能力。

**4. 产业转移进程加快**

从 2006 年中西部民营工业企业单位数、主营业务收入、利润等指标的增长和比重变化看，民营经济向中西部转移的进程在逐步加快。当前，中国经济已经进入人均国内生产总值超过 2000 美元的新的发展阶段。在这个新的发展阶段，地区经济发展的差异性以一种新的形式体现，发展较快的地区面临着日趋严重的土地、劳动力等要素的制约，而发展较慢的地区则相对具有资源优势，土地、劳动力等制约也相对较少，这些现实为产业由发展较快地区向发展较慢地区转移提供了可能的空间。而2005年以来，国家宏观调控措施特别是严把土地闸门客观上加快了这一进程，这种产业转移进程的加快为民营经济乃至整体经济的快速发展提供了新的空间。

**5. 经营管理升级**

在民营经济发展初期，大多数民营企业选择个体业主制、合伙制或股份合作制等形式，没有将所有权与经营权分离，管理上普遍采用家族式管理体制，导致投资者对经营负无限责任，影响了民营企业的进一步发展壮大。最近几年，越来越多的民营企业跳出传统管理模式，开始注重科学管理、文化管理和品牌运营；主动改变股权单一化格局，进行股份制改造，运用股权、期权等方式增强发展后劲。2006年，可以看到民营企业这方面的力度进一步加大，不少民营企业完成了公司化改造，按照现代企业制度的要求从事生产、经营活动，并积极参与国际竞争，开始走上良性发展的轨道。

## 二 民营经济进一步发展面临的困难和矛盾

从2006年情况看，民营经济的进一步发展仍然面临不少的困难和矛盾，与"十五"时期相比，与民营经济健康发展的要求相比，民营经济自身仍然存在不少问题。

### （一）企业规模仍偏小，实力较弱

2006年，规模以上工业企业中民营企业的平均就业人员为162人，仅相当于国有及国有控股企业的23.2%，外商投资企业的46.6%，规模以上工业企业的65.3%。民营企业的平均资产总值为3691万元，仅相当于国有及国有控股企业的7.2%，外商投资企业的28.9%，规模以上工业企业的37.6%。民营企业的平均主营业务收入为5353万元，仅相当于国有及国有控股企业的13.8%，外商投资企业的32.7%，规模以上工业企业的50.5%。

### （二）自主创新能力较弱，企业核心竞争力不强

尽管民营经济在行业广度和深度拓展上发展很快，但总体上看，民营经济仍主要集中在纺织、食品、采矿等传统竞争性行业，而在资金技术要求较高的高技术产业等行业中的份额还比较小。与规模以上工业企业相比，民营企业39个工业行业中主营业务收入位居前10的行业收入大部分是传统竞争性行业，而在一

些重要行业中民营企业进入的程度还很低，份额较小。比如，规模以上工业中主营业务收入居各行业之首的通信设备计算机及其他电子设备制造业，民营经济仅占全行业收入的 5.7%；主营业务收入居第 3 位的电力热力的生产和供应业，民营经济仅占 0.9%；主营业务收入居第五位的交通运输设备制造业，民营经济仅占 0.7%（见表 8）。

表 8　主营业务收入位居前 10 位的主要行业

单位：亿元，%

| 序号 | 规模以上工业企业 | | | 民营工业企业 | | |
|---|---|---|---|---|---|---|
| | | 主营业务收入 | 占全部比重 | | 主营业务收入 | 占全部比重 |
| | 总　　计 | 308424 | | 总　　计 | 109914 | |
| 1 | 通信设备、计算机及其他电子设备制造业 | 32629 | 10.6 | 黑色金属冶炼及压延加工业 | 10493 | 9.5 |
| 2 | 黑色金属冶炼及压延加工业 | 25735 | 8.3 | 纺织业 | 10216 | 9.3 |
| 3 | 电力、热力的生产和供应业 | 21194 | 6.9 | 电气机械及器材制造业 | 9001 | 8.2 |
| 4 | 化学原料及化学制品制造业 | 20148 | 6.5 | 化学原料及化学制品制造业 | 8694 | 7.9 |
| 5 | 交通运输设备制造业 | 19769 | 6.4 | 非金属矿物制品业 | 7677 | 7.0 |
| 6 | 电气机械及器材制造业 | 17286 | 5.6 | 农副食品加工业 | 7593 | 6.9 |
| 7 | 石油加工、炼焦及核燃料加工业 | 14985 | 4.9 | 通用设备制造业 | 6609 | 6.0 |
| 8 | 纺织业 | 14822 | 4.8 | 有色金属冶炼及压延加工业 | 6233 | 5.7 |
| 9 | 通用设备制造业 | 13135 | 4.3 | 金属制品业 | 4608 | 4.2 |
| 10 | 有色金属冶炼及压延加工业 | 12594 | 4.1 | 专用设备制造业 | 3483 | 3.2 |

## （三）区域发展仍不够均衡

尽管随着产业转移进程的加快，中西部地区民营经济呈现加速趋势，但东部地区民营经济仍呈现一枝独大的格局。2006 年，东部地区企业单位数占到全部的 70.1%，资产占 68.3%，主营业务收入占 72.2%，利润占 66.3%，从业人员占 67%。中西部尤其是西部地区尽管发展比较快，但总的看，规模占比仍较小，总体实力仍比较弱。

从投资看，一些地区增长速度快，一些地区发展十分缓慢，民营投资规模较小，经济发展的活力不足。2006 年，500 万元以上的民营投资增速低于 15% 的地区有 3 个，其中，贵州民营投资增长 0.6%，天津民营投资增长 14.7%。有 10 个地区民营投资占全国民营投资的比重小于 1%，有 6 个在西部地区，其中，贵州占比 0.6%，西藏占比 0.1%，甘肃占比 0.6%，青海占比 0.3%，宁夏占比 0.3%，新疆占比 0.7%。

### （四）企业治理结构不够完善，人才结构和员工素质进一步提升面临困难

由于企业规模偏小，所有权与经营权合一仍是很多民营企业的选择，但随着民营经济的快速发展，企业规模发展到一定水平后，这种治理结构就在一定程度上限制了企业人才结构和员工素质的进一步提升，从而限制了企业的进一步发展，对民营企业提高应对日益激烈的市场竞争能力十分不利。

### （五）企业社会责任感较弱

表现在诚信意识不足，守法意识不够，环保意识淡漠等。在有关调研中发现，仍然有相当数量的民营企业存在逃避社会责任的问题。比如，一些民营企业由于存在超时劳动、拖欠工资等现象，社会保障水平低，出现"用工荒"；一些民营企业对劳动保护、安全生产很不重视，尤其是采矿业、建筑业等生产领域，伤亡事故频频发生。

## 三　充分认识民营经济对于中国经济的重大现实意义，确保民营经济健康发展

改革开放以来的实践已经充分证明，大力发展民营经济，对于充分调动人民群众和社会各方面积极性，建立和完善社会主义市场经济，推动经济社会快速发展，提高城乡居民就业和生活水平，具有十分重要的作用。而从当前情况看，国内生产总值连续 4 年增速在 10% 或 10% 以上，人均国内生产总值超过 2000 美元，快速发展的同时也存在不少矛盾和冲突。在这样一个发展阶段，民营经济的发展具有特别重要的意义。

从短期看，一方面，发展民营经济有助于解决近期经济运行中存在的问题。最近几年，中国经济持续快速增长，但外贸顺差大幅增加，货币信贷增长偏快，

投资增长过猛，快速增长的过程中也蕴藏着风险，具体分析这些问题产生的原因，主要是流动性过剩矛盾突出。而流动性过剩表面上看是货币供应量过多的问题，但其背后主要是消费发展滞后导致的投资消费比例关系不合理。从短期看，依赖出口和投资拉动的模式在推动经济增长的同时，所蕴涵的风险也在不断积累，长期看是难以持续的。而民营经济由于对于促进就业、增加收入、加快居民财富积累速度方面具有独特而不可替代的作用，因而对促进消费是有利的。另一方面，发展民营经济有助于促进社会稳定。当前我国经济正处在 1000～3000 美元的新的发展阶段，在这样一个发展阶段，经济关系复杂，社会矛盾突出，更需要正确处理改革、发展和稳定的关系，为此，需要建立经济可持续发展机制，社会协调稳定机制。而民营经济既可以通过扩大消费、增加需求，在促进经济协调发展方面发挥作用，更可以通过扩大中小企业数量、发展第三产业、广泛吸纳就业，有效促进社会的稳定。

从中长期看，民营经济发展的过程必然伴随着两个改变：一是各项改革的完善。民营经济的发展要以改革的完善为前提，换句话讲，改革如果不到位，民营经济难以有真正意义上的发展；二是结构的改善。发展民营经济对于促进产业结构、地区结构乃至技术结构的完善都有重要作用。而我国经济要保持长期稳定增长，改革的深化和结构的完善是关键。

鉴于民营经济对当前中国经济发展的重大意义，要比以往更加重视民营经济的发展。

## （一）要提高认识

当前，各方对民营经济的认识还存在一定的偏差。对于社会而言，对民营经济的认识仍然还不到位。为了民营经济的持续快速健康发展，要毫不动摇地鼓励、支持、引导非公有制经济发展，着力优化政策环境、市场环境、法制环境、服务环境、社会环境，切实做到亲商、兴商、安商、富商；民营企业要采取更加积极的态度与公有制经济竞争、合作、发展，形成公有制经济与非公有制经济相得益彰的发展格局。

## （二）要加快改革

近几年来，非公有制企业积极参与国企改革，对促进改革作出了积极贡献。但我国发展正处在关键时期，迫切需要继续充分发挥民营企业在促进经济增长、扩大就业和活跃市场等方面的重要作用，充分调动非公经济人士的积极性、主动性和创造性。为此，必须加快改革，加大非公有制的改革力度。在放宽市场准入、加大财税金融支持、完善社会服务、改进政府监管等方面要继续采取措施，在非公有制资本进入民航、铁路、文化、出版和金融等重要领域的政策方面要实现重要突破，而且要大力建设非公有制经济发展的服务体系和信用担保体系。改革的重点一是要加快政府行政管理体制改革，变发展型政府为服务型政府，积极为包括非公企业在内的所有企业创造良好的环境；二是加快金融财税改革。金融改革一方面要一视同仁，另一方面要加快非公企业股份制商业改革步伐，解决中小企业融资难的问题。税收改革主要是统一税收，公平税负。

## （三）要抓住重点

要发挥民营经济优势，积极鼓励、支持和引导民营经济参与到其能够发挥作用的领域。一是充分发挥民营经济在服务领域中的优势，通过金融和税收手段，推动民营经济积极投资服务业，加快服务业发展，适当降低第二产业比重，促进产业结构调整，推动经济增长方式的转变。二是充分发挥民营经济规模相对较小、经营灵活、自我承担风险的特长，加快中小企业的发展。根据世界各地发展的经验，几乎在所有的发达国家或发展中国家和地区，中小型企业都提供了半数以上的就业渠道，美国是世界 500 强企业入选数量最多的国家，但是，有 2/3 的就业机会是由中小企业创造的，欧盟中小企业的就业人数也占其就业总人数的66%。由此可见，发展中小企业，可以为稳定整体经济、扩大就业甚至防范和化解经济金融风险作出贡献。三是充分利用民营企业自主、自由创业和创新的特长，引导民营经济积极投入到科技创新体系建设中，提升企业的核心竞争力，推动提高中国的自主创新能力。四是充分利用部分民营经济资金充足的优势，积极引导他们参与到相对落后地区的发展中去，实现产业和资金的转移，发展壮大民营经济势力，缩小地区差距。五是充分利用民营企业的竞争优势，引导他们积极参与国内外竞争，加大"引进来"和"走出去"的力度，在走向世界的进程中、在与世界经济的竞争中，加快自身发展，为推进改革开放增添动力和活力。

课题组成员：李晓超　王文波　刘国宁

刘爱华　李小维 等

# 中国个体私营经济发展报告

2006 年是国家"十一五"发展规划纲要实施取得良好开局的一年，也是各地区各部门进一步落实《国务院关于鼓励支持和引导个体私营等非公有制经济发展的若干意见》的一年。在经历近 30 年的改革开放之后，我国个体私营等非公有制经济迎来了更加宽松的市场环境、经济环境和政策环境。我国的经济政策从将个体私营等非公有制经济作为补充，与公有制经济共同发展，到视为社会主义市场经济的重要组成部分，从坚持毫不动摇地鼓励、支持和引导个体私营等非公有制经济发展，到国家依法保护公民合法的私有财产权，发生了巨大的变化。在进一步改革开放、建设社会主义和谐社会的大背景下，个体私营经济发展正面临着第二次创业的新机遇。

## 一 2006 年全国个体工商户、私营企业快速稳步发展

### （一）私营企业的发展规模和水平不断提高，活力明显增强

2006 年全国私营企业继续保持平稳快速发展态势，私营企业户数、注册资本金数量均有较大幅度增长，企业规模继续扩大，企业组织形式更加科学、合理，产业、行业分布和区域结构更加优化（见表 1）。

**1. 户数继续保持较大幅度增长**

截至 2006 年底，全国实有私营企业 498.1 万户，比 2005 年增加 68 万户，增

表1　历年来全国私营企业发展基本情况

| 年　份 | 户数（万户） | 人数（万人） | 注册资金（亿元） |
|---|---|---|---|
| 1992 | 13.9 | 231.9 | 221.2 |
| 1993 | 23.8 | 372.6 | 680.5 |
| 1994 | 43.2 | 648.4 | 1447.8 |
| 1995 | 65.5 | 956.0 | 2621.7 |
| 1996 | 81.9 | 1171.1 | 3752.4 |
| 1997 | 96.1 | 1349.3 | 5140.1 |
| 1998 | 120.1 | 1709.1 | 7198.1 |
| 1999 | 150.9 | 2021.6 | 10287.3 |
| 2000 | 176.2 | 2406.5 | 13307.7 |
| 2001 | 202.9 | 2713.9 | 18212.2 |
| 2002 | 243.5 | 3247.5 | 24756.2 |
| 2003 | 300.6 | 4299.1 | 35304.9 |
| 2004 | 365.1 | 5017.3 | 47936.0 |
| 2005 | 430.1 | 5824.0 | 61331.1 |
| 2006 | 498.1 | 6586.4 | 76028.5 |

长 15.8%。私营企业户数排在前 5 名的省市有：江苏省 59.9 万户、广东省 55.1 万户、上海市 50.7 万户、浙江省 40.6 万户、山东省 36.3 万户。

**2. 注册资本金规模继续扩大**

私营企业注册资本（金）76028.5 亿元，比 2005 年增加 14697.4 亿元，增长 24%。私营企业户均注册资金 152.6 万元，比 2005 年增加 10 万元，增长 7%。企业注册资本超过 100 万的私营企业有 118.6 万户，比 2005 年增加 27 万户，增长 29.5%。其中注册资本在 100 万~500 万的有 86.2 万户，增加 18.3 万户，增长 27%；注册资本在 500 万~1000 万的有 18.7 万户，增加 5.3 万户，增长 40.6%；注册资本在 1000 万~1 亿元的有 13.3 万户，增加 3.2 万户，增长 31.7%；注册资本超过亿元以上的私营企业达到 4245 户，增加 1196 户，增长 39.2%。私营企业集团 5594 户，增加 548 户，增长 10.9%。

**3. 投资者人数、雇工人数稳定增长**

私营企业从业人员 6586.4 万人，比 2005 年同期增加 762.4 万人，增长 13.09%。其中投资者人数 1271.7 万人，增加 161.7 万人，增长 14.57%；雇工人数 5314.7 万人，增加 600.5 万人，增长 12.74%。

**4. 企业组织形式更加灵活多样**

新修订《中华人民共和国公司法》从注册资本数额、分期缴纳出资、投资者人数等方面降低了公司准入条件，强化了对股东利益的保护，使股东的出资方式更加灵活，激发了广大投资者的热情，推动了公司制企业的发展，公司在私营企业中所占比重大幅增长，股份有限公司和有限责任公司增长迅速。随着社会经济的发展，私营企业主的市场风险意识逐步加强，对企业的生产、经营、管理、发展模式更加器重。绝大多数新开业企业选择了有限公司形式，私营有限公司成为发展的主流。具体来说有如下几方面（见图1）。

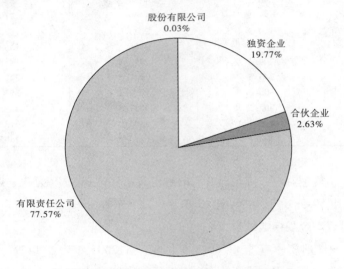

**图1　全国私营企业企业类型户数结构图**

全国实有股份有限公司 1421 户，比 2005 年增加 464 户，增长 48.5%；从业人员 18.6 万人，增加 2.3 万人，增长 14%；注册资本 738.8 亿元，增加 228.6 亿元，增长 44.8%。

私营有限责任公司 386.3 万户，比 2005 年增加 56 万户，增长 17%；股份有限公司和私营有限公司占私营企业总户数的 77.6%，比 2005 年增加 0.8 个百分点；从业人员 5360.1 万人，增加 679 万人，增长 14.5%，占私营企业从业人员的 81.4%，比 2005 年增加 1 个百分点；注册资本 70603.3 亿元，增加 13827.5 亿元，增长 24.4%，占私营企业注册资本总额的 92.9%，比 2005 年增加 0.3 个百分点。

独资企业实有 98.5 万户，比 2005 年增加 11.6 万户，增长 13.3%，占总户数的 19.8%，比 2005 年减少 0.4 个百分点；从业人员 1019.3 万人，增长 9.5%；注册资本 4002.8 亿元，增长 17.2%。

合伙企业实有 13.1 万户，比 2005 年增加 3630 户，增长 2.8%，占总户数的 2.6%，比 2005 年减少 0.4 个百分点；从业人员 188.3 万人，下降 3.8%；注册资本 683.6 亿元，增长 8.7%。

### 5. 第一、第三产业增长较快

第一产业增长迅速。私营企业在第一产业实有 9.8 万户，比 2005 年增长 19.7%，占私营企业总户数的 2%，比 2005 年增加 0.1 个百分点；第二产业实有私营企业 166 万户，增长 16.3%，占总户数的 33.3%，与 2005 年持平；第三产业实有私营企业 322.3 万户，增长 15.8%，占总户数的 64.7%，比 2005 年减少 0.1 个百分点（见图 2）。

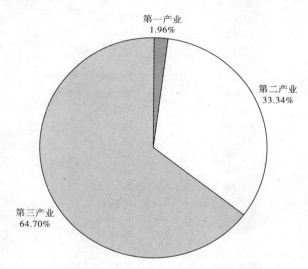

**图 2　全国私营企业三次产业结构图**

### 6. 现代服务业增长快速

从实有户数来看，批发和零售业仍然是数量最多的主体，共有 173.5 万户，比 2005 年增加 23.3 万户，增长 15.5%，占私营企业总户数的 34.8%；其次为制造业 138.1 万户，增加 18.4 万户，增长 15.4%，占私营企业总户数的 27.7%。

从各行业的增长速度来看，现代服务业增长快速。其中，租赁和商务服务业，实有 42.6 万户，比 2005 年增加 10 万户，增长 30.6%；信息传输、计算机服务和软件业 17.8 万户，增加 3.9 万户，增长 28.1%；交通运输、仓储和邮政业，实有 11 万户，增加 2.3 万户，增长 26.4%。

### 7. 城乡私营企业稳定增长

全国城镇实有私营企业 330 万户，比 2005 年增加 50 万户，增长 17.9%；从业人员 3954.3 万人，增加 495.8 万人，增长 14.3%；注册资本 50899.8 亿元，增加 10312.2 亿元，增长 25.4%。农村私营企业 168.1 万户，比 2005 年增加 18 万户，增长 12%；从业人员 2632 万人，增加 266.4 万人，增长 11.3%；注册资本 25128.7 亿元，增加 4385.2 亿元，增长 21.1%（见表 2）。

**表 2   全国各地区私营企业基本情况**

| 地　区 | 户数(户) | 从业人员(人) | 资金数额(万元) |
|---|---|---|---|
| 合　计 | 4980774 | 65862963 | 760285276 |
| 北　京 | 304742 | 3286468 | 36985707 |
| 天　津 | 85920 | 969675 | 18620548 |
| 河　北 | 157514 | 2489874 | 21051153 |
| 山　西 | 87658 | 1050173 | 13858514 |
| 内蒙古 | 54381 | 736420 | 10305746 |
| 辽　宁 | 189394 | 2777862 | 28175315 |
| 吉　林 | 70241 | 771360 | 9305148 |
| 黑龙江 | 77910 | 1028021 | 10196332 |
| 上　海 | 506626 | 4729150 | 81396898 |
| 江　苏 | 598779 | 9179197 | 97070738 |
| 浙　江 | 406382 | 6012507 | 69366853 |
| 安　徽 | 130476 | 2301402 | 15210734 |
| 福　建 | 145403 | 1629624 | 31623879 |
| 江　西 | 84709 | 1606206 | 12958239 |
| 山　东 | 363057 | 5076042 | 52605193 |
| 河　南 | 155908 | 1742619 | 20858033 |
| 湖　北 | 150288 | 1434935 | 23626870 |
| 湖　南 | 100459 | 2136363 | 17891393 |
| 广　东 | 551390 | 6525586 | 84284870 |
| 广　西 | 60790 | 947778 | 8850870 |
| 海　南 | 37687 | 397103 | 9154105 |
| 重　庆 | 80381 | 1091962 | 13210997 |
| 四　川 | 208952 | 2767195 | 22749611 |
| 贵　州 | 48783 | 524812 | 6185599 |
| 云　南 | 76803 | 1101145 | 14820460 |
| 西　藏 | 3414 | 59101 | 957566.4 |
| 陕　西 | 104691 | 1567480 | 7964879 |
| 甘　肃 | 42062 | 535124 | 6175672 |
| 青　海 | 11254 | 351693 | 2046765 |
| 宁　夏 | 21310 | 283636 | 3174809 |
| 新　疆 | 63410 | 752450 | 9601780 |

**（二）个体工商户以其形式简单、经营灵活等特点，在不断经历优胜劣汰的市场竞争中，继续保持平稳发展**

个体工商户的数量从 1978 年底的 15 万人发展到 2006 年底的 2595.6 万户，从业人员 5159.7 万人，资金数额 6468.8 亿元。在经过了 1999～2004 年的几年调整后，2005 年和 2006 年，个体工商户分别比上年增长 4.8% 和 5.3%。个体经济在方便城乡居民生活、活跃市场、增加财政收入、促进就业再就业等方面发挥着越来越重要的作用（见表 3）。

表 3　全国个体工商业发展基本情况

| 年　份 | 户数（万户） | 人数（万人） | 注册资金（亿元） |
| --- | --- | --- | --- |
| 1992 | 1533.9 | 2467.7 | 600.9 |
| 1993 | 1766.9 | 2939.3 | 854.9 |
| 1994 | 2186.6 | 3775.9 | 1318.6 |
| 1995 | 2528.5 | 4613.6 | 1813.1 |
| 1996 | 2703.7 | 5017.1 | 2165.4 |
| 1997 | 2850.9 | 5441.9 | 2574.0 |
| 1998 | 3120.2 | 6114.4 | 3120.3 |
| 1999 | 3160.1 | 6240.9 | 3439.2 |
| 2000 | 2571.4 | 5070.0 | 3315.3 |
| 2001 | 2433.0 | 4760.3 | 3435.8 |
| 2002 | 2377.5 | 4742.9 | 3782.4 |
| 2003 | 2353.2 | 4299.1 | 4187.0 |
| 2004 | 2350.5 | 4587.1 | 5057.9 |
| 2005 | 2463.9 | 4900.5 | 5809.5 |
| 2006 | 2595.6 | 5159.7 | 6468.8 |

户数增长平稳。全国实有个体工商户 2595.6 万户，比 2005 年增加 131.7 万户，增长 5.3%。从实有户数看，排在前 5 位的省份是：广东 245.8 万户、江苏 187 万户、浙江 179.8 万户、山东 176.6 万户、四川 167.4 万户。

资金数额增幅较大。全国个体工商户资金数额继续快速增长，实有 6468.8 亿元，比 2005 年增加 659.3 亿元，增长 11.3%；户均资金数额 2.5 万元，增加 1343 元，增长率 5.7%。

从业人员继续增加。从业人员 5159.7 万人，比 2005 年增加 259.2 万人，增长率为 5.29%。

港澳居民内地个体工商户主营零售、餐饮等服务业。港澳居民在内地设立个体工商户达 2746 户，比 2005 年增长 34%；从业人员 7006 人，比 2005 年增长 53%；资金数额 1.5 亿元，增长 37.6%。其中香港居民申办个体户 2485 户，从业人员 6368 人，资金数额 1.4 亿元。从行业来看，零售业最多，为 2441 户，增长 27.5%，占港澳居民个体工商户实有总户数的 88.9%；其次为餐饮业 205 户，增长 1.5 倍；再次为理发及美容保健服务 68 户，增长 1.7 倍。从各省来看，广东最多，为 2326 户，增长 24.6%，占港澳居民个体工商户实有总户数的 84.7%。

第三产业增长较快。第一产业实有个体工商户 26.2 万户，比 2005 年增加 9906 户，增长 3.9%，占个体工商业总户数的 1%；第二产业 264.2 万户，增加 10.7 万户，增长 4.2%，占个体工商业总户数的 10.2%；第三产业 2305.2 万户，增长 5.5%，占个体工商业总户数的 88.8%（见图 3）。

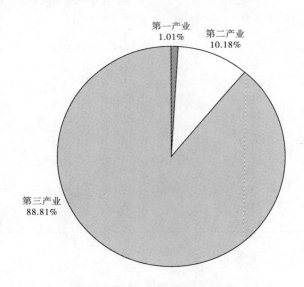

**图3　全国个体工商业三次产业结构图**

新兴服务业个体户增速较快。从各行业的实有户数来看，批发和零售业 1511 万户，比 2005 年增加 89.3 万户，增长 6.3%；居民服务和其他服务业 260.3 万户，增加 12.1 万户，增长 4.9%；制造业 252.1 万户，增长 4.3%。

从增长速度来看，房地产业比 2005 年增长 37.9%；租赁和商务服务业增长

16.8%；信息传输、计算机服务和软件业增长 8.6%。

城乡个体户资金数额增长较大。城镇实有户数 1562 万户，比 2005 年增加 132.6 万户，增长 9.3%，比 2005 年增加 1.5 个百分点；从业人员 3012.5 万人，增加 234.8 万人，增长 8.5%；资金数额 3939.2 亿元，增加 475.1 亿元，增长 13.7%。农村个体工商业实有户数 1033.6 万户，下降 0.1%；从业人员 2147.2

表4　全国各地区个体工商业基本情况

| 地　区 | 户数（户） | 从业人员（人） | 资金数额（万元） |
|---|---|---|---|
| 合　计 | 25956066 | 51596773 | 64687675 |
| 北　京 | 750178 | 977878 | 1103116 |
| 天　津 | 179605 | 258282 | 627386 |
| 河　北 | 1165365 | 2832272 | 3096398 |
| 山　西 | 451731 | 895036 | 2023229 |
| 内蒙古 | 496549 | 877664 | 1105492 |
| 辽　宁 | 1279821 | 2770361 | 5634052 |
| 吉　林 | 492205 | 892215 | 1115088 |
| 黑龙江 | 724900 | 1559626 | 2006268 |
| 上　海 | 288353 | 350576 | 404693 |
| 江　苏 | 1870131 | 3012997 | 7192600 |
| 浙　江 | 1797911 | 3598628 | 6209474 |
| 安　徽 | 1201167 | 2820534 | 1943098 |
| 福　建 | 492952 | 940203 | 2097103 |
| 江　西 | 719136 | 1813866 | 1873269 |
| 山　东 | 1766022 | 3869242 | 3977451 |
| 河　南 | 1306299 | 2817970 | 2043752 |
| 湖　北 | 1063139 | 2303626 | 2488768 |
| 湖　南 | 979187 | 1994944 | 3198414 |
| 广　东 | 2458186 | 5364108 | 5523154 |
| 广　西 | 1040701 | 1732877 | 1526527 |
| 海　南 | 122178 | 241202 | 166549 |
| 重　庆 | 503203 | 835471 | 935320 |
| 四　川 | 1673681 | 2992412 | 2561476 |
| 贵　州 | 486247 | 694302 | 757232 |
| 云　南 | 787183 | 1647109 | 1768106 |
| 西　藏 | 68664 | 134529 | 143256 |
| 陕　西 | 749761 | 1535648 | 1079438 |
| 甘　肃 | 330171 | 574963 | 592649 |
| 青　海 | 121687 | 255377 | 243100 |
| 宁　夏 | 116007 | 225361 | 234431 |
| 新　疆 | 473746 | 777494 | 1016787 |

万人，增加 24.4 万人，增长 1.2%；资金数额 2529.6 亿元，增加 184.1 亿元，增长 7.9%。

个体私营经济的平稳快速发展，得益于以下几个方面的原因：一是政策拉动。2005 年国务院发布《国务院关于鼓励支持和引导个体私营等非公有制经济发展的若干意见》（以下简称《若干意见》），全面系统地总结和归纳了历年来促进个体私营等非公有制经济发展的方针、政策和措施，提出了市场准入问题上各类市场主体的平等待遇原则，并指出了今后一个时期的发展方针，从发展个体私营经济的原则、措施和方法上都做了务实的基本部署。《若干意见》是新中国成立以来国务院就促进个体私营经济发展发布的第一个全面的政策性文件，对个体私营经济发展起到了重要的推动作用。各部门积极贯彻落实《若干意见》，有 25 个部委先后出台了相关的促进措施。全国各省、市、自治区积极贯彻落实《若干意见》精神，先后累计出台 200 多件促进个体私营等非公有制经济发展的法规和政策性文件。二是服务推动。近些年来，社会各界鼓励支持个体私营经济发展的热情日益提高。党中央、国务院关于支持鼓励个体私营经济发展的方针政策不断完善并在各地得到贯彻落实，得益于社会各方面的大力支持。地方各级党政领导认识到发展个体私营经济对振兴地方经济的重要性，倾注很大力量抓个体私营经济的发展。到目前为止，有 17 个省、区、市成立了"个体私营经济领导小组"或类似机构，浙江、江西、安徽等省还成立了个体私营经济管理局。大部分省、区、市开了会，发了文件。形成了一个鼓励、扶持发展个体私营经济的大环境、大气候。社会各方面对个体私营经济的认识有了提高，支持发展的多了，指责的少了。群众投资办厂的积极性持续高涨。党的十六大的召开，进一步激发了各方面的积极性，个体私营经济的发展环境会更加宽松。各级政府普遍加大了服务力度，积极对个体私营等非公有制经济发展进行扶持和引导。如实行并联审批制度、成立投资服务中心、实行受理一条龙服务、扶持重点企业等措施。三是市场牵动。各部门和各地区积极支持东、中、西部地区发挥各自的资源和市场优势，扩大对内对外开放，开展多层次、宽领域、全方位的经济技术交流与合作，吸引国内个体私营企业及国外投资者参与东、中、西部地区经济结构调整与开发建设，采取多种措施，拓展企业产品销售市场。如组织各种"走出去，引进来"经济贸易活动，举办各种类型的交流会、洽谈会、展销会等，为东中西部的相互交流和合作提供了发展的平台，有力地促进个体私营等非公有制企业的发展。

## 二 个体私营经济在经济发展和社会进步中的
## 地位和作用进一步增强

改革开放以来，个体私营经济在国民经济中的比重逐渐增大，在国民经济中所占份额不断提高，已经成为推动经济增长、增加财政收入、促进就业、活跃城乡市场和维护社会稳定的重要力量。

在企业户数结构方面，截至 2006 年底，全国共登记企业总数 862.8 万户。其中，国有、集体、股份合作制及国有或国有控股公司为 337.26 万户，外商投资企业 27.49 万户。从登记的企业户数来看，私营企业占企业总数的比重达 57.73%。

在经济增长和税收方面，据有关部门统计，目前，非国有及国有控股经济已经占 GDP 的 65% 左右，其中个体私营经济占到 40% 左右。全国个体私营企业共缴纳工商税收 4689.9 亿元，比 2005 年增加 588.8 亿元，增长 14.4%，占全国税收总额 37636.3 亿元（含车辆购置税）的 12.5%。其中，私营企业缴纳税收总额 3495.2 亿元，比 2005 年增长 28.6%，高于全国 6.7 个百分点；占全国税收总额的比重为 9.28%，比 2005 年提高了 0.48 个百分点。个体工商户缴纳税收总额为 1194.7 亿元，同比增长 18.6%（见表 5）。

### 表5 全国个体私营经济纳税情况

单位：亿元，%

| 年　份 | 年纳税额 | 占全国税收比例 | 年　份 | 年纳税额 | 占全国税收比例 |
|---|---|---|---|---|---|
| 1992 | 203.0 | 7.8 | 2000 | 1177.0 | 9.3 |
| 1993 | 293.0 | 8.2 | 2001 | 1578.5 | 10.5 |
| 1994 | 370.0 | 8.2 | 2002 | 1950.5 | 11.5 |
| 1995 | 429.6 | 8.0 | 2003 | 2435 | 11.9 |
| 1996 | 450.0 | 7.9 | 2004 | 3207 | 12.5 |
| 1997 | 540.0 | 7.0 | 2005 | 4101.1 | 13.2 |
| 1998 | 700.8 | 8.5 | 2006 | 4689.9 | 12.5 |
| 1999 | 830.0 | 9.4 | | | |

在进出口方面，全国私营企业进出口总额为 2435.8 亿美元，同比增长 46.5%，高于全国增长率约为 23 个百分点；占全国进出口的比重为 13.8%，比 2005 年提高 2.1 个百分点。个体工商户实现进出口贸易额 17.1 亿多美元（见表 6）。

表6 全国私营企业进出口情况

单位：亿美元，%

| 指标＼年份 | 2000 | 2001 | 2002 | 2003 | 2004 | 2005 | 2006 |
|---|---|---|---|---|---|---|---|
| 私营进出口总额 | 37.5 | 87.1 | 233.4 | 593.2 | 1112.1 | 1662.1 | 2435.8 |
| 私营占全国比重 | 0.8 | 1.7 | 3.8 | 7.0 | 9.6 | 11.7 | 13.8 |
| 私营进出口增长率 | 254.8 | 132.5 | 167.8 | 154.2 | 87.5 | 49.5 | 46.5 |
| 全国进出口增长率 | 31.3 | 7.5 | 21.8 | 37.1 | 35.7 | 23.1 | 23.8 |
| 私营出口额 | 23.8 | 53.1 | 137.8 | 347.4 | 692.4 | 1122.3 | 1707.4 |
| 私营占全国比重 | 1.0 | 2.0 | 4.2 | 7.9 | 11.7 | 14.7 | 17.6 |
| 私营出口增长率 | 275 | 123 | 160 | 152 | 99.3 | 62.1 | 52.1 |
| 全国出口增长率 | 27.9 | 6.8 | 22.3 | 34.6 | 35.4 | 28.4 | 27.2 |

资料来源：中国中小企业暨非公有制经济信息快报。

在就业再就业方面，个体工商户和私营企业已经成为城乡居民扩大就业的主要渠道之一。按工商机关登记信息的粗略统计，2006 年全国个体私营就业人数达 1.2 亿人（不含隐性就业），比 2005 年增加 1021.4 万人，增长 9.5%，占全国就业人数（7.6 亿人）的 15.4%。全国工商系统引导、支持 253.6 万名下岗失业人员在个体私营经济领域实现再就业，其中申办个体工商户 83.8 万人，投资兴办私营企业的 4.5 万人。落实中央和地方各项再就业优惠政策免收工商管理行政性收费合计 10.6 亿元，其中落实中央再就业优惠政策减免 9.3 亿元。全国个体私营经济吸纳高校毕业生就业人数占到高校毕业生就业总人数的近一半。个体工商户和私营企业的发展为城乡居民就业提供了主要渠道，有效缓解了社会就业压力和矛盾。

# 三 近年来个体工商户发展数量变化情况及原因分析

## （一）个体工商户数量增长放缓的原因

近年来，个体工商户发展情况受到社会普遍关注。有的人把个体工商户从 1999~2004 年大幅度减少片面地归结为税费负担重、创业门槛高等所谓创业环境恶化。实际上，个体工商户发展的规模和数量归根到底是由市场经济发展状况决定的。改革开放初期，百业待兴，个体经济发展空间巨大。在各级地方政府的大力促进下，个体工商户呈现出高速发展的状况。但发展到一定阶段以后，个体工商户数量增长放缓。这其中有多方面的原因，不能简单地将个体工商户数量的减少归结于创业环境恶化。分析 1999～2004 年期间个体工商户数量减少的现象，主要有以下几点原因。

**1. 有关部门改进登记管理工作，提高了个体工商户数量统计的准确性**

1998 年全国工商系统实行省以下垂直管理以后，地方各级工商行政管理机关在国家工商行政管理总局领导下不断加强和改进登记监管工作，逐步建立完善了经济户口制度，对历年积累下来的已歇业不经营的"死户"、吊销后未办理注销的个体工商户等进行了集中清理，通过"挤水分"剔除了大量存在于统计数字中，实际上已不开展经营活动的"个体工商户"。2000 年底国家工商总局全国个体工商户数据统计比 1999 年底减少了 589 万户。在接下来的几年里，工商行政管理机关不断改进完善个体工商户登记管理体制，注重利用信息化手段加强个体工商户登记监管数据的统计和应用，国家工商总局统计的个体工商户数量与实际存在的经营户数量已基本吻合。

**2. 个人投资创业可选择形式的多样化**

随着《中华人民共和国公司法》、《合伙企业法》和《中华人民共和国个人独资企业法》先后颁布施行，个人投资创业有了更多可以选择的市场主体类型。这使得相当数量的新投资者和原有个体工商户出于发展的考虑，放弃个体经营形式，采取设立私营企业形式进行经营。这也是个体工商户户数和从业人员数量增长放缓的重要原因。2000 年底，全国私营企业有 176 万户，投资者 395 万人，雇工人数 2011 万人，注册资本（金）13308 亿元。到 2006 年底，全国私营企业增加到 498 万户，投资者 1272 万人，雇工人数 5315 万人，注册资本（金）7.6 万亿元。6 年来，全国私营企业增加 322 万户，投资者增加 877 万人，雇工人数增加 3304 万人，注册资本（金）增加 6.3 万亿元。以 2001 年为例，虽然全国个体工商户比 2000 年减少了 138 万户，但同一时期私营企业增加 27 万户，私营企业投资者人数增加了 65 万人。2001～2005 年，全国个体工商户年均减少 55 万户，同期私营企业年均增加 45 万户。这也在一定程度上表明，一批个体工商户实际上并未退出市场，而是转换了经营形式。

### 3. 国家经济政策规制了某些行业的个体经济

为了可持续发展的需要，国家近年来不断加大宏观调控和产业结构调整力度。一大批不符合国家产业政策和达不到环保标准的"老五小"、"新五小"等制造行业个体工商户被"关、停、并、转"。如 2000 年底，从事第二产业的个体工商户比 1999 年下降了 20.62%，下降总数为 80.4 万户。此外，各地工商行政管理机关按照地方党委、政府的要求，依法加强对制造、采掘、粮食加工、娱乐服务、餐饮等重点行业的清理整顿，结合个体工商户验照和清查档案，取缔了一批从事违法经营活动的业户。如 2005 年度，全国工商行政管理机关依法查处违反登记管理法规的个体工商户 66.5 万户，依法吊销营业执照的 65.4 万户。

### 4. 落实中央惠农政策，相当数量的农村个体工商户不再登记

按照中央有关政策，工商行政管理机关对农村流动商贩、农民进城销售自产农副产品和社区就业等采取了免予工商登记等积极扶持措施，这些个体经营主体都不再纳入工商登记的范围。据对部分省市的调查显示，免于登记的户数约为登记注册个体户总户数的 15%。

### 5. 行业竞争加剧、市场萎缩以及拆迁等因素导致个体工商户注销、歇业和登记数量减少

随着经济社会的发展，一些行业出现了饱和，竞争不断加剧。同时，一些新出现的生产经营模式对传统的个体经营模式也产生了一定冲击。相当数量的个体工商户因缺乏竞争力、不能适应变化了的市场环境而放弃经营。例如，大型"超市"、"连锁店"经营模式在城市和乡村出现以后，使得在其周边同样从事商业零售的个体工商户难以为继。往往是一个超市建起来，若干户从事商业零售的个体工商户注销、歇业。在农村，有的劳动力输出地区因大量青壮年外出打工，一些个体工商户也放弃经营。而随着各地大中城市规划改造的进程，许多以路为市、以街为市等影响城市环境的市场被整顿、拆迁，使得一大批个体工商户因失去经营场所、摊点而注销。

## （二）数量出现正增长的原因

经过 2000 年以来的调整，自 2005 年起，个体工商户数量下降的状况得到改变，并开始出现正增长。2005 年和 2006 年，全国个体工商户数量分别比上年同

期增加113.4万户和112万户，增长率分别为4.8%和4.6%。2005年以来，个体工商户数量出现较大幅度增长的主要原因有以下几个方面。

一是近年来在党中央、国务院关于鼓励支持和引导个体私营等非公有制经济的路线方针和政策的指引下，各级政府积极推动个体私营经济发展，不断制定和出台了一系列支持本地个体私营经济发展的对策措施，有力地促进了城乡个体经济的发展。

二是在国家有关鼓励下岗失业人员再就业和高校毕业生从事个体经营的优惠政策影响下，各级政府加大了对下岗失业人员和高校毕业生从事个体经营的政策扶持力度，纷纷制定了落实优惠政策的具体措施，下岗失业人员和高校毕业生办理个体工商户营业执照数量增加较快。2006年，仅全国工商系统就引导、支持254万名下岗失业人员在个体私营经济领域实现再就业，免收工商行政管理行政性收费合计10.63亿元，83.8万名下岗失业人员申办了个体工商户。同时，积极引导高校毕业生自主创业，落实减免收费的各项措施，鼓励大学生到个体私营经济领域发展。全国个体私营经济吸纳高校毕业生就业人数占到高校毕业生就业总人数的近一半。

三是在查处取缔无照经营行为的同时，工商行政管理机关实行查处与引导相结合，处罚与教育相结合，对于下岗失业人员或经营条件、经营范围、经营项目符合法律法规规定的，积极督促、引导其依法办理相应手续，使一些符合条件的无照经营者办理了工商登记，领取了营业执照。

四是近年来工商行政管理机关在个体工商户登记管理方面，不断改革和完善个体工商户登记管理办法，为个体经济发展创造条件。如，全国工商系统实行委托工商所直接登记个体工商户、实行"一审一核"制度，在不涉及前置审批环节、相关手续齐全的前提下，可以做到当场办照，大大提高了办照效率，方便了城乡居民就近办照，节约了办照的成本和时间。为照顾弱势群体，减轻农民负担，工商行政管理机关按照有关优惠政策的规定，对农民进入市场经营自产自销农副产品、边远地区从事个体经营的农民，实行免交市场管理费和个体工商户管理费。对残疾人、下岗职工、高校毕业生、城镇退役士兵及城市低保对象等从事个体经营的，也采取了一系列优惠政策。在征收个体工商户管理费和市场管理费过程中，各地认真执行有关规定，采取有效措施，切实规范收费行为，实行"收缴分离"。一些地方还推行了"阳光收费"，做到了定费公开、减免公开、收费结果公开，增加了收费透明度。

未来几年，个体经济发展将趋向平稳，总体数量不会有大的变化，但个体工商户的资金实力会继续增强。

## 四 制约个体私营经济发展的因素

党的十六大虽然确立了个体私营等非公有制经济与国有经济一样的基本经济制度地位，从中央到地方各级政府也出台了一系列鼓励、支持和引导健康发展的路线方针和政策，实施了一系列促进发展的对策和措施，但制约个体私营经济发展的体制性、政策性障碍和来自于社会以及企业自身的问题也仍不同程度地存在，需要加以研究和解决。从个体私营经济自身看，多数发展规模较小，生产的技术水平、管理水平以及产品的科技含量等较低，市场竞争能力弱，制约着它的发展；有些个体工商户、私营企业经营行为不规范，制假售假、偷税漏税等违法违章行为比较突出，影响了个体私营经济的整体形象。从社会大环境看，有些人对个体私营经济仍然存有偏见，各种形式的"三乱"屡禁不止，公平竞争的环境还没有真正形成，还有管理体制不顺带来的政出多门的问题等。具体来说主要有以下几方面。

### （一）思想认识障碍

目前，对个体私营经济仍然存在种种认识误区和社会偏见。由于受传统观念和"左"的思想影响，虽然经过多年的改革开放，仍有少数人认为个体私营经济是"私"字当头，搞个人发家。少数单位和个人对个体私营经济仍然存在偏见。尤其在一些有行政审批权的基层部门仍然存在"门难进，脸难看，事难办"的现象。有些领导干部凡事怕与"私"沾边，怕犯错误，对个体私营经济的发展采取观望态度。一些地方领导干部为了避嫌，在政策方面偏向于外地企业主或外商。认为如果把土地等资源卖给本地企业家，会带来种种猜忌、误解，卖给外地商家或外商则不会有任何猜忌和误解。一些个体私营企业在用地、用电、用水、经营项目审批、劳动用工、信息等方面，还不能与国有、集体企业甚至"三资"企业享受同等待遇。在遇到拖欠款项、财产遭受侵害、房产或土地发生纠纷等问题时，得不到及时解决和处理。

### （二）体制羁绊

政府部门还不同程度存在着多头管理、政出多门的现象。政策待遇不平等，准入条件不公平。在前置审批方面，审批环节仍然过多过滥。据不完全统计，个体私营企业开业登记前，需要进行前置审查、审批或行政许可的项目涉及14个行业、140多个经营项目，包括公安、环保、交通、卫生、文化、旅游、房管、劳动等若干政府行政管理机构。投资者办一个执照要跑多个部门，而每个部门又有多个审批环节，办完有关的行政许可项目要经过很长时间和很多经费的现象仍然存在，使投资者错过市场经营的机遇，增加了创业的成本。在市场准入方面，仍然存在限制过多问题。许多行业对不同所有制企业有不同的限制性规定，有些行业国家并没有明确禁止个体私营企业进入，只讲有条件进入，但受到职能部门的严格限制。在少数地方和领域，还存在着同样是自然人出资的企业，只要戴上集体或股份合作制帽子，就能享受各种扶持和优惠政策的现象。在制止"三乱"现象方面，近年来经过整顿，"三乱"现象有所遏制，经济环境有了较大改善，但在有的地方和部门，乱收费、乱罚款、乱摊派现象时有发生。检查多、罚款重、多头收费现象仍然不同程度存在。一些部门以证代管、以证收费，把管理物化为办证，把办证简化为收费，只要办了证，缴了费，对企业经营行为便不闻不问。还有一些部门表面支持暗中设卡，迫使企业不得不屈从管理部门要求，接受管理部门指定的消费、服务或去指定的地方接受消费或服务。

### （三）融资渠道不畅

在融资环境方面，个体私营企业发展的一个重要"瓶颈"在于融资渠道的不畅通。个体私营企业多是中小企业，有迫切的融资需求，但是针对他们的金融产品和融资渠道还很有限，还没有建立与其发展要求相适应的投融资体系。国家没有明确规定对个体私营企业等非公有制企业的歧视政策。但事实上，存在许多的条条框框和限制。一些商业银行出于安全性考虑，仍然集中力量抓大企业而不愿意向个体私营等中小企业放贷，从而制约了一些发展前景好的个体私营企业做大做强。由于长期受计划经济和传统意识的影响，一些金融部门同样数额的贷款，如果贷给国有企业则比较容易，如果贷给个体私营企业，则比较困难。由于个体私营企业的社会资源有限，受经营观念、经营范围、经营者个人能力的影响，又缺乏必要的信用体系，银行很难识别个体私营企业的信用素质，即使银行有存款余额，也会因担心无法收回贷款而不敢贷给个体私营企业。担保公司发展缓慢，业务单一。担保企业占个体私营企业总数的比重很小。银行贷款期限结构不能满足企业需求。受投资审批制度改革尚未到位和银行担心长期贷款风险的影响，目前银行对个体私营企业的贷款通常是短期贷款。对个体私营企业真正开放长期性的基建和技改贷款科目则比较少。为满足长期资金周转的需要，一些个体私营中小企业不得不采取短期贷款多次周转的办法，从而增加了融资成本。

### （四） 部分企业自身管理问题

个体私营企业自身素质上的制约因素主要表面在以下几个方面。一是管理不够科学。一些私营企业做大以后，家族式企业管理者很容易因为优越感而滥用权力，亲疏分明，任人唯亲现象严重。在处理人际关系时按亲疏远近而非因才适用，形成内外有别的局面。没有管理才能的家族成员处于重要管理位置，家族成员因对企业创业有功、关系特殊而与非家族管理人员发生摩擦冲突，影响企业运转效率。导致人才外流，影响人才引进，成为企业创新发展的障碍。二是企业发展扩张速度与产品质量脱节。一些私营企业在创业上带有"一窝蜂"的盲目性，忽视产品科技含量，缺乏品牌意识，自主创新能力不强，企业缺乏发展后劲。三是一些企业经营增长方式粗放，产品质量不高、环境污染重、原料及能源消耗高。

这些问题不解决，势必制约个体私营经济的进一步持续、快速、健康发展。

## 五　对促进个体私营经济加快发展的建议

### （一） 进一步提高思想认识，努力营造个体私营经济发展的良好氛围

各级政府部门要从坚持科学发展观的要求和构建社会主义和谐社会的目标出发，继续制定和完善与《若干意见》相配套的政策文件。抓好政策、措施的落实，从根本上消除阻碍个体私营经济发展的思想障碍和疑虑，以更加积极科学的态度大力发展个体私营经济。要加大舆论宣传力度，营造大力促进个体私营经济发展的氛围。要客观地评价和宣传个体私营经济的地位和作用，弘扬个体私营企

业在纳税、科技创新、促进就业再就业、诚信经营等方面的好典型，对文明诚信经营的个体工商户和私营企业经营者的典型代表进行表彰，对损害个体私营企业合法权益的人和事及时予以"曝光"。

## （二）强化服务意识，查处侵权行为，为个体私营经济发展创造良好的政策环境

各级政府和有关部门要从体制上强化为个体私营经济服务的职能，加强有关发展政策、法规的综合协调和指导服务，对个体私营企业反映的问题，及时加以研究解决。结合行政审批制度改革，简化办事程序和环节。改进行政许可证的发放条件和程序，按个体私营企业的实际经营情况和发展管理需要提供方便、快捷、高效的服务。规范政府职能部门的收费行为，对涉及个体私营企业的收费项目进行认真清理，对不合理、不合法的收费及摊派、集资、罚款等行为，要坚决制止。

## （三）为民营企业营造一个良好的法治环境

现行的一些法律法规与鼓励、支持和引导个体私营经济发展的要求相比还不够完善，有的已经过时，有的阻碍了个体私营经济的发展壮大。建议加快全国性法律、法规制订和修订的步伐，各省可以因地制宜研究制订一些地方性暂行规定，加强对私人财产权益的保护，稳定个体私营企业家的投资心理，提高他们扩大再生产、做大做强的积极性和主动性。切实保证法律法规的有效执行，树立法律法规的权威性和有效性，为个体私营企业营造良好的法治环境。

## （四）放宽个体私营企业的从业限制，拓宽经营范围

在市场准入、经营许可证和生产许可证发放，能源和原材料采购等方面，对各种经济成分要一视同仁，为个体私营企业创造平等竞争的环境。特别是对于一些资源、原材料和基础设施等领域要消除隐性壁垒，切实降低准入门槛，允许一些实力雄厚、经营规范、素质良好的私营企业参与公平竞争。要鼓励个体私营企业参与国有中小型企业的产权流动、资产重组和结构调整。国有企业的改革改组需要外界力量的支持，包括资本注入、技术转让、经营方式转变、市场开拓等。应当鼓励个体私营企业与国有企业通过市场在自愿互利的条件下

进行联合和合作，支持产品市场前景好、有一定经济实力的私营企业兼并、参股、整体收购国有中小型企业，支持个体户中的能人承包、租赁国有小型企业。

## （五）在资金、科技、信息等方面扶持个体私营企业

私营企业的资金需求主要靠自我积攒和代价高昂的民间借贷来满足。国有金融机构基本上不与私营企业发生贷款业务关系。随着外资银行全面进入国内市场，未来优质个体私营企业可能成为银行竞争和热点领域。希望国有金融机构利用正在进行的金融体制改革之机，为个体私营企业在融资、结算、外汇、资本运营等方面提供高效、优质的金融服务。在贷款审批、利率计算上与国有企业平等对待。在贷款担保上采取适当办法，维护借贷双方的合法权益。拓宽融资渠道，在确定股票发行额度和选择上市企业上，为包括私营企业在内的各种经济成分建立平等、正常、合法的金融渠道。政府有关部门、科研院所、大专院校、社会中介组织应当为个体私营企业提供科技信息、咨询服务。

## （六）在税收、土地资源、人才引进和使用等方面对个体私营企业一视同仁

现行的税费规定、土地使用、人才引进和使用等方面存在的一些不公平的因素，在不同程度上阻碍了个体私营经济的发展，建议政府更加关注在市场竞争中处于弱势的个体私营企业，特别是那些下岗职工创办的个体工商户和处于创业期的小型私营企业，让个体私营经济与国有经济、外资经济在同一起跑线上平等竞争、相互促进、共同发展。

课题组成员：潘海民　张久荣

# 中国民营企业对外经济贸易发展报告

民营经济是我国国民经济的重要组成部分，民营企业是参与我国对外开放和国际竞争的重要力量。随着《国务院关于鼓励支持和引导个体私营等非公有制经济发展的若干意见》的逐步落实，针对民营企业的法规政策和市场环境不断改善。2006 年，民营企业在对外经济贸易领域中继续保持强劲的发展势头，对外贸易持续快速增长、"走出去"迈出较大步伐，利用外资呈现新特点，民营企业国际化的经营意识和参与程度不断提升。

## 一 民营企业对外贸易快速增长

2006 年，全球市场继续保持较好的态势，国内政策环境持续改善，民营企业抓住良好的内外部机遇，充分挖掘开拓国际市场的潜力，进出口持续保持高增长势头，全年进出口总额超过 3000 亿美元，达到 3076.6 亿美元，增长 37.1%，占全国进出口总额的 17.5%，较 2005 年提高 1.7 个百分点。

### （一）出口首次超过国有企业，成为我国出口的第二大市场主体

2006 年，民营企业出口 2139.3 亿美元，比 2005 年增长 43.6%，增速比国有企业和外商投资企业分别高 30% 和 17%，年度出口额首次超过国有企业。其中私营企业出口 1707.4 亿美元，占民营企业出口的 80%。近 10 年来（1997 ~ 2006），民营企业出口年均增长达到 57%，特别是我国加入世贸组织以来，年均

增长高达75%，远高于其他类型企业（国有企业和外资企业）21%的年均增长速度，展现出巨大的生命力和发展潜力。民营企业出口占全国总体出口的比重，从2000年的5.3%提高到2006年的22.1%。从民营企业出口的内部结构看，主要表现为私营企业出口的大幅增加，私营企业与集体企业出口的内部比例从2001年的27：73调整为2006年的81：19（见表1、图1、表2）。

**表1　加入WTO以来各类企业出口走势比较**

单位：亿美元，%

| 年　份 | 国有企业 | | | 外资企业 | | | 民营企业 | | |
|---|---|---|---|---|---|---|---|---|---|
| | 金额 | 增长 | 比重 | 金额 | 增长 | 比重 | 金额 | 增长 | 比重 |
| 2001 | 1132.3 | -2.8 | 42.5 | 1332.4 | 11.6 | 50.1 | 196.9 | 47.8 | 7.4 |
| 2002 | 1228.6 | 8.5 | 37.7 | 1699.4 | 27.6 | 52.2 | 327.7 | 66.5 | 10.1 |
| 2003 | 1380.3 | 12.4 | 31.5 | 2403.4 | 41.4 | 54.8 | 600.0 | 83.1 | 13.7 |
| 2004 | 1535.9 | 11.4 | 25.9 | 3386.1 | 40.9 | 57.1 | 1011.7 | 68.6 | 17.0 |
| 2005 | 1688.1 | 9.9 | 22.2 | 4442.1 | 31.2 | 58.3 | 1489.8 | 47.3 | 19.5 |
| 2006 | 1913.4 | 13.4 | 19.7 | 5638.3 | 26.9 | 58.2 | 2139.3 | 43.6 | 22.1 |

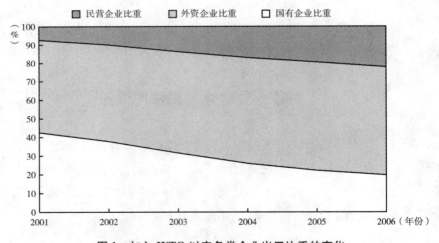

**图1　加入WTO以来各类企业出口比重的变化**

除私营和集体企业外，值得关注的是，对外贸易经营权向个人放开以后，更多的个体经营者能够直接参与国际竞争。特别是2005年6月，允许有外贸经营权的个体工商户以一般纳税人身份享有出口退税政策，大大增加了个体工商户的市场竞争力和出口积极性。2006年，全国个体工商户出口达到18.8亿美元，比

表2　2001～2006年私营企业和集体企业出口比较

单位：亿美元，%

| 年　份 | 集体企业 | | | 私营企业 | | |
|---|---|---|---|---|---|---|
| | 金额 | 增长 | 占比 | 金额 | 增长 | 占比 |
| 2006 | 410.9 | 12.5 | 19.40 | 1707.4 | 52.1 | 80.60 |
| 2005 | 365.1 | 14.9 | 24.55 | 1122.3 | 62.1 | 75.45 |
| 2004 | 317.9 | 26.5 | 31.46 | 692.5 | 99.3 | 68.54 |
| 2003 | 251.3 | 33.3 | 41.97 | 347.5 | 152.2 | 58.03 |
| 2002 | 188.6 | 32.6 | 57.78 | 137.8 | 159.5 | 42.22 |
| 2001 | 142.2 | 34.6 | 72.81 | 53.1 | 122.7 | 27.19 |

2005年增长了12倍；开展出口业务的个体工商户达到2533户，比2005年增加2182户，发展速度相当惊人。

## （二）进口增长速度位居第一，但贸易顺差占总顺差的2/3

2006年，民营企业的固定资产投资达到4.8万亿元，增长37.7%，高于全国增长率13.2个百分点。投资的快速增长，也带动了民营企业进口设备等投资品。2006年，民营企业进口937.5亿美元，增长24.3%，比国有企业和外资企业进口分别高10%和2.3%。但由于进口基数较低，而出口增长较快，使得民营企业全年对外贸易产生了1201.5亿美元的贸易顺差，占全国总顺差的67.7%。另一方面，最近两年民营企业进口增长速度还呈现较大幅度的回落，"十五"期间年均增长51.8%，但2005～2006年回落到了25%以下的水平（见表3、表4）。

表3　1996～2006年民营企业进出口情况

单位：亿美元，%

| 年　份 | 出口金额 | 增　长 | 进口金额 | 增　长 | 顺(逆)差 | 增　长 |
|---|---|---|---|---|---|---|
| 2006 | 2139.0 | 43.6 | 937.5 | 24.3 | 1201.5 | 63.4 |
| 2005 | 1489.8 | 47.3 | 754.0 | 24.8 | 735.7 | 80.5 |
| 2004 | 1011.7 | 68.6 | 604.0 | 57.1 | 407.7 | 89.1 |
| 2003 | 600.0 | 83.1 | 384.4 | 88.0 | 215.6 | 74.9 |
| 2002 | 327.7 | 66.5 | 204.4 | 43.9 | 123.3 | 124.8 |
| 2001 | 196.9 | 47.8 | 142.0 | 59.5 | 54.8 | 24.2 |
| 2000 | 133.2 | 70.9 | 89.1 | 57.6 | 44.1 | 106.2 |
| 1999 | 77.9 | 29.7 | 56.5 | 60.7 | 21.4 | -14.1 |
| 1998 | 60.1 | 17.7 | 35.2 | -4.0 | 24.9 | 72.8 |
| 1997 | 51.1 | 45.9 | 36.7 | -9.9 | 14.4 | -353.7 |
| 1996 | 35.0 | 32.7 | 40.7 | 8.5 | -5.7 | -48.9 |

表4  2006年中国各类企业进出口情况

单位：亿美元，%

| 项　　目 | 出　口 | | 进　口 | |
|---|---|---|---|---|
| | 金　额 | 同　比 | 金　额 | 同　比 |
| 总　　值 | 9690.80 | 27.2 | 7916.14 | 20.0 |
| 国有企业 | 1913.45 | 13.4 | 2252.40 | 14.2 |
| 外商投资企业 | 5638.28 | 26.9 | 4726.16 | 22.0 |
| 民营企业 | 2139.01 | 43.6 | 937.58 | 24.3 |

## （三）开展对外贸易的民营企业数量呈现井喷增长

民营企业进出口持续快速增长，是从事对外贸易的民营企业队伍迅速扩张的结果。我国加入 WTO 后，外贸经营体制发生了重大变化，进出口经营权对所有民营企业的完全放开，极大的释放了民营企业出口的潜力，使民营企业成为近年来我国外贸增长的新支撑。就从事外贸业务的民营企业看，私营企业数量出现了"井喷"式的增长。2000年，从事进出口经营的民营企业仅6100家，其中私营企业1800家，集体企业4300家；2006年，民营企业进出口队伍已经扩大到10万多家，其中私营企业约9.5万家，集体企业6000家。特别是2006年，一年内新增开展外贸业务的私营企业3.8万家（见表5）。

表5  我国开展进出口业务的民营企业数量变化

单位：家

| 年　　份 | 民营企业 | 集体企业 | 私营企业 |
|---|---|---|---|
| 2006 | 100600 | 6000 | 94600 |
| 2005 | 61400 | 5400 | 56000 |
| 2004 | 46300 | 6000 | 40300 |
| 2003 | 26700 | 6000 | 20700 |
| 2002 | 16000 | 5600 | 10400 |
| 2001 | 9200 | 5100 | 4100 |
| 2000 | 6100 | 4300 | 1800 |

　　在队伍扩大的同时，一些民营企业的外贸经营实力和国际竞争力也不断增强，出口规模不断扩大。2000 年民营企业出口第一的企业，出口额仅为 2.4 亿美元，而 2006 年出口第一位的企业出口额达到 29.5 亿美元，前十位企业平均出口 9.1 亿美元。同 2005 年相比，有两家企业新入 2006 年民营企业出口十强（见表 6）。

表 6　2006 年我国民营企业出口 10 强

单位：亿美元

| 公司名称 | 出口金额 | 公司名称 | 出口金额 |
|---|---|---|---|
| 华为技术有限公司 | 29.5 | 佛山市美的家用电器有限公司 | 6.4 |
| 东莞市百业进出口有限公司 | 10.0 | 宁波海田国际贸易有限公司 | 5.5 |
| 广东省东莞机械进出口有限公司 | 8.8 | 中基宁波对外贸易股份有限公司 | 5.2 |
| 海尔集团电器产业有限公司 | 8.2 | 中山市中山港对外加工装配服务公司 | 5.0 |
| 魏桥纺织股份有限公司 | 7.6 | 昌吉德鲁克经贸有限责任公司 | 4.8 |

## （四）出口以传统劳动密集型产品为主，商品结构相对单一

　　民营企业大多属于中小企业，资本和技术密集度较低，其出口的产品也以传统劳动密集型、纺织轻工类产品为主。2006 年，民营企业出口位居前 10 位的产品分别是服装、纺织品、鞋类、钢材、家具、塑料制品、箱包、汽车零件、灯具、铝材，这类产品对生产者的技术和资本投入要求较低，中小企业和民营企业生产这类产品，具有较大的竞争优势和适应市场变化的能力。尤其是对国际市场上多品种、小批量、个性化需求的出口商品，民营企业具有更大的比较优势（见表 7）。但受资金和技术实力的影响，同国有和外资企业相比，民营企业在机电设备和高新技术产品出口方面相对滞后。尽管其机电产品和高新技术产品的出口份额在逐年增加，但比重相对偏低。2006 年，民营企业机电产品出口 709.3 亿美元，占民营企业总出口的 33.2%，比全国平均比重低 23.5 个百分点；高新技术产品出口 141.9 亿美元，占 6.6%，大大低于高新技术产品出口占总出口 29% 的全国平均水平，而且高新技术产品出口主要集中在华为、海尔等少数几家民营企业。

表7 2006年民营企业主要出口商品

单位：亿美元，%

| 商品名称 | 出口金额 | 占总出口的比重 | 商品名称 | 出口金额 | 占总出口的比重 |
|---|---|---|---|---|---|
| 服 装 | 417.07 | 19.5 | 摩托车 | 17.31 | 0.81 |
| 纺织品 | 204.05 | 9.5 | 蔬 菜 | 17.22 | 0.81 |
| 鞋 类 | 86.49 | 4 | 水海产品 | 16.35 | 0.76 |
| 钢 材 | 50.94 | 2.4 | 玩 具 | 15.91 | 0.74 |
| 家 具 | 46.64 | 2.2 | 自动数据处理设备 | 14.86 | 0.69 |
| 塑料制品 | 39.88 | 1.9 | 手用或机用工具 | 13.89 | 0.65 |
| 旅行用品及箱包 | 32.93 | 1.5 | 医药品 | 13.73 | 0.64 |
| 汽车零件 | 23.93 | 1.1 | 床垫、寝具 | 13.20 | 0.62 |
| 灯具、照明装置 | 23.48 | 1.1 | 胶合板 | 12.84 | 0.60 |
| 未锻造的铝及铝材 | 18.63 | 0.87 | 电视机 | 12.82 | 0.60 |

## （五）民营经济发达的地区，也是我国民营企业开展对外贸易比较活跃的地区

虽然我国民营企业出口总体上表现十分强劲，但地区间发展还极不平衡。在民营经济发达的广东、浙江、江苏、山东等沿海省市，是我国民营企业出口的主要地区。2006年，出口超过100亿美元的广东、浙江、江苏、山东、上海、福建6省（市），合计出口1660亿美元，占全国民营企业出口的78%。浙江民营企业出口占该省总出口的比重达到44.9%，成为拉动浙江出口的真正主力军。

广东民营企业2006年进出口达到910亿美元，比2005年同期增长39.7%，远高于全省外贸增长23.2%的速度，对全省外贸增长贡献率达26.1%。中西部21个省（区、市）出口占全国民营企业出口的比重较低，仅为15.7%，但发展势头好，增长速度快于东部地区。2006年，出口增长速度超过45%的有13个省（区、市），其中东部有3个（广东、江苏、上海），而中西部地区占有10个，分布是黑龙江、新疆、四川、河南、重庆、湖北、吉林、内蒙古、海南、宁夏。其中黑龙江、新疆、吉林、内蒙古等省（区）的民营企业，充分利用边境开放的区位优势，大力开拓周边市场，推动了出口的快速增长（见表8）。

表8 各省（区、市）民营企业出口情况

单位：亿美元，%

| 地 区 | 2006 年 | 2005 年 | 2006 年比 2005 年增长 | 2006 年占全国民营企业出口比重 |
|---|---|---|---|---|
| 总 值 | 2139.3 | 1489.8 | 43.6 | 100 |
| 广 东 | 595.1 | 389.3 | 52.9 | 27.8 |
| 浙 江 | 452.7 | 332.5 | 36.2 | 21.2 |
| 江 苏 | 210.0 | 143.8 | 46.0 | 9.8 |
| 山 东 | 168.4 | 122.0 | 37.7 | 7.9 |
| 上 海 | 127.6 | 84.6 | 50.8 | 6.0 |
| 福 建 | 107.3 | 75.6 | 41.9 | 5.0 |
| 黑龙江 | 59.9 | 41.2 | 45.4 | 2.8 |
| 辽 宁 | 53.0 | 41.3 | 28.3 | 2.5 |
| 新 疆 | 49.0 | 32.9 | 48.9 | 2.3 |
| 河 北 | 43.6 | 37.8 | 15.3 | 2.0 |
| 四 川 | 28.5 | 17.0 | 67.6 | 1.3 |
| 天 津 | 26.9 | 20.1 | 33.8 | 1.26 |
| 河 南 | 25.1 | 15.5 | 61.9 | 1.17 |
| 安 徽 | 20.9 | 14.7 | 42.2 | 0.97 |
| 北 京 | 19.6 | 14.4 | 36.1 | 0.91 |
| 湖 南 | 17.7 | 12.9 | 37.2 | 0.83 |
| 重 庆 | 17.4 | 11.8 | 47.5 | 0.81 |
| 广 西 | 16.7 | 12.9 | 29.5 | 0.78 |
| 山 西 | 15.3 | 12.0 | 27.5 | 0.72 |
| 湖 北 | 14.9 | 10.0 | 49.0 | 0.69 |
| 云 南 | 12.8 | 9.8 | 30.6 | 0.6 |
| 江 西 | 11.6 | 8.0 | 45.0 | 0.54 |
| 吉 林 | 11.5 | 5.1 | 125.5 | 0.53 |
| 陕 西 | 10.3 | 9.0 | 14.4 | 0.48 |
| 内蒙古 | 7.5 | 4.7 | 59.6 | 0.35 |
| 海 南 | 7.1 | 4.1 | 73.2 | 0.33 |
| 甘 肃 | 3.4 | 2.7 | 25.9 | 0.16 |
| 宁 夏 | 3.0 | 1.8 | 66.7 | 0.14 |
| 贵 州 | 1.7 | 1.6 | 6.3 | 0.08 |
| 青 海 | 1.0 | 0.7 | 42.9 | 0.05 |
| 西 藏 | 0.0 | 0.0 | — | — |

## （六）自产自销的一般贸易，是大多数民营企业开拓国际市场的主要方式

民营企业的产品，大多是自己设计、生产加工和出口，其贸易行为主要是采

用一般贸易方式，与外资企业大多以加工贸易为主相比，有着明显的差别。2006
年，民营企业一般贸易出口 1735 亿美元，占民营企业总出口的 81%；加工贸易
出口 278 亿美元，占 13%。而外资企业一般贸易和加工贸易出口的比重，分别
是 21% 和 76%（见图 2）。

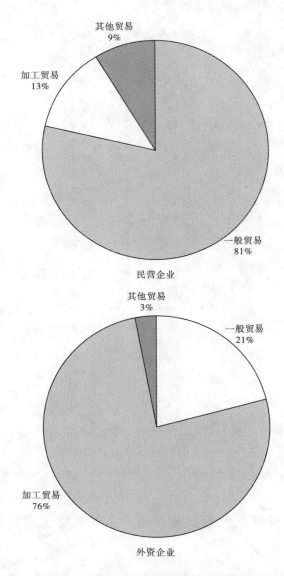

图 2　民营企业出口与外资企业出口的贸易方式对比图

2007 年，我国对外贸易面临的外部形势不会发生大的变化，但随着近年来进出口不平衡状况的加剧，2007 年我国外贸调控的重点之一，就是要减少贸易顺差过快增长的压力，通过努力扩大进口，优化出口结构，提高出口效益，实现进出口科学、和谐、可持续和相对平衡地发展。民营企业进出口未来发展潜力巨大（2007 年春季广交会，民营企业成交金额占总成交额的 49%），但在继续扩大市场空间的同时，应更加注重出口模式的转变，更加积极扩大进口。

## 二　民营企业跨国经营迈出较大步伐

随着我国民营经济的快速发展和企业实力的不断增强，特别是政府支持企业"走出去"的宏观政策面大大改善，民营企业国际化经营的步伐明显加快，部分企业的经营战略正逐步着眼于国内外两个市场，要素配置开始立足国际国内两种资源，以全球视野来谋划企业的长远发展。

### （一）民营企业已成为我国对外直接投资的主力军

我国民营企业在轻工、纺织、家电、五金、食品等行业，不仅在国内占有主要市场份额，在国际上也具有一定的技术竞争力，也是民营企业对外投资的主要产业基础。另一方面，民营企业的实力也在不断增强，2005 年，营业收入超过 50 亿元的大型民营企业 103 家，排名前 20 位的企业平均营业收入 250 亿元，资产总额超过亿元的有 18 家。这都为企业走国际化经营道路打下了良好的基础。按企业数计算，2005 年，我国对外直接投资的母体民营企业 2573 家，比 2002 年增加了 1573 家，年均增长 17.8%；占对外直接投资国内主体的比重从 2002 年的 50% 提高到 64%，其中有限责任公司以 32% 的比重首次超过国有企业 29% 的比重，跃居投资主体首位。从地域看，七成以上的私营企业投资主体来自浙江和福建两省。从投资规模看，深圳华为技术有限公司入选 2005 年末中国境外企业资产总额前 20 家公司，同时，它还与海尔集团电器产业有限公司入选中国境外企业销售收入前 30 家公司。从行业看，以加工制造业为主。据调查分析，68% 的企业选择制造业，6% 的企业选择第一产业，5.4% 的企业选择批发和零售业。

2005 年，我国在境外建立生产加工基地的投资近 30 亿美元，其中一半以上是以民营企业为主力的轻工、机械、纺织服装、建材、电子等劳动密集型行业。

在科技、电讯、农业开发等新兴领域，民营企业也开始积极进入。企业海外投资形式主要包括：建立营销网络，如在境外设立贸易公司、办事处等商品推销机构，开设专卖店等；建立加工制造基地，开展生产加工；开展资源合作开发和农业综合开发；建立境外研发中心等。投资方式也表现为多种多样，既有独资经营、参股经营，也有合作开发、跨国并购，并逐步向现代模式发展。在投资地域分布上，我国民营企业已经在全球五大洲100多个国家和地区进行了经营和投资，其中在亚洲国家和地区的投资占将近一半。目前，非公有制经济发展比较活跃的浙江省，非公有制企业对外投资额已占全省对外投资总额的97%，福建、江苏、山东等省也分别达到了70%、65%和53%。

民营企业在对外投资过程中不断探索成功经验，寻求适合自身发展的模式。如收购和设立研发机构较为成功的联想、华立、万向等企业；设立营销网络和产品设计较为成功的华为、康奈、雅戈尔等企业；投资建厂较为成功的新希望、力帆、金王等企业；资源合作开发较为成功的烟台西北林业、黑龙江吉信工贸、大连凯润等企业；对外承包工程较为成功的沈阳远大、浙江广厦、黑龙江东方等企业。

## （二）越来越多的民营企业参与以对外承包工程和劳务合作为重点的服务贸易出口

随着外经贸体制改革的不断深入，我国对各种所有制企业从事对外承包工程业务实行平等的行业准入标准，在财政、税收、外汇、信贷、保险、人员出入境等支持政策方面享受同等待遇，为民营企业开展对外承包工程和劳务合作提供了新的机遇。几年来，民营企业积极开拓服务贸易出口业务，部分企业已跻身于开展对外承包工程和劳务合作企业的前列。2006年我国对外承包工程业务完成营业额前40名的企业中，华为技术有限公司和广厦建设集团有限责任公司两家民营企业分别以26.76亿美元和1.3亿美元的营业额，列第2位和第37位。在我国对外劳务合作业务完成营业额前20名的企业中，山东对外经济技术合作公司和江苏南通六建建设集团公司，分列第11位和第15位。

## （三）依托跨国并购，积极打造中国的跨国公司

近年来我国企业对外投资过程中，出现了一批生产技术先进、科技研发能力

强、企业管理水平高的民营企业，取得了较好的企业效益和国际名声，为我国民营企业"走出去"树立了典范。联想收购 IBM 的个人电脑业务，向跨国公司战略迈进了一大步。华为集团海外经营业务突飞猛进，在国际上拥有自主知识产权和自己的品牌。海尔集团在包括美国在内的多个国家投资兴建加工厂和研发中心，全球营业额实现了 128 亿美元，品牌价值高达 700 亿元。浙江万向集团从为国外配套做起，现在已经在谋划参与收购美国最大的汽车零部件企业"德尔福"。吉林富华公司在菲律宾投资建立大型玉米种植和综合开发项目，得到该国政府的高度重视和支持。重庆力帆实业集团在越南、保加利亚、泰国等地投资办厂，取得较好的经济和社会效益。

### （四）积极参与中国境外经济贸易合作区建设

建立中国境外经济贸易合作区，形成若干基础设施较为完善、产业链较为完整、关联程度高、带动和辐射能力强的工业园区，可以发挥我国轻工、纺织、家电、电力、通讯等行业的竞争优势，带动和引导中小企业对外投资。2006 年 11 月，海尔—鲁巴经济区在巴基斯坦成立，这是中国境外经贸合作区第一个挂牌项目，也是海尔集团继在美国建立工业园以来，在海外所建的第二个工业园。杭州华立集团不但在以色列、加拿大建立了研发中心，在泰国罗涌建立了中国工业园。温州康奈集团在俄罗斯乌苏里斯克建立（中国）经济合作区。民营企业不但积极参与境外合作区的建设，更重要的是越来越多的民营企业，利用境外经济贸易合作区这一完善的平台，在区内投资建厂，开展跨国经营业务。

### （五）民营企业"走出去"潜力巨大，但任重道远

一方面，面对国外复杂的市场环境，民营企业产权明晰，机制灵活，市场适应能力和风险防范能力强，投资决策效率高。另一方面，经过 20 多年的改革和发展，具备国际化经营实力和意愿的民营企业越来越多，具有国际视野、战略观念、敢于开拓、勇于挑战创的新一代民营企业家队伍逐步壮大。可以预见，民营企业在"走出去"领域特别是竞争性领域的"走出去"，将由"生力军"逐步成为"主力军"。但也应看到，目前我国大多数民营企业规模小，技术和资本实力较弱，经营观念有待更新，在国际上的核心竞争力还不强，民营企业的"走出去"战略总体上还处于起步阶段。目前，"走出去"的形式大多以绿地投资为

主，投资规模较小；除少数企业拥有多个海外实体外，绝大部分"走出去"的企业只有1~2个海外分支机构；国际化经营的目的大多放在扩大出口规模上，而把利润中心国际化、研发中心国际化、战略布局国际化作为"走出去"目标的企业很少。

在我国加快实施"走出去"战略过程中，国家越来越重视支持民营企业"走出去"。2007年5月，商务部、财政部等四部门联合下发了《关于鼓励支持和引导非公有制企业对外投资合作的若干意见》（商合发〔2007〕94号），在投资便利化、审批效率、行业准入、财税支持、金融外汇支持、信息服务、人才培养、境外权益保障等方面，提出了一系列促进政策和鼓励措施。同时，随着我国境外经济贸易合作区建设步伐的加快，也必将为民营企业开展境外加工制造业务提供更多更好的投资平台。

## 三 民营企业与国际资本开展合资合作，<br>成为我国利用外资的新亮点

### （一）民营企业与国际资本开展合资合作，有利于我国提高利用外资的整体效益和水平

近十年来，我国利用外资方式发生较大变化，其中最突出的就是外商独资企业投资占吸收外商直接投资的比重逐年上升，从1998年的36%上升到2006年的74%（见图3）。外商越来越倾向独资化，既有外商自身发展战略的考虑，也与内资企业主体发育不完善有关。长期以来，合资企业的中方投资主体主要是国有企业和政府，但这样的合作空间越来越小，加上投资双方在企业体制和管理模式上存在的差异，导致外商投资更愿意采取独资形式。

从利用外资的总体效益分析，合资合作企业比独资企业对我国经济社会产生的综合效益要更显著，特别是在学习吸收外国的先进技术、管理经验方面，技术的外溢和扩散，合资形式比独资形式优势更突出。随着我国民营企业的发展壮大，民营企业与国际资本合资合作的空间越来越大，双方产权明晰，在制度、管理、经营方面，比国有企业与外资合作的融合度更强。同时，民营企业主动学习、消化、吸收国外技术和先进管理经验的动力也更强，更有利于促进我国企业的自主创新。

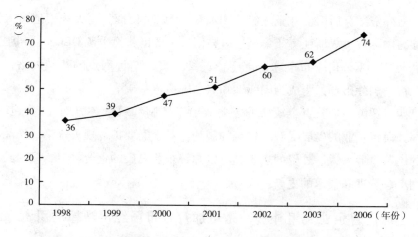

图3　1998～2006年外商独资企业投资占吸收外商直接投资比重

## （二）与国外企业开展合资合作，是民营企业战略转型、民营经济提升质量的有效途径

第一，民营企业经过20多年的发展，目前已经到了一个转型突破阶段。我国民营企业大部分采用家族式管理模式，在资本积累和企业起步阶段，这种模式起了重要作用。但成长到了一定阶段以后，其家族制企业、封闭式的产权和管理方式产生的问题越来越多，未来发展面临更大的压力。许多民营企业家已经认识到，这种传统模式已经难以适应当今时代国内外激烈竞争的要求。同具有先进企业制度的国际跨国公司合作，将对民营企业体制创新、建立规范的现代企业制度，起到极大的推动和借鉴作用。引入外资，对向现代企业过渡的民营企业来说是体制、机制与国际接轨的有效途径。

第二，长期以来，我国民营企业技术基础比较薄弱，产业结构以轻纺、建材、服装、电气、五金等轻工业为主，依靠传统产品、依靠低成本优势发展的空间已经越来越小。出于企业的长远发展需要，企业必须从战略上加快产业的升级和产品的技术更新。同国际大公司合作，可以通过学习、利用、借鉴国外先进技术，加速企业产品升级和自主创新。

第三，民营企业在开拓国际市场过程中，面临经验不足、信息不畅、网络不多的困难，开展合资合作可以利用外方的全球销售网络与国际市场一步接轨。民营企业与外资结合后，借外企之船"出海"，可以更便捷、更大规模地进入国际市场参与国际竞争。浙江奥康集团通过与国际鞋业巨头意大利 GEOX 公司强强合作，借助 GEOX 公司遍布全球 58 个国家、200 多个销售网点的营销网络，将奥康皮鞋行销国际市场，为成为国际性知名品牌奠定基础。

第四，缓解一部分资金缺口的需要。出于体制和政策各方面原因，长期以来，部分民营企业的发展受到融资难的制约。对于需要扩大规模水平、产品升级转型的民营企业来说，外资的进入，可以弥补企业发展的资金缺口，同时给企业带来制度、管理和技术的更新。

### （三）民营企业利用外资，是更加符合市场经济规律的引资方式

同以政府为主导的行政引（外）资不同，民营企业与外资开展合资合作完全是建立在市场机制的基础上，双方都遵循市场规律。作为民营企业，与外商开展合资合作，其目的是为了企业的长远发展，是市场主体的微观行为和微观目标。而政府吸引外资大多是从带动地方 GDP、工业产值和就业的宏观角度考虑。出发点不同，方式不同，效果也有差别。行政引资也带来了部分地方政府盲目追求外资规模、忽视引资成本和长远效益，而民营企业引资，在追求企业利益最大化的同时，也给经济社会产生了良好的效益。正泰、嘉利特、夏梦、康奈等知名民营企业均纷纷与国际上的行业巨头合作、合资，实现了技术升级、产品更新和市场扩张。

### （四）民营经济发达的沿海地区，通过"以民引外"，逐步建立了开放型的民营经济体系

浙江、江苏、广东等沿海地区，民营企业主动利用国际优质资本开展合资合作，成为我国民营企业走向国际化经营的新特点，也是我国创新利用外资方式的有益探索。

浙江省充分利用民营经济发达、大中型民营企业多的优势，积极推进"以民引外"。政府加强对"以民引外"重点企业的引导与服务，通过民营资本与外资的融合，寻求技术、品牌、管理、市场营销等多方面合作，提升民营企业创新能力。温州市提出"以民引外、民外合璧"，从单纯的外资引进发展到中外双方整体合并、品牌联合、网络共享、优势组合、资本合作等，走出了在民营经济发达、民营资本雄厚地区利用外资的新路子。2006 年 11 月，在温州召开"民营企

业对话世界500强"活动，40余家国际大型跨国公司与123家中国民营企业进行交流，推动实现中国民营企业和世界著名跨国企业间的携手合作、互利共赢。2006年，浙江省"以民引外"企业1546家，合同利用外资49.6亿美元，分别占全省利用外资的40%、26%，占非独资企业利用外资的98.3%、89.8%。通过"以民引外"，当年实现中外双方总投资145.2亿美元。

## 四　愈演愈烈的国外反倾销，成为制约我国民营企业国际化经营的重大障碍

### （一）近年来我国成为全球反倾销的重点对象国

1995年WTO成立以来至2006年上半年，我国共遭受反倾销调查500起，位居第一，比居第二位的韩国多出1倍多，是美国的3倍，而且遭受的反倾销调查数占全球比例呈逐年上升的趋势，从1995年占13%上升到2005年的30%（见表9）。

**表9　遭受反倾销调查数量前6位的国家（地区）**

单位：起，%

| 年　份 | 全球总数 | 中国 | 中国所占比重 | 韩国 | 美国 | 中国台北 | 日本 | 印度 |
|---|---|---|---|---|---|---|---|---|
| 1995 | 157 | 20 | 13 | 14 | 12 | 4 | 5 | 3 |
| 2000 | 292 | 43 | 15 | 22 | 12 | 16 | 9 | 10 |
| 2005 | 191 | 57 | 30 | 12 | 12 | 13 | 7 | 14 |
| 2006年上半年 | 87 | 32 | 37 | 4 | 6 | 6 | 4 | 3 |
| 1995年至2006年上半年 | 2938 | 500 | 17 | 223 | 169 | 167 | 129 | 124 |

资料来源：根据WTO数据整理。

从涉案国别看，1995年以来对我国发起反倾销调查的国家（地区）共有27个，其中印度对我国发起反倾销调查最多，占19%，其次是欧盟、美国、阿根廷、土耳其等（见图4）。

从涉案产品看，我国出口的贱金属及其制品、化工产品遭受的反倾销最多，均超过案件总数的1/5，其次是机电产品、塑料制品、杂项制品、纺织品、陶瓷玻璃制品等（见图5）。

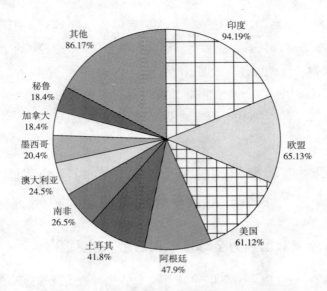

**图4 对我国发起反倾销调查数量前10位的国家（地区）**

说明：国别，反倾销调查数量，占比。

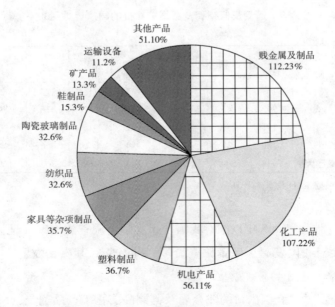

**图5 我国遭受反倾销调查涉案产品情况**

说明：产品类别，反倾销调查数量，占比。

从裁决结果看，在我国遭受的500起反倾销调查中，有353起被征收反倾销税，被采取反倾销措施的案件数占遭受反倾销调查总数的比重为70.6%，高于印度尼西亚、印度、韩国、美国等（见表10）。

表10 主要国家（地区）被采取反倾销措施情况

单位：起，%

| 序号 | 国家（地区） | 遭受反倾销调查总数 | 被采取反倾销措施案件数 | 被采取反倾销措施案件数占遭受反倾销调查总数比重 |
|---|---|---|---|---|
| 1 | 俄 罗 斯 | 99 | 84 | 84.8 |
| 2 | 巴 西 | 87 | 69 | 79.3 |
| 3 | 日 本 | 129 | 94 | 72.9 |
| 4 | 中 国 | 500 | 353 | 70.6 |
| 5 | 中国台北 | 167 | 103 | 61.7 |
| 6 | 泰 国 | 117 | 72 | 61.5 |
| 7 | 美 国 | 169 | 100 | 59.2 |
| 8 | 韩 国 | 223 | 132 | 59.2 |
| 9 | 印 度 | 124 | 69 | 55.6 |
| 10 | 印度尼西亚 | 123 | 66 | 53.7 |

## （二）2006年针对我国的贸易摩擦继续增加

2006年，针对我国的贸易摩擦依然有增无减。据初步统计，全年共有25个国家和地区对我国发起"两反两保"调查88起，同比增长38%，涉案金额近20亿美元，与2005年基本持平。其中，反倾销66起，涉案金额13.2亿美元；反补贴2起，涉案金额1.25亿美元；保障措施15起，涉案金额4.4亿美元；特保调查5起，涉案金额1亿美元（见表11）。

美国2006年对我国发起反倾销调查虽然数量不多，但对我国开启了首例反补贴调查，且在反倾销规则上更加严格。欧盟近年来对我国反倾销调查居高不下，2006年达到12起，高于往年。其实施的《关于废弃电子电气设备指令》和《关于在电子电气设备中限制使用某些有害物质的指令》严重影响我国机电产品对欧盟的出口。日本肯定列表制度的实施，影响了我国对日本的农产品出口。2005年，印度、土耳其等发展中国家对我国发起贸易救济调查的案件数占我遭遇"两反两保"案件总数的71%。

**表 11  2006 年涉案商品立案统计表**

单位：起，万美元

| 序号 | 商品名称 | 案件总数 | 涉案金额 | 反倾销 | | 保障措施 | | 特保 | | 反补贴 | |
|---|---|---|---|---|---|---|---|---|---|---|---|
| | | | | 数量 | 金额 | 数量 | 金额 | 数量 | 金额 | 数量 | 金额 |
| 1 | 轻工 | 30 | 93218.6 | 23 | 43644.6 | 5 | 36875 | 1 | 699 | 1 | 12000 |
| 2 | 五矿 | 17 | 33070 | 15 | 30804 | 1 | 1773 | 0 | 0 | 1 | 493 |
| 3 | 机电 | 17 | 26391.44 | 9 | 21727.2 | 7 | 4568.34 | 1 | 95.9 | 0 | 0 |
| 4 | 化工 | 9 | 16164 | 7 | 9818 | 1 | 946 | 1 | 5400 | 0 | 0 |
| 5 | 医保 | 2 | 12444 | 2 | 12444 | 0 | 0 | 0 | 0 | 0 | 0 |
| 6 | 纺织 | 8 | 9862.5 | 5 | 5437 | 1 | 0 | 2 | 4425.5 | 0 | 0 |
| 7 | 食品土畜 | 4 | 3122 | 4 | 3122 | 0 | 0 | 0 | 0 | 0 | 0 |
| 8 | 其他 | 1 | 5430 | 1 | 5430 | 0 | 0 | 0 | 0 | 0 | 0 |
| 总 计 | | 88 | 199702.5 | 66 | 132426.8 | 15 | 44162.34 | 5 | 10620.4 | 2 | 12493 |

2006 年欧盟皮鞋反倾销案涉案金额 7.3 亿美元，影响我国 7 万人就业，163 家中国企业积极应诉。经我国政府和企业积极应对，原涉案产品约 30% 被排除，税率由初裁时的 19.4% 下调至 16.5%，实施期限由通常的 5 年减为 2 年，减轻了对我国出口企业的不利影响。此外，在我国遭受的反倾销案件中，2006 年裁决的共 48 起，其中 16 起以不采取措施结案，5 起获得市场经济待遇和低税率，合计 21 起，占 44%。

### （三）民营企业应对贸易摩擦应注意的问题

我国遭遇的各种贸易摩擦愈演愈烈，是国外贸易保护主义盛行和针对我国的贸易制度性歧视（如非市场经济地位问题）的结果。同时，我国企业自身也存在一些亟待解决的问题。比如外贸经营权放开以后，以民营企业为主体的外贸经营者迅速增加，相当部分属于中小企业，其中有的企业经营不规范，甚至恶性竞争、低价竞销，扰乱外贸经营秩序。又如我国企业产品的同质化现象比较突出，市场细分没有错开，千军万马挤独木桥。在反倾销的重点商品中，大部分集中在民营企业比较有优势的轻工、纺织和家电产品等行业，民营企业在积极开拓国际市场的同时，不得不承受来自贸易摩擦的不利影响。我国政府高度重视贸易摩擦的应对，继 2005 年底出台《商会组织应诉反倾销指导意见》后，商务部于 2006 年 7 月颁布了新修订的《出口产品反倾销案件应诉规定》，进一步明确了中央、地方、企业、中介组织在"四体联动"机制中的定位,充分发挥各方的积极性。今后几年甚至更长时间,反倾销将继续成为各国限制我国出口的主要手段,针对我国的反倾销调查难以减少。民营企业应对贸易摩擦,要有长期思想准备,并注意以下几个问题。

一是要转变发展模式,在生产中应当切实树立科学的发展观,从以牺牲环境、大量消耗资源为代价的数量扩张型向注重质量、注重效益的质量扩张型转变。

二是注重市场的多元化、产品的特色化。在出口市场的选择上,应避免市场过于集中的状况;在产品营销策略上,注重增加花色品种,提高技术含量和产品质量。

三是积极应诉。通过近几年来大量的经验和教训,许多民营企业已经逐步意识到,面对外国反倾销调查,与其逃避、放弃不如直面迎战。前几年的欧盟打火机案、欧盟彩电案等典型的成功应诉案例,有关的民营企业在应诉中反应迅速、团结协作、据理力争,是案件获胜的关键性因素。2007 年 2 月,我国对美国活性炭出口反倾销案败诉,是有的企业期望坐享其成、应诉态度消极、准备不足的结果。在反倾销调查案件中,企业是真正的应诉主体,应诉就有机会争取有利结果,不应诉只能遭受损失。实际上,在目前我国整体市场经济地位问题尚未得到所有国家承认的情况下,同其他类型企业相比,民营企业在反倾销应诉中更容易证明自己是在市场经济条件下运作的事实,从而容易避免被采取"替代国"的不公平做法,获得有利的裁决。

四是熟悉规则,规范内部制度。民营企业要主动掌握 WTO 规则、反倾销知识和进口调查国相关法律规定,避免仓促应战。规范企业内部制度,特别是应当更加重视建立一套完善的、规范的财务会计制度,加强财务管理,完善和规范会计资料,这将有利于在反倾销调查中及时向外方提供"正常价值"资料,有利于在反倾销调查中保持主动。否则,民营企业即便能够在应诉中证明自己的市场经济地位,但也可能因混乱的财务会计制度,无法提供调查机关要求的相关资料而导致败诉。

## 五 以技术、品牌和企业社会责任为重点,塑造中国民营企业新的国际竞争力

民营企业参与国际竞争,具有先天的产权制度优势和成本优势。但是,面对

新的国内外形势，需要民营企业大胆开拓、通过战略转型，塑造新的国际竞争力。

## （一） 加快以技术创新为核心的产业结构升级

近年来，越来越多的企业注重技术研发投入，民营企业已经成为我国技术创新的重要力量。据统计，截至 2005 年底，全国民营科技工业企业 14.4 万家，是2000 年的 1.67 倍，年均增长约 11%，科技研发人员占全国的 70%，研发经费占全国的 51%，工业增加值占全国规模以上工业增加值的 20%。但是，受资金、经营理念、企业实力的制约，民营企业技术创新的总体水平还比较低。我国私营企业超过 460 万家，但真正开展技术创新的微乎其微，即使民营科技企业中，有真正技术创新成果的也只是少数。据统计，2005 年，民营经济占我国 GDP 的49.5%，但在全国大中型工业企业中，只有 18.8% 的私营企业开展自主创新，专业申请量只占全国的 15.2%，发明专利拥有量只占全国的 12.4%。企业技术创新的投入也偏低，自 2000 年以来，民营科技企业科技投入占总收入的比重不到 3%，2005 年已下降到 2%，而目前发达国家科技企业的研发投入占销售额的比例已高达 20% 以上。我国民营企业在新一轮的国际竞争中，处于明显的技术弱势，民营企业出口的高新技术产品比例也很低。

## （二） 加快以品牌培育为核心的营销战略转型

我国民营企业出口产品在国际市场上面临非常尴尬的局面，质优、价低、利润薄，其中最根本的原因就是缺乏自主品牌，特别是附加值高的知名品牌。品牌营销不仅决定当期企业的利润率，更直接关系企业的长远发展。我国服装出口多年来位居世界第一，但自主品牌不足 10%，同质量的服装，出口均价不及意大利的 1/5。我国出口的鞋占世界销量的一半以上，但平均单价 2.7 美元，只有意大利平均单价的 1/12；出口 DVD 单价不及日本的 1/3；出口照相机单价不及日本的 1/20；出口到东南亚的摩托车每辆利润仅 50 美元，被称为"可以用秤称着卖"。我国珍珠产量占全球贸易量的 95%，但销售收入不到世界的 10%。目前，我国从事进出口业务的各类企业（外资企业除外），拥有自有注册商标的不到20%，有影响的品牌更是寥寥无几。另据调查，我国自有品牌商品出口占总出口的比重还不足 10%。

### （三）加快以企业社会责任为核心的企业软实力建设

随着经济全球化的深入，企业社会责任运动逐渐成为一种发展潮流，越来越为各国政府、社会组织和企业所关注。当前，受到来自国际组织和非政府机构的压力，越来越多的跨国公司将其企业社会责任标准强制性纳入全球采购体系，用来规范自身和供应商的行为。一些国家甚至以社会责任为借口推行贸易保护主义，设置企业社会责任壁垒。在贯彻落实科学发展观和建设社会主义和谐社会的过程中，我国企业也越来越重视社会责任，主动维护劳动者权益，保护环境和资源。但是也应看到，少数中小企业、民营企业和外资企业为了降低成本，压低、克扣、拖欠工人工资，任意、无偿延长劳动时间，少缴甚至不缴职工社会保险。据有关调查，2006 年，约 70% 的农民工月工资低于 1000 元，仅 30% 左右的农民工享有基本养老保险。这种放弃社会责任的做法，不但滋长企业的粗放性经营思想，对企业自身长远发展不利，也给社会造成不利影响。

引导民营企业树立现代经营理念，切实承担起社会责任，维护劳动者和消费者合法权益，树立资源节约和环境保护意识，热心社区和社会公益事业，有利于规范对外贸易秩序，促进民营企业开拓国际市场，减少贸易摩擦，提升我国民营企业参与国际竞争的能力和层次。同时，也有利于民营企业"走出去"开展跨国经营。"走出去"企业在履行社会责任方面的表现，更容易受到东道国的关注，也直接关系到企业国际化经营的可持续发展。履行好企业社会责任，可以更好地融入当地社会，受到东道国社会和民众的支持，也是我国实施互利共赢对外开放战略的具体要求。

课题组成员：陈桂林　邓　娜　林卫龙

# 中国民营经济融资报告

本报告简要描述并分析了近5年（2002～2006）民营经济的融资现状。基本结论是，目前民营经济融资在法规和政策上的限制已基本消除，5年来民营经济融资比重稳步上升，融资环境显著改善。与此同时，受体制和认识上的惯性影响，民营经济融资受金融体系不完善的影响更大。未来改善民营经济融资环境的一个重要方面，是从完善金融体系，特别是发展多层次、多元化的金融机构和金融市场入手，强化金融体系的竞争，满足包括民营经济在内的多种类型企业的融资需求。

## 一 2002～2006 年民营经济①融资现状分析

### （一）信贷融资

信贷融资是我国融资体系的主体，2006 年贷款在全部融资中的比重高达到82%。②

---

① 如无特别说明，本文所指民营经济包括三个口径，一是广义民营经济，指除了国有及其国有控股之外的所有经济成分；二是内资民营经济，指广义民营经济减去"三资"及港澳台企业；三是狭义民营经济，指内资民营经济减去集体企业，专指个体和私营经济。
② 根据中国人民银行货币政策执行报告披露的信息，2006 年贷款、股票、国债、企业债券（包括企业短期融资券）之比为 80.2∶3.4∶9.8∶6.6。

**1. 投向民营经济的贷款增长较快但波动较大**

2002～2006 年，投向广义民营经济的贷款余额[①]为 13.08 万亿元，贷款余额累计增加 7.13 万亿元，5 年平均增长速度为 17.07%，高出全部贷款平均增长速度 2.6 个百分点。在经济过热的 2003 年，民营经济贷款同比增速一度高达 28.43%，比全部贷款的同比增速高出近 7 个百分点，2004 年受国家宏观调控影响，民营经济贷款增速放缓，同比增速为 11.67%，比 2003 年下降近 17 个百分点，比全部贷款同比增速低 2.6 个百分点。由此可见，民营经济贷款受国家宏观调控影响较大，防范政策风险的能力相对较弱。2005 年和 2006 年随着国民经济快速发展，民营经济贷款增速加快，两年同比增速分别为 13.15% 和 13.32%（见图 1 和表 1）。

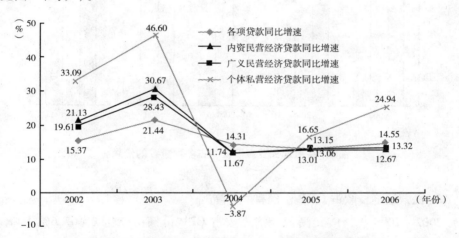

图 1  2002～2006 年民营经济贷款与各项贷款同比增速对照图

表 1  2002～2006 年各层次民营经济贷款余额情况

单位：亿元

| 时　间 | 广义民营经济贷款 | 内资民营经济贷款 | 狭义民营经济贷款 |
|---|---|---|---|
| 2002 | 71121 | 61614 | 10333 |
| 2003 | 91338 | 80509 | 15147 |
| 2004 | 101997 | 89962 | 14560 |
| 2005 | 115410 | 101670 | 16985 |
| 2006 | 130784 | 114552 | 21221 |

① 贷款为本外币贷款。

**2. 民营经济贷款所占比重稳步提高**

2002~2006 年，随着民营经济对经济增长和增加就业作用的增强，民营经济贷款占各项贷款的份额稳步提高。2006 年末，民营经济贷款占各项贷款的比重约为55%，比 5 年前提高了 4 个百分点。各层次民营经济贷款占各项贷款的比重如图 2 所示。

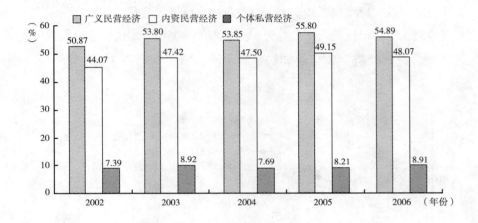

图2　各层次民营经济贷款占各项贷款的份额

**3. 民营经济贷款占 GDP 份额有所下降**

2002~2006 年，广义民营经济贷款占 GDP 份额由 2002 年 67.6% 下降为 2006 年的 62.5%，下降 5 个百分点。通过观察其间各层次民营经济贷款占 GDP 份额的变动，在经济过热年份相对较高，在经济增长比较平稳的年份相对较低。例如，在经济过热的 2003 年和 2004 年，广义民营经济贷款占 GDP 份额分别为 77.81% 和 74.52%，内资民营经济占 GDP 的份额分别为 68.58% 和 65.73%，狭义民营经济占 GDP 的份额分别为 12.90% 和 10.64%，这表明在经济过热年份市场需求旺盛，当国有经济不能全部满足社会需求时，民营经济将为社会需求提供补充，信贷需求相应增加，正规金融体系也相应增加了对民营经济的信贷支持。但在经济增长比较平稳的年份，正规金融体系对民营经济信贷供给增长会慢于 GDP 增长。由此可见，从信贷增长结构分析，近年来民营经济仍处于国有经济的补充地位，正规金融体系是在优先满足国有经济信贷需求之后，再给民营经济一定的信贷支持。各层次民营经济贷款占 GDP 份额的变动趋势如图 3 所示。

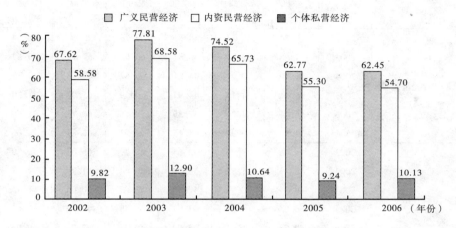

图3　各层次民营经济贷款占国内生产总值的份额

### 4. 国有商业银行对民营经济的支持力度加大

在各种类型的金融机构中，中小金融机构广义民营经济贷款占其总贷款的份额最高，2002～2006 年 5 年的平均份额为 74.06%，高出全部金融机构 5 年平均份额约 19 个百分点，其内资和狭义民营经济 5 年贷款的平均份额分别为 72.38% 和 29.91%，高出全部金融机构 5 年平均份额约 24% 和 22%（见表 2）。不同类型金融机构对民营经济贷款比重的差异表明，随着金融机构类型的多元化，不同金融机构的市场细分正在形成。与此同时，近几年来，伴随金融体制和国有商业银行股份制改革的逐步深入，国有商业银行对民营经济的支持力度加大。2006 年国有商业银行广义民营经济贷款占其总贷款份额为 54.36%，比 2002 年提高了 8.6 个百分点，内资民营经济和狭义民营经济贷款占其总贷款的份额也分别比 2002 年提高了 7.8% 和 4.9%。另外，小企业作为民营经济的重要组成部分，其贷款也呈现出较快增长态势。2006 年末，小企业贷款余额为 5.35 亿元，同比增长 15.8%①，显示出较快增长势头。

---

① 小企业贷款数据来源于银监会小企业贷款的统计数据。

表2　各种类型金融机构民营经济贷款占其总贷款的份额

单位：%

| 贷款类型 | 年 份 | 金融机构合 计 | 国有商业银 行 | 政策性银 行 | 股份制商业银行 | 城市商业银 行 | 中小金融机 构 |
|---|---|---|---|---|---|---|---|
| 广义民营经济贷款 | 2002 | 51.54 | 45.73 | 34.81 | 59.73 | 70.00 | 78.04 |
| | 2003 | 54.68 | 49.73 | 36.81 | 60.65 | 67.15 | 79.62 |
| | 2004 | 54.70 | 50.92 | 41.81 | 60.57 | 65.13 | 69.75 |
| | 2005 | 56.81 | 54.15 | 44.97 | 60.59 | 65.07 | 71.30 |
| | 2006 | 56.61 | 54.36 | 47.35 | 58.11 | 66.72 | 71.60 |
| | 五年平均 | 54.87 | 50.98 | 41.15 | 59.93 | 66.81 | 74.06 |
| 内资民营经济贷款 | 2002 | 44.65 | 37.25 | 33.65 | 48.29 | 65.04 | 76.29 |
| | 2003 | 48.19 | 41.87 | 35.53 | 50.64 | 61.99 | 77.81 |
| | 2004 | 48.25 | 42.93 | 40.35 | 51.03 | 60.05 | 68.15 |
| | 2005 | 50.05 | 45.35 | 42.92 | 51.49 | 60.16 | 69.67 |
| | 2006 | 49.58 | 45.01 | 45.09 | 49.26 | 62.06 | 69.96 |
| | 五年平均 | 48.14 | 42.48 | 39.51 | 50.14 | 61.86 | 72.38 |
| 狭义民营经济贷款 | 2002 | 7.49 | 3.87 | 0.05 | 4.37 | 6.34 | 33.19 |
| | 2003 | 9.07 | 5.40 | 0.03 | 5.36 | 7.73 | 36.58 |
| | 2004 | 7.81 | 5.29 | 0.07 | 5.29 | 7.60 | 27.44 |
| | 2005 | 8.36 | 6.36 | 0.09 | 5.45 | 7.62 | 26.95 |
| | 2006 | 9.19 | 8.81 | 0.27 | 5.90 | 7.96 | 25.38 |
| | 五年平均 | 8.38 | 5.95 | 0.10 | 5.27 | 7.45 | 29.91 |

说明：中小金融机构包括农村商业银行、城信社、农信社、财务公司、信托投资公司、租赁公司和农村合作银行。

## （二）债券融资

就总体而言，债券在企业直接融资中占比较低，到2006年末，企业通过债券融资（短期融资券和企业债券）仅占全部融资余额的6%，远低于贷款82%的比重。

### 1. 企业短期融资券

自2005年5月中国人民银行发布《企业短期融资券管理办法》以来，到2006年底，企业短期融资券余额达2667亿元，其中民营企业约占15%。从监管制度看，短期融资券发行以企业偿付能力为主要考核指标，没有任何针对发行人所有制类型的限制。尽管这一过程中出现了福禧事件①，但最后的偿付过程完全体现了市场化原则，并没有影响到其他民营企业发行短期融资券。发券的其他环节如信用评级和信息披露等，也没有针对民营企业的特殊要求。短期融资券创新的实践表明，在直接融资监管方式进行必要改革的背景下，民营企业完全可以利用直接融资方式进行债务融资。

**2. 企业债券和公司债券**

企业债券发行目前仍由大企业为主导，民营企业发债未有先例。导致这一状况的主要原因，并不是针对企业所有制类型有任何制度上的歧视，而是源于其他制度障碍。根据 1993 年国务院发布的《企业债券管理条例》，发债企业须与国家重点建设项目挂钩，企业通常需要先获得国家重点建设的立项，然后才能安排相应的发债额度。由于目前国家重点建设项目主要由国有大型企业承担，民营企业在若干行业特别是重大装备制造和基础设施行业方面仍存在市场准入上的实际限制，因而也就不能获得相应的发债额度。

## （三）股票融资

民营企业股票融资情况总体较好。特别是《中华人民共和国中小企业促进法》发布和深圳证券交易所设立中小企业板以来，民营企业上市迅速增加。据不完全统计，到 2006 年底，民营企业境内上市公司总数超过 300 家，海外上市数量近 50 家，一些民营上市公司还作为指标股入选成分股指数。除直接上市外，民营企业还通过"买壳"等股权收购等方式间接上市。从业绩看，以深圳证券交易所中小板为例，中小板上市公司每股净资产和收益高于 A 股平均每股净资产和收益水平。从发展趋势看，随着新《中华人民共和国公司法》和《中华人民共和国证券法》的落实，我国多层次资本市场建设将进一步提速，这有利于以中小企业为主体的民营企业上市融资。


## 二 改善民营企业融资环境需要进一步完善金融体系

第一部分关于民营经济融资的现状分析表明，一方面随着国家各项法规和政

---

① 指福禧投资公司受上海社保案牵连，其发行的短期融资券一度出现兑付问题。

策的推动，民营经济融资环境正显著改善。另一方面，民营经济融资受国家宏观调控影响相对较大，波动更强。导致这一状况的原因，与其说是法规和政策的制约，不如说是整个金融体系尚不完善所致。理论上金融体系不完善可能影响到所有企业的外部融资效率，但由于不同企业的规模、类型、信用甚至隐性社会地位的差异，其受影响的程度并不相同。具体到民营企业，一方面在我国经济发展中的地位和作用已大大增强，另一方面由于认识和体制的惯性，较之国有企业或具有隐性政府背景的其他企业，民营企业融资总体上受金融体系不完善的影响更大，这在其实际融资活动中仍有多方面表现。以企业短期融资券为例，同样的信用评级，但市场定价的结果，往往是民营企业发行的短期融资券定价更高，这一信息其实反映了市场投资者对民营企业信用在认识上的"折扣"。再比如对民营经济贷款，往往要求更多的担保、抵押，或合同条款更为严格等。民间金融的广泛存在，其服务对象也以各类民营经济为主，这从另一个侧面反映了正规金融体系对民营经济融资的不足。反过来说，既然金融体系不完善对民营经济融资的影响更大，那么民营经济也将从金融体系完善中受益更多。首先是金融体系完善会在机构、市场、工具方面填补一些空白，这些空白往往是一些中小金融机构、特色金融机构以及融资手段和技术上的改进，这类金融机构或融资手段与民营企业在信息上更为对称，服务上更具针对性，民营企业能从中直接受益，甚至民营企业自身也是这类金融机构的重要投资者或发起人。在直接融资方面，资本市场层次的多元化也会使民营企业从中直接受惠。其次是金融体系完善有助于强化金融机构之间的竞争，在竞争中不同金融机构会形成市场细分，这也有助于改善民营企业的外部融资环境。以美国为例，作为全球最大经济体，其金融体系也很完善，大体形成了不同金融机构对不同企业融资的市场细分。在纽约证券交易所上市、列入标准普尔 500 指数的大公司基本通过资本市场融资，短期融资依靠商业票据，中长期融资依靠公司债券。资产规模前 50 位大银行的主要客户，集中在纽交所或纳斯达克的上市公司。数千家社区银行则服务于中小企业。另有上千家创业投资基金或其他私募股权基金则针对创业企业或成长性企业提供股权融资。

就总体而言，改革开放以来特别是"十五"期间，我国金融体系不断完善，融资功能显著增强。但毋庸讳言，现有金融体系无论在覆盖面还是结构上均有相当改善余地。银行、证券、保险业发展不协调，资本市场、保险市场发展滞后，直接融资比重低。金融各行业内部机构体系不完善，布局不合理，城乡、区域金融业发展不协调，农村地区、中西部地区和欠发达地区金融发展缓慢，"三农"、中小企业、民营企业融资难的问题相对突出。金融市场层次不够丰富，金融工具种类不足，难以满足不同规模和不同发展阶段企业的融资需求。企业信用体系特别是中小企业、民营企业信用体系建设滞后，影响了其外部融资的有效性。从这个意义上说，深化金融改革，完善金融体系既是金融业自身发展的需要，也是促进储蓄向投资转化、改善包括民营企业在内的各类企业融资环境的重要方面。

# 三　完善金融体系，改善民营经济融资环境

## （一）构建多元化、多层次的银行业金融机构体系

国内外大量理论和实证研究也表明，与大银行相比，中小金融机构一方面不具备与其竞争大客户的实力，另一方面由于决策链短，与所在地中小企业之间的信息更为对称，对中小企业融资也更为有效。从国际经验看，美国作为金融体系最发达的国家，数量多达千家的社区银行成为小企业融资的重要渠道。表3列举了美国不同规模银行对小企业贷款的比重，从中可以看出银行规模越大，小企业贷款占其资产比重越低。

### 表3　银行规模与小企业贷款比重（美国）

单位：%

| 不同资产规模的银行 | 中小企业贷款占企业贷款 | 中小企业贷款占银行资产 |
|---|---|---|
| 小于1亿美元 | 96.7 | 8.9 |
| 1亿~3亿美元 | 85.2 | 8.8 |
| 3亿~10亿美元 | 63.2 | 6.9 |
| 10亿~50亿美元 | 37.8 | 4.9 |

资料来源：Jayaratne and Wolken，1999，How important are small bank to small business lending? Journal of Banking and Finance 23，pp. 427~458。

日本作为制造业大国，在拥有数量众多小企业的同时，也拥有大量的中小城市银行。从我国情况看，本文第一部分关于不同金融机构信贷结构差异的分析，也表明了不同规模银行对以民营经济为主体的中小企业贷款比重的显著差异。

目前在政策上对发展多元化、多层次的银行业金融机构已做出明确规定。2007年1月召开的中央金融工作会议明确指出，继续推进银行业改革发展，努力建设全国性、区域性、社区性银行并存，国有银行、股份制银行、合作制银行等多种所有制银行优势互补、协调发展的银行业体系。在加强监管和保证资本充足的前提下，鼓励和引导社会资金投资发展金融业，设立适应特定对象、提供特色服务的多种形式中小金融企业，探索建立社区银行等新型金融服务组织，发展担保组织，完善担保体系，积极为各类中小企业和个体工商户特别是科技型中小企业提供金融服务。这一决定表明，我国将逐渐迎来一个多层次、多元化的金融机构体系，这一方面有利于改善民营企业的融资环境，另一方面包括民营资本在内的社会资本将有机会投资包括银行业在内的金融业，包括新设以民营资本为主体的中小金融机构。从现状看，2002~2005年，民营资本在各类银行业金融机构的比例均有不同程度上升，已成为银行业金融机构资本来源的一个重要方面（见表4）。

### 表4　2005年底银行业金融机构股权结构

单位：%

| | 国家股 | 国有控股企业股 | 外资股 | 民营股 |
|---|---|---|---|---|
| 11家股份制商业银行 | 23.95 | 30.79 | 14.33 | 12.07 |
| 115家城市商业银行 | 17.34 | 41.66 | 4.17 | 29.42 |
| 城市信用社 | na | 29.4 | na | 40.41 |
| 12家农村银行业机构 | na | na | na | 56.3 |
| 60家农村合作银行 | na | na | na | 32 |

资料来源：根据中国银监会副主席唐双宁2006年4月9日讲话的数据整理。

此外，和其他资本一样，民营资本进入银行业需分清资本准入和机构准入两个不同概念。在资本准入上，如表4所示，民营资本已成为银行业金融机构资本的一个重要来源，出现了一大批民营资本参股甚至控股的商业银行。但在机构准入上，监管当局仍注重两条原则：一是相关民营资本不能借入股银行业机构从事关联交易；二是坚持所有权经营权分离，严格高级管理人员任职资格管理，只有精通银行经营管理的专业人士才能担任银行业机构的高级管理人员，而不是民营资本的所有者当然成为高级管理人员。

从金融风险防范的角度而言，中小金融机构由于资本金少，经营范围相对狭窄，不易分散风险。为此，一是要加快存款保险制度建设，从外部制度上构建金融安全网，改善中小金融机构经营的外部环境。二是要加强风险监管和资本充足率约束，建立以净资本为核心的风险监管体系。三是要完善中小金融机构的公司治理，通过建立规范的现代企业制度保证金融机构的稳健经营。

## （二）加快推进股票市场分层建设

中央金融工作会议明确指出，在继续深化股票发行市场化改革、发展交易所主板市场的同时，积极推进创业板市场建设，创造条件构建场外交易市场，形成统一监管下的非上市公司股份报价转让系统，完善不同市场间的转板机制。这些决定无疑将为加快多层次资本市场建设，推动包括民营企业在内的中小企业直接融资创造条件。除股票市场外，区域性产权交易市场也将成为多层次资本市场的一部分。天津、北京、上海、浙江、重庆等地，已建立区域性产权交易市场。

多层次股票交易市场的逐渐完善，必将带动产业投资基金、创业风险投资以及各类私募股权基金的发展，从而为包括中小民营企业在内的各类中小企业的股权融资创造条件。

## （三）大力发展公司债券市场

中央金融工作明确提出了扩大企业债券发行规模，积极推进公司债券市场发展的战略目标。这一战略表明我国公司债券市场发展正面临历史性机遇。一是我国正处于工业化、城市化进程之中，固定资产投资及相关发债需求空间巨大，我国持续上升的储蓄率也需要大力发展公司债券市场转化为投资。二是公司债券发行方式正面临市场化改革，其核心是以建立公司债券市场主体信用责任机制为核心，通过健全信息披露制度，完善信用评级机制防范风险。较之原来与投资项目挂钩及强制担保的发行体制，新体制将更多强化发行主体自身及相关中介机构的信用责任，这对自身质地优良但不易取得国家重点建设项目的民营企业而言，无疑会提供更多的发债融资机会。三是随着新公司法和证券法的落实，各类所有制公司将获得更公平的发展环境，这为推动民营企业发债奠定了法律基础。

### （四）积极研究制定规范普通放债人的法规

随着我国经济的持续快速增长，国民财富也迅速积累，相应增大了个人放债能力，近年来我国广泛存在的民间金融现象也逐渐增多。如何既发挥其有效作用，又能防范和化解金融风险，是今后一个时期完善金融体系的大文章。借鉴相关国际经验，应积极研究适应这一趋势、针对非金融机构的普通放债人法规。在放债资金属自有财产的前提下，以一般合同法为基础，根据不同放债规模，在利率、放债范围、登记备案、信息披露等环节制定不同的监管要求，既发挥普通放债人的资金融通功能，又有效防范金融风险。

课题组成员：纪　敏　王新华

# 中国民营经济劳动和社会保障发展报告

## 一 民营经济的劳动和社会保障建设快速发展

劳动和社会保障工作关系人民群众的切身利益，件件涉及民生，事事影响民营经济①和谐。2006 年是"十一五"规划的开局之年，按照科学发展观和构建社会主义和谐社会的要求，经过不断完善劳动和社会保障政策法规，加大政策实施力度，转变工作思路，民营经济的就业总量快速增长，社会保险覆盖面逐步扩大，收入分配逐步规范，劳动标准逐步落实，劳动关系基本和谐，劳动者的合法权益得到基本保障。

### （一） 民营经济劳动保障法制建设受到高度关注

党中央、国务院高度重视劳动保障法制建设，各级人大加强执法监督，各级政府及其劳动保障等部门依法行政，各级司法机关依法审判，工会组织积极维权，使劳动保障法律的贯彻实施取得明显成效。近年来，《中华人民共和国劳动法》及其配套法规规章的贯彻实施，对于促进民营经济就业、维护劳动者合法权益、建立和完善社会保障体系、促进经济社会协调健康可持续发展发挥了重要作用。针对劳动力市场管理、集体协商签订集体合同、工资支付、社会保险费申报缴纳、劳动保障监察等事项，国务院制定和公布了《劳动保障监察条例》、

---

① 本报告中，民营经济是狭义的概念，单指个体、私营经济。民营企业是指私营企业。

《失业促险条例》、《社会保险费征缴暂行条例》等 7 件行政法规，劳动和社会保障部等部门先后制定了 50 多件部门规章。"就业促进法（草案）"、"劳动合同法（草案）"、"残疾人就业条例（草案）"已提请全国人大常委会审议，"社会保险法"也在起草中，这些法律将对于推进民营经济的劳动保障工作具有重要作用。同时，各地还出台了一系列法规和政府规章，积极开展劳动保障法规宣传、劳动者维权咨询等法制宣传教育活动。民营经济在遵守最低劳动标准，实施最低工资保障制度，完善工时和休息休假制度，建立女职工及未成年工特殊保护制度等方面取得了积极进展。

## （二）民营经济就业工作成效显著

就业是民生之本，安国之策，大力促进就业是劳动保障工作的首要任务。党中央、国务院高度重视民营经济就业工作，将增加就业岗位和控制失业率作为宏观调控的主要目标之一，纳入国民经济和社会发展计划，将促进民营经济就业摆在了更加突出的位置。坚持"劳动者自主就业，市场调节就业，政府促进就业"的方针，培育和发展劳动力市场，加强职业培训，完善和落实各种就业扶持政策，大力促进民营经济就业工作。据国家工商行政管理总局提供的数据[1]，到2006 年底，全国城镇民营经济就业人数为 6967 万人，比 2005 年增长 12%，主要分布在江苏、浙江、广东、山东、北京、上海等民营经济相对比较发达的地区。1998～2006 年，共有 2000 多万国有企业下岗职工在民营经济实现了再就业。市场化改革，经济结构调整，我国的就业格局已经发生并且还在发生重大变化，突出特点是灵活就业保持快速增长的势头。初步估算，我国灵活就业人员总量大约在 1.2 亿人以上，城镇灵活就业人员大约 5300 万人[2]，其中，约 3000 万灵活就业人员在民营经济就业。2006 年，民营工业企业从业人员达到 3317 万人，比2005 年增长 10.4%，比规模以上工业企业高 4.2 个百分点，民营经济吸纳就业的作用更加显著。从总体上看，民营经济的不断发展壮大，不仅解决了我国新增就业的全部，而且还吸纳了国有企业改制分流出来的员工，为我国社会稳定提供了重要保障（见表 1、表 2）。

---

① 2007 年劳动和社会保障统计摘要。
② 2007 年劳动和社会保障统计信息。

### 表1　城镇就业人员构成

单位：万人

| 年　份 | 城镇就业人员 | 单位就业人员 | 私营个体就业人员 |
|---|---|---|---|
| 1995 | 19040 | 15301 | 2045 |
| 1996 | 19922 | 15221 | 2329 |
| 1997 | 20781 | 15036 | 2669 |
| 1998 | 21616 | 12696 | 3232 |
| 1999 | 22412 | 12130 | 3467 |
| 2000 | 23151 | 11613 | 3404 |
| 2001 | 23940 | 11166 | 3658 |
| 2002 | 24780 | 10985 | 4267 |
| 2003 | 25639 | 10970 | 4922 |
| 2004 | 26476 | 11099 | 5515 |
| 2005 | 27331 | 11404 | 6236 |
| 2006 | 28310 | 11713 | 6967 |

说明：1. 城镇就业人员合计数由国家统计局根据人口抽样调查和劳动力抽样调查推算得出；2. 单位就业人员数是国家统计局统计数，私营个体就业人员数是国家工商行政管理总局统计数。

资料来源：2007 年劳动和社会保障统计摘要。

### 表2　城镇分经济类型就业人员构成

单位：万人

| 年　份 | 国有单位 | 集体单位 | 私营企业 | 个体 |
|---|---|---|---|---|
| 1995 | 11261 | 3147 | 485 | 1560 |
| 1996 | 11244 | 3016 | 620 | 1709 |
| 1997 | 11044 | 2883 | 750 | 1919 |
| 1998 | 9058 | 1963 | 973 | 2259 |
| 1999 | 8572 | 1712 | 1053 | 2414 |
| 2000 | 8102 | 1499 | 1268 | 2136 |
| 2001 | 7640 | 1291 | 1527 | 2131 |
| 2002 | 7163 | 1122 | 1999 | 2269 |
| 2003 | 6876 | 1000 | 2545 | 2377 |
| 2004 | 6710 | 897 | 2994 | 2521 |
| 2005 | 6488 | 810 | 3458 | 2778 |
| 2006 | 6430 | 764 | 3954 | 3012 |

资料来源：国家统计局。

2007 年劳动和社会保障统计摘要。

## （三）民营经济新型劳动关系初步确立

劳动关系是现代社会经济生活中最基本、最重要的社会关系。加强劳动关系协调工作，大力构建和谐稳定的劳动关系，既是构建和谐社会的重要内容，又是构建和谐社会的重要基础和必然要求。

**1. 民营经济协调劳动关系三方机制建设取得新的进展**

各地加大劳动保障政策实施力度，推动和深化了民营经济劳动用工制度改革，推行与社会主义市场经济体制相适应的劳动合同制度、集体协商和集体合同制度，在国家、省和地市普遍建立了由劳动和社会保障部门、工会、企业代表组织共同参加的劳动关系三方协调机制。到 2006 年底，全国共建立各级三方机制 8030 个[①]，除省级已全部建立外，三方机制由市县级迅速向乡镇区街延伸。各地陆续开展以工业园区为载体的和谐劳动关系创建活动，逐步将民营经济纳入进来，取得了成效。

**2. 民营经济劳动合同管理不断加强**

"劳动合同法（草案）"仍在面向全社会广泛征求意见，地方劳动合同立法工作也在稳步推进。到 2006 年底，已有 20 多个省市完成了劳动合同立法工作。各地以民营企业和农民工为重点，采取有力措施，促进劳动合同制度全面实施，劳动合同签订率稳步提高。目前，各地政府指导民营经济将工资分配作为协商重点，积极推动建立集体协商机制与集体合同制度，努力扩大集体合同覆盖面，目前有大约 35% 的民营经济签订了集体劳动合同，有效地保护了劳动者的合法权益。

## （四）民营经济劳动争议处理机制更加完善

全国有 95% 的省市县建立了劳动保障监察机构，初步形成了三级监察执法组织网络。在经济体制转型、民营经济发展迅猛、劳动纠纷多发时期，加强劳动保障监察、劳动争议处理工作对保护劳动者合法权益、维护社会稳定，发挥了重要作用。

到 2006 年底，全国共有劳动保障监察机构 3201 个，配备劳动保障专职监察员 2.2 万人。各级劳动争议仲裁委员会受理劳动争议案件 44.7 万件，比 2005 年

---

① 2007 年劳动和社会保障统计摘要。

增长 9.9%。面对当前劳动关系复杂的形势，一些地方积极探索劳动争议处理机制，为农民工开通绿色通道，由专家学者任仲裁员，公开审理，免收仲裁费，积极帮助农民工解决实际问题，取得很好的效果。2006 年北京市劳动争议案件18947 件①，其中，涉及劳动报酬的案件有 10463 件，占总案件的 50% 以上，经济补偿、赔偿案件占 20% 以上，解除劳动合同占 10% 以上，非公经济企业劳动争议案件占 49%，国有的占 18%。职工胜诉率比企业胜诉率高出 6 个百分点。涉及农民工的劳动争议案件占 37%，大多是集体争议。根据劳动和社会保障部、中华全国总工会以及辽宁、河北、北京、天津、山东、陕西、河南、湖北、浙江、江苏、上海、广东等省市的劳动和社会保障厅（局）、工会的调查数据测算，民营经济劳动争议案件占到总案件的近 70%。可见，做好民营经济劳动争议处理工作，对构建和谐社会具有十分重要的意义（见表 3）。

表 3　劳动争议案件立案受理情况

单位：万件，万人

| 年　份 | 全年立案受理<br>劳动争议数量 | 集体劳动争议 | 涉及职工人数 | 集体劳动争议 |
|---|---|---|---|---|
| 1997 | 7.2 | 0.4 | 22 | 13 |
| 1998 | 9.4 | 0.7 | 36 | 25 |
| 1999 | 12.0 | 0.9 | 47 | 32 |
| 2000 | 13.5 | 0.8 | 42 | 26 |
| 2001 | 15.5 | 1.0 | 47 | 29 |
| 2002 | 18.4 | 1.1 | 61 | 37 |
| 2003 | 22.6 | 1.1 | 80 | 51 |
| 2004 | 26.0 | 1.9 | 76 | 48 |
| 2005 | 31.4 | 1.9 | 74 | 41 |
| 2006 | 31.7 | 1.4 | 68 | 35 |

资料来源：2007 劳动和社会保障统计摘要。

## （五）民营经济劳动保障的违法行为受到清理

在全国范围内重点针对民营经济，开展清理整顿劳动力市场秩序、劳动用工情况、贯彻《禁止使用童工规定》、农民工工资支付等专项检查活动。全年检查

① 2006 年北京市劳动局统计数据。

用人单位 141 万户①，对 122 万户用人单位进行了书面审查，调查处理举报投诉案件 39.9 万件，查处各类劳动保障违法案件 40 万件。通过劳动保障监察执法，责令用人单位为 1243 万劳动者补签了劳动合同，责令用人单位为 770 万劳动者补发工资待遇等 58 亿元，督促 19 万户用人单位补缴社会保险费 56 亿元，督促 11 万户用人单位办理了社会保险登记、申报，取缔非法职业中介机构 9067 户，责令用人单位退还收取劳动者的风险抵押金 1.6 亿元。

### （六）民营经济收入分配得到规范，劳动报酬有所提高

收入是民生之源。收入分配问题是广大人民群众最关心、最直接、最现实的利益问题，关乎国计民生，影响我国现代化进程及社会的和谐稳定。当前，我国已进入全面建设小康社会的重要时期，现代企业制度逐步建立，国民经济和社会事业进一步发展。在过去的一年里，我国收入分配制度改革继续深入推进，民营经济收入分配取得了新的进展，主要表现在以下几个方面。

**1. 国家加大了调整最低工资标准的工作力度，指导和督促民营经济调整最低工资标准**

各地普遍建立了最低工资保障制度，公布了月最低工资标准和最低小时工资标准的 20 个省、区、市全部完成了调整任务，有 9 个省、区、市连续两年进行了调整。到 2006 年底，民营经济在岗职工年平均工资超过 15000 元②，扣除物价因素，实际增长约 10%。

**2. 民营经济中低收入群体收入水平进一步提高**

近年来，我国政府采取了一系列措施，确保和提高低收入群体收入水平。一是解决好农民工收入分配问题。2006 年 2 月，国务院出台了《关于解决农民工若干问题的决定》，明确了三大政策措施，包括建立工资支付监控制度和工资保证金制度，规范农民工工资管理，严格执行劳动合同制度，解决拖欠农民工工资问题，合理确定和提高农民工工资水平，切实改变农民工工资偏低、同工不同酬的状况，保障农民工合法权益建立长效机制。二是积极落实包括民营经济在内的优抚对象生活、医疗待遇政策，基本实现了城市居民最低生活保障对象应保尽

---

① 2007 年劳动和社会保障统计摘要。
② 根据 2007 年劳动和社会保障统计摘要推算。

保。2006 年 6 月，民政部、财政部下发《关于切实做好适当提高城市居民最低生活保障补助水平工作有关问题的通知》，全国大部分城市都不同程度提高了城市居民最低生活保障补助水平。

**3. 越来越多的民营企业积极探索分配新模式，为收入分配制度改革增添了新的内容**

随着民营企业的发展越来越快，规模越来越大，民营企业的收入分配制度也越来越引起社会的关注和重视。一方面，国家有关部门开始把民营企业收入分配作为宏观管理和社会服务的重要内容，如国家统计局在统计工资数据中，开始把民营企业纳入统计范围。劳动和社会保障行政部门在研究或制定有关收入分配政策法规中，也开始将民营经济纳入到有关政策体系中。另一方面，民营经济的分配模式也在不断探索和创新。据民营经济比较发达的浙江省有关调查资料显示，目前民营企业有四种利润分配模式，分别是资本主导型、经营管理型、科技创新型和劳动密集型，各种类型的分配模式对各种生产要素持有者均发挥了一定程度的激励作用，同时也为民营经济的发展和壮大起到了积极作用。

## （五）民营经济社会保险覆盖范围得到扩大

社会保障是民生之安。党的十六届六中全会做出了《中共中央关于构建社会主义和谐社会若干重大问题的决定》，从构建社会主义和谐社会的新高度，将社会保障体系建设摆上了突出位置，第一次明确提出了建立"覆盖城乡居民的社会保障体系"的目标。这标志着我国的社会保障制度建设经过新中国成立以后从无到有、改革开放以来从单位保障模式到社会保障模式这两次重大转变后，目前正在从覆盖城镇职工为主向覆盖城乡全体居民的社会保障体系方向转变，已经开始进入了健全体系、全面发展的新阶段。国务院及其有关部门先后出台了基本养老保险、医疗保险、失业保险、工伤保险和生育保险法规和规章。

2001 年以来，国务院在东北三省开展了完善城镇社会保障体系的试点，为深化民营经济社会保障制度改革积累了经验。据不完全统计，目前，全国有大约 1/3[①] 的民营经济参加了社会保险，大约 30% 的民营企业职工建立了社会保险关系。到 2006 年底，全国民营经济参加基本养老保险人数约 4500 万人，比 2005

---

① 根据 2007 年劳动和社会保障统计摘要以及全国工商联调查报告推算。

年增长了 12%，参加基本养老保险的个体工商户、灵活就业人员 2800 万人，参加基本养老保险的农民工人数为 1417 万人。虽然《企业年金试行办法》早在 2004 年就开始实施，但企业年金发展极为缓慢，民营企业参保率很低。到 2006 年底，全国有 2.4 万户企业建立了企业年金，98% 主要集中在国有企业，建立企业年金的民营企业不到 100 家。各地积极推进民营经济失业保险扩面工作，参保人数比 2005 年有所增加。到 2006 年底，全国民营经济参加失业保险人数约 2500 万人。各地以制造、建筑、服务等行业为重点，积极推进民营经济医疗保险扩面工作。到 2006 年底，全国民营经济参加基本医疗保险人数约 4200 万人，新增近 600 万人，是近 3 年增量最大的一年。通过加强工伤保险专项扩面工作，民营经济工伤保险迈上了新台阶。到 2006 年底，民营经济参加工伤保险人数约 2600 万人，参加工伤保险的农民工人数为 2537 万人。根据 2006 年初国务院发布的《关于解决农民工问题的若干意见》，劳动和社会保障部制订实施了以推进农民工参加工伤保险为重点的"平安计划"，推进煤炭、建筑等高风险企业农民工参保为重点，全面推进农民工参加工伤保险工作。与此同时，民营经济生育保险参保人数继续增长。到 2006 年底，全国民营经济参加生育保险人数突破了 1300 万人。民营经济社会保险覆盖范围不断扩大，促进了社会的和谐与稳定。

## 二　民营经济劳动和社会保障存在的主要问题

当前，我国已进入全面建设小康社会、构建和谐社会的重要历史时期，社会主义市场经济体制逐步完善，现代企业制度逐步建立，改革开放取得一系列新的成绩，国民经济和社会事业进一步发展。在过去的一年里，我国民营经济劳动和社会保障制度改革继续深入推进，取得了新的进展，但也要看到，在城市化、工业化、老龄化、全球化的背景下，民营经济的劳动和社会保障工作还存在许多问题，面临巨大挑战，加强民营经济的劳动保障建设、维护民营经济劳动者合法权益的任务越来越迫切。

### （一）民营经济劳动者的合法权益难以得到有效保护

现行法律法规不够完善，管理不到位，民营经济劳动者的合法权益难以得到保护，一方面民营经济侵害劳动者合法权益的现象十分普遍。民营经济劳动合同签订率不到 20%，个体经济组织的签订率更低。大多数民营经济单位为规避法定义务，不愿与劳动者签订长期合同，大部分劳动合同限期在 1 年以内，劳动合同短期化倾向明显。有的滥用劳动合同试用期，试用期过后就不再续用，特别是进城务工人员。许多劳动合同虽然有劳动报酬的条款，但没有写明具体数额，有的仅规定劳动者的义务和用人单位的权利，有些用人单位签订劳动合同不与劳动者协调，甚至让劳动者在空白合同上签字。据劳动和社会保障部、中华全国总工会、中国企业联合会、国家统计局等单位调查数据测算，近 80% 的民营企业在不同程度上存在违反劳动保障法规的行为，如要求劳动者超时加班，并且不付加班工资，特别是一些生产季节性强、突击任务多的企业，劳动者每日工作长达十多个小时。近 70% 的民营企业不执行对女职工的特殊劳动保护，不少女职工在孕、产、哺乳期被企业解雇或者不发工资。另一方面，由于劳动保障监察力度不足，劳动争议处理周期长，效率低，手段软弱，对违法行为查处不力。许多地方仅能对投诉举报的案件进行查处，没有建立有效地防范机制，对已经查处的案件惩处力度不够，达不到震慑违法用人单位的目的。目前实行了"一调一裁两审"制度，如果走完全部程序的期限需要 1 年以上，劳动争议不能得到及时解决，直接影响了劳动者合法权益的保护。

## （二）民营经济工资支付行为不规范

由于中国正处于社会转型时期，社会主义市场经济体制尚不完善，民营经济收入分配领域存在一些不容忽视的问题，收入差距扩大趋势尚未根本扭转，分配秩序比较混乱，最低工资保障制度没有得到执行，拖欠工资现象仍时有发生。一是绝大多数民营经济单位没有建立工资制度或缺乏工资管理，工资支付行为不规范，一些民营企业把最低工资作为支付标准。据中华全国总工会、中国企业联合会、国家统计局等单位抽样调查显示，13%[①] 的职工工资低于当地最低工资标准。一些企业随意调高劳动定额、降低计件单价，工人在 8 小时工作时间内根本无法完成定额任务，变相违反最低工资规定。个别地方最低工资标准偏低，不能保障劳动者的基本生活。少数民营企业仍存在拖欠甚至克扣劳动者工资现象，侵害劳动者劳动报酬权益，引发劳动争议甚至事端，影响当地社会稳定。

---

① 据 2006 年中华全国总工会、中国企业联合会、国家统计局等单位抽样调查推算。

二是分配结构不够合理。在各不同收入群体的分布上，中等收入和中等偏上收入群体相对较小，低收入和中等偏下收入群体相对过大。据中华全国总工会、中国企业联合会等单位调查测算，民营经济中职工的低收入群体占职工总数的85%[1]以上，只有雇主、合伙人以及少数管理人员属于高收入群体。三是在薪酬分配监督检查方面，由于法规不完善，处罚措施不力，监督检查力量有限，致使薪酬标准、薪酬调整和薪酬支付等方面存在的问题难以得到快速有效地解决。政府公布的工资指导线提高职工工资，甚至有些效益好的企业也把最低工资作为工资支付标准，加之多数中小型非公有制企业没有建立工会，职工很难与企业进行工资集体协调，致使劳动者特别是进城务工人员工资增长缓慢，难以分享企业效益增长的成果。四是大多数民营企业对薪酬制度本身内在的认识还存有很大差距，对理顺报酬与激励、按劳分配与按管理技术等要素分配、工资协商与市场机制等之间的关系，促进民营经济可持续发展的重要性认识不够。

## （三）民营经济社会保险覆盖面过窄，欠缴社会保险费现象严重

民营经济社会保险覆盖面窄，大量从业人员没有参加社会保险，享受不到国家基本社会保险的好处，是民营经济社会保障存在的主要问题，也是民营经济进一步扩大就业的主要障碍。目前，大量非公有制企业和个体经济组织的劳动者没有参保，即使参保，欠缴保险费的现象也很严重。一是民营经济社会保险参保率很低。据劳动和社会保障部、中华全国总工会、中国企业联合会等单位调查数据测算，只有不到20%[2]的民营经济从业人员参加了养老、医疗、工伤、失业、生育保险，80%[3]以上的进城务工人员难以按现行制度参保，只有部分职工是以个体劳动者身份参保。由于多数地方的社会保险基金实行地市级甚至县级统筹，难以有效发挥互济功能，造成目前社会保险关系难以异地转移，致使进城务工人员参保积极性不高。二是民营经济社会保险费征缴困难，欠缴或少缴社会保险费的现象十分突出。民营经济劳动力流动性比较大，年流动率达60%[4]左右，工资收

---

[1] 据2006年中华全国总工会、中国企业联合会、国家统计局等单位抽样调查推算。
[2] 据中华全国总工会、中国企业联合会、国家统计局等单位抽样调查推算。
[3] 据中华全国总工会、中国企业联合会、国家统计局等单位抽样调查推算。
[4] 根据2006年劳动和社会保障部社会保险经办机构统计抽样调查。

入管理不规范，社会保险缴费基数比其他企业低。70%[①]的民营经济单位有欠缴社会保险费，或采取瞒报工资总额和职工人数的方式少缴社会保险费的现象。三是民营经济社会保险关系转移难。劳动力自由流动是社会和谐的表现，而劳动力流动必然引起社会保险关系的转移。目前，由于民营经济劳动力流动性大，一些地方出台一些"土政策"，导致社会保险关系转移难，造成劳动者的许多利益丧失。四是民营经济社会保险滞后挑战现行社会保险制度，庞大的民营经济就业群体游离于社会保险制度之外，增大了政府救助工作的难度，将带来城镇贫困和社会不稳定因素。从表4可以看出，即使是同一企业，也只有部分人参加社会保险，缺少社会公平和公正性，也不利于社会和谐稳定。

表4　2005年上规模民营企业社会保险参保情况

单位：家，%

| 企业内部覆盖面 | 养老保险 | | 医疗保险 | | 失业保险 | |
|---|---|---|---|---|---|---|
| | 企业数 | 占调查企业比重 | 企业数 | 占调查企业比重 | 企业数 | 占调查企业比重 |
| <30% | 206 | 7.66 | 350 | 13.02 | 359 | 13.36 |
| ≤30%＜60% | 457 | 17.00 | 366 | 13.62 | 338 | 12.57 |
| ≤60%＜80% | 400 | 14.88 | 282 | 10.49 | 250 | 9.30 |
| ≥80%以上 | 1320 | 49.11 | 1129 | 42.00 | 1053 | 39.17 |

资料来源：全国工商联2005年度上规模民营企业调研报告。

## （四）民营经济社会福利显著滞后

几乎所有的中小民营企业没有住房补助，没有补充社会保险，在奖金、休假、培训、企业文化、子女教育等方面都存在严重不足。民营经济在薪酬以及员工福利等方面远远落后于其他企业，这一点使得民营企业在人才的竞争力上削弱不少，影响企业的长远发展。

## 三　民营经济劳动和社会保障存在问题的原因分析

中国正处于社会转型时期，社会主义市场经济体制尚不完善，民营经济的劳动和社会保障工作存在诸多不容忽视的问题。造成这些问题的原因体现在以下几

---

① 根据2006年劳动和社会保障部社会保险经办机构统计抽样调查。

个层面：政策法规原因，执法原因，企业自身建设原因，职工个人原因，工会建设原因，社会发展原因等。

## （一） 政策法规制定与基础管理滞后，执法力度不够

完善的法律制度和公共管理是民营经济劳动保障和谐发展的基本条件和要求。由于缺少最低工资保障立法，"社会保险法"还没有出台，《社会保险费征缴暂行条例》对非公有经济没有强制要求，《中华人民共和国劳动法》又缺少具体处罚措施，监督管理不够，致使民营经济不遵守国家劳动标准，不参加社会保险，职工的合法权益难以得到有效维护。有些地方和部门领导不能正确认识维护劳动者权益与发展经济的关系。调整劳动关系的现行法律法规政策操作性不强，劳动合同、集体合同、最低工资制度等重要法律法规尚没有颁布，劳动关系调整工作缺乏法律规范。劳动合同制度作为调整个别劳动关系的基本制度，还没有充分发挥应有的作用。集体协商集体合同制度作为市场经济条件下劳动关系双方自主调整劳动关系的一项重要制度，一定程度上还流于形式。在基础管理方面，由于民营经济优胜劣汰的现象特别明显，既有新的企业开业，又有关、停、并、转甚至注销，从业人员更是处于经常的变化和调整中，劳动和社会保障部门对有关信息无法及时掌握和处理，对民营经济的劳动用工、劳动合同、工资分配和社会保险等基本情况底数不清，管理不到位。

## （二） 民营企业违法成本低，劳动者维权成本高

劳动保障监察力度不足，劳动争议处理周期长、效率低，没有建立有效地防范机制，对已经查处的案件惩处力度不够，达不到震慑违法用人单位的目的。劳动争议不能得到及时解决，直接影响了劳动者合法权益的保护，有的还引发了一些群体纠纷、集体上访事件。劳动行政执法是新兴的执法部门，无论从执法队伍、执法条件、执法手段等方面都远远不能适应形势需要，只是被动解决群众举报，还做不到主动对用人单位进行执法检查，缺少执法经验，对很多历史遗留问题很难做出既科学又合理的决断。

## （三） 多数民营企业经济效益较低，社会保险负担过重

社会保险缴费率高是民营企业通过各种手段拒缴或少缴社会保险费的主要原

因之一。目前，我国企业的基本养老保险缴费率①约20%，医疗保险缴费率为6%~12%，失业保险为2%，工伤保险为1%，生育保险为0.8%，企业社会保险缴费率在33%以上。民营经济大都是劳动密集型，资本与劳动比较低，企业管理水平、科技实力都比较弱，企业的效益往往不是通过提高生产技术和管理来实现，而大都是依靠压低工人工资来实现。在社会保险缴费率偏高情况下，民营企业往往通过各种手段拒缴或少缴社会保险费。因此，如何科学规划企业的社会保险缴费水平，减轻民营经济的负担，扩大民营经济社会保险覆盖面，是当前迫切需要研究解决的问题。

### （四）民营经济工会覆盖率过低，工会职能定位不清楚

在市场经济条件下，工会是劳动者自己的组织，理应替劳动者说话，保护劳动者权益，但事实上却存在许多问题。民营经济在工会设立、工会覆盖率、工会职能等方面远逊于国有、集体企业。据调查②，沿海地区中等规模的民营企业设工会的比例为20%左右，个人参加工会的比例不到13%。占全部民营经济数量80%的小规模民营企业，设工会的比例很低，工人的权益很难得到维护。上规模的民营企业，不仅数量少，而且设立工会的比例也只占70%左右（见表5）。我国工会组织在原国有、集体单位比较健全，对维护劳动者权益也发挥了较大作用。在非公有经济蓬勃发展的情况下，工会在非公有制经济组织中的发展相对滞后。特别是在一些农民工相对集中的单位，工会维权并未覆盖到他们。一些工会组织本身不能忠实履行职责，工会的意志难以体现，致使工会角色扭曲，出现了对劳动者维权方面的尴尬现象。

表5　2005年上规模民营企业党建和工会设立情况

单位：家，%

| 企业机构设置 | 2005 年 | | 2004 年 | | 2003 年 | |
|---|---|---|---|---|---|---|
| | 企业数 | 占调查企业比重 | 企业数 | 占调查企业比重 | 企业数 | 占调查企业比重 |
| 党支部 | 1973 | 73.40 | 1273 | 60.08 | 1137 | 50.15 |
| 工　会 | 2026 | 75.37 | 1315 | 62.06 | 1157 | 51.04 |

资料来源：全国工商联2005年度上规模民营企业调研报告。

---

① 全国社会保险缴费水平规定范围。
② 2006年浙江省民营企业调查数据。

### （五）民营企业雇主对劳动保障认识不足，缺乏社会责任意识

民营企业对劳动保障认识不足，缺乏经济责任、社会责任、文化责任、教育责任、环境责任、道德责任。在现代市场经济条件下，企业社会责任意识已经是企业发展威望和潜力的重要标志。发达国家利用社会责任标准，对发展中国家进行贸易设置壁垒，进行自身的贸易保护，对我国民营经济发展产生了一些不利的影响，但是从另一个角度看，企业社会责任对构建和谐社会、保护人权、保护环境、维护社会和谐具有重要意义，政府有责任促进企业的社会责任运行。

### （六）民营经济职工缺少法律知识，自我维权意识弱

大多数民营经济职工对劳动保障政策缺乏了解，尤其是对养老、医疗、工伤等社会保险的作用认识不清楚，自我维权意识不强。80%的民营经济从业人员是外来工、农民工、年轻人，对养老、医疗、工伤等后顾之忧的问题考虑得比较少，加之就业压力大，工作不稳定，担心被企业辞退，对企业不敢提出过多的要求。

## 四 民营经济劳动和社会保障发展思路

党的十六大和十六届六中全会明确提出，构建社会主义和谐社会是全面建设小康社会、开创中国特色社会主义事业新局面的一项重大战略任务。加强民营经济劳动关系协调工作，规范民营经济的薪酬制度，保护民营经济劳动者的合法权益，既是建设和谐社会的重要内容，又是建设和谐社会的重要基础和必然要求。

### （一）深入贯彻劳动保障法律法规，建立法制新观念

各级政府及其有关部门，要从贯彻"三个代表"重要思想和党的十六大精神，落实科学发展观，构建社会主义和谐社会的高度，坚持执政为民，切实提高对保护劳动者重要性的认识。要根据当前民营经济劳动保障存在的问题，有针对性地加强劳动保障法制教育，正确处理维护劳动者权益与保护投资者积极性的关系，正确处理严格执法与优化投资环境的关系。要引导用人单位增强社会责任感，遵守劳动法律法规；引导广大劳动者掌握劳动法知识，提高依法维护自身权

益的能力。政府及其有关部门、司法机关要增强执法能力，加大执法力度，切实保护民营经济劳动者的合法权益。

## （二）推行积极的就业政策，促进民营经济就业

解决好就业问题，关系到社会经济持续健康发展，关系到国家长治久安和人民安居乐业。在我国工业化、城市化、经济结构调整进程中，就业压力将长期存在。各级政府都要始终把促进民营经济就业作为一项重要工作，常抓不懈。要从实际出发，多渠道开发民营经济就业岗位，完善促进就业和再就业的优惠政策。按照党的十六届六中全会要求，逐步建立城乡统一的劳动力市场和公平竞争的就业制度，统筹城乡劳动者就业。要加快建立政府扶助、社会参与的职业技能培训机制，积极创造条件开展创业培训，不断提高民营经济劳动者素质，适应技术进步、产业升级和经济发展的需要。

## （三）强化民营经济劳动保障监察，完善劳动争议处理机制

要建立和完善日常监察制度，定期对民营经济遵守劳动保障法律法规情况进行检查，对拒不执行劳动保障监察决定的用人单位，工商部门一律不得通过年检。有关部门要加大职业卫生监督，督促民营企业改善劳动条件，严格遵守国家对工时、女职工和未成年工保护的有关规定。要加大劳动争议处理工作力度，建立区域性、行业性劳动争议调解组织，探索民营企业开展调解工作的新途径和新形式。完善劳动争议处理机制，缩短争议处理时间。加强劳动保障监察、仲裁队伍建设，健全机构，充实力量，强化手段，保证经费，提高执法人员的素质。要增进各部门、单位之间的协调配合，工会、妇联等社会团体要在完善职工维权机制方面发挥更大作用。要解决"违法成本低、守法成本高"的问题，必须要坚持"有法必依、执法必严、违法必究"的方针，切实加大执法力度。

## （四）全面推行劳动合同制度，促进民营企业劳动关系和谐稳定

劳动合同就是确立劳动关系、明确双方权利义务的法律依据。要针对当前民营经济在工资分配、劳动定额等方面存在的问题，指导和督促非公有制企业，以工资、工时和劳动定额等基本劳动标准为主要内容开展集体协商，切实解决部分

企业通过抬高劳动定额、压低计件工资单价，来压低职工工资水平，迫使职工超时加班的问题。要把签订劳动合同作为维护民营经济劳动者权益的一项重要基础性工作来抓。要在全国范围内推行以签订劳动合同为基础的劳动用工登记制度。明确用人单位是签订劳动合同的责任主体，不签订劳动合同就是违法行为，积极扩大集体合同覆盖面。

## （五）严格执行最低工资保障制度，切实解决民营经济工资拖欠问题

2006 年 5 月，中共中央政治局召开会议，专门研究改革收入分配制度和规范收入分配秩序问题。目前各地都普遍制定了最低工资标准，关键在于落实。各级政府和有关部门要明确责任，加大执法力度，督促企业严格执行，严厉查处拒不执行最低工资规定的用人单位。同时，根据当地经济社会发展水平，适时调整最低工资标准，建立工资正常增长机制，督促企业在效益增长的同时提高劳动者工资。劳动和社会保障部门要加强对劳动定额标准的管理，指导有关行业协会制定本行业的劳动定额标准，督促民营企业合理确定劳动定额和计件工资标准，严肃查处迫使劳动者超时加班、违反最低工资标准、不依法支付加班工资等侵害劳动者权益的违法行为。

## （六）采取有力措施，抓好民营经济社会保险扩面工作

采取有力措施，扩大民营经济社会保险覆盖面是劳动和社会保障工作的主要任务之一。要加强对民营经济的社会保险政策宣传，提高民营经济雇主与从业者的认识。加大对民营经济缴费工资基数的稽核力度，由审计部门配合，有效防范漏报、瞒报、漏缴、少缴的现象发生。要强化征收措施，强化企业参保缴费的法律意识，查处违纪行为，堵塞漏洞，保证基金的按时足额征收。对少报漏报缴费人数和缴费工资的按《社会保险费征缴暂行条例》严格进行处罚。要加强工商、税务、工会、工商联、个协等有关单位和群团组织的密切配合，充分利用年检和年审营业执照、收税等手段协同抓好社会保险向民营经济的扩面工作。要强化服务意识，改变服务方式，提高服务水平，公开办理程序，设立专门窗口，创造条件促进民营经济参加社会保险。要加强基础管理，建立有效的跟踪管理机制，建立民营经济参保的详细档案，掌握参保的详细情况。

### （七）坚持依法推进民营企业工会组织建设

根据《中华人民共和国工会法》，采取有力措施，在全社会加大宣传力度，依法推进民营经济工会组织建设，依法发展会员。通过区域性、行业性集体谈判，有效发挥工会的作用，平衡劳资力量，协调劳动关系，维护劳动者的合法权益，促进经济社会协调发展。

## 四　民营经济劳动和社会保障的中长期展望

当前和今后一个时期，从着力解决人民群众最关心、最直接、最现实的利益入手，按照构建社会主义和谐社会的总体要求，采取行之有效的措施，继续完善劳动和社会保障制度，创新机制，提升能力，促进民营经济劳动关系的和谐稳定，逐步实现社会公平与正义。

### （一）坚持扩大民营经济就业规模

要通过大力发展民营经济，推进经济结构调整，实施积极的就业政策，千方百计扩大就业。要在"十一五"期末实现城镇新增就业 4500 万人[1]，转移农业劳动力 4500 万人[2]，将城镇登记失业率控制在 5% 的目标，90% 的任务要由民营经济来承担。就业是实现社会公平和社会和谐的重要体现。因此，必须采取更加有效的政策措施，实施发展民营经济与促进就业并重的发展战略，不断增加就业岗位，实现经济发展和扩大就业良性互动。

### （二）建立民营经济职业技能培训体系

要通过大力发展职业教育和培训，加快培养民营经济发展需要的技能劳动者。为进一步提高就业质量，提高民营经济自主创业的能力，必须在职业技能培训上下更大的力气，采取更加积极的措施，以高技能人才培养为重点，大力发展各类职业技能培训、再就业培训、创业培训和农村劳动力转移就业培训，完善技

---

① 劳动和社会保障部"十一五"发展规划纲要。
② 劳动和社会保障部"十一五"发展规划纲要。

能劳动者的评价、选拔、使用和激励机制，营造有利于技能劳动者加快成长的环境。

### （三） 实现民营经济社会保险全覆盖

要以扩大民营经济覆盖面为重点，把解决当前突出问题与建立长效机制结合起来，逐步建立健全资金来源多渠道、保障方式多层次、管理服务社会化的社会保障体系，让更多的人享有社会保障。我国"十一五"期末基本养老、基本医疗、失业、工伤和生育保险参保人数要分别达到 2.23 亿人、3 亿人、1.2 亿人、1.4 亿人和 8000 万人①，其中，民营经济职工约占到各项指标总量的 65% 和增量的 80% 以上。要完成各项社会保险总体规划，关键是要实现民营经济的扩面任务，进一步完善城镇基本养老保险制度，将非公有制企业、城镇个体工商户和灵活就业人员纳入城镇基本养老保险覆盖范围。

### （四） 实现民营经济劳动关系和谐稳定

构建和谐稳定的劳动关系是实现社会和谐的重要组成部分。要全面实施劳动合同制度，推动民营经济普遍与职工签订并严格履行劳动合同，积极推进集体合同制度，进一步加强民营经济协调劳动关系三方机制组织建设和制度建设，充分发挥三方机制在协调劳动关系中的作用。

### （五） 实现民营经济工资分配制度化和规范化

工资分配是劳动关系的核心问题，是劳动关系主体双方关注的焦点，也是社会关注的焦点。工资分配公平与否、合理与否，不仅对劳动关系的和谐有着举足轻重的影响，而且对社会稳定、社会和谐都有着直接和重要的影响。民营经济工资分配制度将更加公平合理，这不仅是政策的需要，也是企业自身发展的需要。一是指导和督促民营企业建立以工资集体协商为主要形式的企业职工工资增长机制，促使企业职工工资水平随企业效益提高逐步增长。二是进一步推动落实《最低工资规定》，加强对民营企业执行《最低工资规定》情况的监督和检查。鼓励和指导企业职工参考本地区、本行业以及本企业工资水平，通过集体协商在

---

① 劳动和社会保障部"十一五"发展规划纲要。

当地政府颁布的最低工资标准之上，确定企业或区域内行业最低工资，促使低收入职工工资水平的提高。三是促进民营企业工资分配的规范，指导企业建立符合本企业特点的工资分配制度，尤其是工资支付制度，规范工资支付行为。四是进一步推动拖欠工资问题的解决。

## （六）推进法规体系建设，实现执法规范化

加快推进劳动保障法制建设，加大劳动保障监察执法力度，是实现民营经济劳动和社会保障事业健康协调发展的重要保障。在法制建设方面，要建立以《中华人民共和国劳动法》为基础，以《中华人民共和国劳动合同法》、《中华人民共和国促进就业法》、《中华人民共和国社会保险法》和《中华人民共和国劳动争议处理法》为骨干，其他单项法律和行政法规为重要组成部分的劳动保障法律体系。在监察执法方面，要积极推进劳动保障监察制度建设和体制创新，全面建立用人单位劳动保障守法诚信制度，完善与有关部门共同查处违反劳动保障法律法规行为的综合治理机制，加大对侵害劳动者合法权益行为的查处力度。

## （七）认真总结民营经济劳动保障实践经验，创造性地开展工作

在党中央、国务院的高度重视和正确领导下，民营经济劳动保障工作取得了突出成绩。但是，我们要始终保持清醒的头脑，正确看待成绩，准确把握形势，充分估计可能遇到的问题，充分认识民营经济劳动保障改革发展的艰巨性和长期性。我们要坚决贯彻落实党中央、国务院关于民营经济劳动保障工作的部署和要求，突出重点，突破难点，找准工作的平衡点，协调推动各项工作。首先要坚持以人为本，牢固树立群众利益无小事的观念。要不断改进我们的工作方式和工作方法，树立求真务实的良好作风，满腔热情、脚踏实地为民营经济排忧解难，认认真真、扎扎实实为民营经济职工办实事。其次要认真总结经验，创造性地开展工作。要坚持一切从实际出发，根据各地经济发展水平的差别，进行分类指导，切忌强求一律，搞一个模式。要着眼长远，加强理论研究，深入探讨影响民营经济劳动保障事业发展的战略性、根本性问题，逐步建立民营经济劳动保障事业发展的长效机制。要善于总结经验，及时将基层成功经验上升为进一步指导工作实践的理论创新，将临时应急的措施转化为长效的工作机制，将行之有效的非常时

期的非常之举转化为经常性的工作方法。

党的十六届六中全会做出的《中共中央关于构建社会主义和谐社会若干重大问题的决定》，从构建和谐社会的新高度，将完善劳动和社会保障制度摆在更加突出的位置。这标志着包括民营经济在内的劳动和社会保障制度建设已经开始进入了健全体系、全面发展的新阶段。我们坚信，在党和政府的高度重视下，在社会各界的广泛关注下，民营经济的劳动和社会保障工作会取得新的更大的成绩。

课题组成员：牟达泉　岳公正

# 中国民营经济税收报告

## 一 中国民营经济税收发展状况

近年来，中国经济进入快速增长的轨道。多种所有制经济的发展与结构的巨大变化，极大地提高了生产力。民营经济的发展成为经济增长的驱动力，特别是国内私营企业的贡献功不可没。预计 2007 年全部民营经济的税收收入占国家税收收入的比重将进一步提高，达到或超过 26%。随着我国市场经济体制的日益完善，民营经济对税收贡献的潜力巨大。

### （一）民营经济的概念及含义

多年来，我国学术研究机构和各部门经济工作者对民营经济以及私营经济实践与理论进行了大量的跟踪研究。关于私营经济与民营经济的概念基本上有了划分。这就是民营经济的大概念及含义是包括外资经济（含外商投资、港澳台投资经济）和私营经济的总和。而私营经济是指国内的私营企业和个体经济。近年来国家有关部门的统计将国内集体企业也包括在民营经济之内，这就使得民营经济内涵扩大很多。在统计口径上也就是除了国有及国有控股企业之外都为民营经济。然而，如果进一步细分，在国有及国有控股经济中也还可能包含民营经济的因素，这也是需要研究的一个统计问题。在国务院还没有正式颁布新的统计指标及统计口径的情况下，只能暂时按照协调一致的统计指标及口径对我国民营经济状况进行分析研究。

从我国目前多种所有制经济发展的状况分析，笔者研究认为，民营经济的统计口径，宜将民营经济概念分为三种口径：第一种口径为宽口径，称为广义民营经济，包括除国有及国有控股企业以外的所有企业；第二种口径为中口径，称为内资民营经济（集体经济是否统计在其中，有待国务院确定），是指广义民营经济减去港澳台投资企业、外商投资企业；第三种口径为窄口径，称为狭义民营经济或私营经济，包括私营企业、个体经营。这种概念划分是否规范，应当进一步展开讨论。改革开放后中国经济的复杂性远远超出经济学理论可解释的范围，不应是简单的算术相加。而是应当深入研究所有制经济结构的多元化及其变化规律。由于资料所限，我们对民营经济税收的分析仅限于窄口径。

在我国二元经济结构下产生的所有制结构多元化，是市场经济逐步完善过程中的必然现象。对民营经济税收问题的研究是民营经济研究领域的一个重要课题。

按照目前国家税务总局税收统计口径进行的统计，一是还缺少民营经济税收的汇总统计，但涵盖了民营经济构成中的部分具体指标及统计。二是民营经济流转税收入统计和国民经济分行业的民营经济统计还不够全面。因此，对分析民营经济与其税收对应构成和全貌产生不少困难。

## （二）民营经济税收结构、地位

民营经济是中国市场经济体制确立及发展起来以后的必然产物。改革开放初期，个体经济迅速发展，出现不同情况的雇工现象。按照马克思的理论，雇工在8人以上应当为私有制经济体。20 世纪 80 年代中期以后，随着中国经济的快速发展，社会主义市场经济体制的建立，具有企业特点的私营经济企业得到迅速发展，规模不断壮大。中国经济的所有制特点越来越明显，这就是所有制结构的多元化特征。进入"十五"规划时期，中国经济出现持续快速增长、规模不断扩大的格局。私营经济对经济增长起到有力的驱动作用。国家税收收入的主要来源是经济增长。私营经济的发展，在其税收收入中的比重明显提高。国家税收结构的变化根源于所有制经济结构的变化。

据税务登记和有关统计数据，至 2005 年底中国私营经济（含私营企业和个体经济户，下同）共计 2900 多万户。其中，私营企业 430.1 万户，个体经济户 2500 多万户。至 2006 年底，私营经济总户数超过 3400 万户。其中私营企业

498.1 万户，比 2005 年增加 68 万户，增长 15.8%。2005 年私营经济上缴的各种税收收入额占国家税收收入（国家税务总局统计口径）的比重，由 2000 年的 3.3% 提高到 2005 年的 8.7%。

### （三）制约民营经济发展的主要因素

20 世纪 90 年代以来，中国民营经济取得很快发展，但也还存在一些制约因素。从外部环境看，其一是体制因素，主要包括投资体制、金融体制、财税体制和其他社会体制。其中，需要进一步加快金融、财税体制改革，为民营经济特别是私营企业的充分发展创造有利条件。其二，就税制改革及其政策制定和调整而言，现行税制极不利于私营企业的发展。主要体现在企业所得税率偏高，与外资企业及国内企业在优惠政策方面不一致、税前扣除不统一等。2008 年 1 月 1 日起将实施对各类企业统一公平的新企业所得税法，放宽了企业所得税前技术开发费、职工培训、工资、捐赠、广告费等扣除规定；对于小型微利企业将实行 20% 的较低的企业所得税率照顾，将有利于小型私营企业壮大经营规模，提高赢利水平。对于个人独资和合伙制经营企业，国家 2004 年已经规定不缴纳企业所得税，只缴纳个人所得税。今后随着我国经济增长及经济运行的变化。国家有关部门还将进一步制定和调整现行税收政策，鼓励私营经济更加快速发展。

从私营企业内部管理看，其一，近几年我国经济连续高速增长，资源、能源与环境压力增大。中国企业，特别是私营企业在快速发展的同时，节能、降耗、减排的任务更重，必须增加投资，加快技术改造步伐；有些企业需要按照国家规定的产业结构调整目标进行治理，实行关停、合并或重组，从根本上转变生产增长方式。从经济发展趋势看，私营企业应当充分注意到，"两高一资"产品的生产、出口国家将进一步采取严厉政策限制，企业应当积极研究采取相应的措施。其二，从我国市场经济快速发展的形势看，私营企业管理需要加快由传统家族式管理向现代专业型管理转变。适应国际与国内两个市场的竞争，加强行业与专业协作；适应市场变化，实现改制改组，不断扩大企业规模，确立市场经济地位；要通过各方面的渠道获取现代市场营销信息，积极开展对外贸易，研究向海外拓展的内外投资及税收政策；制定企业发展战略与应对策略，提高企业市场竞争力。

## 二 "十五"时期中国民营经济税收状况分析

根据税务部门现行的税收统计，以及国家经济统计指标及口径，针对弄清税收收入与所有制经济结构相对应的分布关系为研究目的，采取全国性的数据进行分析，通过分析研究，探讨税收与所有制结构关系的规律和特点。

### （一）国家经济统计有关所有制的分类

为了将税收统计数据与国家经济统计数据较好衔接，我们依据《中国统计年鉴》有关企业所有制的分类作为民营经济税收分析的基础。

国有及国有控股企业，指国有企业加上国有控股企业。国有企业（即过去的全民所有制工业或国营工业）是指企业全部资产归国家所有，并按《中华人民共和国企业法人登记管理条例》规定登记注册的非公司制的经济组织。

集体企业，指企业资产归集体所有，并按《中华人民共和国企业法人登记管理条例》规定登记注册的经济组织。

股份合作企业，指以合作制为基础，由企业职工共同出资入股，吸收一定比例的社会资产投资组建，实行自主经营，自负盈亏，共同劳动，民主管理，按劳分配与按股分红相结合的一种集体经济组织。

联营企业，指两个及两个以上相同或不同所有制性质的企业法人或事业单位法人，按自愿、平等、互利的原则，共同投资组成的经济组织。

有限责任公司，指根据《中华人民共和国公司登记管理条例》规定登记注册，由2个以上，50个以下的股东共同出资，每个股东以其所认缴的出资额对公司承担有限责任，公司以其全部资产对其债务承担责任的经济组织。有限责任公司包括国有独资公司以及其他有限责任公司。

股份有限公司，指根据《中华人民共和国企业法人登记管理条例》规定登记注册，其全部注册资本由等额股份构成并通过发行股票筹集资本，股东以其认购的股份对公司承担有限责任，公司以其全部资产对其债务承担责任的经济组织。

私营企业，指由自然人投资设立或由自然人控股，以雇佣劳动为基础的营利性经济组织。

港澳台投资企业，指企业注册登记类型中的港澳台合资、合作、独资经营企业和股份有限公司之和。

外商投资企业，指企业注册登记类型中的中外合资、合作经营企业、外资企业和外商投资股份有限公司之和。

"三资"企业系指港澳台商投资企业和外资企业的简称。

国家经济统计对企业所有制分类是比较明确的。需要说明的是本文分析不包括一人公司在内。另外，目前在企业所有制结构中存在"你中有我，我中有你"的现象，如股份制企业和联营企业中，私营企业和其他企业各自所占的份额是难以划分的，分析还无法涉及。

## （二）民营经济现行税收统计口径

现行的税收统计包括国家税务总局税收收入的统计、农牧业税、屠宰税（已经取消）契税及耕地占用税收入的统计。相关的统计还有海关代征的增值税、消费税的统计以及出口退税。海关进出口税收统计是独立的体系，2007年版《中华人民共和国海关进出口税则》已调整为7500多个商品的税目、税率。从税收收入统计指标看，有与国家统计局的经济统计衔接一致或基本一致的，但也存在一些差别。

按照企业所有制性质和投资形式构成划分的统计主要是：分税种收入统计、分重点税源企业和重点税种收入统计、分企业所有制性质与投资构成或组成形式的混合收入统计等。大类划分是：内资企业（7项）、港澳台投资企业（4项）、外商投资企业（4项）。目前这种统计方法及指标基本上与经济统计指标吻合。但也不完全对应，结合分析需要应做一些调整。

## （三）"十五"时期税收收入所有制构成及分布状况

目前经济统计指标与税收统计指标存在一些差异，给税收经济分析带来一定的困难。但是按照现有指标及已公布的数据，可以有选择地进行分析，以尽可能客观反映税收与所有制构成方面的某些情况和特点。

### 1. 按税收收入的企业类型分布分析

税收收入的分企业类型，是按照《中国税务年鉴》，关于企业类型的分类标准进行统计和分析的，与国家统计局《中国统计年鉴》上的分类基本一致，具体包括：国有企业、集体企业、股份合作企业、联营企业、股份公司①、私营企业、港澳台投资企业、外商投资企业、个体经营、其他企业共计10类。

从税收收入分企业类型（见表1）看，来自国有企业的税收收入，由2001年的5367.42亿元，上升到2005年的7528.99亿元，但占全部税收收入的比重在下降，由2001年的36.0%，下降到2005年的24.8%。

表1　中国税收收入的分企业所有制类型构成表

单位：亿元，%

| 年份\企业类型 | 2001 税收收入 | 2001 占比 | 2002 税收收入 | 2002 占比 | 2003 税收收入 | 2003 占比 | 2004 税收收入 | 2004 占比 | 2005 税收收入 | 2005 占比 |
|---|---|---|---|---|---|---|---|---|---|---|
| 国有企业 | 5367.42 | 36.0 | 5359.2 | 32.2 | 5890.92 | 29.5 | 6851.93 | 27.2 | 7528.99 | 24.8 |
| 集体企业 | 1062.79 | 7.1 | 929.35 | 5.6 | 906.49 | 4.5 | 906.26 | 3.6 | 897.04 | 2.9 |
| 股份合作企业 | 217.58 | 1.5 | 202.45 | 1.2 | 197.21 | 1.0 | 197.69 | 0.8 | 205.29 | 0.7 |
| 联营企业 | 119.95 | 0.8 | 116.32 | 0.7 | 101.76 | 0.5 | 101.16 | 0.4 | 100.83 | 0.3 |
| 股份公司 | 3526.58 | 23.7 | 4357.9 | 26.2 | 5806.51 | 29.0 | 8062.03 | 32.0 | 10460.39 | 34.5 |
| 私营企业 | 660.94 | 4.4 | 945.6 | 5.7 | 1388.26 | 6.9 | 1994.83 | 7.9 | 2715.96 | 8.9 |
| 其他企业 | 155.08 | 1.0 | 230.2 | 1.4 | 384.55 | 1.9 | 507.96 | 2.0 | 623.27 | 2.1 |
| 港澳台投资企业 | 934.11 | 6.3 | 1145.4 | 6.9 | 1314.77 | 6.6 | 1647.70 | 6.5 | 2027.00 | 6.7 |
| 外商投资企业 | 1948.63 | 13.1 | 2341.7 | 14.1 | 2953.85 | 14.8 | 3707.59 | 14.7 | 4364.34 | 14.4 |
| 个体经营 | 917.60 | 6.2 | 1004.9 | 6.0 | 1047.48 | 5.2 | 1211.64 | 4.8 | 1385.67 | 4.6 |
| 合计 | 14910.68 | 100 | 16633.0 | 100 | 19991.80 | 100 | 25188.80 | 100 | 30308.78 | 100 |

说明：税收收入不含农税和关税，含海关代征两税（下同）。
资料来源：历年《中国税务年鉴》。

集体企业税收收入由2001年的1062.79亿元，下降到2005年的897.04亿元，占全部税收收入的比重也在下降，由2001年的7.1%，下降到2005年的2.9%。

股份制企业税收收入由2001年的3526.58亿元，增加到2005年的10460.39亿元，占全部税收收入的比重逐年上升，由2001年的23.7%，上升到2005年的34.5%。

私营企业税收收入由2001年的660.94亿元，增加到2005年的2715.96亿

---

①　这里股份公司包括有限责任公司和股份有限公司。

元，占全部税收收入的比重提高较大，由 2001 年的 4.4%，上升到 2005 年的 8.9%。

港澳台投资企业税收收入由 2001 年的 934.11 亿元，增加到 2005 年的 2027 亿元，占全部税收收入的比重呈窄幅波动态势，保持在 6.3%～6.9% 的区间内。

外商投资企业税收收入由 2001 年的 1948.63 亿元，增加到 2005 年的 4364.34 亿元，占全部税收收入的比重，由 2001 年的 13.1%，上升到 2005 年的 14.4%。

个体经营税收收入由 2001 年的 917.6 亿元，增加到 2005 年的 1385.67 亿元，占全部税收收入的比重，由 2001 年的 6.2%，下降到 2005 年的 4.6%，比重变化呈较下降态势。

综合以上分析显示，公有制经济税收收入比重下降。其中，国有经济税收规模上升，但比重下降；集体经济税收规模与增长率均下降。而非公有制经济税收规模与增长税率都是上升的。其中，私营经济增长率由 2001 年的 10.6% 上升到 2005 年的 13.5%。然而，其中个体经济税收比重下降较大，由 2001 年的 6.2% 下降到 2005 年的 4.6%。这表明个体经济规模扩大，组建为新的私营企业，是国家经济政策效应的放大。

**2. 按税收收入的经济类型分析**

将税收收入按经济类型分为五大类：第一类为国有经济，包括国有企业；第二类为集体经济，包括集体企业；第三类为混合经济，包括股份合作企业、联营企业、股份公司；第四类为外资经济，包括港澳台投资企业、外商投资企业；第五类为个私经济，包括私营企业、个体经营。

从税收收入的四大经济类型看（见表 2），来自国有企业的税收收入，由 2001 年的 5367.42 亿元，上升到 2005 年的 7528.99 亿元，但占全部税收收入的比重在下降，由 2001 年的 36.0%，下降到 2005 年的 24.8%。

集体企业税收收入由 2001 年的 1062.79 亿元，下降到 2005 年的 897.04 亿元，占全部税收收入的比重也在下降，由 2001 年的 7.1%，下降到 2005 年的 2.9%。

混合经济的税收收入，由 2001 年的 3864.11 亿元，增加到 2005 年的 10766.51 亿元，占全部税收收入的比重也在上升，由 2001 年的 26.0%，上升到 2005 年的 35.5%。

表 2　中国按经济类型划分税收收入及构成表

单位：亿元，%

| 企业类型＼年份 | 2001 | | 2002 | | 2003 | | 2004 | | 2005 | |
|---|---|---|---|---|---|---|---|---|---|---|
| | 税收收入 | 占比 | 税收收入 | 占比 | 税收收入 | 占比 | 税收收入 | 占比 | 税收收入 | 占比 |
| 国有经济 | 5367. 42 | 36. 0 | 5359. 2 | 32. 2 | 5890. 92 | 29. 5 | 6851. 93 | 27. 2 | 7528. 99 | 24. 8 |
| 集体经济 | 1062. 79 | 7. 1 | 929. 35 | 5. 6 | 906. 49 | 4. 5 | 906. 26 | 3. 6 | 897. 04 | 2. 9 |
| 混合经济 | 3864. 11 | 26. 0 | 4676. 67 | 28. 1 | 6105. 48 | 30. 5 | 8360. 88 | 33. 2 | 10766. 51 | 35. 5 |
| 外资经济 | 2882. 74 | 19. 4 | 3487. 10 | 21. 0 | 4268. 62 | 21. 4 | 5355. 29 | 21. 2 | 6391. 34 | 21. 1 |
| 个私经济 | 1578. 54 | 10. 6 | 1950. 50 | 11. 7 | 2435. 74 | 12. 1 | 3206. 47 | 12. 7 | 4101. 63 | 13. 5 |
| 其他企业 | 155. 08 | 1. 0 | 230. 20 | 1. 4 | 384. 55 | 1. 9 | 507. 96 | 2. 0 | 623. 27 | 2. 1 |
| 合　计 | 14910. 68 | 100 | 16633. 0 | 100 | 19991. 80 | 100 | 25188. 80 | 100 | 30308. 78 | 100 |

说明：1. 混合经济包括股份合作企业、联营企业、股份公司；外资经济包括港澳台投资企业、外商投资企业；个私经济包括私营企业、个体经营。2. 根据表 1 资料计算得出。

外资经济的税收收入，由 2001 年的 2882. 74 亿元，增加到 2005 年的 6391. 34 亿元，占全部税收收入的比重基本保持一个稳定的比重，保持在 19. 4%～21. 1%的区间内。

个私经济的税收收入，由 2001 年的 1578. 54 亿元，增加到 2005 年的 4101. 63 亿元，占全部税收收入的比重提高较大，由 2001 年的 10. 6%，上升到 2005 年的 13. 5%。

综上分析可以看出，混合经济税收规模与所占比重都上升较大，税收占比提高近 10 个百分比。个私经济税收规模及比重也有较大提高，但较稳定。集体经济税收规模和比重下降，可能存在集体经济向其他经济类型转移的现象，特别是一些小型集体企业转变为个私经济等。但也会因经济区域不同而情况有所不同。外资经济税收规模与比重均保持稳定，是投资与效益稳定的体现。

**3. 按民营经济税收的规范定义分析**

根据笔者关于民营经济的概念内涵及定义给定的统计口径，即本文前述民营经济概念分为三种口径：第一种口径为宽口径，称为广义民营经济，包括除国有及其国有控股企业以外的所有企业；第二种口径为中口径，称为内资民营经济，为广义民营经济减去港澳台投资企业、外商投资企业；第三种口径为窄口径，称为狭义民营经济，包括私营企业、个体经营。按照以上口径分析得到如下结果（如表 3）。

表3  中国民营经济税收收入状况表

单位：亿元，%

| 经济类型＼年份 | 2001 税收收入 | 占比 | 2002 税收收入 | 占比 | 2003 税收收入 | 占比 | 2004 税收收入 | 占比 | 2005 税收收入 | 占比 |
|---|---|---|---|---|---|---|---|---|---|---|
| 广义民营经济 | 9543.26 | 64.1 | 11273.82 | 67.8 | 14100.88 | 70.4 | 18336.86 | 72.7 | 22779.79 | 75.1 |
| 内资民营经济 | 6660.52 | 44.7 | 7786.72 | 46.8 | 9832.26 | 49.0 | 12981.57 | 51.5 | 16388.45 | 54.0 |
| 狭义民营经济 | 1578.54 | 10.6 | 1950.50 | 11.7 | 2435.74 | 12.1 | 3206.47 | 12.7 | 4101.63 | 13.5 |
| 合　计 | 14910.68 | 100 | 16633.00 | 100 | 19991.80 | 100 | 25188.80 | 100 | 30308.78 | 100 |

说明：1. 广义民营经济包括除国有企业及其国有控股企业以外的所有企业；内资民营经济为广义民营经济减去港澳台投资企业、外商投资企业；狭义民营经济包括私营企业和个体经营。2. 根据表1、表2资料计算得出。

从广义民营经济的税收收入口径看，由2001年的9543.26亿元，上升到2005年的22779.79亿元，增加13236.53亿元，占全部税收收入的比重不断上升，由2001年的64.1%，上升到2005年的75.1%，5年提高了11个百分点。

内资民营经济的税收收入，由2001年的6660.52亿元，增加到2005年的16388.45亿元，增加9727.93亿元，占全部税收收入的比重也在上升，由2001年的44.7%，上升到2005年的54.0%，5年提高了9.3个百分点。

狭义民营经济的税收收入，由2001年的1578.54亿元，增加到2005年的4101.63亿元，增加2523.09亿元，占全部税收收入的比重也在上升，由2001年的10.6%，上升到2005年的13.5%，5年提高了2.9个百分点。

综合上述分析，广义民营经济税收比重上升幅度最大，总体看到企业结构的经济税收发展趋势，显现出其巨大的增长空间。其中，私营经济发展强劲，是中国未来经济新的增长点。

## （四）狭义民营经济税收收入状况分析

### 1. 狭义民营经济总体状况

从1994年分税制财政管理体制（以下简称分税制）改革以来，狭义民营经济税收收入有了很大增长（见表4、图1）。

从狭义民营经济税收收入的绝对数看，由1994年的377.94亿元，增至2000年超过1000亿元，达到1177.12亿元；2003年达到2435.74亿元，2005年达到4101.63亿元，2006年已经达到5158.81亿元，2006年是1994年的13.65倍。

### 表4 狭义民营经济税收收入状况表

单位：亿元，%

| 年 份 | 税收收入 | 增加额 | 增长率 | 占全部税收比重 | 弹性系数 | 经济增长率 |
|---|---|---|---|---|---|---|
| 1994 | 377.94 | — | — | 7.5 | — | — |
| 1995 | 436.80 | 58.86 | 15.6 | 7.3 | 0.60 | 26.1 |
| 1996 | 469.32 | 32.52 | 7.4 | 6.7 | 0.43 | 17.1 |
| 1997 | 550.99 | 81.67 | 17.4 | 6.9 | 1.58 | 11.0 |
| 1998 | 700.77 | 149.78 | 27.2 | 7.8 | 3.94 | 6.9 |
| 1999 | 830.77 | 130.00 | 18.6 | 8.0 | 3.00 | 6.2 |
| 2000 | 1177.12 | 346.35 | 41.7 | 9.9 | 4.96 | 8.4 |
| 2001 | 1578.54 | 401.42 | 34.1 | 10.6 | 2.66 | 12.8 |
| 2002 | 1950.59 | 372.05 | 23.6 | 11.7 | 2.43 | 9.7 |
| 2003 | 2435.74 | 485.15 | 24.9 | 12.2 | 1.93 | 12.9 |
| 2004 | 3206.47 | 770.73 | 31.6 | 12.7 | 1.79 | 17.7 |
| 2005 | 4101.63 | 895.16 | 27.9 | 13.5 | 1.92 | 14.5 |
| 2006 | 5158.81 | 1057.18 | 25.8 | 13.7 | 1.79 | 14.4 |

说明：狭义民营经济税收收入仅包括私营企业和个体经营税收收入。

资料来源：1994～2005年数据来自历年《中国税务年鉴》，2006年数据来自《税收快报》。

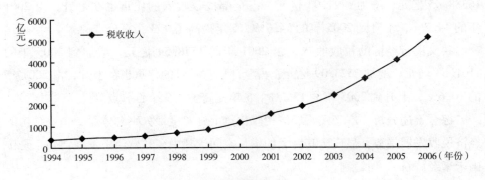

### 图1 狭义民营经济收收入图

从狭义民营经济税收收入增长量看，从1995年的58.86亿元，到1998年的149.78亿元，到2006年提高到1057.18亿元。2006年是1995年的17.96倍。

从狭义民营经济税收收入增长率看，除1996年低于10%外，大部分年份均高于20%，最高的2000年达到41.7%。

从狭义民营经济税收收入占全部税收收入的比重看，从1994～2000年基本保持在10%以下，而且处于上下波动状态。2001年以后上述比重则不断提高，由 2001 年的 10.6%，上升到 2006 年的 13.7%。中国经济税收政策的作用明显显现。

总之，1994 年以来，特别是"十五"时期，经济的快速增长使狭义民营经济税收收入不仅绝对数量在不断增加，而且增长速度逐年大幅度上升，增长速度保持在一个较高水平。狭义民营经济税收收入在全部税收收入中的地位逐年提高，已经成为税收收入中不可或缺的重要组成部分。

**2. 狭义民营经济税收收入的区域特征**

从狭义民营经济税收收入的区域分布看（见表 5），东部地区狭义民营经济税收收入，从 2001 年的 1085.17 亿元，增加到 2005 年的 3083.37 亿元，占全部狭义民营经济税收收入的比重也由 2001 年的 68.7%，提高到 2005 年的 75.2%。

表 5　狭义民营经济税收的区域构成表

单位：亿元，%

| 年份 \ 地区 | 东 部 | | 中 部 | | 西 部 | | 合　计 |
|---|---|---|---|---|---|---|---|
| | 税收收入 | 占　比 | 税收收入 | 占　比 | 税收收入 | 占　比 | |
| 2001 | 1085.17 | 68.7 | 305.94 | 19.4 | 187.45 | 11.9 | 1578.56 |
| 2002 | 1399.90 | 71.8 | 338.79 | 17.4 | 211.42 | 10.8 | 1950.11 |
| 2003 | 1807.61 | 74.2 | 385.92 | 15.8 | 242.20 | 9.9 | 2435.73 |
| 2004 | 2429.01 | 75.8 | 488.93 | 15.2 | 288.56 | 9.0 | 3206.50 |
| 2005 | 3083.37 | 75.2 | 651.66 | 15.9 | 366.61 | 8.9 | 4101.64 |

说明：由于 2007 年《中国税务年鉴》未出版，2006 年数据暂缺。

资料来源：历年《中国税务年鉴》。

中部地区狭义民营经济税收收入，从 2001 年的 305.94 亿元，增加到 2005 年的 651.66 亿元，占全部狭义民营经济税收收入的比重却在逐年下降，由 2001 年的 19.4%，下降到 2005 年的 15.9%。

西部地区狭义民营经济税收收入，从 2001 年的 187.45 亿元，增加到 2005 年的 366.61 亿元，占全部狭义民营经济税收收入的比重却在逐年下降，由 2001 年的 11.9%，下降到 2005 年的 8.9%。

以上分析情况表明，狭义民营经济税收收入在东、中、西部地区所占比重，东部地区占绝大份额，3/4 强的狭义民营经济税收收入来自东部地区。中部和西部狭义民营经济税收收入占全部狭义民营经济税收收入的不到1/4。狭义民营经济投资倾向于东部沿海地区，而中西部经济发展存在的某些问题，恰恰是狭义民营经济发展不足的问题，中西部经济要想赶超东部地区，必须大力发展狭义民营经济。

**3. 狭义民营经济税收收入的行业特征**

（1）狭义民营经济国内增值税的行业分布。从狭义民营经济增值税收入的行业分布看（见表6），狭义民营经济增值税收入中来自制造业的增值税收入占绝大多数，为第一位。从2001～2005年，制造业狭义民营经济增值税收入分别为290.65亿元、398.53亿元、569.26亿元、730.7亿元和970.5亿元，2005年比2001年增加679.85亿元，是2001年的3.34倍，占全部狭义民营经济增值税收入的比重也不断提高，从2001年的43.6%，提高到2005年的53.6%。

**表6　狭义民营经济国内增值税行业分布**

单位：亿元，%

| 年份<br>行业 | 2001 | | 2002 | | 2003 | | 2004 | | 2005 | |
|---|---|---|---|---|---|---|---|---|---|---|
| | 增值税 | 占比 | 增值税 | 占比 | 增值税 | 占比 | 增值税 | 占比 | 增值税 | 占比 |
| 制造业 | 290.65 | 43.6 | 398.53 | 47.8 | 569.26 | 53.0 | 730.7 | 52.7 | 970.50 | 53.6 |
| 采矿业 | 17.7 | 2.7 | 20.92 | 2.5 | 30.65 | 2.9 | 63.35 | 4.6 | 110.25 | 6.1 |
| 电力、燃气及水的生产和供应业 | 1.15 | 0.2 | 1.76 | 0.2 | 2.89 | 0.3 | 4.26 | 0.3 | 6.98 | 0.4 |
| 批发和零售业 | 298.13 | 44.7 | 348.6 | 41.8 | 406.04 | 37.8 | 516.3 | 37.2 | 644.64 | 35.6 |
| 其他行业 | 54.56 | 8.2 | 58.58 | 7.1 | 59.44 | 5.5 | 63.31 | 4.6 | 69.10 | 3.8 |
| 税款滞纳金、罚款收入 | 4.64 | 0.7 | 5.31 | 0.6 | 6.61 | 0.6 | 8.97 | 0.6 | 10.64 | 0.6 |
| 合　计 | 666.83 | 100 | 833.92 | 100 | 1074.89 | 100 | 1386.89 | 100 | 1812.12 | 100 |

说明：狭义民营经济国内增值税收入为私营企业和个体经营增值税收入之和。2006年狭义民营经济国内增值税行业数据暂缺。

资料来源：2002～2006年历年《中国税务年鉴》。

狭义民营经济增值税收入中来自批发和零售业的增值税收入也较大，从2001～2005年，批发和零售业狭义民营经济增值税收入分别为298.13亿元、348.6亿元、406.04亿元、516.3亿元和644.64亿元，2005年比2001年增加346.51亿元，是2001年的2.16倍，占全部狭义民营经济增值税收入的比重却在不断下降，从2001年的44.7%，下降到2005年的35.6%。已让位于制造业成为狭义民营经济增值税收入的第二大行业。

（2）狭义民营经济营业税的行业分布。从狭义民营经济营业税收入的行业分布看（见表7），狭义民营经济营业税收入中来自建筑业和房地产业的比重占绝大多数。以2005年为例，建筑业和房地产业狭义民营经济营业税收入分别为226.67亿元、200.81亿元，占全部狭义民营经济营业税收入的比重分别为28.5%和25.3%，两个行业狭义民营经济营业税就占全部狭义民营经济营业税的一半以上（53.8%）。

表7 狭义民营经济营业税行业分布

单位：亿元，%

| 行业\年份 | 2001 | | 2002 | | 2003 | | 2004 | | 2005 | |
|---|---|---|---|---|---|---|---|---|---|---|
| | 营业税 | 占比 | 营业税 | 占比 | 营业税 | 占比 | 营业税 | 占比 | 营业税 | 占比 |
| 交通运输、仓储及邮政业 | 29.65 | 13.1 | 36.2 | 11.0 | 45.99 | 10.2 | 70.56 | 11.1 | 82.18 | 10.3 |
| 建筑业 | 67.38 | 29.8 | 96.4 | 29.2 | 134.47 | 29.8 | 177.7 | 28.0 | 226.67 | 28.5 |
| 金融业 | 0.02 | 0.0 | 0.04 | 0.0 | 0.05 | 0.0 | 0.11 | 0.0 | 0.22 | 0.0 |
| 信息传输、计算机服务和软件业 | 0 | 0.0 | 0 | 0.0 | 1.37 | 0.3 | 2.26 | 0.4 | 3.79 | 0.5 |
| 住宿和餐饮业 | 40.22 | 17.8 | 51.45 | 15.6 | 53.82 | 11.9 | 78.55 | 12.4 | 91.18 | 11.5 |
| 文化、体育和娱乐业 | 0.57 | 0.3 | 0.86 | 0.3 | 6.5 | 1.4 | 10.01 | 1.6 | 13.31 | 1.7 |
| 租赁和商务服务业 | 63.45 | 28.0 | 93.89 | 28.4 | 102.14 | 22.6 | 123.73 | 19.5 | 147.12 | 18.5 |
| 房地产业 | 24.15 | 10.7 | 50.51 | 15.3 | 94.48 | 20.9 | 147.26 | 23.2 | 200.81 | 25.3 |
| 其他行业 | 0.09 | 0.0 | 0.09 | 0.0 | 11.09 | 2.5 | 22.54 | 3.6 | 27.59 | 3.5 |
| 税款滞纳金、罚款收入 | 0.8 | 0.4 | 0.94 | 0.3 | 1.17 | 0.3 | 1.3 | 0.2 | 1.62 | 0.2 |
| 合计 | 226.33 | 100 | 330.38 | 100 | 451.08 | 100 | 634.02 | 100 | 794.50 | 100 |

说明：狭义民营经济营业税收入为私营企业和个体经营营业税收入之和。2006年狭义民营经济营业税行业数据暂缺。

资料来源：2002~2006年历年《中国税务年鉴》。

狭义民营经济营业税收入中来自其他行业的收入较小，特别是来自金融业的狭义民营经济营业税很少，所占比重几乎为零。

从狭义民营经济增值税和营业税收入的行业分布特征，我们可以看出，狭义民营经济增值税仍然集中在制造业、批发和零售业；而营业税收入集中在建筑业、房地产业，在其他行业如金融业等国家垄断行业的比重依然很小，可见，对狭义民营经济依然存在着行业准入限制。

**4. 狭义民营经济税收收入的构成变化、特点及发展趋势**

（1）经济所有制结构出现多元化，使税源所有制结构多元化，税收收入能力分布多元化。

（2）公有制企业数量下降，狭义民营经济企业数量上升，狭义民营经济税收收入规模在区域和产业分布中地位不断提升。

（3）东部狭义民营经济企业数量增加快于中西部，税收收入比重大大高于中西部；中西部狭义民营经济企业增加较东部慢，其中大多数为个体经济形式，税收比重小。而私营经济大部分分布在东部沿海地区。

# 三  2007 年中国狭义民营经济税收收入预测

由于对 2007 年的狭义民营经济税收收入预测属于短期预测，可以简单地按照近年来的狭义民营经济税收收入发展情况进行短期外推预测。

表8  狭义民营经济税收收入状况表

单位：亿元，%

| 年　份 | 税收收入 | 增加额 | 增长率 | 弹性系数 | 经济增长率 |
|---|---|---|---|---|---|
| 2001 | 1578. 54 | 401. 42 | 34. 1 | 2. 66 | 12. 8 |
| 2002 | 1950. 59 | 372. 05 | 23. 6 | 2. 43 | 9. 7 |
| 2003 | 2435. 74 | 485. 15 | 24. 9 | 1. 93 | 12. 9 |
| 2004 | 3206. 47 | 770. 73 | 31. 6 | 1. 79 | 17. 7 |
| 2005 | 4101. 63 | 895. 16 | 27. 9 | 1. 92 | 14. 5 |
| 2006 | 5158. 81 | 1057. 18 | 25. 8 | 1. 79 | 14. 4 |
| 平均数 | — | 663. 62 | 28. 0 | 2. 09 | 13. 7 |

根据表8资料，我们可以采用平均增加额法和平均增长率以及平均弹性系数来预测 2007 年狭义民营经济税收收入。

**1. 增加额法预测**

按 2001~2006 年平均增加额 663.62 亿元，预测 2007 年狭义民营经济税收收入为 5822.43 亿元，比 2006 年增长 12.9%。按 2006 年增加额 1057.18 亿元，预测 2007 年狭义民营经济税收收入为 6215.99 亿元，比 2006 年增长 20.5%。

**2. 增长率法预测**

按 2001～2006 年平均增长率 28%，预测 2007 年狭义民营经济税收收入为 66032.77 亿元，比 2006 年增加 1444.47 亿元。按 2006 年增长率 25.8%，预测 2007 年狭义民营经济税收收入为 6489.78 亿元，比 2006 年增加 1330.97 亿元。

**3. 弹性系数法预测**

按 2001～2006 年平均弹性系数 2.09，2001～2006 年当年价格 GDP 平均增长率 13.7%，预测 2007 年狭义民营经济税收收入为 6634.21 亿元，比 2006 年增长 28.6%，增加 1475.4 亿元。按 2006 年弹性系数 1.79，2006 年当年价格 GDP 增长率 14.4%，预测 2007 年狭义民营经济税收收入为 6489.78 亿元，比 2006 年增长 25.8%，增加 1330.97 亿元（见表 9）。

**表 9　2007 年狭义民营经济税收收入预测值**

单位：亿元，%

| 指标<br>方法 | 税收收入增长率 | 税收收入增加额 | 税收收入预测值 |
|---|---|---|---|
| 增加额法 | 12.9 | 663.62(前 6 年平均) | 5822.43 |
|  | 20.5 | 1057.18(上年数) | 6215.99 |
| 增长率法 | 28.0(前 6 年平均) | 1444.47 | 6603.28 |
|  | 25.8(上年数) | 1330.97 | 6489.78 |
| 弹性系数法 | 28.6(前 6 年平均数 2.09) | 1475.40 | 6634.21 |
|  | 25.8(上年数 1.79) | 1330.97 | 6489.78 |
| 平　　均 | 23.6 | 1217.11 | 6375.92 |

综上分析预测结果，2007 年狭义民营经济税收收入预测值在 5822.43 亿～6489.78 亿元区间的可能性较大，结论预测值为 6375.92 亿元，比 2006 年增加 1217.11 亿元，增长 23.6%。

# 四　促进中国民营经济进一步发展的税收政策建议

现阶段，民营经济正随着我国经济快速增长处于迅速上升时期。在这一时期，民营经济要实现突破性发展，除要研究克服自身缺陷不足外，必须关注经济形势的变化，着力研究并要充分运用好国家经济政策和财税政策。提高市场竞争力和占有率。近年来为适应国家经济政策和宏观调控陆续出台了一系列税收政策法规，及时性与针对性很强，私营企业要予以高度关注。如新的企业所得税法颁布并要于 2008 年 1 月 1 日实施。

从长远看，对各类企业税负是公平的，有利于企业竞争。但就私营企业而言，因在今后 5 年内将继续保留外资企业的税收优惠政策，相比之下，国内众多企业，包括私营企业，其竞争仍会处于劣势。因此，一方面私营企业要研究并充分应用好现行税收政策对自身发展的空间；另一方面必须认真分析新税法对将来企业发展的有利条款，解决寻找策略。未雨绸缪，做好准备。如新税法规定高新技术企业可享受 15% 的优惠税率，微利小型企业适用 20% 的较低税率，国家税收政策鼓励节能、节水和安全生产设备的生产及购置等，都有纳税筹划安排的空间。所以，私营企业要认真学习了解，积极研究掌握税收政策的精神，为企业所用，用出成效。目前，我国私营企业有相当多数属于小型企业，赢利能力相对较低，为鼓励这些企业扩大规模，提高市场竞争力，有关税收政策提出如下建议。

第一，新税法规定，年赢利水平低的小型微利企业适用 20% 的税率。对小型微利企业年赢利标准应当确定为 5 万元（含 5 万元，下同）以下。新《中华人民共和国企业所得税法》将于 2008 年 1 月 1 日起实施。《企业所得税法实施条例》（以下简称《条例》）正在起草中。为了激励小型微利企业投资，扩大经营规模，建议《条例》规定将其年赢利标准确定为 5 万元人民币以下。

第二，对私营企业放开市场准入条件。从"十五"时期民营经济企业税收分析的结果看，私营企业增值税主要来自制造业、批发和零售业；而营业税主要来自建筑业、房地产业。私营企业从事服务业、物流业和邮电、交通运输业等极少。因此，建议凡是允许外资企业进入的领域，私营企业都应当允许进入；一些未规定外资企业进入的领域也可以允许私营企业进入。这样不仅有利于发展现代服务业，还可以有效防止假外资或利用种种手段取得合资资格的现象发生。

第三，对城乡个体经济者实行必要的增值税减免。现行税收政策于 2005 年降低了个体工商户的增值税起征点。但从国务院关于鼓励引导私营和个体经济发展的精神，以及加入 WTO 完成过渡期的市场竞争要求看，有必要研究取消对城乡个体经营者的征收增值税政策。凡是销售给城乡个人居民自用消费的食品、药品及日用品等应当都在免税之列。

第四，对私营企业从事节能、降耗和减排，以及从事国家鼓励的替代技术进行产品生产的，给予企业所得税减免；在规定享受有关的税收优惠政策范围内应与其他企业一致，不搞税收歧视等。

课题组成员：张培森　付广军

# 牢固树立科学发展观
## 扎实推进"非公经济36条"贯彻落实工作

公有制为主体、多种所有制经济共同发展作为我国现阶段的基本经济制度是历史的必然，体现了社会主义初级阶段生产力发展的客观要求。坚持和完善社会主义初级阶段的基本经济制度，必须毫不动摇地巩固和发展公有制经济，毫不动摇地鼓励、支持和引导非公有制经济发展。促进非公有制经济又好又快发展，绝不是权宜之计，而是由中国社会主义初级阶段的生产力水平所决定的，是由社会主义市场经济的基本体制和制度所决定的，也是由非公有制经济的地位和作用所决定的。2005年2月，国务院出台了《关于鼓励支持和引导个体私营等非公有制经济发展的若干意见》（以下简称"非公经济36条"），这是促进非公有制经济发展的一项重大举措。两年多来，"非公经济36条"贯彻落实进展顺利，但也面临着一些情况和问题，需要着力加以研究解决。

## 一　非公有制经济发展现状

### （一）非公有制经济已成为我国国民经济增长的主要推动力量

"十五"期间，我国个体私营经济的发展速度成倍地高于全国经济增长速度，占GDP的比重从1979年的不足1‰增长到目前的1/3强，非公有制经济投资已占到全社会固定资产投资比重的50%。截止到2006年底，注册私营企业已达498万户，已经成为数量最多、比重最大的企业群体。据统计，在40个工业行业中，非公有制经济在 27 个行业中的比例已经超过 50%，在部分行业已经超过 70%，成为推动行业发展的主体。我国每年城镇新增就业岗位的 70% 以上是由非公有制经济提供的，农村转移出的 1.3 亿劳动力有 70% 以上在非公有制单位就业。大多数地市以下的财政收入也主要来自于非公有制经济，成为推动县域经济发展的主力军。

## （二）非公有制经济继续保持快速健康发展势头

从 2003 年起，国家采取了一系列宏观调控措施，非公有制经济继续保持持续健康的发展势头。生产快速增长，经济效益稳步提高。2006 年，全国规模以上非公有制工业企业实现工业总产值 20.02 万亿元，同比增长 28.1%；实现利润 9837.2 亿元，同比增长 34.6%，分别高于全国规模以上工业 4.29 个百分点和 3.64 个百分点。2006 年非公有制企业工业总产值增幅前五位的省市为海南、青海、江西、内蒙古、西藏，分别增长 58.27%、51.78%、49.87%、49.87%、46.02%。固定资产投资稳中趋缓。2006 年全国城镇固定资产投资 109870 亿元，同比增长 24.0%，其中有限责任公司（不含国有独资公司）完成投资 2.14 亿元，同比增长 27.1%，投资额占全国城镇固定资产投资的 23%；私营企业完成投资 1.39 亿元，同比增长 41.9%，投资额占全国城镇固定资产投资的 14.8%；个体经营完成投资 497.45 亿元，投资额占全国城镇固定资产投资的 0.5%。对外贸易继续保持高位增长。2006 年，全国私营企业进出口总额达 2435.8 亿元，同比增长 46.5%，高于全国增速 22.7 个百分点。其中出口总额达 1707.4 亿美元，同比增长 52.1%，较全国出口总体增速高 24.9 个百分点；进口总额达 728.4 亿美元，增幅 34.9%，比全国进口总体增速高 14.9 个百分点。非公有制企业已经成为我国对外投资的生力军。按企业数计算，2006 年我国对外直接投资的母体非公有制企业近 3000 家，占我国对外投资企业总数的 2/3。

## （三）近年来非公有制经济发展呈现新特点

在行业分布上，非公有制企业早期以轻工纺织、普通机械、建筑运输、商贸服务等领域为主，已经开始从劳动密集型向资本密集型、技术密集型等行业拓展。在结构规模上，非公有制企业中涌现出一批具有竞争力的大企业，1990 年全国私营企业户均资产规模为 9.7 万元，2000 年为 75.5 万元，2006 年为 152.7

万元，企业平均规模不断提高。在组织形式上，早期以个人、家族企业为主，现已向多元投资主体的公司制企业发展，目前有限责任公司已占到私营企业总数的77.6%。部分地区开始从小规模、分散化经营为主，逐步发展形成一批以大规模、专业化经营为特征的产业集群。在地区分布上，优强非公有制企业主要集中在东部沿海地区，中西部地区的发展速度也在明显加快。在市场格局上，非公有制经济基本上以国内市场为主，现已开始逐步向国际市场迅速发展。

## 二 "非公经济 36 条" 贯彻落实进展情况

2006 年是"十一五"开局之年，规划纲要明确提出"实施中小企业成长工程"，国务院也将实施成长工程列入了 2006 年工作要点。2006 年 9 月，国务院在广东省广州市召开了"全国中小企业工作座谈会"，中央政治局委员、国务院副总理曾培炎出席会议并作重要讲话。11 月，全国政协经济委员会、国家发展和改革委员会和全国工商联在南京举办了"促进非公有制经济健康发展论坛"，中央政治局常委、全国政协主席贾庆林出席会议并作重要讲话。截止到 2007 年5 月，10 多个省市制定颁布了促进中小企业和非公有制经济发展的行政法规；中央有关部门和单位在市场准入、财税金融、改善政府监督和管理、营造舆论环境等方面相继出台了 28 个配套文件，全国 31 个省区市已累计出台促进非公有制经济发展的法规、政策性文件 200 多件。"非公经济 36 条"贯彻落实取得了积极进展。

### （一）扩大市场准入环境，消除制约中小企业和非公有制经济发展的体制性障碍

随着经济体制改革不断深化以及《中华人民共和国行政许可法》、《中华人民共和国公司法》、《国务院关于投资体制改革的决定》等法律法规和政策规定的出台，特别是"非公经济 36 条"的贯彻落实，中小企业和非公有制经济的市场准入环境正在逐步改善。

一是从法律和政策环境看，经国务院同意，国务院法制办、国家发展和改革委员会印发了《关于开展清理限制非公有制经济发展规定工作的通知》，对各级人民政府和部门制定的规章及其他文件与"非公经济 36 条"不一致的，提出了

清理要求。截止到 2006 年底，中央有关部门和地方政府审核规章文件 130 多万件，共清理出 5000 多件与"非公经济 36 条"不一致的规章和文件。根据清理情况，对主要内容与"非公经济 36 条"不一致的，将按法定权限和程序明令废止；个别条款与"非公经济 36 条"不一致的，按权限和程序予以修改。近两年来，与市场主体相关的法律法规相继出台，如《中华人民共和国公司法》、《中华人民共和国证券法》等，保障了非公有制企业与其他所有制企业享受同等政策待遇。

二是从行业和领域看，铁路部门推出了鼓励非公有制资本进入的具体措施，石太客运专线、迁曹铁路等一批建设项目已吸引各类社会投资权益性资金达 400 多亿元；民航部门出台了鼓励社会资本进入的具体办法，奥凯、春秋和鹰联等民营航空公司已开始运营；有关部门还改进了民间资本进入军工领域的政策，江西清华泰豪有限公司等一批企业已经参与了武器装备原材料、零部件、配套件及部分武器装备分系统的生产与研制；在基础电信领域，已经有 300 多家含非公有资本的企业正在运营；金融部门出台了新措施推动非公有资本进入金融机构，将村镇银行注册资本门槛下降到最低 100 万元，首批试点选择在四川、青海、甘肃、内蒙古、吉林和湖北 6 省（区）县及县以下区域开展；非公有资本进入文化产业方面的政策也得到明显改善，目前全国民营文艺表演团体已超过 5000 家，是国有表演团体的 2 倍多，由非公有资本组建的国产影片发行公司也已达 30 余家；公用事业领域市场化准入步伐正在加快，基础设施特许经营已经在许多城市取得实质性进展，国家发展和改革委员会等八部委下发了《关于进一步推进城镇供热体制改革的意见》，允许非公有资本参与热源厂、供热管网的投资、建设、改造和运营等。市场准入的放宽为非公有资本拓展了新的发展空间。

## （二）社会化服务体系趋于完善，财政支持力度加大

各级政府加大了对人员培训、信用担保、技术支持、信息服务、人才培养、管理咨询、市场开拓、国际合作等方面的财政支持。中央财政已经设立了多项专项资金支持中介机构为中小企业提供社会化服务。地方财政支持力度也在不断加大，如吉林省 2006 年安排的中小企业发展专项资金从 2005 年的 3500 万元增加到 5000 万元。各级财政资金在健全社会化服务体系、为中小企业提供公共服务方面发挥了积极作用。

在人员培训方面，各地中小企业主管部门高度重视中小企业培训工作，把"银河培训"作为推进中小企业发展的基础性工作列入重要议程，并开展多层次培养经营管理人员的探索，如与清华大学等知名大学合作培养高层次经营管理人才。2006 年，全国各类机构共对 680 多万名中小企业经营者进行了免费面对面培训和网络远程培训。

在创业服务方面，推动"创办小企业、开发新岗位"工作，4 年来，中央财政累计补助资金 4332 万元，共支持 13 个城市、29 个创业基地的 254 个服务机构，为 7.7 万个创业者和创办初期的小企业提供创业服务。举办第四届全国中小企业网上百日招聘高校毕业生活动，共有上万户中小企业上网发布了招聘信息，提供就业岗位 12 万个。不少省市在全省范围内开展"全民创业"活动，并积极探索通过"创业基地"为小企业提供发展载体。

在管理咨询方面，国家发展和改革委员会积极推动开展中小企业管理咨询服务，专门从中小企业服务体系专项资金中安排部分资金支持企业管理咨询和产业集群战略咨询。中小企业服务机构和专业咨询机构积极探索为小企业提供诊断服务，推动企业管理创新。

在技术支持方面，按照建设创新型国家总体目标的要求，国家加大对中小企业技术创新支持，2006 年国家"科技型中小企业技术创新基金"扶持了近千家具有自主知识产权的高技术企业。2006 年，国家中小企业发展专项资金安排了 2 亿元，共支持 321 户中小企业技术进步和结构调整项目，带动了约 76 亿元的社会投资。中央有关财政专项资金和各省市开始支持技术公共服务平台建设，如河北省从 2005 年支持 20 个产业集群技术平台建设。

在信息服务方面，国家发展和改革委员会、信息产业部、国务院信息办共同组织实施中小企业信息化推进工程，动员大型信息技术企业联手搭建平台，启动百万中小企业信息化培训，鼓励中小企业上网开展电子商务，提高中小企业的技术创新能力和信息技术应用水平，全面推进中小企业信息化。不断完善中国中小企业信息网，每天发布上千条信息，日均点击量超过 30 万次，总点击量超过 2 亿次。

## （三）着力解决融资难，积极拓宽融资渠道

从间接融资方面看，大力推动信用担保体系建设，中小企业融资担保工作取

得积极进展。国务院办公厅转发了国家发展和改革委员会等部门《关于加强中小企业信用担保体系建设意见的通知》（国办发〔2006〕90号），中国人民银行下发《关于中小企业信用担保体系建设相关金融服务工作的指导意见》和《关于开展中小企业信用体系建设试点工作的通知》。截止到2006年底，全国已设立各类中小企业担保机构3366家，累计为37.9万家中小企业提供了担保服务，担保总额8051.9亿元，累计实现收入257.7亿元。国家发展和改革委员会、国家开发银行下发了《关于深化中小企业贷款与信用担保体系建设工作的指导意见》，国家开发银行会同国家发展和改革委员会已在全国212个地区建立了中小企业贷款合作机制和183个贷款平台。截至2006年底，主要银行金融机构授信中小企业485万户，比年初增加1.7万户，授信总额当年增加5070亿元；小企业贷款余额2.68万亿元，比年初净增2057亿元。

从直接融资方面看，证监会积极推进中关村科技园区非上市股份公司进入系统进行交易的试点工作，逐步完善中小企业板块，积极推进创业板市场建设，鼓励中小企业到境内外上市融资。2006年是非公有制上市公司增加最多的一年，全年私营控股上市公司增加了28家，占全国新增上市公司数量的39.4%，发行股份10亿多股，募集资金84.6亿元，占全部新募集资金的14.5%。2006年底，深圳中小企业板上市公司已达110家。2006年底，全国共有典当行2494家，累计注册资本246亿元。全国已营业的2052户典当行2006年典当总额达960亿元，比2005年增长40%。

## （四）创业环境有所改善，企业自身素质进一步提高

"非公经济36条"颁布以来，经过各部门共同努力，非公有制经济的市场准入环境、服务环境、融资环境、市场环境、舆论环境都发生了积极变化，2006年新办个体私营企业增加，治理结构不断改善，自身素质不断提高。

创业规模和质量不断提高。2006年，全国注册私营企业已达498.1万户，增长15.8%；注册资金达到7.6万亿元，增长24%；从业人员6586.3万人，增长13.1%；投资者人数1271.7万人，增长14.6%。2006年私营企业户均注册资金为152.8万元，比2005年提高了10万元。注册个体工商户2596万户，较2005年底增长5.3%；注册资金总额为6468.8亿元，增长11.4%；从业人员5159.7万人，增长5.29%。

企业治理结构不断改善。据全国第七次私营企业抽样调查，到 2006 年 9 月底，独资企业比例为 21%，比两年前降低了 1.5 个百分点；合伙企业比例为 7.4%，降低了 0.3 个点；有限责任公司比例为 65.6%，提高了 2.7 个百分点。抽样调查还显示，私营企业中设立股东大会的占 58.1%，比两年前提高 1.4 个百分点；建有党组织的占 34.8%，提高 4 个百分点；建立工会的占 53.3%，提高 2.8 个百分点；设立了职代会的占 35.9%，提高了约 5 个百分点。

企业自主创新能力不断增强。我国专利申请中，私营企业申请量占 41%，高于其他经济成分；全国有 7 个省的私营企业专利申请比例超过 50%，有 6 个省的私营企业发明专利申请超了 50%。我国民营科技企业目前已达约 15 万家，在 53 个国家级高新技术开发区中，70% 以上为民营科技企业，其科技成果占全国高新区的 70% 以上。

## 三 非公有制经济发展存在的主要问题

### （一）对发展非公有制经济的认识还不一致

有的地区和部门的同志在鼓励、支持和引导非公有制经济发展时仍然有顾虑，思想认识还没有统一到中央关于促进非公有制经济发展的一系列重要精神上来；有的单位和省市贯彻落实"非公经济 36 条"的工作进展不快，涉及市场准入、财税、金融等重大政策措施还有待加快制定，有些措施有待于进一步细化并落到实处；有的地方政府和投资者对"非公经济 36 条"具体条款片面理解，出现了石油等领域市场准入秩序混乱的情况。还有些地方层层下指标考核，在一定程度上出现了"拔苗助长"的情况，上述几方面都应引起注意。

### （二）融资难问题依然十分突出

银行信贷资金原是中小企业融资的主要渠道，但获得的支持却很有限。在我国，国有商业银行为防范金融风险实施"大企业、大城市、大项目"，上收贷款权限，大规模撤销基层网点，股份制商业银行、城市信用社和农村信用社等中小金融机构信贷能力有限，国家金融资源分布与中小企业空间布局不相适应。据统计，2006 年底，全部金融机构（含外资）人民币各项贷款余额为 22.53 万亿元，在短期贷款构成中，乡镇企业贷款比重仅为 6.32%，私营企业及个人贷款比重为 2.71%，三资企业贷款比重为 1.86%。

### （三） 财税等方面的政策有待进一步改善

在国债等公共财政资金分配中，非公有制企业能够获得的比重远低于其在国民经济中的比重。现行税制将纳税人分为一般纳税人和小规模纳税人，个体私营企业以小规模纳税人为主体，实际税负要高于一般纳税人。由于固定资产的进项税不能抵扣，民营科技企业税负明显比其他企业要高。在企业所得税方面，虽然颁布了新的所得税法，但是对于小型微利企业的标准尚未确定。一些政府部门把非公有制企业作为摊派各种费用的对象，在地方财政收支难以平衡的情况下，将一些行政管理费用转嫁给非公有制企业。收费项目过多，乱收费现象还普遍存在，费大于税仍是企业反映的主要问题。

### （四） 市场准入方面的公平待遇还没有完全落实

同国有企业、外资企业相比，非公有制企业无论在市场准入方面，还是在要素获得方面，都受到程度不同的歧视。即使在允许进入的行业，与其他所有制企业相比，非公有制企业也存在门槛过高、前置性审批复杂等问题，甚至"名义开放、实际不开放"的现象仍比较突出。"一视同仁，平等竞争"的政策原则，尚缺乏具体的落实措施作保证。此外，部分非公有制企业无视国家产业政策和法律法规，在没有资质条件的情况下进入到某些产业，违反了市场准入相关规定，破坏了正常的市场秩序。

### （五） 经济运行中仍存在一些突出问题

一是原材料价格上升过快。工业品出厂价格上涨 3%，而原材料、燃料、动力购进价格上涨 6%，企业面临较大的成本上升压力。二是出口退税率下调、出口加工贸易政策调整等因素变化，对出口型企业影响较大。2006 年进口价格同比上涨 4.8%，出口商品价格同比仅上涨 2.9%。由于出口产品技术含量不高、缺乏独立品牌，"价格战"往往成为主要竞争手段，不少企业陷入恶性竞争境地。三是企业面临招工难。据广东省劳动部门调查，2006 年广东六成企业严重缺工，平均 1.5 个岗位争夺一个求职者，平均每招进一个工人的同时有 0.73 个工人流失。即使在中西部地区，企业也普遍存在招工难、留人难的问题。

### （六）国际贸易摩擦日趋加剧

目前已进 WTO "后过渡期"，国际能源价格高位波动，全球经济失衡矛盾突出，主要经济体货币政策趋紧，国际经济环境也存在诸多不确定因素，由此造成的风险和压力正在逐渐增大，全球范围的贸易保护主义有所抬头。非公有制企业面临的国际贸易摩擦日趋加剧，企业发展的外部不确定因素增多。2006 年以来，世贸成员国针对我国的反倾销调查占各国总数的 1/3 强，技术性壁垒的设置也有愈演愈烈之势，对企业的经济效益和生产经济造成一定影响，我国企业遭遇的形势日益严峻。

### （七）非公有制企业自主创新能力尚待进一步提升

目前我国大部分非公有制企业从事的是第三产业中的劳动密集型行业，规模小、设备陈旧、工艺落后、科技含量低、市场竞争力差。这些非公有制企业往往偏重于数量上的扩张，而忽视企业整体素质的提高。据调查，我国只有不到 1/3 的非公有制企业拥有独立的研发机构，有 56.34% 的企业近年来没有任何技术活动。非公有制企业的经营管理方式普遍比较落后，产权制度安排不尽合理。还有部分企业缺乏诚信，管理不规范，非公有制企业在节能减排和环境约束方面表现也比较突出。

## 四　促进非公有制经济发展的政策措施

中央关于非公有制经济发展的方针政策已经十分明确，要进一步解放思想，更新观念，协调配合，重点突破，把各项政策措施落到实处。

### （一）统一思想，提高认识

鼓励、支持和引导非公有制经济健康发展，思想观念上还要进一步转变，要进一步把思想统一到中央方针政策上来，统一到宪法精神上来，统一到"非公经济 36 条"的要求上来，加大宣传力度，创造更加有利于非公有制经济发展的良好氛围。要坚持两个"毫不动摇"，坚持以全面落实科学发展观为指导，做好"非公经济 36 条"贯彻落实工作，确保完成 2006 年各项任务。

### （二）加快配套文件出台

加快制定并完善与市场主体相关的法律法规，研究制定和认真落实《中华人民共和国中小企业促进法》、"非公经济 36 条"的相关配套政策和措施，特别是放宽和规范市场准入、财政税收、信用担保和融资等方面政策措施，力争在 2007 年底前全部能出台。

### （三）继续深化完善相关措施

已经出台配套措施的单位要抓督促、检查，并且在实践中不断完善。重点是要把各个领域的市场准入工作做好，加紧出台具体办法。从法规文件和出台的政策看，文字上的限制语言不多了，具体操作中还有一些问题，对社会上反映看不见碰得到的"玻璃门"问题，要高度重视，真正做到"平等准入、公平待遇"。进一步打破行政垄断及基于行政的经济垄断，推进行业准入政策与管理的公开化、公平化、程序化、规范化。

### （四）改革财税和金融体制

融资难是制约非公经济和中小企业发展的瓶颈。人民银行、银监会、证监会、国家开发银行、进出口保险公司等部门和单位做了大量工作，在具体措施上还需要深化完善。要加快财税体制和金融体制改革，建立适合和满足各类企业需要的信贷体系，引导和鼓励金融机构改进金融服务，创新金融产品。调整信贷结构，增加对非公有制经济的贷款。建立和完善多层次的资本市场。统一各类企业税收制度，对创业型、就业型、科技型、服务型中小企业实行税收扶持。规范各类行政事业收费，切实制止摊派。

### （五）实施中小企业成长工程

全面实施中小企业成长工程，抓紧制定中小企业服务体系规划，加大对非公有制企业的培训、政策宣传力度。"十一五"规划纲要提出要实施中小企业成长工程，国务院也列入了 2006 年工作要点。2006 年国务院召开了全国中小企业工作座谈会，曾培炎副总理发表了重要讲话。通过实施中小企业成长工程，力争用 5 年的时间，使非公有制企业的发展环境明显改善，努力形成一批在管理和技术上达到或接近国际先进水平的非公有制企业，培育一批科技含量高、拥有自主知识产权和品牌的产品，发展一批特色明显、结构优化、体系完整的产业集群；促进中小企业新增城镇就业和吸纳农村转移劳动力达到一个新水平；使中小企业单位产值能耗降低、单位产值用水量降低、污染物排放量减少等指标达到全国平均水平；使中小企业社会责任得到履行，诚信水平明显提高，精神文明建设不断加强。

### （六）改进对非公有制经济的监管

有关监管部门要正确引导，把管理和服务结合起来，目的还是要使企业健康成长。要在安全生产、环保卫生、资源开发等许多方面加强正确引导，努力实现"两个健康成长"，即"促进非公有制企业家健康成长，促进非公有制企业健康发展"。

### （七）加强领导，搞好协调配合

进一步改进对非公有制经济发展的指导，加强政策协调，改进对非公有制经济的监督，形成促进非公有制经济发展的政策合力。加强与有关部门之间的分工协作和密切合作，加强与企业、地方的沟通，经常听取非公有制经济的意见和建议。

作者单位：国家发改委中小企业司

# 努力开创非公有制经济参与
# 国防科技工业建设的新局面

在市场经济不断完善这样一个大背景下，面对国防科技工业调整改革正酝酿着新的有利契机，尤其是《国务院关于鼓励支持和引导个体私营等非公有制经济发展的若干意见》（以下简称《若干意见》）和《国防科工委关于非公有制经济参与国防科技工业建设的指导意见》（以下简称《非公指导意见》）等相关配套政策发布后，许多非公有制企业在完成一定的技术和资金积累的基础上，以其资金、技术、体制和管理上的优势，通过多种运作方式，开始进入具有巨大商机的军品市场，这不仅对原本僵化的武器装备科研生产管理体制和机制产生巨大的冲击，也为武器装备科研生产注入了新的活力。

## 一 非公有制经济参与国防科技工业建设的基本状况

### （一）非公有制经济参与国防科技工业建设重大意义的认识进一步深化

受计划经济体制和传统观念影响，改革开放之初，人们曾对非公有制经济参与国防科技工业建设产生怀疑和忧虑，随着实践发展，《若干意见》和《非公指导意见》的发布，人们对非公有制经济参与国防科技工业建设重大意义的认识不断深化。

**1. 进一步认识到是贯彻党中央、国务院方针政策的必然要求**

党和国家把大力发展非公经济作为一项基本方针，是在社会主义市场经济条件下发展国民经济的一项战略决策，是各部门、各阶层都要贯彻落实的方针政策。国防科技工业有其特殊性，但是离不开国民经济建设的大环境，认真贯彻落实国家方针政策，主动适应社会主义市场经济发展的客观要求，是发展国防科技工业的必须选择。支持和推动非公有制经济的发展壮大，不仅仅是其他行业的事，国防科技工业也大有作为，在推动和促进国防科技工业快速发展过程中，为非公有制经济提供发展舞台，是贯彻党中央、国务院方针政策的必然要求。

**2. 进一步认识到是建立军民结合、寓军于民新体系的客观需要**

建立军民结合、寓军于民国防科技工业新体系，是党中央、国务院做出的具有全局意义的战略性决策。建立军民结合、寓军于民新体系，要从根本上打破过去固有的军民界限。国防科技工业在发挥自身重要战略地位和作用，积极参与国民经济建设的同时，也要改革开放，要充分吸纳和利用社会资源，推动民用经济包括非公经济进入军品市场，参与国防科技工业领域的建设，将国防科技工业寓于国民经济基础之中，实现军民良性互动，协调发展。非公有制经济在国民经济中所占比例越来越大，只有积极、正确地引导非公有制经济参与国防科技工业建设，才有利于国防科技工业新体系的建立，才能真正将军民结合、寓军于民的方针落到实处。

**3. 进一步认识到是推动国防科技工业体制机制创新的重要举措**

近年来，国防科技工业改革不断深化，取得了一定成效。但国有军工企业产权结构单一，企业运行机制不活、效益不高的问题还没有得到根本解决。只有通过体制机制创新，才能逐步解决那些影响国防科技工业改革发展中的深层次矛盾和问题。非公有制企业多数是按照现代企业制度创立的，在体制和机制上具有很强的创新能力，而且逐渐形成了与市场相适应的运营机制，在管理理念和方式上具有较强的现代意识。引导非公企业进入军品市场领域，有利于实现军工企业产权多元化，推动军工企业建立现代产权制度和现代企业制度，增强企业自主发展能力和市场竞争能力，实现国防科技工业体制机制的根本转变。

**4. 进一步认识到是加快武器装备发展的有效途径**

国防科技工业肩负着迎接新军事变革挑战和做好新军事斗争准备的历史使命，如何又好又快地发展高技术武器装备，是国防科技工业建设的首要任务。虽然，近年来国家对军工行业投入的力度较大，国家集中了一部分财力，用有限的资金发展更多更好的高技术武器装备，但国家的财力毕竟是有限的，对军工的投入也会随着国际政治军事形势的变化和对敌斗争的需要而进行调整。鼓励和引导非公有制经济特别是高科技非公有制企业参与军品科研生产，充分利用他们的资本、人才和技术资源来发展武器装备，是一条增加国防实际投入、降低军品科研生产成本，加快武器装备发展的有效途径。

**5. 进一步认识到是推进国防科技工业管理模式转变的一种有效措施**

允许非公有制企业参与国防科技工业建设，是对国防科技工业管理人员思维模式、工作方式和方法的一次重大冲击，是一次思想认识上的革命。过去有的同志对非公有制企业存在偏见，认为他们技术落后，不讲诚信，安全保密意识薄弱，根本不可能让他们去承担军品任务，眼里只盯着集团公司、军工企业。《非公指导意见》发布后，进一步明确了允许非公有制经济参与国防科技工业建设，所管的"军工企业"不单单指纯国有军工企业了，而是无论所有制性质如何，只要承担军品科研生产任务，就要纳入国防科技工业的管理范围，管理对象扩大到以全社会为基础的国防科研生产活动，这是一个重大变革，作为国防科技工业主管部门的工作人员，观念就必须要改变。而且，今后对非公有制经济参与军品科研生产活动不仅要欢迎，还要给予积极的支持和帮助。这场变革必将要求行业主管部门对现行的管理体制、管理模式，乃至管理方式和方法做出重大调整。

## （二）非公有制经济参与国防科技工业建设的优势特征进一步得到体现

随着市场经济的不断发展，我国非公有制经济迅速成长壮大，涌现出一大批实力雄厚的非公有制企业，他们在为国防科技工业建设的过程中，发挥了重要作用，优势特征得到进一步体现。

**1. 非公有制企业已经具备很强的实力**

在新形势下，经过多年的发展和市场规范化运作，参与国防科技工业建设的非公有制企业大多建立了现代化的企业管理制度，很多企业都通过了ISO9001国际质量管理体系认证，有的还进行了CMM认证。这类企业装备先进、配套协作能力强，拥有精干高素质的人才队伍，技术产品起点高、军民通用性强，并具有快速的开发能力，进入国防科技工业建设领域，参与军工科研与生产任务竞争，比较优势更加明显。

**2. 非公有制企业具有较强的竞争力和市场意识**

面对科研生产体系基本齐全的军事工业，这些非公有制企业特别是高科技民营企业不是靠市场需求的过度旺盛而拉动，而是靠自身较强的竞争能力和对市场需求的开发与创造而赢得一席之地的。他们参与军品科研生产的积极性很高，为部队使用部门和军工科研生产单位提供的产品和技术服务质量好、效率高，取得了用户的信誉，实践证明，参与国防科技工业建设的非公有制企业，具备更强的竞争能力和市场服务意识。

**3. 非公有制企业具有较活的体制、机制**

它们采取专业化、大协作、技工贸一体化的经营模式，形成了与市场相适应的体制、运作机制和企业文化，在经营理念及管理方式上具有较强的现代意识，已摆脱了计划经济经营方式和早期民营经济的粗放式经营方式。它们在不能享受军工企（事）业同等的各种优惠政策的情况下，仍能依靠其体制、机制上的创新优势获得一定的利润，充分显示其生命力和竞争力。对军工系统的深化改革、扩大开放以及寓军于民新体制的建立与发展，竞争、评价、监督、激励"四个机制"的建立与发展等方面都产生了积极的影响。

**4. 非公有制企业人力资源丰富，技术创新能力强**

参与军品科研生产的非公有制高科技企业的高层管理者，都接受过正规的高等教育，具有较高的文化素质和技术专长；这些公司大都在一定的技术领域具有优势，拥有一技之长或技术诀窍，在技术开发和管理机制上具有较强的创新能力；非公企业有着灵活的用人制度和适合市场经济的激励机制，再加上良好的经济效益，能够吸引大量优秀的人才；在竞争市场的压力下，非公企业也越来越重视技术研发及其投入，表现出了较强的创新潜力。

## （三）非公有制经济参与国防科技工业建设成效斐然

随着非公有制经济参与国防科技工业建设实践的发展，非公有制经济为国防科技工业的发展，发挥了巨大作用，并呈现出良好发展态势。

**1. 非公有制经济参与国防科技工业建设的地位不断提升**

在科学技术作为第一生产力的推动下，我国涌现出一批具有国际知名度的非公有制高科技大公司大集团。这些企业已经在一些重要的技术领域走在了全国前列，其中许多技术也被应用到军事领域。非公有制高科技企业的发展壮大，为我国国防科技工业的发展提供了一支重要推动力量。许多非公有制企业积极参与武器装备科研生产，为国防建设作出了重要贡献。这些非军工企业不仅包括国有企业、私营企业、外资企业以及混合所有制企业，而且还涉及机械、冶金、有色、化工、纺织、建材、轻工等诸多行业，为核、航空、航天、船舶、兵器、军用电子等各个领域的国家重要工程提供了大量科技含量较高的配套产品，成为军品科研生产的一支较为重要的力量。

**2. 非公有制企业参与军品科研生产的领域和范围日益扩大**

参与军品科研生产的非公有制企业承担着各类军品任务，从一般的配套产品到分系统，参与军品科研生产的领域不断扩大。据不完全统计，非公有制企业承担的分系统类军品任务和关键零部件类军品任务，分别占到了它们生产任务总数的14%和20%。在参与军品科研生产的外资企业中，也有些企业承担着分系统和关键零部件性质的军品任务。调查显示，全国已有十几家中外合资或外商独资企业在从事军品科研生产，分别从事一般分系统和一般配套件的生产，军品产值达到近亿元。从调研的情况来看，非公有制企业已经成为国防科技工业的重要组成部分。

**3. 非公有制企业军品任务来源渠道不断拓宽**

据不完全统计，近年来非公有制企业军品科研投入不断增多，其军品任务除了各总装总成上游单位外，许多非公企业通过市场竞争的手段从军方、国防科技工业所属企业或配套单位获得部分军品科研生产任务，非公有制企业在军品任务来源上实现了多元化。军品任务来源渠道的多元化有助于拓宽非公有制企业参与军品科研生产的途径，有利于调动非公有制企业参与军品科研生产的积极性，有利于促进非公有制企业在参与国防科技工业建设上发挥更大作用。

**4. 非公有制企业参与国防科技工业建设的不可替代作用不断增强**

随着市场经济体制的不断完善，军工行业垄断壁垒不断被打破，一批专门从事军品科研生产的非公有制企业应运而生，极大地壮大了我国国防科技工业的科研生产实力，使国防科技工业走上了利用全社会资源良性发展的新路。近年来非公有制企业承担的军品任务大多具有基础性强、品种多、批量小、技术难度高的特点，传统军工企业要么不能生产，要么不愿意生产。这些产品多而杂，并且技术较为复杂，属于我国技术基础薄弱领域，非公有制企业参与国防科技工业建设不可替代的作用更加明显。

实践证明，鼓励和引导非公有制企业参与国防科技工业建设，对于充分调动和利用社会各种资源、扩大武器装备科研生产基础、提高武器装备研制生产水平、促进军工企业管理体制和运行机制创新、加快形成军品市场有序竞争、推动寓军民新体制的建立等方面都具有重要作用。

## 二 非公有制经济参与国防科技工业建设存在的主要问题

非公有制企业参与军品科研生产虽然出现良好的发展态势，但也存在着许多亟待解决的问题。主要表现在以下几个方面。

### （一）思想观念障碍

受计划经济传统观念的影响，仍有些人对非公有制企业参与军品科研生产存有疑虑，担心保密工作没有保证、非公有制企业不稳定、售后服务无保障、靠不住；受部门利益分配的影响，担心非公有制企业进入军品市场将会与军工企业争任务、争经费，怕他们夺了自己的饭碗等。

### （二）法律建设滞后

一是现行法律法规大多是针对传统军工企业，非公有制企业无所适从，非公有制企业参与军品科研生产的合法权益也没有制度性的保障。二是目前国家对非公有制企业承担军品科研生产任务仍没有明确法律规定，处于无法可依状态。三是部分政策法规已明显不适应新形势的要求，如，1988 年施行的《中华人民共和国私营企业暂行条例》第十二条规定"私营企业不得从事军工、金融业的生产经营"。

### （三）政策不配套

一是在税收政策上，多数承担军品生产任务的非军工企业不能享受税收优惠政策，难以实现公平竞争。二是一些财政优惠政策只有中央预算内军工企业才能享受，承担军品任务的非公有制企业不能享受，不能做到一视同仁。三是在价格政策上，现行的军品价格，缺乏对非公有制经济参与国防科技工业建设的激励作用。四是在扶持政策上，虽然相关文件规定了可以给予承担军品任务的非公有制企业资金支持，但如何获得，仍缺乏明确的具体扶持政策措施。

### （四）军品需求信息不对称，渠道不畅通

军品需求信息缺乏规范的沟通渠道，供求信息不对称问题使非公有制企业在参与军品科研生产任务的竞争中丧失许多机会。调研表明，非公有制企业对参与军品科研生产有很高的积极性，特别是一些技术水平高、资金实力雄厚的大型高科技非公有制企业，迫切希望能够为国防建设作出贡献。但由于不知道怎样进入，找不到进入军品市场的大门，而被挡在军品市场之外。如某企业成立于1991年，现是一家拥有资产过亿元的非公有制企业，开发的电子产品覆盖金融、交通、政府、能源、出版、公安等多个领域，是集软件研发生产、信息技术服务、信息系统集成于一体的高科技非公有制企业，属该省软件产业的龙头企业，该公司有能力、有实力，也很希望将自己的产品服务于国防信息化建设，但不知怎样进入，从何做起，找不到门。再如，某公司是1997年成立的非公有制企业，职工2000余人，主要生产各种特种汽车、双驱动桥、支承车轿等产品，公司占地1500余亩，拥有600多台套各种先进的生产和检测设备。2005年实现销售收入近20亿元，利税约2亿元。集团公司强烈希望能有机会为军用特种车辆提供技术含量高的产品，为国防建设作出贡献。该集团董事长表示，公司愿意为国防建设服务，不仅仅是为了追逐利润，更多的是为了一份奉献、一份责任，但苦于无门，不知怎样进入。

### （五）军标民标不统一

军标民标相互独立，以及各行业条块分割，使产品技术标准难于统一。由于军品配套涉及的行业多，而各个行业基本上都有自己的技术标准，致使非公有制企业承接军品任务时在技术标准的统一上面临很大困难，有时甚至会影响军品科研生产任务的顺利完成。

### （六）企业规模偏小

非公有制企业平均拥有职工人数、中高级科技人员，与国防科技工业本身要求的资金密集、科技人员集中度高的特点还有较大差距。企业规模小、科技人员少，科研开发和生产能力就相对不足，所以参军非公有制企业首先要从扩大企业规模，增强科研实力入手，把企业做大做强，只有这样才能更好地参与到国防科技工业建设中来。

## 三 努力开创非公有制经济参与国防科技工业建设的新局面

### 1. 加快研究制定相关法律法规

要尽快建立健全军工科研生产相关的法规制度和各项管理办法，明确规范政府、非公有制企业以及中介机构等在军工科研生产活动中的行为以及相应的游戏规则，规范非公有制企业进入军品市场和退出军品市场的程序和机制，建立非公有制企业参与军品科研生产应遵循的规则等，为非公有制企业进入军品市场创造一个良好的政策环境。

### 2. 转变政府职能，实行科学化管理

目前，国防科技工业的武器装备科研生产，已由计划经济管理模式向指令下计划合同制管理模式转变。在这种转变过程中，市场配置资源的作用逐渐增强。因此，对非公有制企业参与军品科研生产，不能再用计划经济管理模式来管理，不能简单地理解为，开口子、给任务，落实优惠政策，从而把非公有制企业变成为"军工或国有单位"。政府管理部门应按照党的十六届六中全会的精神，首先要转变职能，改变沿用多年的传统管理方式，市场能够解决的，就交由市场去解决，社会中介组织能够解决的，就交由社会自律组织解决，按照市场经济规律的要求，实行科学管理。要贯彻平等准入原则，为非公有制企业进入国防科技工业建设领域打通渠道、清理各种障碍。要贯彻公平待遇原则，在投资、税收、价格政策等方面对非公有制企业给予公平合理的政策支持。要贯彻严格监管原则，在放宽市场准入的同时，还要确保国家控制力，提高政府驾驭军品市场能力，依照法律手段、经济手段维护公平和有序的市场环境，确保军品市场健康发展。

### 3. 武器装备科研生产市场应逐步有序向非公有制企业开放

随着行业准入的放宽和市场化的深入，市场竞争日趋公平、公正、公开。国家允许非公有制企业参与国防科技工业建设的范围不断扩大，参与的领域也会不断拓宽，使非公有制企业参与军品科研生产，会呈现出不断扩大的趋势。在这种趋势下，在确保国家控制力的前提下，按照逐步放开、有序发展、动态管理的原则，军品市场要有序地向民用及民营企业逐步放开，积极稳妥地鼓励和引导社会资本参与国防建设，使非公有制企业规范有序地进入军品市场。

**4. 建立和完善非公有制企业进入军品市场的许可证制度**

随着军品市场对非公有制企业开放的扩大，非公有制企业参与武器装备科研生产活动会越来越多，对非公有制企业参与武器装备科研生产许可目录范围内的科研生产活动，应加快建立和完善非公有制企业进入军品市场的许可证制度，可逐步面向社会发放许可，由生产性许可证向资质性许可证转变，使有资格、有能力的非公有制企业，规范有序地参与军品科研生产活动。

**5. 建立规范的招投标制度**

要规范非公有制企业进入军品市场，就必须实行规范的招投标制度。我国现在实行的指令性计划下的合同制，以行政审批和干预为主导，缺乏有效的、规范的招投标制度。我国加入世界贸易组织后，事先审批制度逐步让位于事后监督制，1997年3月颁布的《中华人民共和国国防法》规定实行的国家军事订货制度，2002年出台的《中华人民共和国政府采购法》，这些法律法规的出台都为军品市场实行规范的招投标制度奠定了基础。除涉及国家战略安全、国家核心机密外，武器装备科研生产应尽可能采用公开招标的方式。在建立招投标制度中，应为非公有制企业参与武器装备科研生产提供多种竞争方式，允许符合军品科研生产资格审查条件的非公有制企业，参与军品科研生产任务的招投标竞争，加大武器装备科研生产的竞争力度。

**6. 建立武器装备科研生产需求信息的发布制度**

当前非公有制企业参与军品科研生产是在一种无序的、偶然的状态下进行的。主要靠这些企业的原军工背景及其熟人关系，相互了解有关需求信息，而获得武器装备科研生产任务的。这种靠熟人、老关系构成的信息渠道是难于长久的、不规范的。其主要原因是装备发展需求是按现行各部门的计划渠道进行上下沟通，实施指令性计划管理，使军品需求信息缺乏规范的沟通渠道、信息不对称而造成的。因此，应建立军品需求信息发布制度，将一定范围的产品和技术以项目发展指南和项目发展计划的形式，定期在一定范围内进行信息发布和项目招标。

**7. 建立非公有制企业进入军品市场的安全保障机制**

我们不仅要开拓非公有制企业进入军品市场的通道，还要保证这个通道里不出现偏差，这就需要建立相应的安全保障机制。进入军品市场的非公有制企业，特别是非公高科技企业是完全按照市场规则运作的，它们承担的军品任务可能产生的风险要远远大于军工集团。因此，要建立非公有制企业进入军品市场的安全保障制度。一要建立国家投资形成的资产登记制度；二要建立国家投资形成的国防资产处置的审报制度；三要对进入军品市场的非公有制企业建立必要的评估体系，并对它们实行动态管理和黑名单制度。同时还要尽快建立非公有制企业进入军品科研生产的有关制度和管理机制。如技术、质量、保密、诚信等有关资质审核制度；建立登记造册、规范培训、信息管理等一系列完整的准入管理机制。

作者单位：国防科工委政策法规司政策处

# 中国民营企业并购报告

自从中国改革开放以来，企业并购就逐步成为中国经济的一个重要现象，近年来，在中国的并购市场上，民营企业的作用与影响日益扩大。实际上，在市场的一般性并购，即在中小型企业并购中，大多数都是由民营企业完成的。因此，从总体上看，民营企业已经成为中国企业并购的基本力量。但由于自身原因和外部因素的影响，民营企业的并购依然存在一些问题。解决这些问题，不但要求民营企业家不断提高自己的水平，还要求政府部门要制定相应的支持政策，两方面共同努力才能更好地推动我国民营企业的并购发展。

## 一 并购是民企做大做强的有效途径

在 2006 年 5 月份举行的"2006 全国并购年会"上，全国政协副主席、全国工商联主席黄孟复说："并购是民营企业做大做强的重要途径。"[1] 他认为，从 2000 年以来历年评选出的十大并购事件和十大并购人物中可以看出，民营企业并购呈日益增多的趋势。之所以有如此多的民营企业参与并购，是因为客观条件的限制，中国现有的民营企业大多实力有限，民营企业已经看到，必须依靠资本的集聚与集中才能实现民营企业的做大做强，而并购就是实现资本集聚与集中、

---

[1] 全国工商联并购工会网站：http://www.ma-china.com/chinese/meeting/2006meeting/detail/hmf.htm。

推动企业做大做强的最主要途径。

我们认为，由民营企业的并购来实现企业做大做强，不仅仅是民营经济发展的目标之一，也是国家经济安全战略的重要内容之一。在经济全球化时代，国际资本和跨国公司正是凭借其雄厚的实力，以并购为手段，逐步地渗透进其他国家的市场，逐步地控制掌握全球的经济命脉。面对这样的竞争压力，做大做强民营经济，强化民族工业的独立地位，是我们的历史使命。

但需要提醒民营企业的是，并购是一个复杂的经济现象，是一个艰难的操作过程，特别是大规模并购和跨国并购，更是充满曲折和风险。从总体情况看，多半的企业并购并不很成功。因此，我们的民营企业，应清醒地看到潜伏在其中的风险和危机。所有参与并购的民营企业，都必须要有这样的风险与危机意识。

黄孟复主席在会上还表示，在中国，并购要获得成功，除了企业的自身实力和努力外，离不开政策支持，离不开政府帮助，也离不开社会中介机构的参与和支持。中国的企业并购历史不长，企业、中介机构和政府部门在这方面的经验与知识都不成熟，必须加强学习与研究。一段时间以来，民营企业在跨地区并购中，在参与国有企业改组改造的过程中，曾遇到形形色色的来自地方保护主义、部门保护主义的阻力。这些矛盾不去处理好，民营企业难以得到并购所必需的正常的外部环境。因此，国家应该在法律、政策、金融服务等方面进一步深化改革，进一步落实"非公经济 36 条"，让民营企业在中国并购市场上施展身手，发挥更大的作用。

## 二　民企在我国企业并购历史演进中的角色

在中国，民企并购的历史，是随着民企市场主体地位的确立过程和国有企业改制的推进而不断演进的。

中国的并购历史可以分为四个阶段。[①]

### 探索阶段（1984～1987 年）

1984 年 7 月，保定纺织机械厂和保定市锅炉厂以承担全部债务的形式分别

---

① 2006 年 9 月 15 日《管理智慧》。

兼并了保定市针织器材厂和保定市鼓风机厂，拉开了中国企业并购重组的序幕。这一时期的并购有以下特点：并购数量少，规模小，都在同一地区、同一行业进行；政府以所有者身份主导并购，其目的是为了消灭亏损，减少财政包袱；并购方式主要是承担债务和出资购买。

### 第一次并购浪潮（1987～1989 年）

1987 年以后，政府出台了一系列鼓励企业并购重组的政策，促成了第一次并购高潮。20 世纪 80 年代全国 25 个省、自治区、直辖市和 13 个计划单列市共有 6226 个企业兼并了 6966 个企业，共转移资产 82.25 亿元，减少亏损企业 4095户，减少亏损金额 5.22 亿元。1989 年，我国颁布的《关于企业兼并的暂行办法》规定被兼并的对象主要是：资不抵债和接近破产的企业，长期经营性亏损或微利的企业以及产品滞销、转产没有条件、也没有发展前途的企业。这段时间民用企业发展也处于起步和成长阶段，并购主体以国有企业为主。在这个时期，中国的并购呈现半行政化的短期扩张，这个时候一汽、二汽等一批国有大中型企业在短缺期里面要打破承包制的产权障碍，通过大规模的松散联合走到紧密联合，进行大规模的资源重组，建立国家的大公司。

### 第二次并购浪潮（1992～2001 年）

1992 年小平同志的南方谈话确立了市场经济的改革方向，促进了我国企业并购重组的进程。1995 年，国有企业改革如火如荼，政府实施了"抓大放小"的国有企业改革战略，放小就意味着部分国有资产的有序退出，这为民企进行资本运营，实施并购战略提供了一个良好的契机。1997 年 3 月，国务院下发的《关于在若干城市试行国有企业兼并破产和职工再就业问题的补充通知》，政府鼓励优势企业兼并困难企业，间接鼓励优秀民营企业兼并境况不乐观的国有企业。之后随着产权交易市场和股票市场的发育，企业并购的规模进一步扩大。这时并购的主体不再局限于国有企业，民营企业和外资企业纷纷参与并购，开始涌现了一批优秀的民营企业集团。这一阶段可以看做是政府与市场共同主导型并购，是指在并购过程中，政府与市场共同作用于企业的并购活动，政府通过一系列的优惠政策、法规诱导企业的并购行为，企业根据自身的发展战略在资本市场上选择并购目标。

### 第三次并购浪潮（2002 年～今）

2002 年中国正式加入 WTO，既反映了经济全球化的趋势进一步加强，又促进了中国与世界经济的接轨。中国政府先后制定了一系列并购法规，如《指导外商投资方向规定》、《外商投资产业指导目录》、《利用外资改组国有企业暂行规定》、《上市公司收购管理办法》、《上市公司股东持股变动信息披露管理办法》、《关于向外商转让上市公司国有股和法人股有关问题的通知》和《外国投资者并购境内企业暂行规定》等，引发新一轮的并购高潮的涌现。2005 年 2 月 24 日，《国务院关于鼓励支持和引导个体私营等非公有制经济发展的若干意见》（俗称"非公经济 36 条"）正式出台。在这个新中国成立以来第一部以促进非公有制经济发展为主题的中央政府文件中，将"鼓励非公有制经济参与国有经济结构调整和国有企业重组"作为重要的一条予以阐释。

## 三　民企并购的困境和优势

考察民企并购国企的历史，我们可以发现，过去一段时间的民企并购案，有不少案例以失败告终，经我们考察这类并购失败的背后不但有所有并购失败的共性，还有其独有的个性。从中，我们总结出了民企并购的五大困境。[①]

### 困境一：体制性障碍

翻阅中国民企并购国企的历史，会发现一个比较有中国特色的东西，那就是很多并购背后，都有一个重要角色起着举足轻重的作用。这个角色就是政府。

对民企而言，能否获得政府部门的支持是很关键的；另外，还有一部分的并购行为是由政府强行撮合而实现的。尽管大规模的并购活动需要政府的支持与引导。但并购行为应该是企业基于激烈的市场竞争而自主选择的发展道路，是一种市场行为，政府依靠行政手段对企业并购进行干预不仅背离市场原则，难以达到预期效果，而且往往会带给企业风险。这是一种体制性风险。

---

① 新浪财经，http://finance.sina.com.cn，2005 年 05 月 12 日。

### 困境二：政策性限制

在实际工作中，一些政府决策部门还存在歧视民营企业的现象。如在民营企业参与国企改革的时候，内外资民营企业未能享受同等待遇。目前内资民营企业的政策优惠幅度不如外资企业，这在一定程度上削弱了内资民企的竞争能力。

同时，一些制约民营企业发展的法律法规和行政规章尚未废止，如《私营企业暂行条例》、《私营企业暂行条例试行办法》等；和民营企业发展相配套的一些法律法规还未出台，如大家比较关注的"国有资产法"，这牵涉到民营企业怎么参与到国有企业改制、改造的问题。

值得庆幸的是，随着"非公经济36条"的出台，以及相关细则的逐步制定，从市场准入、财税金融支持、社会服务、政府监管、政策指引等七大方面已经形成支持和引导民营经济健康发展的政策体系，这将为民营企业并购提供良好的法制环境、政策环境和市场环境。

### 困境三：企业目标与政府目标不完全一致

民企改制国企成败的核心因素在于企业目标和政府目标的不同。

民营企业选择国企，存在不同的目的，或为投资，或为产业整合，或看好国有企业的存量资产或所拥有的土地使用权。

对政府而言，国企改制是多目标选择的，既要求国有资产保值增值，又要改善国有企业的经营状况，还要求职工合理安置，符合各地产业结构调整。

相关目标的不同，可能导致某些并购陷入"流产"的困境。不过，企业目标和政府目标也并非完全是矛盾关系。民营企业的优势在于其机制、活力等，这正是国有企业的劣势；而国有企业在管理水平、产品研发、市场营销等方面占有优势，这正是民营企业需要弥补的方面。因此，民营企业并购国企的过程，是一种优势互补。

### 困境四：并购后的整合难题

统计数据表明，我国民企通过并购获取成功的案例并不太多，甚至很多效益不错的企业由此濒临破产乃至被淘汰出局。

造成这些失败最根本的原因是并购后的整合不力。这包括技巧、知识、关系、文化、声誉以及能力等企业无形资源的整合不力，也包括厂房、设备、机构、人员、技术等有形资源的整合不力。

因此，在并购行为结束后，企业的决策层应该采取得力措施，克服以前企业之间的文化差异，在企业的各个层次上，建立起彼此信任的关系，塑造企业共同的价值观。如此，企业的合并才是真正的合并，企业才有可能实现并购的初衷。

### 困境五：民营企业自身素质障碍

大多民营企业初始规模较小，自身有许多不足。这些不足一定程度上也造成了一种并购困境。首先是管理水平低，信息渠道不灵通，高素质人才缺乏。其次是资信等级较低，普遍存在财会制度不规范、信用观念淡薄、企业之间欺诈比比皆是等问题。这些不足导致民企并购前对产业、品牌判断不准，完成并购后，由于对可能出现的问题缺乏针对性的解决方法，容易陷入"整合困难"的泥潭。

因此可见，民企改制国企，一定要看准了行业、盯准了项目，还要充分认清自己必须承担的社会责任。

但与此同时，民营企业也有其自身特殊的优势。

首先，因明晰的产权、较少的政策约束及灵活的体制和机制而具有明显的竞争优势。民营企业产权优势是拿自己的钱投资，产权约束非常明确，因此在投资决策是非常谨慎，成功比例大。而国有企业的资本输出到国外时，经常造成侵吞国有资产，化公为私的现象。

其次，成本优势。劳动力成本低廉是民营企业的比较优势之一，对任何规模的企业都是一样的。我国大型企业特别是国有大型企业冗员过多，包袱过重，人力资源浪费的现象特别严重。民营企业生产经营使劳动力低成本的比较优势顺利的演变成了并购过程中考察标准里实实在在的竞争优势。

最后，民营企业有强大的营销优势。民营企业并不一定是最先进的技术，但往往最符合当地市场需要，而大型国有企业为追求垄断利润，总是要花大量的研发费用来获取最先进的技术。民营企业相对于正规体制框架下的国有企业，其技术、人力、生产成本都比较低。

## 四　民企并购的文化整合

以上提到的民企并购的五大困境之一就是并购之后的整合问题，其中文化整合又是整合问题中相当关键的一个环节，因此民企需要通过以下措施来加强并购之后的文化整合。

首先，强化民营企业家的文化整合意识和能力。民营企业家文化整合意识和能力的提高，是新企业文化形成的推动器。在文化整合意识上，民营企业家应该打破以往只重视硬管理的现象，要认真接受和学习企业文化等软管理的思想和技术，突破旧有思维习惯和文化观念的束缚，形成现代企业文化意识。民营企业家们应充分认识到企业文化整合的作用，克服急功近利、急于求成的思想，把企业文化整合作为企业发展战略的重要组成部分，强化风险意识。

其次，选择适用的文化整合模式。实施并购的民营企业家一般认为，自己的企业在经营业绩、管理方法和企业文化方面比被并购企业占有优势，企业文化整合就是用并购企业的文化去同化被并购企业文化的过程。其实，双方企业的文化状态、文化的内部影响力、彼此文化上的差异都会对企业并购后文化整合的模式选择产生影响，所以，选择适当的文化整合模式对于文化整合的成功有着至关重要的作用。根据双方企业文化差异的大小，可将企业并购后文化整合模式分为三种类型：（1）分离式文化整合模式，主要适用于双方企业文化差异较大，并购后双方企业的接触机会不是很多，文化不一致不会引起太大的矛盾冲突，且双方企业文化属于优质强势文化的并购。一般多用于纵向一体化或混合并购中。（2）吸纳式文化整合模式，主要适用于强势优质文化企业对弱势劣质文化企业的并购。在此模式下，强势优质文化企业将本企业的精神文化、制度文化、行为文化等内容导向目标企业，使被并购企业全盘接受并购企业的文化。（3）渗透式文化整合模式，指的是整合后的企业文化是在双方文化平等的进行交流、互相融合、取长补短的基础上，并购企业一方面将本企业的文化精华向并购对象渗透，另一方面在整合过程中有选择地接受或吸收被并购企业的文化精华，并依据并购后成立的新企业的战略目标对双方的企业文化进行逐步的调整，最终构造新企业的文化体系。

再次，实施及时有效的沟通策略。适当有效的沟通对于并购后企业文化整合意义重大，一可以消除员工紧张担心的情绪，二可以促进员工对新文化的接受和认同。企业应该建立一种沟通的良性机制，分阶段采用不同的沟通方式和媒介，以达成所有员工的共识，消除彼此间的疑惑和压力，减少摩擦，提高其对共同的新文化的认同感，最终使新企业在并购后顺利地建立起来。

最后，对于以上方法，企业应该根据实际情况，灵活地加以选择和运用，走一条适合自己的文化整合道路。

## 五 民企并购中融资能力决定并购规模

在国内，金融资本对民营企业开放不够，导致中国的民营企业融资渠道有限，使得中国的民营企业无法加入到对大型企业的竞购当中。比如像徐工这样大规模的国有企业，民营企业如果缺乏相应的外部融资条件则很难完成。

我国金融市场发展还不规范，增加了企业获得发展资金的成本。不仅如此，在我国，不论是作为间接融资的银行信贷还是企业直接融资的证券市场，都是主要为国有企业的发展提供服务的；而家族企业，因缺乏国家的政策支持和自身经营透明度不够等原因，银行对家族企业总是采取歧视政策，即使对效益较好的家族企业，银行也较少考虑。证券市场的建立，更大程度是为国有企业的发展提供融资渠道，家族企业通过上市获得融资的壁垒很高。以上两点使民营企业很难筹集到巨额资金，所以它们很难参与到大型企业的转制与收购。

反观那些能够斥巨资对外收购的民营企业，无疑都是国际资本市场上的成功者，分众、国美、尚德都以成功的 IPO 和亮眼的财报得到了国际投资者的认可，在它们的帮助下，这些民营企业能够以增发、售股的方式来弥补现金的不足，从而完成巨额的收购。这些民营企业以市场、技术的领先成为行业内的佼佼者，再依靠良性的资本运作成为行业的霸主。

民营企业要改变融资难的现状，需要把融资放到战略高度来考虑。所谓融资战略，就是指企业由组建到达到理想中的规模所采取的各种资本积累和扩张的方法与途径。总体说来，融资战略是贯穿于生产经营与生产和市场之间的一条共同经营主线。企业融资能力的强弱，很大程度取决于企业内部管理水平。

一个民营企业要想争取到银行的信贷支持，第一，要改善自身的经营管理。只有当民营企业具有较高的赢利水平，才能具有较强的偿债能力，而较强的偿债能力和良好的信誉是民营企业取得银行信赖和支持的基本条件。第二，要加快技术发行和进步，提高科技含量，增强持续发展动力。第三，有条件的民营企业通过改组为有限责任公司和股份有限公司可以直接、借壳或买壳上市，也可以使其满足发行公司债券的条件。第四，政府要完善为民营企业服务的金融组织体系，银行要改变经营观念，破除所有制观念的限制，支持民营企业的实业经营。

## 六　民营企业呼唤重整机制

破产包括清算，但不等于清算，还包括重组（整顿）、和解，清算是重组与和解的补充。由于我国现行破产法制度的滞后性，市场的所有主体对破产的认识是有局限的。一般认为破产意味着企业清算。以我国现行的破产制度，人民法院审理企业破产案件时，从法律层面上讲，全民所有制企业破产适用旧破产法，非全民所有制企业则适用《中华人民共和国民事诉讼法》第十九章规定的"企业法人破产还债程序"。虽然两部法律结合在一起，适用范围为所有的企业法人，但由于适用的法律不同，造成立法体系混乱、规则不明、相互不协调等问题。下面以中美两家私营企业在面临破产时所受到的不同对待为例，分析一下我国现有破产制度的问题。

20世纪70年代末，美国三大汽车公司之一的克莱斯勒公司由于经营管理不善和石油危机的冲击濒临崩溃。在新任总经理艾柯卡上任之后经过长达数月的情况通报性的游说，终于获得了政府的支持，获得了有史以来美国政府向私营公司提供的最大一笔贷款——15亿美元的贷款担保，借助政府支持，克莱斯勒公司走出困境，重新跻身于世界汽车工业强手之列。

在中国，同样是私营企业的德隆却有着不一样的下场。德隆危机爆发后，资不抵债是基本事实，但德隆的实业资产被认为仍有增值的空间，而缺乏的是新增的资金去推动存量资产的增长。在这种情形下，政府选择了第三方案，由华融托管德隆，德隆进入清盘重组。托管之后，华融发现德隆的市场化重组非常复杂，最简单的办法是将德隆拆开零卖。这彻底否定德隆的产业价值，否定了德隆多年引以为自豪的整合价值，德隆也真正地成为一家资不抵债、彻底崩溃的企业。

从上面两例子的结果可以看到，我国目前的破产制度还不成熟，正因如此才推动了2006年8月27日《中华人民共和国企业破产法》正式获得通过，并于2007年6月1日正式实施。新破产法的适用范围已从全民所有制企业扩大到所有的企业法人，涵盖了我国境内所有具有法人资格的企业，不区分所有制性质，无论是国有企业、私有企业，还是外资企业。

新企业破产法是确立企业优胜劣汰的生存机制。"从这个意义上说，新破产法不是要企业'死'，而是要更多更好的企业'生'。"全国人大财经委企业破产法起草工作组成员李曙光表示，这都将为中国企业通过债权来进行重组并购市场带来很大的发展空间，具体表现在三个环节和方面。首先，如果企业陷入债务危机，陷入破产的边缘，债权人可以通过债转股的形式持有该企业的股份，来对企业进行重组并购。其次，新破产法确立了企业的重整制度。重整是拯救企业的一个制度，它以拯救企业为根本目标；在破产法的篇章设计上，企业的"重整"也是列于企业的"和解"和"破产清算"程序之前的。此外，即使企业进入破产清算程序之时，破产人的一部分优良资产也可能引起债权人或者第三方的兴趣，可以进行重组并购。①

破产主体和对破产处理态度的变化，成为我国新破产法的重要特点，这也为我国正在发展中的民营企业解决了担心陷入债务危机的后顾之忧。

## 七　民营企业并购成功案例

### ● 国美收购永乐

2006年7月25日国美、永乐两家香港上市公司共同召开新闻发布会宣布，国美将采用现金加换股的方式对永乐进行收购，每股永乐股票可对价0.3247股国美和0.1736港元的现金，收购总金额在52亿港元左右的股份。

2006年11月1日，国美对永乐的收购在获得双方绝大多数股东同意之后，正式完成。合并后，黄光裕将持有新公司51%的股份，陈晓及原永乐管理层持有12.5%的股份，摩根士丹利持有2.4%左右的股份。

合并后的新国美拥有零售门店近800家，年销售额接近800亿元，是现在排名第二的苏宁的近3倍，是世界第一的家电零售企业百思买在中国门店数量的5倍。

国美在拥有了巨大的规模优势之后，一方面可以向供应商施加更大的价格压力，甚至可能与其签订排他性协议，另一方面则能向苏宁展开更猛烈的进攻。

---

① http：//www.jfdaily.com/gb/jfxwww/xlbk/jiefang/node4651/node4659/userobjectail439627.html.

而永乐愿意被国美收购则让人多少有点无奈之感，门店数量的增加并未带来利润的上升，每平方米的销售收入也开始下降，与外资基金签订的协议就如紧箍咒般套在管理层的头上，与大中合并也被资本市场所否定；反观国美在获得华平1.5亿美元的战略投资后已洗清国外资本市场对这家家族企业所持的疑问；苏宁的股价也在迭创新高，并获得国家开发银行高达96亿元的贷款额度；因此永乐不得不面对着在外资基金、国美和苏宁中择优而嫁或者悲壮的倒下这样的尴尬境地。

在我国的民营企业之间较少发生行业内的大企业之间相互并购，一则由于中国的民营企业大多由企业主本人白手起家创办，老板对公司有着很深厚的感情；二则由于中国的民营企业还缺乏足够的实力去完成大规模的行业并购。但国美收购永乐之所以能够成功，原因有三。其一，中国的家电零售业在经过5年的高速增长期之后，行业发展已进入一个瓶颈，这种情况下许多区域领先的家电零售商会将被收购作为一个备选方案。其二，行业的领先企业固然要在市场占有率等方面有不俗的表现，但有效、充足的资本通道同样重要。国美在2004年借壳上市之后，通过定向认购、私募在资本市场得到了大量的资金和认可，因此在永乐经营陷入窘境的时候才能乘虚而入。其三，国美、永乐的并购中外资基金发挥了至关重要的作用，虽然它们所持的股份并不控股，但其对国际资本的影响力是民营企业家本身所不及的，通过影响股价借以对企业的决策进行反馈，从而实现以小搏大。

## • 阿里巴巴并购雅虎中国

2005年8月11日，阿里巴巴（中国）网络技术有限公司在北京宣布，全面收购雅虎中国全部资产，其中包括雅虎中国门户网站、搜索门户"一搜"、在线拍卖业务、3721网络实名服务、媒介与广告销售、无线业务与移动应用、雅虎电子邮箱、即时通讯工具"雅虎通"；阿里巴巴公司还将获得雅虎领先全球的互联网品牌在中国的独家使用权。

雅虎公司同时宣布，与阿里巴巴（中国）网络技术有限公司达成战略联盟关系，雅虎出资10亿美元购买阿里巴巴40%的股权，但只享有35%的投票权。阿里巴巴公司也将因此享有雅虎公司的强大搜索技术平台、丰富的内容资讯以及其遍布全球的渠道资源在中国的独家使用权。

阿里巴巴通过此项交易，可以解决现金流问题，缓解面临的资金压力。此前，关于阿里巴巴的业绩存在具有严重分歧的两种说法：阿里巴巴一直号称全球最大的 B2B 平台，每天稳获 100 万人民币以上的收入，最近又传出每天纳税 100 万人民币的声音，旗下的淘宝网更是宣称一季度成交额达 10 亿人民币，马云声称手头拥有现金亿元以上，但因为阿里巴巴不是上市公司，没有人能够证实这些数字的真实性；另一种说法则认为，阿里巴巴业务模式的持续赢利能力值得置疑，其业绩水分巨大，因此，还不能上市；客观地看，阿里巴巴应当是面临着巨大的资金压力，而这次交易能为其获得大笔现金改善现金流，同时，为淘宝网等业务拓展做好准备，支撑其今后业务发展。阿里巴巴认为，今后互联网的发展在于电子商务＋搜索引擎，结合搜索技术可以极大的促进电子商务，而和雅虎的合作可以拿到一流的搜索技术。再者，阿里巴巴的主要客户是中小企业，而雅虎中国有一项最重要的资产是 3721 的网络实名，网络实名也是做中小企业的，而且，雅虎团队在中国建立了一个非常好的销售网络，双方可以产生良好的协同效应，促进业务发展。

## ● 南钢联合要约收购南钢

2003 年 4 月 9 日，中国证券市场发展史上一个里程碑式的日子。就在这一天，新组建不久的南钢联合有限公司（以下简称南钢联合）公布了其对上市公司南钢股份的要约收购报告书摘要，开创了中国上市公司要约收购之先河。

2003 年 3 月 12 日，南钢股份控股股东南钢集团公司，与复星集团公司、复星产业投资、广信科技共同签署合资经营合同，决定设立注册资本为 27.5 亿元的南钢联合有限公司。其中，南钢集团以其持有的南钢股份国有股 35760 万股（占总股本的 70.95％）及其他部分资产、负债合计 11 亿元出资，占注册资本的 40％；后三者的实际控制人是以郭广昌为首的四个自然人。3 月 27 日，财政部批准了南钢集团公司以其持有的南钢国有股份出资成立南钢联合。

2003 年 4 月 7 日，南钢联合股东会通过决议，同意接受增资，鉴于接受南钢集团这样实质构成了上市公司收购行为，且收购的股份超过南钢股份已发行总股本的 30％，依法已触发要约收购义务。所以南钢联合将根据有关规定履行要约收购义务，向南钢股份法人股和流通股股东发出全面收购要约。

2003 年 7 月 25 日，南钢集团公司将其持有的公司 70.95％的股权过户给南钢联合公司，大大超过30%的临界值，南钢联合公司成为南钢集团公司的控股股东，实际控制人变更为复星系，构成了上市公司收购，且南钢联合的收购并不符合要约收购义务豁免的条件，因此，南钢联合只得履行要约收购义务，向南钢股份其余股东发出了全面收购要约。

南钢股份要约收购历时4个多月，在要约收购的有效期内，所有法人股东和流通股东无一接受南钢联合发出的收购要约。中国要约收购第一案就这样在大张旗鼓中走上前台，却在悄无声息中落下帷幕。

南钢联合利用了现行的《上市公司收购管理办法》中虽规定挂牌股份和非挂牌股份分别定价，但没有明确规定挂牌股份收购价必须与其市场价挂钩的漏洞，制定了一个相当低廉的收购价，因此在事实上免除了二级市场上要约收购的义务。虽然本次要约收购有些名不副实，但作为证券市场的第一次，它仍然意义重大，标志着市场机制在不断走向成熟。南钢股份零要约收购另有一项重大意义，就是打消了其他公司惧怕丧失公众公司资格的心理。

## • 沙钢收购淮钢

2006年6月，中国最大的民营钢铁企业沙钢以2.5亿美元收购了同省兄弟淮钢91%的控股权。这也是中国民营钢铁历史上最大的并购案。

沙钢是中国民营钢铁企业的龙头老大，2005年实现销售收入400亿元。在中国民企500强中，沙钢位居第二。沙钢的董事长沈文荣早些时候就曾向媒体透露根据企业的发展需要，沙钢将兼并重组相关企业。并且对于收购的对象在技术、管理等各个领域的造就都要求很高。因此成立于1970年的淮钢就成为沈文荣精挑细选的合作伙伴。

淮钢现有总资产64亿元，目前在全国钢铁企业中排名第47位。2005年，淮钢产钢155.88万吨，实现销售收入75.04亿元，利润3.41亿元，均创出历史新高。

淮钢早期是地方政府出资成立的国有企业，2000年初，淮钢与南京钢铁集团在行政力量的推动下进行重组，南钢集团无偿获得了淮钢的国有资产。2003年和2005年，淮钢通过两次增资扩股和改制，成为一家民营资本占83%的非国有控股企业，这为淮钢与沙钢的合并创造了条件。

2005年9月，江苏省发改委根据国家《钢铁产业发展政策》发布了《江苏省钢铁产业结构调整总体思路》。要将沙钢、南钢、淮钢和兴澄特钢作为江苏省突出发展的 4 个重点钢铁企业。其中，沙钢、南钢、淮钢都是民营钢铁企业，与国有大钢铁企业相比规模偏小、实力不足。江苏省发改委工业处处长张志祥也曾向媒体表示："江苏钢铁工业不是要不要重组兼并的问题，而是肯定要重组兼并，是重组多少家的问题。"渐渐地，在政府政策的推动力下，沙钢和淮钢走上合并之路。

这也与国际钢铁业的发展趋势相一致，钢铁之父——米塔尔在短短的 5 年时间里面通过一连串的收购将一个原来只有七八百万吨的钢厂发展成为总产量为 1.16 亿吨的世界最大的钢铁企业，并奠定了自己的行业地位。企业并购、管理复制与自有铁矿石资源被人称作是米塔尔成功的主要原因。

兼并重组是我国钢铁产业发展必然趋势。鉴于我国区域发展不平衡，地方利益难以统一等因素，区域性的联合更有利于钢铁产业的发展。专家表示，省内钢铁企业的兼并重组比跨地域的兼并重组的障碍要小得多，而且容易得到政府的同意。在重组后，也很容易实现管理模式和经营模式的对接，并且有利于企业开拓当地市场。

### ● 无锡尚德收购 MSK

2006 年 8 月 2 日，中国能源首富施正荣旗下的无锡尚德太阳能电力有限公司宣布签署最终协议，以现金和股票交易方式分两步收购日本 MSK 公司。2006 年第三季度以 1.07 亿美元的现金收购 MSK2/3 的股权，2007 年末则根据 MSK 的业绩以尚德股票的方式收购剩余股权，收购价格在 5300 万～1.93 亿美元之间。

2005 年底，无锡尚德作为中国首家民企在纽交所上市，首日收盘价报 21.2 美元，其创始人施正荣以 160 亿元的身价成为当时的中国首富。这一财富神话也刺激了诸多的投资家和创业者，光伏产业受到激烈的追捧，仅在 2006 年年底，苏锡常就又有三家民营光伏企业在美国上市，但纷纷上马的光伏项目也引发了更为惨烈的竞争，无锡尚德就曾给无锡市政府、江苏省政府和行业协会提交了一份报告，旨在呼吁政府机关和行业主管部门能够规范光伏行业的发展，避免行业内的恶性竞争。

同时，光伏产业的重要原料——多晶硅全部控制在 7 大国外厂商手里，其价格占到光伏组件总成本的 70%，并且从 2002 年至今多晶硅的价格从每公斤 23 美元上涨到超过 200 美元。正是在这种情况下，新上市企业，如 CSI、江苏林洋、天合光能股价表现平平，甚至一度跌破发行价。

作为业内"老大"的无锡尚德，通过上市所积累的资本优势进行行业整合，其一就是扩大产能，而收购 MSK 则直指日本市场。在收购了 MSK 之后，尚德立刻增加了 200 万兆瓦的年产能，并且通过 MSK 覆盖日本的销售和营销平台，进入了这个年增长 48% 的巨大市场。其二，就是进行纵向整合，拥有稳定、平价的原材料供应，在 2006 年一年中，施正荣走河南，奔四川，但斩获不大。

虽是新兴的行业，但中国的光伏产业与其他传统行业有着太多的相似性，原料与核心技术都控制在国外巨头手里，中国人所赚的还只不过是微薄的"加工费"，并且遵循着"中国人买什么，什么就贵；卖什么，什么就便宜的"的惯例。更为糟糕的是，除了已在海外上市的 4 家光伏企业，数亿美元的资金砸向了这个稚嫩的行业，许多的企业在资本与产能的双重压力下在上市的路上狂奔。2006 年底上市的一批光伏企业糟糕的股价表现，也许会降低国外投资者对这个行业的信心，那些已经得到风险投资的光伏企业想要全部上市，显然不可能。血拼不如合作，但甲方却一定是那些已上市的公司。在现在的中国，资本的领先在某种程度上也许要超过技术的领先。作为领头羊的无锡尚德也许会在海外基金的帮助下收购国内的同行，正如分众收购聚众。

## • 3COM 收购华为 3COM

2006 年 11 月 30 日，国际通讯巨头 3COM 宣布以 8.82 亿美元收购华为在华为 3COM（简称"H3C"）公司 49% 的股权，这也是 2006 年已披露的针对中国民营企业最大金额收购案。

2003 年，华为与 3COM 合资创建了 H3C，当时 3COM 在合资公司投入 1.6 亿美元现金，而华为提供技术和工程师。2005 年 10 月，3COM 以 2800 万美元的价格从华为手中收购了 H3C 的 2% 的股份，当时持股达到了 51%。

华为与 3COM 合资之初，华为原本寄希望通过合资公司获取 3COM 在欧、美的市场，但随着华为通过与西门子、北电等企业在当地市场展开 OEM 合作，H3C 的作用明显弱化。此外，H3C 主攻的企业网通讯产品不是华为的主要产品方向，在 2006 年收购了港湾网络之后，其自身的企业网产品同 H3C 也有所冲突。

华为高级副总裁郭平曾表示："华为出售 H3C 的股份后，将更加聚焦于核心业务，进一步巩固华为在基于全 IP 网络的 FMC 解决方案的领先地位。"同时，华为近几年在国际化及 3G 上投入不菲，出售 H3C 所得近 70 亿元的巨资也在很大程度上缓解其资金压力。华为新闻发言人傅军对外表示："华为将把取得的资金进一步巩固移动、核心网业务，并加速开拓全球市场。"

华为在 2006 年一共发生了两件大型并购，先是收购了港湾网络的控股权，接着又出售了其在 H3C 中的股份，涉及金额近百亿元，可谓中国民营企业之最。当然，这也与华为的产业、规模、国际化程度密不可分，华为 2005 年的净利润高达 50 亿元，这可谓是中国民营企业之最；其所从事的通讯设备制造业，每年在中国的投入达数千亿元，在 3G 时代即将到来之际，更是面临着一个市场空间达万亿的绝好时机；而在国际化方面，华为 2006 年前三季度 68% 的销售额来自于国际市场，并在海外设立了 8 个地区部，100 多个分支机构。

在与 3COM 进行 H3C 股权谈判的过程中，华为也善于利用贝恩资本、德州太平洋集团来抬高 H3C 的股权收购价格。尤其值得注意的是，华为在 H3C 中几乎没有大额的资本投入，其在 2003 年投入的技术与人员，在短短 3 年间为其带来数十亿元的回报，而这在中国的民营企业中更是绝无仅有。在提倡自主创新的今天，其对中国的民营企业群体更具借鉴意义。

# 八　民营企业并购失败案例

## ● 格林柯尔

2000 年的格林柯尔积累了两大资本：5. 45 亿港元格林柯尔（08056，HK）上市募集资金和毛利率高达 80% 以上的格林柯尔制冷剂。然而，此时的格林柯尔虽然手握重金，以及掌握冰箱生产的核心原材料——格林柯尔制冷剂，却在制冷运用领域影响甚微。原因在于，主流空调和冰箱制造商原材料采购与应用的话语权，并不被自己所左右，格林柯尔处于被动的被选秀地位。格林柯尔的大肆收购兼并可以从两个层面来理解。第一个层面：通过控制下游产业，扩大其上游原材料市场；第二个层面，通过制冷剂整合冰箱制造业，形成完整产业链。

但事与愿违，结局与初衷大相径庭。重病缠身的"格林柯尔系"大病之时，与之前的德隆系坍塌十分相似——金融机构联袂断粮，脆弱的资金链迅速崩溃，诸侯分崩离析各自为政。一个被经营和积累多年的庞大体系，仅两月余便土崩瓦解。

格林柯尔为什么走上了不归路？除了"格林柯尔系"本身小马拉大车，用99%的风险博弈1%的胜算外，另外诸多客观条件表明，命运并不完全掌握在顾雏军手中。据香港联交所资料表明，顾雏军可查的原始资本始于2000年，其通过开曼群岛注册在香港创业板上市的格林柯尔科技有限公司，该公司共募集资金近5.45亿港元。2002年起，格林柯尔通过这笔资金，不断收购兼并，使雪球越滚越大，旗下聚集了4家国内A股公司——科龙电器、美菱电器、*ST亚星（600213）、襄阳轴承（000678），另科龙电器持有华意压缩（000404）22.73%股份，为华意压缩第二大股东。其所控制的资产高达130亿元左右。

格林柯尔有没有保证130亿资产良性运作的资本后盾？它所收购和形成的资产，与格林柯尔这个"核心轴"的产业关联度到底有多大？一旦这两个方面的条件无法满足，格林柯尔对体系内的资产，就仅仅是股权关系，产业实际仍然处于分散状态，不能形成产业链合力，产生的收益就事倍功半。事实证明，这两个条件格林柯尔都存在缺陷。除了科龙电器作为格林柯尔在体系内运作的一个重要平台外，美菱电器、*ST亚星、襄阳轴承对格林柯尔的依存度极低。研究发现，除美菱电器与科龙电器在上游原材料实施联合采购外，其系内各公司仍按自己的体系运作。

与此同时，由于格林柯尔收购这些公司的时候多处于亏损状态，本身都面临较大问题，需要股东方的帮助和输血，收益回报还十分遥远。由此，格林柯尔的资金压力是可以想象的。这就不难理解，格林柯尔的财务风险和资金压力所在了。这是格林柯尔必然结局很重要、不可忽略的一个因素。顾一方面支付巨额代价兼并收购实施产业扩张，一方面还需要资金对收购企业扶持善后，他哪有那么多资金呢，只有两条路可以走：向金融机构融资，或者挪用资金。

这确实是99%的风险与1%成功在博弈。在格林柯尔战略价值重构及资金实力远远达不到大规模并购的前提条件下，而且被收购的企业当期盈利能力比较低下或很不理想时，其支付高溢价收购，使格林柯尔的财务状况更加恶化和青黄不接。这是格林柯尔及其多个资本运作案例最终失败很关键和必然的原因。

## ● 三九集团

拥有200亿元资产规模，近200个子公司，以"三九胃泰"品牌闻名全国的，曾经是最赚钱的军队企业——三九企业集团，却陷入了资金入不敷出的泥沼。长期依靠银行贷款维持其资金链条，使这家中央直属大型国有企业欠银行贷款近百亿元，收到追债诉状35份，最终走向了失败的道路。纵观三九集团的并购历程，它是企业多元化失败的一个典型案例。20世纪90年代中期，三九集团开始在医药领域进行相关多元化，投资总额约为50亿元，包括与泰国正大建立合资公司、在美国纽约时代广场竖起"三九"广告牌，在德国、美国、俄罗斯、南非等地设立海外公司，在全国设立10000家连锁店，收购两家劣质上市公司等。2000年后又开始大规模的非相关多元化，当年投资总额突破10亿元，在全国各地收购制药厂、药材公司、医药公司、设立三九医院等。同时，为响应"西部大开发"的号召，设立了"西部开发专项投资"，计划2000年投资总额超过20亿元，用于西部各省区的投资；2001年投资总额超过30亿元，进入生物领域、开发四川"百丈湖风景名胜区"等；2002年，更是在一片反对声中启动了计划总投资约43亿元的三九大龙健康城工程，拟建成亚洲最大的健康休闲文艺中心。然而，这些眼花缭乱的多元化扩张却并没有给三九集团带来预期的回报，除了规模迅速扩大之外，带给三九集团的是巨额的负债和经营的全面亏损。2003年，"三九系"整体银行债务被曝光高达98亿元，21家债权银行开始集中追讨。2004年债务被曝光高达107亿元，致使三九集团陷入全面危机。

## 九　2006年民营企业并购事件按月检索

### 2006－1－7 分众传媒

分众传媒以现金加股票的方式完全并购聚众传媒，根据双方的交易条款，分众传媒将以总计约为3.25亿美元的价格取得聚众传媒100%的股权，其中9400万美元以现金支付，剩余2.31亿美元以股份的方式支付，聚众传媒董事会主席虞锋同时将进入分众传媒董事会，成为董事会的联席主席。

### 2006－1－8 蒙牛乳业

蒙牛乳业和武汉友芝友保健乳品公司按52%对48%的比例共同投资人民币2.9亿元，合资成立蒙牛（武汉）友芝友乳业有限公司，其中蒙牛以现金出资，友芝友以土地、设备、人员作价。新公司成立后,友芝友公司将只作为股东身份存在,"友芝友"品牌纳入蒙牛旗下,由蒙牛负责统一管理和销售。

### 2006 – 1 – 19 华资实业

华资实业决定收购中国对外经济贸易信托投资有限公司持有的天津市商业银行股份有限公司 8000 万股股权,收购价格为人民币 24000 万元。华资实业收购的 8000 万股股权,占天津商行总股本的 5.17%。截至 2005 年 9 月 30 日,天津商行资产总额 6386335 万元,负债总额 6009583 万元,应收款项 95907 万元,净资产 376752 万元,主营业务收入 219994 万元,利润总额 39760 万元。

### 2006 – 1 – 19G 万科

G 万科与北京市朝阳区国资委公司签署协议,将北京市朝阳区国资委公司所持有的北京市朝万房地产开发中心的 60% 国有产权以及与该等产权相对应的股东权益转让予万科,转让价格为 38900.136 万元。

### 2006 – 2 – 4 物美

物美与美廉美已签署战略合作协议,实现强强联合的战略整合。物美通过收购美廉美部分股权和向美廉美注入资金,持有美廉美 75% 的股权。并以原美廉美经营团队为主继续主持日常经营。物美集团此次共出资 3.7 亿余元收购和增资美廉美,并购后,物美集团持有美廉美 75% 的股权,原美廉美的朱幼农和曹建民两位股东各持 12.5% 的股权。

### 2006 – 2 – 8G 卧龙 (600580)

G 卧龙公司控股子公司银川卧龙变压器有限公司已与银川变压器有限公司破产清算组签订了资产转让协议,将以 2020 万元价格收购银川变压器有效资产。同时,银川卧龙还将承担银川变压器破产前欠商业银行 270 万贷款和向银川市经济委员会支付佣金 20.2 万元。总计 2310.2 万元的收购资金全部为银川卧龙自有资金。

### 2006 – 2 – 9 广厦控股

浙江的广厦控股创业投资有限公司成功举牌收购了上海照明灯具有限公司

90%股权和上海弘源照明电子有限公司100%股权。广厦对上海照明的收购价为3.1亿元，对上海弘源则为5000万元。广厦控股创业投资有限公司是全国知名的大型企业集团，以建筑和房地产为主导产业，在国内和行业具有非常重要地位和影响。

### 2006－2－17 九川投资

上海九川投资与香港运盛公司、上海静安协和房地产公司正式签订收购协议，九川投资将以1.8亿元的价格收购＊ST运盛29.9%股份，成为第一大股东。香港运盛和静安协和都是香港太平协和的控股子公司，＊ST运盛实际上是港资绝对控股的上市公司，此次转让后，香港太平协和的股权将减少至20.55%。

### 2006－3－1 美的集团

广东美的集团并购湖南三湘客车项目在长沙正式签约，这标志着省交通厅所属的湖南省三湘客车集团有限公司的产权从即日起将正式移交广东美的集团，原"三湘"客车将更名为"美的三湘"。目前，投资15亿元、坐落在长沙市雨花区湖南环保科技园的"美的三湘"工厂新区建设已经初具规模，预计2006年下半年将整体搬迁。

### 2006－3－14 TOM 在线

TOM在线已与原创文学网站幻剑书盟签订并购协议，TOM在线1000万元收购幻剑书盟80%的股权。幻剑书盟创建于2000年10月，由4家个人文学网站合并而成，目前该网站的日访问量约为2000万次，首页每日独立IP访问量在50万左右，注册会员200万人，其中VIP收费会员5万人。

### 2006－3－25 鑫富药业 002019

鑫富药业与自然人林关羽签订了《股权收购协议书》，鑫富药业收购林关羽持有的湖州狮王精细化工有限公司3%的股权，收购价格为292万元人民币。由于林关羽持有鑫富药业999.375万股股份，占总股本的14.64%，是鑫富药业第二大股东，同时林关羽在鑫富药业任职副董事长兼总经理，此次交易构成了关联交易。

## 2006 – 4 – 7 明基

明基旗下的友达光电以换股方式收购台湾地区另一家知名液晶面板厂商广辉电子。广辉电子股东以每 3.5 股兑换友达光电 1 股股票，以当日收市价计算，预计总交易额达 22 亿美元。

## 2006 – 4 – 12 物美

物美按每股人民币 6.2 元，斥资 1.767 亿元人民币收购由国有企业新华百货商店所持有的 2850 万新华百货商店股份有限公司的股份，持有新华的 27.7% 权益，成为新华最大的股东。收购完成后，双方将会在商品采购、资讯系统、营运管理优势上实现交流与资源互补。

## 2006 – 4 – 13 欢乐传媒

民营传媒企业"欢乐传媒"宣布，已成功收购著名原创文学网站"榕树下"。欢乐传媒此举耗费超过 500 万美元，之后将会把"榕树下"的文学作品范围向影像作品拓展。

## 2006 – 5 – 10 新世界发展 （0017，HK）

新世界发展（0017，HK）与旗下新世界中国地产（0917，HK）在香港联合发布公告，新世界发展及其关联公司共出资 7.25 亿元，收购湖南成功开发投资有限公司的下属子公司湖南成功新世纪投资有限公司 100% 股权。根据收购协议，新世界发展旗下控股子公司新世界中国地产的全资子公司新世界中国投资公司出资 6.52 亿元，海南中泓投资公司（新世界中国地产持股 20%）出资 0.73 亿元，总计出资 7.25 亿元，分别收购成功开发及两位自然人兰光明、颜超持有的成功新世纪 60%、30%、10% 的股权。

## 2006 – 5 – 15 香港万裕

香港万裕（集团）发展有限公司拟通过万裕文化产业有限公司间接持有陕西金叶的 15.21% 的股权。香港万裕通过与陕西省人民政府国资委、陕西世纪彩印务有限公司在陕西省印刷厂整体改制基础上共同出资设立的中外合资经营企业万裕文化产业有限公司来间接控制陕西金叶。根据合资合同，香港万裕此次出资总额为2000万美元，认购比例占万裕文化注册资本的73.53%。收购后，香港万裕将持有万裕文化73.53%的股权，香港万裕将通过万裕文化间接持有陕西金叶的15.21%的股权，香港万裕承诺三年内不出售已间接持有的陕西金叶股权。该收购获批准后，万裕文化的主营业务为彩色包装印刷、商标包装印刷等。

### 2006 - 5 - 24 宁国中鼎股份公司

安徽飞彩车辆股份公司控股方飞彩集团与宁国中鼎股份公司签订股权转让协议。飞彩集团将其持有的上市公司飞彩股份全部国有股共21000万股，协议转让给宁国中鼎，总价约为人民币2.5亿元。转让完成后，宁国中鼎持有飞彩股份69.77%的股权，成为第一大股东。因本次转让属国有股权转让，故须待有关部门审核后方可履行。至此，传闻已久的飞彩股份股权转让工作终于有了正式的结果。

### 2006 - 6 - 12 TOM 在线有限公司

TOM在线有限公司宣布以不超过6亿元人民币的价格收购中国无线娱乐公司Infomax。Infomax是一家无线娱乐公司，自2003年起即通过与主流电视媒体及其他时尚娱乐媒体的共赢合作，为广大中国电视观众提供无线互动产品与服务。业界认为，通过此次收购，TOM在线将获得Infomax原有的覆盖数亿中国家庭的主流电视媒体分销网络。

### 2006 - 7 - 2 飞跃集团

飞跃与意大利MlFRA公司通过一年半时间的接触、沟通和交流，达成了进行合作合资的共识完成对意大利MIFRA公司50%股权的收购。意大利MIFRA公司总裁Alberto称，飞跃集团不仅拥有雄厚的研发、生产实力和卓越的产品性价比，而且还建立了完善的全球市场网络，这次合作将给MIFRA注入强大的生机和活力。

### 2006 - 7 - 13 阳光媒体投资集团

阳光媒体投资集团已完成以现金形式收购美国著名娱乐报章《今日娱乐》100%股份。《今日娱乐》（Entertainment Today）是美国著名娱乐报刊之一，已有近40年历史，其总部位于洛杉矶，目前系周报，读者以25～50岁的职业人士为主。据2004年统计，其读者人均年收入在7万美元左右，审计后发行量在5万～10万份之间。近期，阳光媒体将接手《今日娱乐》的全面营运，并希望在美国率先推出以阅读器主导的网络版。

### 2006－7－15 兔宝宝（002043）

兔宝宝召开的董事会全票审议通过了"关于收购江西省金星木业有限公司股权的议案"。根据该议案，兔宝宝将以1987万元取得控股子公司金星木业另外两个自然人股东持有的49%的股权，收购完成后，金星木业将成为兔宝宝的全资子公司。

### 2006－7－19 ZCOM 智通无限

国内知名下载软件flashget已被电子杂志公司ZCOM智通无限收购，收购金额将达千万人民币，ZCOM将于下周一宣布此消息。lashget是国内最著名的断点续传下载软件，在大多数下载站点上都是首选下载工具。据估计，flashget全球下载量可能上亿，值得一提的是，其中来自海外的下载量可能接近半数。

### 2006－7－24 先声药业

先声药业斥资2亿元收购了烟台麦得津公司并将其抗肿瘤药品"恩度"纳入旗下。而这也是目前境内以单一品种知识产权为目标的最大金额收购。此次，先声药业获得麦得津80%股份，并将其更名为"山东先声麦得津生物制药有限公司"。

### 2006－8－3 无锡尚德（NYSE：STP）

无锡尚德以最多3亿美元收购日本最大光伏制造商MSK。无锡尚德是首家在纽约证交所上市的中国民营企业，也是全球领先的光伏电池制造商，其董事总经理兼CEO施正荣以身价160多亿元而被誉为中国新首富。

### 2006－8－9 李泽楷

李泽楷正式收购了香港《信报财经新闻》和《信报月刊》50%的股份，而金额初步估算为3亿港元。

### 2006－9－1 分众传媒 （Nasdaq：FMCN）

分众传媒完成对美国影院广告公司 Appreciate Capital Limited 公司的收购交易，ACL 旗下网络将更名为分众传媒影院网络，在财报中将并入本地商业网络。目前，分众传媒的影院网络覆盖全国 120 多家电影院，这些影院的票房收入约占全国的 85%。

### 2006－9－4G 新黄浦

G 新黄浦 2006 年第二次临时股东大会审议通过公司向海南民生燃气（集团）股份有限公司、安徽省能源集团有限公司及安徽省开发投资有限责任公司收购其分别持有的中泰信托投资有限责任公司 9.99% 股权的议案。

### 2006－9－8 物美商业集团 （8277，HK）

北京物美商业集团股份有限公司出资 114182 万港元的代价向 CSInvestment 收购 Times 全部股权的 50%，从而间接拥有江苏时代超市全部股权的 50%。

### 2006－9－8 博赛矿业

重庆博赛矿业（集团）有限公司与四川岷江水利电力股份有限公司签署了《阿坝铝厂企业产权转让合同》，博赛矿业以 7608.44 万元的价格收购阿坝铝厂 100% 产权。阿坝铝厂注册资本为 5800 万元，现有电解铝产能 1.9 万吨。

### 2006－10－11 珠海中富

珠海中富董事会通过了收购中富（沈阳）实业有限公司 100% 股权的议案。珠海中富将以 2834.72 万元从第一大股东珠海中富工业集团有限公司及关联公司珠海成创实业有限公司手中分别取得中富实业 80% 和 20% 的股权。

### 2006－10－18 冠捷科技 （0903，HK）

冠捷科技旗下全资附属公司 PMCL 以 1700 万美元现金收购苏州飞利浦消费电子有限公司（PCES）20% 股权，同时还接手由 PCI 转让的 PCES 公司 10% 的权益。PCES 是飞利浦公司在中国的一家显示器生产厂。

### 2006 – 11 – 7 智通无限

电子杂志平台 ZCOM 智通无限科技有限公司正式收购国内老牌娱乐门户网站多来米。目前，原多来米网站人员已经加入 ZCOM 上海分公司，整合正在进行当中，这也是 ZCOM 自 2006 年 7 月收购全球最大桌面下载软件 FlashGet 之后的再度出手。

### 2006 – 11 – 10 华友世纪

纳斯达克上市公司华友世纪昨天宣布斥资 1800 万元，通过旗下公司华友数码传媒收购鸟人艺术 30% 的股份，并在 1 年后视鸟人艺术的业绩进行追加投资。在未来 1 年内，华友世纪旗下公司华友数码传媒将获得除彩铃外鸟人艺术所有版权作品的独家使用权。

### 2006 – 11 – 14 三一重工 （600031）

三一重工通过有关公司非公开发行 A 股股票的议案，发行所募集的资金将用于收购关联公司北京市三一重机有限公司 100% 的股权。公司拟采取向特定对象非公开发行的方式，发行不超过 5000 万股股票。所募集的资金将用于收购北京市三一重机有限公司 100% 的股权，交易价格以评估以后的企业整体价值为作价基准，合计约 8 亿元。

### 2006 – 11 – 16 美的电器

美的电器与美的集团、MAYTAGIV、MAYTAGI 及 AERA 公司（后三家公司均为美的集团所控制的境外注册公司）在广东顺德签订了股权转让协议。根据协议，美的电器拟以 12742.93 万元的总价，受让美的集团直接或间接所持有的洗衣设备、冰箱公司及营销公司各 50% 的股权。截至 2006 年 7 月 31 日，三家目标公司的合并资产总额为 169570.37 万元，合并净资产为 23912.99 万元；2006 年 1～7 月合并主营业务收入为 173135.42 万元，合并净利润为 4671.71 万元。在此基础上，确定收购价格为 12742.93 万元。

### 2006 – 11 – 16 用友软件

用友软件集团北京用友审计软件公司、北京诺德迅科技开发有限公司正式签约并举办新闻发布会，宣布用友审计软件公司正式并购诺德迅科技开发有限公司所有资产、人员及业务。并购后，诺德迅公司原主管留美博士胡捷、马权将出任用友审计软件公司主管研发的副总经理、总工程师，原中软国际总裁助理李光胜任主管市场的副总经理。

### 2006 – 12 – 18 海丰航运

内地最大的民营航运企业海丰航运集团在上海宣布并购北京新时代国际运输服务有限公司，并将自己的物流板块与之整合成立海丰物流有限公司。

### 2006 – 12 – 19 麒麟啤酒

日本第二大啤酒制造商麒麟啤酒公司收购杭州千岛湖啤酒有限公司 25% 的股份。除以 3800 万美元购入 25% 的股权并购外，日本麒麟啤酒还拥有千岛湖啤酒另外 49% 股份的优先购入权。千岛湖相关人士称，至于这 49% 股份的行权计划目前并不明确。

### 2006 – 12 – 25 重庆博赛

重庆博赛（Bosai）矿业集团通过国际投标成功收购由加拿大 IAMGOLD 集团控股经营的圭亚那奥迈铝土矿公司（OBMI）。该项收购的主要标的是 IAMGOLD 集团持有的 OBMI 公司的 70% 的股份，中标价为 4800 万美元，合同生效后，博赛公司将向 IAMGOLD 集团支付现金 2800 万美元，并承担其第三方债务 1800 万美元，该合同将于 2006 年 12 月 31 日正式生效。完成收购后，博赛公司将持有 OBMI 公司 70% 股份，圭政府持有剩下的 30% 股份。

作者单位：中华全国工商业联合会并购公会

# 2005 年度全国工商联上规模
# 民营企业调研报告

## 调研报告说明

调研目的：本次调研是自 1998 年度以来，全国工商联对上规模民营企业开展的第八次调研。通过对民营企业的连续调查和研究，为分析民营经济发展趋势、民营企业的发展规律提供依据；调研结果为各地党委、政府分析本地民营经济发展水平，制订民营经济发展政策提供参考。同时，在企业调研中可以发现民营企业发展中存在的问题，从而使工商联及其他相关部门能够为企业提供及时有效的帮助和服务。

调研方法：调查由中华全国工商业联合会组织各地工商联在其各自区域范围内实施，以企业自愿参加为原则，由民营企业自填调查表，并经当地工商联和有关部门确认。

调研对象：年营业收入总额在 2 亿元人民币（含）以上的民营企业。

调研内容：主要包括企业经营情况、资产和人员规模、企业投融资意向、企业管理和技术创新需求、企业经营和发展战略以及企业国际化经营等，同时对影响民营企业发展的主要问题进行调查。集团企业下设多个子公司的，其各项经济指标按国家会计制度中有关合并报表的规定填报。

调研结果说明：所有调研数据的时间范围是 2005 年 1 月 1 日至 2005 年 12 月 31 日。本报告中对参与本次调研的"全国工商联上规模民营企业"简称为"上规模民营企业"，"营业收入前 500 名的上规模民营企业"简称为"民营企业

500 家"。文中数据除标明资料来源的，其他均出自 2005 年全国工商联上规模民营企业调研问卷。

本报告中的企业排名不作为任何机构或组织对民营企业评比的依据。

# 第一篇　2005 年上规模民营企业整体状况分析

## 第一章　2005 年上规模民营企业发展概况

### 一　2005 年我国民营经济的政策环境

2005 年我国经济呈现良性高速增长态势，全年 GDP 增速接近 10%。经济运行的总体特点表现为：物价水平指数增长平稳，通货膨胀率维持在合理区间；市场需求旺盛，消费品零售总额增长；宏观调控有保有压，固定资产投资增速不减；货币供应量增长速度加快，但信贷形势依然偏紧。

2005 年《国务院关于鼓励支持和引导个体私营等非公有制经济发展的若干意见》（以下简称《若干意见》）的颁布，是第一次以中央政府名义发布的鼓励支持和引导非公有制经济发展的政策性文件。《若干意见》提出了促进非公有制经济发展的重要政策措施，要求清理和修订限制非公有制经济发展的法律法规和政策，进一步消除影响非公有制经济发展的体制性障碍，明确允许非公有资本进入金融、电力、电信、铁路、民航、石油等原国有企业垄断的行业和领域，对民营企业发展的影响至关重大和深远。政府各有关部门相继出台配套政策措施和实施细则，在工作中贯彻落实《若干意见》精神。

在宏观经济和政策制度等各层面支持的有利环境下，2005 年民营经济发展势头良好，越来越多的民营企业开始由劳动密集型产业进入资金密集型和技术密集型的重化工业与基础产业，向现代制造业和新兴现代服务业拓展，成为新兴市场上的生力军和骨干企业；民营企业的产品质量档次大幅提高，不仅注重规模集约化发展，节能降耗，更开始注重科技创新，加大研发投入，知名品牌不断涌现，在实力不断增强的同时提高社会综合效益。民营企业更加速拓展海外市场，积极参与国际竞争，在进出口额不断增长的同时，也逐步成为"走出去"的生力军。这些都构成了 2005 年民营经济发展中的亮点。

# 二 2005 年上规模民营企业总体分析

## （一）2002～2005 年上规模民营企业经济效益效率分析

### 1. 2002～2005 年上规模民营企业整体业绩稳步提高

2005 年上规模民营企业调研的对象为年营业收入总额在 2 亿元（含）以上的民营企业，共入围 2688 家，比 2004 年度增长了 26.85%。其营业收入总额为 31360.48 亿元，资产总额为 24797.2 亿元，税后净利润为 1324.03 亿元。我们从表 1 - 1 可以看到，2002～2005 年上规模民营企业无论是从入围企业数量、营业收入、资产总额，还是户均规模、利润水平上看，都有较快速的增长。如 2002～2005 年，上规模民营企业户均营业收入年均增长 27%，户均资产总额年均增长 20%，户均税后净利润年均增长 20%。

表 1 - 1　2002～2005 年上规模民营企业主要规模经济指标

| 项　　目 | 2002 年 | | 2003 年 | | 2004 年 | | 2005 年 | |
|---|---|---|---|---|---|---|---|---|
| | 总　额 | 户　均 | 总　额 | 户　均 | 总　额 | 户　均 | 总　额 | 户　均 |
| 企业数（家） | 1582 | — | 2268 | — | 2119 | — | 2688 | — |
| 营业收入（亿元） | 9324.67 | 5.89 | 1522.54 | 6.71 | 22141.08 | 10.45 | 31360.48 | 11.67 |
| 缴税总额（亿元） | 471.30 | 0.30 | 691.77 | 0.31 | 884.29 | 0.42 | 1184.03 | 0.44 |
| 资产总额（亿元） | 8821.59 | 5.58 | 13851.56 | 6.14 | 18790.66 | 8.87 | 24797.20 | 9.23 |
| 固定资产（亿元） | 3085.02 | 1.95 | 4658.35 | 2.18 | 6088.26 | 2.96 | 7818.73 | 2.92 |
| 净资产（亿元） | 3653.90 | 2.32 | 5431.26 | 2.43 | 6758.86 | 3.20 | 8962.53 | 3.37 |
| 税后净利润（亿元） | 486.13 | 0.31 | 780.23 | 0.35 | 1068.73 | 0.50 | 1324.03 | 0.50 |
| 利润占收入比重（%） | 5.2 | — | 5.1 | — | 4.8 | — | 4.2 | — |
| 员工人数（万人） | 274.2 | 0.17 | 383.91 | 0.17 | 438.33 | 0.21 | 582.29 | 0.22 |

说明：2002 年、2003 年上规模民营企业的入围标准是年营业收入 1.2 亿元（含）以上，2004 年以后入围标准提高到年营业收入 2 亿元（含）以上。

2005 年上规模民营企业营业收入排名前 20 位的企业，其营业收入总额合计为 5025.6 亿元，比 2004 年增长了 37%。黑色、有色金属冶炼及压延加工业（主要是钢铁冶炼），纺织业与化学纤维制造业各分别有 4 家企业进入前 20 名；食品加工业与食品、饮料制造业也有 3 家企业进入前 20 名。而联想控股有限公司的营业收入总额连续 8 年位居首位，在并购 IBM 个人电脑业务之后，2005 年营收总额更达到 1081.89 亿元，比 2004 年有高达 158.07% 的增长（见表 1－2）。

表 1－2　2005 年上规模民营企业营业收入总额前 20 名

单位：亿元，%

| 排　序 | | 企业名称 | 营业收入 | 增长率 |
|---|---|---|---|---|
| 2005 年 | 2004 年 | | | |
| 1 | 1 | 联想控股有限公司 | 1081.89 | 158.07 |
| 2 | 2 | 江苏沙钢集团有限公司 | 405.48 | 30.28 |
| 3 | 5 | 苏宁电器集团 | 397.18 | 79.66 |
| 4 | 3 | 上海复星高科技（集团）有限公司 | 321.39 | 14.25 |
| 5 | 6 | 广厦控股创业投资有限公司 | 256.14 | 20.33 |
| 6 | 4 | 东方集团实业股份有限公司 | 246.56 | 9.13 |
| 7 | 39 | 江苏雨润食品产业集团有限公司 | 243.00 | 206.76 |
| 8 | 10 | 华芳集团有限公司 | 201.17 | 18.94 |
| 9 | 7 | 上海华冶钢铁集团有限公司 | 169.68 | -13.40 |
| 10 | 16 | 江苏永钢集团有限公司 | 167.40 | 43.55 |
| 11 | 13 | 雅戈尔集团股份有限公司 | 167.17 | 19.88 |
| 12 | 8 | 南京斯威特集团有限公司 | 164.23 | -14.46 |
| 13 | 58 | 四川新希望集团有限公司 | 163.47 | 170.23 |
| 14 | 19 | 江苏三房巷集团有限公司 | 160.39 | 44.40 |
| 15 | 34 | 天津荣程联合钢铁集团有限公司 | 154.44 | 86.99 |
| 16 | 20 | 江苏阳光集团有限公司 | 151.82 | 41.30 |
| 17 | 15 | 正泰集团 | 150.11 | 25.62 |
| 18 | 12 | 横店集团控股有限公司 | 147.50 | 3.69 |
| 19 | 18 | 杭州娃哈哈集团有限公司 | 140.65 | 22.91 |
| 20 | — | 临沂新程金锣肉制品有限公司 | 135.94 | 35.30 |

在 2005 年资产总额排名上，联想控股有限公司也由 2004 年的第 5 名跃至首位。资产总额前 20 名的民营企业其资产合计为 3971.89 亿元，比 2004 年前 20 名企业的资产总额增长了 25.4%（见表 1-3）。

表 1-3　2005 年上规模民营企业资产总额前 20 名

单位：亿元，%

| 名 次 | | 企业名称 | 营业收入 | 增长率 |
|---|---|---|---|---|
| 2005 年 | 2004 年 | | | |
| 1 | 5 | 联想控股有限公司 | 622.55 | 180.41 |
| 2 | 1 | 东方集团实业股份有限公司 | 542.56 | 10.00 |
| 3 | 2 | 上海复星高科技(集团)有限公司 | 371.76 | 9.24 |
| 4 | 3 | 江苏沙钢集团有限公司 | 345.35 | 30.56 |
| 5 | 15 | 南京斯威特集团有限公司 | 190.02 | 110.90 |
| 6 | 6 | 广厦控股创业投资有限公司 | 167.38 | 5.87 |
| 7 | 8 | 横店集团控股有限公司 | 166.68 | 16.98 |
| 8 | 7 | 大连实德集团有限公司 | 164.59 | 7.57 |
| 9 | 12 | 新奥集团股份有限公司 | 150.81 | 48.89 |
| 10 | 9 | 雅戈尔集团股份有限公司 | 150.25 | 11.33 |
| 11 | 35 | 江苏雨润食品产业集团有限公司 | 131.00 | 106.51 |
| 12 | 13 | 大华(集团)有限公司 | 127.34 | 37.32 |
| 13 | 10 | 新疆广汇实业投资(集团)有限责任公司 | 122.98 | 9.28 |
| 14 | 16 | 华立控股股份有限公司 | 108.37 | 28.63 |
| 15 | — | 富丽达集团控股有限公司 | 107.38 | 8.94 |
| 16 | 18 | 四川宏达集团 | 106.25 | 29.87 |
| 17 | 14 | 东方希望集团有限公司 | 104.55 | 13.64 |
| 18 | 24 | 三胞集团有限公司 | 103.27 | 43.73 |
| 19 | 21 | 亿达集团有限公司 | 95.89 | 24.84 |
| 20 | 23 | 四川新希望集团有限公司 | 92.91 | 24.20 |

**2. 2002~2005 年上规模民营企业经营效率有所提升，利润率呈下降趋势**

2002~2005 年上规模民营企业平均劳动生产率和人均利润率都在稳步提升，年均增长 18.25% 和 12%，表明民营企业管理水平提高，员工素质增强，提高劳动生产率的新技术应用增加。同时，2002~2005 年上规模民营企业平均总资产周转率指标逐年提高，表明民营企业运用资产经营能力提高。

但在 2002~2005 年间，民营企业的销售利润率在逐年降低，2002 年上规模民营企业的销售利润率为 5.21%，2003 年为 5.12%，而从 2004 年起就下降到 5% 以下。从下降幅度上看，2005 年销售利润率下降了 0.61 个百分点，在近几年中幅度最大（见图 1-1）。

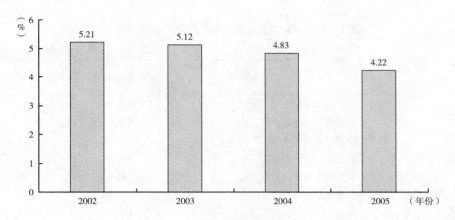

图 1-1 2002～2005 年上规模民营企业销售利润率指标

从利润率这一角度看，在一定程度上表明民营企业利润增幅低于营业收入增幅，市场竞争激烈，企业运营成本增加，利润率水平有所下降，2005 年民营企业的经营环境竞争变得更为激烈（见表 1-4）。

表 1-4 2002～2005 年上规模民营企业效率指标

| 年 份 | 2002 | 2003 | 2004 | 2005 | 年均增速(%) |
|---|---|---|---|---|---|
| 企业数(家) | 1582 | 2268 | 2119 | 2688 | — |
| 总资产周转率(%) | 105.70 | 109.92 | 117.80 | 126.47 | 5.63 |
| 销售净利率(%) | 5.21 | 4.98 | 4.83 | 4.22 | -5.30 |
| 劳动生产率(万元/人) | 34.01 | 39.66 | 50.51 | 53.85 | 18.25 |
| 人均利润率(万元/人) | 1.77 | 1.98 | 2.44 | 2.27 | 12.00 |

### 3. 2002～2005 年上规模民营企业出口增速较快

2005 年上规模民营企业中有 53.5% 的企业拥有出口业务，年出口总额为 460.04 亿美元，比 2004 年增长了 35.5%，户均出口额为 3336 万美元。2002～2005 年间，出口总额年均增长 48.92%，户均出口额年均增长 27.67%，说明上规模民营企业不断积极开拓海外市场，近年来取得了可喜的成绩（见表 1-5）。

表 1 - 5　2002～2005 年上规模民营企业出口情况

| 年　份 | 2002 | 2003 | 2004 | 2005 | 年均增长率(%) |
|---|---|---|---|---|---|
| 全部企业数(家) | 1582 | 2268 | 2119 | 2688 | —— |
| 有出口的企业数(家) | 879 | 1163 | 1133 | 1379 | 17.54 |
| 占全部企业比重(%) | 55.6 | 51.3 | 53.5 | 51.3 | - 3.27 |
| 出口总额(亿美元) | 153.67 | 277.66 | 339.49 | 460.04 | 48.92 |
| 户均出口额(万美元) | 1748 | 2387 | 2996 | 3336 | 27.67 |

**4. 2002～2005 年上规模民营企业亏损面逐渐扩大**

2005 年上规模民营企业中亏损企业占全部企业的 2.3%，亏损企业比重连续 4 年递增，尽管增幅较小，但仍可发现面对激烈的市场竞争，企业之间的赢利能力差距在逐渐拉大（见表 1 - 6）。

表 1 - 6　2002～2005 年上规模民营企业亏损情况

| 年　份 | 2002 | 2003 | 2004 | 2005 |
|---|---|---|---|---|
| 企业数(家) | 1582 | 2268 | 2119 | 2688 |
| 亏损企业数(家) | 19 | 43 | 43 | 63 |
| 占全部企业比重(%) | 1.2 | 1.9 | 2.0 | 2.3 |
| 亏损总额(万元) | - 17015 | - 161477 | - 66312 | - 220726 |
| 户均亏损额(万元) | - 895.5 | - 3755.3 | - 1542.1 | - 3503.6 |

与 2004 年相比，2005 年亏损面扩大的行业有 9 个，亏损减少的行业只有 6 个，说明经营环境恶化的情况在民营企业中更为普遍。考察非金属矿物制造业，房地产业，建筑业，石油加工、炼焦加工业，化学原料及化学制品制造业，批发和零售业，餐饮业，交通运输、仓储业等行业亏损企业增加的原因，除了自身经营因素以外，外部原因包括国家对房地产行业的调控、原油价格及相关成本居高不下、商业流通领域竞争加剧等因素。而渡过了宏观调控形势最严峻期的黑色、有色金属冶炼及压延加工业的亏损面有所减少，但仍然是连续 3 年行业亏损面超过全部企业亏损面的 3 个行业之一，说明该行业内的竞争形势仍然非常激烈（见表 1 - 7）。

表 1 - 7　2003～2005 年上规模民营企业分行业亏损情况表

| 行　业　名　称 | 2003 年 | | 2004 年 | | 2005 年 | |
|---|---|---|---|---|---|---|
| | 总数 | 亏损面（%） | 总数 | 亏损面（%） | 总数 | 亏损面（%） |
| 企业数（家） | 2268 | | 2119 | | 2688 | |
| 亏损企业数（家） | 43 | 1.9 | 43 | 2.0 | 63 | 2.3 |
| 黑色、有色金属冶炼及压延加工业, 金属制品业 | 6 | 3.1 | 15 | 5.0 | 12 | 3.6 |
| 采矿业 | 0 | 0 | 0 | 0 | 1 | 3.3 |
| 交通运输设备制造业 | 2 | 2.7 | 4 | 6.2 | 3 | 3.6 |
| 信息传输、计算机服务和软件业 | 3 | 13.0 | 0 | 0 | 0 | 0 |
| 商业、餐饮业、服务业（包括批发和零售业） | 11 | 5.6 | 6 | 3.3 | 8 | 3.8 |
| 棉、化纤、纺织服装、鞋帽、皮革制造业 | 5 | 1.3 | 8 | 2.1 | 11 | 2.4 |
| 食品加工业与食品、饮料制造业 | 3 | 2.1 | 3 | 2.4 | 2 | 1.4 |
| 通信设备、计算机及其他电子设备制造业 | 1 | 1.8 | 0 | 0 | 2 | 3.8 |
| 非金属矿物制品业（含水泥、玻璃、陶瓷、耐火材料等） | 1 | 1.3 | 0 | 0 | 6 | 9.7 |
| 石油加工、炼焦加工业、化学原料及化学制品制造业 | 3 | 2.1 | 0 | 0 | 7 | 3.2 |
| 造纸、纸制品、印刷业、文教体育、办公用品制造业 | 1 | 1.8 | 1 | 2.6 | 0 | 0 |
| 橡胶、塑料制品业 | 2 | 3.9 | 0 | 0 | 0 | 0 |
| 木材加工及木、竹、藤、棕、草制品、家具制造业 | 1 | 4.8 | 1 | 3.8 | 0 | 0 |
| 房地产业 | 1 | 1.0 | 0 | 0 | 4 | 3.4 |
| 建筑业 | 0 | 0 | 0 | 0 | 1 | 0.5 |
| 电气机械及器材、线缆制造业 | 1 | 0.6 | 2 | 1.5 | 0 | 0 |
| 医药制造业 | 1 | 1.2 | 1 | 4.1 | 2 | 2.6 |
| 科学研究、技术服务和地质勘察业 | 0 | 0 | 1 | 100 | 0 | 0 |
| 仪器仪表制造业 | 0 | 0 | 1 | 11 | 0 | 0 |
| 交通运输、仓储业和邮政业 | 0 | 0 | 0 | 0 | 1 | 6.7 |
| 通用设备和专用设备制造业 | 0 | 0 | 0 | 0 | 2 | 1.4 |
| 其他制造业 | 1 | 1.2 | 0 | 0 | 0 | 0 |

## （二）2002～2005 年上规模民营企业社会效益分析

### 1. 2002～2005 年上规模民营企业纳税能力增强

2005 年上规模民营企业缴税总额为 1184.03 亿元，比 2004 年增长了 33.9%；户均缴税额 4423 万元，比 2004 年增长了 5.9%。其中缴税总额在 1 亿元以上的企业有 264 家，较 2004 年增加 72 家，增幅为 37.5%。上规模民营企业在 2005 年贡献的税收无论从总额还是单位额来看都有大幅提高，纳税能力明显增强。对比 2002～2005 年的纳税数据，上规模民营企业缴税总额的年均增长为 38%；户均缴税额的年均增长为 14%（见表 1 - 8）。

表 1-8　2002～2005 年上规模民营企业税收指标

| 项　目 | 2002 年 | | 2003 年 | | 2004 年 | | 2005 年 | | 年均增长率(%) | |
|---|---|---|---|---|---|---|---|---|---|---|
| | 总额 | 户均 | 总额 | 户均 | 总额 | 户均 | 总额 | 户均 | 总额 | 户均 |
| 企业数(家) | 1582 | — | 2268 | — | 2119 | — | 2688 | — | 21 | — |
| 缴税总额(万元) | 4713018 | 2979 | 6917734 | 3070 | 8842859 | 4177 | 11840339 | 4423 | 38 | 14 |

2005 年缴税总额前 20 名企业的缴税额合计为 193.78 亿元，比 2004 年增长了 33.1%。这 20 名企业的缴税额占全部入围企业缴税总额的 16.4%。上海复星高科技（集团）有限公司和联想控股有限公司的缴税额排在前 2 位，分别比 2004 年增长 26.2% 和 77.4%（见表 1-9）。

表 1-9　2005 年上规模民营企业缴税额前 20 名

单位：亿元，%

| 排　名 | 企业名称 | 2005 年 | 2004 年 | 增长率 |
|---|---|---|---|---|
| 1 | 上海复星高科技(集团)有限公司 | 44.69 | 35.41 | 26.2 |
| 2 | 联想控股有限公司 | 12.92 | 7.28 | 77.4 |
| 3 | 江苏沙钢集团有限公司 | 10.27 | 15.48 | -33.7 |
| 4 | 苏宁电器集团 | 9.71 | 5.21 | 86.5 |
| 5 | 人民电器集团 | 9.31 | 7.84 | 18.8 |
| 6 | 大华(集团)有限公司 | 9.24 | 7.91 | 16.9 |
| 7 | 正泰集团 | 9.04 | 7.51 | 20.3 |
| 8 | 广厦控股创业投资有限公司 | 8.71 | 7.20 | 21.0 |
| 9 | 河北文丰钢铁有限公司 | 8.61 | 1.87 | 360.3 |
| 10 | 杭州娃哈哈集团有限公司 | 8.09 | 6.88 | 17.6 |
| 11 | 德力西集团有限公司 | 7.87 | 6.82 | 15.5 |
| 12 | 萍乡钢铁有限责任公司 | 7.06 | — | — |
| 13 | 鄂尔多斯市乌兰煤炭集团有限责任公司 | 7.04 | 1.30 | 441.9 |
| 14 | 四川剑南春集团有限责任公司 | 6.71 | 6.03 | 11.3 |
| 15 | 天津荣程联合钢铁集团有限公司 | 6.21 | 4.01 | 54.8 |
| 16 | 长城电器集团有限公司 | 6.21 | 6.79 | -8.6 |
| 17 | 上海人民企业(集团)有限公司 | 6.10 | 5.12 | 19.1 |
| 18 | 浙江吉利控股集团有限公司 | 5.47 | 3.97 | 37.9 |
| 19 | 天正集团有限公司 | 5.36 | 6.14 | -12.7 |
| 20 | 四川宏达集团 | 5.16 | 2.85 | 81.0 |
| | 总　　计 | 193.78 | 145.62 | 33.1 |

**2. 2002～2005 年上规模民营企业是吸纳就业的重要力量**

民营企业是提供全社会就业的重要力量，2005 年上规模民营企业员工人数为 582.29 万人，比 2004 年增长了 32.8%；员工人数在 1 万人以上的有 85 家，比 2004 年增加 33 家，增长 63%；户均员工人数为 2171 人，比 2004 年的 2070 人增长 5%（见表 1－10）。

表 1－10　2002～2005 年上规模民营企业员工人数

| 年　　份 | 2002 | 2003 | 2004 | 2005 | 年均增长率(%) |
|---|---|---|---|---|---|
| 企业数(家) | 1582 | 2268 | 2119 | 2688 | — |
| 员工人数(万人) | 274.84 | 383.91 | 438.33 | 582.29 | 29.11 |
| 户均员工人数(人) | 1737 | 1702 | 2070 | 2171 | 6.72 |

2005 年员工人数排名前 20 位的企业员工总数为 73.05 万人，比 2004 年增长了 14.3%，占全部上规模企业员工总数的 12.5%。员工人数最多的是苏宁电器集团和广厦控股创业投资有限公司（见表 1－11）。

表 1－11　2004～2005 年上规模民营企业员工人数前 20 名

| | 2005 年 | | | 2004 年 | |
|---|---|---|---|---|---|
| 排名 | 企业名称 | 员工数(人) | 排名 | 企业名称 | 员工数(人) |
| 1 | 苏宁电器集团 | 70000 | 1 | 上海复星高科技(集团)有限公司 | 64340 |
| 2 | 广厦控股创业投资有限公司 | 56723 | 2 | 内蒙古小肥羊餐饮连锁有限公司 | 59680 |
| 3 | 中天建设集团有限公司 | 53926 | 3 | 广厦控股创业投资有限公司 | 54627 |
| 4 | 横店集团控股有限公司 | 46889 | 4 | 横店集团控股有限公司 | 48668 |
| 5 | 内蒙古小尾羊餐饮连锁有限公司 | 46000 | 5 | 苏宁电器集团 | 48000 |
| 6 | 宝业集团股份有限公司 | 40000 | 6 | 宝业集团股份有限公司 | 40000 |
| 7 | 江苏南通二建集团有限公司 | 38302 | 7 | 中天建设集团有限公司 | 29732 |
| 8 | 四川新希望集团有限公司 | 35000 | 8 | 华芳集团有限公司 | 28586 |
| 9 | 华芳集团有限公司 | 34503 | 9 | 上海人民企业(集团)有限公司 | 26500 |
| 10 | 江苏雨润食品产业集团有限公司 | 33000 | 10 | 江苏隆力奇集团有限公司 | 25000 |
| 11 | 龙元建设集团股份有限公司 | 32000 | 11 | 南京斯威特集团有限公司 | 24879 |
| 12 | 浙江展诚建设集团股份有限公司 | 30071 | 12 | 雅戈尔集团股份有限公司 | 24596 |
| 13 | 浙江中富建筑集团股份有限公司 | 28800 | 13 | 华龙日清食品有限公司 | 23583 |
| 14 | 雅戈尔集团股份有限公司 | 28300 | 14 | 江苏雨润食品产业集团有限公司 | 23000 |
| 15 | 上海城建建设实业(集团)有限公司 | 27349 | 15 | 四川新希望集团有限公司 | 22000 |
| 16 | 联想控股有限公司 | 26800 | 16 | 河南省思念食品股份有限公司 | 20000 |
| 17 | 江苏南通六建建设集团有限公司 | 26800 | 17 | 新华联控股有限公司 | 20000 |
| 18 | 上海复星高科技(集团)有限公司 | 26128 | 18 | 家世界连锁商业集团有限公司 | 18861 |
| 19 | 南京斯威特集团有限公司 | 26014 | 19 | 龙大食品集团有限公司 | 18753 |
| 20 | 新华联集团 | 23865 | 20 | 五洋建设集团股份有限公司 | 18000 |
| 总　　计 | | 730470 | | | 638805 |

## 三　2005 年上规模民营企业地区分布

### （一）上规模民营企业地区分布特征

2003～2005 年，上规模民营企业的地区分布集中度较高，主要分布在东部地区，中部和西部省区的上规模民营企业比重较低，几年间地区分布结构变化不大。东部地区的上规模民营企业 3 年的数量分别是 1770 家、1674 家和 2172 家；中部地区上规模民营企业 3 年的数量分别是 337 家、302 家和 358 家；西部地区的上规模企业 3 年分别是 161 家、143 家和 158 家。3 年的比重变化见图 1－2。

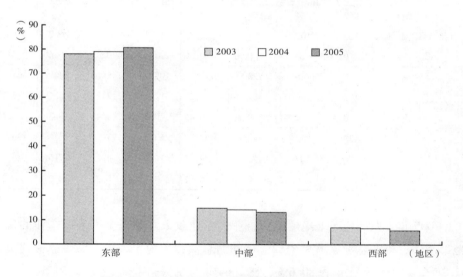

图 1－2　2003～2005 年上规模民营企业地区分布

### （二）上规模民营企业地区发展特征比较分析

从不同地区主要效益指标来看，东部地区的上规模民营企业经营规模最大，赢利能力最强。中、西部地区的上规模民营企业经营规模相对较小，赢利能力较低，因此地区间发展不平衡的问题依然存在。从 2004 年、2005 年两年情况对比来看，东部地区不仅规模指标的绝对数远远领先于中西部地区，在规模扩张速度上也要快于中西部地区（见表 1－12）。

表 1－12　2004～2005 年不同地区上规模民营企业主要效益指标

| 指　标 | | 全国总计 | | 东　部 | | 中　部 | | 西　部 | |
|---|---|---|---|---|---|---|---|---|---|
| 年　份 | | 2004 | 2005 | 2004 | 2005 | 2004 | 2005 | 2004 | 2005 |
| 企业数<br>（家） | 绝对数 | 2119 | 2688 | 1674 | 2172 | 302 | 358 | 143 | 158 |
| | 比重（%） | 100.0 | 100.0 | 79.0 | 80.8 | 14.3 | 13.3 | 6.7 | 5.9 |
| 营业收入<br>总额<br>（亿元） | 绝对数 | 22141 | 31360 | 18417 | 26886 | 2394 | 3045 | 1330 | 1429 |
| | 比重（%） | 100.0 | 100.0 | 83.2 | 85.7 | 10.8 | 9.7 | 6.0 | 4.6 |
| | 户　均 | 10.4 | 11.7 | 11.0 | 12.4 | 7.9 | 8.5 | 9.3 | 9.0 |
| 资产总额<br>（亿元） | 绝对数 | 18791 | 24798 | 14840 | 20146 | 2581 | 3191 | 1370 | 1461 |
| | 比重（%） | 100.0 | 100.0 | 79.0 | 81.2 | 13.7 | 12.9 | 7.3 | 5.9 |
| | 户　均 | 8.9 | 9.2 | 8.9 | 9.3 | 8.5 | 8.9 | 9.6 | 9.2 |
| 税后<br>净利润<br>（亿元） | 绝对数 | 1069 | 1324 | 874 | 1089 | 129 | 160 | 66 | 75 |
| | 比重（%） | 100.0 | 100.0 | 81.8 | 82.3 | 12.1 | 12.1 | 6.2 | 5.7 |
| | 户　均 | 0.50 | 0.49 | 0.52 | 0.50 | 0.43 | 0.45 | 0.46 | 0.47 |
| 缴税总额<br>（亿元） | 绝对数 | 884 | 1185 | 723 | 973 | 107 | 145 | 54 | 67 |
| | 比重（%） | 100.0 | 100.0 | 81.8 | 82.2 | 12.1 | 12.2 | 6.1 | 5.7 |
| | 户　均 | 0.42 | 0.44 | 0.43 | 0.45 | 0.35 | 0.41 | 0.38 | 0.42 |
| 员工人数<br>（万人） | 绝对数 | 438 | 582 | 340 | 469 | 65 | 77 | 33 | 36 |
| | 比重（%） | 100.0 | 100.0 | 77.6 | 80.6 | 14.8 | 13.2 | 7.5 | 6.2 |
| | 户　均 | 0.21 | 0.22 | 0.20 | 0.22 | 0.22 | 0.22 | 0.23 | 0.23 |

2005 年，东部地区上规模民营企业的营业收入总额占全部入围企业的比重为 85.7%，资产总额比重为 81.2%，利润总额比重为 82.3%，缴税总额比重为 82.2%，员工人数比重为 80.6%，比 2004 年分别提高了 2.5、2.2、0.5、0.4 和 3.0 个百分点。

2005 年，中部地区上规模民营企业的营业收入总额占全部入围企业的比重为 9.7%，资产总额比重为 12.9%，利润总额比重为 12.1%，缴税总额比重为 12.2%，员工人数比重为 13.2%。除了缴税总额的比重比 2004 年上升 0.1 个百分点、税后净利润的比重不变以外，其他几个指标均比 2004 年有所下降。

2005 年，西部地区上规模民营企业的营业收入总额占全部入围企业的比重为 4.6%，资产总额比重为 5.9%，利润总额比重为 5.7%，缴税总额比重为

5.7%，员工人数比重为 6.2%，比 2004 年分别下滑了 1.4、1.4、0.5、0.4 和 1.3 个百分点。

在 2005 年上规模民营企业中，营收规模最大的企业主要集中在东部地区，中、西部企业营收规模明显偏小。东部地区上规模民营企业营收总额最大值为 1081.89 亿元（联想控股有限公司），中部地区上规模民营企业营收总额最大值为 246.56 亿元（东方集团实业股份有限公司），西部地区上规模民营企业营收总额最大值为 163.47 亿元（四川新希望集团有限公司）。

2005 年东、中、西部地区上规模民营企业发展差距比较大，发展速度不均衡。在全部上规模企业中，营业收入总额超过 5 亿元的大中型民营企业中，东部地区的企业数量不仅在绝对数上遥遥领先，在同类企业总数中所占比重也比 2004 年提高，从 2004 年的 81.5% 提高到 82.9%；而中西部地区营收总额在 5 亿元以上的企业所占比重则从 18.5% 下滑到 17.1%。尤其是营收规模介于 30 亿 ~ 100 亿之间的企业中，东部企业所占比重更是由 2004 年的 84% 提高到 2005 年的 89.8%，提高了 5.8 个百分点，接近全部的 9 成（见表 1 - 13）。

表 1 - 13　2004 ~ 2005 年不同规模标准上规模民营企业地区分布

| 营收总额标准 | | 全国总计 | | 东　部 | | 中　部 | | 西　部 | |
|---|---|---|---|---|---|---|---|---|---|
| | | 2004 年 | 2005 年 | 2004 年 | 2005 年 | 2004 年 | 2005 年 | 2004 年 | 2005 年 |
| ≥100 亿元 | 绝对数 | 28 | 41 | 26 | 37 | 1 | 2 | 1 | 2 |
| | 比重（%） | 100.0 | 100.0 | 92.9 | 90.2 | 3.6 | 4.9 | 3.6 | 4.9 |
| 30 亿 ~ 100 亿元 | 绝对数 | 100 | 147 | 84 | 132 | 7 | 11 | 9 | 4 |
| | 比重（%） | 100.0 | 100.0 | 84.0 | 89.8 | 7.0 | 7.5 | 9.0 | 2.7 |
| 5 亿 ~ 30 亿元 | 绝对数 | 837 | 1088 | 676 | 889 | 117 | 150 | 44 | 49 |
| | 比重（%） | 100.0 | 100.0 | 80.8 | 81.7 | 14.0 | 13.8 | 5.3 | 4.5 |
| 5 亿元以下 | 绝对数 | 1154 | 1412 | 888 | 1114 | 177 | 195 | 89 | 103 |
| | 比重（%） | 100.0 | 100.0 | 76.9 | 78.9 | 15.3 | 13.8 | 7.7 | 7.3 |
| 总　计 | 绝对数 | 2119 | 2688 | 1674 | 2172 | 302 | 358 | 143 | 158 |
| | 比重（%） | 100.0 | 100.0 | 79.0 | 80.8 | 14.3 | 13.3 | 6.7 | 5.9 |

东部地区良好的经济环境和优越的地理位置使民营经济非常发达，上规模民营企业发展速度快，在市场占有、企业规模、赢利能力和出口创汇等方面的

人均指标均高于全国平均水平，表现为集约性、成长性和外向性均较强，经营效率较高。但同时，由于能源等原材料供应紧张、价格升高等原因，东部地区的上规模民营企业运营成本也较高，规模和效益的两极分化差异较大（见表1－14）。

表1－14　2004～2005 年不同地区上规模民营企业主要人均经济指标

| 人均指标 | 全国总计 | | 东　部 | | 中　部 | | 西　部 | |
|---|---|---|---|---|---|---|---|---|
| | 2004 年 | 2005 年 | 2004 年 | 2005 年 | 2004 年 | 2005 年 | 2004 年 | 2005 年 |
| 人均营业收入（万元/人） | 50.5 | 53.9 | 53.6 | 57.3 | 40.0 | 39.5 | 36.3 | 39.9 |
| 人均税后净利润（万元/人） | 2.44 | 2.27 | 2.60 | 2.32 | 2.00 | 2.08 | 1.60 | 2.09 |
| 人均资产总额（万元/人） | 42.9 | 42.6 | 43.8 | 42.9 | 41.2 | 41.4 | 39.1 | 40.7 |
| 人均缴税总额（万元/人） | 2.02 | 2.03 | 2.13 | 2.07 | 1.62 | 1.88 | 1.66 | 1.86 |
| 人均出口额（万美元/人） | 0.77 | 0.79 | 0.91 | 0.91 | 0.29 | 0.28 | 0.35 | 0.26 |

2005 年东部地区上规模民营企业销售净利率、净资产收益率下滑程度比较大，这反映了市场竞争激烈程度的加剧对传统行业优势企业的利润正在削弱。同时中、西部地区企业则有所增长，说明随着振兴东北、西部大开发的政策措施深入实施，中西部地区上规模民营企业逐渐发挥资源成本优势，企业运营管理不断改善，经济效益在不断提高（见表1－15）。

表1－15　2004～2005 年不同地区上规模民营企业主要经济效率指标

单位：%

| 指　标 | 全国平均 | | 东部平均 | | 中部平均 | | 西部平均 | |
|---|---|---|---|---|---|---|---|---|
| | 2004 年 | 2005 年 | 2004 年 | 2005 年 | 2004 年 | 2005 年 | 2004 年 | 2005 年 |
| 总资产周转率 | 117.83 | 126.47 | 122.73 | 133.46 | 94.38 | 95.42 | 97.14 | 97.84 |
| 销售净利率 | 4.83 | 4.22 | 4.86 | 4.05 | 4.43 | 5.25 | 4.99 | 5.23 |
| 净资产收益率 | 15.81 | 14.71 | 16.60 | 14.85 | 13.42 | 14.10 | 11.09 | 14.06 |
| 资产负债率 | 61.71 | 63.86 | 62.55 | 63.69 | 58.82 | 64.97 | 56.25 | 63.67 |

尽管 2005 年市场竞争不断加剧，东部地区上规模民营企业仍然具有绝对竞争优势，其面临的主要问题是运营成本增高，销售毛利下滑。东部地区上规模民

营企业应进一步优化经济结构，转变增长方式，提高整体素质和国际竞争力，进一步发展外向型经济，同时注重资源节约和生态环境建设，注重在规模做大的同时强化成本控制。与东部地区企业相比，中西部地区上规模民营企业在行业内拥有一定成本优势，赢利能力较强，因此中西部上规模企业应在保持上述优势的基础上，继续改善经营模式，提高经营效率，注重拓展国内和国外两个市场，争取做强做大。

## 小　　结

- 2005 年我国经济呈现良性高速增长态势。《国务院关于鼓励支持和引导个体私营等非公有制经济发展的若干意见》的出台，进一步消除了影响民营经济发展的政策上、体制上的障碍。
- 2002～2005 年上规模民营企业经济效益和社会效益都得到提升，企业经营效率提高，纳税能力增强，民营企业已经成为吸纳就业的重要力量。
- 上规模民营企业的平均销售净利率呈逐年下降的趋势，亏损企业占全部企业的比重连续递增，面对激烈的市场竞争，企业之间的赢利能力差距在逐渐拉大。
- 从主要经济效益效率指标来看，东部地区的上规模民营企业经营规模处于优势地位，劳动生产率较高，外向型经济特征显著，但运营成本也相对较高。中、西部地区上规模民营企业运营成本较低，利润率相对较高，但企业整体经营规模小，劳动生产率相对较低。

## 第二章　2005 年上规模民营企业行业分析

### 一　2005 年上规模民营企业主要行业景气度分析

按营业收入增长速度排名，有 14 个行业营业收入增长率超过行业 41.64% 的平均增长率。进入水利、环境和公共设施管理业的上规模民营企业由 2004 年的 1 家增加至 3 家，营业收入合计达到了 34.95 亿元，增长 12.28 倍；其次是交通运输、仓储业和邮政业，行业营业收入增长262.91%；排名第三到第五位的分别是仪器仪表制造业，建筑业，农、林、牧、渔业（见表2－1）。

表2－1　2005年按营业收入增速高于平均增速的行业排名

| 序号 | 行业名称 | 企业数（家） | 增长率（%） | 营业收入（亿元） | 增长率（%） | 净利润总额（亿元） | 增长率（%） | 固定资产投资增长率（%） |
|---|---|---|---|---|---|---|---|---|
| 1 | 水利、环境和公共设施管理业 | 3 | 200.00 | 34.95 | 1228.40 | 5.68 | 1184.96 | -2.26 |
| 2 | 交通运输、仓储业和邮政业 | 16 | 60.00 | 221.94 | 262.91 | 6.30 | 227.95 | 120.10 |
| 3 | 仪器仪表制造业 | 16 | 77.78 | 386.19 | 167.62 | 17.11 | 76.40 | 82.43 |
| 4 | 建筑业 | 202 | 75.65 | 2722.21 | 152.32 | 76.08 | 79.20 | 114.98 |
| 5 | 农、林、牧、渔业 | 27 | 8.00 | 545.54 | 135.27 | 25.23 | 99.82 | 145.33 |
| 6 | 信息传输、计算机服务和软件业 | 12 | 71.43 | 115.12 | 94.20 | 8.23 | 213.49 | -31.64 |
| 7 | 电力、热力、燃气及水的生产和供应业 | 15 | 114.29 | 126.1 | 74.77 | 10.84 | 119.89 | 65.69 |
| 8 | 非金属矿物制品业 | 62 | 37.78 | 371.81 | 70.50 | 17.25 | -29.60 | 22.07 |
| 9 | 纺织业、化学纤维制造业 | 351 | 23.59 | 3857.96 | 56.07 | 141.33 | 54.14 | 43.72 |
| 10 | 医药制造业 | 78 | 56.00 | 621.37 | 54.50 | 47.10 | 75.74 | 36.71 |
| 11 | 采矿业 | 30 | 66.67 | 162.96 | 51.36 | 26.03 | 140.81 | 44.66 |
| 12 | 租赁和商务服务业 | 8 | 33.33 | 63.63 | 48.86 | 3.16 | 678.42 | 2449.10 |
| 13 | 橡胶制品、塑料制品业 | 52 | 26.83 | 488.58 | 48.59 | 25.70 | 51.20 | 55.81 |
| 14 | 通用设备和专用设备制造业 | 144 | 17.07 | 1300.75 | 47.64 | 65.63 | 37.45 | 31.44 |
| | 上规模企业总值 | 2688 | 26.85 | 31360.48 | 41.64 | 1324.03 | 23.89 | 28.42 |

## （一）民营企业进入自然垄断行业

越来越多的民营企业进入自然垄断行业中。2005年民营企业在水利、环境和公共设施管理业，交通运输、仓储业和邮政业，电力、热力、燃气及水的生产和供应业获得了较大发展，这三个行业营业收入增长高于平均增长率，利润更是取得了至少 100% 的增长。

### 1. 水利、环境和公共设施管理业

城镇化建设对水利、环境和公共设施管理服务业要求提高。2005 年上规模民营企业在该领域取得了突破性的发展，实现营业收入 34.95 亿元，税后净利润总额 5.68 亿元，销售利润率为 16.25%。但固定资产投资却出现了下降，同比下降 2.26%。面对较高的利润、较好的市场空间，民营企业欲获得进一步发展，需要克服地方保护主义和国有企业已形成的垄断。

### 2. 交通运输、仓储业和邮政业

当今物流产业对于提高经济运行的效率、满足人民不断提高的物质文化需求起着重要作用。2005 年交通运输、仓储业和邮政业中的上规模民营企业增加到了 16 家，其中北京 2 家、天津 2 家、山东 2 家、上海 6 家。合计实现营业收入 221.94 亿元、税后净利润 6.30 亿元，分别增长 262.91% 和 227.95%，固定资产投资增长 120.10%，显现出较强的增长势头。

### 3. 电力、热力、燃气及水的生产和供应业

公用事业领域的改革给民营经济带来了生机。2005 年有 15 家上规模民营企业进入该领域，数量翻了 1 倍，实现营业收入和税后净利润分别是 126.10 亿元、10.84 亿元；税后净利润增长 119.89%，大大高于营业收入 74.77% 的增长率，行业经济效益较好。

## （二）快速增长的竞争性行业

### 1. 仪器仪表制造业

抓住了中国成为世界加工制造中心的机遇，2005 年上规模民营企业在仪器仪表制造业上获得了飞速发展。营业收入总额为 386.19 亿元，同比增长 167.62%；税后净利润总额 17.11 亿元，同比增长 76.4%；同年的固定资产投资也增长 82.43%，行业表现出比较高的景气指数。

### 2. 建筑业

近年来我国房地产行业快速发展，拉动了建筑业等相关产业。2005 年上规模民营企业分布在建筑业中有 202 家，行业企业数量位居第 3 位；营业收入达到了 2722.21 亿元，位居第 4 位。该行业的固定资产投资 285.75 亿元，同比增长

114.98%。

与建筑业密切相关的非金属矿物制品业（含水泥、玻璃、陶瓷、耐火材料等）也获得了较快增长。2005年实现营业收入371.81亿元，增长速度超过70%。但税后利润却出现了近30%的下降，反映出该行业市场竞争激烈。

**3. 农、林、牧、渔业**

2005年农、林、牧、渔业中的上规模民营企业有27家，仅比2004年增加2家。但该行业的营业收入、税后净利润出现了大幅增长。2005年营业收入实现545.54亿元，增长135.27%；税后净利润25.23亿元，增速接近100%；固定资产投资增长145.33%。民营企业在该领域的做强做大，有利于实现农业产业化，提高农民收入，建设社会主义新农村。

**4. 信息传输、计算机服务和软件业**

第三产业中的信息传输、计算机服务和软件业的发展，将促进我国整体科技水平的提高。2005年民营企业在该行业中实现税后净利润8.23亿元，同比增长213.49%，经济效益有明显的提高。值得注意的是，该行业的固定资产投资同比降低31.6%，而净资产却增长177.7%，显现出该行业对无形资产的投资加速，整个行业的技术附加值在提高。

**5. 纺织业、化学纤维制造业**

纺织业、化学纤维制造业是民营经济分布的主要行业之一，属劳动密集型行业，吸纳着大量的就业人口。在该行业中，2005年上规模民营企业有351家，企业数量排名居第一位；实现营业收入3857.96亿元，按营收排名第二位；实现税后净利润141.33亿元，营业收入和税后净利润增速均在55%左右，销售利润率稳定。

**6. 租赁和商务服务业**

租赁和商务服务业是第三产业的内容。经过前几年的培育，该行业在2005年实现了较好的经济效益，税后净利润3.16亿元，是2004年的近6.78倍。从投资增速上看，在未来几年中该行业也将有较大的拓展空间。

## （三） 增长较慢的部分行业

表2-2列出了2005年营业收入增速较慢的行业排名。在所调研的上规模民营企业中，营业收入平均增速为41.64%，而金属制品业、房地产业营业收入增速仅为8.86%和10.55%，固定资产投资也接近零增长，大大低于行业平均水

平。另外，上规模民营企业在黑色、有色金属冶炼及压延加工业的营业收入增速低于平均数字，固定资产投资也仅在 13%。这些数字显示，尽管从全国来看这几个行业有"发展过热"的迹象，但是在 2005 年上规模民营企业在这几个行业中的投资增长不多，已开始进行投资结构的调整。

表 2-2　2005 年按营业收入增速低于平均增速的行业排名

| 序号 | 行业名称 | 企业数（家） | 增长率（%） | 营业收入（亿元） | 增长率（%） | 税后净利润（亿元） | 增长率（%） | 固定资产投资增长率(%) |
|---|---|---|---|---|---|---|---|---|
| 1 | 金属制品业 | 103 | 1.98 | 734.26 | 8.86 | 92.007 | -19.69 | 1.74 |
| 2 | 房地产业 | 118 | 11.32 | 960.28 | 10.55 | 25.785 | 12.55 | -2.44 |
| 3 | 造纸及纸制品、印刷业、文教体育、办公用品制造业 | 44 | 15.79 | 357.52 | 12.74 | 84.744 | 35.58 | -10.30 |
| 4 | 食品加工与食品、饮料制造业 | 139 | 13.01 | 1324.23 | 14.35 | 23.054 | 14.38 | 21.56 |
| 5 | 化学原料及化学制品制造业 | 183 | 39.69 | 1367.53 | 14.70 | 63.429 | 40.97 | 14.93 |
| 6 | 电气机械及器材、线缆制造业 | 185 | 39.10 | 2169.28 | 18.86 | 81.903 | -10.23 | 42.61 |
| 7 | 工艺品其他制造业 | 33 | 37.50 | 212.02 | 19.33 | 98.764 | 36.01 | 8.59 |
| 8 | 服装、鞋帽、皮革制造业 | 111 | 14.43 | 1078.81 | 26.34 | 10.391 | 22.25 | -5.06 |
| 9 | 住宿、餐饮业 | 9 | 12.50 | 102.79 | 32.12 | 62.728 | 66.28 | -13.43 |
| 10 | 木材加工及木、竹、藤、棕、草制品、家具制造业 | 26 | 0.00 | 300.08 | 32.77 | 13.648 | 47.40 | 34.77 |
| 11 | 黑色、有色金属冶炼及压延加工业 | 233 | 15.35 | 3866.79 | 34.89 | 15.357 | 4.11 | 12.97 |
| 12 | 批发和零售业 | 199 | 14.37 | 2856.19 | 35.40 | 155.117 | 31.45 | 63.68 |
| 13 | 交通运输设备制造业 | 83 | 27.69 | 921.85 | 38.52 | 41.889 | 45.68 | -35.44 |
| 14 | 通信设备、计算机及其他电子设备制造业 | 55 | 19.57 | 1579.84 | 39.56 | 33.869 | -52.44 | 29.48 |
| | 上规模企业总值 | 2688 | 26.85 | 31360.48 | 41.64 | 1324.03 | 23.89 | 28.42 |

## 1. 房地产业

2005 年全国房地产开发投资 15759 亿元，同比增长 19.8%。而上规模民营企业房地产投资增长率却出现了 2.44% 的下降，营业收入和税后净利润总额分别增长 10.55% 和 12.55%，大大低于全部行业的平均水平。

**2. 部分重化工业**

（1）金属制品业。2005 年金属制品业营业收入总额仅增长 8.86%，税后净利润出现了大幅下滑，同比减少 19.69%。从企业个数上看，有 103 家企业，仅比 2004 年增长 2 家。

（2）化学原料及化学制品制造业。该行业在营业收入仅出现 14.70% 小幅增长的同时，税后净利润出现了 40.97% 的增长，同时固定资产投资有较高速的增长。

（3）黑色、有色金属冶炼及压延加工业。尽管 2005 年该行业营业收入增幅高达 34.89%，但税后净利润增长仅为 4.11%，说明该行业成本上升比较快。2005 年全社会固定资产投资 88604 亿元，比 2004 年增长 25.7%。上规模民营企业在黑色、有色金属冶炼及压延加工业固定资产投资增长速度大大低于全社会固定资产投资增长率。

（4）交通运输设备制造业。2005 年全行业营业收入达到 921.85 亿元，税后净利润接近 42 亿元，同比增长 38.52% 和 45.68%，行业赢利能力有所增强。但固定资产投资同时却出现了 35.44% 的下降，民营企业对该行业未来表示出比较谨慎的态度。

# 二　2005 年上规模民营企业行业分析

近几年上规模民营企业中各产业的比重基本稳定。将综合类企业、业务类型不明确的上规模民营企业剔除后发现，2005 年第一产业的比重有所提高，营业收入、税后净利润的比重分别由 2004 年的 1.13% 和 1.28% 提高至 1.86% 和 2.07%。近几年上规模民营企业第二产业营业收入、税后净利润所占比例都高于 80%，2005 年第二产业营业收入占比为 82.41%，税后净利润占比为 84.37%。第三产业上规模民营企业营业收入所占比重为 15.74%，比前两年略有减少，而税后净利润占比略有提高，达到 13.56%，由此可认为第三产业中的上规模民营企业向附加值较高的现代服务业发展（见表 2-3）。

表 2 - 3　三个产业上规模民营企业营业收入和税后净利润占比情况

单位：%

| 年　　份 | 2005 | 2004 | 2003 |
|---|---|---|---|
| 营业收入总额 | | | |
| 第一产业 | 1.86 | 1.13 | 1.28 |
| 第二产业 | 82.41 | 82.93 | 80.92 |
| 第三产业 | 15.74 | 15.94 | 17.80 |
| 税后净利润总额 | | | |
| 第一产业 | 2.07 | 1.28 | 1.23 |
| 第二产业 | 84.37 | 86.28 | 86.39 |
| 第三产业 | 13.56 | 12.43 | 12.38 |

在上规模民营企业的第二产业中，制造业所占比例在减少，建筑业和采掘业所占比例在增加。2003 年制造业税后净利润占三个产业的比重为 81.8%，2005年缩小到 75.1%，也反映出我国经济结构的不断调整（见图 2 - 1）。

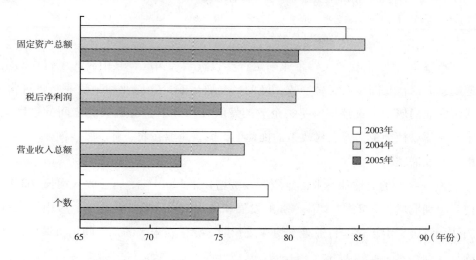

图 2 - 1　2003 ~ 2005 年上规模民营企业制造业比重变化图

2005 年营业收入总额在 1000 亿元以上的行业共有 11 个，合计营收总额为23804.78 亿元，占全部行业营业收入的 75.91%。黑色、有色金属冶炼及压延加工业，纺织、化学纤维制造业，以及批发零售业仍占据行业营业收入总额排名的前三位。建筑业由 2004 年的营业收入第九位攀升至 2005 年的第四位，营业收入占比由 2004 年的 4.87% 跃升至 8.68%（见表 2 - 4）。

表 2 - 4    2005 年营业收入总额大于 1000 亿元的行业分布

单位：亿元，%

| 序号 | 行 业 名 称 | 2005 年 | | | 2004 年 | |
|---|---|---|---|---|---|---|
| | | 营业收入 | 营收占比 | 排名 | 营收占比 | 排名 |
| 1 | 黑色、有色金属冶炼及压延加工业 | 3866.79 | 12.33 | 1 | 12.95 | 1 |
| 2 | 纺织业、化学纤维制造业 | 3857.96 | 12.30 | 2 | 11.16 | 2 |
| 3 | 批发和零售业 | 2856.19 | 9.11 | 3 | 9.53 | 3 |
| 4 | 建筑业 | 2722.21 | 8.68 | 4 | 4.87 | 9 |
| 5 | 电气机械及器材、线缆制造业 | 2169.28 | 6.92 | 5 | 8.24 | 4 |
| 6 | 综合（含投资类、主业不明显） | 1681.19 | 5.36 | 6 | 7.51 | 5 |
| 7 | 通信设备、计算机及其他电子设备制造业 | 1579.84 | 5.04 | 7 | 5.11 | 8 |
| 8 | 化学原料及化学制品制造业 | 1367.53 | 4.36 | 8 | 5.38 | 6 |
| 9 | 食品加工与食品、饮料制造业 | 1324.23 | 4.22 | 9 | 5.23 | 7 |
| 10 | 通用设备和专用设备制造业 | 1300.75 | 4.15 | 10 | 3.98 | 10 |
| 11 | 服装、鞋帽、皮革制造业 | 1078.81 | 3.44 | 11 | 3.86 | 12 |

考察 2005 年上规模民营企业固定资产投资增长情况，其中有 3 个行业的增速超过 1 倍，它们是农、林、牧、渔业，交通运输、仓储业和邮政业，建筑业。我国农业尚属于小农经济，龙头企业的发展壮大并不会造成彼此之间的过度竞争，在建设社会主义新农村政策的推动下，民营企业在农、林、牧、渔业还将有很大的发展空间。

2005 年交通运输业行业固定资产投资增长了 120.1%、营业收入增长 263%、税后净利润增长 228%。物流产业的发展和城市交通运输业的改制，吸引了大量的社会资金，由于这一行业处于快速成长期，相信在未来的几年间仍将保持较高的景气度。

建筑业受房地产行业发展的影响较大，随着国家对房地产行业调控政策的落实，房地产投资增速将放缓，市场运作将趋于规范，建筑业的市场竞争也将加剧。2005 年建筑业的营业收入增幅比 2004 年加快，但税后净利润增幅却明显下降，税后净利润增长低于营业收入增长。另外，可以预期，随着公用事业领域改革的深入，将有更多的社会资金进入电力、热力、燃气及水的生产和供应业（见表 2 - 5）。

表 2 - 5　上规模民营企业部分行业主要经济指标增速比较

单位：%

| 行 业 名 称 | 固定资产投资增长率 | | 营业收入增长率 | | 税后净利润增长率 | |
|---|---|---|---|---|---|---|
| | 2005 年 | 2004 年 | 2005 年 | 2004 年 | 2005 年 | 2004 年 |
| 农、林、牧、渔业 | 145.3 | 41.1 | 135 | 34 | 100 | 49 |
| 交通运输、仓储业和邮政业 | 120.1 | 2.6 | 263 | 123 | 228 | 14 |
| 建筑业 | 115.0 | 83.9 | 152 | 99.5 | 79 | 161 |
| 仪器仪表制造业 | 82.4 | 41.8 | 168 | 62 | 76 | 58 |
| 电力、热力、燃气及水的生产和供应业 | 65.7 | − 36.2 | 75 | − 32 | 120 | − 41 |
| 批发和零售业 | 63.7 | 37.7 | 35 | 66 | 31 | 20 |
| 橡胶制品、塑料制品业 | 55.8 | 123.6 | 49 | 74 | 51 | 42 |
| 石油加工、炼焦加工业 | 47.8 | − 59.1 | 42 | − 71 | − 29 | − 55 |
| 采矿业 | 44.7 | 94.9 | 51 | 107 | 141 | 52 |
| 平　　　均 | 28.4 | 30.7 | 41.6 | 45.4 | 23.9 | 37.0 |

综合考虑，未来几年间，民营经济在农、林、牧、渔业的比重将继续小幅提高，第二产业中的行业结构处于不断优化中，第三产业提供给全社会的服务内容将逐步丰富，质量不断提高。

根据全国《国民经济和社会发展第十一个五年规划纲要》，"十一五"期间国内生产总值（GDP）年均增长 7.5%，到 2010 年我国将实现人均 GDP 比 2000 年翻一番，GDP 能耗要比"十五"末期降低 20% 左右。从目前的发展看，GDP 增长大大超过了预期，2005 年 GDP 增长 10.2%，2006 年上半年 GDP 增长 10.9%。但与此同时，一些高耗能产业的投资增速不减，使国家先前制定的节能降耗指标受到考验，目前全社会关心"十一五"期间能耗指标能否完成的问题。为此，普遍的共识是需要大力调整产业结构。通过我们对上规模民营企业的调研来看，2005 年民营企业在重化工业的投资并不是很高，例如在金属制品业、黑色和有色金属冶炼及压延加工业、化学原料及化学制品制造业的固定资产投资分别为 1.74%、12.97% 和 14.93%，大大低于当年全社会固定资产投资速度；相反，上规模民营企业 2005 年在农、林、牧、渔业，交通运输、仓储业和邮政业，建筑业，批发零售业的固定资产投资较高，分别达到了 145.33%、120.10%、114.98% 和 63.68%，这些行业能耗低，民营企业对它们进行大力投资，有利于全国产业结构的调整、可持续发展（见图 2 - 2）。

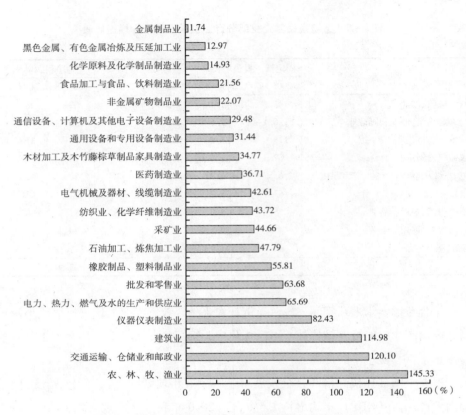

**图 2 - 2　2005 年上规模民营企业行业投资情况**

　　我们进一步列示出主要行业前 3 位企业的市场份额变动情况。大多数民营企业处在竞争性行业，随着市场参与者的增多，一般而言，行业集中度减少，前 3 位企业的合计市场份额减少。表 2-6 列出了上规模民营企业中有 18 个行业前 3 名企业市场份额减少情况。在纺织业、化学纤维制造业，黑色、有色金属冶炼及压延加工业，建筑业等行业中，2005 年上规模企业数量均超过了 200 家，但前 3 家企业的营业收入占比只在 10% 以上，比 2004 年的数值都有降低。

　　表 2-6 同时列示了 9 个行业随着市场参与者的增加，企业市场份额的增加情况。在通用设备和专用设备制造业，食品加工与食品、饮料制造业，服装、鞋帽、皮革制造业，上规模企业分别达到了 144 家、139 家和 111 家，前 3 名的营业收入份额也分别达到了 29.05%、39.24% 和 21.61%，行业的集中程度较高。不

### 表 2 - 6　2004 ~ 2005 年主要行业前 3 名企业市场份额变动情况

单位：家，%

| 序号 | 行 业 名 称 | 2005 年 | | | 2004 年 | | |
|---|---|---|---|---|---|---|---|
| | | 企业数量 | 前 3 名收入占比 | 前 3 名利润占比 | 企业数量 | 前 3 名收入占比 | 前 3 名利润占比 |
| 市场进入者增加，前 3 名企业份额减少 | | | | | | | |
| 1 | 纺织业、化学纤维制造业 | 351 | 13.70 | 10.52 | 284 | 16.83 | 12.79 |
| 2 | 黑色、有色金属冶炼及压延加工业 | 233 | 19.20 | 13.91 | 202 | 21.76 | 21.45 |
| 3 | 建筑业 | 202 | 16.40 | 17.11 | 115 | 30.56 | 26.16 |
| 4 | 批发和零售业 | 199 | 22.07 | 25.84 | 174 | 24.29 | 25.33 |
| 5 | 电气机械及器材、线缆制造业 | 185 | 17.38 | 11.86 | 133 | 22.95 | 8.70 |
| 6 | 化学原料及化学制品制造业 | 183 | 18.10 | 22.14 | 131 | 22.98 | 14.69 |
| 7 | 房地产业 | 118 | 18.06 | 17.61 | 106 | 23.11 | 15.06 |
| 8 | 金属制品业 | 103 | 11.42 | 16.31 | 101 | 16.73 | 10.51 |
| 9 | 交通运输设备制造业 | 83 | 21.76 | 14.99 | 65 | 29.26 | 25.75 |
| 10 | 综合 ( 含投资类、主业不明显 ) | 79 | 33.60 | 41.58 | 72 | 39.05 | 34.66 |
| 11 | 医药制造业 | 78 | 17.02 | 5.65 | 50 | 24.41 | 5.43 |
| 12 | 橡胶制品、塑料制品业 | 52 | 34.00 | 38.74 | 41 | 37.13 | 19.84 |
| 13 | 造纸及纸制品、印刷业、文教体育、办公用品制造业 | 44 | 29.61 | 21.57 | 38 | 38.75 | 42.99 |
| 14 | 石油加工、炼焦加工业 | 33 | 43.82 | 11.58 | 18 | 47.51 | 36.00 |
| 15 | 采矿业 | 30 | 20.53 | 25.09 | 18 | 40.08 | 28.32 |
| 16 | 仪器仪表制造业 | 16 | 72.90 | 63.18 | 9 | 84.51 | 73.08 |
| 17 | 电力、热力、燃气及水的生产和供应业 | 15 | 68.86 | 67.60 | 7 | 88.68 | 81.20 |
| 18 | 信息传输、计算机服务和软件业 | 12 | 57.67 | 24.07 | 7 | 71.59 | 79.22 |
| 市场进入者增加，前 3 名企业份额增加 | | | | | | | |
| 1 | 通用设备和专用设备制造业 | 144 | 29.05 | 23.30 | 123 | 20.79 | 14.15 |
| 2 | 食品加工与食品、饮料制造业 | 139 | 39.24 | 45.74 | 123 | 23.30 | 21.96 |
| 3 | 服装、鞋帽、皮革制造业 | 111 | 21.61 | 20.76 | 97 | 18.18 | 18.93 |
| 4 | 非金属矿物制品业 ( 含水泥、玻璃、陶瓷、耐火材料等 ) | 62 | 24.64 | 20.73 | 45 | 24.49 | 40.87 |
| 5 | 通信设备、计算机及其他电子设备制造业 | 55 | 76.49 | — | 46 | 59.31 | 52.69 |
| 6 | 工艺品其他制造业 | 33 | 30.91 | 24.28 | 24 | 29.93 | 23.19 |
| 7 | 木材加工及木、竹、藤、棕、草制品、家具制造业 | 26 | 46.44 | 37.30 | 26 | 41.18 | 27.14 |
| 8 | 农、林、牧、渔业 | 27 | 65.84 | 58.82 | 25 | 45.25 | 33.99 |
| 9 | 交通运输、仓储业和邮政业 | 16 | 74.62 | 61.83 | 10 | 65.62 | 58.24 |

仅如此，这9个行业前3名企业2005年的营业收入占比都比2004年有了提高，同时这些行业的利润也出现了不同程度的集中。例如，食品加工与食品、饮料制造业前3位企业的营业收入占比由2004年的23.30%提高到了2005年的39.24%，税后净利润占比由2004年的21.96%提高到了2005的45.74%。木材加工及木、竹、藤、棕、草制品、家具制造业，农、林、牧、渔业中的上规模民营企业的市场集中度也较高。

## 三　2005年上规模民营企业行业
## 经济效益效率分析

### （一）销售利润率指标

2005年参与调研的上规模民营企业有2688家，合计实现营业收入31360.48亿元，税后净利润1324.03亿元，销售利润率为4.22%。其中有22个行业的销售利润率高于4.22%的平均水平，有13个行业的销售利润率低于平均水平。其中水利、环境和公共设施管理业销售利润率高达16.26%，居于首位。采矿业、住宿、餐饮业位于其后，销售利润率均高于10%，这两个行业的赢利水平也比2004年有了较大的提高；房地产业排在第四位，销售利润率不足9%，说明民营房地产业并非暴利行业；排在第五位的电力、热力、燃气及水的生产和供应业的销售利润率为8.60%，经济效益较好。

在2005年销售利润率高于平均水平的22个行业中，有14个行业销售利润率好于2004年，7个行业落后于2004年。非金属矿物制品业（含水泥、玻璃、陶瓷、耐火材料等）的销售利润下滑幅度最大，2004年销售利润率高达11.24%，2005年仅为4.64%，下降了6.60个百分点（见表2-7）。

2005年民营企业比较集中的纺织业、化学纤维制造业，黑色、有色金属冶炼及压延加工业，建筑业，批发和零售业，利润率均低于行业平均水平，与2004年相比均出现了不同程度的下滑。重化工业中的黑色、有色金属冶炼及压延加工业销售利润率为4.01%，大大低于2004年的5.20%和2003年的6.71%；石油加工、炼焦加工业的销售利润率为3.89%，比2004年下降了3.92个百分点；交通运输设备制造业的利润率略有提升，行业销售利润率为3.67%；建筑

表 2－7  2005 年销售利润率高于平均值的行业情况

单位：家，%

| 序号 | 行  业  名  称 | 企业数量 | 2005 年 | 2004 年 | 2003 年 |
|---|---|---|---|---|---|
| 1 | 水利、环境和公共设施管理业 | 3 | 16.26 | 16.81 | |
| 2 | 采矿业 | 30 | 15.97 | 10.04 | 13.65 |
| 3 | 住宿、餐饮业 | 9 | 13.28 | 10.55 | |
| 4 | 房地产业 | 118 | 8.82 | 8.67 | 6.65 |
| 5 | 电力、热力、燃气及水的生产和供应业 | 15 | 8.60 | 6.83 | 7.81 |
| 6 | 医药制造业 | 78 | 7.58 | 6.66 | 8.42 |
| 7 | 信息传输、计算机服务和软件业 | 12 | 7.15 | 4.43 | 3.42 |
| 8 | 教  育 | 1 | 7.00 | | |
| 9 | 造纸及纸制品、印刷业、文教体育、办公用品制造业 | 44 | 6.45 | 5.36 | 7.08 |
| 10 | 化学原料及化学制品制造业 | 183 | 5.99 | 4.87 | |
| 11 | 服装、鞋帽、皮革制造业 | 111 | 5.81 | 6.01 | |
| 12 | 综合（含投资类、主业不明显） | 79 | 5.47 | 5.10 | 5.46 |
| 13 | 橡胶制品、塑料制品业 | 52 | 5.26 | 5.17 | 6.36 |
| 14 | 木材加工及木、竹、藤、棕、草制品、家具制造业 | 26 | 5.12 | 4.61 | 2.86 |
| 15 | 通用设备和专用设备制造业 | 144 | 5.05 | 5.42 | 6.26 |
| 16 | 租赁和商务服务业 | 8 | 4.97 | 0.95 | |
| 17 | 工艺品其他制造业 | 33 | 4.90 | 4.30 | 5.96 |
| 18 | 食品加工与食品、饮料制造业 | 139 | 4.79 | 4.79 | 6.08 |
| 19 | 非金属矿物制品业（含水泥、玻璃、陶瓷、耐火材料等） | 62 | 4.64 | 11.24 | 6.86 |
| 20 | 农、林、牧、渔业 | 27 | 4.63 | 5.45 | 4.88 |
| 21 | 电气机械及器材、线缆制造业 | 185 | 4.55 | 6.03 | 5.46 |
| 22 | 仪器仪表制造业 | 16 | 4.43 | 6.72 | 6.89 |
| | 平  均 | | 4.22 | 4.83 | 5.12 |

业在 2005 年无论是企业数量还是营业收入，都获得了较大发展，但行业销售利润率较低，为 2.79%；批发和零售业销售利润率仅为 1.47%。许多民营企业就在这些微利行业中成长、壮大（见表 2－8）。

表 2 - 8　2005 年销售利润率低于平均值的行业情况

单位: 家, %

| 序号 | 行　业　名　称 | 企业数量 | 2005 年 | 2004 年 | 2003 年 |
|---|---|---|---|---|---|
| 1 | 黑色、有色金属冶炼及压延加工业 | 233 | 4.01 | 5.20 | 6.71 |
| 2 | 石油加工、炼焦加工业 | 33 | 3.89 | 7.81 | 5.00 |
| 3 | 交通运输设备制造业 | 83 | 3.67 | 3.49 | 3.28 |
| 4 | 纺织业、化学纤维制造业 | 351 | 3.66 | 3.71 | 4.20 |
| 5 | 烟草制品业 | 1 | 3.59 | | 6.17 |
| 6 | 金属制品业 | 103 | 3.51 | 4.76 | 4.77 |
| 7 | 交通运输、仓储业和邮政业 | 16 | 2.84 | 3.14 | 6.16 |
| 8 | 建筑业 | 202 | 2.79 | 3.94 | 3.01 |
| 9 | 文化、体育、娱乐业 | 3 | 2.30 | 4.72 | |
| 10 | 批发和零售业 | 199 | 1.47 | 1.51 | 2.08 |
| 11 | 通信设备、计算机及其他电子设备制造业 | 55 | 1.36 | 3.98 | 5.16 |
| 12 | 卫生、社会保障和社会服务业 | 1 | 0.94 | 11.36 | |
| 13 | 金融、保险业 | 2 | 0.45 | | 1.47 |

## (二) 资产周转率和劳动生产率

2003~2005 年间,上规模民营企业的资产周转率逐年在上升。2003 年资产周转率为 109.94%,2005 年上升到了 126.47%。其中批发和零售业、仪器仪表制造业资产周转率靠前,分别是 250.41% 和 221.43%；其次是服装、鞋帽、皮革制造业和建筑业,这些行业基本属于劳动密集型,较高的资产周转率保证了行业赢利。

2005 年黑色、有色金属冶炼及压延加工业,金属制品业和石油加工、炼焦加工业的资产周转率尽管都得到了很大程度的提高,但赢利能力仍在下降,可以看出这些行业的融资环境偏紧。相反,采矿业,住宿、餐饮业,电力、热力、燃气及水的生产和供应业的资产周转率在下降,但销售利润率由于行业景气程度上升而有所提高 (见表 2 - 9)。

近几年来,上规模民营企业劳动生产率不断提高,2003 年全行业人均营业收入为 40 万元,到 2004 年超过了 50 万元,2005 年达到了 54 万元。通信设备、计算机及其他电子设备制造业属于技术密集型行业,劳动生产率居前；其次是资本密集型的黑色、有色金属冶炼及压延加工业,其劳动生产率在 2005 年有很大的提高。劳动密集型的批发和零售业、仪器仪表制造业分别列于第三、第四位。排在第五位的房地产行业的劳动生产率却出现了降低 (见表 2 - 10)。

表 2 – 9  2003～2005 年主要行业资产周转率

单位：家，%

| 行 业 名 称 | 企业数量 | 2005 年 | 2004 年 | 2003 年 |
|---|---|---|---|---|
| 批发和零售业 | 199 | 250.41 | 271.69 | 225.31 |
| 仪器仪表制造业 | 16 | 221.43 | 129.35 | 103.87 |
| 服装、鞋帽、皮革制造业 | 111 | 167.38 | 141.41 | |
| 建筑业 | 202 | 161.72 | 111.95 | 122.74 |
| 黑色、有色金属冶炼及压延加工业 | 233 | 157.93 | 143.02 | 98.99 |
| 水利、环境和公共设施管理业 | 3 | 155.99 | 16.92 | |
| 金属制品业 | 103 | 150.96 | 131.59 | 124.92 |
| 食品加工与食品、饮料制造业 | 139 | 150.83 | 136.34 | 137.91 |
| 农、林、牧、渔业 | 27 | 147.73 | 116.51 | 161.58 |
| 电气机械及器材、线缆制造业 | 185 | 133.17 | 171.90 | 141.45 |
| 通信设备、计算机及其他电子设备制造业 | 55 | 132.08 | 123.42 | 138.13 |
| 纺织业、化学纤维制造业 | 351 | 126.56 | 117.47 | 127.55 |
| 交通运输设备制造业 | 83 | 126.17 | 86.77 | 94.03 |
| 工艺品其他制造业 | 33 | 123.90 | 96.82 | 118.35 |
| 化学原料及化学制品制造业 | 183 | 121.15 | 137.13 | |
| 住宿、餐饮业 | 9 | 118.84 | 89.85 | |
| 通用设备和专用设备制造业 | 144 | 118.66 | 107.07 | 106.25 |
| 橡胶制品、塑料制品业 | 52 | 115.00 | 89.44 | 137.44 |
| 造纸及纸制品、印刷业,文教体育、办公用品制造业 | 44 | 107.98 | 93.23 | 94.22 |
| 信息传输、计算机服务和软件业 | 12 | 104.59 | 93.92 | 145.06 |
| 石油加工、炼焦加工业 | 33 | 98.76 | 77.75 | 125.85 |
| 木材加工及木、竹、藤、棕、草制品、家具制造业 | 26 | 98.49 | 115.35 | 123.34 |
| 交通运输、仓储业和邮政业 | 16 | 96.70 | 88.50 | 51.20 |
| 医药制造业 | 78 | 89.26 | 79.10 | 65.99 |
| 综合(含投资类、主业不明显) | 79 | 87.69 | 77.88 | 76.32 |
| 非金属矿物制品业 | 62 | 75.66 | 55.56 | 72.72 |
| 采矿业 | 30 | 68.31 | 76.11 | 68.13 |
| 房地产业 | 118 | 58.68 | 67.40 | 68.83 |
| 租赁和商务服务业 | 8 | 58.64 | 261.20 | |
| 电力、热力、燃气及水的生产和供应业 | 15 | 49.57 | 53.67 | 65.00 |
| 平　　均 | | 126.47 | 117.83 | 109.94 |

表 2-10  2003~2005 年主要行业劳动生产率

单位：家，万元/人

| 行 业 名 称 | 数 量 | 2005 年 | 2004 年 | 2003 年 |
|---|---|---|---|---|
| 通信设备、计算机及其他电子设备制造业 | 55 | 140 | 116 | 59 |
| 黑色、有色金属冶炼及压延加工业 | 233 | 115 | 88 | 52 |
| 批发和零售业 | 199 | 102 | 89 | 62 |
| 仪器仪表制造业 | 16 | 87 | 69 | 56 |
| 房地产业 | 118 | 83 | 106 | 44 |
| 橡胶制品、塑料制品业 | 52 | 72 | 56 | 31 |
| 石油加工、炼焦加工业 | 33 | 67 | 49 | 46 |
| 化学原料及化学制品制造业 | 183 | 66 | 59 | |
| 电气机械及器材、线缆制造业 | 185 | 62 | 59 | 46 |
| 综合（含投资类、主业不明显） | 79 | 59 | 53 | 52 |
| 农、林、牧、渔业 | 27 | 59 | 30 | 33 |
| 通用设备和专用设备制造业 | 144 | 54 | 45 | 32 |
| 金属制品业 | 103 | 54 | 48 | 36 |
| 电力、热力、燃气及水的生产和供应业 | 15 | 54 | 45 | 32 |
| 食品加工与食品、饮料制造业 | 139 | 53 | 40 | 36 |
| 交通运输设备制造业 | 83 | 52 | 52 | 47 |
| 纺织业、化学纤维制造业 | 351 | 49 | 42 | 29 |
| 医药制造业 | 78 | 47 | 41 | 35 |
| 造纸及纸制品、印刷业，文教体育、办公用品制造业 | 44 | 44 | 51 | 29 |
| 木材加工及木、竹、藤、棕、草制品、家具制造业 | 26 | 41 | 32 | 38 |
| 非金属矿物制品业 | 62 | 38 | 28 | 34 |
| 交通运输、仓储业和邮政业 | 16 | 37 | 28 | 16 |
| 服装、鞋帽、皮革制造业 | 111 | 35 | 30 | |
| 工艺品其他制造业 | 33 | 33 | 29 | 22 |
| 采矿业 | 30 | 25 | 29 | 19 |
| 建筑业 | 202 | 23 | 25 | 20 |
| 平　　均 | | 54 | 51 | 40 |

## （三）人均利润和人均资产

从人均税后净利润来看，2005 年比 2004 年有所下降，2005 年这一指标是 2.27 万元/人，而 2004 年是 2.44 万元/人。第三产业的文化、体育、娱乐业，房地产业，信息传输、计算机服务和软件业的人均利润率较高，普遍高于重化工行业。住宿、餐饮业，交通运输、仓储业和邮政业，建筑业的人均利润率最低，2005 年分别是 1.36 万元/人、1.05 万元/人和 0.65 万元/人，2004 年这三个行业的指标值均不超过 1 万元/人，处于靠后的位置。

就人均资产而言，住宿、餐饮业，建筑业，服装、鞋帽、皮革制造业这一指标比较低，而通信设备、计算机及其他电子设备制造业，电力、热力、燃气及水的生产和供应业，文化、体育、娱乐业，房地产业指标比较高，这反映了不同行业的资本密集程度不同（见表 2－11）。

表 2－11　2004～2005 年主要行业人均利润和人均资产指标

单位：家，万元/人

| 行 业 名 称 | 企业数量 | 人均利润 | | 人均资产 | |
|---|---|---|---|---|---|
| | | 2005 年 | 2004 年 | 2005 年 | 2004 年 |
| 文化、体育、娱乐业 | 3 | 7.49 | 3.31 | 137.22 | 65.82 |
| 房地产业 | 118 | 7.31 | 9.19 | 141.07 | 157.28 |
| 信息传输、计算机服务和软件业 | 12 | 5.59 | 5.75 | 74.75 | 138.27 |
| 电力、热力、燃气及水的生产和供应业 | 15 | 4.64 | 3.07 | 108.9 | 83.71 |
| 黑色、有色金属冶炼及压延加工业 | 233 | 4.59 | 4.58 | 72.52 | 61.67 |
| 化学原料及化学制品制造业 | 183 | 3.96 | 2.89 | 54.52 | 43.17 |
| 采矿业 | 30 | 3.91 | 2.89 | 35.87 | 37.88 |
| 仪器仪表制造业 | 16 | 3.86 | 4.67 | 39.32 | 53.72 |
| 橡胶制品、塑料制品业 | 52 | 3.8 | 2.9 | 62.82 | 62.67 |
| 医药制造业 | 78 | 3.54 | 2.74 | 52.29 | 51.98 |
| 综合(含投资类、主业不明显) | 79 | 3.21 | 2.69 | 66.81 | 67.61 |
| 造纸及纸制品、印刷业，文教体育、办公用品制造业 | 44 | 2.82 | 2.72 | 40.44 | 54.47 |
| 电气机械及器材、线缆制造业 | 185 | 2.81 | 3.53 | 46.4 | 34.09 |
| 农、林、牧、渔业 | 27 | 2.75 | 1.61 | 40.2 | 25.39 |
| 通用设备和专用设备制造业 | 144 | 2.73 | 2.42 | 45.62 | 41.76 |
| 石油加工、炼焦加工业 | 33 | 2.61 | 3.86 | 67.96 | 63.62 |
| 食品加工与食品、饮料制造业 | 139 | 2.54 | 1.9 | 35.13 | 29.07 |
| 租赁和商务服务业 | 8 | 2.24 | 2.1 | 76.91 | 84.49 |
| 木材加工及木、竹、藤、棕、草制品、家具制造业 | 26 | 2.12 | 1.47 | 41.96 | 27.57 |
| 服装、鞋帽、皮革制造业 | 111 | 2.04 | 1.8 | 21 | 21.21 |
| 交通运输设备制造业 | 83 | 1.91 | 1.81 | 41.16 | 59.84 |
| 通信设备、计算机及其他电子设备制造业 | 55 | 1.9 | 4.6 | 106.05 | 93.72 |
| 金属制品业 | 103 | 1.88 | 2.3 | 35.47 | 36.68 |
| 纺织业、化学纤维制造业 | 351 | 1.8 | 1.55 | 38.91 | 35.53 |
| 非金属矿物制品业 | 62 | 1.76 | 3.12 | 50.16 | 49.93 |
| 工艺品其他制造业 | 33 | 1.63 | 1.25 | 26.81 | 30.09 |
| 批发和零售业 | 199 | 1.5 | 1.34 | 40.88 | 32.73 |
| 住宿、餐饮业 | 9 | 1.36 | 0.93 | 8.63 | 9.79 |
| 交通运输、仓储业和邮政业 | 16 | 1.05 | 0.88 | 38.24 | 31.62 |
| 建筑业 | 202 | 0.65 | 0.98 | 14.39 | 22.26 |
| 平　　均 | | 2.27 | 2.44 | 42.59 | 42.87 |

# 小　　结

• 越来越多的民营企业进入自然垄断行业中。2005 年，上规模民营企业在水利、环境和公共设施管理业，交通运输、仓储业和邮政业，电力、热力、燃气及水的生产和供应业获得了较大发展。

• 2005 年上规模民营企业营业收入平均增速 41.64%，而民营企业在金属制品业，房地产业，黑色、有色金属冶炼及压延加工业的营业收入增速低于平均值。尽管从全国来看，这几个行业有"发展过热"的迹象，调研显示上规模民营企业已经在调整投资结构。

• 2005 年上规模民营企业中有 9 个行业在营业收入市场份额、行业的税后净利润呈现出不同程度的集中，产业集中度提高。

• 2003~2005 年间，上规模民营企业的资产周转率逐年在上升，资金效率提高保证了相关行业的赢利水平。

# 第二篇　2005 年民营企业 500 家分析

## 第三章　2005 年民营企业 500 家总体状况分析

民营企业 500 家指按照年度营业收入总额排序，名列前 500 位的民营企业。从近几年民营企业 500 家的规模指标和效率指标来看，民营企业 500 家的规模在逐渐壮大，效率水平也在不断提高，这表明我国民营经济已经涌现出一大批规模和效益并重的大中型企业，在轻工、商业服务业、重化工领域发挥着日益重要的作用。

## 一　2005 年民营企业 500 家经营情况分析

延续以往年度的排序标准，根据营收总额指标，2005 年上规模民营企业 500 家的入围门槛由 2004 年的 9.72 亿元提升至 13.36 亿元，提升幅度为 37.45%（见图 3-1）。

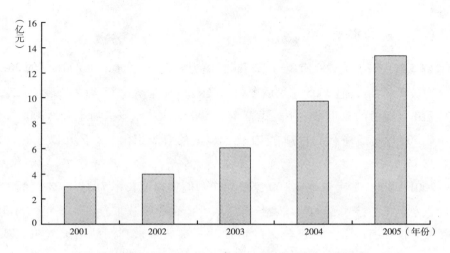

图 3-1    2001~2005 年民营企业 500 家入围门槛变化

## （一）营业收入和资产规模

2005 年民营企业 500 家的营业收入总额合计为 20806.61 亿元，比 2001 年的 4946.6 亿元增长 4.2 倍。营业收入总额超过 100 亿元的有 41 家，超过 200 亿元的有 8 家。

2005 年民营企业 500 家资产总额合计为 15156.93 亿元，比 2001 年的 4345.8 亿元增长 3.5 倍。资产总额超过 100 亿元的有 18 家，超过 50 亿元的有 72 家。

2001~2005 年民营企业 500 家的营业收入总额年均增长率为 43.34%，资产总额的年均增长率为 36.97%，表明民营企业 500 家收入规模扩张的幅度要大于资产规模的扩张幅度，企业经营能力不断提高（见表 3-1）。

表 3-1    2001~2005 年民营企业 500 家营收和资产规模指标

单位：亿元，%

| 年　份 | 营收总额 | 增长率 | 资产总额 | 增长率 |
|---|---|---|---|---|
| 2001 | 4946.6 | —— | 4345.8 | —— |
| 2002 | 7051.7 | 42.56 | 6438.4 | 48.15 |
| 2003 | 10767.1 | 52.69 | 9258.7 | 43.80 |
| 2004 | 15382.42 | 42.87 | 12010.87 | 29.73 |
| 2005 | 20806.61 | 35.26 | 15156.93 | 26.19 |
| 年均增长率 | | 43.34 | | 36.97 |

## （二）赢利水平

2005 年民营企业 500 家税后净利润总额为 795.38 亿元，比 2001 年的 267.0 亿元增长 2.98 倍，但 2005 年税后净利润仅比 2004 年增长 12.81%，表明在宏观调控和市场竞争的双重影响下，民营企业 500 家赢利水平有所下降。2005 年民营企业 500 家税后净利润总额在 10 亿元以上的有 8 家，在 5 亿元以上的有 28 家。

2001～2005 年民营企业 500 家税后净利润年均增长率为 31.87%，低于营业收入总额和资产总额的年均增长率。从亏损企业家数来看，这 5 年均有 3～5 家的企业亏损，由此可见收入的增加并不必然带来利润的增加（见表 3－2）。

表 3－2　2001～2005 年民营企业 500 家赢利能力指标

| 年　份 | 税后净利润（亿元） | 增长率（%） | 亏损企业数（家） |
|---|---|---|---|
| 2001 | 267.0 | | 5 |
| 2002 | 363.3 | 36.07 | 4 |
| 2003 | 507.3 | 39.64 | 4 |
| 2004 | 705.08 | 38.99 | 3 |
| 2005 | 795.38 | 12.81 | 5 |
| 年均增长率 | | 31.87 | — |

## （三）缴税能力和就业情况

2005 年民营企业 500 家缴税总额为 726.89 亿元，其中缴税总额超过 5 亿元的有 20 家，缴税总额超过 1 亿元的有 222 家。2001～2005 年民营企业 500 家缴税总额年均增长率为 40.15%，明显高于营业收入、资产和税后净利润的年均增长率，由此可见民营企业在纳税方面作出很大的贡献。

2005 年民营企业 500 家员工总人数为 304.32 万人，其中员工人数在 3 万人以上的有 12 家，在 1 万人以上的有 78 家。2001～2005 年民营企业 500 家员工人数年均增长率为 25.97%，表明民营企业是吸纳就业的重要力量（见表 3－3）。

表 3 - 3　2001 ～ 2005 年民营企业 500 家缴税和就业指标

| 年　份 | 缴税总额(亿元) | 增长率(%) | 员工人数(万人) | 增长率(%) |
|---|---|---|---|---|
| 2001 | 199.1 | | 122.2 | |
| 2002 | 361.7 | 81.67 | 172.1 | 40.83 |
| 2003 | 438.0 | 21.09 | 213.4 | 24.0 |
| 2004 | 585.10 | 33.58 | 244.23 | 14.45 |
| 2005 | 726.89 | 24.23 | 304.32 | 24.60 |
| 年均增长率 | | 40.15 | | 25.97 |

## （四）出口规模

2005 年民营企业 500 家出口总额为 234.15 亿美元，出口总额在 5 亿美元以上的企业有 7 家，在 1 亿美元以上的有 66 家。民营企业 500 家出口创汇能力在逐年提高，2001 ～ 2005 年出口总额年均增长率为 44.15%，出口产品主要集中在轻工纺织、电气机械制造等劳动密集型产业（见表 3 - 4）。

表 3 - 4　2001 ～ 2005 年民营企业 500 家出口额指标

单位：亿美元，%

| 年　份 | 出口总额 | 增长率 | 年　份 | 出口总额 | 增长率 |
|---|---|---|---|---|---|
| 2001 | 57.6 | | 2004 | 195.41 | 19.52 |
| 2002 | 101.2 | 75.69 | 2005 | 234.15 | 19.82 |
| 2003 | 163.5 | 61.56 | 年均增长率 | | 44.15 |

## （五）经营效率指标

民营企业 500 家赢利能力呈逐年下降的趋势，2005 年销售净利率和资产净利率均为 5 年间的最低值。但民营企业 500 家的劳动效率逐年提高，劳动生产率（人均营业收入）由 2001 年的 40.48 万元/人提高至 2005 年的 68.37 万元/人，增长 68.9%。

2005 年，民营企业 500 家的总资产周转率为 137.28%，为 5 年来最高，表明企业在平均利润率下降的情况下，通过提高企业资产运营能力来保持市场竞争力，企业销售能力有所提高（见表 3 - 5）。

表 3 – 5　2001~2005 年民营企业 500 家经营效率指标

| 年　份 | 2005 | 2004 | 2003 | 2002 | 2001 |
|---|---|---|---|---|---|
| 销售净利率(%) | 3.82 | 4.58 | 4.71 | 5.15 | 5.40 |
| 资产净利率(%) | 5.25 | 5.87 | 5.48 | 5.64 | 6.14 |
| 总资产周转率(%) | 137.28 | 128.07 | 116.29 | 109.53 | 113.82 |
| 人均营业收入(万元/人) | 68.37 | 62.98 | 50.46 | 40.97 | 40.48 |
| 人均利润(万元/人) | 2.61 | 2.89 | 2.38 | 2.11 | 2.18 |

## 二　2005 年民营企业 500 家地区分析

　　2005 年进入民营企业 500 家的有 25 个省（区、市）的企业，其中浙江省和江苏省是民营企业 500 家的大户，分别占民营企业 500 家的 40.6% 和 20.8%，比 2004 年提高了 7.4% 和 5.2%。山东省进入 500 家的企业有所下降，由 44 家降为 34 家；上海市由 31 家降至 26 家；辽宁省则由 12 家上升至 22 家。

　　从地区分布来看，东部地区民营企业 500 家最多，为 426 家，占全部 500 家企业的 85.2%；中部地区为 45 家，占 9.0%；西部地区为 29 家，占 5.8%。贵州、西藏、甘肃、青海、宁夏、海南等省区没有企业进入民营企业 500 家（见表 3 – 6）。

表 3 – 6　2005 年民营企业 500 家地区分布

| 序　号 | 省(区、市) | 企业数(家) | 占比(%) | 营收总额(亿元) | 占比(%) |
|---|---|---|---|---|---|
| 1 | 浙江省 | 203 | 40.6 | 7065.49 | 34.0 |
| 2 | 江苏省 | 104 | 20.8 | 5599.39 | 26.9 |
| 3 | 山东省 | 34 | 6.8 | 1196.21 | 5.7 |
| 4 | 上海市 | 26 | 5.2 | 1435.91 | 6.9 |
| 5 | 辽宁省 | 22 | 4.4 | 609.12 | 2.9 |
| 6 | 河北省 | 12 | 2.4 | 431.53 | 2.1 |
| 7 | 四川省 | 12 | 2.4 | 507.88 | 2.4 |
| 8 | 天津市 | 10 | 2.0 | 431.96 | 2.1 |
| 9 | 湖北省 | 10 | 2.0 | 330.95 | 1.6 |
| 10 | 河南省 | 9 | 1.8 | 170.72 | 0.8 |
| 11 | 内蒙古自治区 | 8 | 1.6 | 147.91 | 0.7 |
| 12 | 广东省 | 8 | 1.6 | 227.09 | 1.1 |
| 13 | 湖南省 | 7 | 1.4 | 240.51 | 1.2 |

| 序　号 | 省(区、市) | 企业数(家) | 占比(%) | 营收总额(亿元) | 占比(%) |
|---|---|---|---|---|---|
| 14 | 山西省 | 5 | 1.0 | 216.71 | 1.0 |
| 15 | 安徽省 | 5 | 1.0 | 103.76 | 0.5 |
| 16 | 重庆市 | 5 | 1.0 | 139.29 | 0.7 |
| 17 | 北京市 | 4 | 0.8 | 1152.02 | 5.5 |
| 18 | 黑龙江省 | 4 | 0.8 | 315.64 | 1.5 |
| 19 | 福建省 | 3 | 0.6 | 48.89 | 0.2 |
| 20 | 江西省 | 3 | 0.6 | 161.66 | 0.8 |
| 21 | 吉林省 | 2 | 0.4 | 50.84 | 0.2 |
| 22 | 广西壮族自治区 | 1 | 0.2 | 17.94 | 0.1 |
| 23 | 云南省 | 1 | 0.2 | 23.86 | 0.1 |
| 24 | 陕西省 | 1 | 0.2 | 61.59 | 0.3 |
| 25 | 新疆维吾尔自治区 | 1 | 0.2 | 119.77 | 0.6 |
| | 全　国 | 500 | 100 | 20806.61 | 100 |

## 三　2005 年民营企业 500 家行业分析

### (一) 主要行业分布

与 2004 年度的数据相比，2005 年民营企业 500 家中纺织业、化学纤维制造业的企业数量依然位居榜首，为 64 家；建筑业进入 500 家的企业数量由 24 家增加到 53 家，位居第二；黑色、有色金属冶炼及压延加工业企业数量由 57 家降为 51 家，位居第三（见表 3 – 7）。在前 20 名企业中，纺织业与化学纤维制造业有 4 家，黑色、有色金属冶炼及压延加工业有 4 家，食品加工与食品、饮料制造业有 3 家，综合类 2 家，通用设备和专用设备制造业，通信设备、计算机及其他电子设备制造业，批发和零售业，农、林、牧、渔业，金融、保险业，建筑业，电气机械及器材、线缆制造业各有 1 家企业。

按营业收入总额排序，黑色、有色金属冶炼及压延加工业，纺织业、化学纤维制造业，批发和零售业位居前三位，其营业收入总额占全部营业收入总额的 35.76%。建筑业不仅进入民营企业 500 家的企业大幅增加，其营业收入总额所占比重也从 2004 年的 4.64% 提高至 9.41%，表明 2005 年国家基础设施的建设和房地产业的繁荣，使建筑业得到长足的发展（见表 3 – 8）。

表 3 - 7　2004 ~ 2005 年民营企业 500 家主要行业分布

单位：家

| 排　序 | 行　业　名　称 | 2005 年 | 2004 年 |
|---|---|---|---|
| 1 | 纺织业、化学纤维制造业 | 64 | 58 |
| 2 | 建筑业 | 53 | 24 |
| 3 | 黑色、有色金属冶炼及压延加工业 | 51 | 57 |
| 4 | 批发和零售业 | 46 | 44 |
| 5 | 电气机械及器材、线缆制造业 | 39 | 42 |
| 6 | 综合(含投资类、主业不明显) | 26 | 34 |
| 7 | 服装、鞋帽、皮革制造业 | 24 | 26 |
| 8 | 房地产业 | 20 | 19 |
| 9 | 交通运输设备制造业 | 20 | 16 |
| 10 | 化学原料及化学制品制造业 | 19 | 27 |
| 11 | 通用设备和专用设备制造业 | 17 | 21 |
| 12 | 金属制品业 | 15 | 17 |
| 13 | 食品加工业与食品、饮料制造业 | 14 | 26 |
| 14 | 医药制造业 | 14 | 12 |
| 15 | 通信设备、计算机及其他电子设备制造业 | 10 | 15 |
| 16 | 橡胶制品、塑料制品业 | 8 | 11 |

表 3 - 8　2004 ~ 2005 年民营企业 500 家主要行业营业收入总额排序

单位：亿元，%

| 排序 | 行　业　名　称 | 2005 年营收总额 | 2005 年占比 | 2004 年占比 |
|---|---|---|---|---|
| 1 | 黑色、有色金属冶炼及压延加工业 | 2889.77 | 13.89 | 14.31 |
| 2 | 纺织业、化学纤维制造业 | 2494.32 | 11.99 | 9.97 |
| 3 | 批发和零售业 | 2054.68 | 9.88 | 9.95 |
| 4 | 建筑业 | 1957.00 | 9.41 | 4.64 |
| 5 | 电气机械及器材、线缆制造业 | 1440.91 | 6.93 | 9.44 |
| 6 | 综合(含投资类、主业不明显) | 1362.24 | 6.55 | 9.62 |
| 7 | 通信设备、计算机及其他电子设备制造业 | 1350.47 | 6.49 | 6.49 |
| 8 | 食品加工与食品、饮料制造业 | 751.32 | 3.61 | 4.83 |
| 9 | 通用设备和专用设备制造业 | 750.58 | 3.61 | 3.27 |
| 10 | 化学原料及化学制品制造业 | 683.39 | 3.28 | 4.97 |
| 11 | 服装、鞋帽、皮革制造业 | 677.07 | 3.25 | 3.57 |
| 12 | 交通运输设备制造业 | 598.39 | 2.88 | 3.0 |
| 13 | 房地产业 | 485.25 | 2.33 | 3.42 |
| 14 | 农、林、牧、渔业 | 456.17 | 2.19 | 0.99 |
| 15 | 医药制造业 | 329.38 | 1.58 | 1.6 |
| 16 | 仪器仪表制造业 | 327.42 | 1.57 | 0.79 |
| 17 | 金属制品业 | 304.80 | 1.46 | 2.18 |
| 18 | 橡胶制品、塑料制品业 | 271.78 | 1.31 | 1.45 |
| 19 | 金融、保险业 | 246.56 | 1.18 | — |

近几年来，通过国有企业改制加入民营企业行列的企业逐渐增多。根据 2005 年调研数据显示，在民营企业 500 家中有 43 家为国有企业改制。黑色、有色金属冶炼及压延加工业中由国有企业改制的有 3 家，建筑业中国有企业改制的有 10 家。

2005 年民营企业 500 家出口总额为 234.15 亿美元，比 2004 年增长 19.82%。与以往年度相同，纺织业、化学纤维制造业，服装、鞋帽、皮革制造业是出口创汇的主要力量，二者出口总额占全部出口额的 30.96%。但是纺织、食品等行业出口额比 2004 年有所下降，这与国际上对我国实行贸易壁垒有关，因此调整出口产品结构，提高产品附加值势在必行（见表 3-9）。

表 3-9　2004~2005 年民营企业 500 家主要行业出口额

单位：亿美元，%

| 序号 | 行　业　名　称 | 2005 年出口额 | 比　重 | 2004 年出口额 |
|---|---|---|---|---|
| 1 | 纺织业、化学纤维制造业 | 47.55 | 20.31 | 50.96 |
| 2 | 服装、鞋帽、皮革制造业 | 24.94 | 10.65 | 20.23 |
| 3 | 综合(含投资类、主业不明显) | 21.29 | 9.09 | 19.17 |
| 4 | 通信设备、计算机及其他电子设备制造业 | 20.77 | 8.87 | 5.5 |
| 5 | 电气机械及器材、线缆制造业 | 18.16 | 7.76 | 23.25 |
| 6 | 黑色、有色金属冶炼及压延加工业 | 15.77 | 6.73 | 17.84 |
| 7 | 通用设备和专用设备制造业 | 13.93 | 5.95 | 8.63 |
| 8 | 化学原料及化学制品制造业 | 9.16 | 3.91 | 8.87 |
| 9 | 金属制品业 | 5.47 | 2.34 | 7.47 |
| 10 | 食品加工业与食品、饮料制造业 | 3.73 | 1.59 | 5.9 |

## （二）主要行业经营效率

### 1. 赢利能力指标

本次 500 家企业中有 1 家水利、环境和公共设施管理业的企业入围，其资产净利率的指标值最高（含平均值），达到 27.48%。有 17 个行业的指标值在民营企业 500 家平均值（5.25%）以上；交通运输、仓储业和邮政业，信息传输、计算机服务和软件业，石油加工、炼焦加工业，通信设备、计算机及其他电子设备制造业等 4 个行业资产净利率下降幅度较大（见表 3-10）。

表 3-10　2004～2005 年民营企业 500 家主要行业资产净利率

单位：亿元，%

| 行　业　名　称 | 资产总额 | 2005 年资产净利率 | 2004 年资产净利率 |
|---|---|---|---|
| 水利、环境和公共设施管理业 | 20.15 | 27.48 | — |
| 采矿业 | 74.06 | 13.15 | 10.45 |
| 住宿、餐饮业 | 69.22 | 11.65 | 11.18 |
| 服装、鞋帽、皮革制造业 | 370.68 | 11.43 | 9.85 |
| 仪器仪表制造业 | 121.20 | 10.67 | 7.56 |
| 食品加工与食品、饮料制造业 | 403.83 | 9.41 | 7.19 |
| 化学原料及化学制品制造业 | 573.13 | 7.33 | 6.49 |
| 橡胶制品、塑料制品业 | 226.51 | 7.08 | 3.33 |
| 农、林、牧、渔业 | 278.94 | 6.78 | 5.29 |
| 黑色、有色金属冶炼及压延加工业 | 1796.64 | 6.61 | 7.87 |
| 医药制造业 | 389.32 | 6.15 | 4.39 |
| 造纸及纸制品、印刷业，文教体育、办公用品制造业 | 131.09 | 5.93 | 4.39 |
| 工艺品其他制造业 | 56.26 | 5.89 | 3.57 |
| 房地产业 | 683.39 | 5.56 | 7.72 |
| 通用设备和专用设备制造业 | 632.13 | 5.46 | 5.95 |
| 电气机械及器材、线缆制造业 | 1036.37 | 5.45 | 11.17 |
| 建筑业 | 1013.26 | 5.25 | 4.92 |
| 综合（含投资类、主业不明显） | 1474.31 | 4.87 | 3.88 |
| 纺织业、化学纤维制造业 | 1827.99 | 4.84 | 4.34 |
| 木材加工及木、竹、藤、棕、草制品、家具制造业 | 199.15 | 4.79 | 4.06 |
| 交通运输设备制造业 | 392.45 | 4.7 | 2.54 |
| 非金属矿物制品业（含水泥、玻璃、陶瓷、耐火材料等） | 186.86 | 4.57 | 7.1 |
| 金属制品业 | 212.81 | 4.54 | 7.98 |
| 电力、热力、燃气及水的生产和供应业 | 195.54 | 3.71 | 2.76 |
| 批发和零售业 | 809.22 | 3.63 | 4.93 |
| 租赁和商务服务业 | 48.20 | 2.65 | 4.39 |
| 交通运输、仓储业和邮政业 | 161.64 | 2.41 | 5.63 |
| 信息传输、计算机服务和软件业 | 39.04 | 2.32 | 4.76 |
| 石油加工、炼焦加工业 | 67.29 | 1.65 | 4.71 |
| 通信设备、计算机及其他电子设备制造业 | 975.03 | 0.68 | 4.77 |
| 金融、保险业 | 542.56 | 0.17 | — |
| 民营企业 500 家平均 | | 5.25 | 5.87 |

### 2. 劳动生产率指标

根据人均营业收入指标，我们可以看出不同行业的劳动生产率水平，资金密集型和技术密集型产业的劳动生产率最高，劳动密集型产业的劳动生产率较低。有 14 个行业的劳动生产率指标高于民营企业 500 家平均值，通信设备、计算机及其他电子设备制造业，信息传输、计算机服务和软件业，黑色、有色金属冶炼及压延加工业，石油加工、炼焦加工业，金融、保险业的人均营业收入远远高于行业平均水平（见表 3 – 11）。

表 3 – 11　2004～2005 年民营企业 500 家主要行业劳动生产率

单位：万元/人

| 行　业　名　称 | 2005 年 | 2004 年 |
|---|---|---|
| 通信设备、计算机及其他电子设备制造业 | 292.89 | 153.88 |
| 信息传输、计算机服务和软件业 | 166.37 | 155.14 |
| 黑色、有色金属冶炼及压延加工业 | 156.35 | 111.62 |
| 石油加工、炼焦加工业 | 145.57 | 52.18 |
| 金融、保险业 | 119.91 | — |
| 批发和零售业 | 104.05 | 96.94 |
| 橡胶制品、塑料制品业 | 102.38 | 82.81 |
| 仪器仪表制造业 | 99.25 | 86.88 |
| 房地产业 | 89.8 | 146.63 |
| 化学原料及化学制品制造业 | 89.51 | 71.49 |
| 食品加工与食品、饮料制造业 | 79.99 | 45.83 |
| 纺织业、化学纤维制造业 | 77.28 | 55.14 |
| 电气机械及器材、线缆制造业 | 73.1 | 65.45 |
| 通用设备和专用设备制造业 | 69.16 | 61.16 |
| 综合(含投资类、主业不明显) | 66.16 | 56.93 |
| 农、林、牧、渔业 | 65.82 | 27.29 |
| 交通运输设备制造业 | 63.44 | 64.42 |
| 金属制品业 | 62.73 | 60.89 |
| 造纸及纸制品、印刷业，文教体育、办公用品制造业 | 60.26 | 67.82 |
| 服装、鞋帽、皮革制造业 | 54.48 | 40.47 |
| 医药制造业 | 52.52 | 50.68 |
| 木材加工及木、竹、藤、棕、草制品、家具制造业 | 52.34 | 43.44 |
| 非金属矿物制品业(含水泥、玻璃、陶瓷、耐火材料等) | 51.87 | 42.56 |
| 交通运输、仓储和邮政业 | 51.35 | 166.67 |
| 电力、热力、燃气及水的生产和供应业 | 48.84 | 37.97 |
| 采矿业 | 47.52 | 71.47 |
| 工艺品其他制造业 | 43.5 | 47.76 |
| 租赁和商务服务业 | 37.16 | 191.04 |
| 建筑业 | 25.26 | 27.51 |
| 住宿、餐饮业 | 9.14 | 9.03 |
| 民营企业 500 家平均 | 68.37 | 62.98 |

### 3. 总资产周转率指标

通过资产周转率指标，我们可以看出一个行业或企业对资产的经营效率。仪器仪表制造业，批发和零售业，建筑业，食品加工与食品、饮料制造业，服装、鞋帽、皮革制造业由于行业特性使得总资产周转率高于其他行业。2005 年，有 13 个行业的总资产周转率指标高于民营企业 500 家平均值（见表 3-12）。

表 3-12　2004~2005 年民营企业 500 家主要行业总资产周转率

| 行 业 名 称 | 2005 年 | 2004 年 |
|---|---|---|
| 仪器仪表制造业 | 270.15 | 130.07 |
| 批发和零售业 | 253.91 | 328.78 |
| 建筑业 | 193.14 | 148.98 |
| 食品加工与食品、饮料制造业 | 186.05 | 161.79 |
| 服装、鞋帽、皮革制造业 | 182.66 | 159.47 |
| 农、林、牧、渔业 | 163.53 | 122.26 |
| 黑色、有色金属冶炼及压延加工业 | 160.84 | 146.85 |
| 石油加工、炼焦加工业 | 160.56 | 69.44 |
| 交通运输设备制造业 | 152.48 | 80.01 |
| 金属制品业 | 143.23 | 153.95 |
| 工艺品其他制造业 | 141.89 | 87.06 |
| 电气机械及器材、线缆制造业 | 139.03 | 183.44 |
| 通信设备、计算机及其他电子设备制造业 | 138.51 | 131.79 |
| 纺织业、化学纤维制造业 | 136.45 | 126.96 |
| 造纸及纸制品、印刷业，文教体育、办公用品制造业 | 120.5 | 87.58 |
| 橡胶制品、塑料制品业 | 119.99 | 81.79 |
| 化学原料及化学制品制造业 | 119.24 | 142.8 |
| 通用设备和专用设备制造业 | 118.74 | 110.49 |
| 信息传输、计算机服务和软件业 | 111.06 | 86.3 |
| 木材加工及木、竹、藤、棕、草制品、家具制造业 | 104.6 | 111.21 |
| 交通运输、仓储业和邮政业 | 102.46 | 259.77 |
| 住宿、餐饮业 | 98.4 | 104.78 |
| 综合（含投资类、主业不明显） | 92.4 | 80.23 |
| 非金属矿物制品业（含水泥、玻璃、陶瓷、耐火材料等） | 85.11 | 41.04 |
| 医药制造业 | 84.6 | 79.59 |
| 房地产业 | 71.01 | 95.63 |
| 采矿业 | 60.44 | 160.69 |
| 租赁和商务服务业 | 53.46 | 451.04 |
| 金融、保险业 | 45.44 | |
| 电力、热力、燃气及水的生产和供应业 | 41.46 | 45.99 |
| 民营企业 500 家平均 | 137.28 | 128.07 |

## 四　2004～2005 年同时入围民营企业
## 500 家的企业分析

　　每年民营企业 500 家入围企业不尽相同，对 2004 年、2005 年度均入围民营企业 500 家的企业进行进一步整理分析，对我们了解大中型民营企业的变化情况、发展方向，分析企业经营阶段特征具有较强的现实意义。

　　根据整理数据所知，共有 308 家企业在 2004 年和 2005 年度同时入围民营企业 500 家。从这 308 家企业的经济指标来看，2005 年出口创汇总额增长幅度最大，为 40.74%；其次是营业收入总额增长，为 31.26%。但税后净利润总额增长幅度仅为 11.94%，远远小于营业收入的增长幅度，2005 年这些民营企业利润水平普遍下降（见表 3－13）。

表 3－13　2004～2005 年同时入围民营企业 500 家的企业经济效益指标

|  | 2005 年 | 2004 年 | 增长率(%) |
|---|---|---|---|
| 营业收入总额(亿元) | 15079.27 | 11488.08 | 31.26 |
| 资产总额(亿元) | 11112.91 | 8866.40 | 25.34 |
| 固定资产总额(亿元) | 3492.33 | 2813.72 | 24.12 |
| 净资产总额(亿元) | 3882.84 | 3193.23 | 21.60 |
| 税后净利润总额(亿元) | 572.58 | 511.52 | 11.94 |
| 缴税总额(亿元) | 521.67 | 438.28 | 19.03 |
| 员工人数(万人) | 191.80 | 175.30 | 9.41 |
| 出口总额(亿美元) | 179.91 | 127.83 | 40.74 |

　　从经济效率指标来看，这 308 家企业 2005 年的赢利能力比 2004 年略有下降，销售净利率、资产净利率和总资产周转率均低于民营企业 500 家的平均值，可见新入围的企业在成长性、赢利能力方面更强；但是企业劳动效率要明显高于民营企业 500 家的平均值，这些企业 2005 年人均营业收入为 78.62 万元，人均利润为 2.99 万元，分别比民营企业 500 家的平均值高出 14.99% 和 14.56%（见表 3－14）。

表 3－14　2004～2005 年同时入围民营企业 500 家的企业经营效率指标

| | 2005 年 | 民营企业 500 家平均值 | 2004 年 |
|---|---|---|---|
| 销售净利率(%) | 3.78 | 3.82 | 4.45 |
| 资产净利率(%) | 5.15 | 5.25 | 5.77 |
| 总资产周转率(%) | 135.69 | 137.28 | 129.57 |
| 人均营业收入(万元/人) | 78.62 | 68.37 | 65.53 |
| 人均利润(万元/人) | 2.99 | 2.61 | 2.92 |

# 小　　结

● 2001～2005 年，民营企业 500 家的收入规模、资产规模持续增长，营业收入总额年均增长率为 43.34%，资产总额的年均增长率为 36.97%，企业经营能力不断提高。

● 2001～2005 年，民营企业 500 家出口创汇能力在逐年提高，出口总额年均增长率为 44.15%，出口产品主要集中在轻工纺织、电气机械制造等劳动密集型产业。

● 2001～2005 年，民营企业 500 家赢利能力呈现逐年下降的趋势，2005 年销售净利率和资产净利率均为 5 年间最低值，但企业劳动生产效率逐年提高，2005 年比 2001 年增长 68.9%。

● 民营企业 500 家主要分布在东部地区，占全部 500 家企业的 85.2%，浙江省和江苏省进入 500 家的企业分别占 40.6% 和 20.8%。

● 2005 年民营企业 500 家产业分布中出现新特点，建筑业和批发零售业进入的企业明显增多，营业收入总额所占的比重也相应提高。近几年来，通过国有企业改制加入民营企业行列的企业逐渐增多，占民营企业 500 家中的 8.6%。

# 第四章　2005 年民营企业 500 家与
## 中国企业 500 强比较分析

中国企业 500 强是由中国企业联合会、中国企业家协会发布的年度排名，民营企业 500 家是中华全国工商业联合会（全国工商联）对上规模民营企业开展年度调研发布的企业排序。本章对 2005 年度民营企业 500 家与中国企业 500 强的情况进行比较分析，中国企业 500 强的数据选取自《中国企业发展报告 (2006)》。

2005 年国有企业在中国企业 500 强中继续保持主导地位，国有及国有控股企业有 349 家，占全部企业总数的 69.80%，比 2004 年减少 7 家；营业收入占全部企业营业收入总额的 84.49%，资产额占全部企业资产总额的 94.95%。私营企业有 87 家，占全部企业总数的 17.40%，比 2004 年增加 8 家，但所占比重仍然过小；营业收入占全部营业收入总额的 7.92%，资产总额占全部企业资产总额的 1.73%。

## 一　企业规模差距比较

2005 年中国企业 500 强入围门槛为营收总额 60.70 亿元，民营企业 500 家入围门槛为 13.36 亿元，前者是后者的 4.5 倍，比 2004 年的 4.7 倍有所缩小。

从总量指标上看，民营企业 500 家与中国企业 500 强之间依然存在巨大的差距。2005 年民营企业 500 家的营业收入总额为 20806.61 亿元，中国企业 500 强的营业收入总额为 141405 亿元，前者只是后者的 14.7%；而资产总额所占比值更小，2005 年民营企业 500 家资产总额仅为中国企业 500 强的 6.02%。

从户均指标来看，2002~2005 年民营企业 500 家和中国企业 500 强的差距在逐年缩小。民营企业 500 家户均营收总额占中国企业 500 强户均营收总额的百分比由 2002 年的 10.13% 提高至 2005 年的 14.71%；户均资产总额所占百分比由 2002 年的 2.33% 提高至 2005 年的 3.68%；户均员工人数所占百分比由 2002 年的 8.5% 提高至 2005 年的 13.46%。由此可见，民营企业 500 家与中国企业 500 强在营收规模和员工规模上的比值差距都缩小了 10% 以上，而资产规模差距缩小 3.17%，幅度不大（见表 4-1）。

2005 年中国企业 500 强最低营业收入为 60.70 亿元，在民营企业 500 家中有 82 家达到此标准，而 2004 年民营企业 500 家中仅有 75 家达到中国企业 500 强的最低营收标准（45.72 亿元），从中也可以看出民营大中型企业在逐渐成长。

民营企业 500 家中营收规模最大的是联想控股有限公司，营收总额为 1081.89 亿元，在中国企业 500 强中位居 24 位，比 2004 年提高 32 位（见表 4-2）。

表 4 - 1　2002～2005 年民营企业 500 家和中国企业 500 强规模差距比较

| 年　份 | 户均营收总额（亿元） | 户均资产总额（亿元） | 户均员工人数（万人） |
|---|---|---|---|
| 民营企业 500 家 | | | |
| 2005 | 41.61 | 30.31 | 0.61 |
| 2004 | 30.76 | 24.02 | 0.49 |
| 2003 | 21.53 | 18.52 | 0.43 |
| 2002 | 14.10 | 12.88 | 0.34 |
| 中国企业 500 强 | | | |
| 2005 | 282.81 | 823.44 | 4.53 |
| 2004 | 234.91 | 674.16 | 4.11 |
| 2003 | 179.87 | 567.97 | 4.18 |
| 2002 | 139.23 | 552.79 | 4.05 |
| 民营企业 500 家/中国企业 500 强（%） | | | |
| 2005 | 14.71 | 3.68 | 13.46 |
| 2004 | 13.09 | 3.56 | 11.89 |
| 2003 | 11.98 | 3.26 | 10.20 |
| 2002 | 10.13 | 2.33 | 8.50 |

表 4 - 2　2005 年民营企业 500 家和中国企业 500 强营收总额前 10 名企业

单位：亿元

| 排名 | 民营企业 500 家 | 营收总额 | 中国企业 500 强 | 营收总额 |
|---|---|---|---|---|
| 1 | 联想控股有限公司 | 1081.89 | 中国石油化工集团公司 | 8230.18 |
| 2 | 江苏沙钢集团有限公司 | 405.48 | 国家电网公司 | 7127.03 |
| 3 | 苏宁电器集团 | 397.18 | 中国石油天然气集团公司 | 6943.90 |
| 4 | 上海复星高科技（集团）有限公司 | 321.39 | 中国工商银行股份有限公司 | 2389.80 |
| 5 | 广厦控股创业投资有限公司 | 256.14 | 中国移动通信集团公司 | 2357.90 |
| 6 | 东方集团实业股份有限公司 | 246.56 | 中国人寿保险（集团）公司 | 1898.57 |
| 7 | 江苏雨润食品产业集团有限公司 | 243.00 | 中国南方电网有限责任公司 | 1893.10 |
| 8 | 华芳集团有限公司 | 201.17 | 中国建设银行股份有限公司 | 1865.70 |
| 9 | 上海华冶钢铁集团有限公司 | 169.68 | 中国电信集团公司 | 1862.85 |
| 10 | 江苏永钢集团有限公司 | 167.40 | 中国银行 | 1829.68 |
| | 合　计 | 3489.89 | 合　计 | 36398.71 |

　　民营企业 500 家资产总额最多的企业也是联想控股有限公司，其资产总额为622.54 亿元，在中国企业 500 强中排名 63 位。民营企业 500 家资产总额前 10 名

的企业资产总计仅为中国企业 500 强资产总额前 10 名的 1.08%，资产规模差距
很大（见表 4 - 3）。

表 4 - 3　2005 年民营企业 500 家和中国企业 500 强资产总额前 10 名企业

单位：亿元

| 排名 | 民营企业 500 家 | 资产总额 | 中国企业 500 强 | 资产总额 |
|---|---|---|---|---|
| 1 | 联想控股有限公司 | 622.54 | 中国工商银行股份有限公司 | 64541.06 |
| 2 | 东方集团实业股份有限公司 | 542.56 | 中国农业银行 | 47710.19 |
| 3 | 上海复星高科技(集团)有限公司 | 371.76 | 中国银行 | 47428.06 |
| 4 | 江苏沙钢集团有限公司 | 345.35 | 中国建设银行股份有限公司 | 45857.42 |
| 5 | 南京斯威特集团有限公司 | 190.02 | 交通银行股份有限公司 | 14234.39 |
| 6 | 广厦控股创业投资有限公司 | 167.38 | 国家电网公司 | 11696.98 |
| 7 | 横店集团控股有限公司 | 166.68 | 中国石油天然气集团公司 | 11602.25 |
| 8 | 大连实德集团有限公司 | 164.59 | 招商银行股份有限公司 | 7339.83 |
| 9 | 新奥集团股份有限公司 | 150.81 | 中国石油化工集团公司 | 7298.53 |
| 10 | 江苏永钢集团有限公司 | 150.25 | 中国人寿保险(集团)公司 | 7247.47 |
| | 合　计 | 2871.94 | 合　计 | 264956.18 |

## 二　地区分布比较

中国企业 500 强主要集中在经济发达的 7 个省市，即北京、上海、天津、山
东、浙江、江苏和广东。上述省市在中国企业 500 强中共有 336 家企业，占
67.2%。其中北京的企业最多，主要原因是许多大型企业和中央直属企业总部都
设在北京。

从地区分布来看，中国企业 500 强分布相对均衡，东部地区企业数量为
77.0%，中部地区为 12.4%，西部地区为 10.6%；而民营企业 500 家东部地区
企业占大多数，为 85.2%，中部地区企业为 9.0%，西部地区仅为 5.8%（见图
4 - 1）。

中国企业 500 强和民营企业 500 家虽然主要分布在经济发达的地区，但是中
国企业 500 强中企业分布前两位的是北京市和广东省，二者营收总额占到全部的
57.4%，企业家数占到 29.8%。其中北京市 95 家企业的营业收入总额达到 500
强企业营收总额的 49.7%；广东省企业数量虽位居第二为 53 家，但营收比重仅

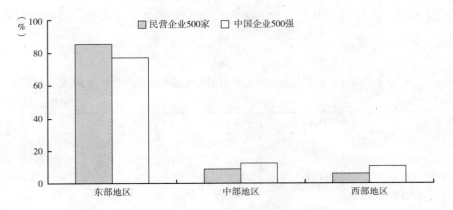

图 4 - 1    2005 年民营企业 500 家和中国企业 500 强地区分布比较

为 7.7% ，尚低于上海市 8.0% 的比重。中国企业 500 强前 50 强中有 32 家企业总部设在北京，这些大型企业大部分在相应的行业领域占有垄断地位，是关系到国计民生的中央大型企业集团。

民营企业 500 家中浙江省和江苏省拥有企业数量最多，二者无论从企业数量还是营收总额上都占绝对优势。2005 年浙江、江苏两省入围 500 家的企业数量合计占到 61.4% ，营收总额合计占到 60.9% ，这与民营企业最先在沿海地区起步发展有直接联系（见表 4 - 4）。

表 4 - 4    2005 年民营企业 500 家和中国企业 500 强省区分布比较

单位：家，%

| | 民营企业 500 家 | | | 中国企业 500 强 | | |
|---|---|---|---|---|---|---|
| | 企业数 | 家数比重 | 营收比重 | 企业数 | 家数比重 | 营收比重 |
| 北 京 | 4 | 0.8 | 5.5 | 95 | 19.2 | 49.7 |
| 广 东 | 8 | 1.6 | 1.1 | 53 | 10.6 | 7.7 |
| 浙 江 | 203 | 40.6 | 34.0 | 47 | 9.2 | 3.9 |
| 江 苏 | 104 | 20.8 | 26.9 | 40 | 8.0 | 4.0 |
| 山 东 | 34 | 6.8 | 5.7 | 40 | 8.0 | 4.6 |
| 上 海 | 26 | 5.2 | 6.9 | 32 | 6.4 | 8.0 |
| 天 津 | 10 | 2.0 | 2.1 | 29 | 5.8 | 3.7 |
| 河 北 | 12 | 2.4 | 2.1 | 21 | 4.2 | 1.8 |
| 辽 宁 | 22 | 4.4 | 2.9 | 17 | 3.4 | 2.5 |

# 三　产业分布比较

与中国企业 500 强相比，民营企业 500 家在产业分布上明显的特征就是集中在劳动密集型产业，如纺织、建筑、批发零售业等，垄断行业以及金融保险等行业很少出现大型民营企业，重化工如石油、冶金、煤炭等领域只是在近年民营企业的规模才逐渐扩大，加上一些由国有企业改制的民营企业，民营企业 500 家开始在重化工业领域增多。

中国企业 500 强主要分布在资金密集型、具有自然垄断和行政垄断特征的行业，例如石油、天然气开采与石化业，电力、蒸汽、热水、煤气的生产和供应业，黑色、有色金属冶炼及金属制品加工业，银行保险业等，中国企业 500 强中的多数巨无霸来自于这些领域。从营收总额前 10 名的产业来看，民营企业 500 家的产业集中度要高于中国企业 500 强，其前 10 名行业的营收总额占全部的 75.64%，而中国企业 500 强仅有 58.27%（见表 4 – 5）。

2005 年，黑色、有色金属冶炼及压延加工业成为民营企业 500 家和中国企业 500 强的第一大产业，中国企业 500 强中黑色、有色金属冶炼及压延加工业在企业数量上和营业收入上均为各行业之首；民营企业 500 家中黑色、有色金属冶炼及压延加工业的营业收入最高，但企业数量第一的是纺织业、化学纤维制造业。

中国企业 500 强中位居前 10 名的产业中银行业，石油开采及石化业，石油、天然气开采及生产业，邮电通信业，电力、热力、燃气、给水等供应服务业均有自然垄断和行政垄断的性质，每个行业企业数量不超过 10 家，但实现的营业收入则位居前列，这种经营优势是民营企业所无法拥有的，在这些领域民营企业规模不大。

民营企业 500 家中位居前 10 名的产业均是竞争比较充分的领域，而且这些领域平均利润率不高，是民营经济最先发展的产业，在这些领域中，民营企业具有比较强的竞争优势，纺织、批发零售、建筑业等行业中民营企业具有举足轻重的作用。

我们将电力、热力、燃气、给水等供应服务业，金融、保险业，石油开采及石化业，石油、天然气开采及生产业，邮电通信业，电力生产业，烟草加工业和

255

表 4－5　2005 年民营企业 500 家和中国企业 500 强主要行业分布

单位：%，家

| 排名 | 民营企业 500 家 | | | 中国企业 500 强 | | |
|---|---|---|---|---|---|---|
| | 主要行业分布 | 营收比重 | 家数 | 主要行业分布 | 营收比重 | 家数 |
| 1 | 黑色、有色金属冶炼及压延加工业 | 13.89 | 51 | 黑色、有色金属冶炼及压延加工业 | 12.11 | 84 |
| 2 | 纺织业、化学纤维制造业 | 11.99 | 64 | 电力、热力、燃气、给水等供应服务业 | 6.68 | 7 |
| 3 | 批发和零售业 | 9.88 | 46 | 建筑业 | 6.30 | 36 |
| 4 | 建筑业 | 9.41 | 52 | 银行业 | 6.27 | 10 |
| 5 | 电气机械及器材、线缆制造业 | 6.93 | 39 | 石油开采及石化业 | 5.87 | 2 |
| 6 | 综合（含投资类、主业不明显） | 6.55 | 26 | 石油、天然气开采及生产业 | 5.75 | 3 |
| 7 | 通信设备、计算机及其他电子设备制造业 | 6.49 | 10 | 邮电通信业 | 4.72 | 6 |
| 8 | 食品加工与食品、饮料制造业 | 3.61 | 14 | 汽车及零配件制造业 | 4.49 | 17 |
| 9 | 通用设备和专用设备制造业 | 3.61 | 17 | 家用电器及零配件制造业 | 3.16 | 19 |
| 10 | 化学原料及化学制品制造业 | 3.28 | 19 | 煤炭采掘及采选业 | 2.92 | 25 |
| | 合　　计 | 75.64 | 338 | | 58.27 | 209 |

航空、航天与兵器制造业 8 大垄断性行业的数值剔除掉，来考察中国企业 500 强和民营企业 500 家在主要竞争性产业的绩效情况。

民营企业 500 家中只有 3 家企业属于这 8 个行业（1 家金融保险业、2 家电力、热力、燃气、给水等供应服务业），中国企业 500 强中有 62 家企业属于这 8 个行业，企业数量占全部行业的 12.40%，但其营业收入占全部企业的 37.44%，利润总额占 62.53%，资产总额则高达 79.67%。

从效率指标来看，在竞争性行业中，中国企业 500 强的经营效率远远低于民营企业 500 家，销售利润率为民营企业 500 家的 70.1%；资产利润率为 52.3%，总资产周转率为 74.4%；人均营业收入为 67.2%；人均利润仅为 47.3%，单位员工获利能力不及民营企业 500 家的一半。因此在竞争性产业领域中，民营企业 500 家的绩效水平要好于中国企业 500 强，具有经营优势（见表 4－6）。

表 4 - 6　2005 年民营企业 500 家和中国企业 500 强竞争性行业经营效率比较

| 项　　目 | 民营企业 500 家竞争性行业 | 中国企业 500 强竞争性行业 |
|---|---|---|
| 主要经营指标 | | |
| 企业数量(家) | 497 | 438 |
| 占全部企业比重(%) | 99.4 | 87.60 |
| 营业收入(亿元) | 20478.99 | 88463.27 |
| 占全部企业营收总额比重(%) | 98.43 | 62.56 |
| 资产总额(亿元) | 14418.84 | 83706.62 |
| 占全部企业资产总额比重(%) | 95.13 | 20.33 |
| 利润总额(亿元) | 794.46 | 2408.50 |
| 占全部企业利润总额比重(%) | 99.88 | 37.47 |
| 员工人数(万人) | 300.61 | 1932.33 |
| 占全部企业员工比重(%) | 98.78 | 85.30 |
| 主要效率指标 | | |
| 销售利润率(%) | 3.88 | 2.72 |
| 资产利润率(%) | 5.51 | 2.88 |
| 总资产周转率(%) | 142.03 | 105.68 |
| 人均营业收入(万元/人) | 68.12 | 45.78 |
| 人均利润(万元/人) | 2.64 | 1.25 |

## 四　企业经济效益效率比较

从劳动生产率指标来看,2001～2005 年民营企业 500 家人均营业收入的绝对值均大于中国企业 500 强。但从年均增长率来看,中国企业 500 强的劳动效率提高速度却要高于民营企业 500 家(见表 4 - 7)。

表 4 - 7　2001～2005 年民营企业 500 家与中国企业 500 强劳动生产率比较

单位:万元/人,%

| 年　份 | 民营企业 500 家 | 增长率 | 中国企业 500 强 | 增长率 |
|---|---|---|---|---|
| 2001 | 40.48 | — | 31.41 | — |
| 2002 | 40.97 | 1.21 | 34.39 | 9.49 |
| 2003 | 50.46 | 23.16 | 43.02 | 25.09 |
| 2004 | 62.98 | 24.81 | 57.67 | 34.05 |
| 2005 | 68.37 | 8.56 | 61.89 | 7.32 |
| 年均增长率 | 14.44 | | 18.99 | |

从表4-8我们可以看出，中国企业500强中国有及国有控股企业的劳动生产率最低，而集体企业和外商投资企业的人均营业收入较高，分别为107.77万元/人和164.61万元/人，私营企业人均营业收入也达到了78.39万元/人，高于国有及国有控股企业。

表4-8　2004～2005年民营企业500家与中国企业500强经济效益效率比较

单位：％，万元/人

| | | 销售利润率 | 资产周转率 | 资产利润率 | 人均营业收入 | 人均利润 |
|---|---|---|---|---|---|---|
| 2005 年指标值 | | | | | | |
| 中国企业 500 强 | 国有及国有控股 | 4.73 | 30.56 | 1.45 | 58.50 | 2.77 |
| | 集　体 | 2.72 | 43.38 | 1.18 | 107.77 | 2.93 |
| | 私　营 | 3.76 | 157.21 | 5.91 | 78.39 | 2.95 |
| | 外　商 | 3.69 | 211.88 | 7.83 | 164.61 | 6.08 |
| | 平　均 | 4.55 | 34.34 | 1.60 | 61.89 | 2.81 |
| 民营企业 500 家平均 | | 3.82 | 137.28 | 5.25 | 68.37 | 2.61 |
| 世界 500 强平均 | | 6.42 | 26.01 | 1.67 | 300.75 | 19.25 |
| 2004 年指标值 | | | | | | |
| 中国企业 500 强 | 国有及国有控股 | 4.54 | 32.63 | 1.48 | 54.57 | 2.48 |
| | 集　体 | 3.32 | 33.88 | 1.12 | 83.32 | 2.77 |
| | 私　营 | 5.12 | 80.12 | 4.10 | 71.18 | 3.64 |
| | 外　商 | 3.11 | 119.14 | 3.71 | 182.61 | 5.69 |
| | 平　均 | 4.48 | 35.06 | 1.57 | 57.67 | 2.59 |
| 民营企业 500 家平均 | | 4.58 | 128.07 | 5.87 | 62.98 | 2.89 |
| 世界 500 强平均 | | 5.51 | 24.80 | 1.37 | 290.03 | 15.97 |

我们从表4-8中还可以看到，2005年民营企业500家平均资产周转率最高，为137.28％，资产经营效率较好；世界企业500强平均资产周转率最低，为26.01％；中国企业500强平均资产周转率略高于世界500强，为34.34％，其中国有及国有控股企业资产周转率最低，仅为30.56％，且低于2004年的指标值。中国企业500强中资产周转率最高的是外商投资企业，其次是私营企业，但由于其企业数量不多，因此中国企业500强平均资产周转率比较低。

从赢利能力上看，民营企业500家平均资产利润率最高，其次是世界企业500强，最低的是中国企业500强。从销售利润率来看，世界企业500强最高，其人均营业收入和人均利润也最高，表明世界企业500强的劳动生产率远远高于国内企业。

在中国企业 500 强中，私营企业和外商投资企业的人均营业收入和人均利润要高于国有及国有控股企业，但是从销售利润率上不及国有企业，而且 2005 年私营企业的人均利润和销售利润率均低于 2004 年，这也与 2005 年民营企业 500 家的赢利能力下降趋势相适应，说明宏观调控政策、能源资源紧缺、成本增加以及国内外市场竞争升级的影响体现在民营企业身上较为明显。

## 五　企业成长性比较

我们仅从 2003～2005 年 3 年间的数据分析，民营企业 500 家营业收入总额增长率和资产总额增长率大大超过中国企业 500 强。民营企业 500 家营收总额 3 年间年均增长率为 43.61%，资产总额年均增长率为 33.24%；而中国企业 500 强 3 年间营收总额年均增长率为 26.73%，资产总额年均增长率为 14.92%。

从利润指标来看，民营企业 500 家成长性要好于中国企业 500 强。2003～2005 年民营企业 500 家税后利润总额 3 年间年均增长率为 30.48%，而中国企业 500 强利润总额年均增长率为 26.2%；但从 2005 年利润增长指标来看，中国企业 500 强的利润总额增长率高于民营企业 500 家（见表 4－9）。

表 4－9　民营企业 500 家和中国企业 500 强成长性比较

单位：%

| 年　份 | 营收总额增长率 | | 资产总额增长率 | | 利润总额增长率 | |
|---|---|---|---|---|---|---|
| | 民营 500 家 | 中国 500 强 | 民营 500 家 | 中国 500 强 | 民营 500 家 | 中国 500 强 |
| 2005 | 35.26 | 20.4 | 26.19 | 22.9 | 12.81 | 22.1 |
| 2004 | 42.87 | 30.61 | 29.73 | 18.70 | 38.99 | 65.9 |
| 2003 | 52.69 | 29.18 | 43.80 | 3.16 | 39.64 | －9.4 |

## 小　　结

● 2005 年民营企业 500 家与中国企业 500 强规模指标相比还有比较大的差距，民营企业 500 家的营业收入总额仅为中国企业 500 强营业收入总额的 14.7%。

● 中国企业 500 强和民营企业 500 家虽然主要分布在经济发达的地区，但是中国企业 500 强中企业分布前两位的是北京市和广东省，民营企业 500 家企业数量最多的前两位是浙江省和江苏省，这与民营企业最先在沿海地区起步发展有直接联系。

- 从行业指标上看，具有自然垄断和行政垄断性质的银行业，石油开采及石化业，石油天然气开采及生产业，邮电通信业，以及电力、热力、燃气、给水等服务业在中国企业 500 强中占主要地位。民营企业 500 家主要在竞争比较充分的领域，纺织、批发零售、建筑业等行业民营企业具有比较强的竞争优势。

- 从劳动生产率指标来看，2001～2005 年民营企业 500 家人均营业收入的绝对值均大于中国企业 500 强。从年均增长率来看，中国企业 500 强的劳动效率提高速度要高于民营企业 500 家。

- 2005 年民营企业 500 家在资产周转率、资产利润率等方面均高于中国企业 500 强。民营企业 500 家的规模成长性较好，2003～2005 年民营企业 500 家的营业收入总额增长率和资产总额增长率均超过中国企业 500 强。

## 第三篇　2005 年上规模民营企业经营管理情况分析

在对企业经营情况进行调查的基础上，2005 年对上规模民营企业在投融资、管理、经营、技术创新、国际化以及影响企业发展的主要问题六个方面进行了专项调查，以力求比较详实地反映出目前上规模民营企业的基本状况、发展趋势和主要困难。参加调研的上规模民营企业共有 2688 家，此项调查问卷的有效回收率超过 70%。

## 第五章　2005 年上规模民营企业经营管理情况分析

### 一　2005 年上规模民营企业投融资情况分析

#### （一）2005 年上规模民营企业融资情况

连续几年的上规模民营企业调研都表明，资金问题始终是困扰民营企业发展的主要问题。由于目前民营企业的资金融通渠道仍然有限，因此，上市融资还是许多民营企业融资的重要选择。

2005 年参加调研的 2688 家上规模民营企业中，有 123 家企业拥有上市公司，其中有 92 家企业拥有国内上市公司，31 家企业拥有海外上市公司，分别占全部调研企业的 3.42% 和 1.15%（见表 5 - 1）。

表 5 - 1　2005 年上规模民营企业上市情况

单位：家，%

| 企业上市情况 | 企业数 | 占全部企业比重 |
|---|---|---|
| 国　内 | 92 | 3.42 |
| 海　外 | 31 | 1.15 |
| 总　计 | 123 | 4.57 |

在已经拥有上市公司的上规模民营企业中，有 24 家企业在国内拥有 2 家以上的上市公司，最多的达到 8 家。有 6 家企业在海外拥有 2 家以上的上市公司，最多的达到 5 家，这在一定程度上反映了上规模民营企业海外资本市场融资的活跃。

从上市企业的行业背景看，在海内外同时拥有上市公司的上规模民营企业行业背景差异不大，基本以制造业为主，主要集中在医药制造业，食品加工与食品、饮料制造业，电气机械及器材、线缆制造业，通信设备、计算机及其他电子设备制造业等行业。此外，造纸及纸制品、印刷业，文教体育、办公用品制造业，以及非金属矿物制品业的上规模民营企业，也在海外拥有上市公司。而服装、鞋帽、皮革制造业，化学原料及化学制品制造业，农、林、牧、渔业，仪器仪表制造业，金融、保险业的民营企业，仅在国内拥有上市公司。

2005 年上规模民营企业中，继续持有上市意向的企业仍然具有一定的数量，同时上市意向群体差异化相对明显。已拥有上市公司的企业更多地表现出进一步通过资本市场融资的意向，且在海外主板上市融资的意向性表现得更为强烈。而目前尚无上市公司的企业的上市意向则更加活跃，其上市意向首选是内地中小企业板，有意向在内地主板上市融资的上规模民营企业仍然占据主流。这两种企业的上市意向具有相对明显的差异（见表 5 - 2）。

表 5 - 2　2005 年上规模民营企业上市意向

单位：家

| 企业上市意向 | 已上市企业家数 | 未上市企业家数 | 合　计 |
|---|---|---|---|
| 内地主板 | 31 | 282 | 313 |
| 内地中小企业板 | 13 | 296 | 309 |
| 海外主板 | 27 | 139 | 166 |
| 海外创业板 | 12 | 88 | 100 |

## （二）2005 年上规模民营企业投资活动

通过对上规模民营企业的投资意向进行比较分析显示，本企业扩建是上规模民营企业投资意向的首选。2005 年上规模民营企业中有 60.04% 的企业表示将进行企业扩建，有 17.37% 的企业表示将新建企业。企业首选投资意向以强化自身建设为主，同时兼顾企业的扩张发展，这反映出上规模民营企业正逐渐步入谨慎扩张、理性发展的阶段（见表 5 - 3）。

表 5 - 3　2005 年上规模民营企业投资意向

单位：家

| 企业上市意向 | 已上市企业家数 | 未上市企业家数 | 合　计 |
|---|---|---|---|
| 本企业扩建 | 111 | 1503 | 1614 |
| 新建企业 | 43 | 424 | 467 |
| 并购企业 | 40 | 208 | 248 |

调研结果显示，并购和新建企业等扩张行为，在目前尚未上市公司的企业中的潜在意向性远远超过已上市的企业。在具体的投资领域方面，已上市的上规模民营企业和尚未上市的企业基本都以行业内纵深发展为主，跨行业投资为辅，但在具体投资领域方面表现出较大的不同。在已上市的上规模民营企业中有 88 家有比较明确的投资意向，基本是在自己的主业范围内深化发展或延伸产业链，其中有 16 家具有跨行业投资的意向，并且投资意向方向集中性差，主要分布在文化、环保、能源等多领域。在目前尚未上市的上规模民营企业中，有 1076 家企业有比较明确的投资意向，有 85 家企业的投资意向为跨行业，投资领域则相对集中，以房地产、物流、环保、能源、医药为主，研发中心和社会福利也占有一定比例。

　　由于民营企业的资金来源渠道有限，目前上规模民营企业的投资来源以自有资金为主，银行借贷是主要的补充途径。资本市场融资功能还没有在上规模民营企业的融资活动中充分发挥，民间借贷仍然在一定范围内存在（见表 5-4）。

表 5-4　2005 年上规模民营企业投资主要资金来源

单位：家

| 企业主要投资来源 | 已上市企业 | 未上市企业 | 合　计 |
|---|---|---|---|
| 自　有 | 131 | 1630 | 1761 |
| 银行借贷 | 105 | 1448 | 1553 |
| 资本市场融资 | 66 | 131 | 197 |
| 其他方式融资 | 17 | 133 | 150 |
| 民间借贷 | 1 | 76 | 77 |

　　2005 年上规模民营企业认为在企业投资过程中面临的主要问题是融资困难、土地使用问题以及专业人才短缺；其次是审批时间长、缺乏项目以及环保评估等。具体来看，已上市企业的专业人才短缺问题相对突出，未上市企业以融资困难问题居首。以往比较集中的行业准入以及政策透明度等问题，随着市场经济体制建设的不断完善以及政府职能的不断调整，已经有所改观（见表 5-5）。

表 5-5　2005 年上规模民营企业投资主要困难比较

单位：家

| 投资困难 | 已上市企业投融资需求分析 | 未上市企业投融资需求分析 | 合　计 |
|---|---|---|---|
| 融资困难 | 59 | 751 | 810 |
| 土地使用 | 50 | 676 | 726 |
| 专业人才短缺 | 66 | 646 | 712 |
| 审批时间长 | 46 | 401 | 447 |
| 缺乏合适项目 | 22 | 290 | 312 |
| 环保评估 | 11 | 177 | 188 |
| 行业准入 | 16 | 131 | 147 |
| 其　他 | 16 | 130 | 146 |
| 政策不透明 | 24 | 119 | 143 |
| 市场前景不明 | 3 | 132 | 135 |
| 总　　计 | 313 | 3453 | 3766 |

2005 年上规模民营企业的融资活动和投资扩张行为理性程度有所提高。由于企业的发展环境特别是政策与监管环境明显改善，民营企业自身经营不断强化，发展战略正在超越盲目扩张阶段，上规模民营企业正在稳步进入成长期。随着企业自身实力的不断增强，除了资金问题外，人才问题已成为未来企业持续发展所面临的首要问题之一。为此，我们对本次调研中反映出企业在投资过程中专业人才短缺的前十个行业进行统计，发现一些近年来逐步发展的行业以及需要综合人才的领域人才短缺情况相对突出（见表 5 - 6）。

表 5 - 6　2005 年上规模民营企业人才短缺突出行业

单位：%

| 行业分类 | 专业人才短缺提及率 |
| --- | --- |
| 水利、环境和公共设施管理业 | 66. 67 |
| 住宿、餐饮业 | 55. 56 |
| 信息传输、计算机服务和软件业 | 41. 67 |
| 工艺品其他制造业 | 39. 39 |
| 造纸及纸制品、印刷业，文教体育、办公用品制造业 | 38. 64 |
| 仪器仪表制造业 | 37. 50 |
| 通用设备和专用设备制造业 | 36. 81 |
| 综合（含投资类、主业不明显） | 35. 90 |
| 电气机械及器材、线缆制造业 | 33. 51 |
| 电力、热力、燃气及水的生产和供应业 | 33. 33 |

## 二　2005 年上规模民营企业管理情况分析

### （一）2005 年上规模民营企业的治理结构

随着我国民营企业群体的不断发展壮大，企业不断重视和加强自身管理问题，同时管理的强化又促进了民营企业的进一步发展。开展党群工作建设，规范管理、提升管理能力，优化治理结构和激励机制，建立健全劳动用工制度，推进信息化建设已成为上规模民营企业的首要着力点。

从企业发起人结构来看，上规模民营企业以自然人发起为主，其次是企业法人，乡镇企业改制和国有企业改制的分别占 14.66% 和 10.01%，另外中外合资的达到 8.26%。民营企业的竞争优势来自于其产权清晰,通过比较可以看出,由国有企业改制而来的民营企业的赢利水平目前还低于其他类型的企业(见表 5 - 7)。

表 5 - 7　2005 年上规模民营企业发起人类型的绩效对比

单位:家,%

| 企业发起人类型 | 企业数 | 占全部企业比重 | 销售利润率 | 总资产利润率 |
|---|---|---|---|---|
| 自然人发起 | 1000 | 37.20 | 4.37 | 5.66 |
| 法人发起 | 482 | 17.93 | 4.74 | 5.38 |
| 乡镇企业改制 | 394 | 14.66 | 4.12 | 5.44 |
| 国有企业改制 | 269 | 10.01 | 2.78 | 3.85 |
| 中外合资 | 222 | 8.26 | 5.87 | 6.36 |
| 平　均 | | | 4.22 | 5.34 |

董事会是上规模民营企业的主要决策机构。调研数据表明,有 53% 的上规模民营企业的重大决策权掌控者是董事会,有 34% 的企业重大决策权掌控者是股东大会,而重大决策权掌控者是董事长和总裁的仅为 12% 和 2% 左右,反映出目前上规模民营企业的决策权集中在企业家个人的已经不多,企业管理向现代企业制度过渡,治理结构不断完善(见表 5 - 8)。

表 5 - 8　2005 年上规模民营企业决策机制

单位:家,%

| 企业重大决策权掌控者 | 企业数 | 占全部企业比重 |
|---|---|---|
| 董事会 | 1425 | 53.01 |
| 股东大会 | 902 | 33.56 |
| 董事长 | 321 | 11.94 |
| 总裁(CEO) | 46 | 1.71 |

上规模民营企业中党建及工会建设工作开展良好。调研数据表明,党委(支部)和工会组织在上规模民营企业中设立的覆盖面越来越大,设立的企业数量也连年增多,从 2003 年的 50% 到 2005 年的 70% 以上,反映了党群工作在上规模民营企业中不断得到重视并得以有效开展,同时也反映了党和政府对上规模民营企业党建、工会工作的重视(见表 5 - 9)。

表5-9　2005年上规模民营企业党建和工会设立情况

单位：家，%

| 企业已设置的党群机构 | 2005年 | | 2004年 | | 2003年 | |
|---|---|---|---|---|---|---|
| | 企业数 | 占全部企业比重 | 企业数 | 占全部企业比重 | 企业数 | 占全部企业比重 |
| 党委（支部） | 1973 | 73.40 | 1273 | 60.08 | 1137 | 50.15 |
| 工　会 | 2026 | 75.37 | 1315 | 62.06 | 1157 | 51.04 |

　　调研数据表明，有58%的上规模民营企业总裁由董事长兼任，另有14%的企业总裁在股东中产生，总裁由社会聘用或员工中提升的企业数量不多，合计只占7%左右。由此可见企业家同时也是经营者的现象比较普遍，职业经理人市场没有形成，民营企业对职业经理人的信任度不高（见表5-10）。

表5-10　2005年上规模民营企业总裁产生机制

单位：家，%

| 企业总裁产生机制 | 企业数 | 占全部企业比重 | 企业总裁产生机制 | 企业数 | 占全部企业比重 |
|---|---|---|---|---|---|
| 董事长兼任 | 1561 | 58.07 | 社会上聘用 | 137 | 5.10 |
| 股东中产生 | 364 | 13.54 | 员工中提升 | 52 | 1.93 |

　　上规模民营企业的激励机制多样化特征明显，这些激励措施能够有效地激励公司管理层，充分调动经营者的积极性，将自身的利益与公司的利益紧密地结合在一起，使得民营企业在市场经济中呈现出很强的活力。目前上规模民营企业是以年薪、加薪、分红等短期激励机制为主，长效激励机制还没有成为激励机制的主流，只有4.91%的上规模民营企业采取股票期权与其他各类激励机制结合的方式，因此民营企业短期与长期激励机制有效结合发挥作用的途径尚需要进一步探索（见表5-11）。

表5-11　2005年上规模民营企业激励机制

单位：家，%

| 企业激励机制类型 | 企业数 | 占全部企业比重 | 企业激励机制类型 | 企业数 | 占全部企业比重 |
|---|---|---|---|---|---|
| 年薪制 | 1431 | 53.24 | 激励基金 | 297 | 11.05 |
| 加　薪 | 628 | 23.36 | 其　他 | 282 | 10.49 |
| 分　红 | 535 | 19.90 | 股票期权 | 132 | 4.91 |

### （二）2005 年上规模民营企业管理状况

2005 年上规模民营企业现代化管理手段运用和信息化建设工作正在展开，特别是在企业质量管理方面，有近 74% 的上规模民营企业通过 ISO9000 认证，同时企业还根据具体领域通过多项相关质量管理认证，以适应市场竞争的要求（见表 5 - 12）。

表 5 - 12　2005 年上规模民营企业质量管理手段

单位：家，%

| 企业质量管理手段 | 企 业 数 | 占全部企业比重 |
|---|---|---|
| ISO9000 | 1988 | 73.96 |
| ISO14000 | 721 | 26.82 |
| 其他认证 | 476 | 17.71 |
| 3C 质量认证 | 271 | 10.08 |
| OHSAS18000 | 258 | 9.60 |

为了进一步强化和提高管理绩效，上规模民营企业的信息化建设也在有效开展之中，其中 OA（协同办公系统）的开展已经接近 60%。同时，ERP（企业资源规划）、CRM（客户关系管理）、SCM（供应链管理）、MRPII（制造资源计划）等建设工作也在一定范围内展开。但是，通过 2003 ~ 2005 年的调研结果比较，信息化建设覆盖面出现波动的现象值得关注（见表 5 - 13）。

表 5 - 13　2003 ~ 2005 年上规模民营企业信息化建设情况比较

单位：家，%

| 企业信息化 | 2005 年 | | 2004 年 | | 2003 年 | |
|---|---|---|---|---|---|---|
| | 企业数 | 占全部企业比重 | 企业数 | 占全部企业比重 | 企业数 | 占全部企业比重 |
| ERP（企业资源规划） | 789 | 29.35 | 831 | 39.22 | 758 | 33.44 |
| CRM（客户关系管理） | 486 | 18.08 | 493 | 23.27 | 534 | 23.56 |
| SCM（供应链管理） | 344 | 12.80 | 348 | 16.42 | 408 | 18.00 |
| MRPII（制造资源计划） | 123 | 4.58 | 157 | 7.41 | 260 | 11.47 |
| OA（协同办公系统） | 1523 | 56.66 | — | — | — | — |

上规模民营企业劳动用工制度在不断完善，员工保障机制逐步健全。通过对养老保险、医疗保险和失业保险在各个企业内部的覆盖面的调研显示，有49.11%的企业其养老保险的企业内部覆盖面达到80%以上；有42%以上的企业其医疗保险的企业内部覆盖面达到80%以上；有39.17%以上的企业其失业保险的企业内部覆盖面达到80%以上。但是，还有一些上规模民营企业需要建立健全员工各项保障机制，贯彻和落实好劳动用工制度（见表5－14）。

表5－14　2005年上规模民营企业员工保障状况

单位：家，%

| 企业内部覆盖面 | 养老保险 | | 医疗保险 | | 失业保险 | |
| --- | --- | --- | --- | --- | --- | --- |
| | 企业数 | 占全部企业比重 | 企业数 | 占全部企业比重 | 企业数 | 占全部企业比重 |
| <30% | 206 | 7.66 | 350 | 13.02 | 359 | 13.36 |
| ≤30% <60% | 457 | 17.00 | 366 | 13.62 | 338 | 12.57 |
| ≤60% <80% | 400 | 14.88 | 282 | 10.49 | 250 | 9.30 |
| ≥80%以上 | 1320 | 49.11 | 1129 | 42.00 | 1053 | 39.17 |

调研结果表明，2005年上规模民营企业人力资源结构进一步改善，结构也在不断优化。但总体来看，企业技术人员和大学以上学历人员的比例相对不高，有60%的上规模民营企业大学以上人员的比例低于30%；有65%的企业技术人员比例在30%以下（见表5－15）。

表5－15　2005年上规模民营企业人力资源结构

单位：%

| 比　重 | 管理人员 | | 技术人员 | | 大学以上 | |
| --- | --- | --- | --- | --- | --- | --- |
| | 企业数 | 占全部企业比重 | 企业数 | 占全部企业比重 | 企业数 | 占全部企业比重 |
| ≥50% | 55 | 2.05 | 175 | 6.51 | 260 | 9.67 |
| ≤30% <50% | 157 | 5.84 | 293 | 10.90 | 334 | 12.43 |
| ≤20% <30% | 346 | 12.87 | 394 | 14.66 | 323 | 12.02 |
| ≤10% <20% | 990 | 36.83 | 751 | 27.94 | 555 | 20.65 |
| <10% | 714 | 26.56 | 599 | 22.28 | 756 | 28.13 |

# 三　上规模民营企业经营与发展情况分析

随着市场竞争的不断加剧，民营企业如何进行战略规划、开展品牌创建以及如何构造企业的市场竞争力等问题，日益成为企业经营管理和持续发展中的重要问题。

## （一）2005 年上规模民营企业战略发展问题

2005 年上规模民营企业的战略规划工作不断加强。已制定 3～5 年规划的上规模民营企业数量达到 1735 家，占全部调研企业的 64.55%；拥有国际化战略规划的企业数量也在不断增加，达到 219 家，占全部调研的 8.15%；没有战略规划的企业不到 2%。这表明我国上规模民营企业整体已经步入稳步成长阶段，短期赢利行为已经成为初创期的历史（见表 5－16）。

表 5－16　2005 年上规模民营企业战略规划情况

单位：家，%

| 企业战略规划情况 | 企 业 数 | 占全部企业比重 |
| --- | --- | --- |
| 没有规划 | 53 | 1.97 |
| 1～2 年规划 | 522 | 19.42 |
| 3～5 年规划 | 1735 | 64.55 |
| 国际化规划 | 219 | 8.15 |

2005 年上规模民营企业的品牌建设工作也取得了良好成绩。调研数据表明，已有 225 家上规模民营企业的产品被认定为"中国驰名商标"，占 8.37%；有 252 家企业的产品被认定为"中国名牌产品"，占 9.38%。联想、小天鹅、娃哈哈、吉利、波司登、天士力、雨润、正泰、德力西等品牌，人们耳熟能详。打造市场品牌，可提高产品附加值，对拥有驰名商标和非驰名商标企业的几项经济效率指标分析可以看到，拥有驰名商标的企业效益效率指标明显好于其他企业（见表 5－17）。

上规模民营企业中自有品牌产品已形成企业销售收入中的主要部分，贴牌产品也构成销售收入的一部分。调研数据显示，上规模民营企业自有品牌产品基本占企业产品的主导地位，只有 406 家企业既有自有品牌又有贴牌销售收入，表明上规模企业已步入以创立自有品牌为主、经营贴牌产品为辅的发展阶段。

表 5 – 17　2005 年拥有驰名商标的上规模民营企业效率情况

单位：家，%

| | 家　数 | 收入利润率 | 总资产利润率 | 净资产收益率 |
|---|---|---|---|---|
| 拥有驰名商标企业 | 225 | 4. 50 | 6. 27 | 16. 22 |
| 拥有非驰名商标企业 | 2463 | 4. 20 | 5. 26 | 14. 64 |
| 全部企业 | 2688 | 4. 22 | 5. 34 | 14. 77 |

　　在上规模民营企业中，许多企业已经成为行业中的领头羊，这些企业主要分布在制造业的各个不同的细分行业中，体现出在本行业中的主导型和领先性。有 418 家企业居于所属行业或细分领域的第一位，数量占比为 15. 55%；居于第二位的企业有 129 家；第三位的有 155 家。位居前三位的企业合计 702 家，占全部企业数量的 26. 12%；前五位的企业合计 828 家，占全部企业数量的 30. 80%。这些数字进一步说明，上规模民营企业已经成为各行各业中的重要力量。

## （二）2005 年上规模民营企业市场竞争力分析

　　打造企业市场竞争力是上规模民营企业强化自身经营的有效举措。通过加强企业研究开发、生产制造、市场营销、经营组织、资金运作、企业文化建设、战略执行能力、市场应变能力以及风险控制能力等，企业的市场竞争力不断增强。当前，上规模民营企业市场竞争力的形成主要依赖营销和生产，市场营销、生产制造和研究开发是企业保持竞争力的主要方式（见表 5 – 18）。

表 5 – 18　2005 年上规模民营企业市场竞争力分析

单位：家，%

| 企业对自身市场竞争力形成的主要因素的认定 | 企业数 | 占全部企业比重 |
|---|---|---|
| 研究开发 | 1034 | 38. 47 |
| 生产制造 | 1157 | 43. 04 |
| 市场营销 | 1272 | 47. 32 |
| 经营组织 | 631 | 23. 47 |
| 资金运作 | 479 | 17. 82 |
| 企业文化 | 308 | 11. 46 |
| 战略执行 | 257 | 9. 56 |
| 市场应变 | 684 | 25. 45 |
| 风险控制 | 283 | 10. 53 |

通过对民营企业 500 家和其他企业的比较，大型企业对研究开发、资金运作、战略执行、企业文化、经营组织等因素的看重程度高于规模较小的企业；而规模较小的企业在市场应变、生产制造、市场营销的重视程度要高于大企业。可见，上规模民营企业的不同群体已经开始以不同的方式打造各自的竞争能力，企业的竞争力也要根据企业的发展不断的调整和加强（见表 5 - 19）。

表 5 - 19　2005 年上规模民营企业市场竞争力比较

单位：%

| 企业对自身市场竞争力<br>形成主要因素的认定 | 民营企业<br>500 家的比重 | 民营企业 500 家<br>以外的企业比重 |
|---|---|---|
| 研究开发 | 40.60 | 37.98 |
| 生产制造 | 38.80 | 44.01 |
| 市场营销 | 46.00 | 47.62 |
| 经营组织 | 28.20 | 22.39 |
| 资金运作 | 19.60 | 17.41 |
| 企业文化 | 13.60 | 10.97 |
| 战略执行 | 16.00 | 8.09 |
| 市场应变 | 22.60 | 26.10 |
| 风险控制 | 9.40 | 10.79 |

## 四　上规模民营企业技术能力与创新情况分析

### （一）2005 年上规模民营企业技术创新能力分析

民营企业是我国自主创新的重要推动力量，国家许多创新成果是由民营企业来推动和完成的。自主创新是企业长期可持续发展的战略措施，也是企业强化自身市场竞争力的重要手段。2005 年技术创新工作在上规模民营企业中得到进一步重视和加强，企业的技术能力和技术水平得到不断提高，成果显著。

在 2005 年上规模民营企业中，获得省级科学进步奖的企业有 405 家，占全部企业的 15.07%；获得国家科学技术进步奖的企业有 148 家，占全部企业的 5.51%；获得国家技术发明奖的企业有 36 家，占全部企业的 1.34%。民营企业 500 家的获奖比重远远高于平均水平。因此，从调研数据可以看出，上规模民营企业技术能力在不断提升，技术能力与企业竞争力相互促进（见表 5 - 20）。

表 5 – 20　2005 年上规模民营企业科技获奖情况

单位：家，%

| 企业获奖种类 | 获奖企业数 | 占全部企业比重 |
|---|---|---|
| 国家技术发明奖 | 36 | 1.34 |
| 国家科技进步奖 | 148 | 5.51 |
| 省级科学技术奖 | 405 | 15.07 |

有 881 家上规模民营企业被认定为高新企业，占全部企业的 32.78%；有 873 家上规模民营企业拥有自己的专利，占全部企业的 32.48%。其中 464 家企业拥有 2516 项发明专利，578 家企业拥有 6789 项实用新型专利，446 家企业拥有 13911 项外观设计专利。在全部调研企业中，有 1310 家企业的核心技术属于企业自主知识产权。

上规模民营企业的核心技术水平表现为以国内领先为主，调查中认为本企业技术居国际领先的有 3.57%，为国际先进的有 13.38%，为国内先进的有 43.12%，10.53% 的企业认为只达到国内平均水平；上规模民营企业的技术装备水平也基本相同，企业居国际领先地位的有 3.87%，达到国际先进水平的为 14.77%，为国内先进的占 47.06%，10.61% 的企业处于国内平均水平。调查显示进入民营企业 500 家的规模大的企业，其技术水平、装备水平都要好于其他企业（见表 5 – 21）。

表 5 – 21　2005 年上规模民营企业技术领先性分析

单位：%

| | 民营企业 500 家的比例结构 | 全部参加调研企业的比例结构 |
|---|---|---|
| 技术装备——国际领先 | 8.40 | 3.87 |
| 国际先进 | 19.80 | 14.77 |
| 国内先进 | 44.60 | 47.06 |
| 国内平均 | 6.80 | 10.16 |
| 核心技术——国际领先 | 6.20 | 3.57 |
| 国际先进 | 18.00 | 13.36 |
| 国内先进 | 45.00 | 43.12 |
| 国内平均 | 6.00 | 10.53 |

2005 年上规模民营企业的技术来源以自主开发和引进技术人才、引进技术为主，联合开发逐渐增多。其中民营企业 500 家的模仿技术较少，通过企业并购和企业合资的方式引进关键技术的相对较多（见表 5 – 22）。

表 5 – 22　2005 年上规模民营企业关键技术来源比较分析

单位：%

| 关键技术来源 | 民营企业 500 家的比重 | 全部企业的比重 | 民营企业 500 家以外的企业比重 |
|---|---|---|---|
| 自主开发 | 57.00 | 48.74 | 46.85 |
| 引进技术人才 | 36.40 | 26.75 | 24.54 |
| 引进技术 | 24.20 | 18.08 | 16.68 |
| 联合开发 | 18.80 | 15.36 | 14.58 |
| 模　仿 | 3.60 | 3.91 | 3.98 |
| 企业合资 | 3.60 | 2.79 | 2.61 |
| 并购企业 | 5.00 | 2.72 | 2.19 |

## （二）2005 年上规模民营企业研发情况分析

2005 年上规模民营企业研发工作得到进一步重视，产学研结合渐成方向。调研显示，有 1576 家企业设立了研发机构，占全部企业的 58.63%；另有 169 家企业设立了博士后工作站，占全部企业的 6.29%。越是有竞争优势的企业，研发投入就越大。销售收入排序在前的规模大的民营企业，设立研发部门和博士后工作站的比例明显高于排序在后的企业。

上规模民营企业重视技术创新的研发投入，研发费用占企业销售收入比重较高，调查显示，研发投入比重占 3% ~ 10% 的企业较多（见表 5 – 23）。

表 5 – 23　2005 年上规模民营企业研发费投入情况

单位：家，%

| 研发投入占<br>销售收入比重 | 民营企业<br>500 家数 | 占民营企业 500<br>家中的比重 | 上规模民营<br>企业家数 | 占上规模<br>民营企业比重 |
|---|---|---|---|---|
| <1 | 64 | 12.80 | 341 | 12.69 |
| 1 ~ 2 | 52 | 10.40 | 307 | 11.42 |
| 2 ~ 3 | 45 | 9.00 | 215 | 8.00 |
| 3 ~ 5 | 79 | 15.80 | 311 | 11.57 |
| 5 ~ 10 | 71 | 14.20 | 316 | 11.76 |
| 10 ~ 20 | 11 | 2.20 | 61 | 2.27 |
| >20 | 5 | 1.00 | 25 | 0.93 |

上规模民营企业的技术项目拓展方向和领域分布也相对集中，主要在新材料、生物技术、通讯技术、新能源等高新技术领域。技术创新离不开充足的创新

资金来源，目前上规模民营企业的技术创新资金来源以自有资金为主，辅之以银行借贷和政府资助。调研显示，有70.05%的企业主要依靠自有资金开展创新工作；有27.79%的企业通过银行借贷，政府的资助能力和覆盖面有限，政府资助覆盖只有不到10%的上规模民营企业。民营企业技术创新资金来源的渠道仍然有限，资本市场融资和风险投资还未发挥重要作用（见表5－24）。

表5－24　2005年上规模民营企业技术创新资金来源比较

单位：%

| 技术创新资金来源 | 企 业 数 | 占全部企业比重 |
| --- | --- | --- |
| 自有资金 | 1883 | 70.05 |
| 银行借贷 | 747 | 27.79 |
| 政府资助 | 222 | 8.26 |
| 资本市场融资 | 79 | 2.94 |
| 风险投资 | 18 | 0.67 |

我们从图5－1中可以看到，上规模民营企业从不同渠道获得政府科技资金支持的比重不高，有881家的企业曾经获得了不同数额的政府资金支持，民营企业500家得到的支持较大，政府资金的流向更青睐于大企业。

销售收入排名较后的上规模民营企业得到政府资金支持相对较少（见图5－2）。

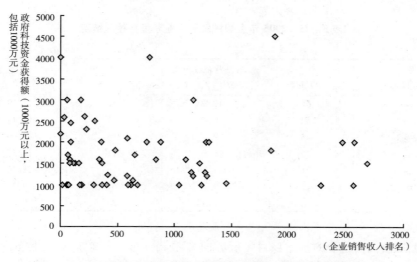

图5－1　2005年上规模民营企业获得政府科技资金支持分布情况一

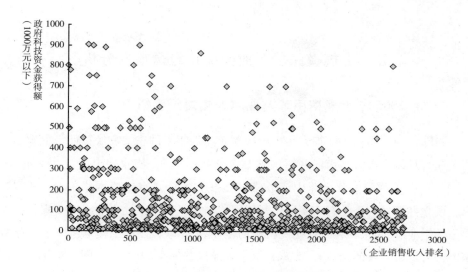

图 5 - 2    2005 年上规模民营企业获得政府科技资金支持分布情况二

## （三）2005 年上规模民营企业创新所面临的主要问题

2005 年上规模民营企业的技术创新困难突出表现在人才缺乏和资金短缺上，二者比重合计为 67.3%；同时，产学研合作难度较大、政策支持力度弱和技术市场不健全也是影响上规模民营企业技术创新的重要因素（见表 5 - 25）。

表 5 - 25    2005 年上规模民营企业创新困难分析

单位：家，%

| 企业主要创新困难类型 | 企 业 数 | 占全部企业比重 |
| --- | --- | --- |
| 人才缺乏 | 1193 | 44.38 |
| 资金短缺 | 616 | 22.92 |
| 产学研合作难度较大 | 473 | 17.60 |
| 政策支持力度弱 | 451 | 16.78 |
| 技术市场不健全 | 310 | 11.53 |
| 知识产权保护不够 | 205 | 7.63 |
| 企业管理水平低 | 178 | 6.62 |
| 激励机制不健全 | 131 | 4.87 |

## 五 上规模民营企业国际化经营情况分析

### (一) 2005 年上规模民营企业海外拓展经营情况

国际化经营步伐不断加大是中国民营企业近年来的主要发展特征，上规模民营企业也日益重视海外市场开拓，成为"走出去"的一支重要力量。

2005 年上规模民营企业中海外市场拓展方式中，有销售网络的企业有 420 家；设立办事处的企业有 358 家；开展周边国家经贸合作的企业有 196 家；在外建厂的企业有 68 家；在外设研发机构的企业有 58 家；开展工程承包地企业有 47 家；进行资源开发的企业有 35 家；从事企业兼并的有 21 家（见图 5-3）。

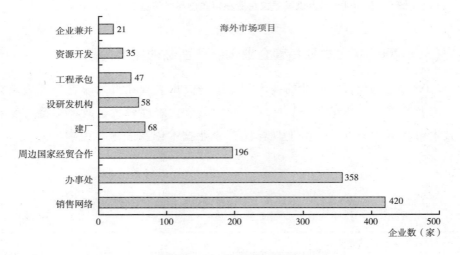

图 5-3 2005 年上规模民营企业海外拓展方式

调研数据显示，2005 年上规模民营企业在海外市场已有一定的发展规模。各项指标前五名的企业主要分布在制造业，农、林、牧、渔业，建筑业，批发和零售业等。从整体上看，上规模民营企业国际化经营仍然处于初级阶段，投资额多数在 1000 万元以下，销售收入多在 10000 万元以下，海外雇员多为 500 人以下。

上规模民营企业海外市场分布基本遍及全球，且呈现出一定的行业特征。制造业企业的市场范围基本遍布全球；建筑业已经打开世界许多地区和国家的市场；农林牧渔业以亚太地区市场为主，欧美以及澳大利亚市场也开始拓展；电力、热力、燃气及水的生产和供应主要海外市场是伊朗、印度尼西亚等东南亚国家；交通运输、仓储和邮政业主要在欧洲和东南亚等地区；信息传输、计算机服务和软件业的企业主要分布在亚洲地区，加拿大、美国、英国、科威特、西班牙等国家也有市场份额。

2005 年上规模民营企业海外拓展项目以建设销售网络、设立办事处以及与周边国家开展经贸合作为主。由于国际贸易环境的不断变化，各国特别是发展中国家之间的国际贸易竞争日益激烈，上规模民营企业海外拓展也面临诸多困难与风险。2005 年上规模民营企业在海外建厂、进行资源开发和兼并企业等海外拓展项目数量比前两年有所波动，没有呈现稳定上升的趋势，民营企业的对外投资活动呈现谨慎发展的特征。

与此同时，随着上规模民营企业的海外拓展能力和实力在不断增强，企业在国际经济贸易环境中不断优化自身的定位，"走出去"的方式也在发生变化，准备在海外建厂、设立研发机构、进行资源开发以及兼并企业等意向的企业数有所增加，海外市场拓展行为向纵深化发展（见图 5 - 4）。

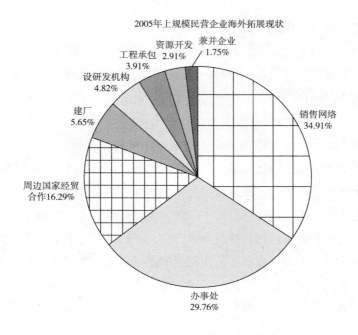

2005年上规模民营企业海外拓展现状

资源开发 2.91%
兼并企业 1.75%
工程承包 3.91%
设研发机构 4.82%
建厂 5.65%
销售网络 34.91%
周边国家经贸合作16.29%
办事处 29.76%

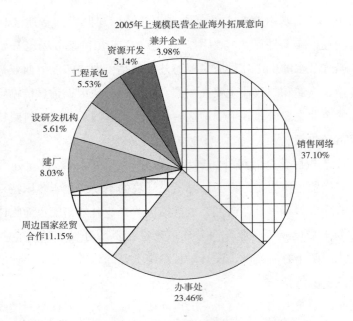

图 5 - 4　上规模民营企业海外拓展项目现状与意向比较

## （二）2005 年上规模民营企业国际化经营问题分析

我国加入世贸组织已经多年，在此期间，中国市场进一步开放，对外经贸迅猛发展，国际竞争力明显增强。但与此同时，各种形式的贸易摩擦也有所增加，一些国家不断采用反倾销、反补贴、特殊保障措施，以及质量、技术、卫生、环保等标准对中国出口设限，国际贸易摩擦正日益成为上规模民营企业难以回避的主要问题之一。

调研数据表明，上规模民营企业面临国际贸易摩擦时，有约 46% 的企业通过依靠政府力量和依靠商会力量，共同应对和解决；只有 5.1% 的企业暂时未考虑如何解决企业所遇到的国际贸易摩擦（见表 5 - 26）。

而经营人才缺乏、经验不足和不了解海外投资环境成为影响上规模民营企业海外拓展的主要问题；同时，缺乏商务信息、审批程序复杂以及外汇管制严格等问题也在一定程度上困扰着企业。在调研中还反映出上规模民营企业海外拓展的其他困难，如国内同行低水平无序竞争、贸易和技术壁垒、贸易国的外贸政策、汇率、政府政策扶持不够、退税减少以及政策变化快等（见表 5 - 27）。

表5-26　2005年上规模民营企业国际贸易摩擦主要解决手段

单位：家，%

| 主要解决手段 | 企 业 数 | 占全部企业比重 |
|---|---|---|
| 依靠政府 | 448 | 16.67 |
| 商会力量 | 447 | 16.63 |
| 共同应对 | 333 | 12.39 |
| 本企业力量 | 284 | 10.57 |
| 暂未考虑 | 137 | 5.10 |

表5-27　2005年上规模民营企业海外开拓困难

单位：家，%

| 企业海外开拓困难 | 企 业 数 | 占全部企业比重 |
|---|---|---|
| 缺少经营人才 | 525 | 19.53 |
| 经验不足 | 276 | 10.27 |
| 不了解海外投资环境 | 269 | 10.01 |
| 缺乏商务信息 | 253 | 9.41 |
| 审批程序复杂 | 207 | 7.70 |
| 外汇管制严格 | 129 | 4.80 |
| 缺乏国际竞争力 | 117 | 4.35 |

## 六　2005年上规模民营企业发展的主要问题分析

在不同的时期和发展阶段，上规模民营企业的生存和发展都存在着不同程度的困难，但总的来看，上规模民营企业发展所面临的主要问题又具有一定的集中性。同时，各类困难体现在不同的行业中又有不同的行业特征。

2005年的原材料涨价问题取代2004年的融资问题成为上规模民营企业发展所要面对的首要问题，其次是资金融通困难、人力资源紧张和税费负担重，市场开拓和能源紧张也成为影响民营企业发展的主要问题（见表5-28）。

原材料涨价对自然资源依托性强的制造业和服务业影响比较大；在资金密集和需要高投入的行业，融资是企业发展的主要困难；税费负担问题在制造业相对突出；人力资源短缺问题则在一些近年逐步发展的行业和需要综合人才的领域表现得相对突出（见表5-29）。

表 5 - 28　2005 年上规模民营企业发展困难分析

单位：家，%

| 企业发展困难种类 | 企 业 数 | 占全部企业比重 |
| --- | --- | --- |
| 原材料涨价 | 1110 | 41.29 |
| 融资困难 | 968 | 36.01 |
| 人力资源 | 830 | 30.88 |
| 税费负担 | 658 | 24.48 |
| 市场开拓 | 481 | 17.89 |
| 能源紧张 | 444 | 16.52 |
| 企业管理 | 355 | 13.21 |
| 执法环境 | 232 | 8.63 |
| 社会服务 | 174 | 6.47 |
| 地方保护 | 158 | 5.88 |
| 政府沟通 | 127 | 4.72 |
| 劳动关系 | 118 | 4.39 |
| 权益保护 | 109 | 4.06 |
| 治理结构 | 72 | 2.68 |
| 舆论环境 | 48 | 1.79 |

表 5 - 29　2005 年影响上规模民营企业发展主要因素行业比较

单位：%

| 序号 | 原材料涨价 | | 融资困难 | | 税费负担 | |
| --- | --- | --- | --- | --- | --- | --- |
| | 所属行业 | 本行业企业提及率 | 所属行业 | 本行业企业提及率 | 所属行业 | 本行业企业提及率 |
| 1 | 电力、热力、燃气及水的生产和供应业 | 66.67 | 水利、环境和公共设施管理业 | 100.0 | 非金属矿物制品业（含水泥、玻璃、陶瓷、耐火材料等） | 37.10 |
| 2 | 电气机械及器材、线缆制造业 | 66.49 | 采矿业 | 63.33 | 橡胶制品、塑料制品业 | 32.69 |
| 3 | 石油加工、炼焦加工业 | 60.61 | 石油加工、炼焦加工业 | 60.61 | 通用设备和专用设备制造业 | 28.47 |
| 4 | 通用设备和专用设备制造业 | 59.72 | 信息传输、计算机服务和软件业 | 58.33 | 医药制造业 | 26.92 |
| 5 | 化学原料及化学制品制造业 | 59.02 | 非金属矿物制品业 | 53.23 | 批发和零售业 | 26.63 |
| 6 | 木材加工及木、竹、藤、棕、草制品、家具制造业 | 57.69 | 房地产业 | 43.22 | 纺织业、化学纤维制造业 | 26.21 |

# 小　结

● 2005 年上规模民营企业的投融资活动呈现理性发展特征。已上市的企业和未上市的企业投资基本都以行业内纵深发展为主，跨行业投资为辅。融资困难、土地使用和专业人才缺乏是上规模民营企业投资面临的主要问题。

● 上规模民营企业党建和工会工作开展良好，劳动用工制度不断完善，人力资源结构不断优化。上规模民营企业法人治理结构正向现代企业制度转变和完善。同时，民营企业激励机制多样化特征明显，质量管理工作逐步加强，信息化建设工作也在开展之中。

● 上规模民营企业战略规划工作不断加强，品牌创设工作取得良好进展。目前，上规模民营企业市场竞争力的形成主要依赖研究开发、生产制造和市场营销。

● 上规模民营企业技术创新能力有所增强，取得专利数不断增加，创新投入不断加大。企业技术创新困难主要体现在人才缺乏、资金短缺、产学研合作困难和政策支持力度不足。

● 上规模民营企业国际化经营步伐加大，海外市场已粗具规模，但从整体上看还处于初级阶段。在海外拓展过程中，上规模民营企业面临缺少经营人才、海外经验不足和不了解海外投资环境等困难。

● 2005 年原材料涨价已经取代融资问题成为上规模民营企业发展所面对的首要问题，同时融资困难、人力资源缺乏和税费负担重也是影响民营企业发展的主要问题。

课题组负责人：欧阳晓明

课题组成员：罗　力　孙卜雷　沙　霖　梁　爽

解学成　崔　红

# 中国民营经济发展问题讨论综述

近年来我国民营经济发展取得了长足进步，已逐步成为我国经济中最具活力的部分，并呈现出蓬勃发展的势头，为我国经济社会繁荣发展作出了突出贡献。但由于受传统体制、陈旧观念和自身素质等因素的影响，其发展还存在不少的困难，因此，如何推动和加快民营经济的发展步伐，是深化改革中亟待研究和解决的问题，现将有关讨论综述如下。

## 一　民营经济概念的界定

全国工商联课题组认为，民营经济包含三个层次，具体界定如下[①]：一是广义民营经济，指除国有和国有控股企业以外的多种所有制经济的统称；二是内资民营经济，指广义民营经济减去港澳台和外商投资企业，包括集体和个体私营及其他混合经济；三是狭义民营经济，单指个体私营经济。

王珏认为，所谓民营经济，最早是对国有经济来说的，也就是说除了国有经济之外，都是民营经济。对民营经济的认识应该从外延方面加以扩展，从内涵方面加以深化，只有这样才能够真正反映我国现实的民营经济。[②]

---

[①]　黄孟复、胡德平主编《中国民营经济发展报告 No. 3（2005~2006）》，社会科学文献出版社，2006。

[②]　王珏：《民营经济持续发展的关键是提高自主创新的能力》，《浙江树人大学学报》2006 年第 5 期。

胡绍华认为，民营经济是民间经营的经济，它不仅包括个体经济、私营经济、股份制经济、外资经济等非公有制经济，还包括集体经济、国有民营企业。①

吴春明认为，民营经济是指不包括外商及港澳台经济在内的个体经济、私营经济、股份制经济及联营经济。②

路富裕认为，民营经济即非公有制经济，包括个体、联营、私营、非国有股份制等经济类型。③

张克军认为，民营经济是非公有制经济中最重要的组成部分，从其所有制结构看，包括城乡集体经济、个体私营经济及其他经济；从资本来源来看，是指由私人自筹或以股份制等多种方式筹集起来的民间资本。随着改革的深入，近年来得到较快发展的民间股份制经济、外商投资经济、港澳台投资经济、国有民营经济形式也被纳入到民营经济的统计范畴。④

游新彩认为，民营经济是指由公民投资、产权归公民所有、公民受益、公民承担风险的公民自主创业、自主依法经营的经济形式，用公式可表示为：民营经济＝私营企业经济＋港澳台商独资企业经济＋个体经济＋混合经济实体中的民营经济部分，其实体是民营企业和个体工商户。⑤

张洪祥认为，民营经济从广义上讲包括各类民营企业。狭义上讲是指个体、私营等非公有制企业。⑥

黄范章认为，应当为民营经济正名。这个"民营"就是指私有经济或私人企业。"民营"的说法就经济学意义上讲并不确切，也不科学。在改革开放以前的几十年里，为了要跟资本主义划清界限，我们把资本改称为资金，把利润改称为赢利，把通货膨胀称之为物价上涨。在改革开放以来的较长时间内，人们不愿看到也不愿承认社会主义市场经济内有私人经济，宁愿把私人经济说成是民营。尽管我们在国内自己用了十多年的民营经济和民营企业，但国外媒体还一直把它

---

① 胡绍华：《论发展民营经济》，《武汉理工大学学报（社会科学版）》2006 年第 4 期。
② 吴春明：《我国民营经济发展趋势分析》，《集团经济研究》2006 年第 2 期。
③ 路富裕：《民营经济的昨天今天和明天》，《中小企业管理与科技》2007 年第 1 期。
④ 张克军：《我国民营经济投资环境研究》，《当代经理人（中旬刊）》2006 年第 4 期。
⑤ 游新彩：《建立民营经济统计的若干问题》，《边疆经济与文化》2006 年第 5 期。
⑥ 张洪祥：《民营经济的现状分析和对策思考——从苏南温州模式的启示》，《集团经济研究》2006 年第 21 期。

称之为"私人经济"（private economy 或 private sector）或"私人企业"（private enterprise）。不仅如此，我们对外介绍时也直截了当地说是私人经济或私人企业。因此，应给民营经济或民营企业正名，不再回避所有制，不再讳言私有经济或私有企业。私人投资的企业，特别需要产权明晰，在所有权问题上不必也不应含混。最重要的是，要正确认识私人经济（或非公有经济）在社会主义市场经济中的历史性定位，清除对私人经济的歧见及顾虑，理直气壮地振兴私人经济。①

张敏丽、吴玉霞从经济发展和改革的角度来界定民营经济。他们认为，民营经济应是一个具有广泛含义的概念，它应是国民经济中除国有（包括国有控股）国营和外商投资以外的所有经济成分的组合。根据港澳台地区的社会性质和经济运行方式，港澳台投资经济也应列为民营经济的范围。民营应是"我国民间经营"，外商投资的性质虽与港澳台投资的性质几乎相同，但它不应包含在民营经济的范畴中。②

## 二 我国民营经济的发展现状和特点

### （一） 我国民营经济的发展现状

多年来，民营经济为中国经济持续发展和经济体制转变作出了积极贡献，已成为支撑我国经济增长的重要力量。现在全社会投资中，民营投资比重与国有投资比重十分接近，民营投资已占据我国全社会投资的半壁江山。民营经济在吸纳就业上发挥了独特的优势，起到了解决就业难题、优化劳动力资源配置的良好社会效果。此外，民营经济的迅速发展还提供了越来越多的金融资本投入国有经济的产权重组过程，一大批来自民营经济的新型企业与企业家，通过收购、兼并等方式改革国有中小企业获得了很大的成功。这对于国有企业实现"抓大放小"的战略决策起到了很好的效果。③

根据有关统计，到 2005 年，内资民营经济在 GDP 中的比重约为 50%，港澳

---

① 黄范章：《为"民营经济"正名》，2007 年 5 月 29 日《中国经济时报》。

② 张敏丽、吴玉霞：《从经济发展和改革的角度谈民营经济的界定及必要性》，《商场现代化（中旬刊）》2007 年第 2 期。

③ 李树毅：《大力推进我国民营经济发展的几点思考》，《科学社会主义》2006 年第 3 期。

台经济比重约为 15%，两者相加占 65% 左右。从企业数量看，2004 年私营企业法人单位数占全国企业法人单位数的 61%，加上个人资本占第一大比例的其他企业，比重达到 72%，加上外商投资企业，则超过了 80%。另外，还有个体经营户多达 3921.6 万户。从资本总量看，全国企业法人中的个人实收资本、集体资本和外商及港澳台资本总和 2005 年达到 9.4 万亿元，超过 8.7 万亿元的国家资本，占全部企业法人实收资本的 51.9%。在投资方面，内资民营的投资占全社会固定资产投资的比重，2000 年为 41.9%，2002 年为 48.7%，2003 年为 52.2%，2005 年则达到 60%。到 2005 年，民营工业已占据全国工业的半壁江山，在企业数量、资产规模、销售收入、工业增加值、工业利润等方面都高速增长。在就业方面，民营经济占第二产业、第三产业就业比重从 2000 年的 77.5% 上升到 2005 年的 84.1%。在税收方面，民营经济上交税收占全部税收收入的比重从 2000 年的 57.4% 上升到 2005 年的 75.7%。在对外贸易方面，私营经济占全国进出口总额的比重从 2000 年的 0.8% 上升到 2005 年的 11.7%。[1]

## （二）我国民营经济的发展特点和趋势

张洪祥认为，在民营经济成长的过程中，有两种最典型的模式——温州模式和苏南模式。苏南模式是指苏锡常等地区通过发展乡镇企业进行非农化的方式和路径。温州模式主要是指浙江省东南部的温州地区以家庭工业和专业化市场的方式发展非农产业，是以小商品大市场的格局为主的发展模式。[2]

全国工商联课题组认为，进入 21 世纪以来，中国民营经济获得了空前的发展，发生了三大历史性变化。（1）在民营经济地位和作用方面，民营经济已经成为国民经济的基本组成部分、增加就业的主要渠道、国家税收的重要来源、对外贸易的生力军。（2）民营企业自身素质得到了根本性提高。逐步进入重化工业和基础产业，产品技术质量档次大幅度提高；企业资本规模明显扩大，产权结构日益多元化；管理人员素质提升，治理结构走向规范；诚信守法渐成趋势，劳动关系走向和谐；积极承担社会责任，大力奉献公益事业。（3）国家关于民营

---

① 中华全国工商业联合会课题组：《中国民营经济的三大历史性变化》，《经济理论与经济管理》2007 年第 3 期。

② 张洪祥：《民营经济的现状分析和对策思考——从苏南温州模式的启示》，《集团经济研究》2006 年第 21 期。

经济的政策和制度改革取得了实质性突破。非公有制经济发展的理论认识取得重大突破；非公有制经济发展的基本方针已经形成；非公有制经济发展的根本制度得以确立；非公有制经济发展的政策体系框架基本形成。①

郭济认为，中国政府在民营经济发展中发挥了独特的作用。主要表现在：（1）政府赋予民营经济发展的政治、社会和舆论环境不断宽松；（2）政府为民营经济提供的公共服务不断改进；（3）政府对民营经济的直接政策扶持力度不断加大；（4）政府促进、引导的面向民营经济的社会化服务体系越来越健全。②

## 三 我国民营经济发展中面临的问题

### （一）技术创新不足

胡绍华认为，技术创新是民营企业持续发展的核心。我国民营企业普遍存在技术落后、产品质量低、创新能力差等问题，企业核心竞争力的缺乏直接影响到企业的可持续发展。我国的民营企业在技术创新方面不具备优势，许多民营企业的产品开发是"借牌"、"仿制"和跟随，在市场上缺乏竞争力。③

### （二）管理体制上家族制比较普遍，需要加以创新

王珏认为，从发达国家也就是资本主义国家的发展过程看，企业制度在市场经济条件下的不断演进，大体上经过业主制度、合伙制度、股份制度三个阶段。这三个阶段的演进过程，对我国的民营企业来说，基本的方向也是合适的。在制度方面，民营企业必须适时根据自己的情况加以改进，加以创新，不能老是固守业主制度。④

马玉国认为，民营企业普遍采用家族式管理体制。这种管理体制适应了初创的需要，但却制约了企业的发展壮大。⑤

---

① 中华全国工商业联合会课题组：《中国民营经济的三大历史性变化》，《经济理论与经济管理》2007 年第 3 期。
② 郭济：《中国民营经济发展中的政府作用：经验与趋势》，《中国行政管理》2005 年第 6 期。
③ 胡绍华：《论发展民营经济》，《武汉理工大学学报（社会科学版）》2006 年第 4 期。
④ 王珏：《民营经济持续发展的关键是提高自主创新的能力》，《浙江树人大学学报》2006 年第 5 期。
⑤ 马玉国：《民营经济发展中的问题与对策》，《中共郑州市委党校学报》2006 年第 5 期。

### （三）民营经济两种典型模式各自存在相应的问题

张洪祥分析了我国民营经济的两种典型模式各自存在的问题。苏南模式下存在着多头管理的问题。由于受苏南模式集体偏好的影响，政府部门在较长时期内没有理顺与民营企业的关系。收费项目过多、费大于税是这一模式下民营企业遇到的主要问题。温州模式下的民营企业具有家族制的特点。家族企业文化上的排他性，影响了对人才技术等社会资源的整合；家族亲情关系和企业管理关系纠缠不清，使得企业生命活力减弱。[1]

### （四）民营企业行为有待规范

从一些民营企业经营管理行为来看，许多方面需要加以规范。目前相当一部分私营企业名义上改成了有限责任公司，但内部组织结构未变，管理制度也不健全，企业投资者与管理者合一，家长作风盛行。[2]

### （五）法制不健全

我国现行调整企业法律关系的法律法规仍然是按照所有制、投资主体、组织形式、投资区域等原则制定的。在一些具体的立法中，民营企业仍然不被重视甚至受到歧视。此外，我国调整民营经济的法律主要是一些单项的法规，这些法规只是规范某类民营经济的组织和活动，仅仅是对一些具体行为活动加以局部调整，而没有从国家宏观经济调控的高度对民营经济加以规范和立法。[3]

### （六）政策不公平

段立明认为政府在公共政策的制定和制度供给上，受到各种利益集团的影响，总会带有某种倾向性。长期以来，对民营经济的公共政策的最突出特点就是

---

[1] 张洪祥：《民营经济的现状分析和对策思考——从苏南温州模式的启示》，《集团经济研究》2006 年第 21 期。

[2] 《"2006 年中国民营经济发展蓝皮书"发布——"十五"期间民营经济三大历史性变化》，《中国民营科技与经济》2006 年第 12 期。

[3] 廖乐焕：《民营经济概念考察》，《晋阳学刊》2006 年第 5 期。

系统性的"次国民待遇"问题。这种差别典型地体现于对民企与外企的待遇上，如税收、用地审批、进出口经营权、金融支持等方面。①

潘智慧、谭庆康认为目前在我国所有国有经济从事的行业里，港澳台经济、外资经济能够加入的大约占到3/4，而民营经济能进入的只有1/4强。②

吴立平认为虽然经过1982年、1988年、1999年的三次《宪法》修改，民营经济逐渐有了合法地位，但国有经济、外资经济与民营经济在市场准入方面仍然存在着较大的政策差异。我国"入世"以后，政府承诺向外资开放的领域允许民间资本进入，然而，由于缺乏一份向民间资本开放市场的"时间表"，也没有可操作的程序规定，这些承诺至今没有完全落实。③

黄倩岚、华晓芳认为，政策歧视和不平等国民待遇，使民营企业发展环境仍不够理想。对民营经济的政策歧视和不平等待遇主要表现为：进入难，壁垒多，遭歧视。民营企业面临的市场壁垒主要包括许可制度、无差异性的政策限制和地方保护主义。④

## （七）融资渠道不畅通

郭金刚认为，民营经济融资困境主要表现在官方金融方面，产出与支持不对称；在民间金融方面，得不到应有的政策支持而难以发展壮大；在其他金融服务方面也很欠缺。郭金刚认为产生这些问题的实质一是金融市场化改革的滞后；二是横向信用关系短缺。⑤

厉以宁分析了民营企业融资难的原因。他认为，没有按规定建立财务账目，抵押物不足，企业信用信息不明、信用记录不清楚，这三条是相当一部分民营企业融资难的主观原因。从客观上看，近年来国有商业银行从县以下领域退出，金融服务范围缩小；县及县以上城市中的国有商业银行资金重点投向了发达地区和优势行业；有效的信贷担保机构相当缺乏；民间资本难以通过正当的渠道发挥作

---

① 段立明：《当前民营经济发展面临的几个难题》，《北方经贸》2007年第2期。
② 潘智慧、谭庆康：《促进民营经济发展的法律机制研究》，《法制与经济》2006年第8期。
③ 吴立平：《关于进一步完善民营经济发展机制的思考》，《东南学术》2006年第6期。
④ 黄倩岚、华晓芳：《地方政府管理制度对民营经济发展的制约及其应对》，《发展改革》2007年第1期。
⑤ 郭金刚：《民营经济的融资困境与民间金融的发展》，《商场现代化（下旬刊）》2006年第8期。

用；商业银行实行严格的贷款责任追究制，同时又缺乏相应的贷款激励机制，这些问题都在不同程度上增加了民营企业融资的难度。[1]

## （八）产权不清

张洪祥认为，产生于短缺年代的苏南模式，主要是以政府为主导催生和推动了乡村工业的发展，于是就有了企业和地方政府之间千丝万缕的依存关系。产权模糊，所有者缺位，存在严重的内部人控制。20世纪80年代后期在政府推动下实行了第一次改制。当时的做法大多是把乡镇企业改成集体控股的股份制或股份合作制。但这次股份合作化以后，乡镇村的地方产权制度问题仍然存在，政企不分的毛病仍然没有根本改观。在最近几年又进行了二次改制。但是，二次改制仍然是自上而下的，在改制中出现了一些不规范的做法甚至是暗箱操作，地方政府、企业经营者、社区居民、企业内部职工各怀心思。在这场应由上述四方共同参加的转制谈判中，社区居民和企业内部职工始终是缺席者。二次改制后的产权不清问题仍然存在。[2]

马玉国认为，民营企业在初创时，为求"红帽子"，自找婆婆，寻挂靠单位。发展起来后有的与主管部门关系不清，出现权属之争；有的无形资产归属不明，形成隐患；有的虽通过兼并、联营、承包、股份制改造，但产权的归属却没有界定。大多数民营企业选择个体业主制、合伙制或股份合作制等产权制度形式，但没有将所有权与经营权分离，导致投资者对经营负无限责任，投资风险大，使民营企业的持续稳定发展受到影响。[3]

## （九）民营经济统计较混乱

游新彩认为，中国特色的社会主义和民营经济的迅猛发展都要求建立民营经济统计制度。我国部分地区已开始建立民营经济统计，但各自为政，标准不统一，统计质量差。[4]

① 吴志菲、厉以宁：《把脉中国民营经济》，《今日中国论坛》2007年第1期。
② 张洪祥：《民营经济的现状分析和对策思考——从苏南温州模式的启示》，《集团经济研究》2006年第21期。
③ 马玉国：《民营经济发展中的问题与对策》，《中共郑州市委党校学报》2006年第5期。
④ 游新彩：《建立民营经济统计的若干问题》，《边疆经济与文化》2006年第5期。

### （十）原罪问题

邓聿文认为，改革以来的民营企业"原罪"可分为三种类型：一是20世纪80年代改革初期的改革性的探索"原罪"，那时民企的违纪违规较多集中于对旧体制的突破；二是20世纪90年代深化改革期，民营企业的违规违法更多表现为配合地方政府推进地方经济发展而进行的跟随违法，是一种发展性的被动"原罪"。第三种"原罪"是指一些民营企业家与权贵相勾结，利用旧有制度和法规的缺陷和漏洞，盗取国家财产，侵害人民利益。这是一种实实在在的犯罪，这样的"原罪"是应该清算而且必须清算的。[1]

易宪容认为，"原罪"是生而具有及人皆有之的，而不是后天获得的；同时，"原罪"是相对于天之道而言的，而不是相对人之道及社会之道来说的。如果以这样的含义来理解国内民营企业的"原罪"，那么国内的民营企业何罪之有？既然民营企业不存在"原罪"，也不需要用什么东西来开脱其犯罪行为。无论是谁犯罪都得承担其行为责任。[2]

胡德平认为，民营经济的诞生非但没有"原罪"，而且应当早生10年、20年。刘少奇、毛泽东同志在公私合营之后都说过：我们公私合营之后，还是可以发展私营经济。如果不考虑历史的环境条件，一味用法律、用宪法大帽子扣下来，非常吓人，但不能服人。改革开放应该放在一个特定的历史阶段进行考察，放在一个国家生死存亡的角度来研究。因此，清算民营企业第一桶金就是否定改革成绩。在民营企业从诞生到成长到发挥作用的过程中我们对待民营企业要像对待成长中的幼儿一样。这么讲完全不是说民营企业不需要守法，而是在法律日益完善的今天，在健全社会主义市场经济的今天，民营企业应该依法经营，照章纳税，不得心存侥幸。[3]

### （十一）企业起点低，人员素质差

范彩萍、孟莉认为部分民营企业素质不高，生产设备落后，管理粗放，仅限

---

① 邓聿文：《历史地辩证地评价民企"原罪"》，《中国党政干部论坛》2007年第4期。

② 易宪容：《民营企业不存在"原罪"问题》，《IT时代周刊》2007年第3期。

③ 曹辛、朱红军、胡德平：《清算民企第一桶金就是否定改革成绩》，2006年11月24日《福建工商时报》。

于简单的扩大再生产，即使做大也是大而不强，竞争力不高，并且存在高消耗、高污染、高排放，这与社会发展要求不一致。①

徐鹏认为民营企业起点较低，人员素质普遍不高。民营企业产品科技含量偏低，特色产品偏少。民营经济选择的多为技术门槛和管理门槛相对较低的领域，除少数企业外，多数选择技术要求不高且是劳动密集型的行业。②

### （十二）在税费政策方面待遇不够公平

蔺萍、李将军认为民营经济在现行税收政策方面存在不公平待遇：（1）在增值税方面，一般纳税人认定标准较高，使小规模民营企业被排斥在外；税收征收率相对较高，客观上造成小规模民营企业税负不公。（2）在企业所得税方面，税前扣除项目内外资企业存在明显差异；税收优惠政策存在不平等待遇。③

张秀生、海鸣认为民营企业税费负担过重。税收上税率过高，征收的随意性较大，税收服务质量低下。税外收费名目繁多，收费项目繁多、收费部门多；收费范围随意扩大，不按标准收费，重复多头收费；收费方式和手段不规范，乱收费现象严重；多数部门重收费、轻管理，有的部门甚至只收费不管理；各种收费已远高于正常赋税，有的甚至超过数倍；个别职能部门以罚代管，重罚款、乱罚款现象严重。④

### （十三）地方政府行为的制约

黄倩岚、华晓芳认为，地方政府管理制度对民营经济发展有制约作用——交易成本太高制约了民营经济的发展。具体表现在：政府管理行为的缺陷形成的成本，政府经济职能定位不准确形成的成本，融资制度安排的不合理所形成的较高的融资成本等。⑤

---

① 范彩萍、孟莉：《当前民营经济发展的难点分析》，《中共石家庄市委党校学报》2006 年第 12 期。

② 徐鹏：《民营经济发展的现状和对策》，《甘肃科技》2007 年第 2 期。

③ 蔺萍、李将军：《促进民营经济发展的税收政策研究》，《山东经济战略研究》2006 年第 12 期。

④ 张秀生、海鸣：《论民营经济的可持续发展》，《学术研究》2006 年第 11 期。

⑤ 黄倩岚、华晓芳：《地方政府管理制度对民营经济发展的制约及其应对》，《发展改革》2007 年第 1 期。

## （十四）产业布局不合理

张秀生、海鸣认为民营经济产业和地区布局不合理。从整体看，民营企业已覆盖了国民经济绝大部分行业，其中制造业、商业民营企业的户数和就业人数最多。从上规模民营企业的产业分布看，民营企业主要集中在第二、第三产业，重点以制造业和商业为主。从地区分布上看，上规模民营企业主要分布在东部地区，中西部地区入围企业数量很少。[①]

## （十五）商务成本过高

在地价、房价暴涨引发的连环成本上扬中，企业的经营负担持续上升。信息成本过高也有碍于企业发展。由于各地信息化程度不同，落后地区的民营企业获得信息（包括技术、市场和政策）所付出的代价太高。这一问题在中西部经济欠发达地区尤为突出。与政府管理部门的交易费用居高不下，包括政府垄断部门的各种不合理摊派、收费、拉赞助，政府中某些官员的寻租等。[②]

# 四 对我国民营经济发展的总体评价

乔瑞认为，我国民营经济的地位和作用主要体现在以下几个方面：（1）民营经济是国内生产总值的重要来源。（2）民营经济的发展是解决我国就业问题的根本出路。（3）发展民营经济，有利于实现共同富裕的目标，有利于我们更快地向全面小康社会迈进。（4）民营经济的发展，有利于加快和深化经济体制改革。民营经济特别是私营经济是填补国有经济退出领域的重要力量，其迅速发展构成了国有经济战略性调整的一个重要条件。（5）民营经济的发展，能有力地推动中国文化和社会的进步，民营经济是培养勇于创新、敢于冒险、不怕困难和挫折的企业家的摇篮。[③]

林毅夫认为，在我国的各种经济成分中，民营经济是我国近几年来创造就业的主力军。以"十五"期间为例，城镇就业总人数由 2. 32 亿人增加到 2. 73 亿人，增加了

---

① 张秀生、海鸣：《论民营经济的可持续发展》，《学术研究》2006 年第 11 期。
② 张秀生、海鸣：《论民营经济的可持续发展》，《学术研究》2006 年第 11 期。
③ 乔瑞：《我国民营经济的地位和作用》，《中国市场》2006 年第 2 期。

4100 万人；同期城镇民营经济的就业人数从 1.5 亿人增加到 2.07 亿人，净增 5700 万人。如果没有民营经济创造的就业岗位，城镇就业就要减少 1500 万人，所以，民营经济是构建社会主义和谐社会的重要力量。我国未来就业压力还很大，"十一五"期间需要转移农村劳动力 4000 万人，新增城镇就业 4000 万个，才能满足就业的需要。可以说，没有民营经济的大发展，就难于创造足够的就业岗位以满足城乡新增就业的需要；没有民营经济的大发展，就不能达到构建社会主义和谐社会的目标。①

中央党校"民营企业社会责任研究"课题组认为，民营企业在构建社会主义和谐社会中发挥着越来越重要的作用。课题组对浙江省杭州、温州、台州、湖州等市 20 多家民营企业的实地考察和研究表明，民营企业履行社会责任与企业家素质、企业所处发展阶段、企业规模、企业自身发展策略安排以及政府的引导五因素相关联。虽然从总体而言，浙江民营企业的社会责任意识还仅仅处在履行经济、法律责任等基本的层面，但随着民营经济的迅速发展和社会的进步，民营企业对承担社会责任的意识不断增强，不少规模较大、实力较强的民营企业主动承担企业外社会责任，积极回报社会方面有了可喜的具体行动，正在向承担伦理道德、慈善责任等较高层次社会责任过渡。②

黄孟复提出，民营经济在改革开放以来的迅速发展，不仅成为国民经济发展的重要力量，也在构建和谐社会中发挥着重要的作用，表现在推动经济发展，维护社会稳定，促进社会公平，提高生产效率，带来创造活力，增大民众财富，参与新农村建设，平衡地区发展，贡献公益事业等重要方面。③

## 五　中国民营经济的发展趋势与思路

### （一）发展趋势

黄孟复认为，"十一五"期间民营经济的发展，历史性的变化将继续进行。

---

① 林毅夫：《服务民营中小企业银行贡献社会和谐》，《新金融》2007 年第 2 期。
② 中央党校"民营企业社会责任研究"课题组：《重视发挥民营企业在构建社会主义和谐社会中的作用》，《理论前沿》2006 年第 22 期。
③ 黄孟复：《民营经济是构建和谐社会的重要力量——2006 年度中国民营经济发展形势分析》，2007 年 2 月 1 日《中华工商时报》。

一是在"十一五"期间，民营经济发展的速度将继续高于全国的平均水平，民营经济对 GDP 贡献的指数将进一步提高。二是民营企业经济规模将明显扩大，一批在国内外市场上有竞争力的大公司、大集团将逐步形成。三是民营企业的产业结构将进一步优化，并在重化工业和基础设施领域有重大的发展。四是民营企业技术将不断升级，产品档次将逐步提高，一批自主创新型企业将不断涌现，成为建设创新型国家的重要力量。五是民营企业的治理结构将进一步规范和完善，出现一大批管理现代化的企业，中国民营科技与经济将产生一批成熟的现代企业家。六是民营企业和社会将进一步和谐，为创建和谐社会作出贡献。七是民营企业将承担更多的责任。①

吴春明认为，我国民营经济发展趋势会更加美好，前景十分广阔。（1）民营经济总体发展速度加快。在"十一五"期间，民营经济将呈现以下发展态势：在产业趋向上将从传统劳动密集型产业向技术、资金密集型产业转变，从分散化经营向产业集群方式演进，从国内市场逐步走向国际市场。（2）民营经济发展环境更加宽松。一是政策环境。在涉及民营企业的行政许可、市场准入、监督管理方面，在政策允许的范围内制定更加具体、实用可行的规章，积极为民营企业服务，建立信息流动平台、培训平台、咨询平台等。二是法制环境。各级都在制定保护民营经济的法律规定，今后的法律环境对民营经济的发展会更加有利。三是舆论环境。随着民营经济的发展，舆论也会对民营经济给予更多的关注，会更有力地推动民营经济的大发展。（3）民营经济发展被正式列入国家发展规划。2005 年，中共中央已经提出了"十一五"规划发展建议，民营经济发展已经被正式列入国家发展规划。（4）大型民营企业将加快技术升级和技术改造。民营企业外向型经济发展会加快。实施科教兴起战略成为民营企业新趋向。②

## （二）发展思路

黄孟复提出，应用金融创新推动中国民营经济的成长。我国金融业应在五个

---

① 黄孟复：《"十一五"期间民营经济的发展，历史性的变化将继续进行》，《中国民营科技与经济》2006 年第 6 期。

② 吴春明：《我国民营经济发展趋势分析》，《集团经济研究》2006 年第 2 期。

方面进行一系列的创新。一是金融观念的创新。我国的大型国有商业银行和股份制银行，要逐步转变服务对象观念，将服务对象由过去的以国有经济为主转变为国有经济与民营经济并重。二是金融组织创新。大力发展中小金融机构，特别是专门为中小企业提供金融服务的民营中小银行。三是金融政策创新。允许有条件的民营企业发行企业债券，为民营企业的兼并收购提供正规的金融信贷支持，政策性银行也要为民营企业提供平等的金融服务，对民营企业以自有资金进行境外投资简化审批程序、用备案制代替审批制，国有商业银行股份制改造后股票发行上市允许够条件的民营企业直接作为战略投资者。四是金融市场创新。加快建立多层次资本市场体系，在大力发展证券主板市场的同时，尽早着手建立真正的创业板市场，允许更多的中小企业、科技企业上市融资。同时，凡是允许外资进入的金融领域，同样允许民营资本和民营企业进入。五是金融工具创新。大力发展产业投资基金，广泛建立风险投资基金。①

王立军认为在新的时期民营经济需要完成以下转变：（1）要从偏重物质、财富的增长，转向重视以人为本，全面、协调地发展。（2）由粗放式经济增长转向可持续发展。（3）由家族式管理转向现代公司治理。②

张国云等提出，应以制度创新促进民营经济发展。制度创新要与管理创新、技术创新、品牌创新、文化创新实现有机结合和互动。制度创新的重点是鼓励有条件的民营企业在内联外合、资本经营、组织结构创新等方面走出新路，探索建立多元开放的产权结构，完善法人治理结构，形成科学的决策机制；科技创新关键是加快提高民营企业的引进消化吸收与自主创新能力，构建公共的民营企业创新平台，进一步鼓励和引导民营企业加大科技投入，加强产学研合作，开发有自主知识产权产品、技术，不断提升技术层次，鼓励民营企业经营者加强学习，开阔视野，运用先进的管理方法和手段，不断提高在现代市场经济和经济国际化条件下经营管理企业的能力。更重要的是，应优化制度环境，接轨国际通行规则，在规范民营企业经营行为和市场秩序的同时，加快民营企业的信用制度建设，建立健全市场主体信用信息档案、信用失范惩罚和警示机制、信用激励引导机制、

---

① 刘艳、谢靓：《黄孟复在"第三届民营经济发展·天津论坛"上指出：用金融创新推动中国民营经济成长》，2007年6月8日《人民政协报》。

② 王立军：《"十一五"期间民营经济发展走向分析》，《沈阳干部学刊》2006年第10期。

信用保障机制，引导民营企业照章纳税、规范用工、诚实经营、公平竞争，不断提高民营企业的信誉度。①

黄孟复提出，政府应该采取更加积极的政策措施，推动民营经济又好又快地发展。（1）全面落实国务院"非公经济36条"，加快清理和修改限制非公有制经济发展的规定，认真检查政策措施落实情况，切实解决行业准入问题。（2）着力改进税收金融政策。（3）大力推进行政执法与司法的严肃与公正。（4）不断改善民营经济发展的社会舆论环境。民营企业则应为构建和谐社会积极承担更大责任，在推动经济发展、推进社会公平、促进自由创造、发展和谐劳动关系、注重可持续发展、遵守法律法规、倡导道德诚信、积极参与公益和慈善事业等方面作出自己应有的贡献。②

课题组成员：杨万东　杜海强　敖　咏

---

①　张国云、刘利：《以制度创新促进非公经济发展》，《宏观经济研究》2006 年第 9 期。

②　黄孟复：《民营经济是构建和谐社会的重要力量——2006 年度中国民营经济发展形势分析》，2007 年 2 月 1 日《中华工商时报》。

# 北京市民营经济发展报告

2006 年，北京市贯彻国务院"非公经济 36 条"，在"十一五"开局之年出台了《北京市人民政府关于鼓励支持和引导个体私营等非公有制经济发展的意见》，非公有制经济发展环境得到进一步改善，北京市非公有制经济继续保持稳步、健康发展的态势，成为首都构建社会主义和谐社会首善之区的重要力量。

## 一 2006 年北京市民营经济发展状况及分析[①]

### 1. 民营经济总量持续增长

——私营个体户数和注册资本继续保持两位数的速度增长。截至 2006 年底，全市私营企业累计 30.5 万户，同比增长 17.04%；注册资本共计 3698.6 亿元，同比增长 14.21%。全市累计个体工商户 75 万户，同比增长 15.11%，注册资金共计 110.3 亿元，同比增长 28.45%。

——民营经济作为首都市场主体中重要组成部分的地位进一步提高。到 2006 年底，全市各类市场主体共有 125.3 万户，其中私营企业和个体工商户合计 105.5 万户，占到了总数的 84.20%，与 2005 年度相比，又提高了 2.03 个百分点。全市内资企业共有 49.1 万户，同比增长 9.69%，其中私营企业占到了

---

① 本文所称民营经济即为私营个体经济。

62.04%，保持较快发展，支撑了内资企业的增长。

——民营企业纳税进一步增长。私营企业和个体工商户入库税收共计170.4亿元，比2005年增加35.6亿元，增长26.40%；其中私营企业入库税收152亿元，比2005年增加28.9亿元，增长23.48%；个体工商户入库税收18.4亿元，比2005年增加6.7亿元，增长57.16%。

——民营经济吸纳劳动就业的重要作用进一步扩大。截至2006年底，全市私营企业和个体工商户的从业人员（不含股东）共计354.8万人，比2005年增加39.5万人，增长12.51%。据初步测算，占到全市就业总人数的72%以上，比2005年提高1~2个百分点。其中私营企业从业人员257万人，同比增加26.4万人，增长11.43%；个体工商户从业人员97.8万人，同比增加13.1万人，增长15.47%，当年安置下岗职工3.9万人。

### 2. 民营经济发展的主要特点

——民营经济已成为首都科技创新的一支重要力量。截至2006年底，全市高新技术企业累计18699户。其中95%以上都是私营企业，约比2005年度增加600多户。2006年1~11月全市高新技术产业实现增加值419.4亿元，同比增长29.8%，占全市规模以上工业企业增加值的26.15%。技术合同成交总额728.03亿元，同比增长49%，其中专利技术合同成交显著增长，达794项，成交额34.31亿元，分别比2005年全年增加216项、16.11亿元。2006年，北京科技企业孵化器总数已经超过70家，有230多家民营企业从中毕业。

——民营经济参与国际市场竞争力不断增强。截至2006年底，全市具有进出口权的私营企业和个体工商户累计9399户，同比增长38.04%，占到全市进出口企业总数14770户的63.6%，比2005年度所占的比重又提高了3.46个百分点。2006年1~11月，私营个体经济主体进出口总额36.02亿美元，同比增长47.36%。其中出口完成15.34亿美元，同比增长41.33%；进口完成20.68亿美元，同比增长52.17%。

——民营经济产业结构调整进一步优化。据统计，到2006年底，全市从事第三产业的私营企业有27万户，同比增长18.46%，占到私营企业总数的88.49%，同比增幅提高了1.03个百分点，比全市的第三产业比例高出18个百分点；从事第一产业的有1686户，虽然占的比例较小，仅为0.55%，但同比增长超过第三产业，达到20.77%；第二产业是国家宏观调控的重点，处在传统制造业向现代制造业的转型期，自我调整的力度较大，属"爬坡探路"型发展，全市有 3.3 万户私营企业从事第二产业，同比增长 6.57%，所占比重为 10.96%，同比增幅回落了 1.08 个百分点。全市个体工商户从事第三产业的有 71.5 万户，同比增长 15.16%，占个体工商户总数的 95.35%；从事第一产业的有 12031 户，同比增长 48.07%，所占比重为 1.6%；从事第二产业的有 2.3 万户，同比增长 1.96%，所占比重为 3.05%。目前首都私营个体经济的产业结构正在向以现代服务业、现代制造业、现代农业为代表的"三二一"的格局优化发展，符合首都经济社会发展的总体定位和"十一五"发展规划的目标。

——民营企业增长形式及治理结构日趋完善。据统计，到 2006 年底，全市累计注册 30.5 万户私营企业，其中有限责任公司 26.4 万户，同比增长 15.8%，占 86.6%。但发展最快的是独资企业，有 3.7 万户，同比增长 26.68%。值得一提的是新公司法允许设立一人公司后，由于门槛不高，负有限民事责任，比独资企业更有优越性，发展特别迅速，从 2006 年 1 月开始登记以来，就已注册了 9916 户。2006 年全国私营企业抽样调查北京地区数据显示，被调查的 145 家企业中，有 51.7% 建立了股东会，65.5% 建立了董事会，30.3% 建立了监事会，29.7% 建立了党组织，45.5% 建立了工会，29.7% 建立了职代会。

### 3. 民营经济政策环境不断改善

——在中国共产党关于非公有制经济理论和政策取得重大突破的指引下，2006 年北京市政府颁布了《关于鼓励支持和引导个体私营等非公有制经济发展的意见》，为非公有制经济发展创造了更为宽松的政策环境。

——北京市"十一五"规划，首次制定了《北京市"十一五"时期中小企业发展促进规划》，明确了促进中小企业发展的指导思想、总体目标、重点工作和主要措施。

——2006 年，北京市对限制非公有制经济发展的法规和文件进行了全面清理，进一步优化了非公有制经济发展环境。

### 4. 民营经济发展存在的主要问题

——政策尚未落实到位。政府有关部门贯彻落实国务院和北京市关于鼓励支持和引导个体私营等非公有制经济发展意见的实施细则还在制定中，非公有制经济在市场准入、融资贷款等方面，渠道仍有障碍。

——"宅禁商"制约了民营企业创业。2006 年 6 月份，北京市有关政府部门出台了住宅禁止办企业的规定，虽然在听取各方面意见后有了修订，但直接影响了自主创业热情和民间资本投资。据北京市私营企业数量最多的海淀区私营个体经济协会调查，2006年上半年，登记注册的私营企业和个体工商户比2005年同期分别增长23.23%和12.61%；下半年与2005年同期相比分别下降了24.36%和6.47%。

——自主创新资源缺乏整合力度。一是政府支持企业自主创新的政策还相对滞后，对高新技术企业的认定还停留在传统的办法上，而对在经营方式、产品服务等方面不断完善创新的高新技术企业的支持尚未到位；二是北京科技资源在全国是最丰富的，高等院校科技装备和实验室的利用率不到20%，闲置现象非常严重，而企业亟须科技条件研发创新，科技资源的作用没有充分发挥；三是先进技术转化为产品，形成产业是企业面临的重要问题，虽然项目市场空间大，但由于所需资金投入大，没有政府的支持，先进技术转化为产业将是一个漫长的进程；四是知识产权被侵犯现象非常普遍，关键是政策保护和执行力度不够。

——行业协会作用缺失。面对量大面广、规模差异悬殊、行业五花八门的私营个体经济，现有行业管理和服务渠道难以分类细化，政策不易落实到位。

——民营企业自身素质亟待提高。从2006年市工商联与市政府研究室开展的社会资本投资调研看，部分民营企业在利润驱动下，盲目投资、重复投资现象比较普遍。坚持科学发展观，提高企业自身素质，投资面向符合首都经济特点的环保型、资源节约型产业，是民营企业又好又快发展的方向。

## 二 民营企业是构建社会主义和谐社会
## 首善之区的重要力量

构建和谐社会首善之区是一项宏大的系统工程，有赖于社会各阶层的广泛认同和积极参与。民营经济作为社会主义市场经济的重要组成部分，不仅在发展生产、搞活流通、吸纳就业、增加税收等方面发挥着积极作用，而且也是构建社会主义和谐社会首善之区的一支重要力量。

一是为社会和谐创造了雄厚的物质基础。据有关部门统计，2006年，北京私营个体户数和注册资本继续保持两位数的速度增长，占全市各类市场主体的84.20%；全市非公经济组织实现地税收入354亿元，占全市地税总额的35.3%；在全市认证的1.8万余户高新技术企业中，非公有制企业占了95%以上。毋庸置疑，北京市非公有制经济在发展社会主义生产力、建设创新型城市、满足人民日益增长的物质文化需要方面发挥着不可替代的重要作用。

二是为社会和谐稳定作出了突出贡献。就业是民生之本。非公有制经济通过积极参与国有企业改革，吸纳下岗职工；组织农业产业化经营，吸纳农村富余劳动力；自主创新发展高新技术产业，吸纳新生就业人口；自主创业，缓解社会就业压力等多种形式，吸纳就业、再就业达 354.8 万人，占全市总就业人口的 72% 以上，已经成为北京市解决就业问题的主渠道，为维护安定团结的政治局面提供了基本保障。

三是坚持"以人为本"，促进和谐社会发展。近年来，越来越多的非公有制企业把加强企业文化建设，党工团组织建设，关爱员工，发展和谐的劳动关系，建立诚信守法的市场秩序作为参与构建和谐社会的重要内容。

四是参与首都新农村建设。非公有制经济人士积极参与京郊农村建设，开展了一企帮一村、多企帮一村，村企合作、人户结对等活动，有 400 余家民营企业与全市 268 个行政村建立了多种形式的帮扶或合作关系，有 300 多位非公经济人士在郊区农民就业基地注册了企业或建立了合作关系，非公有制企业在农村生态环境保护建设方面的投资已达 1.66 亿元。部分具有竞争力、带动力的龙头企业还通过参与农业产业化经营，带动了传统农业的改造和提升。

五是为社会作贡献。广大非公有制经济人士"致富思源、富而思进"，积极投身以共同富裕、互利互惠和开发扶贫为特征的光彩事业以及以无私奉献、回报社会为特征的社会公益事业。截至 2006 年 6 月底，北京市非公有制经济代表人士已累计实施光彩事业项目 491 个，到位资金 50.3 亿元，培训各类人员 4.8 万人次，吸纳就业 18.3 万人，为老少边穷地区 7.4 万人的脱贫致富和城镇 5 万余名下岗职工的再就业作出了贡献，其捐助教育等社会公益事业的资金已达 8.1 亿元。

## 三　2007 年北京市民营经济发展趋势

### 1. 民营经济将持续两位数的增长速度

《中华人民共和国物权法》的实施和《中华人民共和国企业所得税法》的出台，将从法律和政策上加大对包括民营企业在内的企业和个人合法财产的保护力度，维护市场经济基本秩序，实现公平的市场竞争环境；北京市《关于鼓励支持和引导个体私营等非公有制经济发展的意见》的 18 项重要举措将陆续出台，民营经济发展环境将得到进一步改善，民营经济无论在企业注册、纳税方面将继续保持两位数增长，而且吸纳就业也将进一步扩大，为社会的和谐作出贡献。

### 2. 民营经济增长方式将不断转变

2006 年私营企业、个体工商户入库税收的同比增幅要高出 2005 年的同比增幅 6.03 个百分点，说明私营个体经济在国家宏观调控和自身微观更新适应下，发展势头越来越好，基本做到了又好又快、可持续发展。从私营企业、个体工商户的入库税收同比户数增幅分别高出 6.44 个百分点和 42.05 个百分点看，说明私营个体经济的发展正在从粗放的数量扩张型向有序协调的质量效益型的轨道转变。这种发展态势，将促进民营企业向适合首都经济发展的环保型、资源节约型的高新技术产业和现代服务产业的发展，从而进一步转变增长方式，提高企业效益。

### 3. 民营经济将在高新技术产业保持主体地位

北京市在全国科技资源、人才等方面具有比较优势，高新技术产业是政府重点支持和扶植发展的产业，2007 年市政府将颁布鼓励自主创新相关配套政策。民营企业高新技术产业将有更大发展，科技创新对提升企业核心竞争力，支撑企业发展起到至关重要的作用，民营经济作为科技创新主要力量的地位和作用将进一步加强。

### 4. 民营经济参与国际市场竞争将进一步扩大

推进自主创新，提高产品质量，打造企业品牌，已成为一批成长性民营企业提升参与国际市场竞争能力的发展方向。民营企业走向国际市场的步伐将逐步加快，总体水平将不断提高。

### 5. 民营企业素质将不断提高

2007 年，是北京实施"新北京、新奥运"战略，做好奥运筹备工作的决战之年。民营企业将通过全面落实"科技奥运"、"绿色奥运"、"人文奥运"的理念，开展"迎奥运、讲文明、树新风"活动，坚持以人为本，关心爱护员工，参与公益事业，加强以积极向上的企业文化为重点的精神文明建设，推动自主创新、产业结构的进一步调整优化和经济增长方式向质量效益型转变，提高企业自身素质，为构建和谐社会，成功举办奥运会作出贡献。

执笔：李忠厚

# 天津市民营经济发展报告

2006 年是实施"十一五"规划的开局之年。在天津市委市政府的关心支持下，全市民营经济发展的舆论环境、经营环境、政策环境等方面都得到进一步改善，民营经济继续保持良好的发展态势。

## 一 2006 年天津市民营经济发展概况

### （一）民营经济基本运行情况

**1. 私营企业数量增幅较大**

2006 年，全市个体工商户和私营企业总户数累计 265525 户，其中私营企业 85920 户，全年新设立私营企业 17336 户，占新设立各类所有制企业总数的 81.12%，私营企业已经成为全市中小企业的主体。

**2. 吸收大量社会劳动力就业**

截至 2006 年底，全市民营企业共有从业人员 122.8 万人，同比增长 7.6%，其中个体工商户 25.83 万人、私营企业 96.97 万人。民营企业正在成为全市安置就业的重要渠道之一，对于全市社会整体的和谐发展和安定团结起到了非常重要的作用。

**3. 注册资本金稳步增长**

全市民营经济注册资本金总额累计 1924.79 亿元，比 2005 年度增加 304.46

亿元。其中个体工商户自有资金 62. 74 亿元，同比增加 2. 81 亿元，增长 4. 7% ；私营企业 1862. 05 亿元，同比增加 301. 65 亿元，增长 19. 3% 。

**4. 企业竞争实力显著增强，销售及营业收入大幅增加**

2006 年，全市民营企业共实现销售及营业收入 1427. 06 亿元，同比增加 120. 89 亿元，增长 9. 3% 。民营企业自身的经营销售状况继续保持良性可持续发展。

**5. 民营经济税收贡献总量加大**

2006 年度，全市民营经济实现税收 78. 43 亿元，同比增长 28. 4% 。其中，私营企业实现税收 66. 08 亿元，同比增长 35. 3% 。民营经济税收占区县财政收入的比重达到 40% 以上的有 9 个区县，其中 2 个区县达到了 60% 以上。

**6. 实现增加值增幅较大**

2006 年民营经济可实现增加值 1061. 03 亿元，同比增长 19. 75% ，占全市经济总量的比重为 24. 5% 。有 14 个区县个体私营经济占区县经济总量达到 40% 以上，其中最高的达到了 70% 以上。

## （二）推进民营经济加快发展的主要工作

**1. 全面加大了推进和指导个体私营经济发展的工作力度**

一是调整充实了市个体私营经济发展领导小组成员单位。市委下发了《关于调整充实天津市个体私营经济发展领导小组组成人员的通知》（津党〔2006〕27 号），扩大了领导小组成员单位，进一步增强了个体私营经济工作的组织领导力量，形成了促进发展的合力。二是进一步补充完善了促进发展的政策和措施。在《关于鼓励支持和引导个体私营等非公有制经济发展若干问题的意见》（津政发〔2005〕55 号）的基础上，市政府制定下发了《关于鼓励支持和引导个体私营等非公有制经济发展若干问题的补充意见》（津政发〔2006〕97 号），在打破体制性障碍、减轻企业负担、改善经营环境等方面采取有力的政策和措施，支持和鼓励个体私营经济加快发展。三是市政府领导亲自督导，狠抓落实。市主要领导多次就全市发展个私经济问题做出批示，召开专门会议，随时把握工作方向，明确工作思路，协调解决重大问题，极大地鼓舞了私营企业从业者加快发展的信心和决心。

**2. 全面加大了扶持和服务个体私营经济的工作力度**

一是进一步改善了个体私营经济发展的政策环境。市建委、市国资委、市科委等 14 个部门针对放宽个体私营经济经营领域，降低准入门槛和进一步营造宽松的竞争环境，下发了落实《关于鼓励支持和引导个体私营等非公有制经济发展若干问题的意见》（津政发〔2005〕55 号）的配套意见或具体实施办法，进一步形成了全市个体私营经济较为完善的政策体系。二是认真转变作风，提高办事效率。许多部门开展了"走出机关深入企业"和"分片集中现场办公"等多种上门服务方式，为企业提供方便快捷的服务。进驻市行政许可中心的 85 个部门，实现了"一条龙"服务，市级行政审批事项的集中审批率达到 94.6%。三是改革了企业准入制度。围绕降低门槛，简化申报程序，下放了企业注册登记管辖权，开通了网上注册登记系统，改革了企业工商年检制度，为催生新企业创造了有利条件。四是金融机构加大了资金支持力度，企业"融资难"的问题有所缓解。各大银行积极开发新的贷款品种，推广了适合全市私营企业发展特点的"信用共同体"贷款模式。五是加大宣传力度，舆论环境得到改善。市级各大新闻媒体和区县级新闻单位，以多种形式广泛宣传了促进发展的政策与发展成果。

### 3. 全面加大了招商引资工作力度

各区县根据实际情况，加快了产业集聚区域的发展，初步形成了市中心各区以发展现代服务业和高新技术产业为主导，其他区县以制造加工业为特色的个体私营经济产业发展新格局。专业市场功能进一步提升，全市登记注册的 700 多个消费品、生产资料市场得到了不同程度的改造和完善。各区县以滨海新区开发开放为契机，全面加大了招商引资力度，据初步统计，2006 年新增 304.46 亿元注册资本金中，外地注册资本金达 96 亿元，占 32% 左右。

### 4. 充分调动民营企业加快发展的积极性

随着滨海新区的开发开放和体制性障碍的逐步打破，以及资金、场地等制约发展的瓶颈矛盾有效缓解，都有力地激发了全社会投资创业热情，充分调动了私营企业经营者加快发展的积极性。社会投资人数不断增加，截至 2006 年底，私营企业投资者人数达到 20.62 万人，比 2005 年底增加 1.6 万人；全市私营企业注册资本金在百万元以上的有 23802 户、千万元以上的 4138 户、亿元以上的 182 户、私营企业集团 160 户，分别比 2005 年底增加 2618 户、674 户、39 户和 12 户；私营企业资产总额明显扩大，据统计，全市参加 2006 年度工商年检的 6.38 万户私营企业资产总额达到 5815.82 亿元，其中中长期投资 271.23 亿元，固定资产投入 764.56 亿元，当年投入 84.23 亿元，超过往年；户均资产总额 915.6 万元，比 2005 年度增长 75.0%；注册资本金与资产总额的比例由 2005 年度的 1：2.9 上升为 1：4.29。

### （三） 民营经济发展中存在的主要问题

**1. 各地区工作进展尚不平衡**

一些政府职能部门和行业主管单位，偏重对国有大中型企业的扶持，忽视民营中小企业的发展，工作协调不够，未能形成有效合力。

**2. 国有中小企业改制速度缓慢**

一些部门对国有中小企业改制工作缺乏全局性的创新思路，配套措施不太有力。

**3. 民营经济融资渠道不畅**

随着金融体制改革的深化，各专业银行向商业化转轨，更加注重信贷资产质量，使不具备担保条件的民营企业融资更为困难。

**4. 民营企业自身发展相对滞后**

目前，全市民营企业总体上仍处在成长阶段，民营企业的产业分布较窄，规模普遍较小，实力较弱，抗风险能力差，对外扩张和拓展的能力明显不足，经营管理水平有待提高。

**5. 民营经济数据统计工作有待加强**

近年来，随着国有企业改制速度的加快，混合所有制企业逐渐增加，在多种所有制经济统计方面，民营经济成分所占比重缺乏系统的划分。

## 二　2007 年度天津市民营经济发展预期目标及重点工作

2007 年度，天津市民营经济要坚持以邓小平理论和"三个代表"重要思想为指导，深入贯彻落实市委八届十一次全会和市政府有关文件精神，按照以科学发展观和构建和谐社会的要求，充分用好天津市新的上升期，积极鼓励支持和引导民营经济发展，打破制约发展的体制性障碍，取消各种不合理限制，实现"非禁即入"、公平竞争；进一步减轻企业负担，有效解决发展中的各种矛盾；创造有利条件，吸引更多国内民营企业参与滨海新区开发开放，使民营经济实现又好又快的发展，在加快推进和谐天津建设中发挥更大作用。

2007 年度天津市民营经济发展的预期目标是：新注册私营企业 1.8 万户，争取达到 2 万户；新吸纳从业人员 12 万人，累计达到 135 万人；注册资本金累计达到 2300 亿元，当年新增注册资本金 400 亿元，其中实际到位资金 200 亿元；

个体私营经济当年纳税 90 亿元，比 2006 年度增加 15 亿元；个体私营经济增加值当年实现 1200 亿元，比 2006 年度增加 200 亿元，增长 20%。

为实现上述预期目标，应努力做好以下几个方面的工作。

**1. 进一步改善投资环境**

紧紧围绕滨海新区开发开放的战略机遇，充分利用其全国综合配套改革试验区的定位优势，努力为民营经济发展创造良好的政策环境。一是狠抓已出台政策的贯彻落实。加大对市政府文件及配套政策、措施落实情况的督查力度，确保各项政策措施落实到位。二是抓紧新政策的研究制定。按照市委八届十一次全会提出"抓住和用好新的上升期、实现天津又好又快发展"的要求，进一步研究新情况，制定新政策，解决新问题。对国家鼓励发展的大力支持，对允许发展的积极引导、全面放开，对未明确限制和禁止的不断探索、勇于突破。

**2. 建立民营企业直接融资机制**

鼓励民营企业建立互助资金和联保制度，通过企业入股、社会筹集和政府支持等方式建立社区银行。建立民营企业担保责任保证金，发展按市场机制运作的信用担保公司。发挥中小企业担保管理中心贷款担保作用，为民营企业贷款提供规范有效的信用担保。采取多种筹资方式，建立民营企业小额贷款担保资金。制定和实施信用户贷款管理办法，广泛开展民营企业信用等级评定工作。

**3. 加快国有中小企业的改制速度，促进民营经济与国有经济的产权融合**

鼓励民营企业通过收购、兼并、控股等方式，参与国有企业改组改制，妥善处理参与重组的国有企业债权债务，将民营经济发展与国有企业改革有机地结合起来，加快两种经济成分的产权互动。既鼓励民营经济向国有经济扩散，又鼓励国有经济向民营化裂变。把民营企业参与国有企业改组改制作为突破口，提高民营企业的规模与质量，盘活国有资产，解决劳动就业。进一步完善产权交易市场，规范信息披露，统一交易程序，公开交易价格，降低交易成本，使民营企业通过这个平台积极参与国有企业的嫁接、改造和调整。

**4. 推进民营经济与外资经济的有机互动**

民营经济与外资经济有机互动，是推进民营经济发展的一条有效捷径。应采取各种措施，鼓励民营企业与外资企业合作，共同开发国际市场。随着外资企业的不断进入和扩大，民营企业已经形成了配套群，并具有一定的规模。应引导他们不断提高管理和技术水平，增强为跨国公司配套的能力。民营经济与外资经济的互动，还应包括"走出去"战略。鼓励支持民营企业"走出去"，到国外投资、开发市场，实现低成本扩张，参与国际竞争与合作。

### 5. 扶持民营龙头企业，培育知名品牌和自主品牌

要积极扶持民营龙头企业，并选择一批主业突出，技术创新能力强，市场开拓能力强，经营管理能力强的骨干民营企业进行重点扶持。建立健全激励机制，对贡献大的民营企业和企业家进行表彰、奖励。培育更多的知名品牌，树立更多的"中国名牌产品"、"中国驰名商标"。大力发展自主品牌，倡导自主创新，把发展高新科技、培育自主品牌的工作摆在经济社会全面、协调、可持续发展的重要位置，形成一批拥有自主知识产权和知名品牌、国际竞争力较强的优势企业。鼓励、引导上规模的民营企业建立现代企业制度，帮助民营企业规范组织形式，建立合乎法律规范的企业内部科学决策机制和风险控制机制，使企业规范化运作，以适应市场经济的发展。引导民营企业依法经营、提高素质，保障职工合法权益，维护正常的市场秩序，提高民营企业的合作精神和诚信意识。

### 6. 加强宏观指导，完善统计体系

建议建立一个统一、高效的管理机构，从宏观上加强对中小企业特别是民营中小企业的指导和协调；完善健全统计体系，建立健全市和区县（含开发区、保税区、新技术产业园区）、乡镇和街道民营经济统计信息体系，全面反映全市民营经济的发育、发展情况，并作为反映经济景气状况的重要经济指数，为各级政府决策提供可靠依据。

### 7. 充分发挥市工商联的"三个作用"

中共中央在《关于巩固和壮大新世纪新阶段统一战线的意见》中，对工商联提出，要充分发挥工商联在非公有制经济人士参与政治和社会事务中的主渠道作用，充分发挥工商联在非公有制经济人士思想政治工作中的重要作用，充分发挥工商联在政府管理非公有制经济方面的助手作用。根据中共中央这一文件精神，按照政府职能转换的要求，建议政府赋予市工商联一定的"助手"职能，从而更好地与政府部门紧密配合，共同促进民营经济的发展。

课题组负责人：王立子

课题组成员：翟庆昌　李　颖　李有为

执笔：李有为

# 河北省民营经济发展报告

2006 年是"十一五"规划开局之年。全省各级党委政府认真贯彻落实省委、省政府的决策部署,不断放宽市场准入、加大财政金融支持、完善社会化服务体系建设,为民营经济快速健康发展营造了宽松的外部环境,全省民营经济呈现出运行质量好、社会贡献多、产业结构优、集群效应大和外贸出口快的显著特点,总体实力进一步增强。

## 一 基 本 情 况

截至 2006 年底,民营经济单位达到 189.6 万个,比 2005 年增长 6.3%;其中民营企业 16.6 万个,个体工商户 172.9 万个,全省每千人中分别拥有民营企业和个体工商户 2.43 个和 25.2 个。吸纳从业人员 1382.9 万人,比 2005 年增长 5.9%,其中民营企业 597.5 万人,个体工商户 785.4 万人。完成增加值 6175.5 亿元,比 2005 年增长 16.4%;实缴税金 557 亿元,比 2005 年增长 24.1%。

## 二 运 行 特 点

### (一) 运行质量稳步提高

全省民营经济克服原材料上涨、电力供应紧张、国家宏观调控等带来的负面影响，总体经济运行质量稳步提高。全省民营经济增加值6175.5亿元，同比增长16.4%，比全省生产总值的增幅高3.2个百分点。实现营业收入突破2万亿元，达到23396.3亿元，同比增长24.2%；实现利润2246亿元，同比增长19.5%。11个区市民营经济全面发展，有7个市民营经济增加值、税金增速达两成以上。

## （二）社会贡献份额增大

一是拉动国民经济增长。民营经济增加值占全省生产总值的比重达53.2%，比2005年提高了0.8个百分点；对全省生产总值增量（1497亿元）的贡献率为58.1%。民营经济实缴税金占全省全部财政收入的45.5%，比2005年提高了2.1个百分点，对全省全部财政收入增量（188亿元）的贡献率为57.4%。二是扩大社会就业渠道。民营经济从业人员占全省全社会二、三产业就业人数的66.5%，比2005年提高了1.2个百分点。其中安置下岗职工31.8万人，民营经济已成为增加社会就业的重要渠道。三是提高居民收入水平。全省民营经济累计提供劳动者报酬1020.4亿元，同比增长20.2%，职工人均工资收入达7378.7元，人均增资875.9元，占2006年全省城镇居民人均可支配收入增加额（1197元）的73.2%（见表1）。

表1　非国有经济对全省国民经济贡献情况比较

| 年　　份 | 2004 | 2005 | 2006 |
|---|---|---|---|
| 增加值(亿元) | 3976.9 | 5305 | 6175.1 |
| 占全省 GDP 比重(%) | 45.0 | 52.4 | 53.2 |
| 上缴税金(亿元) | 354.8 | 449.3 | 557 |
| 占全省全部财政收入比重(%) | 42.2 | 43.4 | 45.5 |
| 非国有经济从业人员(万人) | 1028 | 1305.9 | 1382.9 |
| 占全省二、三产业就业人员比重(%) | 56.0 | 65.1 | 66.5 |

## （三）产业结构进一步优化

近年来，民营企业积极推行两个转变，坚持可持续发展，整体改造"五小"行业，强力整合钢铁企业，民营企业结构调整取得了新进展。

三大产业结构改善，第三产业快速发展。2006 年全省一、二、三产业增加值比为 0.9∶74.4∶24.7，第三产业比重比 2005 年提高了 3.3 个百分点；批发零售，交通、运输、仓储和邮政业，住宿和餐饮业，房地产业均有较快增长，现代物流成为第三产业新的增长点。

布局结构明显改善，产业集群发展壮大。2006 年全省产业园区达到 484 个，进驻企业 73648 家，同时依托专业村、专业镇和工业园区，形成了一批极具地方特色和区域竞争优势的产业集群。年营业收入 5 亿元以上的产业集群 202 个，实现增加值和营业收入占民营经济总量的 1/4。其中，100 亿元以上的产业集群 8 个，比 2005 年增加了 3 个；50 亿元以上的产业集群 37 个。

重工业发展仍快于轻工业，农业加工业成为民营经济的亮点。轻重工业比重为 29.8∶70.2，重工业比 2005 年提高了 5 个百分点。2006 年新增规模工业企业中 90% 为重工业；全省农产品加工企业达到 8.2 万个，其中规模以上企业 2683 个，比 2005 年增加了 271 家；农产品加工业实现增加值 633 亿元，占全部民营经济的 10.3%。

骨干企业扩张迅速，企业规模效益提高。2006 年全部规模以上工业企业达 8742 家，比 2005 年增加了 1064 家；实现营业收入同比增长 34.3%，比整体平均增幅高出 10 多个百分点。营业收入超亿元的企业 1161 家，营业收入占全部民营经济的 21.5%，其中 100 亿元以上的工业企业 4 家，50 亿元以上的企业 18 家，10 亿元以上企业 80 家。

传统产业改造步伐加快，企业创新意识增强。唐山市钢铁行业治理整顿取得阶段性成果，全市钢铁冶炼企业整合至 20 家，450 立方米以上高炉、40 吨以上转炉已占到总产能的 70% 以上，连铸比均达到 100%。截至 2006 年底，全省民营企业研发机构达到 1980 家，省级名牌产品 183 个；省级优质产品 251 个；中国名牌 11 个，占全省总量的 40.7%；省著名商标 484 件，占全省总量的 73.1%；中国驰名商标 8 个，占全省总量的 1/3。

## （四）外贸出口步伐加快

2006 年完成出口产品交货值 845.6 亿元，同比增长 22.8%；其中非公企业完成外贸出口额 63.6 亿美元，占全省出口总量的 49.5%。从出口方式看，企业自营出口不断增加，自营出口产品占出口总额的 70.4%；从出口企业规模看，竞争实力不断增强，出口产品交货值 500 万元以上的企业 1477 家，完成的出口产品交货值占总量的近 2/3；从出口产品种类看，民营企业出口商品涵盖了九大类，其中纺织服装、机电产品和畜产品占主要份额，高新技术产品出口增长加快。

## 三 拉 动 因 素

### （一） 政策环境的优化

近几年来，各级政府都把发展非公有制经济特别是民营经济作为促进县域经济发展的突破口，在继续贯彻落实《国务院鼓励支持和引导个体私营等非公有制经济发展的若干意见》和《河北省人民政府贯彻国务院关于鼓励支持和引导个体私营等非公有制经济发展若干意见的实施意见》基础上，省政府又先后召开市长座谈会、促进规模以下工业发展工作会议、重点扶持成长型民营企业等会议，制定出台了《河北省人民政府关于促进中小企业发展若干政策的意见》、《河北省人民政府关于加快中小企业产业集群发展的指导意见》；区市结合实际，也相继制定完善了一系列配套措施，政策环境进一步宽松。

### （二） 主导行业快速增长

在国家持续扩大内需的宏观政策作用下，城市居民收入水平提高，购买力不断增强。受北京奥运、南水北调、加大基础设施建设等工程拉动，在采矿业、建材业、钢铁业、食品加工业呈现出产销两旺的大好形势。在 37 个工业行业大类中有 29 个行业均保持了较快增长，其中生产增幅在 30% 以上的行业有 10 个。纺织服装鞋帽制造业、非金属矿物制品业、纺织业、皮革毛皮羽绒及其制品业、农副食品加工业、钢铁业等优势行业完成总产值占全省规模以上工业总产值的近 2/3。

### （三） 固定资产投资拉动

近年来民营经济投资快速增加，呈现出投资方向多元化、规划起点高、建设速度快的特点，为发展积蓄了较强后劲。截至 2006 年末，民营经济完成固定资产投资 2690.8 亿元，占全社会固定资产投资比重的 48.9%；有 8 个市投资总量超过 100 亿元，石家庄市、邯郸市、唐山市投资总额均超过了 300 亿元。如石家庄完成固定资产投入 447 亿元，是历史上投入最多的一年，医药、电子、精细化工、装备制造业，成为民企投资热点。邯郸市围绕"四大"战略，以大产业为脊梁、大基地为依托、大园区为平台、大项目为支撑，投资超亿元的项目达到 120 个。唐山市不断增加技术改造投资，全市民营经济中 60% 以上的资金重点用于节能、降耗、减排的技术改造项目。

### （四）规模企业的拉动

各级政府采取了一系列扶优扶强的强力措施支持民营经济发展，做大做强了一批规模企业。省市民营办制定了省直重点扶持 100 家、全省扶持 1000 家成长型企业的具体措施，使成长型企业获得了快速发展。近几年，全省民营企业平均规模逐步扩大，核心竞争力进一步增强，全省规模以上民营企业平均实现营业收入 7000 万元以上，增加值对全部民营经济的贡献达 34.7%，较 2005 年提高了 2.5 个百分点。全省百强民营企业的平均营业收入达到 15.2 亿元，平均缴纳税金 6339 万元。

### （五）服务体系的日益完善

各级政府部门积极转变职能，不断增强服务意识，社会服务体系逐步完善。为企业搭建创业辅导、融资担保、信息网络、人才培训、技术支持、信用管理、对外开放、法律服务八个服务平台。建成创业辅导基地 107 个，为创业者提供了厂房、水电等硬件设施及配套服务。组建了创业辅导队伍，开展了各类创业辅导服务。建立中小企业担保机构 250 家，比 2005 年增加了 44 家；筹集担保资本金 51.3 亿元，累计担保额 79.4 亿元。建成 100 个中小企业远程教育培训基地。2006 年完成各级各类培训 200 万人次，吸引各类人才近万人，民营企业中中专学历以上人数达 157.9 万人，初级职称以上人数达 49.3 万人。

## 四　主要问题

### （一）结构性矛盾依然突出

河北省民营经济仍处于小规模、低档次、分散经营的初级阶段，重工业比重偏大，产品存在"四多四少"现象（粗加工产品多，精加工产品少；资源型企业多，高科技产品少；内销产品多，出口创汇产品少；雷同产品多，自主品牌少）。一些高耗能、高污染企业还有待进行产业升级。电子信息、生物制药及现代物流服务业比重低，单体规模小；服务业发展水平低，吸纳富余劳动力就业能力还不强。

## （二） 资金、人才、用地等要素制约明显

一方面是受金融政策影响，银根收缩，金融市场不活跃；另一方面是融资渠道不宽，担保体系不健全，贷款难导致许多企业因缺少流动资金开工生产不足。劳动力出现结构性短缺，企业技术进步步伐加快，对高技术从业人员需求增加，高级技工、高级管理人才短缺现象较为普遍；民营企业劳动环境差、保障机制不完善也造成企业留人难。新厂房建设和企业改扩建申请用地均存在审批难等现象。

## （三） 创业环境有待进一步优化

地方财力不足，扶持力度不够，政策落实不到位，实践中存在"中梗阻"现象，行政性收费仍然过多，对非国有制经济的某些政策歧视和不公平待遇依然存在。社会化服务组织体系建设滞后，在法律维权、创业辅导、融资担保、技术支持、市场信息方面给予民营经济的服务还有待加强。

# 五 对 策 建 议

2007 年，要以科学发展观为统领，以优化发展环境、改进服务方式为重点，积极实施中小企业成长工程，大力开展全民创业活动，促进全省民营经济上总量、上规模、上水平，更好地发挥民营经济在社会经济中的重要作用。

## （一） 优化发展环境

坚决落实国家、省的有关政策，积极破除思想观念、市场准入、发展政策等方面的障碍，开展政策落实情况的检查督导活动。建设民营经济维权中心，制订完善的促进民营经济发展的具体措施和配套办法，出台鼓励全民创业活动的政策决定，大力营造良好的发展环境。

## （二）调整经济结构

根据国家产业政策，依托市场形势和民营经济自身优势，搞好结构调整。在大力发展劳动密集型、科技型、农产品加工型、出口型、现代服务型企业发展的同时，依托小城镇发展加工配套业和农村服务业，引导民营经济创新增长方式，限制和淘汰落后生产能力，大力发展循环经济。重点支持产业集群公共技术创新平台建设。

## （三）破解"瓶颈"难题

一是加快推进担保机构建设，规范运营，推进小额贷款试点和银企合作。积极探索企业上市、股权融资等直接融资方式，着重抓好中小企业板和境外上市工作，化解资金难题。二是加快创业辅导基地建设，扩大规模，规范管理，提高服务质量，帮助符合条件的民营项目纳入重点项目管理，化解用地难题。三是加快民营企业远程教育培育基地建设，建立民营企业专业人才库，化解人才难题。

## （四）实施成长工程

进一步强化政策支持，培育完善社会化服务体系，催生一批小企业，提升一批中型企业，壮大一批规模企业。继续深入开展中小企业创业辅导基地建设，加大对全省百家成长型民营企业的资金、项目、科技扶持力度，省、市、县三级协调联动，推进成长型民营企业综合竞争实力实现跨越式提升。

课题组成员：王慧林　赵春河

# 山西省民营经济发展报告

2006 年是山西省全面实施"十一五"规划的开局之年，是深化改革、扩大开放取得丰硕成果的一年。一年来，全省民营企业坚持以科学发展观为指导，紧紧抓住建设社会主义新农村、"两区"开发、对外大开放等机遇，认真执行国家宏观调控政策，深入调整结构，大力开拓市场，狠抓企业管理，继续保持了平稳较快的发展势头，在"十一五"开局之年取得了良好的成绩，总量迅速增长，结构不断优化，贡献进一步增大，为建设"新基地、新山西"和构建社会主义和谐社会发挥了重要作用。

## 一　2006 年山西省民营经济发展基本情况及特点

### （一）民营经济发展呈平稳较快增长的态势

#### 1. 总量持续递增，贡献进一步增大

到 2006 年底，全省民营经济户数（含个体工商户）达到 69 万户，从业人员 560 多万人。其中，登记注册的私营企业达到 87658 户，从业人员为 105.02 万人。登记注册的个体工商户达到 451731 户，从业人员 89.5 万人。民营经济完成增加值 2548 亿元，占全省 GDP 的 53.6%，同比增长 20.2%；完成税金 325.8 亿元，占全省财政收入的 36.72%，同比增长 23.82%。

**2. 规模快速扩大，实力进一步增强**

到 2006 年底，全省个体工商户注册资金为 202.32 亿元。私营企业注册资金为 1385.85 亿元，私营企业投资者人数 204916 人，比 2005 年增加 43894 人。其中，注册资本 100 万～500 万元的私营企业有 12936 户，500 万～1000 万元的私营企业有 2463 户，1000 万～1 亿元的有 1797 户，亿元以上的有 40 户。全省亿元以上的民营企业数量猛增，规模企业群体继续快速膨胀。销售收入亿元以上的民营企业达到 453 户，比 2005 年增加 91 户，纳税 5000 万元以上的民营企业有 61 户，其中纳税超亿元的企业达到 25 户，比 2005 年增加 11 户。

**3. 结构调整深化，领域进一步拓宽**

传统主导产业领域企业数量有所减少，但企业规模和档次都有了新的提高，主要产品产量继续保持了稳定增长。农副产品加工业、第三产业、旅游业等新兴产业发展迅速，投资增加。2006 年底，全省个体工商户中从事第三产业的户数占到 91.73%，从业人员占 87.75%，注册资金占 80.13%，分别比 2005 年增长 5.42%、9.51%、29.79%。私营企业中从事第三产业的户数占到 70.39%，投资者人数占 68.56%，雇工人数占 54.86%，注册资金占 65.94%，分别比 2005 年增长 23.73%、27.93%、41.91%、31.64%。

**4. 组织形式优化，素质进一步提高**

到 2006 年底，全省独资企业户数 21365 户，占 24.37%；合伙企业户数 1826 户，占 2.08%；有限责任公司户数 64456 户，占 73.53%；股份有限公司由 2005 年的 1 户增加到 11 户。规模以上民营企业的自主研发能力不断增强，全省民营企业中科技型企业达到 859 个，创省级名牌产品 187 个、山西标志性名牌产品 21 个、国家名牌产品 7 个。在规模以上民营企业中，建立科研机构的企业占到企业总数的 70% 以上。设立股东大会、职代会、董事会、监事会，建立党、团、工会组织的企业越来越多，他们以更科学、更规范的方式对企业进行长效管理，不断提升企业的持续竞争力。

**5. 出口总额增加，创汇进一步提升**

2006 年底，全省民营经济完成出口交货值 210.6 万元，比 2005 年增长 4.08%。非公有制经济完成出口总额 22 亿美元，占全省出口总额的 53%，完成进口总额 8.4 亿美元，占全省进口总额的 33.7%。出口创汇私营企业达 659 户，出口创汇折合人民币 3000 万元。

### （二）民营经济成为推动和谐社会建设的重要力量

**1. 创造社会财富，推动经济发展**

经济发展是社会和谐的最重要基础。2006 年全省民营企业不断增加投资，据省统计局和省工商局、省国税局、省地税局、省中小企业局的统计资料显示，非国有投资完成 1290 亿元，同比增长 25.2%，占全省全社会固定资产投资的 55.57%，增速快于国有投资。民营经济实现增加值 2548 亿元，占全省 GDP 总量的 53.6%。民营经济完成税金 325.8 亿元，占全省财政总收入的 36.72%，其中个私经济上交税金 109.74 亿元，占全省财政总收入的 12.37%。民营经济成为经济发展的最大动力来源。

**2. 提供就业岗位，维护社会稳定**

民营经济的快速发展，提供了大量的就业岗位，成为新增就业人口就业和下岗职工再就业的主体。2006 年底，民营企业从业人员 560 多万人，比 2005 年增加 30 万人，安排的新增就业人数占全社会新增就业人数的 70% 以上。其中，个体工商户从业人员 89.5 万人，比 2005 年增加 7.2 万人；私营企业从业人员 105.02 万人，比 2005 年增加 22.73 万人。

**3. 尊重爱护员工，劳动关系和谐**

越来越多的民营企业积极开展"关爱员工，实现双赢"活动，切实维护员工在劳动合同中的工资报酬、身体健康、学习成长、生命安全、人格尊严、参与工会等权利，为员工缴纳"三险"，担负起关爱员工的社会责任。规模以上民营企业没有发生重大劳动用工违法和争议纠纷，企业内部形成了和谐的新型劳动关系，成为和谐社会的重要内容。

**4. 企村优势互补，关注"三农"问题**

一部分民营企业与所在村、邻近村的自然优势有机地结合起来，采取资源工矿企业帮村、农业产业化企业带村、城中村改造建村、农业资源开发兴村、公益捐赠助村、民营企业家任"村官"以企促村等多种模式，参与新农村建设，成为新农村建设的重要力量。

**5. 开展光彩事业，促进社会和谐**

到 2006 年底，全省已有 1000 多名非公经济人士踊跃参与光彩事业活动，在贫困地区实施光彩事业重点项目 1032 个，投入资金 193.6 亿元；为社会公益事业累计捐款捐物 16.94 亿元，兴建光彩中小学 540 所，打深井 340 眼，架桥 52 座，修建等级路 2100 余公里；安排国企下岗职工 35 万人再就业，使 49 万农村贫困人口脱贫致富，有效地缓解了一些社会矛盾，为社会和谐作出了积极的贡献。

### （三）民营经济发展环境进一步改善

**1. 围绕创优发展环境，进一步完善了政策法律体系**

山西省委、省政府为了贯彻落实国务院"非公经济 36 条"精神，于 2005 年 6 月出台了《关于加快发展县域经济的若干意见》，9 月 26 日省政府出台了《关于促进全省个体私营等非公有制经济快速健康发展的实施意见》。之后，省发展和改革委员会、财政厅等 10 多个部门相继出台了促进个体私营等非公有制经济发展的相关政策措施。2006 年省委、省政府做出了《山西省委、省政府关于进一步扩大对外开放的决定》，省政府出台了《关于改善投资环境、扩大招商引资的实施办法》。7 月，省政府下发了《山西省人民政府关于改进机关作风、优化政务环境、全面提高政府公信力和执行力的决定》和《山西省行政机关及其工作人员行政过错责任追究暂行办法》。11 月，省人大第二十七次常委会审议通过了《山西省实施〈中小企业促进法〉办法》，标志着山西民营经济发展的政策法律体系初步建立健全起来，发展的环境更加宽松有利。

**2. 围绕民营企业需求，继续推进六大服务体系建设**

各级管理部门继续推进"信用担保体系"、"信息网络体系"、"人才培训体系"、"创业辅导体系"、"法律援助体系"、"行业协会体系"的建设，初步搭建起全省中小企业信用征集和信用评价、信用担保、政银合作三个平台；全省近 50 个县出台了鼓励支持创业的政策措施和配套资金；省工商联、省中小企业局以及大部分地市和一些重点县组建成立了中小企业法律维权机构，开展了"法律服务三晋行"活动；普遍成立了综合性协会和专业协会，目前，全省各级工商联牵头组建的同业公会、行业协会已有 349 个。

**3. 围绕"十一五"规划，扩大经济服务和招商引资活动**

根据省政府"十一五"规划编制要求，开展了全省民营企业新建新上和技改项目征集工作，初步建立了全省民营企业项目数据库。在"八大支柱产业、三大企业方阵"建设中，共有 36 家企业进入省政府的"三大企业方阵"。在对外开放和招商引资方面，组织民营企业家参加省政府主办的上海、香港、长沙等经济合作项目推介活动，引导发展资金。在省委统战部、省工商联、长治市人民政府承办的中国光彩事业"太行行"活动中，签约项目 14 个，总投资 121.42 亿元，引进资金 102.85 亿元。

**4. 围绕树立新形象，继续加大宣传表彰力度**

各级党委、政府加大对民营企业的表彰力度，相当一部分市县重奖为当地经济作出突出贡献的民营企业和民营企业家。2006 年先后有 20 名企业家和企业管理者、21 家民营企业受到全国表彰。1 家民营企业获"全国五一劳动奖状"，4 名非公经济人士获全国"五一劳动奖章"，70 名非公经济人士获省级"五一劳动奖章"，3 名民营企业家被授予"优秀中国特色社会主义建设者"。

# 二 山西省民营经济"十一五"展望

2006 年 11 月，山西省政府印发了《山西省民营经济"十一五"发展规划》，这是山西省历史上第一个民营经济五年发展规划。规划确定了未来 5 年民营经济发展的思路、目标和重点。发展思路是以科学发展观为统领，以结构调整与建设新型能源和工业基地为主线，以增加城乡居民收入和增加城乡居民就业为主要任务，突出民营经济、县域经济、产业群体三个重点，实现孵化小企业、扶持成长性中小企业和培育骨干企业三大工程，推进六大服务体系建设，促进全省民营经济在总量上有大发展，在增长方式上有大转变，在整体素质上有大提高，为山西省全面建设小康社会作出更大的贡献。

**1. 发展目标**

——保持较快发展速度。全省民营经济增加值平均增长速度保持在 20% 左右，占全省 GDP 的比重每年递增 3 个百分点以上。

——优化经济结构。"十一五"期间，山西省民营经济要以特色园区和小城镇为依托，以骨干企业为龙头，重点发展劳动密集型企业、农产品加工企业、科技型企业和外向型企业。

——规范企业发展。全面深化民营企业改制，逐步建立归属清晰、权责明确、保护严格、流转顺畅的现代产权制度。进一步拓宽投融资渠道，放宽市场准入，实现投资主体多元化，培育一批规范的公司制企业和上市公司。

——推进科技进步。引导和鼓励民营企业建立研发机构，形成以高新技术为先导、先进适用技术为主体、一般适用技术和传统技术并存的多层次技术体系。

——扩大对外开放。引导企业全方位、多层次、宽领域的对外开放，增加产品出口量，最大限度地开发国内外市场，广泛开展国际贸易和经济技术合作，积极利用外资，鼓励外商在符合国家要求的产业领域来晋投资，发展开放型经济。

——提高人员素质。"十一五"期间，要通过实施"蓝色证书"培训工程，对民营企业在职人员开展岗前及在岗培训，提高民营企业从业人员的素质及操作技能。

——增强可持续发展能力。"十一五"期间，要鼓励民营企业积极采用国际先进标准进行生产经营，推行质量和环保体系认证。要使民营企业主要行业的物耗、能耗、环保和安全指标基本达到全国同行业平均水平，大中型民营企业要争取达到国内先进水平。

**2. 发展重点**

以政策法规为指导，促进民营经济的大发展；以新农村建设为动力，促进民营经济的整体推进；以两个基地建设为目标，促进民营经济结构调整的新突破；以"三大方阵"为龙头，促进民营企业整体素质的提高；以增强竞争力为核心，促进民营经济对外开放水平的提升。

# 三　山西民营经济发展中存在的困难和问题

## （一）对民营经济地位和作用还存在认识上的问题

相当一部分人对民营经济所占据的重要地位和所发挥的重要作用认识不深入，不同程度地存在"疑私"、"怕私"、"防私"的思想，还不敢放心大胆地支持民营经济发展。社会舆论对民营企业正面宣传报道少，负面宣传多，造成了不良影响，更增加了社会对民营经济的误解。

## （二）市场准入仍受限制，国民待遇难于平等

民营企业与国有企业和外资企业仍不能一视同仁，尽管"非禁即入"，但无形壁垒森严，准入门槛提高，对于资金不足、实力不强的民营企业来说，仍然难以进入。

## （三）管理和服务问题多，政府缺乏诚信

民营企业在信息服务、产业指导、技术支持方面，有关部门的帮助支持还很

少，经常出现不正常的"吃、拿、卡、要、拖"等不正之风。一些地方领导为了片面追求政绩，追求 GDP 的增速，鼓励企业盲目投资、低水平重复建设钢铁和焦化项目。在招商引资时，满口优惠条件，一旦签约生效，就不闻不问，不能兑现自己的承诺，不履行应尽的责任，使企业缺乏后续支持，进退两难。

### （四） 融资渠道狭窄，企业发展资金严重不足

从银行实行"零风险"贷款以来，"重国有轻民营"的倾向愈来愈严重，在信贷上对民营企业要求高、门槛高、条件苛刻。尽管山西民间拥有丰厚的自有资金，但由于民间融资一是受金融法规的限制，二是缺乏中间担保组织，而且利息又高，容易引发各种纠纷，民营企业无法利用这块资源。

### （五） 民营企业自身经营管理水平低，创新能力差

山西省民营企业思想观念仍比较落后，封闭保守，"走出去"闯市场不够，创业激情差，不愿冒险，乐于守摊子，小富即安。在发展中没有长远的发展规划，发展目标不明晰，结构调整步伐慢，仍处于低水平重复建设上，不少企业严重污染环境，浪费资源。极个别私营企业主经营不守法，不守信，不注重自身素质的提高，把钱花在超前消费、极度消费、畸形消费上，造成了强烈反映，影响了山西民营企业家的整体形象。

## 四　加快山西民营经济发展的建议

### （一） 创造优良的民营经济发展环境，完善政策法律体系

各级党委、政府要牢固树立"发展是硬道理"的思想观念，按照"思想上放心放胆，工作上放手放开，政策上放宽放活"的方针，冲破一切阻碍民营经济发展的思想障碍，革除一切影响民营经济发展的体制弊端，摒弃一切束缚民营经济发展的做法和规定，排除部门利益、地方利益和垄断利益的干扰，进一步健全政策法规体系，创造优良的民营经济发展环境。

### （二） 改进政府管理模式，健全社会服务体系

各级政府要建立健全与社会主义市场经济发展相适应的监督管理服务机制，

树立政府公信力和权威性，注重政策的延续性和长远规划。要进一步搭建各类服务平台，培育社会中介服务市场，加大对中介服务机构的支持力度，不断完善民营经济的综合服务体系。

### （三）推动民营经济结构调整，增强民营企业自主创新能力

要引导民营企业树立科学发展观，解决好在发展中的产业产品结构单一、经营管理方式粗放、环境污染和高能耗问题，向"专、精、特、新"方向发展，不断增加企业的自主创新能力，开发高技术含量、高附加值的产品，增加企业竞争力。

### （四）扩大投融资渠道，着力解决融资难问题

要建立政府协调引导、银行重点支持、担保积极合作、企业主动参与、民间调动资金的融资服务新模式。政府要根据财政收入增长情况，加大中小企业发展专项资金的增幅。金融部门要在加强自身贷款风险防范的同时，对项目好、信用好的民营企业要加大扶持力度。要鼓励符合条件的民营企业到境内外上市，扩大直接融资渠道。

### （五）提高民营企业家素质，树立新晋商新形象

要引导民营企业家加强学习，以人为本，建设和谐企业，强化社会责任感，积极参与扶贫事业、光彩事业、慈善事业活动，主动为党和政府分忧，为社会稳定出力。要教育民营企业家努力践行"爱国、敬业、诚信、守法、贡献"的优秀建设者精神，树立社会主义荣辱观和社会主义核心价值观，养成良好和健康的生活情趣，形成与社会主义市场经济相适应、与中华民族传统道德相融合的，特别是与晋商优秀文化理念相传承的企业家道德规范、行为规范，树立起新世纪新晋商良好的新形象。

课题组负责人：郎宝山

课题组成员：刘中东　王年平

执笔：闫晓红

# 内蒙古自治区民营经济发展报告

为进一步贯彻落实《国务院关于鼓励支持和引导个体私营等非公有制经济发展的若干意见》精神，促进非公有制经济要好又快地发展，2006 年 5 月，内蒙古自治区党委、政府召开了全区非公有制经济工作会议，并出台了《内蒙古自治区人民政府关于贯彻国务院鼓励支持和引导个体私营等非公有制经济发展若干意见的实施意见》（内政发〔2006〕31 号），全区各地积极贯彻落实会议精神，进一步优化民营经济发展环境，放宽市场准入条件，加大政策支持力度，有力地促进了自治区民营经济的发展。

## 一　2006 年内蒙古民营经济发展情况分析

### （一）民营经济继续保持较快的发展水平

——私营企业增长幅度较大。到 2006 底，全区登记注册的私营企业达到 54381 户，比 2005 年增长 12.55%；注册资金总额为 1030.57 亿元，同比增长 36.54%；从业人员为 73.64 万人，同比增长 9.81%。

——民营经济投资大幅度增长。2006 年末，全区非公有制经济 50 万元以上投资项目共完成固定资产投资 443.9 亿元，比 2005 年增长 69.9%，占全社会固定资产投资总额的 13.3%，同比提高 3.5 个百分点。其中私营企业投资增速最大，同比增长 76.9%。

——民营工业经济稳步发展。2006 年末，全区规模以上个体私营工业增加值为 43.2 亿元，占规模以上工业增加值的 2.6%，同比增长 0.4 个百分点；规模以上外商及港澳台工业增加值为 131.5 亿元，占规模以上工业增加值的 7.9%，同比增长 1.6 个百分点。

——民营企业进出口总额高速增长。2006 年，全区民营企业（集体、私营、外商、港澳台企业）进出口总额为 40.43 亿美元，占全区进出口总额的 67.98%，同比增长 94.84%。其中出口 11.50 亿美元，同比增长 107.24%；进口 28.93 亿元，同比增长 89.58%。

## （二）民营经济的社会贡献不断增大

——民营经济是内蒙古自治区经济发展的重要力量。据统计，2006 年全区非公有制经济实现增加值 1772.3 亿元，比 2005 年增长 25.9%，增速比 2005 年同期提高 6 个百分点。非公有制经济增加值占全区 GDP 的比重为 37%。

——民营经济增强了地方公共服务保障能力。2006 年，全区非公有制企业共上缴税收 110.72 亿元，增长 14.6%，占全区税收总额的 18.8%。按国地税分，国税收入 80.71 亿元，增长 33.2%，占全区国税总额的 21%。地税收入 36.62 亿元，增长 1.4%，占全区地税总额的 18%。按企业性质分，个体工商户上缴税收 36.84 亿元，增长 -2.6%，占全区税收总额的 6.3%；私营企业上缴税收 52.85 亿元，增长 35.68%，占全区税收总额的 9%；外商及港澳台投资企业上缴税收 27.03 亿元，增长 61.86%，占全区税收总额的 4.6%。

——民营经济成为吸纳新增就业人员的主要渠道。2006 年末，全区非公有制经济从业人员 171.5 万人，占全区城镇从业人员的 41.1%，同比增长 2.1%。全区城镇劳动力新增就业 23.1 万人，占城镇就业人数的 68.9%，同比增长 1.1%。

——对新农村新牧区和社会公益事业贡献不断增大。据不完全统计，2006 年全区共有 83 家企业参与 82 个光彩项目，投资总额约 308 亿元人民币，到位资金约 91 亿元人民币，带动 279 个村，安排就业 9200 多人，培训 4600 多人。同时，96 个企业参与了 45 个光彩捐赠项目，捐赠金额近 580 万元人民币，帮扶 88 个村。东达蒙古王集团建设生态移民村、东方路桥集团建设农民工创业园区，使农村牧区转移人员安居乐业。巴彦淖尔市工商联成立农民合作社联合会，发展农民合作社，加强信息、科技、销售服务，从购—产—销三个方面帮助农牧民增产增收。蒙牛、伊利、维信、塞飞亚、奈伦等企业还采取公司 + 基地 + 农牧户的形式，积极发展农牧业生产，带动了 200 万农牧民脱贫致富。

### （三） 民营企业素质不断提高

——民营企业组织形式及治理结构不断优化。2006 年末，独资企业比例为 13%，比 2005 年增长 2. 16%；合伙企业比例为 1. 77%，同比增长 0. 42%；有限责任公司比例为 84. 98%，同比增长 14. 65%。

——企业经济实力增强。2006 年末，全区非公有制经济单位注册资本达到 1738. 9 亿元，占全区注册资本总额的 46. 2%，比 2005 年增长 18. 7%。其中私营企业户均注册资金为 189. 51 万元，比 2005 年增加 33. 3 万元，增长 21. 32%。

——民营企业知名品牌数量增加。2006 年末，内蒙古拥有的中国驰名商标有 17 件，比 2005 年增加 2 件。它们分别是鄂尔多斯、鹿王、伊利、仕奇、草原兴发、河套（面粉）、蒙牛、河套（酒）、草原（糖）、塞飞亚、小肥羊、维信 VICTION（及图形）、KERCHIN 科尔沁（及图形）、伊泰、远兴、吊桥（及图形）、骆驼牌（及图形），著名商标持有人中民营企业占 90% 以上，继续位居我国少数民族地区和西部省区之首。

——民营企业家的政治素质不断提高。2006 年末，担任各级人大代表、政协委员的民营企业家有 700 多人，担任各级工商联执委的有 4500 多人，他们在调查研究的基础上，精心撰写了质量较高的议案、提案和建议，就事关全区经济和社会发展中的重大问题进行建言献策，表现出较强的责任感和使命感。大多数民营企业家积极支持企业党建工作，在场地、经费、时间等方面给予保障，支持工会、共青团、妇联等社团组织依法和按照章程开展工作，支持工会、共青团、妇联维护员工合法权益。一部分民营企业家递交了入党志愿书，加入党组织的愿望迫切。

## 二 内蒙古民营经济发展中存在的问题

内蒙古自治区民营经济发展的规模、速度和质量，距离"十一五"规划提出的到 2010 年末实现非公有制经济占全区 GDP 的 50% 的奋斗目标还有一定的差距。民营经济发展过程中还存在一些需要引起重视和亟待解决的问题。

从民营企业自身看，主要表现在：一是民营企业大多数是传统服务业和资源依赖型，拥有自主知识产权少，产品附加值低。二是大集团、大企业和龙头企业少，企业规模小，整体实力不强。三是多数民营企业视野不开阔，家族式管理现象比较严重，企业短期化经营行为比较普遍。四是民营企业人才培养和引进力度不大，人才缺乏。五是多数民营企业财务制度不健全，没有完整详细的财务报表，影响了资金的融通和与其他企业的合作。

从外部环境看，主要表现在：一是有些与国务院、自治区发展民营经济的政策措施不相适应的法律法规、政策还没有进行彻底清理，少数政策法规的某些条款对民营经济还有歧视性规定和不公平待遇。二是国家和自治区有关发展民营经济的好政策好措施还没有落实到位，有些政策措施还需要进一步具体化和细化，需要明确责任，落实到具体部门和单位。三是政府公共管理和公共服务还滞后于民营经济发展的要求，个别政府部门官僚作风依然存在，少数政府部门工作人员个人利益严重，侵犯民营企业合法权益的"三乱"现象时有发生。四是金融部门贷款条件苛刻、严格，手续繁杂，许多有发展潜力的中小型民营企业很难得到金融部门的支持，导致企业投资增长乏力，发展后劲不足。五是以融资担保、人才培训、创业辅导、市场开拓、信息服务等为主要内容的社会化服务体系尚未建立和形成。六是各级工商联普遍存在着编制少甚至没有编制、工作人员少且素质不高、办公条件差、经费不足等突出问题，在很大程度上影响了工商联职能作用的发挥和工作的开展。

## 三　内蒙古贯彻落实国务院〔2005〕3号文件情况

2006年5月，内蒙古自治区党委、政府召开了全区非公有制经济工作会议，隆重表彰了促进非公有制经济发展贡献突出的地区、部门和企业，自治区工商联被评为"部门优质服务奖"。自治区储波书记、杨晶主席到会并分别做了重要讲话。会前出台了《关于贯彻国务院鼓励支持和引导个体私营等非公有制经济发展若干意见的实施意见》。该意见本着整体推进、重点突破的原则，提出了16条政策措施，突出解决制约全区非公有制经济发展的关键性问题。

2006年10月，自治区非公有制经济领导小组成员单位组成6个调查组，分赴全区12个盟市，就国务院〔2005〕3号文件和自治区〔2006〕31号文件落实情况，进行督查调研，并形成调研报告，上报自治区党委、政府。2007年1月，自治区非公有制经济领导小组和新闻办共同举办了 2006 年度非公有制经济发展形势分析会，向新闻媒体介绍全区非公有制经济发展情况和产业发展导向、重点扶持行业等。2007 年 3 月，自治区政府组织非公有制经济领导小组成员单位，分组对全区各地落实全区非公有制经济工作会议精神和各地民营经济发展情况进行专题调研。

## 四　加快内蒙古民营经济发展的建议

一是要继续深入贯彻落实发展非公有制经济的有关政策，为民营企业提供一个平等竞争的经营环境。对自治区已经出台的一系列优惠政策，要进行细化分解，落实到具体部门，提出具体贯彻落实意见，同时要加大督查力度，把政策真正落到实处。下工夫清理与国务院、自治区发展"非公有制经济 36 条"和"16 条政策"措施相违背的政策法规。下决心清理取消各种不合理的行政事业性收费，从源头上制止"三乱"行为。加大宣传工作力度，努力在全社会营造一个有利于非公经济发展的舆论氛围。

二是要强化行政监督，建立"吃拿卡要"举报制度，加强对行政机关和具有行政职能单位及其工作人员的行政效能进行有效的监督检查，扩大社会监督范畴。充分发挥人大、政协、各民主党派、人民团体的作用，认真及时办理人大代表、政协委员关于民营经济的议案、提案，共同监督和推进内蒙古自治区发展软环境的建设。通过开展民营企业评议政府工作的形式，加强行风评议，进一步促进行政机关、公共服务行业主管机关及其窗口的作风建设，增强服务意识，着力解决"办事难"的问题。

三是要针对民营企业融资难，发展举步维艰的实际，采取多种优惠政策予以扶持。要充分发挥产业政策的导向作用，定期发布产业导向目录，优先鼓励科技型、外向型、商贸物流型、农畜产品加工型、劳动密集型非公有制企业快速发展。坚持对民营科技企业实行减免税和所得税返还政策，解决民营企业研究开发费用在增值税中的抵扣问题。对民营企业用于技术开发购买国产设备的部分，允许同国有、集体企业一样享受抵扣 50% 的应纳所得税。有关部门要把民营科技项目列入重点服务对象，建立完善的科技孵化体系，筛选一批技术含量高、市场前景好的项目给予技术和资金支持。在现有的工业园和高新技术开发区，建立具有专业特点的非公有制经济小区、大学科技园、海外学子创业园，广泛吸引资金、技术、人才，并给予政策支持和优惠。对实力较强、科技含量较高、产品对路、规模较大、前景看好的龙头非公有制企业，进行重点扶持，使其尽快上规模、上档次、上水平。实施民营企业100强计划，对进入100强的民营企业，给予资金、政策等多方面的支持。对一些主业突出，创出了国家级、自治区品牌，市场竞争力强的非公有制企业，通过重奖的办法促其壮大发展。

四是要创造条件帮助民营企业解决融资难问题。充分发挥产业发展基金和科技三项费用对民营经济发展的支持作用，由财政提供一定的资本金，设立民营经济发展专项基金，用来支持优质民营企业的发展。支持具备条件的民营企业到国内外证券市场发行股票、债券筹措资金。支持自治区内上市公司与民营企业通过参股、控股、资产置换等资本营运方式进行嫁接，盘活上市公司资产存量。采取切实措施启用社会闲置资金，激发民间投资活力。对民营企业可探索采取加速固定资产折旧的办法，以抵免部分固定资产设备的投资税收，民营企业与外资企业享有同等的免税、减税和缓税等优惠政策。政府部门要积极为民营企业拓宽融资渠道创造条件，协调国有商业银行设立专门的中小企业贷款机构，帮助中小企业融资。积极发展面向中小企业的民间信用担保机构和体系。

五是民营企业要苦练内功，加强自身建设。企业要实行科技创新、管理创新、体制创新、人才创新、形象创新。在企业中尽快建立健全养老、失业、医疗、工伤、生育等社会保险，同时要按照国家规定建立住房公积金制度。要由劳动和社会保障部门负责，相关部门配合，根据民营企业量大面广、用工灵活、员工流动性大等特点，制定具体的措施和办法，使全社会的劳动者都享有社会保障权，解决企业和职工的后顾之忧。

六是各级党委政府要切实解决各级工商联编制、内设机构少、人员少、经费严重不足等突出问题，积极帮助改善办公条件，为充分发挥工商联桥梁、纽带和助手作用创造条件。各级工商联要积极为民营企业发展提供人才、信息、技术、市场开拓、法律援助等多方面服务，积极反映民营企业家的意见和建议，为党和政府推进民营经济发展出主意、当参谋。

执笔：赵庆禄

# 辽宁省民营经济发展报告

2006 年，辽宁省民营经济在省委省政府的正确领导下，按照科学发展观的总体要求，不断拓宽发展领域，扩大发展规模，提升发展质量，在自主创新及参与新农村建设等方面都取得了一定成绩，实现了又好又快的发展。

## 一　主要经济指标完成情况

到 2006 年底，全省民营经济单位已发展到 168.8 万个（含个体工商户），从业人员 942 万人；实现增加值 4800 亿元（核算数），其中工业 3002 亿元（核算数），分别增长 17% 和 24%；营业收入 19919 亿元，其中工业 11830 亿元，分别增长 21.6% 和 21.1%；利润总额 1235 亿元，其中工业 683 亿元，分别增长 19.6% 和 16.1%；上交税金 522 亿元，其中工业 286 亿元，分别增长 25.5% 和 31.1%；出口交货值 908 亿元，增长 14%；劳动者报酬 933 亿元，其中工业 387 亿元，分别增长 10.7% 和 6%；固定资产投资 2758 亿元，其中工业 1687 亿元，分别增长 48.9% 和 53.9%。

其中，全省乡镇企业 117 户（含个体工商户），同比增加 5724 户；从业人员 639.8 万人，同比增加 38.4 万人；实现增加值 3660 亿元，同比增长 16.4%；出口交货值 733.4 亿元，同比增长 15.7%；利润总额 930 亿元，同比增长 19%；上交税金 272.6 亿元，同比增长 22%；固定资产投资 1702 亿元，同比增长 37%；劳动者报酬 564.4 亿元，同比增长 10.7%。

## 二　民营经济主要特点

### （一）各地区发展速度快且比较均衡

全省各地民营经济发展速度普遍较快，主要指标一直保持较快速度增长。一是广大民营企业积极拓展国内外市场，生产经营活动协调、有序，产、销两旺，主要经济指标增幅均保持在 18% 左右。二是各市发展比较均衡。民营经济总量较大的沈阳、大连等市保持了平稳快速增长；民营经济总量较小的辽西、辽东和辽北各市发展步伐也有明显加快，增幅赶上或超过全省平均水平。民营经济整体发展速度的提升，有力地推动了全省国民经济的增长。

### （二）经济运行质量进一步提高

在全省民营经济发展的主要指标中，全年营业收入 19919 亿元，同比增长 21.6%，高于增加值增幅 4.6 个百分点；实现利润总额 1235 亿元，同比增长 19.6%，高于增加值增幅 2.6 个百分点；上交税金 522 亿元，同比增长 25.5%，高于增加值增幅 8.5 个百分点；劳动者报酬 933 亿元，同比增长 10.7%。民营企业产销率、劳动生产率均比 2005 年有不同程度的提高，实现了效益与速度同步增长，全省民营经济已逐步走上良性循环轨道。

### （三）规模工业企业支撑作用继续增强

到 2006 年底，全省规模以上民营工业企业已发展到 11644 户，比 2005 年增加 2963 户，全年实现增加值 1468.7 亿元，营业收入 5081.6 亿元，出口交货值 908 亿元，分别增长 61%、43% 和 14%，实现的增加值、营业收入和出口交货值三项指标在全省整个民营经济中的比重已分别占 30.6%、25.5% 和 100%。规模以上民营工业企业的快速发展和辐射带动能力，成为民营经济增长的重要基础，支撑和推动着整个民营经济的发展。

### （四）对外交流渠道不断拓宽

辽宁中小企业经贸代表团出访日本、俄罗斯、朝鲜等国家和地区期间，有

50 多个项目与对方达成合资合作协议和意向。在国家有关部门举办的三个大型技术交流和展览会中，辽宁省参展企业产品现场销售额 1450 万元，与境内外客商达成合作项目 56 项，协议金额 7 亿多元，意向金额近 20 亿元。对外交流的不断增加，使辽宁省民营企业进一步拓宽了国内外两个市场。

### （五）企业品牌意识明显增强

农业部组织的 2006 年度中国名牌农产品称号评定中，全国被评选的 96 个名牌农产品，辽宁省盘锦"利是大米"，大连"础明猪肉"、"金州甜樱桃"、"獐子岛扇贝"和"韩伟养鸡场鸡蛋"，营口的"红富士苹果"，丹东"菲律宾哈仔贝"，辽宁"田园公司褐蘑菇"、"新风牧业公司鸡蛋"9 种产品被评为名牌农产品，占全国名牌农产品总数的 9%，说明辽宁省种植业、养殖业企业得到较快发展，企业靠品牌开拓市场、占领市场的意识在不断增强。

### （六）民企积极参与新农村建设

葫芦岛关东钼业有限公司在省级贫困乡兴城市碱厂乡投资 5000 万元开发钼矿，安排当地农民工 1500 多人就业，使当地农民开始走出贫困。中牛绿色食品有限公司投资 7000 万元，建起辽西地区最大的奶牛养殖基地，公司实行基地加农户的经营模式，带动周边 500 户农民走向致富之路。辽阳辽宁金昌集团在朝阳地区投资 6000 多万元，建立了马铃薯生产加工基地，带动千余户农民致富。

### （七）代表人士队伍建设有新提高

2006 年全省工商联会员实施光彩事业（支援贫困地区脱贫活动）项目 135 个，投资总额 71 亿元，到位资金 30 亿元。全省有关部门对代表人士的成绩进行了表彰。在辽宁省工商联与辽宁电视台、辽宁日报、中小企业厅联合举办了"2005 年辽宁十大财经人物"评选活动，工商联会员大连亿达集团董事长孙荫环、辽宁兴隆百货集团董事长李维龙、沈阳振浩企业集团董事长宋宝全入选；抚顺罕王集团董事长杨敏入选了"2005 年中国十大经济女性年度人物"；本溪工源水泥集团董事长崔玉莲荣获首届"全国十大优秀民营女企业家"称号；大连大杨集团有限公司、辽宁朝阳兰凌水泥有限公司等企业荣获全国"就业和社会保障先进企业"称号；锦州宝地集团、本溪华联商厦被全联评为企业文化建设先进单位；辽宁恒星泵业有限公司等 3 家企业被全联和全总评为"双爱双评"优秀企业；沈阳建伟钢结构工程有限公司董事长张心毅、鞍山天兴国际置业发展有限公司董事长李忠勇等 4 人，被评为"关爱员工"优秀企业家；韩伟、韩召善、康宝华、郑继宇 4 位民营企业家被评为全国第二届优秀中国特色社会主义建设者。

## 三　民营经济快速发展的主要原因

### （一）国民经济政策和宏观环境的改善促进了民营经济发展

民营经济发展与国民经济发展的大趋势密切相关，全省经济形势好，民营经济发展的速度就快。近年来，辽宁省根据中央 11 号等文件精神，相继出台了相关政策措施，把加快发展民营经济作为振兴辽宁老工业基地的一项重要举措，全省各地机遇竞争意识进一步增强，呈现竞相发展民营经济的良好局面。全省规划的"五点一线"和以沈阳为中心的辽宁中部城市群经济发展战略，使得市与市，区域与区域之间在资金、技术、资本与资源、劳动力等生产要素中，进行合理的交流与互动，形成互相协作与互补的经济发展关系，这种好形势为民营经济发展提供了强大的外部动力和有利的市场环境，促进了民营经济的快速发展。

### （二）固定资产投资和外贸出口的增长拉动了民营经济发展

全年民营企业固定资产投资 2758 亿元，同比增长 48.9%，前几年一大批投资项目投产达产和 2006 年一批新建项目的建成投产，成为民营企业的新生力量，增强了民营企业发展的后劲。目前，全省产品出口的民营企业发展到 6235 户，其中拥有出口自主经营权的企业已发展到 6018 户，2006 年实现出口交货值 908 亿元，增长 14%，出口企业户数的不断增加和出口交货值的上升，反映出辽宁省民营企业参与国际市场竞争的能力进一步增强。固定资产投资和外贸出口的增长，已成为拉动民营经济快速增长的重要因素。

### （三）企业数量的不断增加使民营经济总体规模实力越来越强

近年来，由于开展全民创业活动，辽宁省的民营经济单位数量不断增加，目前已达到 168.8 万个，比 2005 年净增 2.3 万个，其中个体工商户增加 2 万多户。

民营经济队伍的不断扩大，不仅安置了大批人员就业，同时也使民营经济总体规模实力得到同步增强，成为促进民营经济快速发展的一个有利因素。

### （四） 产业集群的建设和发展壮大带动了民营经济的发展

近年来，全省各地按照省委、省政府提出的"鼓励、支持、引导中小企业和民营企业发展产业集群"的要求，普遍加快了产业集群建设的步伐。在专业村、产业镇、工业园区发展的基础上，各地区以特色产业为主体，以骨干企业为龙头的大量中小企业不断聚集，形成了一批极具地方特色和区域竞争优势的产业集群。目前，全省具有一定规模和初具规模的各类园区已发展到 115 个，特别是以乡镇企业为主的县域经济园区，为社会主义新农村建设和加快农村城镇化步伐起到了不可替代的作用，成为带动当地民营经济增长的骨干力量。

### （五） 商会组织在服务经济中作用日渐增强

辽宁省工商联与省林业厅、省光促会联合开展了"绿色辽宁光彩行"活动；与阜新市政府共同承办了"全国民营企业资源型城市转型阜新行"活动；省工商联组织 14 家会员企业参加了第八届环渤海地区民营经贸合作洽谈会。辽宁省工商联与长三角、珠三角、港澳台等经济圈的商会组织商讨了合作大计，并签署了《遂宁宣言》。与省经贸厅合作，帮助辽宁忠旺集团在美国洛杉矶投资 100 万美元建服装厂；与省外经贸厅合作，先后在本溪、辽阳举办两次"支持民企'走出去'优惠政策说明会"；与省外办合作，协办了"第二届巴西国家展"。2006 年全省工商联组织招商项目 287 个，成交额 436.45 亿元。2006 年省工商联组织大型法律咨询活动 7 次，编发《维权在线》3 期，成功解决两启维权个案，并成立了"辽宁省维护民营企业合法权益投诉中心"。

## 四　目前民营经济存在的主要问题

### （一） 能源、劳动力等生产要素对企业发展约束逐步加大

2006 年煤电油等生产要素紧张状况比较突出，企业生产经营成本攀升，导致部分行业企业利润空间减少，经济效益下滑。一是原材料成本上升。受市场原

油及水电气价格走高等因素影响，生产资料价格持续上扬。二是生产要素成本上升，包括用地成本、融资成本及劳动力等成本均呈上升之势。三是环保和安全投入成本上升。近年来国家对企业的环保和安全提出了更高的要求，企业在清洁生产和安全生产方面的投入不断增大。上述原因导致部分企业利润空间被大大挤压，有少数企业处于停产半停产状态。

### （二）固定资产投资存在低水平扩张问题

有的地区民营企业在固定资产投资过程中，不认真按照科学发展观的要求和可持续发展战略进行论证。一是盲目攀比速度，靠上项目、铺摊子追求发展速度，投资规模很大但收益很低。二是不计发展代价，考虑自身既得利益，破坏环境，浪费资源的粗放型投资发展模式再度出现。三是低水平重复建设现象严重，加剧了投资的结构性矛盾，造成无序的区域性竞争，使一些行业产能过剩问题更加突出，并拉动生产资料价格上涨，形成地区经济的恶性循环。

### （三）企业结构性矛盾仍然突出

一是民营企业经营规模小，产业层次低，产品差异化小，高技术含量、高附加值产品少，创新能力不强，生产经营手段落后等结构性、素质性问题比较突出。二是不少企业由于技术设备、工艺落后，管理跟不上，环保、安全不达标，陆续被关停，企业成活率低。三是一些企业出口产品档次较低，技术水平不高，容易受到反倾销歧视、贸易壁垒等各种形式贸易摩擦的影响。

## 五　2007 年民营经济发展形势分析和几点建议

### （一）形势分析

2007 年，国内外形势使民营经济面临难得的发展机遇。一是国民经济平稳较快增长，工业化、城镇化持续推进，国家提出扩大消费，提高消费比重，为民营经济发展提供了广阔的市场。二是社会主义市场经济体制不断完善，支持政策逐步健全，特别是国家振兴东北等老工业基地政策的进一步落实，为辽宁省民营企业改革与发展提供了有利的环境。三是经济全球化趋势深入发展，科技进步日新月异，我国加入WTO过渡期结束，出口企业也将受利于WTO普惠制的待遇，为民营经济在开放中发展提供了很好的机会。为此，预期2007年辽宁省民营经济将继续保持上升势头。

同时，民营经济发展也面临着挑战。国内外市场竞争将更加激烈，使民营经济面临的压力加大，科技进步和产业升级加快，对民营企业技术创新提出了更高的要求，民营企业在生产经营上的优势也会发生一些变化。民营经济要扬长避短，发挥特色，由数量扩张转变为更加注重质量提高，由粗放型增长方式转变为更加注重可持续发展，由依靠企业单干转变为更加注重协作配合，合理确定民营经济发展的方向，才能在激烈的市场经济竞争中得以生存和发展。

## （二）几点建议

一是引导民营企业走"专、精、特、新"的发展路子。从国内外经验看，规模偏小的企业要想在激烈的市场竞争中取得优势，必须坚持"小而专、小而精、小而特、小而新"的方针，生产新特产品或走与大企业和相关企业协作配套的路子，提高产品质量和技术含量，降低生产成本、提高经营效率，提升企业发展水平。二是支持发展劳动密集型产业。在这方面，民营企业有优势，社会有需求，国家有政策优惠，要采取有效措施鼓励民营企业发展农产品加工、轻工纺织、商品零售、餐饮服务等劳动密集型产业，以利于扩大就业和优化产业结构。三是积极发展产业集群。产业集群具有分工协作细、聚集效应强、资源共享程度高等特点，有利于完善配套、降低成本、提高效益，有利于形成特色，创造品牌，有利于发展循环经济，是现代企业特别是规模偏小企业发展的一种有效形式，也是带动区域经济发展的重要途径。各地应科学规划，加快产业集群的建设和发展。四是增强企业自主创新能力。民营企业在创新方面有着数量多、效率高、周期短、成本低等优势，要建立以企业为主体、市场为导向、产学研相结合的民营企业技术创新体系，鼓励企业增加研发投入，引导企业培育自己的品牌、自己的商标，把附加值做高，把企业做大。

课题组成员：王本奎　单成繁　姚东辉　冯国军　李文涛

# 吉林省民营经济发展报告

2006 年，中共吉林省委、省政府高度重视民营经济发展，先后制定并实施了一系列政策措施，营造发展环境，鼓励全民创业，形成了民营经济加快发展的良好氛围，全省民营经济取得了历史性的发展，为吉林省经济社会发展作出重要贡献。认真回顾和分析 2006 年全省民营经济的发展进程，进一步明确 3 年发展的任务目标，加快实现全省民营经济的腾飞，全面振兴老工业基地，促进全省经济社会发展，意义十分重大。现将省工商联经过调研后形成的全省 2006 年民营经济发展情况报告如下。

## 一　全省民营经济呈现迅猛的发展态势

### （一）经济总量快速增长，整体实力显著增强

2006 年全省民营经济 GDP 为 1680 亿元，比 2005 年增长了 36%，大大高于全省经济平均增速，占全省 GDP 的比重达到 40%，比 2005 年提高了 5.9 个百分点（见图 1）。

### （二）资本规模不断扩大，经营领域逐步拓展

2006 年末，全省民营经济注册资金达到 1097.5 亿元，比 2005 年增长了

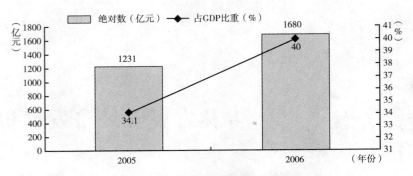

**图1　民营企业经济总量增长情况图**

39.2%。资产总计10亿元及以上的民营企业集团达到16户，形成了一批在国内外市场有竞争力的大型企业集团（见图2）。

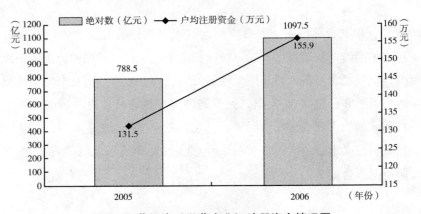

**图2　民营经济（私营企业）注册资金情况图**

产业层次不断提升，民营资本投入逐步从传统三产向二产和现代服务业转移，在医药、农副产品加工、汽车零部件加工、电子信息、商贸、地产等行业，民营经济已占主导地位（见表1）。

**表1　全省私营企业产业构成发展情况**

单位：户

| 年　份 | 批发零售及餐饮业 | 制造业 | 农林牧渔业 | 社会服务业 |
|---|---|---|---|---|
| 2005 年 | 24821 | 13292 | 2796 | 9061 |
| 2006 年 | 27404 | 15194 | 3352 | 17850 |
| 占当年私企比例（%） | 41.4：39 | 22.2：22 | 4.7：5 | 15.1：25 |

截至 2006 年，全省规模以上工业企业中已有民营企业 2202 户，比 2005 年末增加 697 户，其在全部规模以上工业企业总户数中的比重由 2005 年末的 53.2% 扩大到 67.8%，提升了 14.6 个百分点；全省规模以上民营工业拥有各类资产 986.96 亿元，比 2005 年末增加 253.68 亿元，增长 34.6%，高于全省全部规模以上工业资产总量增长水平均为 22.7 个百分点，其在全部规模以上工业资产总量中的比重由 2005 年末的 16.3% 扩大到 18.1%，提升了 3.5 个百分点；实现利润 49.75 亿元，比 2005 年增加 16.65 亿元，增长 50.3%，其增长幅度与全部规模以上工业利润增长水平大体相当。

项目投入不断加大。2006 年，民营经济固定资产投资额可达 1600 亿元，占全社会固定资产投资的 50% 以上。

### （三）就业容量持续扩大，成为吸纳就业的主渠道

2006 年民营经济从业人员达 330 万人，占全省职工和个体劳动者总数的 54%，已成为吸纳就业的主渠道。全年新增就业岗位 144882 个。新安置就业 230173 人，其中新安置下岗职工 48602 人。

2006 年，全省建立创业基地 162 个，举办创业培训 368 期，培训各类创业人员 1.3 万人；实施创业项目 4201 个，新增企业 10499 户，新增个体工商户 96030 个。创业指数由 2005 年的 3.41 提高到 4.72（见图 3）。

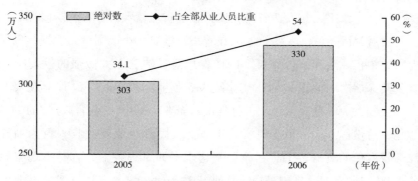

图3　民营经济就业增长情况图

### （四）社会贡献显著提高，成为财税收入的重要来源

2006 年，全省民营经济实现税收收入 129 亿元，比 2005 年净增 31.7 亿元，

年均增长 33%，大大高于全省平均税收增幅，占全省地方财政收入的 53%，比 2005 年提高了 29.7 个百分点。2006 年私营企业出口创汇折合人民币 4040 万元，比 2005 年增长了 82%（见图 4）。

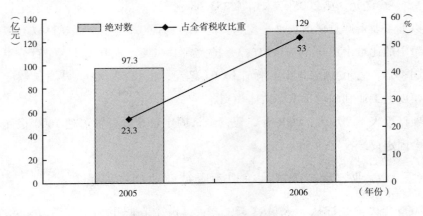

图 4　民营经济税收增长情况表

## 二　吉林省民营经济发展存在的主要问题

从吉林省看，民营经济表现的突出问题是总量少、规模小、效益不高，仍处于全国中等偏下水平，与发达省份相比，吉林省民营经济存在着阶段性的差距。

一是发展氛围不浓。一些企业存在着小富即安、小成则满的意识，也存在着谨慎保守、怕担风险和"等靠要"的依赖思想，缺乏做大做强的投资胆量和发展气魄，其深层次的原因是创业文化缺失、创业精神不足，没有形成人人想创业、人人去创大业的社会氛围。吉林省民营企业 7 万户，仅占江苏省的 11.7%。

二是所占份额不大、企业规模较小。全省民营企业营业收入仅为浙江、广东、江苏等省份的 20% 左右，占全国平均水平的 50% 左右，吉林省现有规模以上企业 4100 户，而河北省规模以上企业已达 10450 户。吉林省规模以上民营企业年销售收入超亿元的仅为 148 户，其中超 10 亿元以上的仅为 4 户，而河北省超亿元的已达 820 户，辽宁省达 1023 户。

三是自主创新能力不强。在 1000 户成长型企业中，70% 以上的企业自主研发基础薄弱，缺少具有自主知识产权的产品。一些企业的发展质量还不高，缺少知名品牌；一些企业技术和设备落后，还处于粗放型管理的低水平。企业整体素质还不高，有的企业还存在低效高耗、污染严重、资源浪费及重复建设的现象，缺乏可持续发展的能力。

四是发展资金严重短缺。目前，全省民营经济固定资产投资满足率不足50%，流动资金满足率不足80%。2006年，吉林省民营经济全年需要资金500多亿元，而从四大国有商业银行实际贷款不到30亿元，仅占需求量6%，最少地区只占3.6%。全省一些产量大、效益好的民营经济由于资金短缺影响了正常生产。

五是企业人才匮乏。目前，创业缺老板，企业缺人才十分突出，企业普遍存在管理者素质低、员工素质低的问题。在全省民营经济中具有大专以上学历的职工占职工总数不足10%，高中或中专占30%，而初中以下的占60%左右。在一些企业特别缺少知识型、创新型、复合型、能够驾驭市场经济大潮的企业家，缺少专业技术人才、高级管理人才、市场营销人才。

由于市场经济登陆较晚，吉林省长期形成国有企业独大，大企业独大格局，民营经济发育先天不足；对体制和资源的过度依赖，造成了创业文化缺失，企业意识不强；体制上、政策上存在着各种障碍，造成发展环境不优，扶持力度不够，这些都是吉林省民营经济发展相对滞后的关键症结，也是吉林省经济整体动力不足、机制不活、发展不快的主要原因。

## 三 加快吉林省民营经济发展的对策及建议

为实现吉林经济更好更快发展，省委、省政府2007年编制和实施"吉林省民营经济腾飞计划"，这是继《关于进一步加快民营经济发展的决定》后，省委、省政府对加快民营经济发展再一次做出的重要发展战略，符合吉林省加快发展的实际，并具有很强的可操作性。"腾飞计划"提出：从2007年起经过3年努力，实现全省民营经济主营业务翻一番。到2009年，民营企业户数达到10万户，个体工商户要达到100万户，做大做强千户成长型企业，民营经济实缴税金占全省全口径财政收入要达到40%，从业人员占全省职工和城镇个体劳动者总数的75%，固定资产投资占全省固定资产投资的60%。实现这一目标，将会大大增强吉林省民营经济的总体实力和竞争能力，为参与市场竞争实现又好又快的发展奠定坚实的基础，对吉林省经济与社会发展将会发挥更大作用。同时也出台了关于放宽市场准入，简化规范行政审批，实施税收优惠政策，加大财税支持力度，拓宽融资渠道，推进人才兴业，提高创新能力，开拓国内外市场，完善社会服务，优化政府环境等十几条促进民营经济腾飞的政策和措施。全省民营经济正在迎来更快更好的发展时期。为了做好"腾飞计划"的全面贯彻实施工作，提出如下建议。

## （一）完善民营资本市场准入的政策体系，创造平等准入，公平竞争的市场环境

要科学制定产业发展规划，引导民营资本理性进入垄断行业和领域，特别是市场化程度不高，长期由国有企业垄断，且与人们生活密切相关的公用事业、基础设施领域，以及与发达地区相比，吉林省目前相对薄弱，但很有比较优势，发展空间大的新能源、文化业、金融中介服务机构等。建议有关部门制定细化《行业准入目录》，公开禁止民间资本投资的行业和领域，研究提出在相关市场领域开放市场的政策措施；结合吉林省实际，制定电力、电信、地方铁路、石油等垄断行业和领域引入市场竞争机制，允许民间资本平等进入的实施细则；加快制定完善特许经营制度，适当降低资质要求，鼓励民间资本参与城镇市政公用事业和基础设施的投资、建设和运营的政策意见；出台政府信息公开条例，减少民营企业信息获取难度。建立与市场竞争相适应的公平交易监管制度和监管体系，查处设置市场准入障碍的行政政策或行政部门，依法规范和约束企业间的竞争方式、交易关系。加快建立完善市场准入管制。建议各级政府每年安排部分国债资金和预算内资金，用于支持重点民营企业增强竞争能力。

## （二）内引外培，扩大全省民营经济的总量

全力营造老百姓创家业，能人创企业，干部创事业的创业氛围。充分为创业者创造条件，提供服务，实施各种形式的创业孵化工程。组织好劳务创业，发挥好能人创业，实施好集群创业，高度重视知识创业，科学引导再创业，鼓励、支持创大业。充分调动和发挥内源的动力和潜力，使域内资金转化为域内资本，形成民营经济新的增量。同时抓住国家宏观调控和发达地区资本、产业转移之机加大招商引资力度。建立招商引资的长效机制，组织好招商引资的队伍，谋划好招商引资的题材，建设招商引资的平台和载体，选准招商引资的对象，营造优良的

招商引资环境，采取多种形式的招商方式，引进域外资本，尤其是引进域外民营资本、民营企业到吉林省创业发展，形成域外资本增量。以改革启动"内源"，以开放吸引"外源"，扩大民营经济总量。

### （三）大力发展民营产业集群，提升民营企业核心竞争力

实践证明，产业集群和企业族群是推动民营经济发展的一种有效方式，是实现区域发展战略和提出区域竞争力的有效途径。建议有关部门要研究制订中小企业产业集群的指导性意见，结合老工业基础改造和项目建设，推动汽车零配件、制造业、生物医药、农副产业加工、建材、化工能源等产业，提高区域性产业集群的档次和水平，增强其聚集效应和辐射能力，在坚持专业化、规模化的同时，走横向联合、技术创新的道路，带动更大规模产业链的形成和发展。以龙头企业、各类开发区，工业园区为载体，加快"链式"、"块式"以及"特色式"等产业集群发展。形成区域产业品牌，以产业集群的突破优化区域产业布局。发展壮大"一地一品"、"一乡一业"的特色产业。在同一行业、相关行业设立共同的研发实验基地，分享共同的信息资源和技术进步，通过专业化分工和协作，形成各个要素之间相互依存、相互作用的竞合、共赢关系。建议各级政府设立和扩大民营科技企业专项发展基金，用于支持民营企业建设研发中心和博士后工作站，支持民营企业与高校和科研部门建立产学研一体化创新体系，研究核心技术，培训科技人才，构建技术创新、科研创新、成果转化和科技推广的共性平台。

### （四）加强产业引导，不断优化民营经济产业结构

一是要把传统产业升级和发展高新技术、新兴服务业结合起来，实现区域的合理布局和梯度发展。在民营经济相对发达的中部地区，要继续做好传统产业的升级换代，同时大力引导民营企业向高技术、高附加值的先进制造业、基础产业和现代物流、信息服务等新兴产业转变；在东西两翼抓住产业转移的后发优势，引导利用先进技术嫁接改造传统加工和劳动密集型产业，通过劳动、资源和技术的合理组合，实现产品更新换代和产业的升级优化。

二是加大政策扶持和协调服务力度，引导资金、技术、人才等要素向优势企业集聚，着力培育一批成长性好、市场前景好，竞争能力强的民营企业，使其做

强做大，并积极促进资产重组和各种形式的合作、联合，形成一批企业集团或集群发展体，以重点骨干企业的发展突破优化企业规模结构。积极引导、支持鼓励民营企业开发市场前景好、科技含量高的新产品，培育拳头产品和名牌产品，以品牌战略优化产品结构。

三是积极扶持民营企业实施循环经济发展战略。当前可选择若干有条件的民营企业，进行循环经济建设的试点；在此基础上，制定循环经济行业标准，研究开发和推广应用发展循环经济所必需的各种技术，建立和完善促进循环经济发展的绿色技术支撑体系。

四是要积极鼓励民营经济投入新农村建设。新农村建设为全省民营经济的发展提供了广阔的空间和领域，吉林省规模以上农业产业化龙头企业中，民营企业占95%以上。建议选择有条件的民营企业开展企业包村或包乡镇试点工作，在资金、用地税收等方面给予一定的优惠扶持政策，引导更多的民营企业投入新农村建设。

## （五）推动金融创新，拓展民营经济融资渠道

一是创造条件开展民间融资试点工作。要把金融创新的着力点放在发挥民间资本效应与畅通融资渠道结合起来，加强对民间资本投资的方向、途径、方式的研究，在条件成熟时出台试点方案，在严格监管、有效防范的前提下，着手培育若干民间投资组织，探索培育若干民间投资组织，探索适合吉林省民营资本生成及运作特点的新的投资方式，促进民间资本的投资组合及效应发挥。

二是进一步完善中小企业信用担保体系。各级政府要加强对现有担保机构的资金扶持，条件具备的可积极吸收社会资本，以壮大担保机构实力；要加快建立民营企业信用评级制度，降低信用门槛；鼓励民营企业设立商业性或互助性信用担保机构；加快建立中小企业信用再担保机构，完善风险分散、风险补偿机制。

三是拓宽民营企业直接融资渠道。加快全省民营企业上市步伐，允许通过股权转换、增资抄股、资产兼并重组等各种形式，增大上市公司民间资本股份，开展民营股份银行筹备论证工作，选择管理规范、行业发展前景好、效益可观的民营企业进行企业债券发行的试点。同时，还要大力发展票据市场、金融租赁业务和典当业务，多渠道解决融资难题。

## （六）加强民营企业人力资源建设，提高企业整体素质

建议省委、省政府把民营企业人才培训列入全省人才总体规划，设立民营企业家培训基金，制定具体培训计划，争取在 5 年内实施对千名民营企业家的培训，引导民营企业家充分利用机遇，加强自律，扩宽视野，苦练内功，全面提高民营企业家队伍的整体素质。有关部门要加强这方面的调研工作，尽早摸清全省民营企业人才队伍的基本情况，拿出民营企业人才队伍建设的政策意见，统筹安排，在政治待遇、政府奖励、人才资源共享、权益保护等方面，破除不利于民营企业人才成长和发挥作用的体制和政策性障碍。要大力促进职业经理人制度在吉林省民营企业中的发展和规范，明确业主与职业经理人的权利和义务，建立相应的业绩评价体系和标准，为民营企业改善容纳人才机制、提高管理水平创造条件。

## （七）大力培育和发展社会中介组织，健全民营经济发展的社会服务体系

首先要针对行业商会、行业协会等市场中介组织发展速度、规模、实力及其作用发挥中，与吉林省深化体制改革要求不相称的突出问题，采取措施推动市场中介组织的大发展。政府要切实转变职能，从一些社会管理、市场调解的领域退出来，完善社会中介组织发展，创造公平公正的市场竞争环境；加大对行业商会的资金、人才信息等方面的扶持力度；加快完善相关法规，筹备出台全省"行业协会管理条例"，破除"一业一会"限制，降低准入门槛，完善行业规则，规范服务行为，建立行业自律机制。

其次要进一步重视和发挥工商联的助手作用，研究制定相关的实施意见，赋予工商联必要的服务和管理职能。在建立促进民营经济发展的工作协调机制中，进一步健全政府职能部门与工商联工作联系制度，将工商联吸收进全省中小企业发展联席会议成员单位，建立政策信息、决策咨询、意见反馈的交流平台。

课题组成员：周国仁　齐　平　许　宁

执笔：周国仁

# 黑龙江省民营经济发展报告

2006 年是黑龙江省民营经济平稳增长的一年。随着国务院 3 号文件和黑龙江省委省政府 20 号文件的贯彻落实，全省民营企业抓住机遇、开拓进取，各级民营经济主管部门科学谋划并全面实施民营经济"十一五"规划，积极搭建服务平台，加大工作推进力度，有力地推动了全省民营经济的持续、快速、健康发展。

## 一 2006 年黑龙江省民营经济平稳快速发展

### （一）私营企业和个体工商户攀升

2006 年全年私营企业已达 7.79 万户，比 2005 年增长 0.97 万户，增长 14.22%。投资者人数为 22.32 万人，比 2005 年增长 2.57 万人，增长 13.01%。私营企业注册资金 1019.63 亿元，比 2005 年增长 96.2 亿元，增长 10.42%。全省个体工商户的户数 72.49 万户，新增 1.23 万户，从业人员 15.60 万人，比 2005 年增加 0.04 万人。在全省工商部门注册登记、取得合法经营资格的各类市场经营主体中，个体工商户和私营企业户数已占总数的 89.07%。

### （二）骨干企业迅速崛起

全省规模以上民营工业企业达到 1906 家，新增 203 家，骨干企业的支撑和带动作用明显增强。双鸭山市引进的建龙集团 2006 年投资达到 50.36 亿元，实现收入 74 亿元，税金 10 亿元，利润 12 亿元。佳木斯沃尔德电缆公司在原来基础上，投资 1.3 亿元进行了三期改造，新建了高度达 108.9 米的电缆生产塔，新上了具有自主知识产权和国际先进水平的电缆产品，投产后总产值可达 7.5 亿元，年利税达 2 亿元以上。

### （三）进出口呈现强势增长

2006 年全省民营经济实现进出口总额 85.3 亿美元，同比增长 49.4%，占全省进出口总额的 66.4%。外资企业、集体企业和个体工商户进出口分别增长 14.3%、27.3% 和 237.8%。民营经济已经成为黑龙江省对外贸易合作中最活跃、最具潜力的重要力量。牡丹江市民营经济完成进出口额 59.3 亿美元，占全市进出口总额的 95.7%，对俄贸易实现 41.2 亿美元，占全市对俄贸易的 97%。黑河市民营经济进出口高速增长，完成 6.77 亿美元，增长速度高达 180%，民营旅游企业组织的边境旅游也出现较大增长，出入境旅客人数达到 73 万人次，极大地带动了当地相关产业的发展。

### （四）科技创新能力不断增强

2006 年，黑龙江省民营科技企业表现出良好势头，研发投入与 2000 年相比翻了一番，产出稳定增长。2006 年末，全省民营科技企业发展到 9073 户，比 2005 年增加了近 900 户；实现技工贸总收入 855.3 亿元，净利润 71.9 亿元，纳税总额 48.6 亿元，分别同比增长了 22.2%、11% 和 10%。齐齐哈尔市民营企业注重科技创新、管理创新和产品创新，不断加大科技投入力度，企业内在素质得到全面提高。2006 年共获得专利产品 6 项，省级新产品 19 项，华鹤集团的鹤牌家具被评为 2006 年中国名牌产品，北方糖业股份有限公司的红光牌绵白糖被评为 2006 年中国驰名商标，北糖公司、港进粉丝被评为全国乡镇企业创名牌重点企业。

### （五）产业集群化程度逐步提高

随着中小企业的发展和壮大，全省中小企业已呈现出优势特色园区带动产业集群发展的新格局，产业集群效益逐步显现。目前，全省中小企业园区发展到

120 个，进区企业 6000 户，基础设施投资 290.1 亿元。已初步形成特色产业集群 56 个，集群内的企业 4256 户，年销售收入规模 219.8 亿元。大庆市 20 个工业园区新开发面积 17.6 平方公里，投入建设资金 36.4 亿元，入园企业总数达到 997 家，实现工业增加值 86.9 亿元，占地方工业的 61.7%，初步形成了轻纺、大豆、纸业包装、皮革、橡胶等园区主业突出和各具特色的产业集群。

## 二 对黑龙江省经济社会贡献进一步增大，民营企业 已成为构建社会主义和谐社会的重要力量

构建社会主义和谐社会是一项重大战略任务与长期历史任务。黑龙江省民营经济迅速发展，不仅成为推动黑龙江经济发展的重要力量，而且在构建社会主义和谐社会中发挥了重要作用。

一是推动经济发展，增大民众财富。2006 年全省民营经济实现增加值 2340 亿元，同比增长 20.1%，占全省生产总值的 37.6%，比 2005 年提升 2.6 个百分点；实现税收 205 亿元，同比增长 17.8%。黑龙江省民营经济的迅速发展使民众家庭财产得以普遍增加，使很多家庭过上富裕和比较富裕的生活，为社会和谐提供了重要保证。

二是维护社会稳定，促进社会公平。就业是民生之本，劳动者普遍就业是社会稳定的最重要基础。2006 年全省民营经济新增就业 60 万人，占全省新增就业总数的 84.7%。民营经济在就业上的贡献，为社会稳定提供了重要保障。民营经济在发展过程中，国家在政策、法律和制度上逐步给予民营经济以公平待遇，民营经济也不断争取政策、法律和制度公平待遇，这一过程有力地推动了整个社会的更大公平。

三是重视"三农"问题，参与新农村建设。实施新农村建设战略，是扭转我国城乡和工农差别扩大趋势、推进全社会和谐的重大战略举措。据不完全统计，截至 2006 年底，全省共有 306 名民营企业家参与新农村建设。企业投资 3.8 亿元，建设农业产业化项目 21 个；培训农村劳动力 3400 人，吸纳农村劳动力就业 16417 人；投资 1286.4 万元，修建硬质（水泥、沥青）通村公路和镇村主要街路 45.6 公里；投资 3000 万元建农村自备电站一所；发展"连锁经营"，建设农村商业网点 249 个；累计为农村公益事业捐款捐物折合人民币共 328.4

万元。

四是树立光彩形象，贡献公益事业。民营企业已经成为发展社会公益慈善事业的重要力量。截至2006年底，全省投身光彩事业的民营经济代表人士已达到17601人，实施项目1025个，累计到位投资额47.3亿元，为贫困地区培训各类人员25.2万人次；光彩事业项目企业安排近28万人就业（其中下岗职工占1/2），使23万人脱贫，捐建了70所光彩希望中、小学，资助贫困学生2万多名，向其他社会公益事业和慈善事业共捐资4.7亿多元。

2006年，黑龙江省共有3个光彩项目被全国光彩会批准为重点项目，分别是兰西"河口水电站综合开发"项目，兰西朝阳"亚麻湿纺一万锭纺纱，一百台布机和漂染工程"项目，庆安同源有限公司"年产9万吨精制清洁粳米系列加工"项目。和平金属公司董事长李和同志荣获"全国光彩事业奖章"。圣泰药业董事长高翔，几年来拿了资产的1/10共计3600多万元用于社会公益事业。他拿出了100万现金作为"高翔复明工程基金"，免费为贫困农民做白内障手术。

## 三　黑龙江省民营经济发展存在的主要问题

一是创业与发展的氛围不浓，缺乏大发展、快发展的紧迫感和责任感，广大群众投资创业的积极性还没有充分调动起来，创业意识不强，创业环境还不尽如人意。

二是融资环境偏紧，各级政府的资金支持力度不大，银企信息不对称，信用担保体系不健全，直接融资门槛高、环节多、费用大，企业整体素质不高，信用意识还不强。

三是运输难问题比较突出，许多民营企业没有被列入重点支持企业名单，尤其是木材加工、煤炭生产、粮食加工等集中的地方，还存在运力不足、产品积压的情况，产品外销难度增大。

四是服务体系还不健全，缺少为民营企业提供服务的公益性服务机构，直接面向企业的市、县一级服务机构更为薄弱，难以满足企业发展的需要。

五是企业整体素质不高，规模偏小，产品档次较低，缺乏人才，自主创新能力不强。

# 四 对推动黑龙江省民营经济发展的几点建议

## （一） 进一步解放思想、深化改革，优化民营经济发展环境

各级党委和政府要认真学习党的十六届五中、六中全会和中央经济工作会议精神，真正把思想统一到党中央国务院和省委省政府制定的大力推动民营经济加快发展的战略部署上来。解放思想、求真务实，努力冲破束缚民营经济发展的僵化观念和思维方式，消除制约民营经济发展的体制性障碍和各种羁绊，改变阻碍民营经济发展的行为和习惯做法，形成推动黑龙江省民营经济加快发展的合力。按照发展要有新思路、改革要有新突破、工作要有新举措的要求，进一步深化改革、抢抓机遇。建立和完善政策支撑体系、服务体系、社会信用体系。用新思路、新体制、新机制和新方法，推动黑龙江省民营经济加快发展。

## （二） 进一步释放潜力，扩大民营经济规模

一是迅速壮大民营经济新生力量。一要充分利用黑龙江省老工业基地、国有大中型企业实力雄厚的优势，进一步发展为其配套服务的民营企业，进一步发展精深加工和对俄经贸科技合作的民营企业；二要积极鼓励民间资本投资兴办民营企业。积极引导在行政管理体制改革、事业单位改革和国有企业主辅分离、辅业改制等过程中分离出来的相关单位和相关人员发展民营经济。

二是积极鼓励民营企业参与国企改革。各级党委和政府要从"振兴老工业基地"和经济社会发展的全局出发，继续组织有实力的民营企业参与国企改革，促其尽快转制，形成一批新的民营企业。对实行改制的重点和难点企业，有关部门要提前介入、现场办公，实行"一事一议"、"特事特办"，帮助协调解决好土地使用、债务处理、职工安置和分离企业办社会等有关问题。

三是扶强"龙头"民营企业。选择一批发展前景好、带动作用强、吸纳就业多的生产加工企业，支持其进一步壮大实力。对年营业收入 1 亿元以上、5000 万元以上、1000 万元以上的民营骨干企业，由省、地市、县（市、区）分别建立数据库，实行动态管理，搞好跟踪服务，加快龙头企业的培育和发展。

### （三）巩固发展产业集群，壮大民营经济的实力

一是依托专业园区发展产业集群。通过园区建设形成产业集群，通过产业集群拉动园区建设。黑龙江省的利民开发区、平房工业园、大庆化工园、纺织工业园等园区通过专业化发展，已经形成了特色突出的北药开发、汽车零部件加工、石化产品生产等优势，取得了很好的效果。要充分借鉴他们的成功经验，努力打造出一批集群特色突出的品牌园区。

二是依托资源和产业优势发展产业集群。民营企业要注重发挥资源和产业优势，大力发展规模化生产和集约化经营。要加强产业横向联结，发展上下游关联产业，不断延长产业链，逐步形成具有黑龙江省特色的北药产业群、乳制品产业群、畜产品产业群、林产品产业群、农副产品产业群等更多的产业群体。

三是依托"块状经济"发展产业集群。黑龙江省一些地区的绿色食品生产、畜牧业养殖、边境地区的进口木材加工等都是"块状经济"发展的雏形。要引导和扶持民营企业依托现有基础，引进先进管理理念，培育知名品牌，形成独具特色的主导产品或主导产业的集群，把小商品做成大产业，形成大市场。

### （四）全面提升民营经济的发展层次

一是提升民营企业的自主创新能力。首先，有计划地扶持一批在技术或产品上具有竞争优势的民营企业发展高新技术项目，开发具有自主知识产权的关键技术和核心技术，打造拥有自主知识产权、主业突出、核心能力强的科技先导型企业。其次，将民营企业纳入技术创新体系，将部分行业、领域的技术创新的基础和重心逐步转移到民营企业。建立和完善推动民营企业自主创新的培训服务体系，公共技术服务平台和信息服务体系。再次，优化企业技术创新环境。全面落实支持民营企业自主创新的财税、金融和政府采购政策，发展创业风险投资，加强技术咨询、技术转让等中介服务，加大知识产权保护力度，健全知识产权保护体系。

二是提升民营经济的可持续发展能力。一要努力提高企业家和员工素质。民营企业家既要自觉加强学习，也要同时加强对员工的培训，不断增加知识储备，

研究和运用市场经济规律，按照国际规则开展商务活动。二要不断形成厚重的企业文化。要通过建设各具特色的企业文化，把实现企业发展目标与员工个人价值有机统一起来，增强企业的吸引力和凝聚力。三要积极推进企业诚信建设。要牢固树立诚信为本、守法经营意识，建立企业信用自律机制，加强规范化管理，健全各项制度，不断提升企业信用度。

课题组负责人：陈宏敏　刘德君

课题组成员：于庆华　柳　南　白金龙

# 上海市民营经济发展报告

2006 年上海经济延续平稳较快发展的态势，"十一五"规划开局上海市经济运行总体健康良好。上海市民营经济贯彻落实科学发展观和中央宏观调控政策，积极进行自主创新，对全市经济良好运行发挥了重要作用，特别是在企业发展规模、固定资产投资结构调整、拉动消费增长和促进对外贸易等方面，民营经济呈现健康发展的新趋势。

## 一 2006 年上海民营经济发展总体情况分析

### （一）民营企业保持规模扩张

私营企业数量、注册资本和吸收就业水平继续增长，但增幅有所下降。

上海市私营企业保持平稳发展势头，私营企业户数、注册资本和就业人数继续增长，但增幅明显下降。

至 2006 年底，上海私营企业户数达 506626 户，占全市企业总量的七成以上，同比增长 6.89%；总注册资本达 8139.69 亿元，同比增长 12.91%；户均注册资本 160.67 万元，同比增长 5.6%。私营企业中有限责任公司 458996 户，占总户数的 90.60%，注册资本 8057.50 亿元，户均注册资本 175.55 万元。

2006 年，上海新增私营企业 32677 户，新增注册资本 930.4 亿元，增幅同比分别下降 70.17% 和 52.0%。全年累计私营企业户数和注册资金的同比增幅，均高于公有制企业和外资企业，但新增私营企业户数和注册资金的同比降幅均大于公有制企业和外资企业。

2006 年，上海私营企业从业人员数达 472.9 万人，同比增长 1.52%，私营企业当年新增从业人员为 34.28 万人，同比下降 56.55%。私营企业年末累计从业人员中，雇主和雇工人数比例为 22.45 : 77.55，当年新增从业人员的雇主和雇工比例为 46.4 : 53.6。

## （二）民营经济对上海经济发展的贡献稳步提升

2006 年，上海市私营个体经济实现生产总值 1748.42 亿元，同比增长 16.5%，增幅比 2005 年回落 1.6 个百分点；占全市生产总值总量比重和占非公有制经济生产总值比重分别为 17% 和 38.51%，比 2005 年分别增加 0.6 个百分点和下降 0.1 个百分点。

2002～2006 年上海市私营个体经济生产总值、比重和增幅的变化情况见图 1 和图 2。

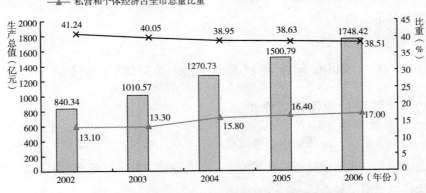

图 1　2002～2006 年本市私营个体经济生产总值和比重变化情况

2006 年，上海市私营企业纳税户数为 42.7 万户，同比下降 9.92%；上交税金为 579.77 亿元，同比增长 15.25%，增幅比 2005 年回落 20.55 个百分点；约占全市同期税收（不含海关代征税收）的 18.38%，比 2005 年微降 0.52 个百分点。私营企业每亿元注册资本的税收贡献由 2005 年的 698 万元增加到 712 万元。

上海市私营企业全年实现总产值约 2316 亿元，同比增长 28.38%；实现销售总额或营业收入约为 7929 亿元，同比增长 7.42%。

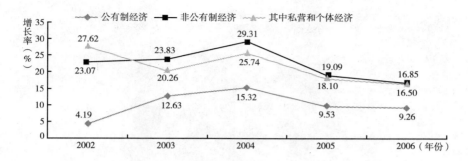

**图2　2002~2006年本市分类生产总值（按所有制）增长速率变化情况**

## （三）私营企业产业、行业分布情况

至2006年末，上海市从事第一产业的私营企业约为1880户，注册资本27.35亿元，同比分别增长18.09%和3.66%；第二产业11.08万户，注册资本1826.09亿元，同比分别增长5.71%和12.58%；第三产业39.4万户，注册资本6286.25亿元，同比分别增长7.18%和13.04%。第一、二、三产业按企业户数和注册资本统计的比重见图3和图4。

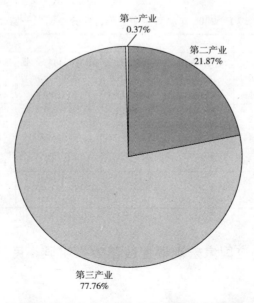

**图3　2006年上海市私营企业产业分布情况（按企业户数计）**

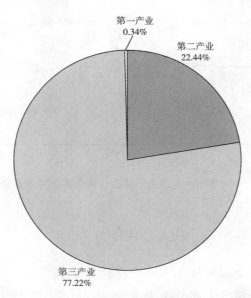

**图4　2006 年上海市私营企业产业分布情况（按注册资本计）**

　　私营企业在制造业，建筑业，交通运输、仓储和邮政业，批发和零售业，租赁和商务服务业 5 个主要行业的分布情况见表1。

**表1　2006 年私营企业主要行业分布情况一览**

| 分　　类 | 企业户数 | | 注册资金 | | 从业人员 | |
|---|---|---|---|---|---|---|
| | 户数（万户） | 占全部私营企业比重（%） | 注册资金（亿元） | 占全部私营企业比重（%） | 从业人员（万人） | 占全部私营企业比重（%） |
| 制造业 | 8. 29 | 16. 36 | 1220. 91 | 15. 00 | 115. 12 | 24. 34 |
| 建筑业 | 2. 77 | 5. 47 | 600. 8 | 7. 38 | 33. 03 | 6. 98 |
| 交通运输、仓储和邮政业 | 1. 43 | 2. 82 | 283. 86 | 3. 49 | 13. 79 | 2. 92 |
| 批发和零售 | 21. 74 | 42. 91 | 2555. 45 | 31. 39 | 172. 32 | 36. 44 |
| 租赁和商务服务业 | 7. 28 | 14. 37 | 1471. 23 | 18. 07 | 55. 97 | 11. 83 |
| 总　　计 | 41. 52 | 81. 96 | 6123. 24 | 75. 23 | 390. 23 | 82. 52 |

## （四）积极响应国家宏观调控政策效果明显，民间投资结构调整、增幅下降

　　2006 年全市固定资产投资结构继续调整优化，民营经济积极响应国家宏观

调控政策效果明显，主要反映在民间投资结构调整、增幅下降。

2006 年，上海民间投资为 1005.7 亿元，同比增长 6.7%，占全社会固定资产投资总额的 25.6%，比 2005 年末下降 1 个百分点。全年民间投资增幅低于全社会投资 4.1 个百分点，高于非国有股份制经济投资增幅，但小于国有经济投资和外商、港澳台投资增幅。民间投资增幅比 2005 年全年增幅回落 24.9 个百分点。

民间投资总额中，私营经济固定资产投资 626.93 亿元，同比增长 10.9%，高于非国有经济投资总额的平均增幅 7.1% 约 3.8 个百分点；占民间投资总额比重 62.3%，比 2005 年末增加 2.3 个百分点。

2006 年，上海民间投资结构发生显著变化。房地产业投资开始下降，工业投资保持较大幅度增长，在扩大开放的金融业、卫生保障福利业等新兴领域的民间投资规模虽小，但增势迅猛。

## （五）民营企业促进上海外贸出口贡献加大，出口总额占总量比重继续上升，但增幅略有回落

上海市私营外贸企业 17031 户，同比增长 26.05%，占内资外贸企业总数比重 83.04%，占全市外贸企业总数比重 73.74%。其中，当年新增私营外贸企业 3461 家，同比增长 0.32%。

私营外贸企业全年出口总额 92.74 亿美元，同比增长 28.47%，分别占上海市内资企业出口总额和各类企业出口总额的 26.73% 和 8.66%。私营外贸企业全年进口总额 65.88 亿美元，同比增长 14.98%，分别占上海市内资企业进口总额和各类企业进口总额的 19.71% 和 6.27%。2005~2006 年上海市私营外贸企业数量和进出口总额比重变化情况见表 2。

表 2　2005~2006 年本市私营外贸企业和进出口总额比重变化情况

单位：%

| 年份 | 私营外贸企业户数占全市总量比重 | 私营外贸企业户数占全市内资外贸企业比重 | 私营外贸企业出口总额占全市总量比重 | 私营外贸企业出口总额占全市内资外贸企业比重 | 私营外贸企业进口总额占全市总量比重 | 私营外贸企业进口总额占全市内资外贸企业比重 |
|---|---|---|---|---|---|---|
| 2005 | 76.35 | | 8.01 | 25.04 | 6.10 | 18.40 |
| 2006 | 73.74 | 83.04 | 8.66 | 26.73 | 6.27 | 19.71 |

私营企业在上海对外贸易中的贡献继续加大，在一定程度上填补了上海市外资企业出口增长缓慢的缺口。上海市私营企业出口总额增幅分别大于国有企业和外商投资企业 8.1 和 5.1 个百分点，但增幅同比回落 41.4 个百分点；私营企业出口总额占全市总量比重 8.66%，比 2005 年末增加了 0.65 个百分点。

## 二　民营企业是构建社会主义和谐社会的重要力量

改革开放以来，上海民营经济迅速发展，不仅成为推动上海市经济发展的重要力量，也在构建和谐社会中发挥着重要作用。

### （一）　推动经济发展

社会要和谐，首先要发展。经济发展是社会和谐的最重要基础。目前，上海私营经济已经占 GDP 的 17%，成为经济发展新的动力来源。

### （二）　维护社会稳定

就业是民生之本，劳动者普遍就业是社会稳定的最重要基础。当前，上海私营经济从业人员数超过全市就业人数的 40%，已成为解决上海就业问题的重要渠道。民营经济在就业上的贡献，为社会稳定提供了重要保障。

### （三）　参与新农村建设

实施新农村建设战略，是扭转城乡和工农差别扩大趋势、推进社会和谐的重大战略举措。民营企业是新农村建设的一支重要力量。上海市工商联 2006 年对民营企业参与新农村产业化调研显示，相当一部分民营企业进军农业投资经营，让民营企业所具有的信息、资金、管理、技术等现代生产要素以资本的形式进入农村，并与土地等资源相结合，从而将传统的低效农业改造成为现代化的高效农业。民营企业已成为推动优势农产品产业带形成和地方特色经济发展的重要力量，成为推动农业科技进步的重要载体。

### （四）　贡献公益事业

民营企业已经成为发展社会公益慈善事业的重要力量，以光彩事业为例，从 2002～2006 年底，上海民营企业累计公益捐赠总额 8.84 亿元，其中仅 2006 年捐赠额就达 4885.86 万元；累计投入光彩事业基金总额为 5765 万元，累计兴建光彩学校 106 所，参与全市 1500 所红十字会卫生站共建和实施复聪计划，资助 1500 名贫困大学生完成学业。

### （五）平衡地区发展

改变落后地区经济状况，促进地区平衡发展，是全社会和谐的很重要方面。至 2006 年底，上海民营企业在西部等地区共计实施投资项目 204 项，投资总额 189 亿元，实际到位资金 89 亿元，有力促进了西部等地区经济发展。

## 三 2007 年上海民营经济发展趋势及展望

对于上海民营经济而言，2007 年是十分重要的一年。首先，在这一年中，国家宏观调控政策的效应将进一步在民营经济的发展过程中体现出来；其次，新的《中华人民共和国企业所得税法》正式出台，民营经济发展面临更公平的发展环境，虽然新税法在 2008 年才能正式实施，但其效应在 2007 年中就可以明显释放；再次，国家、上海市出台的一系列政策、实施细则，将引导民营企业在产业结构、发展战略上进行调整。在各方面的综合作用下，预计在 1~2 年内，上海民营经济可能出现以下趋势或取向。

### （一）企业数量增长放缓，质的提升取代量的增加

从 2006 年统计数据可以看出，由于宏观调控政策对企业投资提出更高的要求，民营企业的数量、固定资产投资和注册资本增长速度已明显放缓，而这一趋势相信在 2007 年将得到延续。但随着内外资企业实行统一所得税的政策即将实施，信贷政策的相对放宽，资本市场的明显扩大，行业准入条件的进一步宽松等环境变化，将推动民营企业降低投资与经营成本，使民营经济自身的体制和机制优势得到更大发挥，并最终从速度、质量、产出、结构改善等层面得到体现。

### （二）适应开放、调控环境，加快产业结构调整步伐

为适应国内及上海市经济环境的变化，今后几年，上海民营经济将进行一系列的产业结构调整，突出表现在以下两方面。第一，现代服务业发展加快。经过

较长时间的发展，民营企业已逐渐认识到，企业要做大做强，必须把企业自身发展和服务城市战略结合起来。随着《国务院关于加快发展服务业的若干意见》的出台，以及上海"十一五"规划中优先发展现代服务业的战略逐步推进，在今后几年中，预计上海市民营企业将积极投入现代服务业，发展大都市服务型民营经济。第二，国际化趋势加快。2006 年以后，加入世贸组织过渡期结束，中国经济将完全融入世界经济。这个时期，根据世贸组织规则和我国对外做出的承诺，必须全方位地开放国内市场，发达国家的资金、技术、产品等可以轻松进入中国，必将给国内市场带来更大冲击，民营企业面临着国内原有市场份额的重新分配问题，国内市场竞争将逐渐变成全面的国际市场竞争。同时，其他世贸组织成员也要履行向我国的产品、服务和投资更大程度地开放市场的义务，民营企业也有更多的机会拓展国际市场，进行跨国经营。

### （三）企业从事自主创新的能力进一步提升

从 2006 年中开始，《上海市中长期科学和技术发展规划纲要若干配套政策》的 34 项实施细则已经或即将出台，内容包括创业投资风险救助专项资金管理、应用信息技术改造提升传统产业、政府采购支持自主创新产品等方面。随着这些政策的落实，民营科技企业的发展环境将大大改善，从而引导更多企业走上提升自主创新能力的道路。

### （四）民营企业的社会责任意识明显加强

随着市场环境的规范化，民营企业认识到，企业做强做大，必须同时考虑社会的整体利益和长远发展，并自觉承担相应的社会责任，将企业发展与社会和谐发展结合起来，改善社会舆论对民营企业的态度。因此，规范、诚信经营将成为趋势。

课题组负责人：唐　豪

课题组成员：王志华　朱　莎　封丹华　翁一飞

执笔：翁一飞

# 江苏省民营经济发展报告

2006 年全省各级党委和政府认真贯彻落实 2004 年省委 7 号文件和 2005 年国务院 3 号文件精神，全面落实科学发展观，坚定地走率先发展、科学发展、和谐发展之路，大力推动全民创业、自主创业、艰苦创业，为民营经济的发展营造浓厚的氛围。广大民营企业家以科学发展观为指导，努力拼搏，不断创新，在转变经济增长方式中科学健康发展，为江苏经济快速稳定增长，质量效益明显提高作出了重要贡献。

## 一 2006 年江苏民营经济基本概况

### 1. 民营企业数量继续增加，实力进一步增强

截至 2006 底，全省私营企业户数已达 66.35 万户（含分支机构 6.34 万户），同比增长 18.3%，平均每天诞生 332 个私营企业。全省私营企业户数已连续 6 年位居全国第一，占全国私营企业户数总量的 12.1%。个体工商户 187.01 万个。2006 年全省私营个体经济注册资金突破 1 万亿元，达 10436 亿元，比 2005 年底净增 2633 亿元，增长 33.3%。私营企业注册资金为 9717 亿元，户均注册资金 159.27 万元，分别比 2005 年增长 34.3%、11.7%。其中注册资金 100 万～500 万元的私营企业有 102983 个，占总数的 17.16%，全年净增 17315 个；500 万～1000 万元的有 22232 个，占总数的 3.7%，净增 5229 个；1000 万元以上达 17221 个，占总数的 2.86%，净增 4440 个，其中超过亿元的有 585 个，净增 215 个。

个体工商户注册资金为 719 亿元，增长 20.6%。全省私营个体经济从业人员为 1219 万人，比 2005 年增加 101 万人，增长 9%。

**2. 民间投资总量攀升，增速加快，比重提升**

2006 年，全省民间投资 5808 亿元，增长 33.8%，占全社会投资的比重达 57.7%，比 2005 年同期增长 5.8 个百分点。其中，私营个体经济固定资产投资 3110.67 亿元，同比增长 36.6%，占全社会投资的 30.91%。

**3. 民营工业高速发展**

到 2006 年底，规模以上民营工业企业完成增加值 4029.36 亿元，占全省规模以上工业企业增加值的四成，同比增长 22.3%，高出全省规模以上工业 0.9 个百分点，比外商和港澳台资工业、国有及国有控股工业增加值分别高出 35 亿元和 2480 亿元。

**4. 民营企业素质不断提高**

2005 年全国私营企业 500 强中，江苏占 104 席，其中前十强中江苏占一半。2005 年，江苏入围全国上规模民营企业 588 家，比 2004 年增加 94 家，占全国的比重 21.9%。在入选的 114 家企业中，营业收入超过 100 亿元的有 14 家，超过 50 亿元的有 34 家，超过 20 亿元的有 76 家，分别比 2004 年增加 5 家、15 家和 24 家。在全国营业收入前十位的企业中，江苏省有 5 家。江苏沙钢集团以年营业收入 405.48 亿元，位居全省首位，在全国排名第二位；苏宁电器集团，年营业收入 397.18 亿元，在全国排名第三位。雨润集团、华芳集团、永钢集团列全国第七、第八、第十位。至 2006 年底，全省共有私营企业集团 593 户，居全国第三位，比 2005 年净增 171 户。全省私营企业中有限责任公司和股份有限公司共计 407982 个，全年净增 70176 个。两者占私营企业比重分别为 67.96% 和 0.03%，同比提高 1.39 个和 0.01 个百分点。全省规模以上民营工业企业达 25285 个，占全部规模以上工业企业个数的 69.6%。

**5. 民营科技企业迅速成长**

至 2006 年底全省民营科技企业约 13000 家，比 2005 年增长 80%，吸纳就业人员 150 万人；全年实现总收入 7223 亿元，利润总额 544 亿元，上缴税金总额 500 亿元，创汇 162 亿美元；户均收入 5500 万元，年收入超亿元的企业约 1300 家，占全部企业的 10%；民营科技企业资产总规模达 5700 亿元，户均资产 4400 万元，资产总额 1 亿元以上企业 1060 家。江苏省民营科技企业的户均收入、户均资产指标在国内居领先地位。同时，企业自主创新能力增强。经省认定的高新技术企业中，民营企业占 79%；全省 178 家由省经贸委组织认定的省级企业技术中心中，民营企业有 117 家；全省民营企业获得的中国驰名商标和中国名牌产品分别占全省的 65% 和 69%。

根据统计快报，2006 年江苏省民营科技企业科学研究与试验发展经费约 217 亿元，占全省总量的 65%，成为江苏省研发投入的主体。民营科技企业的研发机构相对比较健全，51% 的企业有独立研究开发机构，能自主开发新产品或新工艺；另有 25% 的企业设有技术部门，能吸收和消化引进的新产品或新工艺。

**6. 民营科技企业创新成果不断涌现**

2006 年全省民营科技企业申请专利 16005 件、授权专利 7502 件、实施专利数 7345 件，半数以上民营科技企业核心产品的技术水平达到国内领先乃至更高的水平。2006 年，全省民营科技企业荣获中国民营科技促进会评定的奖项 79 项，获奖总数全国第一，其中企业奉献奖、企业家奉献奖、技术创新奖三个单项奖获奖数也分别列全国第一。

**7. 民营上市公司明显增加**

从上规模民营企业的调查看，已上市私营企业 33 家，比 2005 年度调查时增加 7 家。2005 年底已上市企业的户均营业收入达 73.19 亿元，户均利润 2.51 亿元，分别比 2005 年度增加 25.33 亿元和 0.75 亿元，增长率分别为 52.9% 和 42.6%。

# 二 民营经济为江苏社会、经济建设作出了重要贡献

**1. 在生产总值中的份额提高**

2006 年，江苏民营经济生产总值达 9880 亿元，占 GDP 比重达到 45.8%，已经成为江苏经济中最有生机和活力的力量。

**2. 实现销售收入增幅加大**

规模以上民营工业实现销售收入 16216 亿元，同比增长 28.96%，高于全省规模以上工业增幅 2.9 个百分点；实现利税总额 1138.18 亿元，增长 35.2%，高于全省规模以上工业近 4 个百分点。

### 3. 私营经济税收快速增长

2006 年，全省私营个体经济上交国家税收 682. 53 亿元，同比增长 29. 7%，比全省税收增幅高 9. 75 个百分点，占全省税务部门直接税收征收总额的 21%，同比上升 1. 6 个百分点。其中，私营个体经济上交国税 422. 5 亿元，同比增长 29. 7%，上交地税 260 亿元，同比增长 31. 3%。

### 4. 民营企业进出口总额快速增长

2006 年全省民营企业进出口 244. 4 亿美元，同比增长 60. 8%；其中出口 175. 7 亿美元，增长 59%，比全省平均增幅高出 28. 6 个百分点；进口 68. 7 亿美元，增长 65. 4%，比全省平均增幅高出 47. 7 个百分点。民营企业出口占全省出口的 11%，比 2005 年提升了 2 个百分点，出口增量占全省出口增量的 17. 4%。

到 2006 年底，全省累计批准、登记备案内资进出口经营主体达 14068 家，其中民营企业 13367 家，占 95%；2006 年民营企业登记备案达 6005 家，占全年新增内资进出口经营主体数的 93. 1%，民营企业已成为江苏开放型经济的中坚力量。

### 5. 对社会公益事业贡献不断增大

截至 2006 年底，全省累计有 5732 家民营企业投入光彩事业，实施光彩项目 1169 个，总投资 187. 1 亿元，实际到位资金 99. 4 亿元；各类捐资额累计达 12. 5 亿元。在西部和苏北地区兴建光彩小学 98 所，其中在江苏省（主要是苏北地区）兴建光彩小学 48 所，培训人员 27. 8 万人，安置就业 28. 4 万人，帮助脱贫人数 42. 7 万人，有力地促进了新农村建设。全省一大批民营企业家荣登"2006 中国慈善排行榜"。

### 6. 民营企业成为吸纳社会就业的主渠道

据不完全统计，全省个体私营企业已经吸纳 1200 多万人就业，全年净增 101 万人，增长 9%。在私企和工商户中实现下岗职工再就业 96579 人；其中私营企业解决再就业 79225 人。2006 年，全省各类高校 12. 6 万名毕业生在民营企业找到工作岗位，占当年毕业人数（20. 2 万人）的 62. 38%。全省 60% 的新增就业岗位由民营企业提供。民营企业已成为江苏省吸纳社会就业的主渠道。

### 7. 民营经济成为区域共同发展的加速器和调节器

2006 年苏南、苏中、苏北民营经济的发展显示出了各自的特色，为区域共同发展发挥了加速器和调节器的作用。2006 年苏中私营企业增长最快，私营企业数达 14. 6 万个，较 2005 年增长 25. 45%；苏南私营企业达 34. 3 万个，较 2005

年增长 15.44%；苏北私营企业数达 10.8 万个，增长 18.55%。其中，苏北地区私营企业户均注册资本增幅最高，达 121 万元，较 2005 年增长 19.14%；苏南私营企业户均注册资本达 170 万元，增长 12%；苏中户均注册资本为 154 万元，增长 17.77%。全省私营个体经济已经形成了苏北追赶、苏中崛起、苏南提升的可喜局面。

## 三　江苏民营经济快速发展的主要因素

### 1. 宏观经济政策环境总体有利

当前，我国经济处于一个快速发展的上升周期，国家继续加强和改善宏观调控，着力调整经济结构和转变经济增长方式，推进改革开放和自主创新，推进新农村建设、金融体制改革、税收政策改革，为民营企业的发展提供了良好的机遇。

2006 年江苏省出台了一系列推动经济社会发展的重要政策，如"十一五"发展规划、自主创新战略和新农村建设战略及系列配套政策等，这为民营经济保持快速发展势头创造了良好的外部条件。进一步贯彻落实国务院 3 号文件和省委 7 号文件，采取有力措施促进民营经济保持健康稳步发展。各地从民营经济对当地经济发展的贡献出发，加强对民营经济发展工作的领导。有的市制定出台了落实"非公经济 36 条"的实施细则。从 2006 年年初的"两会"到省委、省政府的各次重大会议和部署，都强调要在全省认真落实鼓励、支持和引导非公有制经济发展的政策措施，为民营经济发展创造公平竞争的政策、市场和法制环境。各级工商联则从参政议政角度为民营经济的发展做出了努力。

### 2. 政府部门支持民营经济发展的措施取得新进展

各级中小企业行政管理部门，会同有关部门，积极贯彻落实《江苏省中小企业促进条例》，提出鼓励中小企业发展的有关政策措施。省政府有关厅局从自身职能出发，鼓励和支持民营经济的发展，如有关部门推出了鼓励非公资本进入的措施，金融部门出台政策以改善中小企业的融资及信用担保条件，税务部门对个体工商户及小企业的税收政策也有改进。

### 3. 科技企业孵化器成为江苏省民营科技企业成长壮大的摇篮

高新技术创业服务中心、大学科技园、留学生创业园、软件园等科技企业孵化器是江苏省培育民营科技企业的载体。近几年来，江苏省通过加强科技企业孵化器建设，有力地促进了科研成果迅速转化为商品，为社会培育了一批民营科技企业和高素质的民营科技企业家。截至 2006 年底江苏省科技企业孵化器已达 76 家，其中国家级科技企业孵化器 27 家，居国内第一位；拥有孵化场地面积 365 万平方米，在孵民营科技企业 6400 家，约占全省民营科技企业总数的 40%。

**4. 企业家不断地成熟和成长**

伴随着国有企业的改制，一大批擅长经营与管理的人才进入民营企业；一大批有知识、有能力的科技人才及大学毕业生也纷纷进入民营经济领域。在企业的实际操作层面，他们善于学习，不断吸取他人之长，为己所用；善于合作，通过合作实现共赢；有较强的社会责任心，能够积极履行社会责任。企业家在市场大潮中不断地探索成长，出现了在全国有一定地位的苏宁、雨润、联创、天地等知名民营企业和民营企业家。这些企业实力较雄厚，经营稳定，管理成熟，团队富有效率，在市场大潮中具有较强的竞争力。随着企业家的成长，一大批非公有制经济代表人士得以涌现。在 2002 年、2004 年表彰 101 位"江苏省优秀中国特色社会主义事业建设者"的基础上，2006 年对 32 名优秀建设者进行表彰。全省工商联培养的代表人士已达 5000 多名。在这些代表人士中，有 2032 名任各级人大代表、3318 名任各级政协委员。

企业家的健康成长促使了江苏民营企业经营状况趋向稳定。全省私营企业开歇业比率已从 2004 年的 31.8% 下降到 2006 年的 22.7%。各种违章违法行为呈现下降态势。自 2004 年以来，全省个体工商户、私营企业因违反工商登记法律法规受到处罚的户数下降了 40%。

**5. 民营企业的"软实力"不断增强**

以文化、意识形态吸引力体现出来的"软实力"，正为越来越多的民营企业所重视，越来越多的民营企业注重用共同的理念和价值观来协调内部关系，增强企业的凝聚力。目前凡具备条件的民营企业基本上都建立了党组织，有关部门对暂不具备条件的民营企业也选派了党建工作指导员。沙钢集团、远东集团、森达集团、南通综艺股份有限公司等民营企业都将党建工作放在突出位置，以党建带动企业文化建设和企业发展。南京天地集团、金盛集团等许多民营企业，党组织从小组、支部发展到党委，统领企业方方面面，凝聚人心，排忧解难，党组织的政治核心作用得到充分发挥。蓬勃发展的民营企业文化建设，使企业管理得以在和谐中运行，也使各自的企业精神不断成长，积淀凝聚成企业员工的自觉意志，对内形成了心情舒畅的环境和价值理念，营造了"尊重人才、企业与人才共发展"的文化氛围，对外树立了民营企业的良好形象，促进了江苏民营企业的健康发展。

# 四　目前民营经济发展中存在的主要问题

### 1. 鼓励促进民营经济发展的措施有待进一步深化

行业准入总体上进展比较缓慢；金融、税收政策总体改进不大，民营企业税负成本明显高于其他企业，民营企业所获得的金融资源与民营经济在全省经济和社会发展中的地位作用极不相称；一些配套实施政策在执行中遭遇阻力，一些部门受传统的观念影响与习惯制约，以致在具体工作上或有意或无意、或直接或间接地限制民营企业。社会化服务体系建设处于起步阶段，面广量大的民营企业所需的创业辅导、企业诊断、技术支持、信息咨询、员工培训等远远得不到满足。搭车收费、强制性有偿服务、摊派等"三乱"行为时有发生。

### 2. 社会舆论环境有待进一步宽松

民营企业为经济发展、劳动就业、公益事业等作出了重要贡献，但并不为社会所真正了解；一些媒介舆论对民营经济的宣传有时不太准确，对"问题富豪"过度渲染，对民营企业家的创新、创业、创优精神以及对社会的贡献宣传偏少，一定程度扭曲了民营企业的社会形象，挫伤了民营企业家的奉献热情。在对收入分配不公等方面的讨论存在某些偏颇舆论。贫富差距不断扩大和收入分配不公问题，部分社会舆论简单地将其主要归因于是私营经济发展；面对民营企业在早期创业过程中存在的某些违规行为，一些人将此视为"原罪"，要求进行谴责和追究，这在一定程度上影响了某些政策的制定和执行，影响了民营企业家的心理。

### 3. 民营企业自身素质有待进一步提高

劳动纠纷时有发生，虽然民营企业的劳动工资、社会保障和安全卫生等劳动纠纷案件发生的比例和频率并不一定高于其他企业，但案件发生的总量和增长率近年来呈上升趋势；社会诚信意识仍有不足，商标假冒、产品伪劣、财务失实等问题仍在部分民营企业中存在；受技术、管理水平因素和某些人为因素影响，部分民营企业的经营比较粗放，由此带来的资源浪费、环境污染等问题没有得到根本解决。

### 4. 危机意识有待进一步增强

民营企业在快速发展的同时，显示了危机意识的淡薄。在企业管理中，基本没有危机管理意识，更说不上预防危机或在危机来临时能够从容应对。而危机一旦发生，将可能对企业产生致命性打击。

# 五　进一步推进全省民营经济健康、快速发展

促进民营经济更好更快地发展，是"全面达小康，建设新江苏"的必然要求。省委书记李源潮在省第十一次党代会上指出，要"把加速发展民营经济特别是本土民营企业作为关键环节，全面落实支持政策，积极引导民营经济健康发展，营造各类所有制企业公平竞争的市场环境"。梁保华省长在十届人大五次会议的政府工作报告中提出，要"大力发展民营经济，进一步落实各项政策措施，形成公平竞争的发展环境，支持民营企业加快技术进步，鼓励民营企业与外商合资合作，引导有条件的民营企业做强做大"。可以说，江苏发展民营经济的思路和政策都是非常明确的，关键在于更好地将思路和政策落实到实处。要按照省第十一次党代会的要求，"始终在解放思想中统一思想，在开阔眼界中拓宽思路"，进一步贯彻落实好中央和省委、省政府发展民营经济的各项部署以及鼓励、扶持、促进民营经济发展的政策措施，推进民营经济健康、稳定发展。

**1. 加强协调，合力促进民营经济发展**

要认真研究民营经济发展面临的新情况和新问题，针对民营经济发展实际，深入贯彻国务院3号文件和省委7号文件，并根据变化了的情况提出新的政策措施。要按照国务院3号文件的要求，建立促进非公有制经济发展的工作协调机制和部门联席会议制度，定期交流情况、分析形势，研究对策，加强部门之间配合和协调，形成促进非公有制经济健康发展的合力。

**2. 正确引导，加强民营经济的宣传**

引导社会舆论正确估价民营企业在构建和谐社会中已经和仍能发挥的作用，采取有效措施，加强对民营企业的正面宣传，营造推进企业履行社会责任的环境与氛围。有关部门应及时总结民营企业为建设和谐社会所作出的成绩与贡献，通过各种方式和途径引导社会舆论对民营企业家的公益行为给予正确的反映、公正的评价和合理的激励。使企业在履行社会责任过程中得到应有的肯定，以利于和谐社会的构建与民营经济的发展。

### 3. 逐步规范，促进民营企业加强管理

江苏民营企业在快速成长的同时，也存在着一些"先天不足"。要针对这些不足，进一步加大引导工作的力度，逐步规范企业的管理。要推进电子政务、电子商务建设，建立公共服务平台，使民营企业了解政策法规，帮助民营企业克服过渡依赖机会导向的问题，避免民营企业在发展中出现的产业趋同、产能过剩、重复建设、重复投资现象。要逐步纠正民营企业片面追求低成本，进行恶性竞争，变相延长工作时间、欠缴员工社保费用等做法，使江苏的民营企业在发展中注重克服自身不足，走健康发展之路。

### 4. 加强服务，为民营企业创业、发展提供宽松的环境

江苏的民营企业已经取得了很大发展，也出现了一批较为知名的企业。但是，从户均 159.27 万元的注册资本看，江苏民营企业最显著的特征还是数量多、规模小。为广大民营企业服务，为民营企业创造宽松的创业、发展环境，是政府有关部门的重要工作内容。尤其是有关执法部门，要及时发布和提供各类信息，为中小民营企业提供工商、税务、环保、消防等方面的知识，充分保障民营企业的知情权。及时与企业沟通，帮助企业了解哪些能做，哪些不能做，哪些必须做，为中小民营企业提供宽松的创业环境和有效的服务。

### 5. 从容应对，帮助民营企业提高危机意识

民营经济已经呈现出良好的发展势头，但也正面临着风险与危机的高发期。相关部门应有意识地帮助民营企业引入危机管理，树立必要的危机意识，建立起相关的危机应对机制，克服民营企业的致病基因，防范民营企业的风险，使民营企业在风险来临时能够从容应对，为民营经济的发展乃至和谐社会的构建作出努力。

我们相信，随着《中华人民共和国物权法》的制定实施、新的企业所得税法的出台、金融体制改革的加快，随着国务院 3 号文件、省委 7 号文件精神的进一步落实，江苏民营经济的发展环境会日益趋好；随着民营企业家自身素质的不断提高和企业创新能力的增强，江苏的民营经济会在现有的基础上更好更快的发展，为"全面达小康，建设新江苏"作出新的更大的贡献。

执笔：马士诚

# 浙江省民营经济发展报告

2006 年，在中共浙江省委、省政府的正确领导下，在国务院《关于鼓励支持和引导非公有制经济发展的若干意见》和省政府《贯彻〈关于鼓励支持和引导非公有制经济发展的若干意见〉的实施意见》精神的推动下，浙江民营经济生机勃勃，活力强劲，亮点纷呈，总量再上新台阶，竞争力继续提高。

## 一　2006 年浙江个体私营等非公有制经济基本情况

截至 2006 年 12 月底，浙江省共有个体工商户 179.8 万户，从业人员 364.82 万人，资金 620.95 亿元，与 2004 年底相比，分别增长 13.2%、4.1%、14%；到 2006 年 12 月底，共有私营企业 40.64 万户，投资者 92.61 万人，雇工 508.64 万人，注册资金 6936.69，同比分别增长 13%、12.3%、2.7%、32.27%。2006 年全省个体私营企业实现总产值 12546.91 亿元，销售总额（或营业收入）9846.91 亿元，社会消费品零售额 4367.55 亿元，实现出口交货值合计 2507.24 亿元，与 2005 年同期相比，分别增长 8.8%、8.8%、11.9%、21.1%。

到 2006 年底，浙江注册资本超过百万元的私营企业达 10 万家，总资产亿元以上的私营企业 1540 家，同比分别增长 19% 和 38.6%；私营企业集团 1019 家，同比增长 41%；年产值（或销售总额）超亿元的有 1757 家，同比增长 33.1%。在全国工商联 2006 年公布的全国民营企业 500 强中，浙江有 202 家入围。浙江百强民营企业规模实力进一步提高，入围"门槛"从 2005 年 18.2 亿元的销售额跃至 22.3 亿元。共有 14 家企业销售额超过 100 亿元，比 2005 年增加 3 家。

## 二　2006 年浙江个体私营经济发展的基本特点

### （一）总量持续增长，整体实力持续领先

2006 年是国家实施经济宏观调控的一年，也是浙江省委、省政府推进产业结构调整和转变经济增长方式的一年，在这一年，浙江的个体私营企业的发展大多呈现出低开高走的态势，增幅回升。2006 年新开业的私营企业和个体户达46.8 万户，比 2005 年增加了 2 万多户。私营企业日均开业 224 户，比 2005 年增加 44 户/天，总量逐月增长，突破 40 万户，创历史新高。2006 年末全省私营企业注册资金总量比 2006 年初增加了 1770 亿元，其中注册资金 100 万元以上的私营企业有 10.1 万家，1 亿元以上的有 435 家，当年分别净增 1.6 万家和 52 家。个体工商户虽受年末集中大批吊销的影响，总量比第三季度末略有回落，但比2005 年末仍有较大增长，增长速度提高了 1.6 个百分点，全年日均开业 1076 户，比 2005 年增加 21 户/天；2006 年浙江各级工商部门引导无照个私经营户依法注册登记达 10.7 万户，比 2005 年净增 6 万多户。由于经济形势稳定，全省个私经营户注销同比减少 3 万多户。2006 年全省个私企业安置社会劳动力就业岗位 966万个，同比净增 111 万个，其中当年安置的下岗职工 9.6 万人次。

2006 年末，总资产上亿元的浙江民营企业超过 1500 家，年产值或销售总额上亿元的私营企业达 1700 多家。全省有私营企业集团 1019 家，同比净增 294 家。

浙江在全国 500 强民营企业中，浙江占 203 席，比江苏省多 100 家。浙江入围民营企业年度销售总额（或营业收入）户均 158.78 亿元，比 2005 年提高了8.58 亿元/户；入围企业最低年度销售额（或营业收入）达 22.47 亿元，比 2005年提高 4.26 亿元。超过 100 亿元的企业有 14 户，比 2005 年增加 3 户。

### （二）调整经营战略，努力打造品牌，提升自主创新能力

2006 年，以"三高一低"为特色的浙江民营经济，受资源"瓶颈"的制约、人民币升值压力、国际贸易摩擦加大以及土地、货币等宏观调控政策的影响，开始调整经营战略，通过各种途径提升企业自主创新能力，重视品牌建设，商标注册踊

跃。近年来，越来越多的浙江民营企业开始打造自己的企业品牌，在各级政府的大力培育下，2006年，全省个私企业注册商标6.22万个，同比净增5000多个。到2006年末，浙江有全国驰名商标116个，省著名商标1037个，分别净增64个和287个。

## （三）发展高新技术，增强自主创新能力

在各级政府的积极引导下，自主创新被提上了前所未有的高度，浙江私营企业为从"浙江制造"走向"浙江创造"全力以赴。大批私营企业的巨额投资从固定资产转向新产品开发。2006年浙江私营企业投入的新产品资金达316亿元，是2005年的5倍多。在宁波的余姚、慈溪两地，2006年政府在科技方面投入近2亿元，企业科研经费投入超过15亿元，50多家高新技术企业撑起了光电一体化、新材料、电子信息等一批创新能力强，并在国内领先的产业集群，并且还涌现了近百个行业技术中心，构成以强大的技术中心为后盾，通过联合攻关转化科技投入与购买技术的新格局，高新技术产值超过500亿元。浙江昱辉阳光能源有限公司，通过创新性研发，2006年底形成月产300万片的硅片生产能力，月销售额超过1亿元，进入全球同行前10位。

## （四）区域经济亮点纷呈，行业发展百花齐放

浙江民营经济一方面在制造业、商贸业等传统和热点行业中，先发地区稳中求变、变中求进，努力提高其在传统经济中的主导地位，再创新高；另一方面，在新行业、新热点行业、新开禁行业，抓住机遇快速发展，力求重新分割市场，增加其市场份额。

浙江的区域经济发展，杭州、宁波、温州总量继续领先，三市私营企业户数合计23万户，占全省的56.6%，个体工商户合计79.5万户，占全省的44.2%，同比上升1个百分点；作为浙江中部的经济中心——金华，近年来经济持续高增长，私营企业和个体工商户发展，2006年增长速度分别达12%和11%，各比2005年同期提高了3%和4%；嘉兴、舟山民营经济总量较低，但速度引人注目，2006年私营企业和个体工商户均有较快增长，达到历史水平。其中，嘉兴市私营企业同比增长18%，增幅居全省之首；舟山市达16%，居第四，两市的个体工商户增长率也高于全省平均水平。

浙江民营经济在新行业、新热点行业、新开禁行业中，发展迅猛。在开禁行

业——卫生、社会保障和社会福利业中，2006 年末私营企业达 620 家，个体工商户在电力、燃气及水的生产和供应业达到 717 家，同比分别增长了 42% 和 53%；在热点行业——涉农行业，个私企业积极投资现代农业，集旅游、休闲、观光、农副产品销售于一体的现代新农业被看好，浙江华发茶业有限公司和浙江丰岛实业集团被国家农业综合办正式确定为参股农业开发项目，中央财政分别参股投资 1000 万元，省财政也分别参股投资 1000 万元；临港工业，异军突起，特别是造船业及相关联的产业得到长足的发展。以舟山为例，2006 年全市新注册船舶修造及相关配套设备生产的个体私营企业 224 家。注册资本 81693 万元，其中注册资金在 1000 万元以上的船舶修造企业达 18 家，共计注册资本 67279 万元。出现了注册资本达 1 亿元的浙江大舫船舶修造有限公司、浙江路成造船有限公司等大型修造船企业，据统计，2006 年舟山市个私经济临港工业实现产值 220 亿元；此外，浙江的租赁和商务服务业因强大的市场需求而受到投资者的青睐，近年来总量持续快速增长，2006 年净增 7901 户，同比增长 22%。

## 三  2006 年浙江民营经济发展中存在的主要困难和问题

从浙江全省情况来看，2006 年是浙江处于经济体制深刻变化、社会结构深刻变动、利益格局深刻调整的关键时期，无论是法制环境、政策服务环境、领导重视程度，还是民营经济自身发展水平，目前都处于比较好的时期。但由于历史的和现实的一些原因，政府在鼓励支持民营经济持续发展的工作方面，也还亟须进一步改进和加强。

### （一）一些地方政府和部门对私营经济偏见仍然存在

一些地方政府认为"国务院非公 36 条"已经出台，对民营经济的发展已经可以万事大吉。但在实际工作中，"玻璃门"现象十分严重，看得见、进不去，想进去，就碰头。从创办企业审批程序的难易度调查数据显示：32.2% 的企业认为较容易，9.4% 的企业认为太复杂；很多政府部门对民营企业进入新行业表示欢迎，但前置条件涨高，如石油业放宽，其实不然。与国企相比，仍然面临着不公平竞争。

一些地方政府对大的民营企业支持较多，对中小民营企业扶持的优惠政策不多。有 26.0% 的中小民营企业认为政府没有专门针对中小民营企业的优惠政策。

从全省看，扶持中小民营企业发展的财政资金偏少，在被调查企业中，近 3 年只有 5 家企业曾获得省级财政的扶持资金，资金总额为 56 万元，只有 7 家企业曾经获得市级财政的扶持资金，资金总额为 42.5 万元；同时中小民营企业的用地指标太少，现有的土地政策使中小民营企业很难得到土地。

### （二）融资难的情况依然如故

随着各种生产要素价格上涨，企业资金需求不断加大，加上产品市场竞争日趋激烈，一些企业的销售压力逐步增加，大量流动资金沉淀在生产环节，应收账款增多，存货占用资金上升，造成企业资金紧张的现象比较严重。特别是中小民营企业中，认为资金不紧张的只有 5.5%。融资困难的占比高达 34.5%。由于中小民营企业的直接融资渠道十分狭窄，很难进入资本市场直接融资，使民间借贷利率走高，企业经营成本上升，部分行业发展速度开始下滑，企业亏损面扩大。

### （三）发展环境有待进一步改进

一是企业负担过重，有 58.6% 的民营企业认为企业中存在各种各样的负担，其中 37.3% 的民营企业认为存在"旧三乱"，35.7% 的民营企业认为存在"新三乱"；二是恶性竞争制约民营企业的发展，有 70.3% 的民营企业认为本企业的主营业务存在竞相压价现象；三是审批程序仍需改善，有 9.4% 的企业认为审批程序太复杂，58.4% 的企业认为一般，认为容易的仅有 32.2% 的企业；四是企业税负偏重，据统计，大型国有营企业每百元营业收入上交税金 3.19 元，而规模以上民营企业每百元营业收入上交税金 4.16 元，高出 0.97 元。而规模以下民营企业的税负比规模以上的民营企业还要重一些。

## 四　展望 2007 年的浙江民营经济

2006 年，浙江的民营经济已经平稳进入转型期，顺应国家的宏观调控政策引导，个体私营等非公有制经济走向理性发展，在"十一五"时期浙江的民营企业竞争力和抗风险能力将上一个新台阶。

执笔：马兆成　景柏春

# 安徽省民营经济发展报告

2006 年是安徽省"十一五"规划开局之年，安徽省委、省政府以科学发展观为指导，认真贯彻党的十六届五中、六中全会精神，从经济和社会发展全局的高度，继续把大力发展民营经济作为促进地方经济发展和实现国民经济又好又快发展的重要举措，民营经济在过去的基础上乘势而上，全省各地出现了跨越式发展、超常规发展的态势。民营经济发展速度不断加快，总量规模不断扩大，经营领域不断拓宽，发展层次不断加深，在全省国民经济增长中的贡献份额大大提高，地位和作用日益显现。

## 一 2006 年安徽省民营经济发展的基本情况和特点

### 1. 政策支持力度不断加大，发展环境逐步优化

2006 年，省政府采纳省工商联建议，把民营经济发展纳入安徽省"十一五"重点发展规划，制定了《安徽省"十一五"个体私营等非公有制经济发展规划纲要》，绘制了安徽省今后 5 年民营经济大发展大提高的宏伟蓝图。2006 年 8 月，省人大通过了《安徽省中小企业促进条例》，以地方立法的形式规定了大量惠泽中小民营企业，保护其权益的措施。2006 年 9 月，省政府组织省经委、省工商联等六家省直单位为出台《国务院关于加快个体私营等非公有制经济发展的若干意见》（以下简称《若干意见》）配套文件开展前期调研工作，2006 年底，王金山省长主持召开省政府常务会议，研究通过了《若干意见》的配套文

件《安徽省人民政府关于进一步加快个体私营等非公有制经济发展推进全民创业的实施意见》，并作为省政府 2007 年 1 号文件下发，体现了省委、省政府对民营经济的高度重视和发展决心。

全省各市县也积极贯彻国务院《若干意见》和省委、省政府相关文件精神，注重扶持，加强引导，把发展民营经济作为重要工作内容高度重视。巢湖、蚌埠、黄山等市相继建立健全了民营经济领导机构，蚌埠市由市长亲自担任领导小组组长。积极响应省委、省政府推动全民创业的号召，采取有力措施推进全民创业工作，全省有安庆、蚌埠、淮北等 12 个市召开了全民创业动员大会，出台扶持创业的政策，全省上下涌动着全民创业的澎湃春潮。

**2. 民营经济发展速度不断加快，涌现出一批龙头企业**

2006 年安徽省民营经济实现增加值 2750 亿元，比 2005 年增长 15.4%。截至 2006 年底，全省私营企业 13.05 万户，注册资本 1521.1 亿元，从业人员 230.1 万人，分别比 2005 年底增长了 23.1%、38.9% 和 32.8%。全省私营企业户均注册资本 116.56 万元，个体工商户户均注册资本 1.62 万元，分别比 2005 年底增长 7.9% 和 16.55%。2006 年，安徽省共新登记个体工商户 132016 户、私营企业 30178 户，平均每天新开业 50 多户工商户和 110 多户私营企业，个体私营企业户数增幅居全国前列，创造了前所未有的发展速度。民营企业不断做大做强，一批龙头骨干企业集团正在形成，利用国内国际两个市场实现超常规和跨越式发展，影响力和带动力进一步增强，涌现出一批年销售额突破 20 亿元，纳税超过 1 亿元，年出口创汇超过 1 亿美元的大型民营企业。

**3. 民营经济外向度不断提高，进出口贸易额持续增长**

2006 年，安徽省新增 1680 家民营企业获得外贸经营权，比 2005 年增长 86.7%，在全省获得外贸经营资格的企业中，民营企业已近 3000 家，占 55% 以上。1163 家民营企业当年发生实绩，占总数的 56.6%，同比增长 33.2%。进出口总额达到 27.6 亿美元，同比增长 28.9%。2006 年安徽省有 10 家民营企业到美国、泰国、印度尼西亚等国设立企业或办事机构，投资总额达 2697 万美元，同比增长 7.7 倍；共 7 家民营企业开展劳务输出和国内外承包，累计完成对外经济合作营业额 3328 万美元，同比增长 138 倍。

**4. 自主创新能力增强，核心竞争力得到提升**

在已报送 2006 年统计年报的 1132 家民营科技企业中，申请专利 616 项，授权专利 402 项，实施专利 301 项，科技活动和研发经费 4.3 亿元。民营企业成为具有持续创新能力的活力群体，安徽中科大迅飞信息科技公司、安徽江淮电缆集团有限公司等一批技术开发能力较强，技术含量较高，成长性较好的企业，正朝着专、精、特、新方向快速发展，企业竞争力进一步加强。鑫科新材料、全力集团、迎驾集团、应流集团等企业都设立了研发中心和技术中心，组建研究所，形成企业自身的研发与创新能力。民营企业开始注重通过品牌建设和国际认证来提高核心竞争力，2006 年安徽省有 40 个品牌入选国家和省级出口品牌，其中民营企业占 40%，共有 96 项产品通过国际认证，占当年通过认证总数的资金支持出口产品 73.8%。

**5. 民营企业加快集聚，产业集群成为发展趋势**

各级政府坚持因地制宜、错位竞争的发展思路，在供地优先、规费减免、税收返还等多方面给予支持，有效地促进了产业集群的发展，民营经济园区积聚作用日益显现。截至 2006 年底，全省共有以民营企业为主体的产业集群、企业集群 140 个。产业集群内共有企业 1.6 万家，年销售收入 1400 亿元，利润总额 90 亿元。一批集群如铜冶炼及铜加工、电线电缆、电子、汽车配件等年产值上百亿，机械、金属加工、服装、纺织、印刷、包装、药材、食品等板块也形成数十亿元的规模，无为高沟的"电线电缆产业群"、天长秦栏的"电子元器件产业群"颇具特色和竞争力。一些产业集群已经成为当地经济发展的支柱，以无为县高沟电线电缆产业群为例，全年共实现销售收入 89.3 亿元，入库税金 5.1 亿元，分别比 2005 年增长 71.37% 和 50.89%，入库税金占全县财政收入的 66.23%，销售收入超亿元企业达 18 家。

# 二 安徽民营企业为构建和谐社会作出巨大贡献

**1. 推动经济发展，维护社会稳定**

安徽省民营经济对国民经济的贡献率越来越大，达到 GDP 总量的 44.8%，占据近半壁江山。巢湖市民营经济首次在生产总值和财政收入两个主要指标上双双超过公有制成分。阜阳市 2006 年全市民营经济上交税金 19 亿元，同比增长 26%，占全市税收总额的 61%，成为影响全局、拉动全市经济发展的主力军。民营企业成为吸纳社会就业和国有企业下岗职工再就业的主要载体，为社会稳定作出了巨大贡献。截至 2006 年底，安徽省城乡私营企业从业人员和个体劳动者512.2 万人，增加 79.6 万人。阜阳市民营企业从业人数已突破 56 万人，在颍泉、颍东、颍州三区，非公企业提供了 70% 以上的城镇就业机会。淮南市 2006 年有17 万人在民营经济这条渠道中谋职就业，比 2005 年增长了 12%。铜陵市 2006 年个体私营企业新增就业岗位和吸纳下岗职工近 7000 人，安排的就业职工已占当年全部下岗职工再就业安置任务的 60% 以上。

**2. 加强企业文化建设，创建和谐企业**

安徽省民营企业积极加强企业文化建设，关爱员工，在社会主义劳动者和社会主义建设者之间建立和谐共荣的劳动关系。安徽安联集团把"以人为本"作为企业文化建设的基本出发点，从关心、爱护和帮助员工的角度出发，为员工多办好事、办实事，比如严格执行《中华人民共和国劳动法》的规定，每一位与安联有劳动合同关系的员工都为其办理"五险"，到目前为止，集团内没有发生一起劳资纠纷。安徽桃花源工贸集团员工时时处处感受到民营企业家的关心，凡是员工生病，公司都派车及时送医院治疗，对于需要动手术治疗的员工，董事长都要亲自安排主治医生，并守护在手术室门前，直到手术顺利结束才离开医院。对于生活有困难的员工，公司也都安排救助。随着企业文化建设的推进，建设者与劳动者之间的关系实现了最大限度的和谐，一大批民营企业家的素质也得到了提高。2006 年，新华集团董事长吴俊保、富煌集团董事长杨俊斌、中鼎集团董事长夏鼎湖荣获全国第二届"优秀中国特色社会主义事业建设者"称号。

**3. 参与新农村建设，帮助解决"三农"问题**

安徽省是全国农村商品流通改革和市场建设试点省，民营企业积极承担试点任务，在全省担当试点任务的 201 个企业中，民营企业就有 149 家，占到了总数的 74.1%。民营企业投身新农村建设热情高涨，蚌埠市许多民营企业纷纷把资金投向新农村建设，2006 年总投资额达 4000 多万元，其中有近 20 家民营企业相继在周边农村购置土地，发展林业和养殖业。宁国市有 50 余家企业进入林产品的生产开发，据不完全统计，宁国市民营企业对新农村建设项目的投资和无偿捐款逾 5 亿元。凤阳县已有 40 位民营企业家投入资金，领建新农村，投入各类建设资金达 610 万元。

**4. 积极贡献公益事业，努力回报社会**

到 2006 年 6 月底，全省参与光彩事业活动的民营企业家达到 7587 人，落实光彩事业项目 186 个，合同投资额 133 亿元，实际到位资金 66.7 亿元，帮助 19.5 万贫困人口解决了温饱问题，安置就业人员 24.5 万人，向光彩事业、公益事业、抗洪赈灾捐款捐物达 9968 万元，为消除贫困，实现共同富裕，构建和谐社会和新农村建设工作作出了巨大贡献。

## 三 民营经济发展存在的主要问题

### 1. 发展环境有待进一步优化

一是市场准入仍受限制。许多领域对民营经济投资虽然没有明文限制，但是民营企业在市场准入方面与国有企业甚至外资企业仍然存在着很大的政策差异。一些收益稳定、利润较高的行业尚未对民营资本开放，行业垄断行为的存在也使民营企业不能平等参与市场竞争。二是中央和省的一些优惠政策在具体执行过程中出现一定偏差，在少数地方得不到落实。有的政策措施可操作性不强，执行起来比较困难。少数职能部门受利益驱动，在执行政策中和上级精神不能保持一致。三是行政效率低，审批环节多。少数公务人员素质不高，服务意识差，办事拖拉，挫伤了民营企业家的创业积极性。四是新老"三乱"现象依然屡禁不止，如某些中介组织和协会利用评比企业家、优秀人物等各种理由向民营企业变相收取费用，增加了企业的负担。

### 2. 融资难问题仍比较突出

一是银行的原因。由于银行当前自身发展的需要，对民营企业的贷款融资要求条件比较苛刻，贷款手续繁杂，缺乏民营企业信用等级评定体系，并且不切实际的追求"零风险"，使企业贷款难度增大。二是地方金融机构缺乏，信用担保体系不够健全。目前安徽省地方金融机构较少，对民营企业支持力度不足。担保机构数量少，规模小，全省仅有 120 家信用担保机构，且不少担保机构业务处于停顿状态，实际有效运作的不多。担保机构平均注册资本低于全国平均水平，担保放大倍数不够，银担合作不和谐，种种因素影响了担保机构作用的正常发挥。三是民营企业自身问题。少数民营企业自身管理不规范，财务不透明，诚信度不高，难以同银行搭建良好互信关系，影响了融资。

### 3. 民营企业自身素质有待提高

一是多数民营企业产权结构单一，法人治理结构不完善，没有建立科学的现代管理制度。二是产业层次低，主要集中在劳动密集型产业上，生产设备、生产方式、服务档次都处在较低水平，缺乏市场竞争力。三是科技投入少，创新能力弱，外部技术援助往往满足不了企业的需求。四是少数民营企业家文化水平较低，管理水平不高，缺少诚信，并存在违反劳动法规、侵害工人合法权益的行为，直接影响了企业健康持续发展。

## 四　采取有力措施，推动民营经济又好又快发展

### 1. 各级政府应全面深入贯彻中央和省政府关于发展民营经济的政策措施

一是各级政府在促进经济发展的指导思想和政策制定上要体现国有、民营经济两手抓，两手都要硬。要尽快建立推动民营经济发展的业绩评价机制，把民营经济发展纳入政府考核体系。二是加快清理限制民营经济发展的规定，凡不符合《安徽省人民政府关于进一步加快个体私营等非公有制经济发展推进全民创业的实施意见》精神的法规、文件，都要进行清理和修改。三是认真检查政策措施落实情况，各市未制定国务院《若干意见》配套实施政策的，都要及时制定；已经制定了的，要进行检查，推动其实际执行。

### 2. 全力优化民营经济发展环境

切实解决行业准入问题。在市场准入上要体现一视同仁，扎实贯彻中央和省政府政策精神，通过各种审批核准制度的改革，努力消除部门利益、地方利益的影响，打破实践中"名放实不放"的"玻璃门"现象。垄断行业、重要领域准入政策的制定和实施，要按照民主化、公开化、科学化、程序化的要求，充分听取民营企业家的意见，避免政策出现局部性的利益化。

实现政府职能根本转变，推进依法行政，规范执法行为，不断清除"三乱"现象，如对于全省性民营经济发展的评比，一律要经省非公经济领导小组审批，不得收取任何费用（包括广告、赞助费）。切实维护民营企业合法权益，建立畅通的维权渠道，在司法和执法上对民营企业要公正公平。促进政企之间信息畅通，政务信息除需要保密的以外，原则上都要上网公布，保证民营企业及时获取政策信息。

### 3. 大力解决民营企业融资难题

发展地方金融机构，加大对民营企业支持力度，逐年增加贷款额度；采取

"政府牵头，商会搭台，银企唱戏"的模式，定期召开银企对接会，加强民营企业和金融机构之间的交流沟通；开展融资减负工作，努力把地方可控的不合理的登记、评估等费用降下来；大力推进担保体系建设，鼓励各类社会资本投资设立商业性担保机构，整合各类奖励、补贴资源，对业绩优良、担保量大、效率高的担保公司予以奖励。

### 4. 完善民营经济社会化服务体系建设

加快信息服务平台建设，打破部门分割，组建并依托安徽省中小企业网站，加强各市县分网站建设，建立起全省上下联动的信息服务网络。加快中介服务平台建设，建议各级政府突出重点，有计划、有目的地制定扶持中介服务组织发展的政策，促使中介组织按市场化运作，在服务民营经济发展方面发挥更大作用。加快科技服务平台建设，沟通民营企业与大专院校、科研单位的联系，积极向企业推介科研成果和适用技术，提高民营企业科技创新能力。加快人才培训平台建设，政府有关部门应把民营经济的人才培训工作摆上重要议事日程，既要抓好政府组织的重点培训，又要抓社会力量组织的多元化培训。

### 5. 充分发挥工商联和行业商会在经济社会建设中的作用

充分发挥工商联在非公有制经济人士参与政治和社会事务中的主渠道作用，积极组织和引导民营企业家和行业商会参政议政。充分发挥工商联在非公有制经济人士思想政治工作中的重要作用，团结、帮助、引导、教育广大会员，推进非公经济人士的健康成长。充分发挥工商联在政府管理非公有制经济方面的助手作用，积极引导广大会员和非公经济人士为全面建设小康社会的宏伟目标作出新的贡献。充分赋予行业商会职能，发挥行业商会在行业自律、维权、参与行业标准制定等方面的作用。

课题组负责人：司应武

课题组成员：胡成杰　李婷青　张凤翔　查全胜

执笔：查全胜

# 福建省民营经济发展报告

2006 年是福建省实施"十一五"规划的开局之年，是海峡西岸经济区建设进入实质性运作的重要一年，是贯彻省委、省政府《关于全面提升民营经济发展水平的若干意见》，进一步落实非公有制经济发展方针政策的一年。在新的形势和政策影响下，福建省民营经济继续呈现快速、健康发展的良好态势，成为推动全省经济又好又快发展的重要力量。

## 一 2006 年福建省民营经济发展的主要特点

### 1. 私营企业持续增加

据省工商局统计，至 2006 年底，全省私营企业 145403 户，比 2005 年增加 17982 户，增长 14.11%，平均日增 49 户；投资者人数 327332 人，比 2005 年增加 58899 人，增长 21.94%；注册资金 3162.39 亿元，比 2005 年增加 583.69 亿元，增长 22.62%；从业人员 1302294 人，比 2005 年增加 223759 人，增长 20.75%。全省个体工商户 492952 户，比 2005 年减少 1779 户；注册资金 209.7 亿元，比 2005 年减少 45.33 亿元；从业人员 940203 人，比 2005 年增加 41473 人，增长 4.61%。

### 2. 民间投资持续增长

2005 年 12 月，省委、省政府出台了《关于全面提升民营经济发展水平的若干意见》，明确规定允许民间资本进入外资进入的行业和领域，并放宽股权比例限制条件，民间投资由此获得了更广的平台和更大的空间。福建新上的一些大项目，如总投资 20 亿元的坑口火电厂和总投资 55 亿元的大唐火电厂，均已出现民资入股的可喜局面。民企福建正荣集团以 BOT（建设—经营—移交）方式中标总投资 12.9 亿元的同三线福泉高速公路莆田至秀屿支线项目，标志着福建省民间资本已经进入高速公路建设领域。据统计，2006 年福建省民间投资 1474.37 亿元，增长 40.6%，拉动全社会投资增长 18.9 个百分点。城镇民间投资 1124.41 亿元，增长 49.6%，增幅比 2005 年提高 15.3 个百分点，拉动城镇投资增长 19.1 个百分点。民间投资的提速，成为福建"经济活力进一步增强"的重要标志。

**3. 规模以上民营企业的实力进一步增强**

据统计，2006 年全省规模以上企业实现工业增加值 2745.58 亿元，增长 20.4%，其中规模以上私营企业实现工业增加值 530.42 亿元，增长 31.1%，增幅分别高于国有及国有控股企业、外商及港澳台投资企业、股份制企业 17.1%、14.5% 和 3%。在省企业评价中心根据省有关门提供的权威资料评选出来的福建省工业企业 2006 年度 300 强中，民营工业企业由 2005 年的 37 家增加到 93 家，占近 31%；国有企业占 5%；港澳台和外商投资企业分别占 30.3% 和 28.3%。另外，上榜 2006 年度福建省民营企业 300 强的数据显示：300 强企业共实现营业收入 1916 亿元，平均每家企业 6.4 亿元，比 2005 年大幅增加，其中年营业收入 10 亿元以上的企业有 22 家。

**4. 民营企业进出口保持高速增长**

据统计，2006 年福建省民营企业进出口额达 129.5 亿美元，比 2005 年同期增长 36.37%，占比为 20.7%。其中出口额达 107.28 亿美元，同比增长 41.9%，明显高于外资企业 13.1% 和国有企业 7.37% 的增幅。民营企业出口增量达 31.66 亿美元，占全省出口增量的 49.3%，拉动全省出口增长 9.1 个百分点，成为外贸出口的一支生力军。2006 年福建省民营企业主要以一般贸易方式出口，出口商品以服装、鞋类、机电产品、花岗岩石材等传统商品为主，其中机电产品的增幅最大，同比增长 47.64%。新兴市场增速较快，出口丹麦、俄罗斯、韩国、巴西、阿根廷、南非、埃及等新兴市场增长 40% 以上。

**5. 民营企业开拓国际市场有新招**

面对着不断增加的国际贸易壁垒和技术壁垒，福建省民营企业凭借自身机制灵活的优势，探索出多种规避反倾销、开拓国际市场的新方式。如从 2006 年 10 月 7 日起，欧盟对中国部分皮鞋及童鞋征收为期两年的 16.5% 反倾销税。作为我国鞋类生产出口的第二大省，福建省近 300 家涉案鞋企业集体放弃了诉讼。福建鞋企虽集体放弃了诉讼，但并未放弃对国际市场的拓展，而是积极调整产业产品结构，在质量、设计及品牌方面提升档次，注重提高产品附加值，实行差异化经营的同时，出现了一些新动向：部分有实力的鞋企与欧盟进口商协议分担税费，或通过转移订单、到国外建厂、建分销机构，以及在国内完成半成品生产、在其他国家组装销售等合法途径规避贸易风险。同时改变出口格局，通过外销多元化策略，努力开拓美国、俄罗斯、日本等新市场；并拓展与东盟合作领域，目前部分企业已实现成功合作。

### 6. 民营企业上市掀高潮

上市融资已成为许多民营企业提升品位、做大"蛋糕"的一条有效途径。2006 年 9 月 21 日公开发行 2700 万股股票的众和股份成为近两年多来福建首家在 A 股市场上市的民营企业，紧接着，国脉科技、浔兴拉链和冠福家用等民营企业先后在深圳、上海证券交易所公开上市，4 只股票共筹集资金 8.8 亿元。此外，还有榕企 DBA 电讯（福建缔邦实业）、飞毛腿（福建）电子有限公司等民营企业先后在香港联合交易所上市。2006 年，全省共有 9 家企业从境内外资本市场筹集资金 22.8 亿元，其上市企业之众、筹集资金之多，是从未有过的，由此掀起了新一轮民营企业上市潮。掀起本次上市浪潮的民营企业大多集中于福建省的主要产业集群里，是各自所处行业的区域性龙头企业，主营业务突出、经营业绩优良且成长性较好，他们的上市，为民营企业建立规范的现代企业制度、做强做大企业、提升民营经济发展水平提供了实例，树立了样板。

### 7. 自主创新日益成为民营企业的自觉行动

越来越多的民营企业致力于应用高新技术改造传统产业，发展高新技术产业。据省企调队对福建省 167 家年营业收入超 5000 万元的民营企业集团的跟踪调查，167 家民营企业集团中有 44.3% 拥有自己的技术研发中心。至 2006 年 10 月底，全省共认定 100 家省级企业技术中心，其中 55 家是在民营企业当中设立的。如"BSB"浔兴集团建立了全国拉链技术开发中心；年产 300 万把雨伞的梅花伞业集团，建立起我国唯一的晴雨伞专业科技中心。通过技术创新，民营企业界获得了良好的经济效益和社会效益。据调查，福建省 167 家民营企业集团中，其主要产品在国内市场占有率达 10% 以上的有 41 家，民营企业生产的九牧王西裤、七匹狼夹克衫、安踏旅游鞋等许多产品在全国同类商品中的市场占有率位居前列。

**8. 民营企业成为品牌战略的领舞者**

福建省民营经济发展已从先前的产量、质量竞争和价格竞争迅速转向产品品牌和企业文化竞争阶段。2006 年福建省有 25 家企业的 25 个产品荣获 2006 年中国名牌产品称号，其中新增 17 个，总数累计达 76 个；新认定的中国驰名商标 14 件，累计 49 件；国家免检产品 133 个，累计 228 个，继续保持全国第五位。新增的 17 个中国名牌中，民营企业拥有 13 个，占总数的 76.5%。民营经济最发达的泉州市 2006 年获得的"中国名牌"有 8 个，继续位居全省第一。特别是素有"品牌之都"美誉的晋江市 2006 年又新增了 5 个"中国名牌"，其中国名牌产品累计达 21 个，在全国县级市中名列前茅。七匹狼、安踏等部分民营企业则已经进入品牌经营的更高阶段，开始将加工制造阶段外包，企业主要掌控产品研发与市场营销等关键环节。

**9. 民营企业家政治地位不断提高**

随着民营企业的不断发展壮大，民营企业对社会的贡献越来越多，民营企业家的形象也越来越好，政治地位不断提高。2006 年福建省知名民营企业家许连捷、吴惠天、邓如宝、庄振生在政协换届中连任或新任设区市政协副主席职务。吴惠天、傅光明、陈成秀等 3 位民营企业家被评为"全国优秀中国特色社会主义事业建设者"；李新炎被评为中国光彩事业奖章获得者；丁志忠荣获第 17 届"中国十大杰出青年"称号；吴哲彦荣获第 11 届"中国十大杰出青年农民"称号。民营企业家为现代化建设事业所作出的杰出贡献，越来越得到人们的普遍认可和赞誉。

# 二 民营经济成为构建社会主义和谐社会的重要力量

**1. 民营企业成为就业和再就业的主渠道**

2006 年福建省全年转移农村劳动力 44.6 万人，下岗失业人员实现再就业 10 万人，这些从农村转移出去的劳动力和失业人员再就业绝大多数在民营企业里就业。调查显示，福建省每 100 个下岗职工再就业中，有 85 人是受益于民营经济发展创造的就业岗位；这几年福建省农业效益提高缓慢，农民收入的增长，主要得益于农民到民营企业打工赚到的钱。

**2. 民营企业成为创建和谐企业的主体**

民营企业的和谐劳动关系是构建和谐社会的基本内容。越来越多的民营企业坚持"以人为本"的理念，充分尊重和切实维护企业员工的权益。据统计，截至 2006 年底，福建省已有 100.09 万名农民工参加医疗保险，全省参保人数达366.01 万人，比 2005 年底增加 33 万人。全国工商联和全国总工会在北京联合召开第三次全国民营企业"关爱员工、实现双赢"经验交流暨表彰电视电话会上，福建省有厦门市建安集团有限公司孙吉龙董事长等 3 位民营企业家获"全国关爱员工优秀民营企业家"称号；福建鸿程纺织有限公司肖记雄等 3 位民营企业员工获"全国热爱企业优秀员工"称号；福建恒安集团有限公司等 5 家民营企业获"全国双爱双评先进企业"称号。

**3. 民营企业成为建设社会主义新农村的主力军**

民营企业的业主多数来自农村，他们热爱家乡，回馈家乡，建设家乡。在农村地区，一个蓬勃发展的民营企业能使当地农产品附加值提高，农民收入稳定增长，农村面貌发生重大变化，促使社会向协调、平衡与和谐方向发展。如厦门市银鹭集团实行"以厂带村"模式，帮助农民建设美好家园。集团所在的新圩镇马塘村家家户户住上新房，约有 30% 的农户拥有小轿车等出行工具，村民参与企业的年终分红，免费享受合作医疗保险，老年人还有养老金，村民的生活已经接近城市居民水平。

在以工促农、以城带乡、破解"三农"难题的过程中，民营企业最理解"三农"的实情，最能设计出解决"三农"的具体措施和办法。如莆田东南香米业公司实行"公司 + 技术 + 农户 + 基地"的发展模式，2006 年投资 60 万元实施良种补贴，在莆田市内建成 15 万亩优质粮生产基地，使种粮农民在获得政府的良种补贴后，每亩再获得 4 元的补贴，基地粮食产量、品质和效益均有较大提高，农民因此增加收入 2700 万元。

许多民营企业家在致富的同时，不忘曾经给予自己帮助和支持的家乡，积极支持家乡的教育事业、文化事业和基础设施建设等各项社会公益事业。在一些民营企业发展得比较快的乡村，民营企业已成为乡村公共产品建设的主要力量。

**4. 民营企业成为慈善事业和光彩事业的重要力量**

在 2006 年福建"慈善大会"上，有 70 位慈善个人、22 个慈善机构和 11 个慈善项目获得表彰。70 位获奖个人中，民营企业家占绝大部分，如曾蝉联全国慈善榜首位的金源集团的黄如论以及福耀集团的曹德旺、恒安集团的许连捷、万利达集团的吴惠天、超大农业的郭浩、福建永辉集团的张轩松等。另据统计，2006 年全省共有 7346 名民营企业家响应省工商联关于开展光彩助学活动的号召，共捐款 9560 万元，扶助贫困大中小学学生 16004 名，建造和修缮中小学学校 113 所。2006 年福建省频受台风洪水灾害袭击，在人民财产受到重大损失的严重时刻，全省有 328 家民营企业和商会组织通过各种方式向受灾地区捐款捐物献爱心，总额达 2870 万元。

# 三　当前福建省民营经济发展存在的主要问题

**1. 资金短缺仍是制约民营企业发展的第一难题**

资金是企业发展生产的血液，血液不足或供血不通畅就会导致死亡。民营企业虽然也积极进行一些技术创新和技术改造，促进产品结构调整和经济增长方式的逐步转变，但由于缺乏资金，制约了企业技术创新的人力、物力、财力的投入。资金短缺客观上已经成为制约福建省民营企业生存和发展的"瓶颈"，制约了民营企业先进设备的引入、技术的更新以及科研的投入。

**2. 市场准入问题仍困扰着民营企业**

虽然近年来，中央、省委省政府出台了许多政策措施支持、鼓励民营经济发展，各级部门领导也高度重视发展民营经济，但在现实生活中，由于既得利益关系，在某些行业和领域，职能部门或执法者消极抵制新政策。表现在行政不作为上，往往以种种冠冕堂皇的理由拒绝民营企业的市场进入，或者抬高民营企业进入的门槛，让民营企业可望而不可即，如民营书商无缘学生课本经营，至今只由新华书店独家经营。

**3. 民营企业的用工问题仍面临着前所未有的紧迫感和压力感**

福建省民营企业以劳动密集型企业居多，缺少技工和操作工人仍是服装、树脂、制鞋、纺织、包装等劳动密集型企业面临的一个难题。近年来，许多劳动密集型企业生产规模不断扩大，生产线越上越多，而招收的工人数量却无明显增加，造成企业开工不足，订单无法完成，生产力"瓶颈"问题凸现。另一方面，由于企业大批量地招工，而从外地转移来的农民工多是生手，许多企业相继增设了"培训部"，为新到的外来工提供免费食宿并发放生活费，先学技术后上岗。企业也因此要承担更大的生产成本，不利于提高产品的市场竞争力。

**4. 出口产品附加值低、差异小**

虽然福建民营企业出口屡攀新高，但是大部分民营企业生产的产品主要还是传统行业的产品，以服装、鞋类等传统商品和低技术含量的机电产品为主，主要走粗放型出口增长模式，出口量大，利润低，附加值也不高。如德化县陶瓷企业有1100多家，整个陶瓷业产值达到50亿元，其中80%以上为外销工艺品。外销产品基本上都是满足西方节日习俗需要的小工艺瓷，根据订单每年不断地变换款式，出口价格极为低廉，资源消耗严重，企业利润极低。

**5. 民营企业赢利水平偏低**

由于原材料价格不稳定，能源、动力、劳动者工资等生产要素成本上升，加上电力供应紧张，企业开工不足，还有人民币升值对出口企业的影响，减少了企业的赢利空间。据省统计局统计，福建省规模以上工业企业实现利润446.57亿元，比2005年增长15.7%。其中，股份制企业实现利润142.66亿元，增长44.0%；外商及港澳台投资企业实现利润252.43亿元，增长2.2%；私营企业实现利润66.40亿元，增长35.8%；国有及国有控股企业实现利润108.54亿元，增长53.6%。民营企业无论是利润总额还是利润增长幅度都排名靠后。

**6. 民营企业品牌的含金量不高**

越来越多的民营企业虽然认识到企业的持续发展要靠品牌来维持，但福建省民营企业的品牌含金量却不高，2006年首次推出的"胡润2006民营品牌榜"，共有50个品牌上榜，最后一名的品牌价值是4亿元。福建民营企业无一上榜。

# 四　2007年民营经济发展的有利因素

**1. 海西建设为福建民营经济提供了广阔的发展空间**

支持海峡西岸经济发展继写入党的十六届五中全会《关于国民经济和社会发展"九五"计划和2010年远景目标建议》后，再次载入六中全会《中共中央关于构建社会主义和谐社会若干重大问题的决定》和国家"十一五"规划纲要，建设海峡西岸经济区已从地方决策上升为中央决策，从区域战略上升为国家战略。国家 30 多个部门从规划布局、项目安排、政策措施等方面相继出台了支持海西建设的意见、措施，随着国家支持海峡西岸经济发展的部署全面实施，国家在推动产业发展、改善投资环境、优化要素配置、扩大对外开放等方面倾斜支持，海峡西岸经济区效应日益凸现，这为福建民营经济提供了更多的发展机遇和更大的发展空间。

**2. 基础设施建设取得突破性进展**

福建省多年持续的交通建设，开辟了从沿海枢纽通往内地的大通道，已基本形成一个北承长三角、南接珠三角、西联内陆腹地、东出台湾海峡的海陆空立体交通网络，为民营经济发展提供了基础设施保障。铁路方面，全省已有鹰厦、横南、梅坎和赣龙四条进出省铁路，正在建设的温福、福厦、龙厦铁路进展顺利，2007 年上半年还将开工建设向莆、厦深铁路高速；公路方面，2006 年新增 153 公里，累计达 1229 公里，覆盖全省大部分地区，连接广东、浙江的沿海大通道和福银高速公路福建段已全线贯通；港口方面，2006 年新增吞吐能力 1900 万吨，累计吞吐量 2.3 亿吨，初步形成了以厦门港和福州港为主枢纽、其他港口相配套的港口群；航空方面，拥有厦门、福州、武夷山、晋江和连城 5 个机场，年旅客吞吐量超千万人次，到 2010 年吞吐能力将达 2000 万人次以上。基础设施的完善和配套，为民营企业的发展提供了坚实的物质基础。

**3. 资本市场助力民营经济发展**

民营企业在经历了产品经营和品牌经营阶段后，日益重视资本经营。除了国内 A 股市场重视培育民营企业上市，中国香港、新加坡等股票市场也频频向民营企业伸出橄榄枝。闽南三角洲活跃的民营经济还引起了德国法兰克福证券交易所（欧洲最大也是历史最为悠久的证券交易所）的注意。由德交所授权的中国推荐上市中介机构——北京博德产权集团已在厦门开设了分支机构，福建民营企业寻求海外上市又多了一条通道。民营企业通过上市融资，必将如虎添翼，做大做强，提高综合竞争力。

**4. 省发改委制定的《福建省鼓励发展的制造业指导目录》，为民营企业的发展指明了方向**

由省发改委牵头并会同有关部门研究制定的《福建省鼓励发展的制造业指导目录》（以下简称《目录》），2007 年初印发实施。对《目录》提出的项目，福建省各级投资主管部门将建立项目核准、备案的"绿色通道"，积极简化程序，努力推广"网上审批"。凡由福建省发改委或转报国家发改委核准、备案的项目，将依据相关规定，予以优先办理或转报，并指定专人负责跟踪、指导，实行全方位服务。在符合《目录》规定、全省产业布局规划和土地利用总体规划及相关政策的前提下，国土部门可优先保障项目用地，各级政府和相关职能部门将予以优先协调解决项目用地，各级政府和相关职能部门将予以优先协调解决项目建设中遇到的征地拆迁、材料供应、基础设施配套等问题，向金融机构推荐优先提供贷款，并对项目建设或投产后生产经营所需用水、用电、用工和运输等方面需求给予优先支持。

## 五　推动福建省民营经济发展的几点建议

随着全国各地民营经济的提速，区域之间的竞争日趋激烈，民营企业面临的竞争压力也将更大。在这种背景下，福建省只有主动调整和完善政策、规则和制度，对民营企业贯彻非歧视原则、市场准入原则和公平竞争原则，努力在全社会形成政策措施扶商、社会舆论亲商、科技创新强商、银企主动活商、办事环节利商、依法维权护商的民营经济发展氛围，才能保持民营经济发展领先一步的比较优势和竞争优势。因此，必须采取更加切实有效的措施，营造民营经济成长壮大的良好环境。

**1. 尽快清理限制民营经济发展的现行政策、规章制度**

在市场准入、财税金融支持、社会服务、权益保护和政府监管等方面，凡是与国务院"非公经济 36 条"及省委、省政府出台的《关于全面提升民营经济发展水平的若干意见》相矛盾、相抵触的规定，都要明确加以废除，同时由政府经济主管部门出台与之相配套、操作性强的实施细则。

**2. 不断提升民营企业的综合素质**

国内 A 股市场新股发行重新开闸后，不仅上市的周期大大缩短，且与境外上市相比，在深沪交易所上市初始成本更低。对此，要大力宣传，精心谋划，积极培育一大批主营业务突出、经营业绩优良且成长性较好的符合上市条件的民营企业上市。除了融资功能外，上市还有助于提高民营企业的品牌知名度和核心竞争力，并能产生群聚效应，吸引、储备人才，推动企业规范化运作，这些都将成为企业做强做大的基础，以此解决民营企业经营管理水平不高、管理模式家族式、经营管理机制不健全、成长不快等诸多问题。

### 3. 注重品牌效应的延伸

现在各地都已建立起一套加强品牌建设、争创名优品牌的激励和支撑制度，民营企业争创品牌的积极性已被充分调动起来。但品牌的创立是个系统工程，要引导民营企业的品牌推广由单一的广告转为实施整合营销传播，制定品牌战略要从企业规模、企业战略和所处地域来综合考虑，在品牌建立之后，更要着重品牌的维护和拓展。同时，建议将获得省级以上（含省级）的民营企业名牌产品列入省政府采购目录，以此带动和激发本地消费者放心使用民营企业的名牌产品。

### 4. 创新融资服务，发展民间金融业

民营经济的长期存在和健康发展，是社会主义初级阶段的一项基本国策，不可动摇，不可逆转。商业银行尤其是股份制商业银行应当把关注的目光更多地投向民营企业，适度调整市场战略，创新金融产品，在为民营企业提供优质全面金融服务的前提下，必会赢得丰厚的回报。此外，还要发挥福建省地处海峡西岸、闽商遍布海内外、民间资本充裕等优势，组建民有民营的股份制的海峡银行，引导海内外闽商共同发展福建金融业，壮大福建资本市场，为海峡西岸经济腾飞作出新的更大贡献。

### 5. 重视解决民营企业的人才"瓶颈"

针对民营企业人才引进难、落户难、子女入学难等实际问题，一是建议人事部门定期征集民营企业招聘人才计划，统一到省外、国外招聘人才；二是建议公安部门能允许进入民营企业的人才户口随迁；三是建议教育部门对在民营企业从业的人员尤其是在民营企业从事技术和管理的人员子女要优先保证入学，不另收赞助费。

课题指导：李祖可

课题组负责人：邱家赞

课题组成员：谢庆双　陈亨良　黄秀梁　黄　兴

　　　　　　马晓峰　林玉宏　包　梅

执笔：谢庆双　林玉宏

# 江西省民营经济发展报告

2006 年是江西省继续创新观念、凝聚人心、扩大开放、加速崛起的一年，全省发展已站在一个新的历史起点上。这一年，省政府制定下发了《关于鼓励支持和引导个体私营等非公有制经济发展的实施意见》，全省深入开展了全民创业活动，省政府积极倡导管理创新，全省工商联努力协助政府促进民营经济加速发展，这些都有效地推动了民营经济发展的社会环境、行政环境、政策环境、市场环境、商会环境的持续改善，民营经济获得了更大的发展空间和机遇，有效地推动了全省民营经济加速增长和产业升级，民营经济成为江西崛起强有力的生力军，对江西经济发展跃上新的台阶和建设和谐江西作出了显著的贡献。

## 一 江西民营经济发展的基本情况与主要特征

### 1. 个体私营经济高速增长

2006 年，私营企业户数 8.52 万户，比 2005 年增长 19.8%；私营企业从业人数 138.3 万人，比 2005 年增长 19.7%；私营企业注册资本 1295.8 亿元，比 2005 年增长 26.3%；私营企业销售或营业收入 1183.1 亿元，比 2005 年增长 52.2%；私营企业总产值 1000.6 亿元，比 2005 年增长 39.8%。私营企业各项指标增长速度都是相当高的。

2006 年，个体工商户数 71.91 万户，比 2005 年增长 6.6%；个体工商户从业人数 181.4 万人，比 2005 年增长 8.1%；个体工商户资本数量 187.3 亿元，比

2005年增长23.4%;个体工商户销售或营业收入881.6亿元,比2005年增长24.4%;个体工商户总产值484.9亿元,比2005年增长31.5%。个体工商户资本数量、销售或营业收入总产值的增速也是相当高的。

在全民创业政策驱动下,2007年一季度全省个私经济继续快速发展,个体和私营企业注册资金分别增长21.27%和26.94%。

**2. 非国有投资高速增长**

2006年,全省城镇非国有投资1374.5亿元,比2005年增长32.1%;占全省城镇投资比重的57.8%,比2005年提高1.9个百分点。其中民间投资1185.1亿元,比2005年增长31.5%;占全省城镇投资比重的49.8%,比2005年提高1.1个百分点。民间投资已占据半壁江山,非国有投资已接近占据六分天下。

2007年1~4月,非国有投资完成350.15亿元,增长35.8%,高于国有投资增幅12.9个百分点。非国有投资占城镇投资比重为64.6%,其中民间投资完成297.89亿元,增长34.52%。

**3. 私营工业企业高速增长**

2006年,规模以上私营企业完成工业增加值333.3亿元,比2005年增长33.3%,比全省规模以上工业增加值增速高10.6个百分点。全省规模以上私营工业企业完成增加值占全省规模以上工业企业增加值的28%,比2005年提高1.2个百分点。私营企业主营业务收入1064.5亿元,比2005年增长51.2%,占规模以上工业主营业务收入比重26.3%,比2005年提高1.6个百分点。私营企业利润45.4亿元,比2005年增长63.7%,占规模以上工业利润的22.9%,比2005年提高0.5个百分点。全省规模以上非公有制企业达到3807户,比2004年增加898户。

2007年1~4月,规模以上私营工业企业实现增加值137.16亿元,增长32.8%。

**4. 非国有企业进出口贸易高速增长**

2006年,民营企业出口额11.6544亿美元,增长45.2%,所占比重31.1%,比2005年同期下降1.8个百分点。民营企业进口额1.9482亿美元,增长81.5%,所占比重8.0%,比2005年同期增加1.4个百分点。

2006年,外资企业出口额13.6667亿美元,增长90.0%,所占比重32.5%,比2005年同期增加6.2个百分点。外资企业进口额17.3082亿美元,增长90.5%,所占比重70.9%,比2005年同期增加14.8个百分点。

**5. 非公有制经济对经济增长的贡献巨大**

2006 年，非公有制经济完成增加值 2457.1 亿元，比 2005 年增长 16.2%；非公有制经济增加值占全省 GDP 的比重 53.3%，比 2005 年提高 1.8 个百分点；非公有制经济对 GDP 增长的贡献率达到 65.6%，非公有制经济总量继续超过半壁江山。

**6. 非公有制经济对财政收入的贡献巨大**

2006 年非公有制经济实交税金 187.4 亿元，比 2005 年增长 31.5%，是全省总财政收入的 36.2%，比 2005 年增加 2.7 个百分点。非公有制经济实交税金占全省税收总额的 45.84%，比 2005 年增加 2.7 个百分点。全省新增税收的 57.2% 来自非公经济的发展。

2006 年，非公有制经济入库国税 93.8483 亿元，占入库国税比重 37.91%，同比增长 35.82%。其中个体私营经济入库国税 27.3780 亿元，同比增长 34.00%。

2006 年，非公有制企业入库地税 93.5086 亿元，比 2005 年增长 27.4%。其中，个体私营企业实交税金 34.0293 亿元，比 2005 年增长 11.3%；私营企业实际入库地税收入 8.2329 亿元，比 2005 年增长 39.5%；非国有股份公司实际入库地税 50.7 亿元，比 2005 年增长 40.8%。

**7. 民办教育跻身全国"三强"**

近几年，江西民办高等教育的快速发展，吸引了大批外省生源来赣就读，扩大了江西省民办教育在全国的影响。与陕西、北京并称"中国民办教育三强省（市）"。2006 年，全省各民办学校 662 所，在校学生 74.83 万人，民办高校及民办高等教育机构 40 所，其中本科院校 2 所、民办高职院校 8 所、非学历高等教育机构 30 所。全省民办高校和高等教育机构万人以上规模的有 8 所，在校生共 24.7 万人，而 10 所民办普通高校在校生达 22.4 万人，占民办院校学生总数的 90.74%。全省民办高校在校生约占全省普通高等学校 68 万人的 30%，在江西省民办高等教育已经成为整个高等教育事业的重要组成部分。

近年来，江西省 10 所民办高校通过多种途径进行社会融资，已有 7 所建成了设施先进、规模较大的新校园，有 3 所在原址高投入进行改扩建。

目前，这 10 所民办高校已形成了以举办高等职业教育为主的一整套办学硬件设施，包括校园占地面积 1.49 万亩、校舍建筑面积突破 400 万平方米、教学设备5亿余元、总资产达39亿余元的建设规模。江西省民办高校的总体办学条件位于全国民办高校的前列。

为进一步促进江西省民办高等教育事业实现规范、有序、持续、健康发展，江西省依法出台了政府对民办高校的督导制度，省教育行政部门首次向江西蓝天学院、南昌理工学院等8所民办高校委派督导专员、党委书记。

这8位民办高校督导专员、党委书记，将进一步加强民办高校的党建和大学生思想政治工作，充分发挥民办高校党组织的政治核心作用和监督保证作用，依法加强对民办高校工作的督导、督学和督察，监督和引导学校依法办学、诚信办学、特色办学，努力构建"信誉好、条件好、质量好、就业好"的"四好"和谐校园。

江西省民办高校高度重视学生就业工作，采取派驻企业联络员、发展校内外职场、开办人才市场集会、建立与企业的合作伙伴关系等有力措施，强力推荐毕业生就业，每年就业率都达到90%以上，不断增强江西民办高校办学吸引力。

江西省民办高校的学生主要来自外省，他们毕业后主要在东南沿海发达地区就业，形成了"两头在外，中间在赣"的办学新格局。

**8. 民营科技企业成为技术创新的重要生力军**

2006年，江西省拥有民营科技企业1338家，其中，资产总额超1亿元以上的企业115家，总收入超10亿元以上的企业109家，产业涉及电子信息、生物医药、精细化工、电机一体化等领域。全省经认定的高新技术企业有2/3是民营科技企业，其中有1/3建立了研究开发机构。有11家民营科技企业组建了江西省工程技术研究中心，如清华泰豪组建"江西省智能电气工程技术研究中心"。同时，各地民营科技企业普遍加大了创新投入，使全省民营科技自主创新能力大大增强。2005年全省民营科技企业共申请专利1060项，一大批民营科技企业与省内外高校和科研机构建立了产学研合作关系。民营科技企业的异军突起，使江西省民营科技园区迅速发展壮大，成为民营科技创新创业的"沃土"。全省已建成南昌民营科技园、贵溪民营科技园等省级民营科技园区21家，先后承担科技研发项目800余项，获国家专利100余项，成为推动地方经济发展、加强科技创新和产学研结合、加速科技成果转化的示范区。

**9. 民营医疗机构逐渐发展壮大**

2006年，全省民营营利性医疗机构总数达4313个，营利性医疗机构的床位数达 5207 张，分别占全省医疗机构总数和床位总数的 16.04% 和 5.13%，并且呈现出较快发展的趋势，一批服务较好、质量较高、专科特色较明显的民营医疗机构已经逐步得到人民群众的认可。民营医疗机构的发展壮大在客观上引入了竞争机制，激活了江西省的医疗市场，进而推动公立医疗机构进一步提高服务质量，改善医疗条件，促进医疗机构整体水平不断提高，使人民群众获得比以前更好的医疗服务。与此同时，民营医疗机构的发展，吸纳了大量退休医务人员，使这些人能够发挥余热，解决了部分医、护学生的就业问题，为社会缓解了就业压力，有利于社会稳定。

### 10. 全省各地民营经济发展特色纷呈

2006 年全省共有 44 个县市区非公有制经济所占比重超过六成，有 3 个县市区非公经济比重超过 80%；全省 22 个发展非公有制经济先进县市区，非公有制经济增加值占 GDP 的比重平均达到 58.5%。2006 年，非公经济增加值超过 50 亿元的有 11 个县市区，全省有 20 个县市区非公经济上缴税金超过 2 亿元。

南昌市个私企业达 13.2 万户，从业人员 87.7 万人，分别比 2005 年增加 3999 户和 13.2 万人；个私经济实现增加值 468.7 亿元，同比增长 35%，占南昌市 GDP 比重 39.6%，比 2005 年提高 5.1 个百分点。在改善民营企业融资环境方面成效明显，2006 年全市担保公司共为 382 户个私民营企业担保金额 4.1 亿元；还通过投资公司为 44 户非公有制企业打包贷款 4.4 亿元。

2006 年，上饶市民营企业 11.74 万个，从业人员 68.6 万人，全市民营企业净增 6022 户，从业人员净增 45100 人。全市非公有制经济呈现出"三加快"、"六提高"的喜人局面，即：生产发展加快。到 2006 年 11 月止，全市民营企业完成总产值（现价）464.64 亿元，其中工业产值（现价）333.70 亿元，同比分别增长 38.3% 和 42.4%，较 2005 年同期增幅提高 16.4% 和 17.1%；完成增加值 138.02 亿元，其中工业增加值 100.27 亿元，同比分别增长 36.0% 和 44.3%，较 2005 年同期提高 12.7% 和 17.3%。规模工业发展加快。全市年销售收入 500 万元及以上民营工业企业完成工业产值 118.97 亿元，工业增加值 36.3 亿元，同比分别增长 82.1% 和 79.1%；实现销售收入 117.16 亿元，利润总额 4.53 亿元，同比分别增长 75.9% 和 77.7%；实交税金 3.94 亿元，同比增长 104.8%；民营规模以上工业企业实交税金占全部民营企业实交税金 32.6%，较 2005 年同期提高 9.8 个百分点；民营规模以上工业企业增加值占全部民营工业企业增加值

36.2%，较 2005 年同期提高 7 个百分点。外向型经济发展加快。全市民营企业完成出口产品交货值 12.34 亿元，同比增长 67.8%，外向度 3.7%，较 2005 年同期提高 0.6 个百分点。工业比重提高。民营工业产值占民营企业总产值 71.8%，民营工业增加值占民营企业增加值 72.6%，分别较 2005 年同期占比重提高 2.1% 和 4.1%。经济效益提高。全市民营企业实现营业收入 424.81 亿元、利润总额 21.21 亿元，同比增长分别 33.3% 和 24.8%，较 2005 年同期增幅提高 7.9% 和 9.9%。实交税金占财政总收入、工商税收总额比重提高。全市民营企业实交税金 12.09 亿元，同比增长 43.4%，较 2005 年同期增幅提高 24.1 个百分点；民营企业实交税金占全市财政总收入 32.2%，较 2005 年同期提高 4.6 个百分点；占全市工商税收总额 43.4%，较 2005 年同期提高 4 个百分点。职工收入提高。全市民营企业劳动者报酬 39.78 亿元，较 2005 年同期净增 6.36 亿元，同比增长 19.0%。工业产销率提高。全市民营工业产销率 97.1%，较 2005 年同期提高 0.6 个百分点。工业增加值率提高。全市民营工业增加值率 30.0%，较 2005 年同期提高 0.3 个百分点。2006 年，个私企业营业收入 500 亿元，较 2005 年增长 23.9%；个私企业增加值 163 亿元，较 2005 年增长 23.7%；其中工业增加值 110 亿元，较 2005 年增长 28.1%；个私企业实交税金 15 亿元，较 2005 年增长 30.2%。

2006 年，赣州市个体工商户数达 14.12 万户，比 2005 年增长 8.46%；私营企业 8515 户，个私经济注册资金 179.29 亿元，增长 22.35%；民营经济安置就业人数 56.82 万人，占全市就业人数的 63.73%；实现税收 25.18 亿元，比 2005 年净增 5.58 亿元，占全市财政收入的 56.08%。章贡区 2006 年新增民营企业 514 户，其中注册资本 100 万元以上的达 78 户，1000 万元以上的有 9 户，新增从业人员 5484 人，新增注册资金 55714 万元；新增个体工商户 4520 户，新增从业人员 10686 人，新增注册资金 10065 万元。

截至 2006 年 6 月底，吉安市私营企业总数 6122 户，从业人员 137364 人，注册资本（金）1149129 万元，同比增长 19.52%、21.5% 和 22.46%。私营企业户均注册资本（金）187.7 万元，户均从业人员 22.4 人，同比增长 2.57% 和 1.8%。上半年新增私企 639 户，从业人员 12984 人，注册资本（金）114595 万元。私企注册资本（金）100 万元以上企业 1881 户，占 30.73%；100 万～500 万元企业 1358 户，占 22%；500 万～1000 万元企业 346 户，占 5.6%；1000

万～1 亿元企业 175 户，新增 41 户，1 亿元以上企业 2 户。

新余市两年来由下岗职工创办的个体私营企业达 3699 户，新余市中小企业信用担保中心累计为 200 余户非公企业提供担保资金 5.4 亿元。2006 年 3 月，非公有制企业新余市良山钢管有限公司四期技改项目投产，可新增年产值 10 亿元，总产值可达 20 亿元。

宜春市民营企业吸纳从业人员 48.98 万人，近 5 年民营经济实现税收年增长 37.4%。到 2006 年，宜春市拥有省级以上高新技术民营企业 11 家。

**11. 上规模民营企业在资本运营、做强做大等方面有所突破**

（1）总体情况。2006 年，江西省工商联会员企业中有 42 个上规模民营企业，营业收入总额为 349.8650 亿元，资产总额 271.3281 亿元，职工人数 86017 人。上规模民营企业最具实力的三个行业，①金属制造及加工业，有 7 家上规模民营企业，营业收入达 138.2870 亿元，资产总额达 88.3416 亿元，净利润 3.9902 亿元，出口额 1.1221 亿美元，职工人数 17799 人；②医药制造业，有 5 家，营业收入达 69.3423 亿元，资产总额达 32.9396 亿元，出口额 700 万美元，净利润 1.8509 亿元，职工人数达 19665 人；③批发零售业，有 5 家，营业收入 28.6177 亿元，资产总额 20.3780 亿元，净利润 5691 万元，职工人数 4683 人。上规模民营企业最强的四个区市分别是，①南昌市 11 家，营业收入 90.2519 亿元，资产总额 77.5772 亿元，净利润 34.7877 亿元，缴税 2.8001 亿元；②萍乡市 3 家，营业收入 120.6845 亿元，资产 76.8563 亿元，净利润 21.4115 亿元，缴税 7.1717 亿元；③九江市 8 家，营业收入 31.0384 亿元，资产 36.2029 亿元，净利润 17.9099 亿元，缴税 2.4347 亿元；④宜春市 8 家，营业收入 48.7426 亿元，资产 32.7376 亿元，净利润 13.2344 亿元，缴税 2.9979 亿元。此外，房地产上规模企业有 2 家，净利润较高，达 3.0760 亿元，列行业第二，净资产收益率达 66.38，列行业首位。人均营业收入 93.22 万元，列行业第二，人均净利润达 58.74 万元，列行业首位。

（2）典型。2006 年，萍乡钢铁公司产钢达 400 万吨，销售收入达 111 亿元，利润总额 4 亿元，税收 7 亿元。

一家鲜为人知的民营企业——江西捷众药业公司，与一家美国抗癌医药企业合并，并在纽约证券交易所成功上市。

泰豪科技 2006 年 6 月以 7.47 元/股成功增发 4560 万新股，9 月向日本三井会社、三井物产、松下电工转让了北京清华泰豪智能科技有限公司 29.5% 的股权；11 月通过受让股权、增资控股了清华同方人工环境有限公司，与 ABB 共同投资设立南昌 ABB 泰豪发电机有限公司；12 月受让上海信业计算机网络工程有限公司 65% 股权。2007 年 1 月，受让山东美乐 82.42% 的股权，2007 年 5 月，计划定向增发 5000 股。

仁和集团 2006 年 12 月收购了九江化纤 13439.52 万股，占比 67.16%。

## 二 民营经济对构建和谐江西的重要贡献

**1. 民营经济对增加经济活力、提升经济效益、推动经济发展贡献巨大**

2006 年个体工商户户数增加了 6.6%，资本数量增加了 23.4%；私营企业户数增加 19.8%；注册资本增加了 26.3%。2006 年城镇非国有投资增加 32.1%，民间投资增加了 31.5%。民营企业数量和投资额的大幅度增加，明显增强了江西经济的活力，民营经济成为江西经济最重要的活力源泉。

规模以上工业中，私营企业利润比 2005 年增长了 63.7%，利润占比 22.9%，比 2005 年提高了 0.5 个百分点，反映出民营经济提升的强效益作出了重要贡献。

**2. 民营经济对扩大社会就业、增大公众财富、维护社会稳定、促进社会公平方面贡献巨大**

2006 年，个体工商户从业人数为 181.4 万人，比 2005 年增长 8.1%，私营企业从业人数为 138.3 万人，比 2005 年增长 19.7%，个体私营从业人数为 319.7 万人。非公有制经济安排就业人数达 984 万人，占全省社会就业总人数的 42.4%，比 2005 年提高 2.4 个百分点。民营经济已经成为解决江西省社会就业问题的主体，民营经济的快速发展，为维护社会稳定提供最重要的基本保障。

2006 年，全省有个体工商户 71.9 万人，户均资本达 2.61 万元，超过全国平均水平 3%，反映了有 71.9 万户个体工商户迈上了小康生活。私营企业有 8.5 万户，其高级管理人员和骨干业务人员更是一个较大的社会群体，这些人构成了江西社会中富裕阶层和中等收入阶层重要部分，这些社会阶层人数的扩大，反映了江西民众社会财富的普遍增加，为构建和谐社会提供了重要的物质基础。

民营经济的发展，既是政府在政策、制度、法律和执行中逐步给民营企业以公平待遇的机会，也是民营企业和非公有制经济人士不断争取政策、制度、法律和实际执行公平待遇的过程。这一公平的逐步实现，推动了整个社会公平进一步实现。

**3. 民营经济在新农村建设、光彩事业和社会公益事业中作出了突出贡献**

截至 2006 年 9 月，江西省光彩事业投资项目 139 个，投资总金额 499.74 万元，公益和慈善事业项目 163 个，捐赠总金额 4304 万元。

2006 年全省已经有 1447 家民营企业对接帮扶 1072 个村，帮扶资金 2 亿多元。

# 三  2007 年江西民营经济发展趋势分析

**1. 非公有制经济继续保持快速发展，对全省经济增长的贡献份额继续加大**

根据省中小企业局关于促进非公有制经济发展的目标，2007 年可望实现"两提高、一达到"，即非公有制经济增加值占全省 GDP 的比重较 2006 年提高 5 个百分点，达 58%；非公有制经济上交税金占全省税收总额的比重较 2006 年提高 5 个百分点，达 50%；非公有制经济从业人员占全社会就业总数的比重较 2006 年提高 3 个百分点，新增从业人员达到 80 万人。

省发改委牵头拟定的《江西省全民创业"十一五"专项规划》对民营经济 2010 年发展目标则为全省民营经济生产总值将达 4800 亿元，占全省生产总值的 60%；上缴税收 420 亿元，占全省总税收的 50%；民间投资占城镇固定资产投资的 70%；民营经济从业人员达 605 万人；全省城镇居民家庭人均经营净收入 1500 元，占城镇家庭人均总收入的比重达 12%；农民人均家庭经营纯收入 2990 元，占农民人均纯收入的比重达 65%；全民创业将成为促进社会和谐的重要保障，"十一五"时期，民营经济 5 年新增城镇就业人员 160 万人，占全部新增城镇就业人数的 70%。

**2. 民营经济发展呈现多样化趋势**

一是少数民营企业将继续沿着产业升级、资本运营、技术创新、开拓国际市场和提升竞争优势的方向提升企业综合素质和竞争力，走质量提升发展道路，多数民营企业仍将在扩大投资生产领域和规模、扩大市场份额的方向上走数量扩张、粗放经营、劳动密集、资源重整的发展道路。

二是部分民营企业会继续参与国有企业改造重组，与国有企业在资本层面的合作会逐渐增多。

三是引进的外来民营企业继续增多，本土民营企业与外来民营企业之间的合作、合资会逐渐增多，外来民营企业的本土化趋势将更加明显。

## 四 推动江西民营经济又好又快发展的对策建议

近年来，江西省委、省政府和全省各级党政机关在改善民营经济发展环境，提高公共服务的效能，扶持、帮助、推动民营经济发展方面均做了大量工作，成效巨大。但同时，民营经济发展仍然存在许多困难、问题，发展环境仍有较大的优化空间，公共服务领域和效能仍有许多开拓和提升的空间，扶持、帮助、推动民营经济发展的力度还可以进一步加大。

### 1. 从战略全局上系统谋划政府改革、创新和提升效能的重大举措

由于江西省长期处于社会经济不发达状态，历届党政领导都比较注重在维护稳定的大局下加快江西发展。近年来，由于领导得力，江西经济保持了高速发展的态势，江西社会经济站到了一个重要的新的历史起点上。在新的历史条件下，改革创新滞后于社会进步、经济发展，协调统筹、系统规划、整合协作落实执行滞后于各尽其能、分兵突进和文件讲话，都将成为制约江西省更好、更快发展的突出矛盾。单纯就发展谋发展、按分工作努力与全省社会经济发展对政府公共服务需求的广泛性、复杂性和系统性已经严重不相适应，与全球经济一体化、知识经济（文化经济）兴起的发展潮流将会日趋不相适应。由中央编译局、中央党校、北京大学下属专业研究机构组织发起的"中国地方政府创评奖"已举行三届，全国有23个省份的项目获奖，获奖项目数最多的前5名依次是浙江、四川、河北、广东、广西，江西与西藏、内蒙古、青海、甘肃、宁夏、黑龙江等8省份为空白。浙江和广东是中国民营经济最发达的省份，同时也是政府创新走在全国前列的省份，可以说明两者之间具有较高的相关度。因此，建议省委、省政府立足江西实际，从战略高度，全面系统地把握世界经济、中国经济的走势，从战略全局上系统谋划江西省各级政府改革、创新和提升效能的重大举措，力争在体制、机制、执行力等方面有突破性进展，努力把江西省的各级政府办成科学发展、和谐发展、可持续发展、绿色发展、自主创新型内生发展的强大的动力源

泉，在江西省公共服务领域培育发展比较优势、绝对优势和竞争优势，努力在江西营造一种鼓励创业、宽容失败、支持探索、激励创新、有利民营企业易生快长的良好政务环境。建议选择南昌市、赣州市作为综合配套改革试点，学习借鉴浦东新区、滨海新区和深圳特区综合配套改革和改革创新的主要举措，同时在全省其他区市选择行政体制、商会体制、医疗体制、社会管理体制、农村管理体制、户籍制度等方面进行改革试点。

**2. 充分发挥工商联作为政府管理非公有制经济和企业的助手作用和总商会职能**

省工商联是省委、省政府联系全省非公有制经济人士的桥梁和纽带，是省政府管理全省非公有制经济和企业的助手，是全省非公有制企业对内对外的总商会。党的十六大的胜利召开、宪法的修改、物权法的出台和国务院《关于鼓励支持和引导个体私营等非公有制经济发展的若干意见》的贯彻落实，为非公有制经济发展提供了更好的大环境和条件，开拓了更广阔的空间，非公有制经济在整个国民经济中的作用将增大、比重将上升，工商联的工作对象更多了、工作任务更重了。随着整个经济运行机制市场化程度的提高，社会、企业对商会服务职能的客观需求将日益上升。现实中许多市场经济发达的国家和地区，其商会的作用也较大；国内往往经济越发达的地区，工商联的商会职能发挥的越好，行业商会越活跃。商会职能的发挥有益于促进经济的发展。

为了更好地推动江西省非公有制经济的发展壮大，为了更好地适应市场经济条件下非公有制经济发展的客观需求，我们希望省政府更加重视、支持省工商联充分发挥现代商会的有关职能，具体建议如下。

（1）在省发改委、省经贸委、省工商局、省中小企业局、省科技厅、省教育厅、省质量技术监督局、省国资委与省工商联之间建立对口联系制度，定期联系沟通，互相通报情况，交换资料，交流信息，上述部门工作涉及非公有制企业的，由省工商联协助办理。

（2）吸收省工商联参加有关非公有制经济的地方性法规、条例、规章、政策举措的制定工作。

（3）省政府及其部门举办的招商引资、商品交易、经济管理、经济、经济运行调控、结构调整、国有企业改制、投资招标、政府采购招标、重点项目建设和扶持等经济活动，凡涉及非公有制经济的，均由省工商联参与协助。

（4）一些涉及非公有制经济的行政管理工作，逐步交由省工商联协助办理。如非公有制企业会计证的管理、民营企业申请境外办企业的前期资格认证、非公有制企业技术人员专业技术职称的评定办理、民营企业产品出口原产地证书的出具等均逐步交由省工商联协助办理。

（5）逐步实行在省政府领导下由省工商联对省级行业商会、同业公会，省个协、私协、兄弟省市的江西商会和其他以非公有制企业为主体的省级商会、企业家协会、企业联合会进行统一协调和归口管理。

（6）省政府各驻外办事处与省工商联密切合作关系，在外省市发展江西商会、江西会馆等商会性民间团体，办事机构设在省政府驻外办事处，业务由省工商联协助联系指导，以广泛团结在外省市的江西籍企业家。

充分有效地发挥工商联作为政府管理非公有制经济和企业的参谋助手作用，对于进一步切实推动全省非公有制经济和企业健康、快速、可持续发展具有不可缺少的重要意义，为此我们的建议如下。

（1）加强领导。建议省政府切实加强对工商联商会和助手工作的领导，支持工商联充分发挥商会职能和助手作用，把工商联商会和助手工作纳入重要议事日程，明确一位副省长分管工商联商会和助手工作，定期听取工作汇报、检查指导工作，支持帮助工商联依照党的方针政策、章程和有关法律开展工作，及时研究、解决工作中遇到的困难和问题。切实使工商联成为名副其实的省政府联系全省非公有制经济人士和非公有制企业的主要桥梁和纽带、管理非公有制经济和企业的得力助手和参谋。

（2）赋予职能。建议高度重视发挥工商联在政府管理非公有制经济和企业方面的助手和参谋作用，突出经济性，责成省发改委、省经贸委、省工商局、省中小企业局、省科技厅、省外经贸厅等有关部门认真开展调研，并提出发挥工商联在政府管理非公有制经济和企业方面的助手作用的具体操作细则。

（3）狠抓落实。建议政府有关部门明确发挥工商联助手、参谋作用的分管领导、经办处室、经办人，并与省工商联具体负责参政议政、民主协商、民主监督、调查研究、协助政府管理非公有制经济和企业等方面工作的宣传调研处建立具体操作、执行层面的对口联系制度，加强具体指导和协调，联合开展有关工作和活动，切实发挥好工商联在政府管理非公有制经济和企业方面的参谋助手作用，努力为江西省完善现代市场经济体制、进一步切实推动全省非公有制经济和企业健康、快速发展作出实质性的具体贡献。

**3. 把推动民营经济大发展作为江西经济发展的一个主要战略**

各级政府及其部门，都应把推动民营经济大发展作为自己的基本职责和重要任务，要充分利用、综合协调利用本级政府及本部门所掌握、控制的各种社会和经济资源，高调挺私，在当地工商联的协助下，有效配置和整合各种公共社会、经济资源，集中财力、物力、人力办大事，尽量通过统一的界面公正、公平和有效地提供优质公共服务，切实鼓励支持、引导、协助民营企业健康、科学地发展壮大。

当前应当在放水养鱼、培育税源、合理计税；克服以罚代法、以罚代管，多提供技术指导；经常性地加强对垄断行业的行政监督、民主监督、舆论监督，推动垄断行业改善服务态度、增加服务品种、提高服务质量；经常性地加强对行政执法部门的横向监督、民主监督、舆论监督，在克服不讲信用、违背承诺，多头执法、野蛮执法、随意执法、恶意执法、随意检查、重复检查、乱收费、乱拉赞助、强制要求企业加入社团、强制要求企业订阅书刊等方面做一些实实在在的工作，切实为民营经济发展保驾护航。建议省政府将有关民营经济发展的法规、政策文件汇编成册，并和《江西省行政事业性收费目录》一起下发放给企业。建议对新创业的个体工商户和小型科技型民营企业实行零收费政策。

在发展民营经济方面，要创造性地开展工作，建议在各级政府领导下，以工商联为操作平台，建立调查研究、协商议事、协调决策和贯彻落实机制，力争在推动全省民营企业的产业合作、产业升级、产学研结合、兼并重组、资本运作、资本合作、上市融资、行业准入、参与国企改制重组、投资入股区域性金融机构等方面提出发展战略、战略举措、优惠政策、扶持措施，争取有较大的作为。

附表1　2006 年非国有控股股份有限公司实际入库地税情况表

单位：亿元，%

| | 实际入库地税 | 比 2005 年增长 |
|---|---|---|
| 其中:营业税 | 16. 1 | 55 |
| 　　企业所得税 | 10. 2 | 34. 5 |
| 　　资源税 | | 48 |
| 　　土地增值税 | 0. 9855 | 128. 8 |
| 合　计 | 50. 7 | 40. 8 |

**附表 2　2006 年江西省非公有制企业机电产品进口情况统计**

单位：万美元，%

| 企业性质 | 累　计 | 占　比 | 增　长 |
|---|---|---|---|
| 中外合资 | 29140.55 | 39.49 | 11.43 |
| 外商独资 | 21655.51 | 29.34 | 65.95 |
| 私营企业 | 4600.53 | 6.23 | 57.68 |
| 中外合作 | 61.09 | 0.08 | 138.50 |
| 其　他 | 1.64 | | −33.47 |
| 合　计 | 73800.83 | 100.00 | 34.50 |

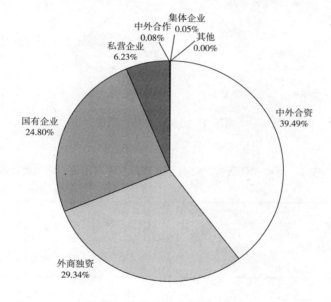

附图 1　进口分企业性质图

**附表 3　2006 年非公有制企业机电产品出口情况统计**

单位：万美元，%

| 企业性质 | 出口额 | 占　比 | 增　长 |
|---|---|---|---|
| 私营企业 | 21115.57 | 33.38 | 65.65 |
| 外商独资 | 9470.51 | 14.97 | 138.05 |
| 中外合资 | 9216.67 | 14.57 | 55.34 |
| 其　他 | 34.78 | 0.05 | 1565.36 |
| 非公有制企业合计 | 39837.53 | 62.97 | 75.77 |
| 全部企业合计 | 63263.00 | 100.00 | 35.02 |

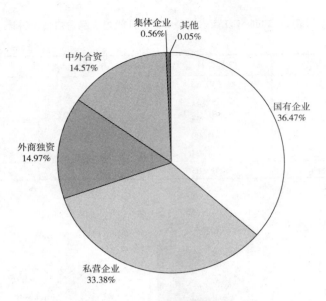

附图 2　出口分企业性质图

附表 4　2006 年江西省非公有企业高新技术产品出口情况统计表

单位：万美元，%

| 企业类型 | 出口额 | 与 2005 年同期比 | 企业类型 | 出口额 | 与 2005 年同期比 |
|---|---|---|---|---|---|
| 私营企业 | 5524. 63 | 189. 34 | 中外合作 | 3. 44 | 204. 42 |
| 中外合资 | 4802. 64 | 196. 45 | 合　计 | 15283.09 | 88 |
| 外商独资 | 2260. 03 | 572. 81 | | | |

附表 5　2006 年江西省非公有制企业纺织服装进出口情况统计

单位：万美元，%

| 名　称 | 进出口额 | 同比 | 出口额 | 同比 | 进口额 | 同比 | 进出口家数（家） | 同比 | 出口家数（家） | 同比 | 进口家数（家） | 同比 |
|---|---|---|---|---|---|---|---|---|---|---|---|---|
| 三资企业（1A） | 30959.6 | 52. 25 | 25016. 5 | 50. 18 | 5943. 1 | 61. 66 | 175 | 9. 38 | 147 | 9. 70 | 94 | 18.99 |
| 中外合作（2） | 891. 1 | 32. 11 | 757. 8 | 14. 84 | 133. 3 | 811. 50 | 4 | 0 | 4 | 33. 33 | 2 | 0 |
| 中外合资（3） | 6048. 6 | 51. 69 | 5360. 7 | 47. 06 | 687. 9 | 101. 10 | 38 | 5. 56 | 30 | 11. 11 | 20 | 11. 11 |
| 外商独资（4） | 24019. 9 | 53. 26 | 18898. 0 | 52. 98 | 5121. 9 | 54. 29 | 133 | 10. 83 | 113 | 8. 65 | 72 | 22. 03 |
| 民营企业（4A） | 42555. 2 | 32. 67 | 42331. 0 | 33. 00 | 224. 2 | - 9. 39 | 194 | 31. 08 | 189 | 29. 45 | 26 | 52. 94 |
| 私人企业（6） | 40206. 9 | 33. 11 | 39982. 7 | 33. 46 | 224. 2 | - 9. 39 | 189 | 34. 04 | 184 | 32. 37 | 26 | 52. 94 |
| 其　他 | 182. 0 | 953. 01 | 164. 0 | 903. 45 | 18. 0 | >1000 | 4 | 33. 33 | 3 | 200 | 2 | 0 |
| 全部企业合计 | 104702. 8 | 33. 84 | 97765. 1 | 33. 04 | 6937. 7 | 46. 31 | 435 | 12. 99 | 397 | 13. 11 | 137 | 28. 04 |

**附表6　各设区市非公有制经济增加值**

单位：亿元，%

| 设区市 | 非公有制<br>经济增加值 | 比2005年<br>增长 | 占GDP比重 | 非公有制<br>上交税金 | 同比增长 | 占财政总额<br>比重 | 占工商税收<br>比重 |
|---|---|---|---|---|---|---|---|
| 南　昌 | 636.5 | | 53.7 | 42.9 | 41.1 | 28.5 | |
| 新　余 | 108 | 30.1 | 50.4 | | | | |
| 上　饶 | 163 | 23.7 | | 12.09 | 43.4 | 32.2 | 43.4 |
| 赣　州 | | | | 25.18 | | 56.08 | |
| 宜　春 | | | | 19.5 | | 50.8 | |

说明：南昌市上交税金及其增速、占比是个体私营经济的数据。

执笔：杨　旭

# 山东省民营经济发展报告

2006 年，中共山东省委、省政府以科学发展观为统领，认真贯彻国家宏观调控政策，把加快民营经济发展与构建社会主义和谐社会结合起来，调整优化经济结构，转变经济增长方式，推进自主创新和节能降耗，实施"中小企业成长计划"，使山东省民营经济继续保持了良好的发展势头，实现了预期的目标。全省非公有制经济增加值、上交税金占全省 GDP 税收总额的比重分别达到 50% 和58%，为推动全省经济社会又好又快发展作出了重要贡献。

## 一　基本情况

### （一）个体私营经济快速发展

截至 2006 年底，全省个体私营经济户数达到 213 万户，增加 13 万户，其中私营企业 36 万户，增加 5.4 万户；从业人员达到 894 万人，增加 85 万人；注册资金 5658 亿元，增长 26%；实交税金 275 亿元，增长 30%。

### （二）规模以上企业跃上新台阶

全省规模以上非公有制工业企业达到 27774 个，增长 20.8%；完成增加值7254 亿元，增长 30.1%；实现营业收入 25903 亿余元，增长 35.9%；实现利润总额 1573 亿元，增长 34%。

### （三） 自主创新能力不断提高

全省民营科技企业发展到 12000 多家，近 2000 家民营企业建立了研发机构，其中省级和国家级技术开发中心分别达到 162 家和 14 家。2006 年全省民营企业技改投入达到 3200 多亿元，其中投资亿元以上项目 510 项，高新技术项目 700 项。全省中小企业、民营经济拥有中国名牌产品 89 个、中国驰名商标 42 件，分别占全省的 47.6% 和 51.2%；山东名牌产品 768 个、山东著名商标 775 件，分别占全省的 65% 和 61%。

### （四） 结构调整初见成效

规模以上非公有制工业企业在电子信息、生物技术及制药、新材料等高新技术等产业的产值比重超过 20%，增幅高于传统产业，所占比重提高约 2 个百分点。出口企业达到 16000 多家，实现出口交货值 3200 亿元，同比增长 24%。全省出口创汇的 60% 以上是由中小企业、民营经济创造的。现代物流、信息服务、旅游业、社会中介等现代服务业也迅速兴起，逐渐成为新的发展亮点。

### （五） 节能环保取得新进展

认真贯彻落实国家宏观调控政策，针对中小企业、民营经济的发展实际，采取有效措施，突出节能降耗和污染减排工作，对耗能高、污染重等行业和产品加大调控力度，为确保 2006 年全省 GDP 能耗下降 4%，二氧化硫和化学需氧量排放目标基本实现，发挥了重要作用。

### （六） 特色产业不断提升

产业特点明显、比较优势突出、集聚化程度较高的特色产业发展势头迅猛。全省年销售收入 5 亿元以上特色产业镇发展到 219 处，年销售收入 3485 亿元，实现利税 345 亿元。涌现出一大批具有鲜明特色的经济名镇。全省有 95 个乡镇跨入全国千强镇行列，入围增量居全国首位。

### （七） 民营企业家的社会责任感进一步增强

截至 2006 年上半年，全省有越来越多的民营企业家投身光彩事业活动。累计有 641 个企业投资实施项目 575 个；投资总额 161 亿余元，实际到位资金 69 亿余元；带动村数 1019 个；培训人数 168889 人；就业人数 165002 人；脱贫人数 888527 人；安排下岗再就业人数 16187 人。2006 年度，省工商联系统招工扶贫人数 198406 人；培训人数 184280 人；安置涉及企业数 25954 个；培训涉及企业数 12496 个；安置涉及村数 20402 个；培训涉及村数 10346 个。省工商联系统 2006 年度安置下岗再就业 218743 人。截至 2006 年上半年，捐赠类项目累计 1249 个，参与企业 3226 个，帮扶村数 573 个，捐赠金额 27 亿余元。据不完全统计，2006 年，省工商联、省光彩会所属企业家共捐建小学 29 所，总金额 1388.6 万元。省工商联系统 2006 年有 6858 个企业参与“民企帮村”活动，帮扶村数 4262 个，其中结对帮扶村数 2727 个。民营企业家以高度的社会责任感、使命感，积极投身光彩事业和“民企帮村”活动，以实际行动展现了新时期民营企业家参与社会主义新农村建设的时代风采。

## 二  主 要 做 法

### （一）进一步完善政策法规体系，优化发展环境

认真贯彻落实《中华人民共和国中小企业促进法》和《国务院关于鼓励支持和引导个体私营等非公有制经济发展的若干意见》。高度重视中小企业立法工作，成立了立法工作领导小组，制定了立法工作计划，经过多方论证，形成了《山东省中小企业促进条例》（草案），并列入省人大 2007 年立法一类计划。省委、省政府出台了《关于进一步促进服务业发展的若干意见》（鲁发〔2006〕14 号文），进一步放宽了准入领域。

### （二）深入开展调查研究，进一步明确发展思路

从实际出发，研究制定发展思路和工作重点。召开了山东省中小企业工作座谈会，进一步明确了中小企业发展方向和工作重点，突出抓好节能降耗、自主创新和环境保护，发展特色产业、加快区域经济发展和繁荣发展现代服务业，推动中小企业和民营经济调整优化结构、转变经济增长方式和提高质量效益，真正转入到科学发展的轨道上来。

### （三）推动企业科技进步，增强自主创新能力

明确提出以提高全省民营企业自主创新能力为目标，以发展高新技术和产业化项目为重点，以技术改造、产学研为手段，努力培育具有自主知识产权的高新技术骨干企业和拳头产品，发展壮大具有优势和特色的高新技术支柱产业的工作措施。全省民营企业技术水平和自主创新能力有了新提高，涌现出一批高新技术企业和技术创新型企业。

### （四）加大节能降耗和污染减排工作力度

根据国家宏观调控政策，以转变经济增长方式、调整经济结构、加快技术进步为根本，以高耗能行业和企业为重点，以企业参与为主体，制定节能科技创新和节能新技术、新产品的推广应用的工作措施。制定了全省中小企业、民营企业开展节能降耗工作意见，引导企业发展循环经济和节能产业，搞好综合利用和再生资源回收利用，总结推广了一批节能降耗的典型经验，起到了示范带动作用。

### （五）加强对特色产业集群的指导，不断提高产业聚集度

高度重视民营经济产业集群、特色产业和公共技术平台建设工作，提出了今后的发展思路、目标任务和工作措施。进一步加大资源整合力度，重点培育了一批辐射带动能力强的龙头企业，初步形成了一批特色明显、聚集度高、配套能力强的产业集群。

### （六）大力实施中小企业成长计划，加强社会化服务体系建设

2006 年，全省加大对成长型企业的资金扶持、人员培训、上市融资、信用担保和信息化建设的工作力度，使千家成长型企业发展势头良好，成为新的经济增长点。全省千家成长型企业完成主营业务收入 3300 亿元，增长 30%；实现利税总额 290 亿元，增长 29%；上缴税金 96 亿元，增长 25%。全省有 273 家进入全国 2006 年 1000 家成长型制造业企业，居全国首位。

一是银企合作取得成果。2006 年，省政府与农行、工行、建行、国家开发银行合作，全面实施中小企业成长计划、小企业培育计划；与农发行合作，开展

了农业小企业贷款试点。全省中小企业贷款余额 2435 亿元，比 2006 年初增加
206 亿元，一定程度上缓解了企业发展资金短缺的困难。

二是加快了担保行业发展。2006 年，全省中小企业信用担保机构达到 250
家以上，累计为中小企业担保金额超过 400 亿元。

三是加大人才培训力度。以蓝色证书培训和银河培训为主线，不断创新培训
形式，更新培训内容，培训效果显著提高。2006 年重点开展了"万家中小企业
信息化公益培训工程"活动，共举办 91 期，涉及 1.3 万家企业，培训人数达
1.9 万人。

四是加强中小企业诚信体系建设。省里有关部门与省人民银行济南分行
联合下发了《关于开展中小企业信用体系建设工作的意见》，初步建立了适
合中小企业特点的信用征集体系，为建立信用评级和失信惩戒机制奠定了基
础。

五是加快信息化建设步伐。召开全省中小企业信息化推进大会，成立了全省
中小企业信息化推进联盟，为企业信息化提供了技术支撑。开通了中国中小企业
山东网，全省已经有 14 个市级分网、45 个县级分网开通。山东分网自开通以来
点击量达到 700 多万人次，日点击率在 3 万人次以上。形成了全省上下联动，共
同推进企业信息化建设的局面。

### （七）积极推进创业辅导工作的开展

组织开展了"培育小企业、创业在山东"活动，命名了一批省中小企业创
业指导中心和创业辅导基地，培育了一批有发展潜力的辅导机构。

### （八）多形式全方位开拓国内外市场

组织企业参加第三届中国国际中小企业博览会、第四届 APEC 中小企业技术
交流暨展览会、东西部合作经贸洽谈会等重要展会，大规模地宣传推介山东省中
小企业和产品。省工商联多次组织民营企业家参加经贸洽谈会，取得了显著的经
济社会效益。如在全国工商联和省政府的指导下，省工商联和德州市委、市政府
认真筹备了第四届海内外知名民营企业家齐鲁行暨经贸洽谈会活动和第十届德州
市投资贸易洽谈会。据统计，活动中共与国内外客商达成签约项目 77 个，签约
金额 137.7 亿元。

## 三　存在的主要问题

总的看，2006 年山东省民营经济无论是发展速度还是规模效益等都较 2005 年上了一个新台阶。但是，也存在着制约山东省民营经济进一步发展的问题。

（1）民营企业在政策规定上享受不到平等的国民待遇。现行的产业政策、财政政策、金融政策、市场准入政策等方面都或多或少存在着对民营企业限制性的规定。

（2）民营企业在政策执行上受到不公平的对待。

（3）政策落实不到位。近几年，山东省在发展民营经济方面连续出台了一系列优惠政策，但这些好政策在全省一些地方，落实不到位。

（4）协调机制、服务体系有待进一步完善和健全。

（5）体制性障碍问题，有待进一步清除。一是资质审批困难；二是信息不透明；三是前置审批多，手续繁杂，效率低下，从而导致民营企业对参与基础设施建设可望而不可即；四是内外有别。

## 四　对加快山东省民营经济发展的建议

### （一）应进一步解放思想

在当前要加快山东省民营经济的发展，首先要进一步解放思想，思路要进一步拓宽，工作要进一步创新。各级党政领导和职能部门应自觉以中共十六大精神，以及国务院下发的《关于鼓励支持和引导个体私营等非公有制经济发展的若干意见》为指针，始终毫不动摇地支持、鼓励和引导非公有制经济健康快速发展。凡是国家法律法规没有明令禁止的，都可以大胆地去做；凡是对民营经济发展有利的措施办法，都可以大胆地去试。要对民营企业家政治上放心，政策上放宽，发展上放手。在对待民营经济发展问题上，全社会都要解放思想，与时俱进。

### （二）应进一步优化环境

首先要治理"三乱"。要从立法、组织、行政、监督等多方面采取措施予以治理。应尽快构筑健全的监督体系和周密的监督网络。除了进一步加强党纪行政监督外，应更好地发挥人大、政协、党派团体、行业协会、舆论监督和群众监督的作用。其次要加快深化行政审批制度改革。凡是国家明令取消的审批事项，应坚决取消；凡是明显不符合政企分开和政事分开原则、妨碍公平竞争的行政审批事项，应一律取消；凡是可以用市场机制代替的，应坚持按市场机制运作。建议在全省进行工商审批制改革。

## （三） 应实施不同所有制企业同一准入门槛

应以贯彻落实《国务院关于鼓励支持和引导个体私营等非公有制经济发展的若干意见》为契机，尽快取消对民营经济发展的各种限制性、歧视性条文，实施不同所有制企业一视同仁，同一准入门槛。凡是国家法律法规未加限制的行业，都对民营经济放开；凡是鼓励和允许外商进入的领域，都对民营经济放开；凡是今后国家实行特殊投资政策的领域，允许其他所有制经济进入的，也对民营经济放开。要允许民营企业参与政府采购的公开竞标。鼓励民营企业投资办教育、办医院。在市场准入上要着力打破行业和部门的垄断，公开招标、公平竞争。在清理历年民营经济市场准入政策的基础上编制出台全省的"鼓励、允许、限制、禁止"民营经济经营的产业目录，并定期修订。把重点民间投资项目纳入省重点建设项目规划。

## （四） 应努力培育一支高素质的民营企业家队伍

切实注重在全省营造一个有利于民营企业家成长的良好社会环境，营造一个有利于民营企业不断追求产品创新、技术创新、组织和制度创新的激励机制，努力培养出一支有世界眼光、有战略思维的高素质的优秀民营企业家队伍。

新阶段，民营经济面临新的发展机遇。只有抓住机遇，山东省民营经济才能取得更快发展，为建设"大而强、富而美"的社会主义新山东作出新的更大的贡献。

课题组成员：刘兴东　张济民

执笔：张济民

# 河南省民营经济发展报告

## 一 河南省民营经济发展的基本情况

2006 年，河南省委、省政府认真贯彻落实党的十六大精神，继续坚持"三放"政策，使全省民营经济提高到一个新水平，成为河南省经济发展最具活力的增长点，成为推动河南省工业化、城镇化进程，实现跨越式发展的强大动力，是实现中原崛起、构建和谐中原的有生力量。

河南省的民营经济发展已经站在新的历史起点，进入了一个崭新的发展阶段。截至 2006 年底，河南省民营企业（即私营企业，下同）总数已达 15.6 万家，其中独资企业 26293 个，合伙企业 4700 个，有限责任公司 124878 个，股份有限公司 37 个；从资金总量来看，民营企业注册资本 2085.8 亿元；民营企业投资者人数达 40.57 万人，从业人员 133.70 万人。截至 2006 年底，全省个体工商户总数达 130.63 万户，从业人数达 281.80 万人，资金数额达 204.38 亿元。截至 2006 年底，全省外商投资企业总数为 2813 户，投资总额达 233.22 亿元。其中，中外合资企业 1618 户，中外合作企业 249 户，外资企业 934 户，中外股份公司 12 户。中方控股 1069 户，外方控股 1643 户，中外方股份持平 101 户。民营经济呈强劲发展势头，全省民营经济实现增加值 6855 亿元，占生产总值的 55%；规模以上民营工业实现增加值 2152 亿元，占全省规模以上工业增加值的比重首次超过公有制经济，达到 51.9%。

## 二  2006 年河南省民营经济发展的主要特点

2006 年河南省的民营经济呈现出增长速度不断加快、企业规模不断扩大、科技含量不断提高、综合效益越来越好、民营企业整体素质越来越高的特点。

### （一） 民营经济增长速度较快

2006 年民营企业新开业户数达 33414 户，注册资本 351.9 亿元，从业人数达 260918 人；尽管当年注销、吊销企业 12287 户，但与 2005 年相比，2006 年民营企业总户数、注册资本总额、从业总人数仍然分别增加 16.85%、22.77%、27.39%。2006 年当年新开业个体工商户 219082 户、从业人员 430889 人、资金数额 52.17 亿元。尽管 2006 年当年全省注销、吊销个体工商户总数达 198881 户，但与 2005 年相比，2006 年个体工商户总户数、资金总数额、从业总人数仍然分别增加 1.42%、15.03%、12.62%。

2006 年全年新批准外商投资企业 497 个，比 2005 年增长 5.3%；实际利用外商直接投资 18.45 亿美元，增长 50.1%。

### （二） 民营企业规模不断扩大

截至 2006 年底，注册资本在 100 万～500 万元的 28279 家，比 2005 年增加 6010 家；500 万～1000 万元的 5364 家，比 2005 年增加 1110 家；1000 万～1 亿元的 3388 家，比 2005 年增加 772 家；超亿元的 71 家，比 2005 年新增 19 家。与 2004 年相比营业收入超过亿元的民营企业由 411 家增加到 1091 家，实缴税金超过 1000 万元的企业由 99 家增加到 335 家。2006 年一年全省民营企业新上项目 15781 个，其中 1000 万元以上的项目 4732 个，比 2005 年增加了 2042 个。

### （三） 民营企业的科技含量不断提高

2006 年新上民营企业项目中的现代中药、生物制药和电子信息等高新技术项目所占的比重越来越大，企业技术创新进步显著。全省民营科技企业发展到 1443 家，占全省科技企业总数的 90% 以上。民营企业已成河南省技术创新的主力军，一些骨干企业还拥有了自主知识产权。

### （四）民营企业的综合效益越来越好

在 2005 年全省民营企业表彰大会上，省委、省政府明确提出了发展非公有制经济"政治上放心、发展上放开、管理上放手"的"三放"政策，并采取一系列推进非公有制经济发展的有力措施，使河南的民营经济呈现出强劲的发展势头。两年来，河南省民营企业在项目选择上，注意按照国家产业政策的要求，更加注重环境保护、资源综合利用，取得了良好的经济效益和社会效益，呈现出六个标志性变化——民营经济已成为拉动全省经济增长的重要力量、成为河南省固定资产投资的重要增长点、成为河南省外向型经济发展的重要平台、成为河南省技术创新的重要载体、成为河南省吸纳就业的重要渠道、成为河南省县域经济发展的重要动力。

2006 年，民营企业进出口 10.36 亿美元，增长 87.3%，高于全省增速 64.9 个百分点，其中出口增长 92.1%，高于全省增速 60.6 个百分点，民营经济已成为河南省外向型经济发展的重要平台。民营企业对县域经济的贡献越来越大，全省民营企业已占到县域企业总数的 98% 以上。在 2006 年县域固定资产投资中，民营企业的新上项目和技改项目占固定资产投资的比重达 90% 左右，成为推动县域经济快速发展的主体力量。民营企业的发展不仅增加了县域经济的总量，还有力地促进了农业结构调整和农业产业化发展，改善了农村基础设施条件，为农业增效、农民增收拓宽了渠道，为加快社会主义新农村建设贡献了力量。民营经济的快速发展，创造了大量的就业机会，解决了大批大中专毕业生、城镇居民和下岗失业职工的就业再就业问题，促进了农村富余劳动力向二、三产业转移，成为全省增加就业的主渠道。2006 年，全省非公有制经济从业人员达 1625.1 万人，占全省从业人员的 1/3 以上，其中新增就业 110 万人，占全省新增就业的60% 以上。其中仅三全、思念、辅仁三家企业每年安置的就业人员超过 5 万人，有效地缓解了河南省就业压力。

据河南省工商联光彩事业专项统计，截至 2006 年底全省民营企业投资 50 万元以上的光彩事业项目 268 个，累计到位资金 455368 万元，培训 336343 人，安排就业 299617 人，脱贫 512332 人，安排下岗职工再就业 15326 人，捐赠项目318 个，帮扶村 66 个，累计捐赠 26348 万元。

### （五）民营企业的整体素质越来越高

2006 年河南的民营企业不断适应新阶段、新形势的要求，深入贯彻落实科学发展观，继续坚持内强素质、外树形象，转变发展观念，创新发展思路，企业素质不断提高，"产品上水平、规模上水平、技术上水平、经营管理上水平"，为加快"两大跨越"（经济大省向经济强省的跨越、文化资源大省向文化强省的跨越）、推进"两大建设"（和谐中原建设、党的建设）作出了很大贡献。在政府为民营企业发展创造社会环境的同时，民营企业也开始注重内部环境的改善，绿化、美化、环境保护等已成为民营企业的热门话题；不少企业都建立了党、团及工青妇组织，增强了企业的吸引力和凝聚力。许多民营企业家积极主动承担起应负的社会责任，树立了诚实守信、依法经营、保护生态、奉献社会的良好形象。

## 三　加快河南民营经济发展的几点建议

省委书记徐光春在全省优秀民营企业表彰大会上指出："为非公有制经济发展壮大提供良好环境是各级党委、政府的职责。""各级各部门要进一步提高对发展非公有制经济重要性、必要性、紧迫性的认识，把营造环境作为发展非公有制经济工作的着力点，切实做到优质服务、规划引导、依法管理。"全省各级各部门都要进一步解放思想，在省委、省政府的统一领导下，坚定发展民营经济的思想，改进领导方法，创新工作机制，形成"党委统一领导、政府调控协调、社会积极参与"的工作格局，努力实现河南省民营企业的大发展、大提高和新跨越。

### （一）加大落实有关促进民营经济发展优惠政策的力度

为了全面贯彻国发［2005］3 号文件精神，促进河南非公有制经济健康快速发展，省政府于 2006 年 6 月出台了《关于贯彻国发［2005］3 号文件鼓励支持和引导非公有制经济发展的实施意见》（豫政［2006］32 号）。文件在全面贯彻国发［2005］3 号文件精神的同时，结合了河南实际，在切实解决非公有制企业融资难问题、加快信用担保体系建设、加强对非公有制经济工作领导等方面取得了新突破。就政策环境而言，这些文件的出台为河南民营经济的发展提供了前所未有的机遇和条件。但在实际工作中，对文件精神的具体执行还存在一些问题，主要表现在，一是民营企业融资困难问题仍然没有得到切实解决。在工商联召开的民营企业负责人座谈会上，制约企业发展的最大难题被提到次数最多仍然是融资难。二是民营企业迫切需要的社会服务体系还没有完全建立。民营企业迫切需要的信息服务、技术服务、员工培训等服务体系，或没有建立，或处于起步阶段。河南省民营企业投诉中心于 2006 年 6 月成立，主要受理民营企业的投诉并协调有关部门进行调查处理，为民营企业提供法律、政策咨询服务。但接到和处理的投诉寥寥无几，提供法律和政策咨询服务成了一句空话。三是工商联作为政府管理民营企业的助手作用没有充分发挥出来。因此，全省各地各级党委、政府都要加大落实中央和省委、省政府有关促进民营经济发展优惠政策的力度，为河南的民营经济营造宽松和谐的发展环境。

## （二）进一步支持民营企业积极参与新农村建设

为了认真贯彻落实《中共中央、国务院关于推进社会主义新农村建设的若干意见》、《全国工商联关于组织、引导和支持民营企业参与社会主义新农村建设的意见》，积极实施《全国工商联、中国光彩会"民企系三农、共建新农村"光彩行动方案》，河南省工商联积极在全省范围内开展"民企系三农共建新农村"、"千企帮千村"等活动，并撰写《关于进一步支持我省非公有制企业参与新农村建设的建议》等提案提交省政协全会，呼吁社会各界广泛关注、支持民营企业积极参与新农村建设。省委、省政府主要领导多次强调要把发展民营经济同增加农民收入、建设社会主义新农村、实现小康社会有机结合起来，出台了发展民营经济、建设新农村的有关文件。许多民营企业家积极响应党的号召，通过无偿捐助、投资开发、光彩事业等形式支持和参与新农村建设。但在实际工作中还存在一些困难，影响了民营企业参与新农村建设的积极性。一是政策支持乏力；二是资金支持不足。因此，政府及有关部门应从制定优惠政策、提供资金服务、创造良好环境等方面加大对民营企业的支持力度，鼓励引导民营企业积极参与新农村建设。培育、壮大一批各具特色的大型农产品加工龙头企业，特别是加工能力大、科技含量高、出口创汇多、对农业生产带动能力强的大型龙头企业，扩大农民就业渠道，增加就业岗位，增加农民收入，促进河南省新农村建设和和谐社会建设。

## （三）拓宽融资渠道，解决民营企业发展资金

针对民营企业担保难、融资难等问题，河南省各级政府都花了很大力气，省政府专门出台了《关于加快全省中小企业信用担保体系建设的指导意见》（豫政[2006] 62 号），推动了全省中小企业主要是针对民营企业的信用担保体系建设

步伐，引导担保机构开展担保再担保业务。省中小企业局计划近期新设立担保机构 20 家，新增担保能力 100 亿元，形成年 250 亿～400 亿元的融资担保能力，为实现 3 年达到 300 亿～500 亿元的信用担保能力的目标打下坚实的基础。但就目前落实的情况看，民营企业融资的难题仍然没有根本解决。建议有关部门要不断加快全省信用担保体系建设步伐，引导担保机构开展担保再担保业务。要建立民营企业与金融机构合作机制，搭建政府、银行、企业、投资机构、担保机构合作平台。省中小企业局、省工商联要积极支持引导民营企业在资本市场融资，会同省证券监管机构对已完成改制的企业进行上市辅导，对完成上市辅导的企业积极做好上市推荐工作，主动与国内外有关机构联系协调，争取在境内外发行股票和上市，积极推动民营企业产权交易、股权交易、发行债券。积极引导民营企业争取河南省县域经济发展资金、工业结构调整、高新技术产业化资金、农业结构调整等财政专项资金的支持。

## （四）健全服务体系，为民营企业提供全方位的社会化服务

民营经济、民营企业的大力发展离不开社会，离不开环境，更离不开党委的领导和政府的支持。各级党委、政府要树立服务为本和服务至上的理念，为民营企业提供"高效、便捷、公开、周到"的服务。要加快转变政府职能，把管理与服务结合起来，提高服务效率，深化行政审批制度改革；要健全服务体系，为民营企业提供全方位的社会化服务。要把《河南省人民政府关于建立中小企业、非公有制经济社会化服务体系的指导意见》的有关精神落到实处，充分发挥社会资源优势，积极发展各类中介组织，加强对中介服务组织的指导、协调和监督，促使其规范运作，努力为民营企业提供信息、管理咨询、技术创新、市场开拓、教育培训、创业等服务工作。

课题组负责人：孔火团
课题组成员：张景堂　姚迎霞
执笔：孔火团

# 湖北省民营经济发展报告

2006年，湖北省以科学发展观统领社会经济发展全局，抢抓"促进中部地区崛起"的战略机遇，以民营经济为经济发展的新引擎，全省经济社会继续保持了良好发展，民营经济在"十一五"开局之年取得了较快发展。

## 一 2006年度湖北省民营经济发展概况

### （一）全省个体私营企业加快发展

民营经济发展势头强劲，企业规模加速壮大。2006年，全省民营经济厚积薄发，着力向规模化经营转变，企业平均规模迅速扩大，经济实力不断增强，已经成为全省经济增长中最活跃的因素。省工商局2006年统计资料显示，2006年，全省个体工商户期末实有户数为106.3139万户，比2005年期末实有数增加44517户，增长4.37%。2006年个体工商户从业人员期末实有230.3626万人，比2005年度期末增加15280人，增幅0.67%。2006年度户均注册资金2.34万元，比2005年度增加0.11万元，增加4.93%。个体户户数、个体户从业人数、个体户经济投入实现了整体增长。

省工商局2006年统计资料显示，2006年全省期末实有私营企业户数为15.0288万户，比2005年度期末实有私营企业户数增加21259户，增幅16.48%。2006年期末实有私营企业投资者人数为39.0573万人，比2005年度期末实有的投资者人数增加 48879 人，增幅 14.30%。2006 年度期末实有私营企业的注册资本金为 2362.9 亿元，比 2005 年度期末实有私营企业的注册资本金增加 358 亿元，增幅 17.86%。全省私营企业户数、私营经济的投资者人数、私营经济的经济投入的增长幅度为历年来少有，表明全省私营经济进入了新的加速发展阶段。

## （二）个体私营企业成为社会就业的主渠道

个体私营企业提供了大量的就业机会，有效地缓解了就业压力。随着民营经济的快速发展，全省越来越多的新增劳动者、国有企业分流下岗人员和农村剩余劳动力从民营经济中寻得就业机会，有效地缓解了下岗多、就业难的社会矛盾。2006 年全省期末实有的私营企业雇工人数为 104.4362 万人，比 2005 年度全省期末实有的私营企业雇工人数增加 16.0016 万人，增幅 18.09%。2006 年期末实有的私营企业投资者人数为 39.0573 万人，比 2005 年期末实有的投资者人数增加 48879 人，增幅 14.30%。全省个体私营企业的总就业人数达到 373.8561 万人，比 2005 年个体私营企业总就业人数增加 22.5 万人，增幅 6.4%。

## （三）私营经济在工业领域中的作用进一步增强

省统计局规模以上工业统计年报资料显示，2006 年，全省私营工业企业 3555 家，比 2005 年同期增加 18.15%，占全省工业企业数的 47.11%，比 2005 年同期上升 2.94%。全省私营工业企业资产达 797.22 亿元，比 2005 年增长近 30%，占规模以上工业总资产的 8.22%，比 2005 年增加 1.11%。私营工业增加值 3980.33 亿元，比 2005 年增加 34.02%，占规模以上工业增加值的 16.64%，比 2005 年增加 1.84%。实现利润 41.39 亿元，比 2005 年增 52.00%，占规模以上工业利润的 9.12%，比 2005 年增加 1.80%。民营经济在全省工业经济中的作用进一步增强。

## （四）外商及港澳台投资企业加快发展

省统计局规模以上工业统计年报资料显示，2006 年，全省外商及港澳台投资工业企业 685 家，比 2005 年同期增加 13.22%，占全省工业数的 10.05%，比 2005 年同期上升 1.17%。全省外商及港澳台投资企业资产达 1566.79 亿元，比 2005 年增长近 46.41%，占规模以上工业总资产的 16.16%，比 2005 年增加

5.93%。外商及港澳台投资工业企业完成增加值 5262.06 亿元，比 2005 年增加 16.36%，占规模以上工业增加值的 22.00%，占比与 2005 年持平。外商及港澳台投资工业企业实现利润 88.17 亿元，比 2005 年增 32.39%，占规模以上工业利润的 19.42%，比 2005 年增加 1.51%。

### （五）民营经济贡献税收的能力进一步增强

2006 年，全省个体经营户、私营企业、港澳台投资企业、外商投资企业共计纳税 198.67 亿元，比 2005 年增长 44.17 亿元，增幅 28.6%，占全省一般预算收入的比重进一步上升到 42.3%。

### （六）利用外资取得新进展

2006 年，全省实际使用外资 308227 万美元，比 2005 年度的 264955 万美元增加 16.33%，其中 2006 年外商直接投资 244853 万美元，比 2005 年增加 26378 万美元，增幅 12.07%。2006 年外商其他投资为 63474 万美元，比 2005 年减少 4959 万美元，减幅 7.25%。在利用外资的方式上，2006 年外商投资股份制企业利用外资金额为 2739 万美元，比 2005 年增长 45.31%。

## 二　2006 年湖北省民营经济发展特点

### （一）一批民营企业茁壮成长

2006 年，全省民营企业取得较大的发展。在 2006 年度全国民营企业 500 强中，湖北省有 10 家民营企业入围。其中，九洲通集团有限公司第 33 位，湖北联谊实业集团有限公司第 146 位，湖北华明集团第 148 位，湖北福星科技股份有限公司第 189 位。

2006 年，湖北省工商联、湖北省总商会、湖北日报报业集团联合推选出劲牌有限公司等 23 家企业为"2006 年度湖北具有带动力民营龙头企业"，推选出百步亭集团有限公司等 4 家企业为"2005 年度湖北民营示范企业"，推选出湖北稻花香集团等 10 家企业为"2006 年度湖北最佳成长型民营企业"，通过"三项推选"活动，引导促进民营企业加快发展健康成长。

### （二）民营经济带动县域经济加速发展

2006 年是湖北省进一步加快县域经济发展的一年，在"一主三化"发展方针的指引下，以民营经济为主体的全省县域经济取得了快速发展。在全省 76 个县（市、区）中，2006 年规模以上工业增加值超过全省工业增加值 2.0% 增速的县市区达 56 个，固定资产投资增幅超过全省投资平均增幅 28.1% 的县市区达 38 个，社会消费的零售总额的增速超过全省平均增速 15.1% 的县市达到 20 个，地方一般预算收入超过全省 25.6% 的平均增幅的县市区达 13 个。

2006 年，全省县域工业企业改制面达到 98%，民营经济占县域经济比重达到 60% 以上。

### （三）民营经济投资力度进一步加大，发展后劲增强

随着市场经济体制的不断完善，全省民间投资日趋活跃。省统计局的投资资料显示，2006 年，全省私营企业完成 50 万元以上投资项目的投资额为 459.4 亿元，比 2005 年同期增加 33.60%。其中制造业和房地产业是两大重点投资领域，制造业的投资为 200.7 亿元，在总量中占 43.69%，增长速度为 37.30%；房地产业的投资为 151.0 亿元，在总量中占 32.87%，增长速度为 25.20%。

### （四）民营企业外向度进一步提高

2006 年，全省民营企业进一步开拓海外市场，进出口总量稳步扩大。武汉海关统计资料显示，2006 年，全省民营企业出口商品总值 12.8542 亿美元，比 2005 年增长 59.90%，占全省出口总值的 20.54%，占比较 2005 年同期增加了 2.48%。民营企业进口商品总值为 5.3177 亿美元，比 2005 年增加 16.16%，占全省进口商品总值的 9.71%，占比略低于 2005 年同期水平，民营企业积极利用海外市场，经济外向度越来越高。

### （五）民营科技企业发展较快

2006 年，全省 278 家私营高新企业实现增加值 33.9 亿元，同比增长 32.4%；实现利税 13.68 亿元，增长 26.8%；实现销售收入 124.8 亿元，同比增

加 38.7%。在鄂港澳台资企业高新产业发展迅速，2006 年创高新产值 178.8 亿元，比 2005 年增长 65.7%，是所有经济类型企业中增长最快的。

## 三 湖北省民营经济发展中存在的薄弱环节

### （一）民营企业有待进一步做大做强

2006 年，全省民营经济取得了长足的发展，但仍需进一步壮大做强，在全国民营经济 500 强中，湖北只有 10 家，与沿海省市的民营企业相比，还有较大的差距。

工业领域是全省民营经济的主战场。2006 年，全省规模以上工业中，虽然私营工业数占全省工业总家数的 47.11%，但私营工业企业创造的增加值、实现的利润、完成的利税等在工业经济中分量不大，民营企业有待进一步做大做强。

### （二）民营经济在高新技术产业领域发展不够

全省多数的民营企业集中于服务业和规模以下工业，多为资金密集型和劳动密集型企业，高附加值、高科技、裂变式发展的民营企业不多。

### （三）产业集聚有待进一步发展

相对于沿海民营经济发达省市，湖北民营企业的专业化、集约化、规模化发展不够，产业集群不够，影响了民营企业量的扩张和质的跃进。

### （四）民营企业融资难题未得到根本解决

金融支持力度有限，民营企业融资困难度较大，据国家统计局湖北调查总队企业经营状况景气指数调查，2006 年全省私营企业融资景气指数为 67.3，比 2005 年度的 69.9 还低 2.6 个景气点，与融资正常景气点 100 有较大的差距。

## 四 进一步加大政策落实力度，支持
## 民营经济快速健康发展

2006 年是贯彻落实《国务院关于鼓励支持和引导个体私营等非公有制经济

发展的若干意见》力度最大的一年。2005 年 8 月 8 日，湖北省委、省政府下发了《关于进一步加快个体私营等非公有制经济发展的若干意见》（鄂发［2005］15 号）。该意见是在全面总结了全省非公有制经济发展的经验、高度重视非公有制经济对全省经济社会发展中的作用、努力创新全省非公有制经济发展中的制度优势的基础上形成，是新中国成立以来全省在支持非公有制经济发展上力度最大的政策文件。

该意见要求全省坚定不移地加快非公有制经济，放宽市场准入，加大财税金融支持力度，加快服务体系建设，提升非公有制企业发展水平。要求进一步加大非公有制经济发展力度，进一步明确非公有制经济发展重点，支持非公有资本进入垄断行业和领域，支持非公有资本参与市政公用事业和基础设施的投资、建设和运营，支持非公有资本投资社会事业领域，支持非公有资本进入服务业，鼓励非公有资本参与公有制企业的改制改组，放宽非公有制企业准入条件，贯彻公开待遇原则，加大财税支持力度，加大信贷支持力度，拓宽融资渠道，鼓励金融服务创新，建立信用担保体系，加快社会服务体系建设，积极为非公有制企业提供公共服务，加强非公有制企业各类人员的培训工作，发挥行业协会和商会的作用，维护企业的合法权益，规范企业经营管理行为，加强企业党建工作，建立健全工会工作，加强产学研相联合，支持非公有制企业实施名牌发展战略，支持非公有制企业扩大出口，推进发展产业集群，切实加强对非公有经济的领导，理顺管理体制，转变工作作风，建立激励机制，为推动全省民营经济又好又快发展营造良好发展环境。

# 五　进一步发展湖北省民营经济的建议

## （一）细化、量化支持民营经济发展的政策措施

近年来，省委省政府以及各级党政部门出台了一系列的文件和政策，大力鼓励和支持全省民营经济的发展，培植了全省民营经济。但从总体上看，许多政策的刚性有余而操作性不强，落实起来很困难。全省应在《关于进一步加快个体私营等非公有制经济发展若干意见》的基础上，出台具体的、细化的、操作性强的支持和发展全省民营经济的政策措施和工作措施。

## （二）提升民营企业的整体素质

要健全治理规范行为，大力提升民营企业的整体素质。加强和改进对民营企业的监管，积极引导企业转变增长方式、加强环保建设、推进产品技术和制度创新、完善企业治理结构、规范企业经营行为、强化员工技能水平培训、构建和谐劳动关系、承担更大的社会责任，努力提高民营企业整体素质，树立良好的社会形象。

## （三）加强产业集群建设

为了促进民营企业的持续发展，全省应积极引导和促进产业集群的形成，提出明确的产业发展导向，给予具体的政策支持，引导产业集群选择好主导产业。产业集群是提升民营企业发展水平和质量的有效途径，从全省的民营企业发展来看，产业集群发展不够，民营企业的产业梯度和产业集中度不高，全省要加强产业集群建设，以产业集聚来提高招商引资的效率和效益，创造更加有利于接受世界和我国东部省市产业转移的产业发展条件。

执笔：夏泽宽　王卫东　黄官清

# 湖南省民营经济发展报告

2006 年是实施"十一五"规划的第一年，也是湖南省民营经济强势崛起的一年。随着市场机制的逐步完善，政策措施的逐步落实，法治环境的逐步优化，湖南省民营经济发展速度日益加快，发展领域不断拓宽，发展成效更为明显。民营经济已成为全省经济增长的主力军，扩大就业的主渠道，财政增收、人民致富的重要源泉。民营经济的发展壮大，为湖南推进新型工业化，实现富民强省目标带来了活力和希望。

## 一 民营经济发展总体情况分析

### （一）发展规模扩大

全省登记注册个体工商户 97.92 万户，从业人员 199.49 万人，注册资金 319.84 亿元，同比分别增长 0.46%、0.58%、20.2%。全省登记注册私营企业 10.05 万户，同比增长 18.81%；从业人员 213.64 万人，同比增长 4.68%；注册资金 1789.14 亿元，同比增长 24.5%，户均注册资金 178 万元，比 2005 年净增 8 万元。私营企业中注册资金 100 万~500 万元的有 16407 户，占总数的 16%；500 万~1000 万元的有 4517 户，1000 万~1 亿元的有 2687 户，亿元以上的有 68 户。有私营企业集团 95 户，股份制私营企业及上市公司控股私营企业 112 户，销售收入过亿元民营企业 625 户，其中过 10 亿元的 19 户，规模以上民营企业 8436 户。

### （二）发展领域拓宽

湖南民营经济已从传统的商贸、餐饮、家政、房地产等第三产业扩展延伸到现代农业、高新技术产业、文化教育、城市供水、供热及现代服务业。目前从事第二产业的私营企业超过 30%，从事公共设施和社会事业的私营企业达到 5%，覆盖了全省国民经济大多数产业。

### （三）科技质量提升

"科技兴企"和"可持续发展"成为共识，一批民营企业注重内部体制改革与管理创新，注重节约资源能源和发展循环经济，正逐步实现由"资源消耗型"向"高新技术型"的转变。全省认定的 1300 家高科技企业中，民营企业占 80% 以上。目前，全省唯一的一家"商务部重点培育和发展的出口名牌"为民营企业，37 家出口名牌企业中，民营企业占 16 家。全省高新技术产品出口 14578 万美元，其中民营企业高新技术产品出口为 3985 万美元，同比增长 57.7%，高出全省平均增幅 1.8 个百分点，占全省比重的 27.3%。

### （四）外贸比重增大

民营企业进出口额达 355401 万美元，同比增长 26.1%，比全省平均增幅高 3.7%。占全省进出口总额的 48.4%，比 2005 年提高了 1.4%。其中出口增长 28.7%，占比为 48.8%；进口增长 20.3%，占比为 47.4%。

### （五）社会贡献增大

全省非公有制经济实现增加值 4034.75 亿元，占全省国内生产总值的 53.8%，对 GDP 增长的贡献率达 76.6%；完成投资 2036.9 亿元，占全省社会固定资产投资的 62.8%。全省 35% 的财政总收入、45% 的城乡居民总收入、90% 的利用外资、85% 的新增就业岗位、75% 的县域经济增长和 75% 的社会捐赠均来自民营经济。民营经济已成为湖南省优化产业结构、增强经济总量、安置社会就业、活跃城乡经济、富民强省、构建和谐社会的重要力量。

# 二 发展民营经济所做主要工作

## （一） 加强组织领导

### 1. 建立健全组织领导机构

成立了由 26 个省直部门组成的省非公有制经济工作领导小组，定期研究解决存在的重大问题。各市州县建立了以主要领导亲自挂帅的非公有制经济工作领导班子和工作机制，为全省民营经济发展提供了坚强的组织保障。

### 2. 建立目标管理责任制

省非公有制经济工作领导小组下发了《湖南省非公有制经济发展考核奖励暂行办法》，建立了民营经济统计监测体系，对各级各部门年初下达目标、年中加强督促、年终严格考核。

### 3. 加强协调服务

省非公有制经济工作领导小组各成员单位紧紧围绕促进民营经济发展，按照职责分工，全面加强对民营企业的协调服务。省金融证券办、人民银行积极帮助和支持企业通过上市、信托融资、发行企业债券、股权融资等方式筹集资金。省银监局建立了小企业贷款重点联系行制度。省工商局将注册登记门槛标准统一降至 3 万元，取消了股份有限公司前置审批的政策门槛。省农办安排的县域经济项目中民营企业项目占到 68%。省质监局大力引导民营企业实施名牌战略，2005年帮助 5 个民营企业产品评为中国名牌。长沙、益阳等市州实行重点民营企业领导联系制度，许多县市还实行"首问责任制"、"一站式审批、一条龙服务"，强化对民营企业的服务，全省上下形成了推动民营经济大发展、大提高的强大合力。

## （二） 加大政策扶持力度

### 1. 出台地方法规

2006 年 7 月，省十届人大常委会第 22 次会议审议通过《湖南省实施〈中华人民共和国中小企业促进法〉办法》，为湖南省以民营经济为主体的中小企业发展提供了法律保障。

### 2. 制定扶持政策

按照省委、省政府文件精神，50 多个相关省直部门和单位对 30 项促进民营经济发展的重要职责进行分解落实，在市场准入、融资渠道、财税支持、土地使用、人才队伍等方面制定出台一系列支持民营经济发展的具体政策。人民银行制定了《关于金融支持民营经济发展的实施意见》和《全省金融机构信贷投放考核办法》。省劳动厅制定了促进民营经济参与就业和再就业的税费减免、信贷支持和社会保险补贴优惠政策，省科技厅在国家重点新产品计划立项上向民营科技型企业给予倾斜。这些扶持政策对拓宽民营企业发展领域、公平市场待遇、扶持新创企业做大做强起到了十分重要的作用。

### （三）加强服务体系建设

#### 1. 推动信用担保网络建设

省政府联合人民银行总行在湖南开展金融服务创新综合试点，推动并率先建立中小企业信用信息数据库，培养企业信用意识。加大中小企业担保网络建设力度，2006 年全省中小企业担保机构达到 117 家，注册资本 25 亿元，累计担保 115 亿元。

#### 2. 加强信息服务体系建设

建设了省科技文献资源网和中国中小企业湖南网，其中中小企业湖南网网站服务功能、栏目信息质量等指标考核位居全国前列。

#### 3. 强化非公人才培训

组织国家中小企业银河培训工程、全省产业集群与园区发展研讨班、企业经营管理人员培训班等活动，培训人员达 1 万人次。

#### 4. 搭建交流合作平台

连续三年组织企业参加"中小企业博览会"和"APEC 中小企业技术博览会"。2006 年全省第二届中小企业暨非公有制经济融资洽谈会累计签约 323 个项目、金额 164 亿元。目前贷款实际到位在 40% 以上。

## 三 民营经济发展存在的问题

### （一）总体实力不够

2006 年，全省个体工商户平均每户仅有 2 个从业人员、平均资本金仅 3.3 万元。而全省私营企业平均每户也仅有 21.3 个从业人员，平均资本金仅 178.1 万元。全省私营企业注册资金 1000 万元以上的不到 3000 家，注册资本 100 万元以下的中小私营企业占 76%，非公规模工业企业销售收入过亿元的只有 625 家。

全省民营企业外贸进出口、出口、进口占全省的比重分别为 48.4%、48.8%、47.4%，远低于全国 76.3%、80.2%、71.6% 的平均水平；全省民营企业中各类人才 75 万人，比浙江省少 40 余万人。沿海地区民营企业各类专业人才占民营企业从业人员的比例为 30%，而湖南省的这一比例还不足的 20%。

### （二）融资较困难

从融资渠道而言，湖南民营企业融资渠道单一，吸纳民间资本和海外境外融资的能力不强。从银行而言，国有商业银行对民营企业贷款设置的门槛较高，银行信贷主要集中在规模以上民营企业，大部分中小企业由于实力较弱，很难获得贷款。从担保机构而言，湖南担保机构实力不强，平均注册资本仅 2100 万元，将近一半的担保公司找不到合作银行，无法开展担保业务。

### （三）自身存在不足

不少民营企业仍为家族式经营方式，一些企业经营者满足于现状，不肯在资金和技术上多作投入；大部分民营企业创办时间短，规模偏小，企业法人治理结构不完善，缺乏完整的信用记录，内部管理不规范，财务制度不健全；部分经营者素质不高，漠视职工合法权益，克扣员工福利；法律意识淡薄等。这些都阻碍了民营经济健康快速的发展。

## 四 加快民营经济发展的对策和建议

### （一）进一步壮大发展规模，调整产业结构

要重点扶持一批高成长性企业加快发展，走"精、优、特、新"的发展道路，大力支持销售收入过亿元民营企业做大做强，鼓励跨地区、跨行业、跨领域的民营经济资产重组和企业技术改造，培育和发展壮大一批有较强竞争力和抗市场风险能力的大型民营企业集团和龙头骨干企业。

引导民营企业积极研制开发新产品，加速科技成果的商品化、产业化；运用高新技术加快传统产业的改造，提高产品的科技含量。制定投资政策，避免重复建设，防止资源浪费；鼓励民营企业参与交通、城市公用服务设施和其他基础服务设施建设，并在征地、收费等方面与国有企业享有同等待遇。

## （二）进一步加强分类指导，提升整体竞争力

要鼓励和引导民营企业为国有企业、中小企业、大型企业提供产品和服务配套，发展精深加工产业和配套产业，鼓励引导龙头骨干企业延伸产业链条。重点鼓励支持民营企业为湖南省的装备制造、钢铁有色、卷烟制造、石油化工、电子信息、新材料、生物医药等优势产业提供产品和服务配套。

要加快专业园区和产业集群建设，抓好园区公共研发中心、产品检测中心、融资服务中心和专业市场等公共服务平台建设。重点支持具有浓郁地方特色的浏阳花炮、醴陵陶瓷、张家界旅游产品加工等产业集群发展。对现有的湘潭槟榔、湘阴调味品等有一定特色、基础和影响力的区域品牌进行梳理分类，加强规划和扶持，提升民营企业的整体竞争能力。

## （三）进一步拓宽融资渠道，完善信用担保体系

要引导各类金融机构改进信贷服务，开发适应民营企业发展的信贷服务项目和信贷品种，减小贷款的环节，提高贷款比重。鼓励支持民营企业通过股权融资、债券融资、产权交易融资等方式，多渠道筹集发展资金。建立中小企业融资项目网上申报系统和融资项目库，继续办好银企洽谈会。

建立完善担保风险补偿机制和激励机制。积极探索建立以政府出资引导的中小企业担保机构为主体、其他商业性和互动型担保机构为补充的覆盖全省的中小企业担保机构网络。探索由政府投入资本金引导和集聚民间资本的方式，设立中小企业投资公司。

## （四）进一步完善服务体系，优化发展环境

政府要完善出台公共政策、提供公共产品、改善公共服务，加强对民营经济的引导和支持。鼓励支持行业商（协）会和商业性中介服务机构为民营企业提供各类服务。

　　要建立和完善保障民营企业合法权益的地方性法规和政策体系，严格执法、公正执法、依法行政。依法保护民营企业家的合法权益。各级政法机关对侵害民营企业家的违法案件，要从严、从快、从重处置，维护良好的治安秩序，建立健全科学合理的执法监督体系，为民营经济的快速发展创造一个公平公正的法治环境。

### （五）进一步加大招商力度，为发展注入活力

　　要认真落实省委、省政府关于招商引资的一系列政策文件精神，结合湖南经济发展情况，利用各方面优势，充分调动一切积极因素全面招商，选准招商项目，确定招商重点和目标，注重引进高科技项目，引进战略性投资伙伴。要鼓励本地在外的创业者带资金、带项目、带技术、带市场回乡创业，要完善招商引资考核考评办法，全面激活招商机制。

　　加快国有、集体企业改革和改制步伐，盘活资产。引导投资商在各工业园区投资，开发标准化厂房建设，实施现代物业管理，为招商引资搭建平台，为投资者投资创业夯实基础创造条件，为湖南民营经济的发展注入新鲜活力。

　　　　　　　　　　课题组组长：何报翔

　　　　　　　　　　课题组副组长：史雪华

　　　　　　　　　　课题组成员：毛付球　漆平波　周柄灼

　　　　　　　　　　执笔：周柄灼

# 广东省民营经济发展报告

2006 年是"十一五"开局之年，是广东省全面落实科学发展观、社会主义现代化建设取得重大成就的一年。全省广大民营企业及个体工商户认真贯彻落实《国务院关于鼓励支持和引导个体私营等非公有制经济发展的若干意见》和省委、省政府的决策部署，抓住机遇，加快发展，取得了喜人的业绩，积累了宝贵的经验。

## 一 广东民营经济发展的总体情况及特点

### （一）民营经济发展态势良好，主要指标增幅高于其他类型经济，成为推动广东省经济社会发展的重要力量

2006 年末，全省民营经济单位达 305.79 万个，比 2005 年增加 27.5 万个，增长 9.9%。其中，私营企业 55.14 万户，增长 22.8%，个体工商户 245.82 万个，增长 8.1%。全年民营经济实现增加值 10454 亿元，增长 21.5%，占全省GDP 的 40.5%，比 2005 年提高 0.9 个百分点；民营经济上缴税收 1480 亿元，增长 25%，占全省税收的 29.2%；私营企业出口 472.8 亿美元，占全省出口的 15.7%；民营经济完成固定资产投资 3048.7 亿元，占全社会固定资产投资的 37.6%。

### （二）民营企业规模实力明显提高，创新意识不断增强，成为广东省产业发展和科技进步的生力军

一是民营企业科技意识明显增强，民营科技企业迅速增加。目前，全省经各

级科技部门认定的民营科技企业有 8000 多家，比 2002 年末的 5015 家增加了 3000 多家，预计 2006 年工贸总收入超过 5500 亿元，实现增加值超过 3500 亿元，其中工业增加值超过 1000 亿元。在全省高新技术企业中一半以上属于民营科技企业。在广东省国家级和省级高新技术产业开发区企业中，民营企业占 80% 以上。民营科技企业生产的产品中，独立开发的产品和高新技术产品均占 80% 以上。二是民营企业知识产权意识明显增强，自主创新能力明显提高。2002 年广东省发明专利申请量仅为上海的一半，到 2006 年广东省发明专利申请量是 2002 年的 3.5 倍，达 2 万余件，稳居全国第一，其中大部分发明专利是由民营企业创造的。2005 年民营科技企业专利授权数 10506 件，专利申请 15582 件，实施专利 9000 件，三项指标均比 2002 年增加 1 倍多。到 2006 年底全省共有中国世界名牌产品 3 个，中国名牌产品 221 个，中国驰名商标 84 个，三项指标均居全国第一；省名牌产品 1139 个，省著名商标 1022 个。这些名牌产品和著名商标的大部分也是由民营企业取得的，其中中国世界名牌产品全部是由民营企业获得。

## （三）外向型民营企业迅猛发展，进出口总额大幅增长，成为广东省发展外源型经济的新增长点

一是外向型民营企业队伍迅速壮大，出口迅速增长。到 2006 年末全省获得进出口经营权的私营企业有 5.8 万家，比 2002 年末增加 5.2 万家，增加了 8.5 倍，年均增长 75.6%。2006 年私营企业出口总额达 472.8 亿美元，比 2002 年增加 10.4 倍，比 2005 年增长 57.9%，高于全省 31.2 个百分点。自 2004 年 7 月 1 日起个体工商户可以申请享有进出口经营权以来，2006 年其出口额达到 17.3 亿美元，比 2005 年增加了 19 倍。二是私营企业一般贸易出口进一步提高，出口贸易结构不断改善。2006 年私营企业一般贸易出口 368.9 亿美元，占私营企业出口的 78.0%，增长 70.2%，高出私营企业出口增幅 12.3 个百分点；私营企业机电产品和高新技术产品出口占私营企业出口 47.4%。2006 年广东省一般贸易出口增速达 50%，其中 28.6 个百分点是由民营企业贡献的。三是民营企业参与国际竞争意识不断提高，"走出去"步伐明显加快。近年来，广东省民营企业在境外投资设立非金融类企业 212 家，协议投资累计 7.8 亿美元，涉及贸易、生产、资源开发、工程承包等领域，其中 2006 年，广东省民营企业境外设立企业 58 个，协议投资 8638 万美元，分别占全省新设境外企业总数和协议投资额的 53.7% 和 51.8%。

## （四）民营经济产业集群迅速崛起，成为广东省发展县域经济、推进工业化和城镇化的重要途径

民营经济的快速发展，促使产业集群迅速崛起，全省已形成了一大批以专业镇为特色的民营企业产业集聚区域。产业集群经济正在以其强大的市场活力和生命力，促进着人口、劳动力及其他生产力要素向城镇集中，推动着广东省工业化和城镇化进程。一是发展县域经济，民营经济成为市县党委政府的重要抓手。不少有实力的民营企业紧紧抓住广东省产业结构调整与产业转移的有利时机，积极参与发展县域经济、推动山区两翼起飞。据统计，在 2006 年 11 月举办的第四届"山洽会"上，民营企业签约项目 185 个，占项目总数的 60.3%，签约金额 329.3 亿元，占签约总金额的 47.3%。尤其是欠发达地区，民营经济发展尤为迅速。如 2006 年山区工业增加值同比增长 33.1%，远快于全省平均水平的 18.3%、珠三角的 17.3%。又如，2006 年清远市民营经济 GDP 增速高达 46.3%。二是民营经济的发展，推动了产业集群的兴起。目前，在全省 1145 个县市辖镇中，产值超过 10 亿元的有 300 多个，超过 20 亿元的有 120 多个，超过 100 亿元的有 24 个。在珠三角的 404 个建制镇中，以产业集群为特征的专业镇有 1/4，其中包括佛山、中山、东莞以纺织和服装产业为主的集聚区；佛山、潮州、云浮以陶瓷和建材产业为主的集聚区。有不少产业集群在全国已占有举足轻重的地位，如佛山南海大沥的铝材产量已占全国的 40% 以上，中山古镇的灯饰销量已占全国的 60% 以上，江门恩平的麦克风已占全国销量的 70% 以上。不少民营企业实现了从"草根"到"榕树"的飞跃，成为当地中小企业发展的龙头，如潮州的民营企业广东长城集团 10 多年来积极带领中小企业共同发展，目前围绕其发展起来的中小企业就有 30 多家，形成了有一定规模的企业群体。广东省评选出来的 2005 年底省百强民营企业与 2003 年底度省百强民营企业相比，整体规模实力都有较大幅增长，平均注册资本增加 30%，营业收入增加 40%，利润增加 36%，上缴税金增加 25%。三是民营经济产业集群正在从珠三角地区向东西两翼扩展，分别形成了电子信息产业走廊和电器机械产业集群：东岸以深圳、东莞、惠州为主体，经济规模近 4000 亿元，集群规模全国最大；西岸以佛山、中山、江门、珠海、广州为主，经济规模达 1300 多亿元。

## （五）民营经济参与领域不断拓宽，成为广东省经济体制改革的推动力量

一是抢抓机遇，打破行业垄断。深圳市鼎力实业和众甫地实业成功地联合控股了深圳航空，使其成为全国最大的民用航空公司。深圳中技公司通过拍卖竞投方式成功地拥有了罗定铁路100%的股权，我国首条民营企业绝对控股铁路因此诞生。二是积极参与，推动国企改革。据统计，目前全省已有1万多家国有企业实现了产权制度改革，以各种形式完成公司制改造的约占九成，其中大多数是在民营企业的参与下完成的。

## （六）民营经济社会责任感不断增强，成为广东省社会主义和谐社会建设的重要力量

一是依法纳税意识明显提高，以纳税作为衡量社会贡献标准的观念基本形成。2002～2006年，民营经济上缴税收年均增长率较同期民营经济实现增加值年均增长率高出10.2个百分点，说明有越来越多的民营企业加入到纳税人的行列。二是和谐发展意识不断提高，在广东省社会主义新农村建设中发挥了重要作用。2006年172位民营企业家发出了《发挥民营企业生力军作用，为建设社会主义新农村作贡献》倡议书，倡议实施"帮助百村，扶助万户"工程，"上山下乡"开展"一帮一、手牵手"活动，以实际行动参与新农村建设。目前，全省已有各类农业产业化组织7752个，带动农户512万户，这些农业产业化组织基本上都是民营企业。为总结经验、表彰先进，2006年11月，省委省政府在湛江召开"广东省发挥民营企业在新农村建设中的作用工作会议"，表彰了100名在新农村建设中作出突出贡献的民营企业家；在105家国家和省认定的农业龙头企业中，民营企业有72家，占68.6%；在60个扶贫开发县的150家省农业龙头企业和扶贫农业龙头企业中，有民营企业112家，占75.2%。三是扶贫济困观念不断增强，为光彩事业作出了重要贡献。近年来广东省民营企业实施报答社会的光彩事业项目达127个，总投资额超过120亿元。在2004年广东省社会各界支持省委省政府《十项民心工程》之一的"全民安居工程"建设活动中，民营企业捐赠达8000多万元。2006年广东省遭遇强热带风暴"珍珠"和"碧利斯"袭击，广大民营企业大力支持抗洪救灾，慷慨解囊向受灾地区捐资捐物，据不完全

统计，全省700多家民营企业共捐款捐物折合人民币1.4亿多元。

广东省民营经济发展取得了辉煌的业绩，是省委、省政府英明决策和坚强领导的结果，是全省各级党委、政府和部门齐心协力、上下联动、真抓实干的结果，更是广大民营企业努力拼搏和辛勤劳动的结果。在2006年召开的全国中小企业工作座谈会上，国务院领导和国家发展和改革委员会领导对广东中小企业和民营经济工作给予了高度评价，认为广东省委、省政府扶持中小企业和民营经济发展的政策力度大，中小企业和民营经济发展速度快。

## 二　广东省加快广东民营经济发展的主要经验

实践证明，在省委、省政府的正确领导下，经过全省上下的共同努力，广东已经初步走出了一条具有广东特色的民营经济发展道路。

### （一）加强领导，把推动民营经济发展放在战略位置来抓

省委、省政府高度重视发展民营经济，把抓好民营经济发展列入重要议事日程。2003年2月，省委、省政府出台了《关于加快民营经济发展的决定》及其12个配套文件。此后，张德江书记、黄华省长等省领导十分关注民营经济发展情况，并就民营经济发展中的有关工作多次做出重要批示；省委、省政府分管领导经常主持召开专门会议听取民营经济工作情况汇报，并认真研究解决发展民营经济工作遇到的有关问题。在短短的四年间，省委、省政府就三次召开了全省民营经济工作会议，两次隆重表彰了省百强民营企业、省优秀民营企业和优秀民营企业家，两次隆重表彰了民营企业优秀社会主义建设者，两次向全省总结了推广了发展民营经济典型经验，两次召开了省促进民营经济发展联席会议研究解决重点难点问题。在省政府近年来召开的近100次常务会议中，其中涉及民营经济问题的约有20次之多。这在广东省民营经济发展历史上是少有的。与此同时，省委、省政府还采取了一系列得力措施，把加快民营经济发展的战略决策、有关政策落实到位。一是省委把大力发展民营经济列为中心工作，省政府把大力发展民营经济作为要抓好的"十件大事"之一，促使全省上下采取有关措施加快民营经济发展；二是省政府在省经贸委内专门成立了省中小企业局，负责组织实施党和国家有关中小企业和民营经济的法规政策，综合协调相关部门对民营经济进行

指导服务，并建立了省促进民营经济发展联席会议制度，成立了省民营企业投诉中心等；三是省政府两次组织省有关部门对各地、各部门发展民营经济工作进行专项检查，督促落实发展民营经济政策。省各部门和全省各地党委政府在省委、省政府统一领导下也纷纷行动起来，主要领导亲自抓，在各自的职责范围内深入调研、召开会议、建章立制、出台政策、改善服务，全省上下形成了齐心协力促进民营经济发展的良好氛围。

### （二）政策扶持，充分调动民营经济加快发展的积极性

省委、省政府出台的《关于加快民营经济发展的决定》，明确提出要按照政治平等、政策公平、法律保障、放手发展的方针，不限发展比例，不限发展速度、不限经营方式、不限经营规模加快发展民营经济。随后又仅用半年的时间制定了 12 个配套文件，在经济领域、市场准入、土地使用、人才吸纳、资金扶持、税收优惠、对外交流、做强做大八大方面规定了为民营经济发展提供支持和具体政策。这几年来，省、市、县出台的加快民营经济发展的文件多达 300 多个，扶持民营经济发展的力度、出台政策的强度和密度都是空前的。一是在资金扶持方面，进一步加大财政资金扶持力度，从 2003 年起连续 5 年省级财政共投入 20 多亿元扶持民营经济发展。其中省中小企业发展专项资金 4 年来已扶持中小企业和民营企业技术改造及技术创新项目 1198 个，安排扶持资金 5.9 亿元，拉动社会投资 139.4 亿元；扶持中小企业和民营经济社会化服务体系建设项目 395 个，安排扶持资金 9588 万元，其中综合服务机构建设项目 184 个，公共服务平台建设项目 99 个，人才培训建设项目 112 个；扶持中小企业和民营经济信用担保体系建设项目 95 个，安排扶持资金 6120 万元，受到扶持的融资担保机构共为 2.6 万家中小企业和民营企业提供融资服务，担保贷款额 141.2 亿元，财政资金起到了"四两拨千斤"的作用。二是在税收扶持方面，税务部门推出了一系列税收优惠政策，有效地减轻了民营企业税收负担。包括对可享受税收优惠政策的种植业、养殖业、农产品初加工业中的民营企业，其 2004 年度和 2005 年度未申请享受上述税收优惠政策的，可在 2006 年内补办税收优惠申请；对被认定为高新技术企业的民营企业，按 15% 的税率征收企业所得税，新办民营高新技术企业自获利年度起免征所得税 2 年；允许民营企业按当年实际发生技术开发费用的 50% 抵扣当年应纳税所得税，对民营企业进行技术转让，以及在技术转让过程中发生的

与技术转让有关的技术咨询、技术服务、技术培训的所得，年净收入在 30 万元以下的，暂免征企业所得税；将个体工商户业主、个人独资企业和合伙企业投资者的个人所得税费用扣除标准由原来的 1000 元/月提高到 1600 元/月，每年每户最高减征税额达 2520 元；按国家有关规定及时落实了广东省 29 家中小企业信用担保机构的担保和再担保业务收入 3 年内免征营业税政策等。三是在收费扶持方面，工商部门进一步减免民营企业收费，加大对民营经济的扶持力度。包括对全省 15 个贫困县和 30 个山区县的集贸市场管理费和个体工商户管理费分别减免 30% 和 20%，其中贫困山区居民申请开办个体工商户的，在试营业期间免收个体工商户管理费；对下岗失业人员从事个体户免收 3 年工商行政管理费；对下岗失业人员及高校毕业生从事个体工商户免收管理费，据统计，2006 年扶持失业人员开办个体户 2 万多人，免收金额 3615 万元；扶持高校毕业生从事个体经营 3942 人，免收金额 179 万元。

### （三）抓好"一法两系"建设，缓解民营企业融资难

"一法"，即推动民营企业立法。《广东省促进中小企业发展条例》已经省政府常务会议通过，并已送省人大审议。"两系"，即广东省出台的《关于推进我省中小企业社会化服务体系建设的意见》和《关于加快我省中小企业信用担保体系建设的意见》，大力推进了中小企业社会化服务体系和信用担保体系的建设。全省 21 个地级市以及 90 个县（市、区）成立或指定了民营企业的综合服务机构。目前全省能够正常开展业务的担保机构已达 423 家，注册资本金 93.4 亿元，户平均 7715 多万元，是全国平均水平的 2 倍多；累计担保金额 773.7 亿元，受担保企业 26326 户。在全国中小企业信用担保机构负责人联席会议评出的全国最具影响力的 20 家融资担保机构中，广东省有 5 家，占 1/4。

### （四）优化服务，营造良好的民营经济发展环境

按照张德江书记提出的"要把是否有利于民营经济发展作为衡量工作的标准，明确自己该做什么，如何做。要多服务，少干预；多帮忙，少添乱；多设路标，少设路障，下大力气改进管理和服务水平"的指示精神，各级党委、政府认真学习和贯彻落实国务院《关于鼓励支持和引导个体私营等非公有制经济发展的若干意见》和省委、省政府《中共广东省委、广东省人民政府关于加快民

营经济发展的决定》，不断完善服务内容、提高服务水平，努力为民营经济发展创造良好的环境。各级政府以实施《中华人民共和国行政许可法》为契机，先后 3 次认真清理和修订了限制民营经济发展的法规政策。许多市、县政府还成立了中小企业和民营经济服务机构（如：设立行政服务中心），制定《办事指南》，实行"首问责任制"、"一站式办公、一条龙服务"等，改善机关作用，简化办事程序，提高办事效率。

### （五）搭建平台，促进民营企业的交流与合作

从 2004 年起广东省以举办中国国际中小企业博览会为载体，为广大中小企业和民营企业搭建了一个"展示、交易、交流、合作"的平台，并获得了巨大成功。2004 年首届中博会共有 1950 家中小企业参展，设展位 1860 个，吸引了 11.8 万人次前来参观、洽谈、采购。2005 年的第二届中博会与法国共同举办，共有 3520 家国内外中小企业参展，设展位 5400 个，吸引了 19.8 万人次前来参观、洽谈、采购。2006 年的第三届中博会与意大利共同举办，共有 3970 家国内外中小企业参展，设展位 5110 个，共吸引 21 万人次前来参观、洽谈、采购，博览会举办期间曾培炎副总理、意大利普罗迪总理还分别代表中意双方政府出席并致辞。中博会的成功举办得到了中央领导和社会各界的好评，温家宝总理指示要把中博会办成中国国际中小企业博览会，更好地促进中国中小企业与国际中小企业的合作与发展。曾培炎副总理认为，中博会"为中小企业交流构建了一个很好的平台，有利于各国中小企业开展务实合作，拓展市场空间，提升发展水平，实现互利共赢"，"是世界中小企业的一次盛会"，"说明中博会受到国人欢迎，也受到各国中小企业的欢迎"。

### （六）坚持分类指导，促进协调发展

近年来，广东省坚持"因地制宜、分类指导"的方针，走出了一条重点突出、特色各异、优化布局、协调发展的民营经济发展路子。通过扎实推进广东省"九大产业竞争力研究成果"转化、完善《广东省工业产业结构调整方案》、出台产业结构调整目录和投资导向目录，指导包括民营企业在内的广大企业找准产业定位、加快结构调整。对珠三角和沿海经济较发达的地区，支持其按照"集约化经营、集群式发展"的发展思路，依靠科技进步和强化管理，形成规模经

济和产业集群。目前全省共认定产业集群升级示范区 36 个，其中 2006 年认定 21 个，安排 2000 万元省挖潜改造资金支持产业集群升级示范区的公共服务平台和公共设施建设，共建成公共服务机构 177 个，产业园区 24 个，已经或正在注册的集体商标 10 个。对山区和东西两翼等经济欠发达地区，支持其以民营经济为突破口和重要抓手，充分利用土地、劳动力资源丰富等优势，积极吸引外资、主动承接发达地区产业转移，大力发展民营经济。支持山区和东西两翼加快承接珠三角产业转移，5 个珠三角市与 8 个山区及东西两翼共建立省产业转移工业园 15 个，其中已开工建设项目 71 个，总投资额近 30 亿元；已建成投产项目 42 个，到位投资额约 20 亿元。据测算，按规划 15 个工业园区全部建成投产后，将形成年产值 1780 亿元的经济规模，可实现年利税约 128 亿元。对政府，按照张德江书记关于市、县以下政府要重点发展民营经济的思想，支持市、县以下党委和政府把工作和服务的重心向民营经济倾斜，大力发展民营经济。为支持市县发展民营经济，省财政一次性拿出 4.2 亿元支持 14 个山区和东西两翼市的民营科技园和民营企业园区建设，每个市获得 3000 万元的支持。

## 三　当前广东民营经济发展存在的主要问题

2006 年 11 月，省政府办公厅会同省促进民营经济发展联席会议成员单位组成督查组对全省贯彻落实民营经济工作暨表彰会议精神情况进行了专项督查。从督查的情况看，各地民营经济发展的大环境在明显改善的同时，仍存在多方面的问题，相对突出的主要有以下几个方面。

### （一）认识、宣传不充分

一是一些领导干部对发展民营经济的重要性认识不足，有的顾"公"不顾"私"，墨守成规，重视公有制企业多，对鼓励、引导、支持民企发展不够积极；有的顾"大"不顾"小"，关注大企业多，对中小企业放任自流，不闻不问；有的顾"显"不顾"潜"，重视效益好发展快的企业，对成长性强、有发展潜力的企业缺乏预见性；有的甚至顾"眼前"不顾"长远"，关注本届任期的经济增长和财税收入，一味注重招商引资和 GDP 增长，忽视本土民营企业的战略发展和长远扶持。二是宣传不足。问卷调查表明，近半数民营企业对国家和省鼓励民营企业的有关文件了解不充分。如对省制定的关于扶持农产品加工企业、民营企业统计和循因公出国试行办法三个文件的了解程度分别只有42%、34%、29%。此外，社会舆论对民营企业歧视、轻视和不公正评价现象也时有发生。

## （二） 部分地区投资创业软环境亟待改善

这在欠发达地区及基层部门相对突出。一是执行不够有力。政策文件没有完全贯彻落实到基层、到企业。如惠州有企业反映，吸纳下岗工人就业本可享受一定税收减免，但迟迟得不到税务部门的减免。一些"一站式"、"一条龙"政府服务机构名不符实，办事效率不高。有些地方扶持资金不到位，甚至被截留、挪用。二是法治不够严。52%调查问卷认为，国企能办成事而民企办不成事，主要是因为具体经办人员有政策不执行或办事手续繁琐。一些基层职能部门工作人员行政不作为、乱作为，检查多、罚款多，甚至吃拿卡要等。有的地方打击假冒伪劣和黑恶势力不力，影响企业正常经营和市场秩序。三是用人、用工受局限。民营企业所需的高级技能等专门人才和高素质经营管理人才欠缺，留人难现象比较普遍，劳资关系紧张也时有发生。

## （三） 民营经济发展仍受到一些体制上的羁绊

一是投资体制局限。根据省统计局前不久对80个行业的准入资格，国有经济获全部行业准入资格，民营经济只获得41个行业准入资格。民营资本主要限于传统的消费品工业和商业、餐饮业、服务业、建筑业，所占比重达90%以上。而目前这些行业大多趋于饱和，竞争激烈，赢利空间有限。即使在国家没有明确禁止民营企业进入的行业，在用地、用电、用工等方面实际也较难得到与国企、三资企业的同等待遇。二是财税体制局限。国家现行税制没有充分体现公平竞争的国民待遇原则。如内外资企业的两套所得税制问题，个体私营企业一般纳税人资格问题等。三是电力体制局限。由于省管电网和县代管电网的用电差别，造成有的地方单位电价差达0.2~0.3元，企业反映强烈。四是民营经济管理体制没有完全理顺。除梅州单独设立中小企业局外，有17个市参照省的做法在经贸系统内设立中小企业局，但大多没有增加人员编制；广州、东莞两市将负责民营经济和中小企业工作的部门分设两个系统；深圳市由中小企业服务中心（事业单位）行使政府职能。县一级机构设置更是各种各样，致使全省上下运转不畅，影响工作效能。

### （四）融资难依然是关注的焦点

调查表明，民营企业发展过程中排在前三位的突出问题依次是资金、人才、土地。由于有的民企自身素质不够高，产权不够清晰，财务不够健全，管理欠规范，加上金融机构风险管理能力所限，致使民营企业信贷业务发展机制不健全，针对民营企业的贷款市场风险定价机制不完善，全省 70% 以上的中小民营企业发展专项资金，加大了建设担任机构的工作力度，但仍没舒缓民营企业发展资金不足的状况。另外，广东省民营企业上市资源培育相对不足，直接融资渠道较单一，资本经营环境有待改善，企业改制上市的积极性尚需进一步调动。

## 四 加快广东民营经济发展的对策建议

### （一）放宽民营资本市场准入，创造公平竞争市场环境

在 2006 年 5 月召开的全省民营经济工作暨表彰大会上，省委、省政府提出："允许民营企业进入垄断行业和领域、公用事业及基础设施等法律法规未禁止进入的行业和领域。"各级政府和有关部门要组织专门力量，结合《中华人民共和国行政许可法》的贯彻实施，继续清理部门内部影响非公有制经济发展的法律法规等制度性文件。同时，科学制定产业发展规划，将民营经济投资行为引导到符合产业政策和国家宏观调控的方向上来，制定完善各地明细的产业投资指南，统一市场标准，做真准入、真放开，切实为民营企业解决"看得见，进不去"等市场准入问题。

### （二）创新服务体系，落实各项政策措施

高效优质的服务，是民营经济快速发展的强大动力，各级政府及职能部门要进一步转变职能，强化服务和依法行政。各地要加强对政策落实情况的监督检查，切实解决政策落实过程中截留梗阻问题，确保政令畅通。

创新服务体系，尽快出台《广东省促进中小企业发展条例》等地方性法规，加强对民营企业经营行为、市场行为和投融资行为等方面的指导和约束，依法保护民营企业合法权益。

充分发挥工商联、行业协会等民间团体和中介组织的桥梁纽带作用，构建民营企业全方位社会化服务，为民营企业人才培养、信息咨询、技术开发、市场营销等日常性工作服务。

### （三） 改革投融资体制，缓解民营企业融资难

各级政府要进一步加大对民营经济的财政投资力度，加强对财政资金的绩效评估，不断改善财政资金使用效率，探索创新资金投入方式，以财政资金撬动金融资金，帮助企业拓宽融资渠道。

建立政策性融资渠道，制定中小企业担保管理办法，建立和完善面向民营企业的融资担保体系。拓宽民营企业间接融资渠道，构建民营企业信贷融资系统。改善金融服务，拓宽服务领域，促进民营企业的健康、快速发展。

### （四） 创新宣传方式，营造良好舆论氛围

各级各部门要继续认真贯彻落实《国务院关于鼓励支持和引导个体私营等非公有制经济发展的若干意见》和全省民营经济工作会议精神，紧紧围绕做大做强广东省民营经济这一目标，进一步提高认识，转变观念。

《加快我省民营经济发展专项督查的签报意见》要求，省工商联、省中小企业局要争取省委宣传部支持，会同有关部门和新闻单位积极制定宣传方案，创新宣传方式，加大宣传力度，开展系统宣传。要把宣传的重点放在大力宣传中央和省委、省政府关于促进非公有制经济发展的一系列方针政策；及时跟踪报道国务院《关于鼓励支持和引导个体私营等非公有制经济发展的若干意见》和广东省出台的发展民营经济各项政策措施的贯彻落实情况；着力宣传各地各有关部门促进民营经济发展的经验做法，宣传民营经济在广东省率先实现社会主义现代化中的地位、作用；积极宣传优秀民营企业，宣传优秀民营企业家；大力弘扬包容、务实、进取、奉献的新粤商精神。通过系统宣传，不断统一全省思想认识，努力营造推动广东省民营经济大提高、大发展的良好舆论氛围。

执笔：张小华

# 广西壮族自治区民营经济发展报告

2006 年，广西继续深入贯彻《国务院关于鼓励支持和引导个体私营等非公有制经济发展的若干意见》，自治区党委主要领导率队深入基层调研、了解民营经济发展情况，鼓励各地大力发展民营经济，自治区人民政府把"鼓励支持和引导个体私营等非公有制经济发展"确定为为民办十件实事之一，全区各有关职能部门强化服务意识，创新服务方式，拓宽服务领域，积极促进民营经济发展。

## 一 广西民营经济发展情况

### （一）个体私营经济发展良好，各项指标均有所增长

截至 2006 年底，全区个体工商户发展到 104.07 万户，从业人员 173.29 万人，注册资金 152.65 亿元，分别比 2005 年同期增长 2.4%、5.9%、15.8%；私营企业发展到 6.08 万户，从业人员 94.78 万人，注册资金 885.09 亿元，同比分别增长 17.1%、13.4%、28.1%。全区个体工商户实现总产值 119.99 亿元，销售总额或营业收入 586.65 亿元，社会消费品零售额 425.75 亿元，同比分别增长 3.9%、11.6%、12.7%；私营企业实现总产值 236.68 亿元，销售总额或营业收入 335.19 亿元，社会消费品零售总额 183.3 亿元，同比分别增长 25.3%、16.4%、23%；全区非公有制经济生产总值占全区生产总值的比重提高到 50%，

比 2005 年提高了 3 个百分点，非公有制经济税收 136.5 亿元，占全区税收总收入的 29.0%。一些个体私营经济比较发达的地区，如崇左、玉林市个体私营经济税收占全市税收总数的比例超过 50%。

据不完全统计，2006 年全区有进出口经营权的企业 3679 家（未含外商投资企业），其中民营企业 1892 家，占全区进出口企业的 51.43%；民营企业进出口额 129642 万美元，占全区进出口总额的 40.9%，比 2005 年提高 3.4 个百分点；到境外投资的民营企业 13 家，比 2005 年增加 8 家，总投资额 2385 万美元，中方投资 1590 万美元，比 2005 年增长 401.57%；开展加工贸易业务的民营企业 171 家，进出口总额 61666 万美元，同比增长 7.39%，出口总额 37670 万美元，同比增长 20.52%。

## （二） 民营经济成为新增就业主渠道和维护社会稳定的重要力量，有力地促进社会主义和谐社会的建设

截至 2006 年底，全区个体私营经济从业人员 268.07 万人，约占全区就业人员的 10%。同年全区有 2.48 万人次的下岗人员通过从事个体私营经营实现了再就业。全区对持《再就业优惠证》的下岗人员从事个体经营的，免收各项规费 1318.81 万元；全区有 1696 名高校毕业生通过从事个体私营经营实现就业，对申办个体工商户的 492 名高校毕业生免收规费 39.13 万元。个体私营经济提供了大量的工作岗位，消化了大批国有企业分流出来的富余人员、农村剩余劳动力和社会新增劳动力，有效缓解了社会就业压力，较好维护社会稳定。

2006 年 4 月，自治区工商联与区劳动和社会保障厅、区总工会组织民营企业招聘周广西专场活动，在南宁、柳州、桂林 3 个城市组织 1017 家民营企业进场用工招聘，提供岗位 26733 个，进场求职人数 38668 人，签订就业意向人数 12315 人。

农村个体私营经济的快速发展增强了个体私营经济专业村、专业市场的发展，增强了小城镇的聚集、辐射功能，促进农业人口非农产业转移，增加农民收入，有力推进社会主义新农村建设。据统计，截至 2006 年底，全区有农村个体工商户 46.14 万户，农村私营企业 1.04 万户，从业人员 101.63 万人，全年农村个体工商户和私营企业实现总产值 133.15 亿元、销售总额或营业收入 238.21 亿元、社会消费品零售额 195.32 亿元。

## 二　广西发展民营经济的主要做法

### （一）优化环境，鼓励支持民营经济发展

2006年初，自治区工商局、商务厅、工商联共同制定《关于落实2006年自治区人民政府发展非公有制经济工作主要目标和任务的实施方案》，成立自治区促进非公有制经济发展联席会议协调小组，定期召开会议，负责协调区直部门促进非公有制经济发展的工作。自治区法制办牵头组织开展清理限制非公有制经济发展的规定工作，清理120多条限制非公有制经济发展的规定。

降低门槛，优化政策环境。在市场准入政策方面，采取多项措施，为民营经济发展"拓宽领域，降低门槛"——民营企业参与国有、集体企业改制的，允许其继续使用原企业名称；实行企业"筹建预备期"，允许私营企业在筹备成立期办理登记注册，核发注册经营范围为"某某项目筹建"（取得许可证或专项审批后方可开展经营活动）有效期为3个月至1年的营业执照；对农村经营主体的经营活动、中介服务和经纪活动实行免予办理工商注册登记手续、免收工商行政管理收费等"双免"政策。

创新管理模式，改善政务环境。将个体工商户的登记工作"重心下移"，通过向全区444个基层工商所授权委托，将个体工商户登记由原来工商所初审、县级工商局审核发照的多层审核方式，改为委托工商所直接登记发照、县级工商局指导检查的登记管理，使过去个体工商户3~5天才能办成的申请事项，在1~2小时就能办完。

### （二）增强服务意识，推动民营经济发展

工商行政管理机关开展"定点帮扶"工作，为个体工商户、私营企业办实事。截至2006年9月，各级工商行政管理机关在个体工商户和私营企业中设立联系点5065个，工商干部深入联系点，做好法律、法规和政策宣传，为个体工商户和私营企业出谋划策，解决经营管理、融资、合同等方面遇到的问题，引导个体私营企业做强做大。

牵线搭桥，为招商引资做好服务，区直各有关部门配合各级政府做好招商引资，为个体私营企业搭建交流合作平台。在2006年11月举办的第三届中国玉林

中小企业商机博览会期间，自治区工商局组织各市县 200 多名个体工商户、私营企业主，赴玉林进行经贸洽谈考察，与玉林市签订近 50 亿元的项目合作协议。自治区工商联把开展境外招商作为深化"百企入桂"工作的重要措施之一，2006 年共引进投资项目 58 个，总投资 94.68 亿元，其中合同项目 52 个，投资额 91.96 亿元；意向项目 7 个，投资额 2.73 亿元。

### （三） 落实扶持政策，引导民营经济做强做大

积极培育外向型经济，推动民营企业走向国际市场。自治区商务厅利用第二届中国餐饮业博览会和第三届中国食品博览会平台，采取给予展位费、布展费补贴等形式，支持企业参展参赛，培育企业品牌，广西有 30 多家食品生产企业和餐饮企业参展，其中 80% 为民营企业。对有出口潜力的民营企业参加境外展和广交会等国内展给予大力支持，优先安排展位，鼓励企业扩大出口经营。第 100届广交会，广西安排私营企业展位 155 个，占广西展位总数的 47.62%。

鼓励民营企业家利用国际国内两个市场、两种资源，拓宽境内外企业的投资交流。贵港、来宾等市工商联分别组织 40 多家民营企业赴日本、韩国、法国等国进行商务考察，与国外同行交流，拓展业务。

实施"广西商标培育与保护"工程，引导个体私营企业运用商标战略开拓市场。2006 年，全区商标注册申请件数 6000 件，其中大部分为个体私营企业所申请。指导有潜力的企业申请"广西著名商标"和"中国驰名商标"的认定。目前，广西 170 件著名商标中，民营企业拥有 133 件，占总数的 78%。广西民营企业拥有"中国驰名商标"的产品在国内市场占有较大份额，"南方"、"肤阴洁"商标产品占国内同类市场 50% 以上的份额，居全国第一。

### （四） 加强思想政治工作，促进民营企业家健康成长

自治区工商联一是组织民营企业家 138 人到中央党校学习培训；二是对表现突出的民营企业给予政治上的荣誉，推荐 3 家民营企业为全国"双爱双评"先进企业，推荐 1 名企业家和 1 个先进集体出席全国各民主党派工商联、无党派人士为全面建设小康社会作贡献经验交流表彰大会；三是在广大民营企业中开展"百千万"捐资助学活动，全区民营企业总捐资 1035.82 万元，捐资企业达到 415 家，个人捐款 885 人，受捐学生 11596 人，受捐学校 37 所。

## 三　民营经济存在的主要问题

### （一）政策措施未跟上形势发展的需要

在实践中，个别地方对个体私营经济发展的鼓励支持和引导的具体政策措施和管理办法仍受到传统体制的约束，观念上的障碍远未消除，导致政策配套措施不能跟上形势发展的需要。如个体私营经济"国民待遇"、市场准入、投融资、税费待遇等方面，事实上仍存在诸多的制约和障碍；商业银行对民营企业贷款的限制条件较多，利息较高，对国有企业所实行的贴息贷款更是高不可攀。

### （二）政策落实力度弱

不少政策在具体执行过程中仍存在不少问题，政策优势没有得到充分的发挥。一是政府职能转变滞缓，在政策制定上流于形式，政策创新缺乏突破；二是一些政府部门办事拖拉，政策落实过程中存在"慢、拖、扣"现象，主动性差；三是政策难以落实到位，说得多，做得少，政策截留使个体工商户、民营企业实际难以享受到优惠政策。

### （三）政府管理体系建设滞后

由于机制尚未健全，在管理模式上基本仍按照所有制和隶属关系分别由不同部门管理，仍存在政出多门、多头管理的问题，缺乏一个统一促进个体私营经济发展的政策制定、执行和监督的权威综合协调部门。

## 四　进一步发展民营经济的建议

### （一）进一步放宽市场准入，扫清体制障碍

认真贯彻落实自治区政府办公厅《开展清理限制非公有制经济发展规定工作方案》精神，进一步放宽投资主体条件、注册资本限制、私营企业集团登记、企业直冠广西名称和条件及经营范围核定；简化企业登记审批事项和外资转内资

登记手续，支持国有企业改组改制，支持特殊群体自主创业，支持发展连锁经营等现代经营方式。

### （二）创新思想政治工作途径，树立非公有制经济人士新形象

引导非公有制经济人士走"爱国、敬业、诚信、守法、奉献"之路，为建设富裕文明和谐新广西作贡献；做好"双爱双评"、"创先争优"和广西优秀中国特色社会主义事业建设者等活动的评比表彰。

### （三）协调联动，共同抓好发展民营经济的系统工程

推行登记注册互联审批制。自治区公安厅、国土资源厅、建设厅、农业厅、质量技术监督局等相关职能部门加强沟通，协调解决企业在出口环节中遇到的问题和困难。在条件成熟时，对不涉及国家社会和经济安全、人民生命安全、自然资源开发、公共资源配置、不属于国家专营专控的行业，实行"登记注册互联审批制"，减少对市场主体准入的前置审批程序和环节，帮助民营经济主体快速进入市场。

自治区工商局、商务厅、工商联三部门加强协调，做好民营经济"走出去、请进来"工程。在"走出去"方面，积极引导个体私营企业开拓国际市场，利用商务厅等部门与东盟各国之间往来密切的优势，为民营经济拓展国际市场、区外市场提供信息服务。在"请进来"方面，做好招商引资和"百企入桂"的配套工作，特别在登记注册方面开辟"绿色通道"，在管理上营造宽松环境，确保区外投资"请得进、留得住、发展好"。

金融部门对民营企业的信贷予以支持。建立一个统一、齐备的全区个体工商户、私营企业的信息库，把民营经济主体在登记注册、依法纳税、履行合同、偿债还贷、对外贸易等方面信息纳入其中，形成一个信用联合征信数据库；完善个体工商户、私营企业的信用评级制度，并与银行、金融部门实行信息化联网，便于金融部门受理个体工商户、私营企业的信贷业务中进行决策。

### （四）支持民营企业发展对外贸易，加快民营经济"走出去"步伐

加快对非公经济企业进出口经营资格的备案登记工作，为民营企业走向国际市场创造条件。鼓励和支持企业加大科技投入，符合《中国高新技术产品出口

目录》的产品技改研发项目的出口企业，可以申报商务部的技改贴息和研发资助，对机电产品、农产品、轻工业品、纺织品进行技术改造和提高出口产品质量档次的项目，可以申请商务部的技改贴息。与重点非公有制经济出口企业建立联系制度，及时协调解决企业在出口环节中遇到的问题和困难。

### （五）加强投资引导，促进民营经济优化产业结构

采取投资信息咨询、定期发布投资优惠政策、国家对外贸易和对外经济合作有关政策的方式，及时将有关政策、国际市场变化动态、国际商情等信息传递给企业，帮助民营经济优化结构，通过更新改造，引进技术，促进企业上规模、上档次、上水平。注重对重点行业、优势企业进行分类辅导，特别是对具备条件和发展潜力的个体工商户、私营企业进行重点帮扶，扶持培育一批具有辐射带动作用的龙头企业，增强全区民营经济的综合实力。

### （六）深入开展"百企入桂"活动，加大招商引资力度

深入宣传"百企入桂"，重点加强与珠三角、长三角和环渤海地区工商联、行业商会联系，加大与国内民营企业500强联系，邀请有实力的区外民营企业家到广西投资考察；扩大与港澳商会及企业家联络，争取更多港澳商家到广西投资；推进"百企入桂"河池老区行活动，引导区外民营企业多到河池市考察；广泛地向区外民营企业家宣传中国—东盟博览会，组织和邀请更多的民营企业前来参展。

### （七）积极参与社会主义新农村建设，推动农村经济发展

开辟农产品市场主体准入绿色通道、农产品入市绿色通道、农民维权绿色通道，着力做好实施地理标志商标注册，提供品牌服务；开展涉农合同帮扶，实施"订单农业"服务。重点开展培育、规范和发展农村经纪人的工作。通过农村经纪人为农民在农业生产和市场需求之间架起一座致富金桥，发挥其在促进农村经济发展中的重要桥梁纽带作用。

### （八）加强教育引导，促进非公有制行业的自我管理、自我规范和自我发展

充分发挥工商联等组织的桥梁纽带作用，广泛开展诚信教育和商业道德教

育，引导行业自律；抓好"守合同重信用"企业评选，开展"消费者满意街"和评选"诚信单位"，推荐"消费者满意商品"活动，把行政执法、企业自律和社会监督结合起来，引导民营经济走诚信为本、守法经营、良性发展的道路。

课题组负责人：农人明

课题组成员：唐振富　陈伟雄

执笔：陈伟雄

# 海南省民营经济发展报告

## 一 非公有制经济发展基本状况

2006 年,海南省委、省政府坚持以科学发展观统领经济社会发展全局,坚持贯彻落实中央宏观调控政策,认真实施"十一五"规划,注重用改革和发展的办法解决前进中的问题,全省经济呈现出速度加快、结构优化、效益提高、活力增强的发展局面,全省生产总值达到 1051 亿元,与 2005 年同期相比增长 12.5%。全省财政收入达到 172 亿元,与 2005 年同期相比增长 18.5%,其中,地方财政收入 101 亿元,与 2005 年同期相比增长 19.2%,全省经济发展形势是 1995 年以来最好的一年,生产总值和地方财政收入均提前一年实现了本届政府提出的预期目标,实现了"十一五"时期的良好开局。

与此同时,在省委、省政府的正确领导下,在《国务院关于鼓励支持和引导个体私营等非公有制经济发展的若干意见》(以下简称《若干意见》)和《湖南省人民政府关于鼓励支持和引导个体私营经济等非公有制经济发展的若干规定》(以下简称《若干规定》)精神的指引下,海南非公有制经济在创新中不断发展,保持了平稳快速增长的态势,对增加财政收入、维护社会稳定、提高人民生活水平、推动经济社会发展起到了积极作用。其基本特征如下。

### (一) 非公有制经济综合实力不断增强

据省工商行政管理局提供的数据显示,海南省非公有制经济的综合实力增强主要表现在以下几个方面：第一，企业数量增加。截至 2006 年底，全省非公有制企业已达 51845 户（包括私营、混合制、外商投资企业等），占全省实有企业总数的 74.32%，与 2005 年同期相比增长 14%。其中，私营企业 37687 户，占全省企业总数的 54.02%，与 2005 年同期相比增长 17%；混合制企业 11622 户，占全省企业总数的 16.66%，与 2005 年同期相比增长 9%；外商投资企业 2536 户，占全省企业总数的 3.64%，与 2005 年同期相比增长 4%。第二，注册资本增大。私营企业注册资本 9153970.9 万元，占全省注册资本金的 38.17%，同比增长 54%；混合制企业注册资本 6311034 万元，占全省注册资本 26.29%；外商投资企业注册资本 6607942 万元，占全省注册资本的 27.52%。据统计，全省非公有制企业注册资本 100 万～500 万元的企业有 725 户，500 万～1000 万元的企业有 73 户，1000 万～10000 万元的企业有 26 户，注册资本在 10000 万元以上的企业有 4 户。第三，企业户平均注册资本金有所增加。全省各类企业户平均注册资本（金）344.1 万元，以户均注资由高到低依次是：外商投资企业 2605.66 万元，同比增长 19.83%；混合制企业 543.02 万元，同比增长 1.96%；私营企业 242.9 万元，同比增长 13.08%。第四，个体工商户户均投资额明显增大。全省全年实有个体工商户总数 122178 户，期末累计注册资金 166548.64 万元，占全省企业总注册资金的 2.52%。户平均注册资金 1.37 万元，同比增长 14%。

## （二）非公有制经济成为构建和谐社会的助推器

非公有制经济在构建和谐社会中起着至关重要的作用。第一，创造税收举足轻重。据省税务部门统计，2006 年全省税收收入共计 1375232 万元，与 2005 年同期相比增长 26%。其中，股份公司、私营企业、其他公司、港澳台投资企业、外商投资企业等非公有制企业和个体工商户上缴税收 967587 万元，占全省税收总额的 71%，与 2005 年同期相比增长 28.95%。（1）从上缴国税的情况看。全省国税总计收入 810819 万元，同比增长 31%。其中非公有制企业和个体经营等上缴税收 575725 万元，占全省国税收入总量的 71.0%，同比增长 38%；（2）从上缴地税的情况看。地税总计收入 564413 万元，同比增长 18%。其中非公有制企业和个体经营户上缴地税 391862 万元，占全省地方税收总数的 70%，同比增长 19.0%。第二，成为解决就业的主渠道。据省工商行政管理局有关数据显示，2006 年，非公有制经济解决就业人数总计 76.05 万人，同比增长 41%。其中，私营企业解决就业 39.71 万人，同比增长 41%；个体工商户解决就业 36.34 万人，同比增长 40%。第三，分行业。批发零售业、住宿餐饮业、交通运输业和其他服务行业作为劳动密集型的产业，已成为民营经济提供劳动就业的主要渠道。第四，进出口贸易额大幅度增长。据海口海关统计，2006 年，全省实现外贸进出口总额为 28.5 亿美元。其中，混合制企业、私营企业、外商投资企业等非公经济企业和个体工商户实现外贸进出口为 15.92 亿美元，占全省进出口总额的 56%，与 2005 年同期相比增长 24.30%。其中，私营企业进出口贸易总值 4.69 亿美元，占全省进出口总值的 17%，与 2005 年同期相比增长 36%；外商投资企业完成进出口贸易值 11.19 亿美元，占全省进出口贸易总值的 40%，与 2005 年同期相比增长 20%。第五，在行业中的比例过半。据统计，在 40 个工业行业中，非公有制企业已涉足 26 个，占全部行业中的比重已超过 50% 以上，特别是在商贸、餐饮、饭店、旅游等传统服务行业领域中已占主导地位。近几年，民营经济开始向化工、基础设施、公用事业等领域拓展。在广告业、咨询业、IT、计算机服务、房地产业、通讯、交通运输以及高新技术等产业，民营企业的数量近年呈现出成倍增长的态势，有力地促进了地方经济的发展。

### （三）非公有制经济发展在整个经济社会中的作用和影响得到省内各级党委政府的重视

海南作为中国最早运作市场经济的特区省份，非公有制经济一直是市场环境下最为活跃的经济细胞。从建省初期到 21 世纪初，短短 19 年间，非公有制经济从无到有，从小到大，从弱到强，逐步发展成为海南经济增长不可或缺的重要组成部分。2004 年，海南省第一次经济普查的结果显示，非公有制经济全年创造的增加值已经达到 369.20 亿元，对社会生产总值（GDP）形成的贡献率已经达到 45%。据省统计局有关部门初步测算，从 2006 年非公有制企业的数量增长和投资比例的增加以及海南省 2006 年完成的各项经济指标中非公经济所占的比例来看，非公有制经济对社会生产总值（GDP）形成的贡献率已经超过 50% 以上。可以说，民营经济已经占据了海南经济社会的"半壁江山"（见表1）。

表1　2006年非公有制经济对社会贡献率参照表

| 类别 | 全省总计 | 非公经济 | 占全省比例(%) | 同比增长(%) | 其中 | | | | | | | | | | | |
| --- | --- | --- | --- | --- | --- | --- | --- | --- | --- | --- | --- | --- | --- | --- | --- | --- |
| | | | | | 私企 | 占全省(%) | 同比增长(%) | 混合制 | 占全省(%) | 同比增长(%) | 外商企业 | 占全省(%) | 同比增长(%) | 个体 | 占全省(%) | 同比增长(%) |
| 企业数量(家) | | 51845 | 74.32 | 14 | 37687 | 54.02 | 17 | 11622 | 16.6 | 9 | 2536 | 3.64 | 4 | 122178 | | |
| 注册资金(亿元) | | | | | 915.4 | 38.17 | 54 | 631.1 | | | | | | | | |
| 进出口(亿美元) | 28.5 | 15.92 | 56.0 | | 4.69 | | 17 | | | | 11.19 | 40 | | | | |
| 解决就业(万人) | | 76.05 | | 41 | 39.71 | | 41 | | | | | | | 36.34 | 47 | 40 |
| 税收(亿元) | 137.52 | 96.76 | 71 | 29 | | | | | | | | | | | | |
| 国税(亿元) | 81.08 | 57.57 | 71 | 38 | | | | | | | | | | | | |
| 地税(亿元) | 56.44 | 39.19 | 70 | 19 | | | | | | | | | | | | |

　　非公有制经济的发展得到了省内各级政府的一致认同和高度重视，一些相关的政策措施相继出台。2005年底召开的"海南省首届非公有制经济发展大会"和2006年"全省经济工作会议"上，省委省政府主要领导对非公经济在海南经济社会中的地位和作用给予了高度评价。为贯彻落实国务院《若干意见》（即"非公经济36条"），省政府于2005年12月颁布了《海南省人民政府关于鼓励支持和引导个体私营等非公有制经济发展的若干规定》即海南"非公经济25条"，在市场准入、支持非公经济自主创新、加大财政支持力度、加强市场监管，提高民营企业自身素质等6个方面25条，做出了具体规定，这充分表明了省委省政府对发展非公经济的信心和决心。

　　在省委省政府的支持下，儋州市、文昌市、东方市、澄迈县、屯昌等各级市（县）政府积极行动起来，并把非公有制经济发展列入了重要的议事日程。各市县政府分别以"促进地方经济社会发展民营企业家座谈会"和"构建和谐社会促进经济发展纳税人座谈会"等方式，认真了解企业家和社会各界人士在生产经营过程中遇到的困难和问题，广泛征求企业家们对构建和谐社会促进地方经济发展的建议和良策。文昌和儋州市委市政府均表示，要在原《促进私营个体等非公有制经济发展的意见》的基础上，依照海南省"非公经济25条"和地方投资建设优惠政策以及企业家们的建议，进一步修改、补充和完善，出台新的《关于鼓励支持和引导非公有制经济发展的意见》，采取有效措施，帮助非公有制企业解决生产经营中的实际困难和问题，激励民营企业做大做强，推动当地经济社会实现又好又快地发展。

## 二　非公有制经济在发展中的困难和存在的主要问题

### （一）融资难、贷款难仍然是限制非公企业做大做强的首要问题

海南省的民营企业大部分是中小企业，规模较小，投资金额一般在 200 万元左右，而且绝大多数是依靠自有资金和拆借资金发展起来的，除艰难维系正常的生产与经营外，流动资金并不宽裕。一旦遇到季节性或时段性的经营活动，经常因资金短缺，短时间内又不能凑齐所需资金而与机遇失之交臂。比如，瓜菜运销商和部分生产企业，一旦订单下来，就需要大笔的资金铺垫，而交易成功后又转入相对的稳定期。由于银行、信用社等金融机构贷款条件复杂，手续烦琐，门槛过高，这些企业也只能是"望洋兴叹"。虽然 2006 年 5 月以后，省政府通过中发行的支持，在省工业发展基金中抽调部分资金，在 16 个市县分别成立了"中小企业信用担保协会"，为中小企业解决贷款难等问题。但由于信用担保协会运作程序与银行模式相差无几，除个别效益好的企业获得了部分贷款外，绝大多数企业并没有得到贷款，企业的困难也并没有得到实质性的解决。因此，融资难贷款难在很大程度上限制了非公经济的发展。

### （二）缺乏配套性措施，已出台的部分政策性规定普遍落实困难

国务院《若干意见》颁布实施前后，省人大、省政府和各市县也曾先后出台了一系列促进非公经济发展的相关条例、规定和意见，都在降低门槛、放宽准入、

信贷投资、技术培训、文化建设、信息交流、政策指导等方面做出了一些政策性规定。但由于部分政府职能部门尚未从根本上转变观念，缺乏实质性的配套措施，操作难度大，许多政策不能落实到位，民营中小企业从中并没有真正得到实惠。

## （三）行业协会不能有效地发挥作用，企业维权困难

由于海南省采用的是分散管理，行业协会一般挂靠省（市）某个相关的厅（局），厅（局）领导分别担任协会的主要负责人，而厅（局）领导身为政府机关公职人员，事务繁多，无暇顾及协会事务和研究对策、提供服务，很难真正发挥作用。其他协会成员又忙于自身的生存，忙于从事商业行为，也不能有效指导协会工作，致使行业协会很难有效地发挥其服务职能和规范市场秩序的应有作用。据了解，除部分行业协会（如澄迈瓜菜运销协会、文昌西瓜协会、儋州的瓜菜协会、海口的房地产协会等）能够正常运作外，还有相当一部分行业协会组织基本上处于瘫痪状态。部分企业在生产经营中，企业的权益受到伤害、涉农企业出现土地纠纷、企业财产受到侵害、劳动关系产生纠纷时，企业维权往往是"叫天天不应、叫地地不灵"，企业不仅遭受的是经济损失，而且承担着更大的精神压力。

## （四）"五乱"致使企业不堪负重

除某些政府职能部门的"乱摊派、乱罚款、乱收费"外，"乱评比、乱表彰"现象也是增加企业负担的主要因素。个别行业协会经常打着政府的旗号，拿着政府的红头文件，进行诸如"优秀企业家"、"功勋企业家"、"先进企业"等"乱评比"和"乱表彰"活动，在企业中收取费用，少则几千元，多则上万元。有的企业或企业家一年内多次"获奖"，同时也多次被盘剥，企业不堪负担。这样的"评比"、"表彰"活动，没有起到应有的表彰先进的作用，而是变相地加重了企业的负担，扰乱了公平竞争的市场经济秩序。

# 三　对促进非公有制经济发展的几点建议

## （一）加快职能转变，增强服务意识，狠抓政策落实，促进民营经济发展

第一，要进一步增强对非公有制经济重要地位和作用的再认识。海南省非公

经济发展的实践表明，非公有制经济在加快区域经济发展、推动国企改革、调整经济结构、促进社会稳定、增加就业渠道、提高群众生活水平等方面都发挥着不可替代的作用。可以说，没有民营经济的大发展，就没有海南经济社会的大发展。因此，各级领导干部要进一步统一思想，提高认识，牢固树立"政府创造环境，企业创造财富"的观念，进一步加快政府职能和观念的转变，从根本上消除对非公经济的歧视思想，实现管理型政府向服务型政府的转变，为非公经济的发展创造良好的投资环境、政务环境和法制环境。第二，要围绕国务院"非公经济 36 条"和海南省"非公经济 25 条"的主线，尽快出台与之相适应、切实可行的相关配套措施，狠抓落实，促进非公经济发展，推动海南实现又好又快发展。第三，加强宣传教育工作。要通过多种渠道、多种形式，宣传国务院"非公经济 36 条"和海南省"非公经济 25 条"及各项配套措施，让发展非公经济的政策真正深入人心，使政策变为各方面共同努力促进发展的自觉行动。第四，建设诚信政府，树立良好形象。政府承诺事项应当慎重，一旦公布应予以兑现，要做到言而有信，才能做到令行禁止，政令畅通。要通过建设诚信政府，树立起政府的良好形象。

### （二）积极采取有效措施，切实解决民营企业贷款难问题

目前，虽然地方政府与中发行合作，在全省 18 个市县分别成立"中小企业诚信担保协会"，帮助部分民营企业解决了融资贷款难的问题。但因其门槛高，手续烦琐，操作模式与银行运作模式不相上下，大部分民营中小企业融资难贷款难的实际问题仍然没有从根本上得到解决。因此建议借鉴江苏、浙江等省市区成功经验，多渠道、多层次探索和解决民营企业融资难贷款难等问题，并做好海南民营企业融资贷款的试点工作，消除民营企业信贷"玻璃门"现象。

### （三）减轻企业负担，以政策刺激投资，鼓励支持非公企业创办劳动密集型产业

第一，适当放宽税收政策，废除不合理的各类收费，减轻企业负担。海南省是岛屿省份，生产企业的原材料来源和产品销售对象主要在省外，生产成本和运输成本无形增大，产品优势和市场竞争力减弱。企业在省内、省外重复缴税，负担过重。因此，建议在税收政策上适当放宽或减免部分税收，废除不合理的各类

收费，切实减轻企业负担，使节省下来的资金更好地用于生产领域，使其发挥更好的效能。第二，打破限制，刺激投资。新世纪新形势下，除国家明令禁止的，政府应当主动打破行业限制，放宽民营企业市场准入条件，以政策刺激投资，让更多的民营企业家把更多的闲散资金投放市场、激活市场。采取有效措施，鼓励和支持民营企业家投资办厂、安家置业、投资教育和交通、通讯等基础设施建设以及创办劳动密集型产业，帮助政府解决就业与再就业的难题，维护社会稳定，实现和谐社会的构成。

### （四）借助工商联资源优势，加强行业协会管理

中共中央《关于巩固和壮大新世纪新阶段统一战线的意见》（中发〔2006〕15 号文件）明确指出，工商联（总商会）是以非公有制企业和非公有制经济人士为主体的具有统战性、经济性、民间性的人民团体和商会组织，是党和政府联系非公有制经济人士的桥梁和纽带，是政府管理非公有制经济的助手。要充分发挥工商联在非公有制经济人士参与政治和社会事务中的主渠道作用。充分发挥工商联在非公有制经济人士思想政治工作的重要作用，引导非公有制经济人士健康成长，充分发挥工商联在政府管理非公有制经济方面的助手作用。

海南省各级工商联（总商会）工作直接面对民营企业和民营企业家，现有直属会员和会员企业 8100 多家，主要会员在全省各行业领域和社会各阶层均占有领先和主导地位，因此，建议政府授权工商联作为非公经济行业组织的主管部门资格。借助工商联的资源和优势，让其参与相关行业协会的管理，促进行业协会管理的规范化、制度化，维护市场经济秩序。

### （五）建立有效机制，正确引导非公企业更好地为和谐社会作贡献

非公有制企业在自觉参与和谐社会建设的同时，政府、统战部、工商联等部门也应当及时建立相应的有效机制，鼓励支持和引导他们更好地为构建和谐社会作贡献。第一，建立以和谐发展为核心内容的非公有制经济代表人士的宣传引导机制。统战部、工商联等各级组织要加强责任宣传，树立正确导向，开展主题活动，依托党校、社会主义学院等院校进行和谐社会的研讨和培训，加强民营企业参与"光彩事业"、"反哺工程"和其他社会公益事业的考察。新闻媒体要对民营企业参与社会公益事业和构建和谐社会活动给予充分肯定，并予以正面宣传，

引导更多的民营企业重视和谐建设，形成引导民营企业和谐发展的长效机制。第二，建立充满活力的非公企业制度创新和技术创新机制。一方面，政府应从制度和政策上给予必要的支持，引导民营企业推进制度创新。另一方面，政府有关部门要综合应用金融、财税、土地等政策指挥棒，鼓励支持民营企业建立健全技术创新机制，提高自主创新能力，不断增强发展后劲。第三，建立民营企业文化建设促进机制。帮助和指导民营企业处理好企业与员工的关系，创造一种"企业与员工和谐发展"的文化氛围。第四，建立民营企业与社会和谐友好的互动机制。要以法律为准绳，以诚信为基础，以友爱为责任，遵纪守法、合法经营、公平竞争，保护自然环境，实现人与自然和谐相处。

说明：以上所列数据来源于省工商局、省统计局、省国税局、省地税局、海口海关等政府职能部门。

课题组负责人：陈琼月　王守仁
课题组成员：胡艺怀　冼　道　吴建平
执笔：吴建平

# 重庆市民营经济发展报告

2006 年是全市实施"十一五"规划的开局之年，是经济社会发展取得显著成就的一年，也是全市广大非公有制经济人士倍感光荣和鼓舞的一年。一年来，全市上下认真贯彻落实国务院《关于鼓励支持和引导个体私营等非公有制经济发展的若干意见》（以下简称"非公经济 36 条"），深入开展"执政为民、服务发展"学习整改活动，着力营造民营经济良好的发展氛围。在市委、市政府的正确领导下，按照科学发展观和构建和谐社会的要求，成功抵御了百年不遇的特大旱灾，确保了全市民营经济持续保持良好的发展态势，取得了更大的发展，为全市经济社会发展提供了强大动力来源。

## 一  2006 年重庆民营经济发展总体情况

——民营经济持续快速发展。2006 年，全市民营经济实现增加值 1851 亿元，比 2005 年增长 19.7%，占全市 GDP 的比重从 2005 年的 50.4% 提高到 53.1%，已成为全市经济增长的主要动力，占据了全市经济的半壁江山。

——民营经济组织大幅增加。截至 2006 年 12 月，全市有民营经济组织 58.46 万户，比 2005 年净增 6.9 万户，增长速度超过 13%。其中个体工商户 50.3 万户，私营企业 8.04 万户；个体、私营企业注册资金达到 1415 亿元，较 2005 年底增长 19.11%。

——民营经济税收稳步增长。2006 年，民营经济纳税超过 230 亿元，同比增长 42.83%，占全市税收总量的 52.7%，成为全市财政收入的重要来源。目前，各区县财政收入的一半以上和乡镇财政收入的绝大部分来自非公有制经济。

——民营经济投资热情高涨。截至 2006 年 12 月，全市民营经济完成固定资产投资 1430 亿元，同比增长 22.7%，占全市投资总量的 58.3%。

——民营经济促进了消费市场的繁荣。2006 年，民营经济实现社会消费品零售总额超过 1100 亿元，占全市社会消费品零售总额的 80% 以上。特别是餐饮业实现社会消费品零售总额 194.28 亿元，比 2005 年增长 20.0%，其增长速度居各行业之首。

——民营企业出口强劲增长。2006 年，民营企业出口仍保持了强劲的增长态势，达到 26 亿美元，同比增长 35.8%，占全市出口的 77.6%。其中力帆集团、隆鑫集团、宗申集团、银翔集团摩托车制造公司出口已超过 1 亿美元，分别为重庆出口 30 强企业的第一、第二、第三和第五名。

——民营经济吸纳了大量的就业人员。2006 年，民营经济单位从业人员新增 40 万人，达到 605.7 万人，占第二、第三产业从业人员的 73% 以上，成为新增就业的主渠道。

——从业人员劳动报酬快速增长。2006 年，全市民营经济为从业人员提供劳动报酬达 660 亿元，同比增长 16.38%，成为增加人民群众收入的重要来源。

——对社会公益事业贡献不断增大。2006 年，在重庆市遭受百年不遇的特大旱灾面前，广大非公有制经济人士积极响应市委、市政府的号召，纷纷倡议，慷慨解囊，累计捐赠 3600 多万元，其中，隆鑫、龙湖、力帆、南方、博赛公司捐赠达百万余元；百余家民营企业到三峡库区、贫困山区开展光彩事业，捐建光彩小学 19 所。其中，力帆集团捐建 10 所，南方、隆鑫、三和、西亚、金科、博塞、陶然居、川江、北城致远公司各捐建 1 所；民营经济人士还向市慈善总会捐赠超过 1000 万元，占慈善总会受赠总额的 80%，其中，世纪民生、博赛捐款都达百万元。在市工商联组织开展的"百名老板进库区"活动中，60 多家企业与库区结成企村帮扶 2 个，招工 330 名，捐资 400 万元，协议投资上亿元，协议招工、培训共 1.5 万多名。

事实证明，民营经济已经成为重庆市经济持续快速增长的"加速器"，活跃市场的"兴奋剂"，扩大就业的"主渠道"，增加收入的"活源泉"，城乡统筹发展的"推动力"，名副其实地撑起了重庆经济的半壁江山，为重庆经济社会发展作出了重要贡献，重庆民营经济已经站在一个新的历史起点上。

## 二 大力发展民营经济的主要举措

2006 年，市委、市政府旗帜鲜明地支持民营经济发展。市委书记、市长等主要领导对民营经济发展和工商联的批示近 100 次，强调要更加毫不动摇地发展民营经济，着力优化政治、政策、市场、法制、金融和社会环境。市委、市政府还召开了重庆市非公有制经济人士优秀社会主义事业建设者表彰大会，举办了2006 中国（重庆）民营经济发展战略论坛，开展了"执政为民、服务发展"学习整改活动，清理了限制民营经济发展的规定，制定和完善了支持民营经济发展的一系列政策，民营经济发展的环境得到明显改善。

**1. 树立典型，鼓励先进，着力优化民营经济的发展环境**

2006 年 5 月 30 日，市委、市政府召开了重庆市非公有制经济人士优秀社会主义事业建设者表彰大会，128 名非公有制经济人士获得了此项殊荣。此次表彰大会，是成为直辖市以来重庆市第一次以市委、市政府名义表彰非公有制经济人士的大会，是令广大非公有制经济人士倍感光荣、倍感鼓舞的一次胜利的大会。王鸿举市长主持会议，邢元敏副书记宣读了表彰决定，汪洋书记作了重要讲话，提出了着力优化政策环境、市场环境、法制环境和社会环境。

**2. 深入开展"执政为民、服务发展"学习整改活动**

2006 年 7 月，汪洋书记在洪崖洞考察时发表了重要讲话后，市委、市政府开展了历时 5 个多月的市级机关"执政为民、服务发展"学习整改活动。127 个部门和单位的 9 万余名干部职工，围绕"强化五大观念、解决五大问题"这条主线，深入开展学习整改活动，探索和建立了 3300 多项规范快捷的工作制度，取消、调整、暂停实施行政审批事项 312 项，进一步规范行政事业性收费 32 项，取消 25 类工本费和 79 个市级部门的 248 个评比达标项目，免收了月营业额 3000元以下的个体工商户管理费，扩大了六大区域性中心城市的 92 项行政权，一批中介组织、学会协会与党政机关分离，基本实现了市委、市政府提出的"思想观念明显转变，机关作风明显改进，制度建设明显进步，基层群众满意度明显提高"的目标，促进了创业、创造、创新环境的优化。

**3. 认真贯彻落实国务院"非公经济 36 条"**

——市委、市政府制定了鼓励自主创业的政策措施，激发市民创业致富热情。坚持放开搞活，降低创业门槛，建立健全创业孵化、创业培训、创业指导、创业扶持的"四位一体"推进机制，鼓励下岗失业人员、外出务工返乡人员、大中专毕业生、城乡退役士兵等各类人员创办企业。成立自主创业信息中心、服务中心和投诉中心，强化创业协调和服务。从给别人打工，到自己创业当老板，越来越多的重庆人敢于迈出这重要的一步。2006 年，全市新登记的个体户达到12.28 万人，扣除当年淘汰出局者，全市净增个体户5.81 万户，与 2005 年相比，增长幅度达到 13.05%，为成为直辖市以来最快。

——法制办、发改委、中小企业局、工商联联合开展了清理限制民营经济发展规定工作。经过认真清理，全市共清理规章和规范性文件64641 件。其中，市政府及政府各部门的规章和规范性文件13142 件，各区县政府及所属部门的规范性文件51499 件。拟废止的规章和规范性文件58 件，拟修改的规章和规范性文件21 件。

——进一步完善了支持民营经济发展的政策措施。市政府出台了《关于加快餐饮业发展推进美食之都建设的意见》、《改革主城区公共交通汽车客运营运与管理体制决定》；市高院出台了《保护民营经济发展若干意见》；市检察院出台了《关于为民营经济发展服务的决定》；市工商局制定了《放宽市场主体准入促进经济发展的意见》；市委宣传部制定了《关于大力发展民营文化企业的意见》以及相关配套措施等，鼓励支持民营经济大发展。

——市政府授权市工商联作为民营经济领域内成立的非行业性社团的业务主管单位，为充分发挥工商联作为政府管理民营经济的助手作用奠定了重要基础。

**4. 举办了 2006 中国（重庆）民营经济发展战略论坛**

2006 年 10 月，由全国工商联、中共重庆市委、市政府联合主办的"2006 中国（重庆）民营经济发展战略论坛"在重庆举行。全国政协副主席、全国工商联主席黄孟复，重庆市委书记汪洋、市长王鸿举发表了重要讲话。全国工商联副主席沈建国和市领导刘志忠、邢元敏、黄奇帆、童小平、辜文兴、尹明善出席了论坛，来自北京、天津、河北、江苏、四川、贵州、重庆等省市的 200 名知名专家学者和民营企业家进行了互动交流，在全国范围内产生了良好的宣传效应，充分体现了全市坚定不移地改善发展环境，毫不动摇地鼓励支持发展民营经济，努力实现民营经济发展的新突破的坚定决心。

**5. 不断改善民营经济的金融服务**

"融资难"是民营经济发展的一大"瓶颈"。2006 年，全市实施中小企业金融服务计划，加强民营经济金融服务工作。到 2006 年底，全市中小企业信用担保机构发展到 55 家，新增中小企业贷款 150 亿元。市工商银行为 30 家民营企业授信 30 亿元，开发银行重庆分行、汇丰银行重庆分行、华夏银行重庆分行、中国银行重庆分行等都加强了对民营经济的金融服务工作。市商业银行与市工商联签订了战略性框架协议，在全国首创了商会联保贷款模式，首期授信 100 亿元，同时还与浙江、福建、建材商会签订合作协议，分别授信 2 亿元。

**6. 大力营造民营经济发展的良好舆论氛围**

2006 年，市委宣传部、市委统战部、市工商联联合举办了民营经济新闻宣传报道工作座谈会，要求要围绕"大、实、广、深、活、久、好"7 个字，搞好民营经济的长期系列报道。在重庆市优秀社会主义事业建设者表彰活动期间，全市各主要媒体对表彰活动的报道达 60 余篇，《重庆日报》配发了评论员文章，各大媒体还开展专题宣传，对民营企业家作了深度报道。10 月，2006 年中国（重庆）民营经济发展战略论坛期间，《重庆日报》再次配发了评论员文章，全市各媒体广泛地作了采访报道，在全国范围内产生了良好的宣传效应。12 月，市工商联主要领导做客新华网，海内外近 7 万网民在线参与了访谈，全市各大媒体进行了现场采访报道。据不完全统计，2006 年中央媒体和重庆新闻单位报道全市民营经济信息近 2000 条，其信息量之大，前所未有。

# 三　影响和制约全市民营经济发展的主要问题

**1. "执政为民、服务发展"的理念还未完全成为厚重的政治素质，市委关于学改活动成为永续工程的部署还需全市上下认真领悟和落实**

**2. 部门落实"非公经济 36 条"的措施推进不平衡，市场准入、公平待遇未完全规范化和法制化**

——准入上进展比较缓慢。主要是在邮政、通信、广电、电力、石油、军工、金融、保险、交通、供水、供气、污水处理、基础设施等领域，民营经济的进入遇到大量的"玻璃门"现象，即看得见、进不去。比较突出的是以资本实力、技术水平和从业资历等各种理由抬高民营企业的准入门槛。

——"融资难"没有根本缓解。

——一些政策在执行中遭遇阻力。一些部门受传统的观念影响与习惯制约，在实际管理上对民营企业仍抱不太信任的态度，以致在具体工作上或有意或无意、或直接或间接地限制民营企业。

——一些垄断问题在实际上更加排挤民营企业。部分垄断企业出于维护自身利益需要，通过长期维持垄断高价、影响政府部门抬高行业准入门槛等手段，排挤民营企业进入。

**3. 一些社会舆论存在负面影响**

——在对收入分配不公等方面的讨论中，存在一些偏颇舆论。贫富差距不断扩大和收入分配不公问题，部分社会舆论简单地将其主要归因于是私营经济发展，这使不少人对民营企业仍持异样眼光。

——关于"原罪"问题的再次争论给部分民营企业带来负面心理影响。面对民营企业在早期创业过程中存在的某些违规行为，一些人将此视为"原罪"，要求进行谴责和追究。这种舆论在一定程度上还影响了某些政策的制定和执行，影响了某些司法行为，也影响了民营企业家的心理。

**4. 民营企业自身素质提高尚有不小差距**

——劳动纠纷时常发生。

——社会诚信意识仍有不足。

——资源环境意识有待进一步加强。

——违法犯罪案件时有发生，造成了不小负面影响。

## 四　进一步推动民营经济又好又快发展的建议

**1. 把"执政为民、服务发展"作为永续工程，继续解放思想，开拓开放，扎实工作，不懈奋斗。鼓励全民创业，富民兴渝**

**2. 创造平等准入、公平竞争的政策环境**

一是放宽市场准入，使非公有制企业享有与其他企业同等的投资机会，真正做到凡是政府已向外资开放或承诺的投资领域，都应向非公有制资本开放，凡是国家法律法规没有禁止进入的领域和行业，都应允许非公有制资本进入。二是切实采取有效措施，创造各类市场主体平等使用生产要素的环境，使非公有制企业在投融资、税收、土地使用和对外贸易等方面与其他企业享有同等待遇。

### 3. 加大财税金融支持的力度

一是政府应逐年加大对中小企业发展专项基金的投入，及时出台和完善有关财税扶持政策。如对参与新农村建设、库区开发建设的民营企业；对从事时尚创意产业、现代物流业以及自主创新的民营企业；对从事农产品加工、劳动密集型的民营企业都应给予一定的财税扶持。二是鼓励和引导各类金融机构从民营经济的特点出发，开展金融产品创新，鼓励金融服务创新，改进资信评估制度，改进信贷考核和奖惩管理方式，努力拓宽民营企业融资渠道。三是着力引进金融机构，注重培育全市的担保机构、信托机构、租赁公司等，加快信用担保体系建设，鼓励有条件的区县设立为民营经济服务的担保机构，弥补民营企业贷款信用先天不足的缺陷，帮助企业解决燃眉之急。

### 4. 深化行政管理体制改革

一是要进一步取消或修改政府部门对民营企业注册、经营、增项、转产等各个环节的审批限制，简化办事程序，转变政府职能，建设服务型政府，为民营企业发展提供良好的行政服务。二是按照市场化原则改革行业协会、商会的管理体制，割断政府部门与行业商会（协会）的业务主管关系，发挥各类行业商会（协会）的自我管理职能，让行业商会（协会）真正成为代表行业利益的民间组织，充分发挥其提供服务、反映诉求、规范行为的作用，从而营造重庆市新一轮经济发展的体制高地。三是深入开展政府部门服务民营经济的体制机制探索，论证后不断改革，使行政体制适应经济基础包括民企发展的需要。

### 5. 大力推进行政执法与司法的严肃与公正

当前，在一些领域和地区，既存在执法不严问题，也存在执法不公问题。前者表现在部分地区为了吸引投资、加快发展，放任民营企业的某些违规违法行为。后者表现在有的领域，面对同样违规行为，若发生在国有和三资企业身上，可能不算问题，但若发生的在私营企业身上，则往往视为经济犯罪被诉诸法律。因此必须加快完善行政执法和司法体制机制的步伐，加强社会和谐的行政执法与司法保障，提高行政执法与司法的严肃性和公正性，为各类企业提供公平的执法环境。

### 6. 不断改善民营经济发展的社会舆论环境

要通过舆论的宣传与引导，在群众中逐步树立起四个新观念。一是树立广大非公有制经济人士作为新社会阶层和中国特色社会主义建设者，也是共产党的执政基础的新政治观；二是树立民营资本、私人财产，也是国家与社会的财富的新财富观；三是树立客观公正地看待民营企业早期发展中的某些与当时规则相冲突的新历史观；四是鼓励全民创业，创新、创造光荣的创业观。只有在群众意识和社会舆论中真正树立起新观念，才能根本解决在部分群众中仍然存在的某些旧观念旧意识，也才能根本解决在部分非公有制经济人士中仍然存在的某些担心与疑虑。

**7. 加快社会服务体系的建设步伐**

要建立和健全社会化服务体系，整合政府和社会资源，加快发展全市现代服务业，抓好公共服务平台建设，开展投资、信息咨询、技术创新、人才培训、市场开拓和经营管理等服务，努力为民营经济提供全方位、高质量的服务，推动全市民营经济发展实现新突破，促进民营经济在构建和谐重庆、为完成胡锦涛总书记提出的"314"战略部署作出更大贡献。

课题组负责人：向远道

执笔：黄卫江　李　论

# 四川省民营经济发展报告

2006 年在四川省委、省政府领导下，全省各地、各部门认真贯彻落实党的十六大以及十六届五中、六中全会精神，按照《国务院关于鼓励支持和引导个体私营等非公有制经济发展的若干意见》，省委、省政府《关于进一步加快四川民营经济发展的决定》和《关于进一步促进非公有制经济发展的实施意见》的总体要求，解放思想，转变观念，积极推进"三个转变"，大力发展民营经济，全省民营经济整体实力显著增强，发展速度明显加快，四川民营经济已经成为四川省经济发展的重要组成部分。2006 年，全省民营经济继续保持强劲增长态势，增加值首次突破 4000 亿元大关，达 4047.68 亿元，占 GDP 的比重提高到 46.9%，对经济增长的贡献率为 67.3%。民营经济在创造税收、提高居民收入、增加劳动就业、繁荣城乡市场、拉动投资等方面发挥了重要作用。

## 一 民营经济的主要发展特点

### 1. 民营分量持续加大，产业结构不断优化

近几年，四川民营经济蓬勃发展，占国民经济总量的比重逐年提高。2006 年，四川民营经济增加值再上新台阶，达 4047.68 亿元，比 2005 年净增 837.11 亿元，占全省 GDP 的比重创历年来新高，为 46.9%，比 2005 年提高 3.4 个百分点。分产业看，一、二、三产业民营经济增加值依次为 631.1 亿元、1977.73 亿元和 1438.85 亿元，民营经济三次产业结构为 15.6∶48.9∶35.5，与 2005 年相

比，第一产业比重下降了 1.6 个百分点，第二产业、第三产业比重分别提高了 1.3 和 0.3 个百分点。

从经济类型看，个体私营经济是全省经济的重要组成部分。2006 年四川省个体私营经济增加值 3809.94 亿元，占 GDP 的比重达到 44.1%；外商投资经济增加值为 166.02 亿元，占 1.9%；港澳台经济增加值 71.72 亿元，占 0.8%。与 2005 年相比，个体私营经济占 GDP 的比重提高了 3.1 个百分点，外商投资经济和港澳台经济分别提高了 0.2 和 0.1 个百分点。

**2. 民营经济持续增长，高于 GDP 增速**

四川民营经济保持了快速发展势头，明显高于同期 GDP 增速。2006 年，四川民营经济增长 20.7%，是近年来发展较快的一年，比 2005 年提高了 0.9 个百分点。比"九五"时期增长 14.5%，提高了 6.2 个百分点；比"十五"时期增长 19.9%，提高了 0.8 个百分点。2006 年民营经济增长速度大大超过了全省 GDP，比全省 GDP 增长速度快 7.4 个百分点。分产业看，第一产业增长 7.2%，第二产业增长 26.1%，第三产业增长 19.8%。分别比全省 GDP 中第一产业增长速度高 4.2 个百分点，比第二产业高 6.1 个百分点，比第三产业高 8.2 个百分点。从构成看，2006 年个体私营经济增加值增长 20.3%，外商投资经济增加值增长 25.2%，港澳台经济增加值增长 30.9%。与 2005 年相比，增速分别提高 0.7 个百分点、2.3 个百分点和 9.4 个百分点。全省民营经济增加值保持了两位数的增长速度。

**3. 推动全省经济发展，对 GDP 增长贡献超过 60%**

四川经济快速发展，离不开民营经济的贡献，民营经济已成为国民经济的重要组成部分，成为推动经济快速发展的主要动力。在全省 GDP 增长 13.3% 中，公有经济贡献了 32.7%，民营经济贡献了 67.3%，民营经济贡献率提高 3.3 个百分点，拉动全省经济增长了 9.0 个百分点。从构成看，个体经济是民营经济的主要力量，在四种所有制形式中对经济的贡献最大。2006 年，个体私营经济对全省 GDP 的贡献率为 62.4%，拉动经济增长了 8.3 个百分点；而外商、港澳台经济贡献率分别为 3.3% 和 1.7%。分产业看，民营第二产业是推动经济增长的主要动力，一、二、三产业民营经济增加值对全省经济的贡献率分别为 4.0%、40.5% 和 22.8%，分别拉动经济增长了 0.5%、5.4% 和 3.1%。

#### 4. 第二产业快速发展，民营工业表现突出

2006 年，四川省第二产业民营经济保持持续增长势头，同比增长 26.1%。其中，民营工业增加值增速达 28.1%，是发展最快的行业之一，民营工业对全省 GDP 的贡献率为 37.3%，对工业经济的贡献率为 67.6%，高于 2005 年 2.0 个百分点，拉动全省工业增长 14.5 个百分点。由于民营工业的快速增长，民营工业增加值占全省工业增加值的比重大幅提高，在工业增加值 3144.72 亿元中，民营增加值完成了 1705.48 亿元，占全部工业增加值的 54.2%，比 2005 年提高 2.3 个百分点，其中，个体私营经济增加值 1518.33 亿元，外商投资经济增加值 137.22 亿元，港澳台投资经济增加值 49.93 亿元，分别占 89.0%、8.1% 和 2.9%。由此可见，民营工业起着举足轻重的作用，成为工业经济发展的重要力量。

#### 5. 民营经济分布在第三产业的大部分行业中

民营经济不仅在总量规模上有较大发展，而且涉足了第三产业中的大部分行业。在房地产业中民营经济所占比重最高，达到 86.4%；其次是住宿和餐饮业，民营经济份额达 80.1%，比 2005 年提高 5.0 个百分点；批发零售业民营经济份额为 70.3%，比 2005 年提高 14.2 个百分点；交通运输业民营经济份额为 48.2%，比 2005 年提高 1.1 个百分点。民营经济还涉足了文化体育和娱乐业、租赁和商务服务业、卫生、教育、金融等行业。

#### 6. 民间投资活跃，世界 500 强竞相入川

随着投资环境的不断改善，四川民间投资日趋活跃，成为推动全省投资增长的主要动力。2006 年，全社会投资中民间投资（不含股份合作和其他有限责任公司投资）1047.5 亿元，比 2005 年增长 29.8%，占全部投资的比重为 23.2%，比 2005 年提高 2.1 个百分点，拉动全社会投资增长 6.9 个百分点，对投资增长的贡献率为 23.0%。其中，个体私营企业投资 839.23 亿元，增长 27.5%；港澳台企业投资 88.59 亿元，增长 3.9%；外商企业投资 119.62 亿元，增长 88.4%。

世界 500 强企业入川步伐正在加快，外商企业投资大幅增长。这些企业尤其看重四川省不断优化的投资环境、日渐完善的产业链条、极具竞争力的人才储备和良好的宜居环境。阿彻丹尼尔斯米德、宏利保险、法航—荷航集团、百思买、联邦快递、英特尔、壳牌等已落户的 121 家世界 500 强企业增资迅猛，超过 1/3 的增资来自世界 500 强企业。

### 7. 民营企业已成为四川省对外贸易的生力军

近年来四川省民营外向型经济有了长足的发展，民营企业在促进四川商务事业发展中发挥了重要作用，并在对外开放和发展服务业方面取得了明显成效。2006 年四川省具有对外贸易资格的民营企业户数突破 6000 户，具有对外贸易实绩的民营企业 2289 户。2006 年全省民营企业对外贸易出口额 28.45 亿美元，同比增长 67.4%，占全省出口额的 42.9%，出口首次超过国有企业，跃居四川省第一位。民营经济在对外贸易中占有重要份额。一是民营企业已成为四川省第一大类出口企业。民营企业出口占全省出口总额的比重由 2000 年的 12% 提高到 42.9%。二是境外投资企业中半数以上是民营企业。截至 2006 年底，四川省经审批的境外投资企业总共 82 家，累计投资总额近 3 亿美元。其中民营企业 48 家，占总数的 58%；投资总额 1.6 亿美元，中方投资额超过 8300 万美元，占到四川省境外投资总额的 58%。三是民营企业利用外资快速增长。截至 2006 年底，四川省民营企业累计实际利用外资大约 12 亿美元左右。

### 8. 民营商业稳步发展，消费品市场占据主导地位

在消费品市场中，民营经济蓬勃发展，并实现稳步增长。2006 年，个体私营经济实现消费品零售额为 2139.7 亿元，外商港澳台经济实现消费品零售额为 141.1 亿元，合计占全社会消费品零售总额的 66.7%，比 2005 年提高 0.5 个百分点。个体私营经济实现消费品零售额增长 15.2%，增幅高于 2005 年同期 0.1 个百分点；外商港澳台经济增长 20.9%，比 2005 年提高 6.1 个百分点。

### 9. 民营企业蓬勃发展，实力增强

近年来，四川省涌现出蓝光、迈普、龙蟒、宏达、大陆希望、汉龙、科创、建川、康弘等一大批民营企业，他们在改革开放的浪潮中抓住市场机遇，不断发展壮大。2006 年，工商登记民营企业 210.2 万户，比 2005 年同期增加 16.6 万户，增长 8.6%。其中，个体工商户 167.4 万户，私营企业 20.9 万户，外商企业 4491 户，港澳台企业 2616 户，分别增长 9.3%、16.9%、10.2% 和 7.6%；民营企业户均注册资金 45.4 万元，其中，外商企业户均注册资金最高，达到 2186.28 万元，港澳台、私营企业、个体工商户户均注册资金分别为 1969.17 万元、108.87 万元和 1.53 万元，分别增长 5.1%、6.9%、-5.6% 和 13.3%。

### 10. 增加了税收，扩宽就业渠道

民营经济的发展，不但为国家创造了大量的财富，增加了税收，还为社会解决了大量的劳动力就业问题，为促进农村部分劳动力向第二、第三产业转移，维护社会稳定作出了积极贡献。2006年全省民营企业缴纳税收206.14亿元，比2005年增长35.4%，占全省税收的21.4%，比重同比上升1.6个百分点。其中个体私营企业实现税收130.72亿元，港澳台和外商投资企业税收75.43亿元，成为四川财政收入的重要组成部分。2006年，全省个体工商户、私营企业从业人员达575.96万人，新增87.42万人，增长17.9%，个体私营经济已成为吸纳社会劳动力和国有、集体企业下岗职工再就业的重要渠道。

### 11. 市州总量、速度、贡献率全面提升

2006年成都实现民营经济增加值1326.58亿元，居全省首位；创造民营经济增加值较多的市州还有德阳265.60亿元、绵阳254.24亿元、达州202.39亿元、南充201.87亿元。与2005年同期相比，各市（州）民营经济总量均有所增加，有8个地区民营经济总量较2005年增加25亿元以上，其中，成都增加218.41亿元，德阳增加40.66亿元，绵阳增加39.52亿元，达州增加31.69亿元，南充增加31.46亿元。

从速度上看，与GDP增长相比，各地民营经济增长速度更快。其中增速前10位的有攀枝花21.1%、成都20.1%、遂宁19.7%、凉山19.4%、资阳19.3%、南充19.2%、眉山和达州19.1%、乐山19.0%、绵阳18.9%。

从各地民营经济对GDP的贡献率看，超过50%的有18个市州，其中，贡献率居前五位的地区分别是达州72.1%、遂宁71.3%、南充69.0%、眉山68.1%、资阳67.8%。

## 二 存在的主要问题

近年来，四川民营经济虽然取得较大成绩，但由于起步较晚，民营经济发展中还有一些值得关注的问题。

### 1. 民营经济发展的市场环境仍不乐观

一是民营企业行业准入问题。尤其是一些垄断部门和行业、公用事业和基础设施领域，如通信、广电、邮政、电力、金融等，对民营企业的进入限制过多。

二是鼓励民营经济发展的政策措施亟待细化落实。三是对非公有制企业的税收政策还存在着歧视现象，没有做到对国企民企一视同仁。

### 2. 企业规模小，市场竞争力差

四川省民营企业从事生产型、科技型、外向型的不多，特别是规模以下工业民营经济主要集中在低层次的加工工业、采矿行业等，多为劳动密集型的传统产业，企业规模偏小，缺乏市场竞争力。2006年末，全省个体工商户和私营企业户均注册资金分别为1.53万元和108.87万元，远低于沿海发达地区的水平。由于规模小、竞争力弱、外向度低，严重制约着四川省民营经济的快速发展。

### 3. 融资渠道不够畅通

就目前情况看，民营企业很难获得政府的专项财政资金；商业银行受体制、管理和观念的影响，对民营企业心存戒备，贷款门槛较高；资本市场的融资更是难上加难。2006年四川省金融机构短期贷款余额中乡镇企业和个体私营企业、"三资企业"只占4.8%。以中小企业为主的民营企业上市融资几乎没有任何机会。虽然企业融资难的问题各地政府及有关部门给予高度重视，但由于大多数企业自身素质不高、信用等级低等原因，仍然难以获得金融部门的贷款。

### 4. 产业层次较低，结构性矛盾突出

目前，民营经济发展虽呈现向二、三产业拓展的趋势，但主要集聚在传统的制造业、为居民生活提供服务的批发零售业、餐饮业、社会服务业、公路运输业等一般性竞争领域，农业主要集中在以家庭为主的畜牧业等。经营型多，生产型少，特别是工业企业少，大户更少；粗放型多，科技含量高的少，管理水平较低。现有民营企业普遍产品老化、单一，适应市场能力差，专业化、协作化水平不高，经营传统产业多，高新技术产业少，生产的产品科技含量低，造成企业产业结构、产品结构矛盾较为突出。

### 5. 社会保障机制不够健全

由于民营企业的成长与发展周期不确定，确立的劳动关系不稳固和不规范，多数民营企业均没有按规定足额缴纳养老保险费、医疗保险费、工伤保险费、失业保险费、生育保险费。因此，民营企业的社会保障制度和机制不健全，从业人员的合法权益得不到保障，已成为制约民营企业引进人才和企业发展的一个重要因素。

# 三 进一步促进民营经济发展的建议

为促进四川省民营经济持续快速健康发展，应以《国务院关于鼓励支持和引导个全私营等非公有制经济发展的若干意见》为指导，进一步加大对民营经济发展扶持和支持力度。

**1. 强化社会诚信意识，加强法制环境建设**

积极倡导诚信，从政府、企业、个人等三大体系入手，构建社会诚信体系。加强信用法制建设，构建社会诚信框架，配合司法部门打造一个由个人信用、企业信用和政府信用于一体的信用法律体系，营造良好的司法环境。由各地政府牵头，金融、司法、工商、税务、经委等部门加强对个人和企业进行信用记录，着力构建社会诚信体系。建立政府主导的信用评价机制，创造良好投融资环境。

**2. 完善对民营经济的社会服务体系**

大力发展社会中介服务、创业服务、科技创新服务。加大对中介服务机构的支持力度，坚持社会化、专业化、市场化原则，不断完善社会服务体系。支持发展创业辅导、筹资融资、市场开拓、技术支持、信息服务、人才培训等各类社会中介服务机构。发展行业协会等非营利中介组织，鼓励和帮助那些已进入产业集群初级阶段的企业建立自己的行业协会。加大对民营企业科技创新活动的支持，加快建立适合民营中小企业特点的信息和共享技术服务平台，推进民营企业的信息化建设。大力培育技术市场，促进科技成果转化和技术转让，为民营经济营造更好的服务环境。

**3. 制定和实施产业发展计划和政策，引导民营企业向预定目标发展**

清理限制民营企业进入的歧视性政策，在加大基础设施建设的同时，更多的允许民营企业进入垄断性和社会公益性产业部门，缓解政府的财政投资压力，提升民营企业的经营效率和竞争力。由于四川省农业人口比重较大，所以要大力引进、发展劳动密集型的社会服务业。对解决就业贡献大的企业、个体户给予奖励和税收优惠等政策。

**4. 解决民营企业的产权形态问题**

民营企业要想持续发展，必须解决好产权问题。私人资本做强做大必然会走资本集中的道路。这种道路主要通过两种渠道——兼并收购和股份制改造。资本社会化的形态就改变了传统意义上的私人资本的民营企业的产权组织形态。因此，民营企业的可持续发展要按照资本的运行规律，必然会有相当一部分企业走向资本社会化。建立现代企业制度，实现所有权与经营权的分离，设立企业章程，依照法律办事。要坚持私人控股地位的现代企业制度，促进企业稳定发展。

### 5. 建好民营经济发展平台

集中精力抓好工业集中区、特色产业小区、农产品加工区建设。重点是做好规划，下大力推进工业集中区建设，建好路、水、电、气、通讯等配套设施，打造良好的发展平台。坚持特色聚集、集约发展，以优势企业为龙头，延伸上下游产业链，打造产业集群，建设特色集中区。创新发展机制，鼓励和支持业主办园、联合办园，利益共享，双赢共进。目前四川省已建成成都海峡两岸科技产业开发园、成都新津川浙合作工业园区、巴尔玛工业园、雅安市工业园区、泸县中小企业创业园等一批工业集中区。应加大招商引资力度，引导企业进入园区和集中区发展，体现民营经济集约化发展的规模效应。实施企业成长计划，着力培育一批核心企业和骨干优势企业，形成四川省民营经济发展新的增长点。

### 6. 加大企业创新力度，打造民营经济发展的核心竞争力

一是引导企业建立现代经营管理机制，提高企业经营水平。通过举办专家论坛、讲座、定向培训等多种方式，进一步加强对民营企业特别是个体私营企业主的教育，引导企业采用现代管理技术、手段和方法，整合资本、技术、人才等要素，建立与市场经济相适应的经营机制，增强企业的市场竞争力和存续力。二是全面推进科技创新。积极与大专院校、科研单位开展合作，实现借梯上楼，借脑发展。引导企业用高新技术成果不断改造和提高企业生产经营水平，提高产品质量和科技含量，走科技兴企、名牌兴企的发展道路。

### 7. 调整产业结构，发展特色产业

一是对粗加工型产业进行改造，跳出粗放型经营的框架，走集约式增长的道路，从而实现产业的优化升级，提高企业市场竞争力，使老产业焕发青春。二是因地制宜，根据市场需求和实际条件，尽快做大做强农副产品、化工、电子通讯、冶金建材、食品饮料、机械制造、服装鞋帽等行业，使之成为新的支柱产业。三是推进社农业产业化经营，加快培育和发展牵引力强、辐射面广的龙头企业，形成市场牵龙头、龙头带基地、基地连农户，产加销一条龙、贸工农一体化的经营格局，实现一般农产品向品牌农产品、常规农业向精品农业、传统农业向

现代农业的跨越。同时，加快农产品流通体制改革，着力培育一批较大较强的农产品批发市场，按照"外设窗口、内建市场"的思路，鼓励和扶持发展流通中介组织，使之成为连接产地和市场的桥梁和纽带。

同时，在特色产业上下工夫，坚持"两手抓"，一手抓量的扩张，一手抓质的提升，千方百计培育出更多在全省、全国叫得响的名牌、品牌。选准做优做强的突破口，搞好产业定位、打好特色牌，构筑起民营经济发展的新板块和新格局。

**8. 维护民营企业职工的合法权益**

推进民营企业社会保障制度建设。要依照相关法律法规，监督企业在平等协商的基础上与职工签订规范的劳动合同，维护职工的各项合法权益。要督促民营企业及其职工按照国家有关规定，参加养老、失业、医疗、工伤等社会保险。

课题组负责人：高鲁炎

课题组成员：陈　建　刘　一

执笔：刘　一

# 贵州省民营经济发展报告

2006 年是"十一五"规划的开局之年，贵州省紧紧围绕抢抓机遇、加快发展这个根本主题，全面贯彻落实科学发展观，经济工作呈现出增长速度比较快、经济效益比较好、物价增幅比较低，协调性进一步增强的良好局面。2006 年 5 月，《贵州省人民政府关于贯彻国务院鼓励支持和引导个体私营等非公有制经济发展若干意见的意见》黔府发［2006］14 号出台之后，民营经济的发展环境日益向好，民营经济总体经济实力增强，发展速度加快，已成为富民兴黔和构建社会主义和谐社会的重要力量。本报告中的民营经济，是指除国有、集体经济之外的非公有制经济，所做分析仅供参考。

## 一 民营经济发展的基本情况

### （一）个体私营经济快速发展

2006 年全省注册的企业总数为 95795 户，其中私营企业达到 48783 户，比 2005 年增加 7299 户，同比增长 17.6%，占全部企业数的 50.92%。2006 年，全省个体工商户已达到 486247 户，比 2005 年增加了 54585 户，增长 12.7%，结束了贵州省个体工商户"十五"期间徘徊不前的状态。2006 年，全省私营企业注册资金 618.56 亿元，比 2005 年的 513.85 亿元增加 20.38%；全省个体工商户资金数额为 75.7 亿元，比 2005 年的 64.3 亿元增加 11.4 亿元，增长 17.73%。

随着国发［2005］3号和黔府发［2006］14号文件的颁布实施，全省私营企业加快发展，2006年，全省新登记私营企业9063户，注册资本85.7亿元，雇工人数6.03万人，其中新增私营企业户数和雇工人数的增幅比"十五"期间都大。

### （二）工业企业增长快、效益好

2006年，全省规模以上工业民营企业完成工业总产值729.49亿元，占全部规模以上工业总产值的35.1%；实现销售产值687.94亿元，产销率为94.3%，完成出口交货值19.89亿元。全省规模以上工业民营企业实现主营收入618.02亿元，同比增长34.6%；实现利润总额43.86亿元，同比增长94.8%；缴税总额44.32亿元，同比增长25.6%，增幅分别高于全省平均水平的8.9%、30.7%、11.4%。其中，股份制企业完成增加值73.39亿元，同比增长33%，成为民营经济发展的重要力量。

### （三）建筑业生产效益高速增长

2006年，全省资质以上民营建筑企业完成建筑业总产值57.93亿元，同比增长84.6%，高于全省平均水平72.8个百分点。完成竣工产值30.8亿元，同比增长88.8%；房屋建筑施工面积826.14万平方米，同比增长32.4%；实现工程结算收入56.83亿元，同比增长109.9%；实现利润总额2.48亿元，同比增长64.9%；2006年全省资质以上民营建筑企业达291户，从业人员68054人。

### （四）对外贸易持续增长

2006年，民营企业在对外贸易方面呈持续增长的态势，外资企业、私营企业成为推动全省进出口增长的重要力量。2006年全省私营企业实现进出口总额12619万美元，比2005年的11061万美元增加1558万美元，同比增长14.1%；全年全省私营企业完成出口总额11176万美元，比2005年的8920万美元增加2256万美元，同比增长25.3%。民营企业进出口额的不断增长，促进了贵州省对外贸易多元化战略的实施。

## 二 民营经济在构建社会主义和谐社会中的重要作用

### (一) 创造社会财富，促进共同富裕

2006 年，贵州省民营经济（含混合所有制企业）实现各项税收 231.07 亿元，占全省税收总额 376.15 亿元的 61.43%，同比增长 26.81%；民营经济纳税额占全省财政总收入的 51.5%。剔除混合所有制企业中的国（公）有成分，非公有制经济实际完成税收 175.79 亿元，占全省税收总额的 46.73%，同比增长 27.46%，占全省财政总收入的 39.18%，民营经济已经成为贵州省财政收入的重要来源。在创造社会财富的同时，民营经济的参与者也为自身积累着财富。2006 年，全省 48 万多个体工商户，户均资金 1.56 万元，4.8 万多家私营企业，户均注册资金 126.8 万元，这些先富起来的私营企业和个体业主，对发挥先富带后富、促进共同富裕起到了至关重要的作用。

### (二) 提供就业岗位，维护社会稳定

随着民营经济的不断发展壮大，为社会提供了大量的就业岗位，为维护社会稳定起了重要的作用。2006 年，贵州省城镇就业人数 442 万人，其中城镇非公经济和个体私营经济就业人数之和为 128.76 万人，占城镇就业总数的 29.13%；乡村私营和个体经济就业人数 44.22 万人，同比增长 24.9%；全年民营经济就业人数之和为 172.98 万人。仅在 2006 年民营企业招聘周活动中，贵州省贵阳、遵义、安顺和六盘水市共组织民营企业 2440 户，提供各类就业岗位 61962 个，签订就业意向 17814 个，其中下岗再就业 7354 人，大中专毕业生 4509 人，其他求职人员 6354 人。全年城镇新增就业人数 16.39 万人，绝大多数岗位为民营企业提供。

### (三) 积极参与新农村建设，为公益事业作贡献

广大民营企业家积极参与现阶段的社会主义新农村建设，投资的农业产业化企业和光彩事业项目取得了丰硕的成果。截至 2006 年 8 月，参与贵州省光彩事业项目投资的民营企业家累计为 1998 家，投资总额 225.97 亿元，投资项目总计为 809 个。累计培训 141509 人次，就业 117619 人，脱贫 302065 人，安排下岗再

就业 11740 人。其中，2006 年 1~8 月到位资金 9672 万元，培训 1505 人次，就业 2044 人，脱贫 3825 人。全省现有的 30 余个国家级和省级重点农业产业化龙头企业基本上是民营企业，为新农村建设作出了积极的贡献。

## 三 地方民营经济发展中存在的问题

### （一）认识不足，政策落实难

由于对发展贵州民营经济的重要性、紧迫性认识不足，加上政策的学习宣传不到位，一些政府部门和单位在思想作风、工作作风和方式方法上已不能满足非公有制经济快速健康发展的需要。其表现为政策配套措施不出台，政策落实难。垄断行业依仗其垄断地位拒不执行国家政策，权力部门各自为政，过多地考虑部门利益，再加上政府协调不力，承诺不兑现等，制约了民营经济的健康发展。

### （二）财政支持不够，融资渠道不畅

融资难一直是制约民营经济发展的重要因素。多年来，金融业对民营经济的支持明显不足。由于现阶段民营企业信用体系不健全，担保机构和投融资平台缺乏，国家的宏观调控政策又使银行谨慎放贷，现行的银行授信体制和程序对民营中小企业十分不利，使得融资难问题一直无法有效解决。此外，政府财政支持力度不够，直接融资渠道（如上市、发行债券、风险投资等）不畅，使许多民营企业遭遇资金"瓶颈"止步不前。

### （三）民营经济发展环境仍有待完善

随着国家和地方政府一系列鼓励支持政策的陆续出台，贵州省民营经济的发展环境有了较大的改观，但仍有许多不尽如人意之处。国发〔2005〕3 号文件出台了两年多，黔府发〔2006〕14 号文件下发了近一年，但贵州省相关部门的贯彻措施至今仅有省工商局、省司法厅和省档案局 3 家制定，政策不配套，发展环境难改善。政府目前在非公有制经济的管理机构设置上比较混乱，造成多头管理和错位管理，谁都管得了，谁都管不好，不仅降低了行政效率，也导致行政资源的分散和浪费。一些政府职能部门管理手段落后，服务意识差，重招商，轻安

商。在处理民营企业问题时死搬硬套，执行政策的灵活性不够，办事拖拉。吃、拿、卡、要、随意检查、随意罚款等现象屡禁不止，以罚代管，以审批代监管，挫伤了民营企业的积极性。

### （四）民营企业自身素质需要提高

目前贵州省民营企业主要集中在医药、食品、商贸、餐饮等劳动密集型产业，企业整体规模偏小，科技含量不高，经济实力较弱，高素质的人才难以引进，引进来的人才不能长久留住。相当一部分民营企业产权不清晰，治理机制落后，管理水平较低，品牌意识不强，企业自主创新能力较弱，拥有核心技术和自主知识产权的不多。有的企业仍然醉心于打政策的"时间差"、"擦边球"，热衷于眼前利益，固守"宁为鸡头，不为凤尾"的观念，不适应新的市场环境和法制环境，使企业难以做大做强。

## 四　贯彻国发［2005］3 号文件的情况

《关于鼓励支持和引导个体私营等非公有制经济发展的若干意见》下发之后，中共贵州省委、省政府高度重视，积极贯彻，于 2006 年 5 月 24 日出台了《省人民政府关于贯彻〈国务院鼓励支持和引导个体私营等非公有制经济发展若干意见〉的意见》（黔府发［2006］14 号），对充分发挥非公有制经济在贵州省经济社会发展中的重要作用，从充分认识鼓励支持和引导非公有制经济发展的意义，总体要求和目标任务，放宽非公有制经济市场准入，加大对非公有制经济的财政金融和土地支持，完善社会服务，维护非公有制企业和职工的合法权益，引导企业提高自身素质和加强领导，统筹贵州省非公有制经济协调发展八个方面提出了 42 条实施意见。

省政府各部门和市、州、地政府对贯彻国发［2005］3 号文件的力度不尽相同，制定和出台实施办法、细则的单位不多。到目前止，仅有省工商局、省司法厅和省档案局出台了贯彻办法，其他部门尚未着手。安顺市于 10 月 25 日出台了《关于鼓励支持和引导个体私营等非公有制经济发展的实施意见》，分九个部分共 45 条。已起草贯彻意见稿的有贵阳市和遵义市，其余地州市动作迟缓。

# 五 对发展贵州省民营经济的建议

## 1. 继续深入开展解放思想、转变观念的教育

首先要从党政干部特别是领导干部的观念教育做起，加大宣传力度，要让全省上下真正认识到欠发达、欠开发的贵州大力发展民营经济的重要性和紧迫性，加快制定贯彻国务院 ［2005］ 3 号文件和黔府发 ［2006］ 14 号文件的各种配套措施，保证党和国家的方针政策在贵州省全面贯彻执行。

## 2. 从舆论、政策、法制方面为民营经济发展提供保障

尽快废止一切阻碍新时期非公有制经济发展和与国务院 ［2005］ 3 号文件相悖的地方性法规和规定，切实解决非公有制经济的市场准入难、融资担保难、用人用地难等一系列实际问题。千方百计使全省形成时时、处处、人人、事事都鼓励支持民营经济发展的良好局面。

## 3. 加强统计、分析和研究工作

相关政府职能部门要把非公有制经济的发展情况单列统计；政策及发展研究部门、各级党校、行政学院、社会主义学院和高等院校等机构要加强对非公有制经济发展的系统研究，为党委政府决策提供可靠依据。

## 4. 健全社会化服务体系，推进政府职能转变

一是完善"一站式"服务的工作机制，切实提高工作效率；二是建立健全非公有制经济服务体系，围绕技术创新、市场开拓、人才培训、法律援助、信息咨询等拓展工作；三是支持和推动民营经济融资担保体系建设，成立由政府、企业、银行等金融机构共同参与的各种融资担保机构，为企业融资提供服务；四是规范对社团、行业等中介组织的管理，积极推进政社分开、政会分开，以保证社团的公平性和民间性。

课题组负责人：罗朝启

课题组成员：罗朝启 粟良美 韩武刚 李 燕

执笔：韩武刚

# 云南省民营经济发展报告

2006年是"十一五"规划的开局之年。云南省各级党委、政府深入学习贯彻邓小平理论和"三个代表"重要思想,遵循科学的发展观,紧紧围绕省第八次党代会提出的"建设富裕民主开放和谐"的目标,团结全省各族人民,共同奋斗,在政治、经济、文化、社会等各个领域都取得了巨大成就。民营经济作为社会主义市场经济的重要组成部分,纳入了云南省"十一五"发展规划,民营经济的发展环境得到了进一步的改善,并呈现快速、协调、健康发展的态势,为全省经济社会作出了积极的贡献。

## 一 全省民营经济发展的基本情况

截至2006年12月底累计,全省民营经济户数(含个体工商户)共有86.6万户,比2005年同期增长10%;注册资本金2124.9亿元,比2005年同期增长22.5%;完成社会消费品零售总额983.9亿元,比2005年同期增长17%;民营经济从业人员274.8万人,比2005年同期增长8%;民间投资1174.4亿元,比2005年同期增长24.9%;外贸出口总额23亿元,比2005年同期增长27%;上缴税金147.6亿元,比2005年同期增长45.5%。全省民营经济完成增加值1461亿元,比2005年同期增长20.2%(其中,第一产业占163.7亿元,比2005年同期增长13.3%;第二产业占631.47亿元,比2005年同期增长23.3%;第三产业占665.5亿元,比2005年同期增长19.2%);民营经济GDP生产值占全省GDP

生产总值的37%。数据显示，民营经济的发展，为促进全省经济社会发展、繁荣市场、方便人民群众生活、增加财政收入、开辟就业渠道、支持新农村建设、促进民族团结和边疆稳定，发挥了重要作用。

## 二 全省民营经济发展的主要特点

**1. 规模以上民营企业经济指标稳步增长，经济效益好于国有企业**

截至2006年12月底累计，全省规模以上的民营企业完成增加值486亿元，比2005年同期增长21.2%，增速高于全省平均水平5个百分点，占全部规模以上工业的43.1%；实现利润169.5亿元，比2005年同期增长35.1%，增速高于国有企业20.1个百分点。

**2. 投资环境日益改善，民营企业家信心增强**

截至2006年12月底累计，企业家信心指数为128.0，比2005年同期提高2.8个百分点，云南省民营企业家继续看好经济发展环境；全省民营企业达到7.8万户，比2005年同期增长22.2%；注册资金2124.9亿元，比2005年同期增长30.8%。全省民间投资共完成1174.4亿元，同比增长24.9%，占全省城镇固定资产投资的43%。云南省投资增长模式开始由政府主导型向政府与市场共同主导型转变。

**3. 消费热点持续升温，民营经济成为繁荣市场的主导力量**

截至2006年12月底累计，全省民营经济完成社会消费品零售总额983.9亿元，比2005年同期增长17%，占全省社会消费品零售总额的84.1%。

**4. 非公企业完成外贸出口额增速有所下降**

据海关统计，截至2006年12月底累计，全省民营经济共完成进出口总额23亿美元，比2005年同期增长21%，增速下降12个百分点，占全省进出口额的34.5%，所占比重比2005年同期下降5个百分点。

**5. 重点民营工业企业发展态势良好**

从每半年度的普查中，全省重点监测的非公工业企业中，发展较好的有云南力帆骏马车辆有限公司，完成增加值2.66亿元，同比增长75.46%，实现销售收入10.5亿元，同比增长19.8%，实现利润0.3亿元，同比增长25.2%；祥云飞龙实业有限责任公司，完成工业增加值2.9亿元，同比增1.2

倍，实现销售收入 8.45 亿元，同比增长 68.3%；昆明滇虹药业有限公司，完成工业增加值 1.2 亿元，同比增长 29.09%；云南特安呐制药股份有限公司，完成增加值 0.8 亿元，同比增长 30.03%，实现销售收入 1.66 亿元，同比增 1倍；云南省龙陵县康丰糖业有限责任公司，完成增加值 1.6 亿元，同比增24.03%，实现销售收入 1.3 亿元，同比增长 23.4%，实现利润 0.2 亿元，同比增 1.1 倍。

**6. 新一轮国家宏观调控政策相继出台，对云南省非公经济发展产生了一定影响**

一是 2006 年 4 月 28 日上调金融机构贷款基准利率，5 月 9 日五部委联合发布《关于加强宏观调控，整顿和规范各类打捆贷款的通知》，严禁地方政府为贷款提供任何形式的担保或变相担保，6 月 16 日又上调了金融机构存款准备率 0.5 个百分点，信贷闸门再次收紧。云南省民营经济贷款同比增速明显低于其他经济类型的贷款，民营经济融资难的问题更趋突出。二是针对房地产过热现象，国家先后出台了"国六条"，"国十五条"，致使云南省以民营经济为主的房地产业增速有所回落。三是取消或降低出口退税政策的出台，使云南省涉及出口的民营企业出口交货值下降较大。

**7. 民营企业利润空间逐步缩小**

2006 年虽然原材料、燃料和动力购进价格指数明显低于 2005 年同期，但随着国际油价高位震荡、国内原油和成品油及相关产品价格持续上涨，截至 2006 年 6 月底累计，云南省原材料、燃料和动力购进价格上涨 6.3%，而工业品出厂价格指数继续回落，非公企业生产成本大幅上升，利润空间缩小。

# 三　全省民营经济发展存在的问题

从云南省民营经济发展的数据和特点，不难看出云南省民营经济获得了长足发展，但总体上规模小，管理水平低，产品科技含量不高，企业整体实力不强。就企业竞争力而言，云南省经济竞争力在全国 35 个省市中排名第 32 位，与贵州、西藏同处一个档位；就民营企业户数而言，云南省在全国的排名还比较落后，与周边和西部地区相比，差距很大。此外就云南自身而言还存在一些制约民营经济进一步发展的因素。

## （一） 民营企业自身存在的问题

### 1. 企业规模小，核心竞争力弱

云南省民营企业从事的行业多为传统产业，新兴产业和技术密集型产业发展不足，产品研发和创新能力较差，技术含量低，从而造成企业核心竞争力弱。

### 2. 科技投入少，缺乏知名品牌

云南省民营企业规模小，经营以粗放型为主，研发和技术投入不足，产品缺乏知识产权，缺乏品牌，更谈不上世界品牌。

### 3. 民营企业人才匮乏

云南省相当一部分民营企业所有者、经营者、决策者身份均为一人，实行家庭式、经验式管理模式。早期招聘的技术人员和管理人才大多是从国有企业"挖墙脚"来的，现在使用的技术人员和管理人才大多是在各个民营企业之间互相流动，影响了民营的技术创新和管理创新。

## （二） 民营企业外部存在的问题

### 1. 思想观念滞后，对民营企业的歧视依然存在

作为一个经济欠发达的多民族边疆省份，传统的思想、落后的观念依然束缚着民营经济的发展。社会上一些部门从部门利益出发，对民营经济还存在偏见、误解甚至歧视，对民营经济在市场经济中乃至富国安边的作用、地位和贡献认识不够，对民营对民营经济的发展抱着不置可否的态度，缺乏全局意识，只讲部门利益。真正对民营经济搞活的措施、办法不多。这不仅极大挫伤了民营经济发展的积极性，而且严重地影响了云南经济社会的整体发展。

### 2. 融资渠道不畅，筹集资金依然难

资金问题始终是困扰云南省民营经济发展的一个重要"瓶颈"。云南省民营企业的发展基本上是靠自有资金流动发展起来的。民营企业在前期发展和成长过程中，具有起点低、投资规模小、产品技术含量少等特征，靠自身积累基本能满足自身发展的需要。但当发展到一定程度后，现有的融资渠道和融资方式，使民营企业在规模的进一步扩张、产业结构升级和增加投资项目等面临融资方面的巨大问题。在间接融资方面，由于信用体系不健全，银行贷款受到限制。目前针对民营企业融资方面的体系没有建立或完善，尽管近年来政府采取了一系列鼓励信

贷资金向民营企业倾斜的政策措施，但相对于民营企业的需求来说，这无疑是杯水车薪，远远不能满足民营企业发展的需要。因此，融资难成了制约云南省民营企业做大做强的一个重要因素。

**3. 优惠政策依然落实难**

优惠政策不落实，是民营企业反映最多的一个问题。一些执法部门置政府出台政策于不顾，强调执法要以上级业务部门文件为依据。当党委、政府出台的政策与业务部门文件不一致时，他们只认业务部门的红头文件。这样既损政府的形象，又挫伤了民营企业家的积极性。

## 四　2006 年全省民营经济发展的新机遇

**1. 省政府出台了一系列加快民营经济发展政策**

2006 年 10 月，云南省召开了"全省中小企业和非公经济发展工作会"，进一步推动国务院［2005］3 号文件的贯彻落实。出台了《云南省贯彻落实国务院鼓励支持和引导个体私营等非公有制经济发展文件的意见》、《云南省加快中小企业社会化服务体系建设的指导意见》、《云南省中小企业和非公有制经济"十一五"发展规划》等文件，这对云南省民营经济发展将是一个巨大的推动，为民营经济的发展提供了宽松的政策环境。

**2. "十一五"规划为民营经济发展提供了广阔的前景**

云南省"十一五"规划已经制定。民营企业应紧紧抓住"十一五"规划的历史性机遇，发挥优势，扬长避短，推进产业结构、产品结构和企业治理结构优化升级。

**3. 云南省工商联制定了《云南省工商联关于组织引导和支持民营企业参与社会主义新农村建设的意见》，动员民营企业积极参与社会主义新农村建设，提升了云南省民营企业的社会地位**

省工商联积极动员民营企业参与云南省社会主义新农村建设，制定了《云南省工商联关于组织引导和支持民营企业参与社会主义新农村建设的意见》，提出"十一五"期间，积极开展"民营企业挂村"帮扶活动，实行一户企业帮扶一个自然村。这些帮扶活动，得到了社会的广泛承认。

**4. 成功举办"第三届泛珠三角区域商会联席会议"**

会议签署了《中国泛珠三角区域商会联席会议与大湄公河次区域商务论坛合作框架协议》，并成立了"中国云南省商会大湄公河次区域商务论坛办事处"，为民营企业加强国内外合作，实施"走出去"提供了新平台。

## 五 进一步加快云南民营经济发展步伐的几点政策建议

**1. 着力优化政策环境，积极鼓励、支持和引导民营经济健康发展**

近年来，为鼓励、支持和引导非公有制经济发展，云南省相继出台了一系列政策措施。特别是 2005 年 2 月《国务院关于鼓励支持和引导个体私营等非公有制经济发展的若干意见》下发后，云南省从放宽市场准入、改善金融服务、发展中介服务、维护非公有制企业和职工的合法权益、引导企业提高自身素质、改进政府监管、加强对发展民营经济的指导和政策协调等方面，及时制定了贯彻落实意见。但是与非公有制经济发达的省区市相比，相关政策措施还有不少需要改进和强化的地方，也有一些政策还需要进一步落到实处。一些非公有制经济人士反映云南省发展环境还不够宽松，某些现行政策还严重制约了民营经济的发展。因此，必须认真研究制约云南省非公有制经济发展政策层面上的问题，解放思想，更新观念，多到浙江、广东、福建等地区学习调研，深入分析这些地区支持民营经济发展的政策措施，尽可能把这些地区的好政策好措施拿来为我所用。要多听一听非公有制经济人士的意见，切实把一些好意见好建议纳入政策措施中。

**2. 着力优化市场环境，不断健全民营经济公平参与市场竞争的体制机制**

在市场经济条件下，经济的发展是千千万万个市场寻求商机、追逐利润的结果。资金总是向适合其增值的地方流动，人才总是向有利于他们发展的地方聚集，这是经济发展的内在规律。因此，鼓励、支持和引导民营经济发展，很重要的一点，就是要不断强化优化市场环境，创造一个有利于民营经济公平参与市场竞争的体制和机制。要着眼于推动民营经济的快速发展，切实克服部门利益、地方利益的局限，相互支持，相互配合，为推动民营经济发展各尽其能、各出其力、各司其职。充分发挥各类行业协会、中介机构等社会组织的作用，抓好创业、技术、培训、法律、质量、金融市场和信息等公共服务平台建设，组织社会力量发展专业化的服务体系，为民营经济提供全方位，高质量的服务。

**3. 着力优化法制环境，依法保护民营经济的权益**

民营经济作为我国社会主义市场经济的重要组成部分，理应得到法律法规的保护。但从目前的情况看，一些地区和部门甚至还存在着侵犯民营经济合法权益的现象，甚至使得一些民营企业不得不外迁。各级党委、政府一定要高度重视，督促有关部门进一步加大工作力度，认真落实相关法律法规，严格按照宪法和法律的要求，为民营经济发展创造更加宽松的法制环境，依法保护民营经济的合法权益，确保非民营企业能够合法经营、健康发展。做好民营经济的维权投诉工作，积极探索建立对民营经济的投诉首问责任制，努力确保民营企业包括个体工商户的投诉都能得到满意解答，被侵犯的合法权益得到依法保护。

**4. 着力优化社会环境，大力营造有利于民营经济发展壮大的良好氛围**

发展民营经济，事关全省改革发展全局。全省各级党委和政府特别是各级领导干部，要进一步转变思想观念，牢固树立"你发财我发展，你得利我受益，你投资我服务"的理念，满腔热情地支持民营经济发展，主动为民营经济的发展排忧解难，并以自己的表率作用，带动全社会各方面都来支持非公有制经济的发展。要广泛宣传非公经济人士创业兴业的典型事例，宣传他们在创业发展中付出的辛勤劳动，宣传他们在促进经济社会发展等方面所作的贡献，努力在全省干部群众心目中树立起非公有制经济人士合法经营的良好形象。在全省社会大力提倡尊重劳动、尊重知识、尊重人才、尊重创造，积极鼓励人们勤奋劳动、创业发展，确保一切合法经营并为全省改革发展作出贡献的非公有制经济人士在社会上有地位、政治上有荣誉、经济上有实惠，进而在全省形成有利于民营经济创业兴业的浓厚氛围，推动民营经济在"十一五"时期得到更大发展。

课题组负责人：刘　宏

课题组成员：刘友庭　马玉如

执笔：刘友庭

# 西藏自治区民营经济发展报告

改革开放以来，在党的发展非公有制经济方针政策的指引下，特别是近几年来，随着区党委、政府对发展个体私营等非公有制经济的高度重视，以及大力鼓励、支持和引导发展非公有制经济政策措施的相继出台，西藏自治区个体、私营等非公有制经济呈现出形势喜人、生机蓬勃的新的发展态势，对西藏自治区经济社会发展的贡献也越来越大。

## 一　民营经济发展现状

西藏所有制结构调整经历了从一元化到多元化的变迁，非公有制经济作为改革开放的产物，经历了 20 多年的发展历程，伴随着改革开放的不断深入，逐渐发展壮大。

### 1. 民营经济发展基本情况

随着我国改革开放的不断深入和社会主义市场经济的不断完善，西藏民营经济由小到大，由较单一的个体户（专业户），发展成为以个体为主、私营企业不断发展壮大等多种类型的非公有制经济。特别是近年来，随着党对发展非公有制经济方针政策的进一步明确，西藏自治区党委、政府对发展非公有制经济的高度重视，西藏民营经济的发展呈逐年增长的态势。2005 年《国务院关于鼓励支持和引导个体私营等非公有制经济发展的若干意见》（国发［2005］3 号）（以下简称《若干意见》）一经出台，西藏自治区工商联以召开专题会、恳谈会、座谈会、研讨会、编发简报信息和上街开展宣传活动等形式，对《国务院关于鼓励支持和引导个体私营等非公有制经济发展的若干意见》和《西藏自治区人民政府关于贯彻〈国务院关于鼓励支持和引导个体私营等非公有制经济发展的若干意见〉的实施意见》（藏政发〔2005〕37号）等进行了广泛深入的宣传，成效显著。在此基础上，我们根据全联的要求，对全区具有代表性的非公经济代表人士就《若干意见》的内容进行了调研，通过调研，我们发现非公经济人士对《若干意见》的贯彻和工商联工作表现出了前所未有的信心。2005年，国务院制定了"非公经济36条"，明确了有关民营经济发展的七大重要政策。自治区人民政府制定了贯彻国务院"非公经济36条"的实施意见"34条"。

正因为有了改革开放20多年的成功经验，党在理论和实践上对发展民营经济的与时俱进，民营经济人士的艰苦创业和艰辛努力，才有了非公有制经济在中国特色社会主义事业中显示出勃勃生机和快速发展的大好形势。预计，目前在西藏新社会阶层相关行业从业人员共约20万人。他们拥有和管理着100亿元左右的资本，使用着西藏1/3的技术专利，并直接或间接上缴西藏近60%以上的税收，每年吸纳着半数以上的新增就业人员。据统计，2006年全区个体工商户、私营企业分别达到6.87万户和3414户，比2002年增长51%和226%；从业人员分别达到13.45万人和5.1万人，比2002年增长94%和272%；全区个体工商户和私营企业注册资本达95亿元，比2002年增长近3倍，非公有制经济完成产值18.5亿元，比2002年增长6倍多，对全区生产总值的贡献率为20%左右，非公有制经济年均增加上万个就业岗位。非公有制经济完成税收9.75亿元，比2002年增长2倍多，占到全区税收的58%。2006年全区民间投资达48.2亿元，比2002年增长近5倍。一批资产上亿元的私营企业已成为西藏的龙头企业。实践证明，西藏自治区非公有制经济已转入又好又快发展的轨道，呈现出跨越式发展的良好态势。

**2. 民营经济在构建和谐西藏中的贡献**

个体、私营等非公有制经济作为经济社会活动中的一支重要力量，是西藏自治区实行改革开放的重要产物，是社会主义市场经济的重要组成部分，是西藏自治区经济跨越式发展的重要推动力量，是国民经济的"半壁江山"，是地方经济新的增长点，在资源配置、经济增长、收入分配和社会稳定中，均发挥着重要作用。西藏自治区非公有制经济人士和非公有制经济，已经成为促进社会生产力发展和促进构建社会主义和谐西藏的重要力量。

非公有制经济对全区生产总值的贡献率为20%左右。2006年个体私营经济占全区商品销售总额和零售总额的比重大幅提升。自2002年个体工商户以每年10%的速度增长，私营企业以每年45%的速度增长。

非公有制经济已成为就业和再就业的主渠道。2006年个体私营经济就业人数18.55万人。近几年来，非公有制企业积极安排下岗职工、高校毕业生、城镇待业青年、农牧区剩余劳动力，有效缓解了西藏自治区的就业压力，为社会稳定作出了贡献。据不完全统计，全区非公有制经济企业年平均增加上万个就业岗位。2006年底，半数以上下岗职工在非公有制经济领域获得了新的工作岗位。部分私营企业开始将职工的养老保险、医疗保险和失业保险等方面的社会保障工作提上了议事日程。

非公有制经济已成为西藏财政收入的重要来源。2006年全区非公有制经济完成税收比重首次超过国有集体经济，成为全区税收的大头。

非公有制经济积极投身社会主义新农村建设和社会公益事业。非公有制经济人士弘扬中华民族传统美德，慷慨解囊，为新农村建设和社会公益事业实施了23个项目，共计捐资捐物3800多万元。有许多非公有制经济人士积极资助贫困学生，长期赡养孤寡老人等，展示了当代民营企业家的时代风采。

### 3. 民营经济呈现的特点

近年来，全区经济发展、社会进步、局势稳定、民族团结、边防巩固、人民安居乐业，进入了自改革开放以来的最好时期。西藏自治区民营经济也呈现出了一些新的特点。

一是数量加速增长和综合竞争能力提高。2006年，西藏自治区私营企业已达到3414户，非公有制经济的从业人员已突破18万人。

二是结构不断完善，发展的领域不断拓宽。企业产业经营划分，可按二产、三产、一产顺序排列。多数民营企业从事房地产开发（含建筑）、农产品收购与加工、旅游（宾馆）、矿业、商贸（外贸）、民族手工业、藏药、幼儿教育、公路、路桥、水利水电及各类工程等，基本涵盖了除国家垄断行业外的诸多方面。

三是企业规模不断扩大，2006年底，仅在拉萨地区的工商联会员企业中，资产6000万～1亿元的有3家；1亿元～3亿元的9家；3亿元以上的3家。

四是企业家素质逐步提高。截至2006年底，非公有制经济人士中有全国政协委员1人，乡以上人大代表13人，乡以上政协委员56人。近年来，2名民营企业家被评为全国优秀中国特色社会主义建设者，1名民营企业家当选为自治区第七次党代会代表，1名非公有制经济人士代表被推荐为党的十七大代表。自治区工商联直属会员企业中已建立起1个党总支，8个党支部。

五是广大非公有制经济代表人士对《国务院关于鼓励支持和引导个体私营等非公有制经济发展的若干意见》及相关非公有制经济的政策、工商联工作，表现出了前所未有的热情和支持。

## 二　民营经济发展中存在的问题

### 1. 观念陈旧是制约西藏自治区民营经济迅速发展的主要障碍

由于观念尚有差距，在实际操作中，有的职能部门存在着对民营经济"管理"可以接受，"服务"则心理不平衡的思想。

### 2. 管理与服务不适应民营经济快速发展的需要

在调研中发现，全区有多家部门从不同角度对民营企业进行执法检查，存在多头管理现象，对民营企业的管理需要进一步规范，服务需要进一步加强。

### 3. 政策落实有待进一步加强

一是融资难的"瓶颈"仍然是制约民营经济发展的重要因素。二是政府各职能部门对民营经济制定了一些政策和措施，但是还不够具体和明确。

### 4. 民营企业管理者水平普遍较低

从调查的总体情况来看，西藏自治区民营经济的管理模式仍然比较落后。许多企业管理制度不健全，缺乏明确的市场定位和文化定位。管理人员特别是员工综合素质较低，经营规模小、产品科技含量低，核心凝聚力和竞争力不强，抗击市场风险能力弱。

## 三　发展西藏自治区民营经济的几点建议

### 1. 解放思想，推动民营经济快速发展

进一步更新观念，把解放思想与抓工作落实结合起来，鼓励群众积极创业致富，放手让一切劳动、知识、技术、管理和资本的活力竞相迸发，推动民营经济快速发展。

### 2. 加大宣传，营造民营经济健康发展的社会舆论环境

让社会全面了解民营经济。利用现代传播媒体，积极宣传民营经济在增加地

方财政收入、开发税源、增加劳动就业、维护社会稳定、积极向社会奉献爱心、争做社会主义市场经济的参与者和推动者等方面的光荣事迹。

### 3. 制定和完善配套措施，落实各项政策

制定和完善相应的措施，继续毫不动摇地鼓励、支持、引导民营经济在投融资、税收、土地使用和对外贸易等方面与公有制经济享受同等待遇。打破部门利益和行业垄断，按照市场规律，为民营企业公平参与市场竞争创造条件。

### 4. 进一步规范和完善管理体制

要从民营经济发展的实际要求出发，转变政府职能，强化服务意识，规范管理行为，提高工作效率。要逐步理顺对民营经济的管理体制，把民营经济的发展纳入中小企业管理范围，统一管理。

### 5. 积极培育和完善对民营经济的社会服务体系

积极构建多主体、多层次、全方位的社会化服务体系，在人才、技术、信息、市场开拓、法律咨询等方面，加强对民营经济的服务，切实帮助企业找准产品、找准市场，提高民营经济对市场的应变能力。

### 6. 加强服务和协调，促进民营经济健康发展

建立健全西藏自治区各级工商联组织，充分发挥工商联的作用，协调综合经济部门，把大力发展民营经济作为重要任务来抓，并纳入日常工作范围，为企业发展决策提供及时、准确、全面的服务。

### 7. 要加强民营经济中党组织、团组织和工会组织的建设，积极探索切合实际的工作机制和活动方式

建立健全民营企业中的党组织、团组织，加强思想政治教育。通过深入的思想教育和有效的管理监督，帮助民营企业树立致富思源、富而思进的思想，引导和监督其照章纳税，守法经营。加强工会组织建设，维护广大员工的合法权益。

### 8. 研究制定有关地方性法律

结合西藏实际，认真贯彻落实国务院"非公经济 36 条"、自治区"34 条"实施意见。以立法形式解决影响民营经济发展中的深层次问题，维护民营企业和民营经济人士的合法权益，促进民营经济健康发展。

执笔：严文斌

# 陕西省民营经济发展报告

2006 年，是陕西省实现"十一五"规划的开局之年、是高点起步的一年。省委、省政府牢固树立科学发展观，认真贯彻党中央、国务院一系列重大战略决策，努力促进经济社会协调发展，经济建设迈上新台阶。全省生产总值达到4383.9 亿元，比 2005 年增长 12.7%，提前四年基本实现建设西部经济强省"三步走"战略的第二步目标。2006 年，陕西省非公经济在国务院"非公经济 36 条"和省政府关于非公有制经济发展"实施意见"的政策推动下，非公有制经济的法律、政策和市场环境得到进一步改善，非公有制经济发展步入良性循环。陕西省非公有制经济占全省 GDP 的比重已达到 43.3%，为陕西省经济社会发展起到了积极的促进作用。

## 一 2006 年陕西省民营经济发展总体情况

### 1. 民营经济继续保持健康发展

——规模不断壮大。截至 2006 年底，陕西省个体工商户 74 万多户，注册资金 409.94 亿元，从业人员 153.56 万人，全年新登记个体工商户 4.8 万余户，比2005 年增加一半以上。私营企业达到 10.47 万户，新登记私营企业 8000 余户，比 2005 年增长 6.4%，注册资本 1842.49 亿元，比 2005 年增长 67.74%。其中，注册资本千万元以上 2785 户，5000 万元以上 279 户，超亿元 76 户，民营企业集团 245 家。涌现出一大批像陕西东岭、西安海星、丹尼尔、步长、迈科、大明宫等经济实力与竞争力较强的企业集团，形成了一批如"银桥乳业"、"开米洗液"等国家名牌产品。富士达、康鸿等一大批民营科技企业异军突起，成为陕西发展非公经济潜力巨大、优势明显的新的经济增长点。

——私营企业进出口总额快速增长。2006 年，私营企业进出口 13.77 亿美元，同比增长 22%，占全省进出口总值的 25.7%。其中出口 10.14 亿美元，增长 16.2%；进口 3.63 亿美元，增长 41.7%。

——2006 年上半年全省城镇投资中，非公有制经济投资完成 345.43 亿元，增长 51.3%，高于国有经济投资增速 15.8 个百分点，所占比重由 2005 年同期的 32.8% 提高到 35.3%，提高了 2.5 个百分点。

**2. 民营企业素质不断提高**

——私营企业组织形式呈多样化发展。据省工商局统计，截至 2006 年底，全省私营有限公司总数已达 6 万户，占私企总数的 57.3%，私营有限公司已经成为私营企业占主导地位的企业组织形式。

——产业结构进一步得到调整和优化。据省统计局提供全省私营企业三次产业数据，截至 2006 年底，第一产业共有私营企业 2286 户，比 2005 年同期减少 4602 户，降低 66.8%；从业人员 3.1 万人，比 2005 年减少 71.3%；注册资金 24.3 亿元，减少 69%。第二产业私营企业 24551 户，比 2005 年降低 39.1%；从业人员 28.7 万人，比 2005 年降低 54.6%；注册资金 854.7 亿元，比 2005 年增长 86.4%。第三产业私营企业 77854 户，比 2005 年增长 52.2%；从业人员 55.8 万人，比 2005 年减少降低 30.4%；注册资金 963.3 亿元，比 2005 年增长 65.6%。

——科技企业异军突起，企业自主创新能力显著增强。目前，全省民营科技企业约 1.3 万家，技工贸总收入超过 1500 亿元，从业人员近 40 万人，年收入超千万元的有 700 多家，过亿元的 80 余家。民营科技企业对全省高新技术产业新增产值的贡献率达 80% 以上。

聚集了众多民营科技企业的西安高新区，平均每一家高新技术企业拥有两项以上专利，一项以上自主知识产权。其中，70% 的核心专利已经实现了产业化，平均每天转化 3 项科研成果。科技创新已成为高新区完成一次创业、全面推进二次创业的根本动力，并成为全国创办中小科技企业数量最多的高新区。截至 2006 年 6 月底西安高新区企业累计获得授权专利 2448 项、注册商标 3519 项、计算机软件产品登记 1022 项、计算机软件著作权登记 1379 项，平均每一家高新技术企业拥有 4 项以上知识产权，其中 70% 的核心专利已经实现了产业化。

——民营经济整体素质和社会地位不断提升，构成主体发生可喜变化。陕西省非公经济已由过去以农民和城镇待业人员为主，逐渐发展到包括从党政机关、国有企业、大专院校、科研单位走出来的行政干部、中高级知识分子，以及海外留学归来人员在内的庞大队伍，其中有很多共产党员，具有较高的学历和综合素质。涌现出一大批熟悉市场、具有现代经营管理理念、诚实守信、合法经营、具有开拓精神的民营企业家。每年都有一批非公有制经济人士受到国家、省、市的表彰。

目前，全省非公有制经济组织的从业人员中，各级人大代表 745 人，政协委员 1245 人，中共党员 5.79 万人，在民营企业中建立党支部、工会组织近 3 万个。

### 3. 民营经济的效益和社会贡献不断增多

——民营经济成为陕西省国民经济的重要组成部分和经济增长的主要来源。2006 年，陕西省民营经济占全省 GDP 的比重已达到 43.3%，平均每年拉动全省经济增长 3 个百分点。

——民营经济成为陕西省就业的主要渠道和社会稳定的基本因素，每年可为社会提供 20 多万个就业岗位。仅民办高校，就为 5000 多名知识分子或有技术特长者提供了再就业岗位。

——民营经济成为陕西省税收的重要来源和共同富裕的基本力量。2006 年底，全省个体私营经济缴纳工商税收 219.6 亿元，占全省税收总额的 34%。

——2006 年，陕西省企业"走出去"步伐明显加快，重大项目的总体拉动效应显著，各项业务指标增长超出预期，新签合同额与完成营业额大幅增长，继续保持历史同期最高水平。

——2006 年，陕西规模以上私营企业 755 家，比 2005 年增加 194 家，占全省规模以上工业 24.2%，增长速度缓慢。

——民营经济是陕西省新农村建设的生力军。全省市县级的龙头企业，一半多都是民营企业，不仅是产业化链条的关键环节，更为整个产业链带来了资金、技术和市场信息，在整个产业链中发挥着示范、引导、组织管理等作用。据不完全统计，2006 年下半年以来，在省工商联的积极倡导下，全省已有 210 多家民营企业与有关县、乡（镇）、村签订了"助建新农村"协议。

### 4. 民营经济成为构建和谐社会的重要力量

非公有制经济人士积极承担社会责任，大力奉献社会公益事业。慈善募捐、赈灾救灾、贫困助学、奥运赞助等义举，充分展示出他们高尚的情怀和社会责任。据最新抽样调查显示，非公有制经济有 84% 的业主有过捐赠行为。十多年来，在光彩精神的激励下，民营企业人士努力把企业的发展和国家的发展结合起来，把个人的富裕与全体人民的共同富裕结合起来，把遵循市场法则与发展社会主义道德结合起来，为区域经济社会发展作出了显著的贡献。陕西省先后共有4000 多名民营企业家投身光彩事业，用于光彩事业项目的投资超过 12 亿元，捐建的光彩事业小学超过 100 所，用于社会公益事业的资金也超过了 11 亿元。民营经济组织共安排社会就业超过了 310 万人，直接帮助脱贫人数超过 13 万人。在 1998 年的抗洪救灾斗争中，共捐赠款、物折合人民币 2944 万元。在抗击"非典"的斗争中，企业家积极行动，共捐赠款、物折合人民币 3020 万元，体现了新时期民营企业家致富不忘回馈社会的高尚品德。

## 二 陕西省非公有制经济发展中存在的主要问题

虽然陕西省非公经济取得长足发展，但总体规模偏小，管理水平还比较低，产品的科技含量还不高，企业的整体实力还不强。非公经济在促进经济增长，扩大就业和活跃市场等方面的作用和潜力还没有充分发挥出来。个体工商户呈下降趋势，就非公有制企业户数而言，陕西省在全国的排名还比较靠后。就发展质量而言，陕西省差距也不小，在全国工商联会员企业 500 强排名中，陕西省仅有 2户。2004 年"中国成长型民营企业百强"中，陕西省也只有 2 户；在全国驰名商标中，陕西省民企产品很少看见。目前，陕西省仍突出存在着许多制约非公有制经济健康发展的因素。

### 1. 政策环境有待进一步改善

一是国家和陕西省出台的关于非公有制经济发展政策落实不到位。在市场准入、融资、税收、优惠政策等方面，对国有、集体、外商、内商还不能一视同仁，非公有制经济在许多方面尚难以享受"国民待遇"。二是条块分割，政策碰撞。地方政府与中央垂直管理部门政策衔接协调不够。一些地方出台的政策，未能得到有关部门的认可，致使优惠政策不是打了折扣就是被否定，真正到位的较少。三是有些政策在导向上，存在"重外资，轻内资"的倾向。陕西省一些地方内资流失远远大于所引进的外资。一些有实力的企业有把总部和项目投向外省的苗头，这些应该引起足够的重视。四是缺乏权威、准确的统计数字，影响了对非公有制经济动态情况的准确把握和政策的制定。个别地方领导为夸大政绩，对统计数字，层层加码；或只统计"出生率"，不统计"死亡率"，致使数字失实严重。

**2. 法制环境仍然存在不少问题**

一是现行法律、法规不尽完善，对个体、私营经济不公平待遇依然存在。二是在公正司法、高效办案方面还有不少问题。三是一些政府执法部门，特别是垂直管理的部门片面强调部门条例、规定，为了完成上级下达的任务，不顾及地方经济发展，严重挫伤了群众参与非公经济的积极性，制约了当地非公有制经济的发展。四是"三乱"现象屡禁不止。尽管近几年，各级政府在治理"三乱"方面下了很大工夫，采取了不少措施，但"三乱"问题在一些地方仍相当严重。在中央和省一些审批和收费项目清理后，一些市、县自设的收费项目却难以清理。各种频繁的检查、评比，使企业疲于应酬。各种名义的摊派、赞助，常年困扰企业。

**3. 舆论环境不尽如人意**

尽管陕西省各级领导对大力发展非公有制经济重要性有比较清醒的认识，但社会上还有相当多的人并没有真正从思想深处把广大非公有制经济人士看做是社会主义建设者，有些领导担心与非公有制人士交朋友被人误解、"说不清"。一些新闻媒体对非公有制经济正面宣传不力，对非公有制经济存在和出现的问题，以及个别业主的违法犯罪现象却渲染偏多等。

**4. 服务环境还需不断优化**

一是现行体制不顺，职能交叉，重管理，轻服务。一些政府部门沿用计划经济时期管理企业模式。或热心成立新的管理机构，或多方伸手，政出多门，既管又不管。一方面管了许多不该管、管不好、管不了的事，另一方面，民营企业最需要的服务，却无人热心去做。二是政府有关部门的服务意识差，办事效率低。"门难进，脸难看，事难办"现象在个别部门依然存在。

**5. 融资困难仍是制约非公有制经济发展的瓶颈**

据调查，有95%以上的中小企业认为，资金短缺是制约企业发展的首要因素。尽管近几年来国家和陕西省先后制定了一系列改善中小企业金融服务的法规和政策，但在实际操作中难以落实。各商业银行和合作银行受其政策和自身利益的制约，认为中小企业，特别是非公有制企业经营状况复杂，贷款成本高风险大，对他们普遍存在惜贷现象，使不少项目好、有市场的企业因缺乏资金无法上马。目前，陕西省仅有20多家担保机构，累计担保贷款金额只有5亿元左右，远远不能满足企业需求，再加上一些担保机构为了回避风险，增大担保审核力度和担保成本，使企业承受双重负荷。

**6. 非公有制企业自身素质亟待提高**

从整体上看，陕西省民营企业虽然经过一个时期的发展有了较大的跨越，但大多数企业仍处在企业发展的幼稚期。

一是运行机制依然陈旧。如产权结构不合理，缺乏管理体制革新，经营管理者队伍素质不高，缺乏现代的经营管理理念以及管理制度不健全等问题，这些都影响了企业的成长与壮大。

二是科技含量低、竞争力不强。大型企业核心竞争力尚未形成，整体规模分散，产业结构趋同，技术水平较低，经营方向不稳。

三是盲目扩张、搞多元化。一些企业家不按市场规律办事，盲目扩张，自以为是，不学习国家产业政策，不了解市场走向，在论证不精密的情况下，一味贪大，盲目扩张，在上了新项目后陷入进退两难的境地，项目上马，企业下马。

四是应对风险能力不强。陕西省民营企业大多是中小企业，普遍缺乏高素质的管理和技术人才，致使企业未能形成自己长远的发展战略和近期应对市场的策略，当经济形势有所变化时，思想认识和经营管理产生混乱，不能及时调整自身的经营战略和产业结构，缺乏必需的抗风险能力。

五是一些企业主目光短浅，缺乏将企业做优做好的雄心壮志。受"小富即安"思想影响，不少企业满足现状，缺乏创新，产业层次、产品档次、技术水平只能长期在低水平徘徊，这是许多企业不能发展起来的一个重要原因。

六是信用欠佳。有些企业不讲诚信，存在寡信欺诈现象，主要表现为履约率、还贷率、完税率和承诺兑现率低，社会形象差。

## 三　进一步改善陕西省非公经济发展环境，
## 　促进陕西省非公经济又好又快发展

### 1. 牢固树立以人为本，协调、可持续发展的科学发展观

要从重民生、固国本的高度来认识和看待非公有制经济的发展。一是要切实按照党的十六大提出的两个"毫不动摇"，认识到大力发展非公有制经济对实现陕西省"三步走"目标，建设西部经济强省、实现跨越式发展的重大意义。二是要从陕西省经济社会发展的总格局上认识大力发展非公有制经济的重要意义，"县市希望在民间，经济活力在民营，全省发展靠民力，社会发展靠民富"，这已成为不争的事实和大多数人民群众的共识。解决经济社会发展不平衡问题、建设社会主义新农村的问题等，都有赖于非公有制经济又好又快的发展。三是要从解决人民群众最关心、最直接、最现实的利益问题来看待非公有制经济的发展，党和国家在"十一五"期间，要着力解决分配失衡、贫富差距拉大、教育不公、发展不均、老百姓看病难看病贵和压力日增的就业问题，这些困扰在陕西也都是存在的，这些问题的解决既不能完全依赖政府财政，也不能单靠国有企事业单位，说到底，离不开非公有制经济的发展。四是从可持续发展的要求来看，陕西省有千头万绪的事情要做，其中既有基础性的，也有需要巩固提高的，还有要开拓创新的，而民营经济几乎涵盖了经济社会发展的方方面面，只要引导得当，他们可以为陕西的可持续发展作出积极重大的贡献。

### 2. 切实转变政府职能，进一步优化各项服务

一是要把发展环境放在"生命线"的位置，加快建设法治政府、责任政府、有限政府和诚信政府的步伐。二是各级政府部门要强化服务意识，在宏观上加强对民营经济的引导，引导其进一步推进制度创新、管理创新、技术创新，引导其向国家鼓励的产业方向投资，引导企业积极参与国企改革。进一步放开经营范围，减少审批项目，简化手续，提高办事效率。三是要加快建立、完善服务支撑体系，着力解决民营企业在融资、土地、技术、人才等方面存在的问题。四是切实治理法制环境，保护非公有制经济企业的合法权益。要继续宣传、树立"人人都是投资环境"意识，树立为纳税人服务意识，及时查处影响非公有制经济发展的典型案件。五是多管齐下，协调渠道，解决融资问题。鼓励商业银行扩大

向民营企业的贷款，消除对民营企业的所有制歧视，在企业上市、发债、兼并、收购等直接融资方面给民营企业以支持。建立各级中小企业发展基金，扶持以非公有制经济为主体的中小企业，建立由政府、银行、企业（商会）组成的完善的中小企业贷款担保体系和中小企业信用评估机制。

**3. 围绕工业强省目标，走新型工业化道路，鼓励和引导非有制企业不断提高产业层次和企业素质**

一是要发挥陕西省科技优势、人才优势，加快科研成果向现实生产力的转化，积极引导和扶持非公有制企业向科技型、外向型企业发展。同时帮助非公有制企业用现代技术改造传统产业，提升集约化程度，优化产品结构，提高经济增长质量，逐步形成陕西省具有鲜明特色的非公有制工业体系。二是积极实施名牌战略，争创名牌产品、名牌企业。进一步开拓国内外市场，不断提高产品的附加值和市场的占有率，增强市场竞争力。对创出国家名牌产品的非公有制企业应该给予重奖。三是加快建立现代企业制度。根据陕西省非公有制企业起点低、规模小、竞争力弱、缺少龙头企业的现状，加大结构优化和资产重组的力度，加快股份制改革和建立现代企业制度的步伐，逐步建立健全企业法人治理结构和各项规章制度，不断提高企业经营管理水平，把陕西省非公有制企业做好做优，争取能有更多的企业进入稳步发展的轨道。

**4. 加强教育、引导和管理、监督，促进非公有制经济健康发展**

要按照"团结、帮助、引导、教育"方针，加强对非公有制经济代表人士思想政治工作。加强诚实守信教育，在全社会营造讲求职业道德、商业道德、诚实守信、公平竞争的氛围。要依法规范市场秩序，加强管理和监督。同时，要进一步发挥工商联、个协、私协、同业公会、行业商会等各类工商社团和中介组织在行业自治自律方面的积极作用，为非公有制经济发展创造更加宽松、平等竞争的环境。

执笔：薛海军

# 甘肃省民营经济发展报告

2006 年是"十一五"规划的开局之年，在省委、省政府的正确领导下，全面贯彻落实科学发展观，甘肃省非公有制经济继续保持强劲的发展势头，成为甘肃省最具活力、最具潜力和最具竞争力的经济成分，在扩大生产、增加税收、解决就业、促进出口、搞活流通、参与国有企业改革和调整经济结构等方面发挥了积极的作用，为全面建设小康社会和构建社会主义和谐社会作出了突出贡献。

## 一 2006 年甘肃省民营经济发展的基本情况

### （一）民营经济对经济增长的贡献越来越大

截至 2006 年底，全省实现生产总值 2275 亿元，比 2005 年增长 17%，其中非公有制经济实现经济总量 825.8 亿元，占国民生产总量的 36.3%（见表 1）。

表 1  2004～2006 年民营经济实现国内生产总值

| 指标名称 | 2004 年 | 2005 年 | 2006 年 |
|---|---|---|---|
| 全省国内生产总值(亿元) | 1688.5 | 1933.98 | 2275 |
| 民营经济实现国内生产总值(亿元) | 567 | 698 | 825.8 |
| 所占比重(%) | 33.6 | 36.1 | 36.3 |

说明：①2004 年 GDP 数据为第一次工业普查后调整数。
②表中所指民营经济系指个体、私营经济，不包括集体经济和港澳台及外商投资企业（下同）。

由表 1 可以看出，民营经济的年增长速度明显高于国内生产总值的增速，民营经济为全省经济增速的贡献率也越来越高。2006 年全省国内生产总值是历年来增幅最大的一年，净增 341.02 亿元，而民营经济同比净增 127.8 亿元，增长了 18%，对全省经济净增量的贡献率达到 37.5%。根据省统计局资料显示，全省规模以上非公有制企业完成工业增加值 60.94 亿元，同比增长 22.53%，高出全省平均增速 8.5 个百分点，占工业总量的 7.91%；实现利润 7.36 亿元，增长 1.77 倍。

## （二）民营经济规模不断扩大

个体经济、私营企业数量和资本规模总体上显著增长，从业人员人数大幅增加（见表 2）。2006 年全省私营企业达到 4.2 万户，同比增长 10.2%；投资及雇工人员 53.6 万人，同比增长 11.3%；注册资金 617.57 亿元，同比增长 29.2%。个体工商户 33.02 万户，同比增长 6.5%；从业人员 57.5 万人，同比增长 2.7%；注册资金 59.3 亿元，同比增长 25.1%。

表 2　2004～2006 年全省个体私营经济主要指标

| 指标名称 | | 2004 年 | | 2005 年 | | 2006 年 | |
|---|---|---|---|---|---|---|---|
| | | 数量 | 年增长（%） | 数量 | 年增长（%） | 数量 | 年增长（%） |
| 个体经营户 | 户数（万户） | 34.17 | 2.9 | 31 | −9.2 | 33.02 | 6.5 |
| | 从业人员（万人） | 63.4 | 2.8 | 56 | −11.7 | 57.5 | 2.7 |
| | 注册资金（亿元） | 48.3 | 6.2 | 47.4 | −1.9 | 59.3 | 25.1 |
| 私营企业 | 户数（万户） | 3.3 | 24.5 | 3.81 | 15 | 4.2 | 10.2 |
| | 投资及雇工人数（万人） | 42.8 | 16.8 | 48.14 | 14 | 53.6 | 11.3 |
| | 注册资金（亿元） | 364.22 | 34 | 478.13 | 31 | 617.57 | 29.2 |

说明：本表资料来自省工商局统计数据。

## （三）民营经济成为扩大就业的主渠道

民营企业多属于劳动密集型产业，就业方式灵活，吸纳劳动力容量大，为缓解就业压力发挥了积极作用。城镇 75% 以上的就业岗位是由民营企业提供的，国有企业下岗失业人员大多在民营企业实现了再就业。截至 2006 年 6 月底，民营企业共培训人员 28953 人，安置转移农村劳动力 52956 人；在招工扶贫中，民营企业安置了 226113 人，安置涉及的企业 7535 家；在安排下岗再就业中，民营企业共安排下岗职工 123000 人，涉及企业 2654 家。根据省人事厅的资料显示，非公企业为高校毕业生提供的岗位占到了 70% ~ 80%，民营企业已经成为吸纳高校毕业生就业的重要渠道。具体情况见表 3。

表 3　2004 ~ 2006 年全省从业人员分布表

单位：万人

| 指　　标 | 2004 年 | 2005 年 | 2006 年 |
|---|---|---|---|
| 国有单位 | 168. 96 | 168. 63 | 143. 95 |
| 集体单位 | 15. 73 | 13. 33 | 8. 75 |
| 其他单位 | 22. 36 | 23. 76 | 41. 83 |
| 私营企业及个体劳动者 | 145. 63 | 169. 81 | 111. 1 |

说明：此表数据由省统计局有关资料摘抄。

## （四）民营经济成为全省财政收入的重要来源

民营经济提供税收的总量增加，增速加快，贡献率加大，已成为财政收入的重要来源。2006 年全省国税收入 1839529 万元，私营、个体合计 145833 万元，占全省国税收入的 7.93%。全省地税收入 888427 万元，私营、个体合计 104254 万元，占全省地税收入的 11.73%。从表 4 可以看出，2006 年私营企业、个体缴纳税金 250087 万元，同比净增 58431 万元。增长 30.5%。

表 4　2004 ~ 2006 年全省财政收入及各项税收

单位：万元

| 指　　标 | 2004 年 | 2005 年 | 2006 年 |
|---|---|---|---|
| 地方性一般预算收入 | 1041600 | 1235026 | 1412152 |
| 各项税收 | 823382 | 919615 | 1108360 |
| 个体、私营企业缴纳税收 | 161569 | 191656 | 250087 |

说明：此表数据由省税务部门提供。

## （五）民营经济成为对外贸易的生力军

随着国家外贸体制改革的不断深入和民营企业综合竞争力的不断增强，民营企业大量进入外贸领域参与竞争。近年来，民营企业进出口贸易迅速发展，甘肃省一批有实力的企业已经走出国门，其生产发展、市场营销、外贸进出口等均呈现出了强劲的发展态势，已成为甘肃对外贸易的主要力量。具体情况见表5。

**表5　2004~2006 年全省进出口贸易额及民营经济进出口贸易额**

单位：万美元

| 名　　称 | | 2004 年 | 2005 年 | 2006 年 |
| --- | --- | --- | --- | --- |
| 全省进出口总额 | | 176314 | 263136 | 382013 |
| 其　中 | 进口总额 | 76676 | 154038 | 231087 |
| | 出口总额 | 99638 | 109098 | 150925 |
| 民营经济进出口总额 | | 23194 | 26215 | 30448 |
| 其　中 | 进口总额 | 2660 | 4414 | 3494 |
| | 出口总额 | 20534 | 21801 | 26955 |

从表5 中可以看出，2006 年全省进出口总额382013 万美元，比 2005 年增加了 118877 万美元，同比增长 45.2%。全省私营企业、个体外贸进出口总额30448 万美元，占进出口总额的 7.97%。其中私营、个体出口 26955 万美元，同比增长 24%；进口 3494 万美元，同比下降 26.3%。

### （六）民营企业的社会责任感不断增强

随着民营企业的发展壮大，履行责任、回报社会，已成为广大民营企业家的自觉行动。截至 2006 年 6 月底，全省参与光彩事业的民营企业 1163 个，参与项目建设 1141 个，带动 3460 个村，定点帮扶 127 个村，投资总额 1516905 万元，实际到位资金 318467 万元，培训人员 28953 人次，安置转移农村劳动力 52956 人，安排下岗职工 123000 人，捐资办学或其他公益事业 5417 万元，帮助 600 个村 22.6 万贫困人口解决了脱贫问题。

### （七）民营企业是参与新农村建设的重要力量

实施新农村战略以来，甘肃省民营企业中涌现出一大批农业产业化龙头企业。这些企业数量不断增加，规模逐渐壮大，发展势头强劲，在带动农民致富和推动当地经济发展中发挥了越来越大的作用，已从推动农业产业化进程的生力军发展成为主力军。截至 2006 年底，甘肃省农业产业化龙头企业共有 1516 家，其中重点龙头企业 146 家，90% 以上是民营企业创办或参股。

## 二 2006 年省委省政府贯彻《若干意见》的基本情况

2006 年是"非公经济 36 条"贯彻落实的一年，非公有制经济的法律、政策和市场环境不断改善，非公有制经济得到了前所未有的发展，不仅为地方国民经济的发展提供了强大动力来源，也在构建和谐社会中发挥着积极作用。省委、省政府高度重视甘肃省非公有制经济的发展，在省委十届九次全委会上，省委、省政府主要领导在会上分别发表了重要讲话，对甘肃省贯彻落实《国务院关于鼓励支持和引导个体私营等非公有制经济发展的若干意见》（以下简称《若干意见》）情况给予了充分肯定，同时要求各级政府和相关部门，认真整治发展环境，消除体制机制性障碍，落实促进非公有制经济发展的各项政策措施，强化服务意识，帮助非公有制企业解决发展中遇到的实际困难。特别是时任省委副书记的韩忠信同志，在全省促进非公有制经济发展报告会上强调：各级党委政府要充分发挥舆论宣传的导向作用，利用各种媒体手段，大力宣传促进非公有制经济发展的重大意义、先进典型、方针政策和美好前景，大张旗鼓地为非公有制经济加油助威，以强烈的责任心和紧迫感，推动甘肃省非公有制经济的发展。

为进一步促进非公有制经济发展，清理一些内容过时或被新的规定所代替的文件。2006 年 7 月省委办公厅、省政府办公厅联合下发了《关于废止 1980 年以来发展非公有制经济有关文件的通知》（省委办发［2006］50 号），对 1980 年以来省委、省政府和省委办公厅、省政府办公厅制发的有关非公有制经济发展的文件进行了认真清理，废止了 12 个目前已不适用的文件。2006 年 4 月省政府办公厅下发了《关于开展清理限制非公有制经济发展规定工作的通知》（甘政办发［2006］36 号），重点清理了现行规章、规范性文件以及其他文件在市场准入、财务金融支持、土地使用、社会服务、权益保护、政府监管等方面与国务院《若干意见》和省委、省政府《实施意见》不一致的规定。同年 9 月，省政府办公厅下发了《关于废止发展非公有制经济有关文件的通知》（甘政办发［2006］106号），废止了94个限制非公有制经济发展的有关文件。

## 三　当前非公有制经济在发展中存在的主要问题

虽然民营经济发展的速度和规模呈现出良好的势头，但政策落实不到位、融资渠道不畅通等问题仍然是"非公经济36条"颁布以来影响民营企业发展的主要问题，主要体现在如下方面。

### （一）政策落实不到位，发展环境不宽松

"非公经济36条"出台后，省委、省政府、省直相关部门和各市（州）也相继制定出台了扶持民营经济发展的政策措施。但在贯彻落实中还有不尽如人意之处，大多只停留在口头上、文件上，还没有真正把民营经济当作振兴地方经济的要务摆上重要工作日程。一是思想观念落后。由于思想观念、部门利益、地方利益、垄断行业利益的干扰，加之一些部门囿于部门利益，上有政策，下有对策，政令不畅，"肠梗阻"、"玻璃门"现象还比较突出，导致一些政策难以落实到位。二是政策环境不完善。创业门槛高，市场准入和退出机制不健全，社会化服务滞后。

### （二）融资难仍然是制约民营经济发展的"瓶颈"

一是现行金融体制滞后，银行体系主要服务于国有企业和大工程大项目，部分商业银行对民营企业的抵押和担保条件要求苛刻，对民营企业的"惜贷"现象明显。二是地方金融机构缺乏对民营企业贷款支持热情。地方商业银行和担保机构虽然有一定发展，但同民营企业旺盛的资金需求相比仍是杯水车薪。三是由于受一些非公有制企业财务制度不完善、部分企业财务数据失真、担保有效性差以及过去一段时期逃避银行债务等信用缺失行为的影响，银行出于对风险控制的要求，对非公有制企业特别是中小企业的融资审查相当严格，企业融通资金相对困难。同时，由于企业规模太小，缺乏合适的资本市场的支持。因此，企业融资渠道狭窄。据有关部门调查，中小企业存在着融资难的问题，已成为其发展过程中面临的诸多问题中的首要问题，是影响中小企业生存发展的"瓶颈"问题。

### （三）总体素质较低、增长方式粗放、结构不尽合理等问题

一是竞争力不强。一些民营企业过度依靠低价竞争，企业技术和管理水平低，难以在市场竞争中取胜。二是特色不鲜明。一些民营企业小而全、小而弱，产品结构雷同，主业不突出。在协作配套生产、劳动密集型产业、服务业等可以发挥特色的领域，民营企业发展不足。三是发展不可持续。一些民营企业资源利用率低、环境污染重、产值低、安全隐患多。四是市场行为不规范。一些民营企业依法经营、诚实守信概念淡薄，知识产权观念不强、保护不力，侵犯职工合法权益的现象时有发生。

## 四　加快发展甘肃省非公有制经济的几点建议

针对制约甘肃省民营经济发展的主要障碍和问题，提出以下建议。

### （一）加大检查督导力度，确保政策落实到位

首先是要转变观念。进一步加大宣传力度，鼓励、支持和引导非公有制经济健康发展，把思想统一到党的方针政策上来，统一到宪法精神上来，消除误解。其次是市场准入。把各个领域的市场准入具体规定落到实处，真正做到"平等准入，公平待遇"。再次是加大"非公经济36条"的落实力度。省工商联在2006年底，以提案的形式建议省政府组织相关部门组成联合调查组在全省进行一次"非公经济36条"落实情况的调研和督导检查。

### （二）健全社会化服务体系，为非公有制经济创造发展空间

各级政府要把推动非公有制经济健康发展的各项政策措施真正落到具体行动上，用科学发展观统领经济社会发展全局。按照市场化、专业化、社会化方向，采取"政府支持中介、中介服务企业"的方式，为非公有制经济提供更多更好的服务。加强管理咨询、技术支持、人才培育、国际合作、市场营销以及法律援助等方面的社会化服务。进一步规范各级商会、行业协会等社会中介组织行为，充分发挥各类中介组织的重要作用，为非公有制企业发展营造更宽松的发展环境。

### （三）着力解决融资难的问题，促进民营企业加快发展

一是对外开放，加大招商引资力度。采取多种形式，加大对国外、发达省份的招商引资力度，吸引更多的国内外企业和资金来甘肃投资置业。二是要鼓励和引导金融机构改进服务，创新产品，调整信贷结构，增加对民营企业的贷款。三是加强银企合作，采取多种方式，举办非公有制经济和中小企业银企洽谈会，以项目为载体，以企业为核心，以资金为媒介，促进金融资本与产业发展有机融合，探索解决非公有制经济融资难的长效机制。四是加强信用制度建设，健全信用担保体系，提升民营企业信用等级，为民营企业贷款融资提供方便。

### （四）提高企业自主创新能力和企业家的整体素质

全面贯彻落实科学发展观，着力转变企业增长方式，引导非公有制经济调整优化产业结构，积极进入现代服务业、装备制造业和高新技术产业领域。着力提高企业自主创新能力，引导民营企业坚持体制创新、科技创新和产品创新，提高企业竞争力，培育自己的品牌、自己的商标，把附加值做高，把企业做大。全面提高民营企业家的整体素质，加强非公有制经济人士的思想政治工作，引导非公有制经济人士"爱国、敬业、守法、诚信、奉献"和为构建和谐社会承担更大的社会责任。

在省委省政府的领导下，甘肃的非公有制经济将以邓小平理论、"三个代表"重要思想和科学发展观为指导，围绕实施西部大开发战略，坚持发展抓项目、改革抓创新，全力强化基础设施建设、特色优势产业培育、人力资源开发三大支撑，推进经济增长方式转变和工业强省战略深入实施，加快全面建设小康社会进程，奋力开创甘肃省非公有制经济又好又快发展的新局面。

课题组负责人：马苏平

课题组成员：姬书平　吕晓明　赵晓轩　张文军

执笔：张文军

# 青海省民营经济发展报告

  2006 年是"十一五"规划的开局之年，也是全省贯彻《国务院关于鼓励支持和引导个体私营等非公有制经济发展的若干意见》（以下简称"非公经济 36条"）和《青海省人民政府关于鼓励支持和引导个体私营等非公有制经济加快发展的若干政策措施》（以下简称"省政府 47 号文件"）的头一年。一年来，青海省民营经济的法律、政策和市场环境不断改善，民营经济取得了更大的发展。全省民营经济和非公有制经济人士为构建和谐青海作出了积极的贡献。

## 一　2006 年青海民营经济发展的基本情况

### 1. 民营经济平稳发展，从业人员增长较快

  截至 2006 年底，全省民营经济经营户达到 13.28 万户，从业人员达到 60.69万人，注册资金达到 227.97 万元。其中，私营企业达到 1.12 万户，从业人员35.16 万人，注册资本 203.97 亿元，比 2005 年同期增长 2.74%、26.10% 和10.60%；个体工商户 12.16 万户，从业人员 25.53 万人，注册资金 24 亿元，分别比 2005 年同期下降 6.8%、15.6% 和 6.3%。个体工商户下降的原因在于，工商行政管理部门加强了对个体经济的监管力度，清理了一些名存实亡的个体户，查处取缔了一批违法违章经营户，另有部分个体工商户在城市建设与改造过程中办理了停业或歇业手续。同时还有部分个体工商户完成了资本积累，进入了私营

企业的行列。

**2. 民营经济实力不断增强，组织形式及治理结构不断优化**

私营企业户均注册资金达 182 万元，户均较 2005 年提高了 13 万元，增长 7.6%；青海省私营企业户均注册资金较全国私营企业户均注册资金 151 万元高 31 万元。到 2006 年底，独资企业比例为 20.36%；有限责任公司比例为 75.95%；合伙企业比例为 3.69%。个体工商户总数虽然有所下降，但其注册资金持续增加，户均注册资金达 1.97 万元，户均较 2005 年提高了 1700 元，增长 9%。

**3. 外商投资企业规模不断扩大**

到 2006 年底，全省登记注册外商投资企业 400 户。其中，企业法人 123 户，投资总额为 199784 万美元，注册资本 111080 万美元，外方认缴额 54111 万美元；分支机构（办事机构）246 户；常驻代表机构 31 户。与 2005 年同期相比，外商投资企业法人减少 10.9%，投资总额增长 167.4%，注册资本增长 175.5%，外方认缴额增长 94.6%；分支机构（办事机构）户数增长 14.8%。总体上，外商投资企业户数增长 10.5%。

**4. 民营经济投资大幅度增长**

到 2006 年底，全省民间投资达 140.91 亿元，较 2005 年增长 20.4%，其中集体投资 20.12 亿元，增长 38.8%。民间投资占全省固定资产投资的 33.58%。

**5. 民营工业发展较快，产业结构进一步趋向合理**

到 2006 年底，规模以上民营工业增加值为 16.71 亿元，同比增长 34.3%。规模以下工业中，个体、私营企业占总户数的 98.86%，产值占规模以下工业的 50% 以上。其中，在 1156 户规模以下工业企业中，私营企业 691 户，占 59.78%。全省民营经济的产业特征呈"三、二、一"的发展格局，第三产业占主导地位，民营企业三产之比为 4.9∶27.3∶67.8；个体工商户三产之比为 0.3∶6.7∶93.0。

**6. 民营企业进出口总额高速增长**

截至 2006 年 9 月底，全省有出口业绩的企业已达 88 家，其中集体、私营企业 58 家，占出口业绩企业总数的 65%，出口值 7219 万美元，占出口总值的 22%，同比增长 64%；外商投资企业 13 家，占有出口业绩企业总数的 15%，出口值908万美元，占出口总值的3%，同比增长2%。

**7. 民营企业自主创新能力得到增强**

全省102件著名商标中，民营企业拥有52件，占51%。"藏羊及图"、"三江源"荣获全国驰名商标，使青海省全国驰名商标总数达到6件，其中民营企业拥有5件。有120家企业产品打入国外市场，70家企业获得了进出口自营权。

**8. 民营经济对全省经济的贡献逐年提高**

2006年，非公有制经济占全省生产总值的比重达到25%左右，比2002年底上升了近5个百分点；内资民营经济上缴地方税收额占全省地税收入的60.52%，上缴国家税收占全省国税收入的29.24%。

**9. 非公有制经济代表人士的整体素质进一步提升**

全省个体私营经济从业人员中，有大中专毕业生49931人，具有中级以上职称的2569人，有各级人大代表和政协委员296人，党、团员15873人。

**10. 光彩事业得到了长足的发展**

截至2006年底，参与光彩事业项目投资的民营企业达481户，实施光彩事业项目188个，累计到位资金10.27亿元，全国光彩事业重点项目18个，培训人员5179人（次），安排就业10.3万余人，捐助教育及其他公益事业9076万元。

**11. 民营企业积极参与新农村建设**

全省民营企业响应党和政府的号召，通过各种形式参与新农村建设。一批以民营企业为主的农牧业产业化龙头企业迅速崛起，全省农牧业产业化龙头企业达230个，其中国家级龙头企业6个，省级龙头企业30个。各类专业化生产基地得到了较快发展。建成各类农贸市场400余个，年成交额达10亿多元。成立以种植、养殖、农畜产品流通为主的各类专业合作社（协会）257个，其中基层专业合作社（协会）232个。

# 二 "非公经济36条"贯彻落实情况

省委、省政府高度重视民营经济的发展，全省上下认真贯彻落实"非公经济36条"。《青海省国民经济和社会发展第十一个五年规划纲要》中，提出了

"到 2010 年全省非公有制经济总量翻一番"的发展目标；中共青海省委十届九次全委会议将"挖掘旅游业和民营经济两大潜力"列入了全省经济工作总体思路；2005 年省政府制定出台了《青海省人民政府关于鼓励支持和引导个体私营等非公有制经济加快发展的若干政策措施》，各州、地、市出台了相应的配套措施。根据省政府的安排，由省经委、省监察厅、省政府法制办、省政府督查室、省工商联组成联合检查组，在各地先行自查的基础上，对西宁市、海西州、海南州、海北州、海东地区和省直有关部门贯彻落实"非公经济 36 条"和省政府 47号文件情况进行了检查。通过检查发现，经过一年多的努力，全省民营经济发展的政策环境、市场环境和法制环境得到了进一步改善。

一是发展民营经济的政策环境得到进一步改善。各地、各部门结合实际，制定了贯彻落实的具体措施。比较典型的有《海西州大力发展非公有制经济暂行规定》、《海西州人民政府关于鼓励支持和引导个体私营等非公有制经济发展的实施意见》、《西宁市人民政府关于促进中小企业发展的若干意见》、《海北州人民政府关于大力促进非公有制经济发展的决定》。格尔木市组织编撰了 37 万多字的《格尔木市规范性性文件汇编》，收录了 1990 年以来现行有效的规范性文件。对推动政务公开，确保法制统一和政令畅通，海北州召开了"全州非公有制经济工作会议"，并成立海北州工商联，省直各部门均制定了相应的实施办法和措施。

二是各项政策得到进一步落实。在市场准入方面，西宁、海东和海西在城市公交、危险废物收集和处置、城市供水、天然气管道建设运营、石油开采等领域较早地引进了非公有资本，有些方面还走在了国家政策的前面。

三是加快了政府职能转变的步伐，服务质量和水平得到提高。结合 2005 年在全省范围内开展的"投资环境治理年"活动，政府各部门均建立健全首问负责、服务承诺、责任追究等制度，建立投诉举报中心，进一步深化行政审批制度改革，清理审批事项，减少审批环节，简化办事程序，切实提高政府部门的服务质量、服务效率和服务水平。

四是一些限制民营经济发展的规定得到了清理。各地、各部门把清理限制非公有制经济发展规定的工作作为贯彻落实"非公经济 36 条"、省政府 47 号文件精神的一项重要举措，对现行政府规章、规范性文件以及其他相关文件中，与"非公经济 36 条"、省政府 47 号文件不一致的规定进行了认真清理。

## 三 民营经济发展中存在的问题

**1. 全省促进民营经济发展政策的落实工作不平衡，政策落实的监督机制不健全**

有的地方和部门浮于形式、工作不扎实，对"非公经济36条"和省政府47号的宣传落实不到位，一些政策措施流于形式，得不到落实，挫伤了企业投资创业的信心。

**2. 思想观念落后，阻碍了民营经济实现又好又快的发展**

由于受传统思想的影响和束缚，人们的市场经济观念和开放意识不强，全民创业的意识没有树立起来，缺乏对外开放的自觉性和积极性，阻碍了民营经济的快速发展。同时，随着贫富差距不断扩大和收入分配不公问题的出现，部分社会舆论简单地将其主要归因于是私营经济发展，"疑私"、"怕私"、"防私"和"仇富"的心理在一定范围内再次抬头，使不少人对民营经济组织仍持异样眼光。甚至于一些政府部门对民营企业存在偏见，非公有制企业要享受与公有制企业相同的待遇还有不少的路程。

**3. 市场准入方面的"玻璃门"现象依然存在**

一些垄断行业和领域为了稳固其垄断地位，减少行业内部竞争压力，以资本实力、技术水平和从业资历等多种理由抬高民营企业的准入门槛，从而在市场准入方面出现看似没有政策限制，真正进入时限制条件颇多的"玻璃门"现象，使民营企业难以进入垄断行业和领域。

**4. 融资难的问题仍没有得到妥善解决**

融资难是青海省民营经济发展中的老大难问题，虽然民营企业融资的问题得到了各级政府、商会、企业及金融部门的重视，但该问题仍未得到很好的解决，融资难依然制约着民营经济的发展。

**5. 民营企业的创新能力和品牌实力不强**

由于大多数民营企业制度上、管理上缺乏创新，组织结构上不能解决适度分权与集权的管理配置问题，决策程序上不讲究科学与民主，从而造成企业的自主创新能力和核心竞争力弱化。目前青海省民营企业很多产品已经形成了一定的规模和影响，但因品牌意识不强，没有高度注重品牌建设，只停留于小而全的发展思路上，造成很多企业规模小，影响小，形不成名牌产品。

## 四 民营经济面临的发展机遇

**1.《中华人民共和国物权法》的制定实施为维护市场经济秩序提供了法律保障**

第十届全国人民代表大会第五次会议通过了《中华人民共和国物权法》，这是中国第一部专门保护各类财产包括私营企业和个人财产的最基本法律，是维护市场经济基本秩序、推动市场经济长期稳定发展的一项根本性法律。

**2. 政府将发展非公有制经济列入了"十一五"规划**

《青海省国民经济和社会发展第十一个五年规划纲要》中，提出了"到2010年全省非公有制经济总量翻一番"的发展目标。"挖掘旅游业和非公有制经济两大潜力"已列入了全省经济工作日程。

**3. "非公经济36条"和省政府47号文件将得到进一步落实**

自2006年以来，省政府每年组织有关部门对各地、各部门落实"非公经济36条"和省政府47号文件情况进行检查，必将为民营企业发展创造公平竞争的政策环境、市场环境和法制环境，促进民营经济健康发展。

**4. 西部大开发的步伐将进一步加快**

随着国家区域经济协调发展战略的全面实施，我国经济发展重心将出现由东部沿海地区向中西部地区推进，东西部优势互补，共同发展势在必行。因此，"十一五"期间外省来青海投资将会更加活跃，经济梯度转移将为青海的民营经济发展提供新的发展空间。

## 五 加快全省民营经济发展的对策建议

**1. 继续改善和优化青海省的投资经营软环境**

各级政府应采取更加有力的措施，加强投资环境建设，积极营造公平公正的法制环境，服务高效的政务环境，竞争有序的市场环境，诚实守信的人文环境，和谐稳定的社会环境，切实增强环境吸引力和竞争力，努力形成政府创造环境、企业创造财富、百姓创造家业、干部创造事业的浓厚氛围，为青海省民营经济持续快速发展奠定坚实的软环境基础。

**2. 培育民营企业社会化服务体系**

坚持社会化、专业化、市场化以及突出服务性的原则，重点围绕知识培训、信用担保、投资融资、创业辅导、技术支持、信息服务、管理咨询、市场开拓、经营管理、国际合作等领域培育中小企业社会化服务体系。

**3. 增强民营企业自主创新能力**

抓紧出台鼓励中小企业自主创新的指导性文件，加大对自主创新的支持力度，鼓励支持民营企业自主创新；因地制宜培育优势产业，重点培育和发展农畜产品加工业、优势特色产业、生产型服务业和高新技术产业；实施品牌战略，重点培育壮大一批名牌产品、驰名商标，扩大辐射范围，增强市场竞争能力，并利用品牌效应提高资本运营能力。

**4. 推动民营企业产业结构、产品结构调整**

按照走新型工业化道路的要求，大力推进经济结构的战略性调整和经济增长方式的根本性转变，实现既好又快的发展。

**5. 全面提升民营企业素质**

加强和改进对中小企业、民营企业的服务和监管，引导和监督企业依法经营、诚实守信。引导中小企业建立和健全安全、劳动、财务等各项规章制度。依法维护企业和职工的合法权益，增强社会责任意识，推进优秀企业文化创建工作，实现和谐发展。

**6. 解决民营企业融资难问题**

一是在全省建立融资担保网络；二是加快社会信用体系建设，建立银企互信互利平台，拓宽企业信用贷款渠道；三是争取国家的支持，积极发展产权明晰、机制灵活、具有地理和人员优势的村镇银行等民营金融机构，为中小企业的发展提供更好的金融支持。

**7. 鼓励和支持中小企业"走出去"、"请进来"**

推动中小企业对外经济技术合作，加快中小企业产品由初级工业制品为主，向高技术含量、高附加值、深加工制成品转变，培养和扶持一批品牌产品。多渠道、多形式吸收外商资金，把引进资金、引进技术、引进智力紧密结合起来，提高企业招商引资水平，走"引进、吸收、消化、创新"的企业发展道路。

说明：本报告所述民营经济包含三个层次，具体界定如下：第一层次，广义民营经济是指除国有及国有控股企业以外的多种所有制经济统称，包括内资民营经济（含个体户、私营企业、集体企业）、港澳台和外商投资企业。第二层次，狭义民营经济也称"内资民营经济"，是广义民营经济减去港澳台和外商投资企业。第三个层次是指个体、私营经济，是不包括集体企业的内资民营企业。

课题组负责人：匡　湧

课题组成员：马新洲　靳生奎

执笔：靳生奎

# 宁夏回族自治区民营经济发展报告

党的十五大以来，特别是十六大召开以后，党和政府从政治、经济、法律等方面促进和支持非公有制经济快速发展，从宏观上奠定了非公有制经济快速发展的基础。尤其是国务院［2005］3号文件的出台，民营经济基本完成原始资本积累，并逐渐进行体制创新，以科学发展观为指导，按照国家宏观政策要求，构建和谐企业的发展模式。国务院和宁夏回族自治区党委、政府出台的支持非公有制经济发展的两个《若干意见》，从政策层面上给民营企业极大的释放空间，促进民营企业发展的手段从分散的政策支持转向总体的政策制度保障。所有制理论的不断创新，非公有制经济发展的政策环境、社会环境和经济环境不断改善，又给非公有制经济快速和谐发展创造了良好的外部环境。宁夏和全国一样，非公有制经济得到了快速发展，非公有制经济在整个经济中的比重逐年上升，已经成为全区经济发展的一个新的重要的增长点，一些地方非公有制经济已占据了县域经济发展的主导地位，为经济发展和社会进步作出了重要贡献。

## 一　非公有制经济为国民经济发展作出了重要贡献

随着非公有制经济的不断发展，非公有制经济人士队伍不断扩大，非公有制经济在增加财政收入、促进社会就业等方面为社会作出了积极的贡献。投融资体制的深化改革，使非公有制经济投资增速已成为带动全社会投资增长的主要力量。非公有制经济人士在党的路线方针政策指引下，积极参加经济建设，为发展全区经济社会各项事业作出了重要贡献。

## （一）促进经济发展

广大非公有制经济人士运用自己拥有的资本、技术、劳动、信息、资源等生产要素，直接参与或服务于全区的经济建设，创造出一定的社会财富，成为推动宁夏回族自治区经济发展的一支重要力量。2006 年，全区个体经济实现零售额 91.74 亿元，增长 13.9%，占社会消费品零售总额的比重达 46.1%；私营经济实现零售额 37.63 亿元，增长 13.4%。全区完成税收 88.21 元，其中，私营、个体和非国有控股的股份制企业共上缴税金 47.84 亿元，占全区税收的54.2%。非公有制经济单位投资 171.4 亿元，比 2005 年同期净增投资 50.3 亿元，增长 41.5%，对全社会投资增长的贡献为 81.8%。规模以上非公有制工业企业完成销售产值 348.92 亿元，完成工业增加值 111.85 亿元，分别占规模以上工业的 42% 和 43.2%。中银绒业、嘉源绒业、天马冶化、荣盛铁合金、大荣实业、宁夏红枸杞产业集团、米来生物等一批非公有制工业企业成为宁夏特色优势产业的带头兵。特别值得一提的是，目前宁夏回族自治区相当一部分县、区私营企业等非公有制经济已占到当地经济总量的 70% 以上，已由"补充"变为主体。

## （二）维护社会稳定

稳定问题始终是关系经济、政治、文化、社会建设全局的重大问题。在深化改革、扩大开放的条件下，就业问题成为影响稳定的突出问题。个体私营经济以其独特的优势，不仅成为国民经济发展的新的增长点，而且成为安置国有企业下岗职工、农村剩余劳动力和吸纳社会新增劳动力的重要渠道。到 2006年底，全区有非公有制经济单位 22 万余个，从业人员 67.71 万人，其中个体私营企业中的从业人员达到 45.2 万人。随着非公有制经济的发展，私营企业主等非公有制经济人士直接参与了基础设施建设、资源开发以及科技、教育、文化、卫生等方面的建设，他们当中有许多人致富后，通过捐资等各种形式支持社会福利和公益事业的发展，并推动了社会进步。比如，由私营企业主等非公有制经济人士发起的光彩事业，将经济行为与道德行为有机结合起来，为促进贫困地区的脱贫致富和教育、文化、卫生等社会事业进步作出了积极贡献。宁夏光彩事业项目已从农村扶贫开发发展到国有企业改制、下岗职工再就业、农业产业化、环境保护、国土绿化、教育等领域。到 2006 年，全区共实施光彩事业 50 万元以上的项目 73 个，参与企业 86 个，项目投资总额 7.1 亿元，在实施光彩事业项目中培训各类技术人员 20895 人次，安排就业 27476 人，脱贫 63950 人。扶贫济困、捐资助学的有 500 个企业，捐赠金额达 1.3 亿元，仅 2006 年就达 2420 万元。非公企业吸纳农民工 82334 人，涉及企业 518 个，其中培训 51775 人。非公企业安置国有企业下岗职工再就业人员 25292 人，涉及企业 413 个。

### （三）促进对外贸易

非公有制外贸企业的队伍不断扩大，成为宁夏外贸增长的新动力，为宁夏进出口带来广阔的增长空间。2006 年，全区非公有制企业进出口 6.62 亿美元，比 2005 年增长 71.9%，占全区进出口总额的 46.1%，拉动全区外贸进出口增长 28.7 个百分点。其中，非公有制企业出口 4.07 亿美元，增长 57.8%，进口 2.55 亿美元，增长 100.5%。特别是全区私营企业出口 2.75 亿美元，增长 86.4%。

### （四）参与新农村建设

全区共有农产品加工企业 6680 多家，农产品加工值达到 65.5 亿元，主要农产品加工转化率达到 43%。全区规模以上农产品加工企业发展到 171 家，比 2005 年增长 26%，其中自治区级龙头企业 55 家，国家级龙头企业 8 家，70% 的自治区产业化龙头企业与农户建立了相对稳定的购销关系，实行"订单农业"，主要有"公司＋农户"、"公司＋专业组织＋农户"、"公司＋基地＋农户"等形式。启动实施"村企互动、共建新农村"活动以来，全区 152 家企业和 142 个行政村签署了"村企互动"协议，加快了龙头企业与示范村的对接。农业专业合作组织由 2005 年的 573 个发展到现在的 762 个，带动 54.33 万农民参与产业化经营。民营企业在加快自身发展带动农业产业化的同时，也为推动城市化贡献了力量。如中宁县城北街改造、同心县和灵武市的羊绒工业园区建设、同心县中心商业地带的改扩建，都是民营企业积极参与的结果。

民营企业家在促进经济发展，推动社会进步的同时，自觉接受党的领导，履行义利兼顾、扶贫济困的社会责任，他们爱国、敬业、诚信、守法、贡献，致富思源、富而思进，做合格的中国特色社会主义事业的建设者，一大批优秀的民营企业和企业家受到国家和自治区的多次表彰。刘金虎、杨兴义、朱奕龙、张金山、孙珩超、孙占财、郑国祥、王新生、朱宏魁等非公有制经济代表人士分别获得"全国五一劳动奖章"、"全国民族团结先进个人"、"优秀中国特色社会主义事业建设者"、自治区劳动模范等各类荣誉称号，有力地影响和带动了非公有制经济人士。宁夏红、宝塔石化、银帝集团等26家会员企业被自治区政府授予"百强纳税企业"的荣誉称号；陈庆成等6位民营企业家先后被评为"全国关爱员工优秀民营企业家"；万胜生物工程公司、浩海房地产等4家民营企业被评为"全国就业与社会保障先进民营企业"；红宝集团、宝塔石化被评为"思想政治工作先进单位"；宁夏红集团被评为"全国精神文明建设先进单位"。

## 二 存在的主要问题和困难

宁夏回族自治区非公有制经济的发展环境经过近几年的不懈努力，在党政领导重视、政策扶持等方面都有明显改善，但在政策的落实方面和企业自身还存在一些问题和困难。

一是"玻璃门"现象限制非公有制经济的发展。宁夏产业政策在注册制度、市场准入、审核批准方面仍然存在着不少隐性限制，阻碍了非公有制经济进入一些领域。二是在政策的落实上与发达地区相比还有一定差距，主要表现在"四多四少"，即有些部门表面文章做得多、解决实际问题的少；口号喊的多、真正支持的少；浮在表面上的多、深入了解的少；轻描淡写的多、敢于碰硬的少。三是融资难仍是制约民营企业发展的"瓶颈"。主要是因为商业银行普遍加强了集中调控力度，贷款重点投向国家重点工程项目和大型企业。然而就企业自身来说，一些中小企业在发展初期盲目追求短期效益，资本积累少，按照银行现有的评级、授信标准符合贷款条件的少，使他们难以获得金融机构的信赖。同时金融中介机构不健全也是影响民营企业融资的一个重要因素。四是民营企业自主创新能力差，管理方式落后，多以传统产业为主，产品技术含量低。五是行政执法环境有待改善，个别地方对非公有制经济的保护意识淡薄，挫伤投资者的积极性。城市规划变来变去，造成民营企业巨大的投资损失。一些地方政府把本应由政府承担的城市建设项目推给民营企业，导致企业发展难以为继。成本高、时间长、执行难给维护企业自身合法权益造成困难。

## 三　意见和建议

### （一）加快政府职能转变，减少职能交叉、重叠，坚决依法行政

政府不能扮演企业的角色，企业也不能越位承担政府分内的事。政府应更多地关注宏观调控和政策引导、维护社会公平与效率，而不应直接介入企业的生产经营。应更加严格、严肃地按照《中华人民共和国行政许可法》办事，切不可朝令夕改，让企业无所适从。违反《中华人民共和国行政许可法》，侵犯非公有制企业合法权益的，应追究责任。

### （二）相关部门应尽快制定与两个《若干意见》及国家各部委《实施细则》相衔接的具体措施和办法，狠抓落实，确保两个《若干意见》落到实处，切实改善非公有制经济的发展环境

政策引导前置于企业设立阶段，在鼓励发展中小企业自由竞争的同时，有效控制结构趋同、产品雷同、高污染、高载能项目盲目上马。对新投资项目进行跟踪服务，对项目实施过程遇到的问题和困难给予必要的指导和帮助，以确保项目的顺利实施。收费透明化，手续一站式，减少中间环节，杜绝重复收费、重复审批，为企业提供更便利的服务。

### （三）积极争取国有各商业银行放宽对非公有制企业的贷款比重，保证非公有制企业必要的贷款额度

改进资信评估方法，对没有贷款记录的企业进行运行情况的分析，给予一定信贷支持。适当降低城市信用社和农村信用社贷款利率，加强对涉农企业的信贷支持。严防金融风险，打击地下钱庄，维护金融秩序，防止民间高利借贷

行为引发社会不稳定。加强金融监管，坚决打击非法集资，规范各类信用担保机构。

**（四）根据自治区实际情况，放宽各类企业的设立门槛和注册条件，尽最大可能取消不合理的前置审批事项，坚决清除不合理收费、乱评比活动对企业的干扰**

改革各种审批核准制度，在注册制度、市场准入、审核批准等方面在国家规定基础上适当降低，大力消除非公有制企业进行固定资产投资、进入新的行业领域的制度障碍。在税收政策、资金支持等方面给予非公有制企业"国民待遇"，与国有企业、外资企业一视同仁。对本地企业家投资项目也列入政府招商引资成果考核中，享受与外地引入项目同等待遇。

**（五）加强对非公有制企业创业能力和自主创新能力的支持**

建立创业项目库，开展创业辅导，通过税收政策和产业政策的导向，避免他们盲目投资，降低创业成本和创业风险。鼓励人才向非公有制企业合理流动，鼓励非公有制企业吸纳高级技术、管理人才，增强企业自主创新能力，引导企业合理扩张、快速发展。

**（六）加大对商（协）会的发展和管理**

一是理顺归位，加强管理，把分散于各部门的各种行业协会尽快理顺关系，合理撤并一批名目繁多、挂靠党政部门的协会，加强管理，纠正只批不管、不承担任何责任的涣散局面。二是政府支持，职责到位，建议制订《宁夏回族自治区商（协）会管理规定》，明确商（协）会的宗旨、职能、体系、地位、工作机制和管理体制，加强商（协）会自身建设，充分发挥商（协）会的行业服务和管理职能。三是鼓励商（协）会在自觉自愿、滚动发展的基础上，形成一定行业规范和行业管理职能，增强行业自律。

**（七）建议中央加大对西部地区经济发展的支持**

一是落实支持西部地区和少数民族地区发展的优惠政策，如《中西部地区外商投资优势产业目录》、国务院《关于实施西部大开发若干政策措施的通知》

等。二是将宁夏优势特色产业列入少数民族地区产业结构调整的鼓励产业或西部产业结构调整的鼓励产业，将更多的社会资源向优势产业集中。三是加大对宁夏重点工程和优势特色产业给予资金或贷款贴息支持。

### （八）加强对非公有制经济人士树立以"八荣八耻"为主要内容，以诚实守信为重要内容的社会主义荣辱观教育

引导企业家"以诚实守信为荣，以见利忘义为耻"，"比诚信、比贡献"，敬业守法、诚信经营、照章纳税、义利兼顾、关爱员工，树立正确的社会主义荣辱观，将发展企业同构建社会主义和谐社会结合起来，争做合格的中国特色社会主义建设者。

执笔：赵红梅

# 新疆维吾尔自治区民营经济发展报告

## 一　2006 年新疆民营经济发展的现状及特点

### （一）新疆民营经济发展迈出新步伐

截至 2006 年底，全区个体工商户达到 47.37 万户，从业人员 77.75 万人，注册资金 101.68 亿元。户均从业人员 1.64 人，户均注册资金 2.15 万元。户数比 2005 年减少 3352 户，降幅为 0.7%；从业人员比 2005 年增加 18571 人，增幅为 2.4%；注册资金比 2005 年增加 9.36 亿元，增幅为 10.1%。全区私营企业达到 6.34 万户，从业人员 75.25 万人，注册资金 960.18 亿元。户均从业人员 11.87 人，户均注册资金 151.42 万元。户数比 2005 年增加 1.17 万户，增幅为 22.6%；从业人员比 2005 年增加 8.16 万人，增幅为 12.1%；注册资金比 2005 年增加 16.79 亿元，增幅为 20.7%。私营企业集团 121 户，分支机构 145 户。私营有限责任公司 52627 户。

### （二）私营企业数量继续大幅增加

截至 2006 年底，登记注册的私营企业突破 6 万户大关，总户数达到 6.34 万户，比 2005 年增长 22.6%，增幅比 2005 年高 2.6 个百分点。全区 15 个地州市中，有 13 个地州市私营企业数增幅均达到 17% 以上。全区私营企业的市场主体地位日益明显。2006 年新疆登记注册的内资企业中私营企业比例超过 60%，达到 64.3%。各地区之间私营企业户数排位有了新的变化。2006 年乌鲁木齐市 3.37 万户，继续稳居第一位，占比为 53.15%。乌鲁木齐市一地就拥有全区私营企业户数的"半壁江山"。巴州 4139 户，跃升第二位，占比为 6.53%。昌吉回族自治州 3881 户，落至第三位，占比为 6.12%。前三位占到了全区私营企业总户数的 65.8%。阿克苏地区 2775 户，继续居第四位。石河子市 2019 户，超过喀什地区升至第五位。

### （三）私营企业规模结构进一步得到优化

2006 年新疆注册资金 100 万~500 万元的私营企业 12026 户，同比增长 35%，比 2005 年增速高 7 个百分点；500 万~1000 万元的私营企业 2160 户，同比增长 32%，比 2005 年增速高 5 个百分点；1000 万~1 亿元的私营企业 1602 户，同比增长 32%，比 2005 年增速高 9 个百分点；1 亿元以上的私营企业 70 户，同比增长 9.4%，比 2005 年增速低 2.6 个百分点。全区私营企业集团达到 121 家，同比增长 7.1%，比 2005 年增速低 35.9 个百分点。新疆私营企业注册资金 1 亿元以上的大型企业、1 亿元以下到 100 万元的中型企业和 100 万以下的小型企业之间的百比分从 2005 年的 0.12%、22.74% 和 77.14% 调整为 2006 年的 0.11%、24.9% 和 74.99%。中型私营企业比重上升，对新疆未来民营经济的发展将起到重要的支撑作用。从各地州市情况看，注册资金 100 万元以上私营企业最多的是乌鲁木齐市 9381 户，占当地私营企业总数的 27.8%。昌吉回族自治州 1129 户，占当地私营企业比重的 29.1%，为全区之首。其次为巴州 814 户、阿克苏地区 553 户、伊犁州 367 户。上述五地州市注册资金 100 万元以上私营企业之和占全区同类企业总数的 77.2%。私营企业中有限责任公司比重持续上升。2006 年新疆私营有限责任公司达到 5.26 万户、从业人员 65.91 万人、注册资金 913.94 亿元，分别同比增长 26.5%、14.2% 和 21.4%。上述三项指标占到全区私营企业总数的 83%、从业人员总数的 87.6% 和注册资金总数的 95.2%，与 2005 年同比分别增加 2.6%、1.6% 和 0.6%；私营股份有限公司 9 户，从业人员 4903 人，注册资金 16.24 亿元，户数和注册资金同比分别增长 12.5% 和 6.3%；私营合伙企业 765 户、从业人员 1.15 万人、注册资金 3.27 亿元，同比分别下降 11%、12.3% 和 8.2%。

### （四） 第三产业中五大行业企业数增长 30% 以上

2006 年新疆五大行业企业增长最快，分别是餐饮业增加 1806 户，增长 36.4%；水电气生产和供应业增加 56 户，增长 36.4%；广告业增加 514 户，增长 32.8%；租赁和商务服务业增加 1272 户，增长 32.3%；批发业增加 1577 户，增长 32.2%。从上述数据可以看出，2006 年新疆从事第三产业的私营企业继续保持良好的发展势头。全区从事第三产业的私营企业总数达到 3.34 万户、从业人员达到 52.9 万人、注册资金达到 685.09 亿元，比 2005 年分别增长 24.5%、14.6% 和 21.2%。2006 年新疆第三产业中私营企业户数、从业人员和注册资金数已经分别占到全区私营企业总规模的 84.7%、69.5% 和 71.4%。

### （五） 积极参与新农村建设

2006 年，全区县以下个体工商户和私营企业总量达到 36.70 万户，比 2005 年增加 1600 户；从业人员上升到 94.97 万人，比 2005 年增加 4.57 万人；完成增加值 145.48 亿元，比 2005 年增加 18.07%；实现营业收入 557.67 亿元，比 2005 年增加 15.87%。2006 年，全区规模以上农产品加工企业 206 户，转移农村富余劳动力 2.88 万人，实现增加值 19.41 亿元，带动 20750 户农户累计增收 1.86 亿元。2006 年全区乡镇完成固定资产投资 61.64 亿元，同比增长 16.94%，其中新建项目完成投资 35.81 亿元，同比增长 11.07%。全部投资中来自非公有制经济的投资占 85% 以上。

### （六） 社会贡献进一步增加

2006 年新疆非公有制经济增长速度高于全区平均水平。全区非公有制经济增加值 697 亿元，增长 11.9%，高出全区平均水平 0.7 个百分点。非公有制经济纳税 57.23 亿元，增长 25.1%，占地方财政收入的比例为 21.6%，比 2005 年提高 0.9 个百分点。非公有制经济完成进出口额 43.7 亿美元，占全区进出口总额的 60.5%。非公有制经济安置吸纳就业再就业 10.08 万人。截至 2006 年 6 月底，新疆光彩事业投资累计到位资金 72.69 亿元，比 2005 年 6 月增加 7.5 亿元。截至 2006 年底，新疆民营经济为社会公益事业捐款捐物折合人民币约 2.34 亿元。

## 二 新疆民营经济发展中仍然存在的困难和问题

法律法规体系不健全，民营经济仍然面临法制环境不公平的现实问题。一是对经济犯罪行为定罪不能一视同仁。国有企业工作人员侵占企业财产按刑事案件处理，有关涉案人员会被判刑。而民营企业工作人员侵占企业财产则按民事处理，一些涉案人员很难受到判刑等法律严惩。二是按照维护社会主义市场经济秩序等要求制定的一些法律法规缺乏应有的与之相配套、操作性强的实施细则，非公有制企业应该享受到的公平待遇无法落到实处。三是司法和行政执法部门个别工作人员有法不依、执法不严，保护非公有制企业合法权益不力。四是个别领导干预法院案件的执行。"执行难"直接损害了遵纪守法民营企业的合法权益。

认识问题仍在一定程度上影响着党和政府鼓励、支持和引导非公有制经济发展政策的落实。一是一部分人对党关于社会主义市场经济和大力发展非公有制经济的理论学得不深、理解得不够，在落实党和政府发展非公有制经济政策时，不坚决、不积极、不主动；二是非公有制经济的发展直接影响到一些部门的既得利益，造成在大政策与小规定相矛盾等严肃问题上，部门和个别人员认识不清、态度暧昧，甚至顶着不办；三是对政策理解存在偏差。一些行业和领域政策明确民营企业可以准入，但是总有人想方设法人为提高准入门槛，形式上放开了，实际上进不去。

融资难、贷款难、担保难仍是制约民营经济发展的主要"瓶颈"。一是中小民营企业亟须的与之相匹配的中小型银行至今难见踪迹，银行体制改革仍需要加大力度。二是民营企业融资渠道单一，多种融资形式并存的社会融资体制建设任重而道远。三是政府职能部门贯彻中央政策精神，推出许多有利于民营经济发展的资金扶持措施，大部分民营企业对此了解得不多，就是了解了也不知道怎样申请这些资金。政府职能部门服务工作需要再上新水平。四是对民营企业诚信教育力度不够。民营企业诚信意识普遍不高。加之民营企业管理水平参差不齐，民营企业信贷风险仍然偏高。五是民营企业融资亟须的担保公司点少量小，费用负担重，办理时间长，不能适应民营经济发展的需要。

中小民营企业整体经营水平有待进一步提高。一是创业者和企业当家人来源广泛、成分复杂、能力各异，水平相差很大；二是懂技术会经营、懂管理的人才短缺；三是企业治理结构不科学，财务资信情况不透明，自主创新能力缺乏后劲；四是政策把握不到位，分析和判断能力有限，在机遇面前急功近利、盲目扩张，造成经营风险累积过快，释放过慢。

商会组织作用仍不十分明显。经过一年的发展，商会组织对促进民营经济发展的作用在加强，但效果仍不十分明显。大部分行业商会、地域商会仅限于联络联谊功能上，而服务功能不足。一些重要的商会（协会）仍没有脱离政府部门。工商联作为政府管理非公有制经济的助手职能至今还没有明确下来。

## 三　新疆继续从政策和法规层面上加大
## 对民营经济发展的支持力度

全面开展清理限制非公有制经济发展文件的工作。2006 年 3 月，自治区人民政府法制办公室、自治区经济贸易委员会、自治区发展与改革委员会在全区范围内认真周密部署清理限制非公有制经济发展规定的工作。下发通知、印发清理情况表格，提出清理工作要求，对清理文件总的数量、已废止和修改以及拟废止和修改的文件数量进行统计。在清理文件过程中，共清理与非公有制经济发展相关的法规、规定和规范性文件 35021 件，对其中 67 件对非公有制经济有限制作用的法规、规章和文件分别做出废止、修改或者拟废止、修改处理。

围绕自治区党委、自治区人民政府的中心工作，有重点地开展有关鼓励和支持非公有制经济发展的立法工作。自治区党委、自治区人大、自治区人民政府高度重视促进非公有制经济发展的立法工作。2006 年自治区有关部门继续贯彻落实国务院 ［2005］3 号文件和自治区党委 8 号文件精神，围绕非公有制经济发展主要开展了 3 项地方法规的审修工作。一是出台《自治区实施〈中华人民共和国中小企业促进法〉办法》。2006 年 9 月 29 日自治区十届人大第 26 次常委会议审议通过了《自治区实施〈中华人民共和国中小企业促进法〉办法》。该办法 8 章 52 条，在资金支持、创业扶持、技术创新、市场开拓、社会服务、权益保护等多个方面以立法的形式形成了推动以非公有制企业为主体的中小企业发展的政策扶持体系。该办法已于 2006 年 12 月 1 日起施行。二是完成了《自治区民营科技企业条例》的修订工作。根据党和国家关于贯彻落实科学发展观，大力推动民营企业科技创新的一系列政策精神，自治区人民政府法制办公室牵头对 1996 年颁布的《自治区民营科技企业条例》进行修订。《自治区民营科技企业条例

（修订）》（草案）的审修工作已于 2006 年 12 月完成。三是对《自治区发展个体私营经济条例（修订）》进行再次修订。《自治区发展个体私营经济条例》1994 年颁布实施。1999 年宪法修订之后，2000 年自治区人大审议通过了《自治区发展个体私营经济条例（修订）》。2005 年国务院 3 号文件和自治区党委 8 号文件下发后，自治区开始将该条例的再修订工作列入计划。2006 年上半年该条例的再修订工作开始进行。目前该条例再修订草案已经完成，进入由自治区人民政府法制办进一步审修的工作程序。

## 四　进一步发展新疆民营经济的政策建议

继续优化民营经济的发展环境。各级党政要高度重视并切实做好进一步优化民营经济发展环境的各项工作。一是继续坚持"两个毫不动摇"的发展理念，切实推动民营经济发展的理论研究与创新。非公有制经济是社会主义市场经济的重要组成部分，是推动社会生产力的重要力量，也是全面建设小康社会、构建社会主义和谐社会的重要经济基础。非公有制经济发展需要理论创新来推动。新的理论一定会成为进一步推动民营经济又好又快发展的巨大动力。二是在公平、公正的司法体系框架下，为社会主义市场经济条件下的经济行为主体提供同等的法律保护。十届全国人大通过的《中华人民共和国物权法》和《中华人民共和国所得税法》为民营经济发展法律环境的完善提供了值得称颂的范例。要以此为契机，进一步调整和完善现行的法律法规体系，促进民营经济健康发展。三是加大落实政策的工作力度，要让好政策见到好成效。政策落实不到位，有人的问题，也有体制的问题，还有人与体制加在一起的既得利益问题。要下大工夫开展政策落实环境的治理工作，坚决纠正政策效力逐步递减的不正常现象。四是注重提高民营企业创业者和管理者的素质水平。从上到下，要逐步建立民营企业家和中高层经营管理人员的培训工作机制。围绕"爱国、敬业、守法、诚信、贡献"五个方面对他们进行系统培训，使他们真正成为推动经济发展的中坚力量。五是高度重视商会组织建设工作。商会的作用是不可缺少，也是无可替代的。通过加大商会组织建设工作力度，切实让商会"自律、维权、协调、发展"的作用充分发挥出来。

进一步拓展民营经济的发展空间。新疆正面临着历史上难得的大发展机遇。

亚欧大陆桥运力增强、17 个国家一级口岸经济活跃，新疆的国际大通道和向西开放桥头堡地位进一步形成。中哈原油运输管道建成投入使用，全国最大的炼油和乙烯项目建设如火如荼，新疆作为我国能源大通道和能源化工基地的地位日益显现。上海合作组织推动的中亚区域合作进程不断加快，一个 10 多亿消费人口的大市场已经呈现在新疆人的面前。抓住机遇，提升新疆经济战略地位，加快新疆经济发展步伐，无疑会为新疆民营经济打开一个新的巨大的发展空间。具体讲，一是进一步将新疆建设成为国家战略能源接替区。放开限制，吸引内外资金，加大新疆本土的能源勘探开发力度，加快将新疆建成全国最大的能源化工基地步伐。开辟第二条、第三条进口石油运输管道，迅速扩大新疆服务全国的能源总当量。二是全面加快新疆对外开放步伐。建立以乌鲁木齐、伊犁、喀什为支撑点的新疆对外开放总格局。将乌鲁木齐市建成中亚的中心城市，将伊犁的霍尔果斯建成向西开放的自由贸易区，将喀什市建成走向南亚、中亚及中东的区域经济活动中心。三是切实加强对南疆三地州经济发展的政策扶持。新疆的南疆三地州是以少数民族为主体的国家级贫困地区，与印度、克什米尔、巴基斯坦、阿富汗、塔吉克斯坦、吉尔吉斯斯坦 6 个国家和地区接壤。南疆三地州的发展不仅直接影响了新疆的民族团结和社会稳定，而且具有很重要的国际意义。进一步出台推动南疆三地州经济发展的优惠政策，将会从根本上缩小新疆与沿海发达省市的差距。综上所述，新疆经济战略地位提升了，经济增长空间打开了，新疆民营经济又好又快的发展前景也就不言而喻了。

2007 年，预计新疆私营企业数将突破 7 万户大关，从业人员将接近 90 万人，注册资金将突破 1000 亿大关。非公有制经济增加值有望超过 800 亿大关。2007 年以及今后几年，在民营经济发展环境进一步改善的基础上，在国家进一步明确新疆经济发展战略地位的过程中，民营经济一定会成为新疆经济发展和和谐社会建设最坚定的参与者、最忠实的推动者、最直接的受益者。新疆民营经济发展的前景也一定会更美好。

课题组负责人：陈建华

课题组成员：陈新生　邓铁梅　刘　飞

·民营经济蓝皮书·

## 中国民营经济发展报告 No.4（2006~2007）

主　　编 / 黄孟复
主　　审 / 胡德平　全哲洙

出 版 人 / 谢寿光
总 编 辑 / 邹东涛
出 版 者 / 社会科学文献出版社
地　　址 / 北京市东城区先晓胡同 10 号
邮政编码 / 100005
网　　址 / http：//www. ssap. com. cn
网站支持 /（010）65269967
责任部门 / 编辑中心（010）65232637　bianjibu@ ssap. cn
策　　划 / 宋月华
责任编辑 / 范　迎　薛铭洁
责任校对 / 吕继中　赵宇红
责任印制 / 盖永东
品牌推广 / 蔡继辉

总 经 销 / 社会科学文献出版社发行部
　　　　　（010）65139961　65139963
经　　销 / 各地书店
读者服务 / 市场部（010）65285539
排　　版 / 北京中文天地文化艺术有限公司
印　　刷 / 北京季蜂印刷有限公司

开　　本 / 787×1092 毫米　1/16
印　　张 / 35.25
字　　数 / 582 千字
版　　次 / 2007 年 9 月第 1 版
印　　次 / 2007 年 9 月第 1 次印刷

书　　号 / ISBN 978－7－80230－811－4/F·183
定　　价 / 79.00 元（含光盘）

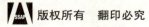